《国家级少数民族非物质文化遗产集解》编委会

主　任：武翠英
副主任：任乌晶　文日焕
委　员：李　民　郭　力　楚高娃　李鸿安　石秋月
主　编：钟廷雄　莫福山

撰稿人：（按撰写条目多少排序）

　　　　楚高娃　丁圣君　李鸿安　胡艳红　卢　婷　姜可欣
　　　　魏甜甜　孔林林　张景嵋　安晓茜　郭菲菲　王　成
　　　　祁德世　达　娃　刘雪琴　张文静　群　措　朴艺娜
　　　　杰觉伊泓　钱文霞　苏　珊　李　鹏

图片提供：

　　　　民族画报社　楚高娃　晓　默　李鸿安　郭菲菲
　　　　达　娃　安晓茜　张景嵋　苏　珊　胡艳红　姜可欣
　　　　孔林林　石秋月

国家级少数民族
非物质文化遗产集解

国家民委文化宣传司组织编写

A Variorum of Nationally Inscribed Minority
Intangible Cultural Legacies in China

中央民族大学出版社
China Minzu University Press

图书在版编目（CIP）数据

国家级少数民族非物质文化遗产集解 / 国家民委文化宣传司组织编写．
—北京：中央民族大学出版社，2014.9
ISBN 978-7-5660-0815-2

Ⅰ.①国… Ⅱ.①国… Ⅲ.①少数民族—民族文化—文化遗产—介绍—中国 Ⅳ.①K28

中国版本图书馆 CIP 数据核字（2014）第 215711 号

国家级少数民族非物质文化遗产集解

组织编写	国家民委文化宣传司
责任编辑	莫福山
封面设计	布拉格
出 版 者	中央民族大学出版社
	北京市海淀区中关村南大街 27 号　　邮政编码：100081
	电话：68472815（发行部）　　传真：68932751（发行部）
	68932218（总编室）　　　　68932447（办公室）
发 行 者	全国各地新华书店
印 刷 厂	北京宏伟双华印刷有限公司
开　　本	787×1092（毫米）　　1/16　　印张：32.875
字　　数	518 千字
版　　次	2014 年 9 月第 1 版　2014 年 9 月第 1 次印刷
书　　号	ISBN 978-7-5660-0815-2
定　　价	128.00 元

版权所有　翻印必究

目 录

一、民间文学……………………………………… 1
    苗族古歌 ………………………………………… 2
    布洛陀 …………………………………………… 2
    遮帕麻和遮咪麻 ………………………………… 3
    牡帕密帕 ………………………………………… 4
    满族说部 ………………………………………… 5
    喀左东蒙民间故事 ……………………………… 6
    刘三姐歌谣 ……………………………………… 7
    四季生产调 ……………………………………… 7
    玛纳斯 …………………………………………… 8
    江格尔 ………………………………………… 10
    格萨（斯）尔 ………………………………… 12
    阿诗玛 ………………………………………… 13
    拉仁布与吉门索 ……………………………… 14
    畲族小说歌 …………………………………… 15
    巴拉根仓的故事 ……………………………… 16
    满族民间故事 ………………………………… 17
    嘎达梅林 ……………………………………… 18
    科尔沁潮尔史诗 ……………………………… 19
    仰阿莎 ………………………………………… 21
    布依族盘歌 …………………………………… 22
    梅葛 …………………………………………… 23
    查姆 …………………………………………… 24
    达古达楞格莱标 ……………………………… 26
    哈尼哈吧 ……………………………………… 27
    召树屯与喃木诺娜 …………………………… 28

条目	页码
米拉尕黑	29
康巴拉伊	30
汗青格勒	31
维吾尔族达斯坦	32
哈萨克族达斯坦	34
珠郎娘美	35
司岗里	36
彝族克智	37
苗族贾理	38
藏族婚宴十八说	39
土家族梯玛歌	41
壮族嘹歌	42
柯尔克孜约隆	43
珞巴族始祖传说	44
阿尼玛卿雪山传说	45
锡伯族民间故事	47
嘉黎民间故事	48
土家族哭嫁歌	49
坡芽情歌	50
祝赞词	51
陶克陶胡	52
密洛陀	53
亚鲁王	54
目瑙斋瓦	55
洛奇洛耶与扎斯扎伊	56
阿细的先基	56
羌戈大战	57
恰克恰克	58
酉阳古歌	59

契丹始祖传说 …………………………………… 60
刻道 …………………………………………… 61

二、传统音乐 …………………………………… 63

蒙古族长调民歌 ………………………………… 64
蒙古族呼麦 ……………………………………… 65
畲族民歌 ………………………………………… 66
傈僳族民歌 ……………………………………… 67
裕固族民歌 ……………………………………… 68
花儿（莲花山花儿会、松鸣岩花儿会、二郎山花儿会、
　　　老爷山花儿会、丹麻土族花儿会、七里寺花儿会、
　　　瞿昙寺花儿会、宁夏回族山花儿、土族花儿、
　　　新疆花儿）…………………………………… 69
藏族拉伊 ………………………………………… 72
靖州苗族歌鼟 …………………………………… 72
薅草锣鼓（五峰土家族薅草锣鼓、川东土家族薅草锣鼓）… 73
侗族大歌 ………………………………………… 75
侗族琵琶歌 ……………………………………… 77
多声部民歌（哈尼族多声部民歌、潮尔道—蒙古族
　　　合声演唱、潮尔道—阿巴嘎潮尔、瑶族蝴蝶歌、
　　　壮族三声部民歌、羌族多声部民歌、硗碛多声
　　　部民歌，苗族多声部民歌）………………… 78
彝族海菜腔 ……………………………………… 82
那坡壮族民歌 …………………………………… 83
蒙古族马头琴音乐 ……………………………… 84
蒙古族四胡音乐 ………………………………… 85
羌笛演奏及制作技艺 …………………………… 87
吹打（广西八音）……………………………… 88
土家族打溜子 …………………………………… 88

回族民间器乐 ·· 89

新疆维吾尔木卡姆艺术（十二木卡姆、吐鲁番木卡姆、
　　哈密木卡姆、刀郎木卡姆）·························· 90

酉阳民歌 ·· 92

爬山调 ··· 93

漫瀚调 ··· 94

蒙古族民歌（科尔沁叙事民歌、鄂尔多斯短调民歌、
　　鄂尔多斯古如歌、阜新东蒙短调民歌、郭尔罗
　　斯蒙古族民歌、乌拉特民歌）······················· 95

鄂温克族民歌（鄂温克族叙事民歌）······················ 97

鄂伦春族民歌（鄂伦春族赞达仁）························· 99

达斡尔族民歌（达斡尔扎恩达勒、罕伯岱达斡尔族民歌）··· 100

苗族民歌（湘西苗族民歌、苗族飞歌）···················· 101

瑶族民歌（花瑶呜哇山歌）·································· 102

黎族民歌 ·· 104

布依族民歌（好花红调）····································· 104

彝族民歌（彝族山歌、酒歌）······························· 106

布朗族民歌（布朗弹唱）····································· 107

藏族民歌（川西藏族山歌、玛达咪山歌、华锐藏族民歌、
　　甘南藏族民歌、玉树民歌、藏族赶马调、
　　班戈昌鲁）··· 108

藏族民歌（川西藏族山歌、玛达咪山歌、华锐藏族
　　民歌、甘南藏族民歌、玉树民歌、藏族赶马调、
　　班戈昌鲁）··· 109

维吾尔族民歌（罗布淖尔维吾尔族民歌）················ 109

乌孜别克族埃希来、叶来 ···································· 111

回族宴席曲 ·· 112

朝鲜族洞箫音乐 ·· 114

土家族咚咚喹 ··· 115

哈萨克六十二阔恩尔	116
维吾尔族鼓吹乐	117
芦笙音乐（侗族芦笙、苗族芒筒芦笙）	119
布依族勒尤	120
藏族扎木聂弹唱	120
哈萨克族冬不拉艺术	121
柯尔克孜族库姆孜艺术	123
蒙古族绰尔	124
黎族竹木器乐	125
佛教音乐（楞严寺寺庙音乐、觉囊梵音、洋县佛教音乐、塔尔寺花架音乐直孔噶举派音乐、拉卜楞寺佛殿音乐道得尔、青海藏族唱经调）	127
阿里郎	129
哈萨克族民歌	130
塔吉克族民歌	132
纳西族白沙细乐	133
伽倻琴艺术	134
京族独弦琴艺术	135
哈萨克族库布孜	136
石柱土家啰儿调	137
铜鼓十二调	138
秀山民歌	138
南坪曲子	139
茶山号子	140
口弦音乐	140

三、传统舞蹈 ··················143
　　狮舞（布依族高台狮灯舞、藤县狮舞，田阳壮族狮舞，高台狮舞） ············ 144

土家族摆手舞（恩施摆手舞、酉阳摆手舞）…………	145
土家族撒叶儿嗬 ……………………………………	146
弦子舞（芒康弦子舞、巴塘弦子舞、玉树依舞）……	147
锅庄舞（迪庆锅庄舞、昌都锅庄舞、玉树卓舞、甘孜锅庄、马奈锅庄、称多白龙卓舞、囊谦卓干玛）…………………………………	148
热巴舞（丁青热巴、那曲比如丁嘎热巴）…………	150
羌姆（日喀则扎什伦布寺羌姆、拉康加羌姆、直孔嘎尔羌姆、曲德寺阿羌姆）…………………	151
苗族芦笙舞（锦鸡舞、鼓龙鼓虎—长衫龙、滚山珠）	153
朝鲜族农乐舞（象帽舞、乞粒舞）…………………	154
木鼓舞（反排苗族木鼓舞、沧源佤族木鼓舞）……	156
铜鼓舞（文山壮族、彝族铜鼓舞、田林瑶族铜鼓舞、雷山苗族铜鼓舞）…………………………	158
傣族孔雀舞 …………………………………………	160
达斡尔族鲁日格勒舞 ………………………………	160
蒙古族安代舞 ………………………………………	161
湘西苗族鼓舞 ………………………………………	162
湘西土家族毛古斯舞 ………………………………	163
黎族打柴舞 …………………………………………	164
卡斯达温舞 …………………………………………	165
㑇舞 …………………………………………………	166
傈僳族阿尺木刮 ……………………………………	167
彝族葫芦笙舞 ………………………………………	168
彝族烟盒舞 …………………………………………	169
基诺大鼓舞 …………………………………………	170
山南昌果卓舞 ………………………………………	170
土族於菟 ……………………………………………	171
塔吉克族鹰舞 ………………………………………	172

条目	页码
查玛	173
朝鲜族鹤舞	174
朝鲜族长鼓舞	175
瑶族长鼓舞（小长鼓舞、黄泥鼓舞）	176
傣族象脚鼓舞	177
羌族羊皮鼓舞	178
毛南族打猴鼓舞	179
瑶族猴鼓舞	181
高山族拉手舞	182
得荣学羌	182
博巴森根	183
彝族铃铛舞	184
彝族打歌	185
彝族跳菜	186
彝族老虎笙	188
彝族左脚舞	189
乐作舞	190
彝族三弦舞（阿细跳月、撒尼大三弦彝族左脚舞）	191
纳西族热美蹉	191
布朗族蜂桶鼓舞	192
普米族搓蹉	193
拉祜族芦笙舞	193
宣舞（古格宣舞、普堆巴宣舞）	194
拉萨囊玛	195
堆谐（拉孜堆谐）	196
谐钦（拉萨纳如谐钦、南木林土布加谐钦、尼玛乡谐钦）	197
阿谐（达布阿谐）	198
嘎尔	199
芒康三弦舞	201

定日洛谐	202
旦嘎甲谐	203
廓孜	204
多地舞	205
巴郎鼓舞	206
藏族螭鼓舞	207
则柔（尚尤则柔）	208
萨吾尔登	209
锡伯族贝伦舞	210
维吾尔族赛乃姆（若羌赛乃姆、且末赛乃姆、库尔勒赛乃姆、伊犁赛乃姆、库车赛乃姆）	212
老古舞	213
棕扇舞	213
鄂温克族萨满舞	214
协荣仲孜	215
普兰果尔孜	216
陈塘夏尔巴歌舞	217
安昭	218
萨玛舞	219
哈萨克族卡拉角勒哈	220
甲搓	222
仗鼓舞（桑植仗鼓舞）	222
跳曹盖	223
巴当舞	224

四、民间戏剧 225

藏戏（德格格萨尔藏戏、巴塘藏戏、色达藏戏、青海马背藏戏、拉萨觉木隆、日喀则迥巴、日喀则、南木林湘巴、日喀则仁布江嘎尔、

山南雅隆扎西雪巴、山南琼结卡卓扎西宾顿、
　　黄南藏戏、尼木塔荣藏戏、南木特藏戏） ……… 226
山南门巴戏 …………………………………………… 227
壮剧 …………………………………………………… 229
侗戏 …………………………………………………… 229
布依戏 ………………………………………………… 231
彝族撮泰吉 …………………………………………… 232
傣剧 …………………………………………………… 232
傩戏（侗族傩戏、仡佬族傩戏、恩施傩戏、荔波布
　　依族傩戏） ………………………………………… 233
佤族清戏 ……………………………………………… 235
彝剧 …………………………………………………… 235
白剧 …………………………………………………… 237
邕剧 …………………………………………………… 238
恩施扬琴 ……………………………………………… 239

五、传统曲艺 …………………………………………… 241
新疆曲子 ……………………………………………… 242
乌力格尔 ……………………………………………… 243
达斡尔族乌钦 ………………………………………… 244
赫哲族伊玛堪 ………………………………………… 245
鄂伦春族摩苏昆 ……………………………………… 246
傣族章哈 ……………………………………………… 247
哈萨克族阿依特斯 …………………………………… 248
布依族八音坐唱 ……………………………………… 249
朝鲜族三老人 ………………………………………… 250
好来宝 ………………………………………………… 251
哈萨克族铁尔麦 ……………………………………… 252
盘索里 ………………………………………………… 253

南曲 ································· 254

六、民间体育杂技与竞技································· 257
维吾尔族达瓦孜 ································· 258
回族重刀武术 ································· 259
朝鲜族跳板、秋千 ································· 260
达斡尔族传统曲棍球竞技 ································· 261
蒙古族博克（阿拉善盟沙力搏尔式摔跤） ················· 263
蒙古族象棋 ································· 264
沙力搏尔式摔跤 ································· 265
马球（塔吉克族马球） ································· 265
满族珍珠球 ································· 267
满族二贵摔跤 ································· 268
鄂温克抢枢 ································· 269
赛马会（当吉仁赛马会、玉树赛马会） ··············· 270
叼羊（维吾尔族叼羊） ································· 271
土族轮子秋 ································· 273
摔跤（朝鲜族摔跤、彝族摔跤、维吾尔族且力西） ··· 273
传统箭术（南山射箭） ································· 275

七、民间美术································· 277
纳西族东巴画 ································· 278
藏族唐卡（勉唐画派、钦泽画派、噶玛嘎孜画
派、昌都嘎玛嘎赤画派、墨竹工卡直孔
刺绣唐卡、甘南藏族唐卡、勉萨画派） ··········· 279
剪纸（和林格尔剪纸、苗族剪纸、丰宁满族剪
纸、岫岩满族剪纸、医巫闾山满族剪纸、
傣族剪纸） ································· 280
苗绣（雷山苗绣、花溪苗绣、剑河苗绣） ··········· 284

水族马尾绣	284
土族盘绣	285
阜新玛瑙雕	285
藏族格萨尔彩绘石刻	286
泥塑（苗族泥哨、杨氏家庭泥塑）	287
酥油花（塔尔寺酥油花、强巴林寺酥油花）	289
热贡艺术	291
竹编（毛南族花竹帽编织技艺）	292
草编（哈萨克族芨芨草编织技艺）	293
柳编（维吾尔族枝条编织）	294
藏文书法（德格藏文书法、果洛德昂洒智）	295
羌族刺绣	296
彝族（撒尼人）刺绣	297
维吾尔族刺绣	297
满族刺绣（岫岩满族民间刺绣、锦州满族民间刺绣、长白山满族枕头顶刺绣）	298
蒙古族刺绣	299
柯尔克孜族刺绣	300
哈萨克毡绣和布绣	301
建筑彩绘（白族民居彩绘）	302
苗画	302
瑶族刺绣	303
藏族编织、挑花刺绣工艺	304
侗族刺绣	305
锡伯族刺绣	306
挑花（苗族挑花）	306
石雕（泽库和日寺石刻）	307
彩扎（凤凰纸扎）	308
湟中堆绣	309

八、传统手工技艺 ……………………………………… 311

  黎族原始制陶技艺 …………………………… 312
  傣族慢轮制陶技艺 …………………………… 313
  维吾尔族模制法土陶烧制技艺 ……………… 314
  土家族织锦技艺 ……………………………… 315
  黎族传统纺染织绣技艺 ……………………… 316
  壮族织锦技艺 ………………………………… 317
  藏族邦典、卡垫织造技艺 …………………… 318
  加牙藏族织毯技艺 …………………………… 319
  维吾尔族花毡、印花布织染技艺 …………… 320
  苗族蜡染 ……………………………………… 322
  白族扎染技艺 ………………………………… 323
  侗族木构建筑营造技艺 ……………………… 323
  苗寨吊脚楼营造技艺 ………………………… 324
  苗族芦笙制作技艺 …………………………… 325
  银饰锻制技艺（苗族银饰锻制技艺、彝族银饰制作
    技艺、畲族银器制作技艺）………………… 326
  阿昌族户撒刀锻制技艺 ……………………… 328
  保安腰刀锻制技艺 …………………………… 329
  弓箭制作技艺（锡伯族弓箭制作技艺、蒙古族牛角
    弓制作技艺）………………………………… 330
  蒙古族勒勒车制作技艺 ……………………… 332
  拉萨甲米水磨坊制作技艺 …………………… 333
  傣族、纳西族手工造纸技艺 ………………… 334
  藏族造纸技艺 ………………………………… 335
  维吾尔族桑皮纸制作技艺 …………………… 336
  藏族雕版印刷技艺（德格印经院藏族雕版印刷技艺、
    波罗古泽刻板制作技艺）………………… 337
  桦树皮制作技艺（鄂温克族桦树皮制作技艺、鄂伦

春族桦树皮船制作技艺） ………………………… 339
黎族树皮布制作技艺 …………………………………… 340
赫哲族鱼皮制作技艺 …………………………………… 341
黎族钻木取火技艺 ……………………………………… 342
陶器烧制技艺（钦州坭兴陶烧制技艺、藏族黑陶烧
　　制技艺、黎族泥片制陶技艺）……………………… 343
传统棉纺织技艺（维吾尔族帕拉孜纺织技艺）………… 344
毛纺织及擀制技艺（彝族毛纺织及擀制技艺、藏族
　　牛羊毛编织技艺、东乡族擀毡技艺、维吾尔族
　　花毡制作技艺）……………………………………… 345
侗锦织造技艺 …………………………………………… 349
苗族织锦技艺 …………………………………………… 350
傣族织锦技艺 …………………………………………… 351
新疆维吾尔族艾德莱斯绸织染技艺 …………………… 352
地毯织造技艺（阿拉善地毯织造技艺、维吾尔族地
　　毯织造技艺）………………………………………… 353
鄂伦春族狍皮制作技艺 ………………………………… 356
维吾尔族卡拉库尔胎羔皮帽制作技艺 ………………… 357
藏族金属锻造技艺（藏族锻铜技艺、藏刀锻制技艺） 358
维吾尔族传统小刀制作技艺 …………………………… 359
蒙古族马具制作技艺 …………………………………… 360
民族乐器制作技艺（朝鲜族民族乐器制作技艺、维
　　吾尔族乐器制作技艺、蒙古族拉弦乐器制作技
　　艺、马头琴制作技艺、苗族芦笙制作技艺、傣
　　族象脚鼓制作技艺）………………………………… 361
彝族漆器髹饰技艺 ……………………………………… 367
藏香制作技艺 …………………………………………… 368
贝叶经制作技艺 ………………………………………… 369
黑茶制作技艺（下关沱茶制作技艺）…………………… 370

牛羊肉烹制技艺 ································· 371
蒙古包营造技艺 ································· 372
黎族船型屋营造技艺 ····························· 373
哈萨克族毡房营造技艺 ··························· 374
俄罗斯族民居营造技艺 ··························· 375
撒拉族篱笆楼营造技艺 ··························· 377
碉楼营造技艺（羌族碉楼营造技艺、藏族碉楼营造技艺）··· 377
藏族矿植物颜料制作技艺 ························· 379
土家族吊脚楼营造技艺 ··························· 380
维吾尔族民居建筑技艺（阿依旺赛来民居营造技艺）··· 381
玉屏箫笛制作技艺 ······························· 382
风筝制作技艺（拉萨风筝制作技艺）············· 383
枫香印染技艺 ··································· 384
乌铜走银制作技艺 ······························· 385
银铜器制作及鎏金技艺 ··························· 385

九、传统医药 ··································· 387

藏医药（藏医外治法、藏医尿诊法、藏医药浴疗法、
甘南藏医药、藏药炮制技艺、藏药七十味珍珠
丸配伍技艺、藏药珊瑚七十味丸配伍技艺、藏
药阿如拉炮制技艺、七十味珍珠丸赛太炮制技
艺、藏医骨伤疗法）··························· 388
蒙医药（赞巴拉道尔吉温针、火针疗法、蒙医传统
正骨术、血衰症疗法）························· 390
畲族医药（痧症疗法、六神经络骨通药制作工艺）··· 391
瑶族医药（药浴疗法）··························· 392
苗医药（骨伤蛇伤疗法、九节茶药制作工艺、癫痫
症疗法、钻节风疗法）························· 393
侗医药（过路黄药制作工艺）····················· 394

回族医药（张氏回医正骨疗法、回族汤瓶八诊疗法）…… 395
　　壮医药（壮医药线点灸疗法）……………………………… 397
　　彝医药（彝医水膏药疗法）………………………………… 397
　　傣医药（睡药疗法）………………………………………… 398
　　维吾尔医药（维药传统炮制技艺、木尼孜其·木斯力
　　　　汤药制作技艺、食物疗法、库西台法）………… 399

十、民俗…………………………………………………… 401

　　京族哈节…………………………………………………… 402
　　傣族泼水节………………………………………………… 402
　　锡铂族西迁节……………………………………………… 403
　　火把节（彝族火把节）……………………………………… 405
　　景颇族目瑙纵歌…………………………………………… 406
　　黎族三月三节……………………………………………… 406
　　鄂伦春族古伦木沓节……………………………………… 407
　　瑶族盘王节………………………………………………… 408
　　壮族蚂𧊅节………………………………………………… 409
　　仫佬族依饭节……………………………………………… 410
　　毛南族肥套………………………………………………… 411
　　羌族瓦尔俄足节…………………………………………… 412
　　苗族鼓藏节………………………………………………… 413
　　水族端节…………………………………………………… 414
　　布依族查白歌节…………………………………………… 414
　　苗族姊妹节………………………………………………… 416
　　独龙族卡雀哇节…………………………………………… 417
　　怒族仙女节………………………………………………… 417
　　侗族萨玛节………………………………………………… 418
　　仡佬毛龙节………………………………………………… 419
　　傈僳族刀杆节……………………………………………… 420

塔吉克族引水节和播种节	422
土族纳顿节	423
雪顿节	424
成吉思汗祭典	425
祭敖包	427
白族绕三灵	428
热贡六月会	429
瑶族耍歌堂	431
壮族歌圩	432
苗族系列坡会群	433
那达慕	434
新疆维吾尔族麦西热甫（维吾尔刀郎麦西热甫、新疆维吾尔刀郎麦西热甫、维吾尔族却日库木麦西热甫、维吾尔族塔合麦西热甫、维吾尔族阔克麦西热甫）	435
蒙古族婚礼（阿日奔苏木婚礼、乌珠穆沁婚礼、蒙古族婚俗、鄂尔多斯婚礼）	437
土族婚礼	439
撒拉族婚礼	439
壮族铜鼓习俗	440
苗族服饰（昌宁苗族服饰）	441
回族服饰	442
瑶族服饰	443
水书习俗	444
畲族三月三	446
宾阳炮龙节	447
苗族独木龙舟节	447
苗族跳花节	448
苗族四月八	449

条目	页码
德昂族浇花节	451
江孜达玛节	451
塔塔尔族撒班节	452
羌年	453
苗年	454
青海湖祭海	455
朝鲜族花甲礼	456
鄂温克驯鹿习俗	457
蒙古族养驼习俗	458
查干淖尔冬捕习俗	459
朝鲜族传统婚礼	460
塔吉克族婚俗	462
蒙古族服饰	464
朝鲜族服饰	465
畲族服饰	466
黎族服饰	468
珞巴族服饰	468
藏族服饰	469
裕固族服饰	471
土族服饰	472
撒拉族服饰	473
维吾尔族服饰	474
哈萨克族服饰	475
藏族天文历算	477
俄罗斯族巴斯克节	478
鄂温克族瑟宾节	479
诺茹孜节	480
布依族"三月三"	481
土家年	482

彝族年 …………………………………………… 482

侗年 ……………………………………………… 483

藏历年 …………………………………………… 484

婚俗（朝鲜族回婚礼、达斡尔族传统婚俗、彝族传
　　　统婚俗、裕固族传统婚俗、回族传统婚俗、哈
　　　萨克族传统婚俗、锡伯族传统婚俗）………… 485

苗族栽岩习俗 …………………………………… 493

柯尔克孜族驯鹰习俗 …………………………… 494

塔吉克族服饰 …………………………………… 495

春节（查干萨日）……………………………… 497

中秋节（秋夕）………………………………… 498

石宝山歌会 ……………………………………… 499

大理三月街 ……………………………………… 499

祭寨神林 ………………………………………… 500

歌会（瑞云四月八、四十八寨歌节）………… 500

月也 ……………………………………………… 501

MINJIANWENXUE

一、民间文学

苗族古歌　类别：民间文学　编号：Ⅰ—1
申报地区或单位：贵州省台江县、黄平县；湖南省花垣县

《苗族古歌》是苗族传世史诗，内容涉及历史、伦理、民俗、服饰、建筑等诸多方面，被誉为苗族百科全书，古歌还讲述了宇宙的诞生、人类和物种的起源、开天辟地、初民时期的滔天洪水，以及苗族的大迁徙、苗族的古代社会制度和日常生产生活等。苗族古歌大多在祭祀、婚丧活动、亲友聚会

苗族古歌演唱

和重大节日等场合演唱，演唱者多为中老年人、巫师、歌手等。全诗属五言体结构，押苗语韵，长达一万五千余行，塑造了一百多位有名有姓的人物，充满浪漫主义和理想主义色彩。诗中大量运用比喻、夸张、排比、拟人、反问等多种修辞手法，生动地反映了苗族先民对天地、万物及人类起源的解释和人们艰苦奋斗开创人类历史的功绩。

由于苗族历史上没有文字，因此，《苗族古歌》在苗岭深山靠历代人口口相传。古歌大多通过苗族先民在民俗活动中的演唱传承下来。传承古歌的方式有祖先传授、家庭传授、师徒传授、自学等几种。其中，尤以王安江歌师传唱的苗族古歌为经典之作，他用大半个人生追寻苗族的古歌旋律，被人们称为文化守望者。《苗族古歌》文本直到20世纪50年代才出现。

台江县于2001年成立了"台江县苗族文化保护委员会暨申报世界遗产委员会"。通过几年的努力，台江县已收集到的苗族古歌有5大组、近6万行、近30万字，编写、出版了以苗族古歌为主的申报世界非物质文化遗产文本《苗人的灵魂——台江苗族文化空间》一书。2006年5月20日，苗族古歌经国务院批准列入第一批国家级非物质文化遗产名录。

布洛陀　类别：民间文学　编号：Ⅰ—2
申报地区或单位：广西壮族自治区田阳县

《布洛陀》是壮族的一部历史悠久而又内容丰富的创世史诗。"布洛陀"

是壮语译音，意为"山里的头人"、"山里的老人"或"无事不知晓的老人"等，也可以引伸为"始祖公"，是壮族先民口头文学中的神话人物，是创世神和道德神。

"布洛陀"主要来源于《布洛陀经诗》的记载以及其他一些口传文学资料。一般认为《布洛陀》成书于明代。它以诗的形式生动地叙述了天地日月的形成、人类的起源、各种牲畜和农作物的来历以及远古人们的社会生活等，热情地歌颂了布洛陀这个被称为壮民族始祖的神化人物和他创世的伟大业绩。"布洛陀"是壮族先民口头文学中的神话人物，其功绩主要是开创天地、创造万物、安排秩序、制定伦理等。

"布洛陀"传说的研究和整理始于20实际60年代。1958年《壮族文学史》收录民间故事，称"陆陀公公"，1964年《民间文学》发表覃建真收集整理的故事，称《通天晓的故事》，1977年覃承勤等收集整理并油印《布洛陀史诗》，1978年和1980年广西民间文艺家协会收集到招谷魂、招牛魂等两个内容较完整的唱本，1982年《壮族民间故事选》（第一集）、《广西民间文学丛刊》（第五集）和《文山壮族苗族自治州民间故事集》（第一集）收录时，分别称《保洛陀》、《布碌陀》和《布洛陀的传说》。

2006年5月20日，由广西壮族自治区田阳县申报，经国务院批准列入第一批国家级非物质文化遗产名录。

遮帕麻和遮咪麻　类别：民间文学　编号：Ⅰ—3
申报地区或单位：云南省梁河县

《遮帕麻和遮咪麻》是阿昌族的创世神话，遮帕麻和遮咪麻是创世神话中的主人公，是阿昌人传述的两位开辟神。主要流传在云南省德宏傣族景颇族自治州梁河县阿昌族群众中，以唱诗和口头白话两种形式传承至今。故事讲述了阿昌族始祖遮帕麻和遮咪麻造天织地、制服洪荒、创造人类、智斗邪魔腊訇而使宇宙恢复和平景象的过程。遮帕麻和遮咪麻不仅是阿昌族最受崇拜的至尊善神，而且也是所有寻常人家的护佑之神和阿昌族祭祀活动的主掌之神。它反映了人类从母权制向父权制过渡的状况。《遮帕麻和遮咪麻》是阿昌族文化发展的一座丰碑，阿昌族将其称为"我们民族的歌"。

2006年5月20日,遮帕麻和遮咪麻经国务院批准列入第一批国家级非物质文化遗产名录。2007年6月5日,经国家文化部确定,云南省梁河县的曹明宽为该文化遗产项目代表性传承人,并被列入第一批国家级非物质文化遗产项目226名代表性传承人名单。

> **牡帕密帕**　类别:民间文学　编号:Ⅰ—4
> 申报地区或单位:云南省思茅市

《牡帕密帕》是拉祜族民间流传最广的一部长篇诗体创世神话,云南省思茅市澜沧拉祜族自治县是主要流传地。"牡帕密帕"是拉祜语译音,意为"开天辟地"。全诗共17个篇章,2300行,内容叙述了厄莎造天地日月、造万物和人类初始阶段的生存状况等,是拉祜族人民传承历史悠久的口述文学精品。史诗在各地流传的篇目名称不尽相同,但其内容都包括以下几个方面:远古时,宇宙一片混沌,天地未分,厄莎先后创造了天地万物和人类;兄妹二人在荒凉的大地上过着采集、狩猎生活,后来结为夫妇,其子女遂分别繁衍为拉祜、佤、哈尼、傣、布朗、彝、汉等族;拉祜族从狩猎采集生活逐步发展到农耕生活。《牡帕密帕》由"嘎木科"(会唱诗的人)和"魔巴"(宗教活动主持者)主唱,也可由多人伴唱或多人轮唱;歌词通俗简练,格律固定,对偶句居多。曲调优美动听,调式因地域不同而有差异,有说唱的特点。在拉祜族的传统节日、宗教活动或农闲期间都有说唱创世纪神话者,唱者声情并茂,听者如痴如醉,说唱往往通宵达旦。

拉祜族叙事长诗是浩瀚的拉祜文化中的一个璀璨明珠,是拉祜族文化的载体,也是维系拉祜族精神生活的纽带。但由于受现代文化的冲击,这

拉祜族打歌

一创世神话濒临失传，后继乏人。目前，澜沧拉祜族自治县境内能完整演唱该神话的仅剩1至2人。为了弘扬与保护这一民族瑰宝，2006年5月20日，《牡帕密帕》经国务院批准列入第一批国家级非物质文化遗产名录。

满族说部　类别：民间文学　编号：Ⅰ—12
申报地区或单位：吉林省

满族说部是满族先民传承下来的具有独立情节和完整结构体系、内容恢弘的长篇民间说唱形式，满语称之为"乌勒本"，译作汉语有"传"或"传记"之意，清末民初称为"满族书"、"英雄传"、"说部"等，现今一般采用"满族说部"的说法。演唱形式也由最初的满语说唱发展为满汉夹杂，现在基本用汉语讲述。

满族人驻中原前，主要通过氏族部落酋长或萨满以口耳相传的形式记录历史。满族民间通常把此类讲述活动称为"讲古"、"讲古趣儿"、"讲瞎话儿"。其中情节独立完整、内容恢弘的被称之为"乌勒本"。讲古既是满族人民在闲暇时的娱乐活动，又带有庄严的宗教色彩，与敬祖、祭祖相联系，是氏族自我教育的方式之一。

满族说部最初以口头形式在氏族内部依靠血缘关系传承，后渐渐以地域为核心加以传承，传承方式有口耳相传、文本传承和梦传神授。说部涉及氏族历史、英雄人物、宗教礼仪、生活百科等内容，真实地反映了满族及其先民的社会生活。

满族说部一般分为四大类：一是窝车库乌勒本，是由萨满讲述并传承的萨满远古神话与历代萨满祖师们的非凡神迹与伟业，俗称"神龛上的故事"，如《天宫大战》、《乌布西奔妈妈》、《恩切布库》等；二是包衣乌勒本，指的是家传、家史，如《扈伦传奇》、《萨大人传》、《萨布素将军传》、《东海沉冤录》等；三是巴图鲁乌勒本，即英雄传，可分为历史传说、人物演义两大类，如《乌拉国佚史》和真人真事的传述《两世罕王传》；四是给孙乌春乌勒本，也就是说唱故事，以各氏族流传的历史传说人物为主，如《红罗女》、《比剑联姻》等。

满族说部一般以氏族为核心传承，围绕着杰出的传承人形成一个传承圈。例如分别有富希陆、关墨卿、傅英仁、千则故事家马亚川为核心的传承圈等。当代的满族说部传承人包括傅英仁、富育光、何世环、赵东升等。由吉林"中国满族传统说部集成编委会"主编的第一批、第二批《满族口头遗产传统说部丛书》已经问世，濒临失传的满族说部从口头说唱变成书面文字，获得了"第二生命"。2006年，"满族说部"经国务院批准列为第一批国家非物质文化遗产名录。

喀左东蒙民间故事　类别：民间文学　编号：Ⅰ—19
申报地区或单位：辽宁省朝阳市喀左县

辽宁省喀左县，全称是喀喇沁左翼蒙古族自治县，地处辽西走廊北部，是少数民族聚居区之一，也是东蒙民间文学艺术流传的主要地区之一。喀左东蒙民间故事不仅是集故事传说、民歌、歌谣、谚语为一体的民间艺术形式，也表现了东蒙蒙古族的思想、哲学、宗教、道德伦理等内容。

辽宁省喀左县的主体部落喀喇沁部是明朝中期从家乡贝尔湖逐渐游牧到锡拉木伦河以南、渤海湾以西、长城以北的大片疆域，清朝天聪年间至康熙年间被划分为左、中、右三旗。之后，随着清朝的移民政策，中原汉族人迁移到该地区，居住于此的喀喇沁人成为最早与汉族人接触的蒙古人，因此东蒙民间故事中不仅有传统的草原游牧文化因素，也有很多中原汉民族农耕文化因素。不仅有蒙古族对日月星辰的崇拜、森林狩猎、草原畜牧业等生产生活方式的内容，也有农耕生活中的庄稼、养鸡鸭鹅等日常生活内容。于此同时，东蒙民间故事中也记录和描述了东蒙三百年来满蒙两族通婚往来的历史。

喀左东蒙民间文学以口传讲述和演唱的方式传诵。然而，随着时间的流逝，以及老一辈民间艺人的相继离去，东蒙民间文学正在淡出人们的记忆。为了挖掘和抢救这项宝贵的文化遗产，当地政府和文艺工作者自上世纪80年代，分批组织搜集和采访了民间艺人，2008年正式出版了系列丛书《喀左·东蒙民间故事》。该丛书有12卷，包括3部综合卷，7部故事家卷，2部喀左风物传说，囊括了民间故事的各种类型。

喀左东蒙民间文学是集喀左蒙古民族历史、习俗、宗教为一体的文学艺术，它是民族学、文化学、历史学、民俗学等诸多人文学科研究的重要资料。

刘三姐歌谣　类别：民间文学　编号：Ⅰ—23
申报地区或单位：广西壮族自治区宜州市

刘三姐歌谣源于广西宜州，在全国范围内影响较广。在当地壮族人民的概念中，所谓的歌圩中的歌就是指刘三姐歌谣，每年阴历三月三都要举办"三月三"歌节来纪念这位歌谣天才刘三姐。

相传刘三姐生于唐中宗神龙元年（703年），从小聪慧过人，能歌能唱，被视为"神女"。刘三姐12岁即出口成章，妙语连珠，以歌代言，名扬壮乡。他与同村的卖柴歌手李小牛相爱，财主莫怀仁以触犯礼教之名，把他俩捆绑后扔进河里，李被淹死，三姐飘到柳州，被老渔民救起，并收为义女。后来，刘三姐在柳州唱歌又唱出了名，莫怀仁请来三个歌手与刘三姐赛歌，大败而归。莫恼羞成怒，叫打手把刘三姐捆绑后装进猪笼，沉入河底。三姐死后，人们在她坟前供祭两条大鲤鱼，祭祀间，坟墓裂开，三姐跳出来骑着一条鲤鱼上了天，另一条鲤鱼变成了"鱼峰山"。现在的鱼峰山上有刘三姐的汉白玉雕像，山洞内塑有男女对歌的群雕。

刘三姐歌谣大体分为生活歌、生产歌、爱情歌、仪式歌、谜语歌、故事歌及创世古歌7大类。歌谣具有以歌代言的特点和鲜明的民族性。壮民族的日常生活及婚丧嫁娶等各种节庆礼仪中都要演唱刘三姐歌谣。歌谣传统脉络清晰，代代相传，构成壮族独有的一种群体歌谣。

刘三姐歌谣的精神内核是壮族文化，外在形式借助汉族文化来展现，使之成为多元文化交汇相融的象征。1961年，新中国电影史上第一部、也是最为成功的音乐风光故事片《刘三姐》在国内外公映，令世人瞩目。2004年，由中国著名导演张艺谋编导的《印象·刘三姐》大型山水实景演出，大大地增强了刘三姐歌谣的影响力。2006年，刘三姐歌谣被列入国家级非物质文化遗产名录。

四季生产调　类别：民间文学　编号：Ⅰ—24
申报地区或单位：云南省红河哈尼族彝族自治州

四季生产调流传于云南省红河哈尼族彝族自治州红河、元阳、绿春、金平、建水等县的哈尼族聚居区，其起源时间不晚于唐代，被誉为山区梯田生产技术及其礼仪禁忌的百科大典。哈尼族四季生产调包括引子、冬季、春季、夏季和秋季5大单元的内容。引子部分讲述了祖先传承下来的四季生产调对哈尼族的生存所具有的意义，其余部分按季节顺序讲述梯田耕作的程序、技术要领以及与之相应的天文历法知识、自然物候变化规律、节庆祭典知识和人生礼节规范等。四季生产调体系严整，通俗易懂，可诵可唱，语言生动活泼，贴近生产、生活，而且传承历史悠久，具有广泛的群众基础。它不仅是梯田生产技术的全面总结，也是哈尼族社会伦理道德规范的集大成之作。四季生产调见证了哈尼族梯田稻作文明的变迁历程，对人类梯田稻作文明所具有的历史和科学价值的研究有重要的参考价值。同时，它直白、朴素、幽默风趣的语言表述风格给人以亲切感人的艺术享受和审美体验。无论是过去还是现在，口传心授的四季生产调都在哈尼族社会的生产、生活中起着指导作用。

2006年5月20日，四季生产调经国务院批准列入第一批国家级非物质文化遗产名录。2007年6月5日，经国家文化部确定，云南省红河哈尼族彝族自治州的朱小和为该文化遗产项目代表性传承人，并被列入第一批国家级非物质文化遗产项目226名代表性传承人名单。

玛纳斯　类别：民间文学　编号：Ⅰ—25
申报地区或单位：新疆维吾尔自治区克孜勒苏柯尔克孜自治州、新疆维吾尔自治区文联民间文艺家协会

《玛纳斯》是长期流传于民间的柯尔克孜族英雄史诗。"玛纳斯"是柯尔克孜语史诗之意，叙述了柯尔克孜族传说中的民族英雄玛纳斯及其8代子嗣的活动和业绩，展现了古代柯尔克孜人丰富多彩的婚礼、祭典、节日及叼羊、赛马、摔跤等民族生活画面。被誉为柯尔克孜族古代生活的百科全书，是中华民族优秀的精神财富之一。

根据克孜勒苏柯尔克孜自治州著名歌手居素甫·玛玛依的演

居素甫·玛玛依

唱，全诗由8部构成，总计23万余行，2000万字。每部以该部主人公命名，第一部的主人公玛纳斯，为整部诗的总称。8部各自独立成篇，又相互衔接，全诗结构完整、故事曲折、内容丰富，尤以第一部最为精彩，篇幅最长，占到整部诗文的四分之一。

史诗的内容：卡勒玛克汗王获悉，一个奇异的孩子就要降生，他一出生会力大无比，长大后要推翻卡勒玛克汗王，这个孩子名叫"玛纳斯"。卡勒玛克汗王为除后患，搜遍所有怀孕的柯尔克孜族妇女，一一剖腹，一定要玛纳斯胎死腹中。在柯尔克孜族百姓的保护下，玛纳斯出生了，他一手握着血块，预示他要浴血奋战一生，让敌人血流成河；一手握着油脂，预示他要让柯尔克孜人民走上富裕道路。

11岁时，他率40名小勇士和柯尔克孜各部民众，与入侵的卡勒玛克人进行了浴血搏斗，把入侵者赶出了柯尔克孜领地。玛纳斯威名传遍四面八方，受到柯尔克孜各部落等60个突厥语部落联盟的拥戴，被推为总首领，成为统辖内7汗和外7汗的大王。

玛纳斯率领浩浩荡荡的大军东征，追剿卡勒玛克人，以除后患。他们翻山越岭，长途跋涉，浴血搏斗，大获全胜，玛纳斯终于坐在了卡勒玛克首领昆吾尔的宝座上。在后来的一次战斗中，他的头部被败将昆吾尔的毒斧砍中，不治身亡。

《玛纳斯》，是一部伟大的文学作品，长期在民间传唱，柯尔克孜语把演唱《玛纳斯》的民间歌手叫作"玛纳斯奇"。喜庆节日欢聚，必邀歌手"玛纳斯奇"演唱《玛纳斯》诗文。演唱无乐器伴奏，曲调高亢或低沉，旋律舒紧疾徐。有的"玛纳斯奇"能从夜晚一直唱到天明，演唱比赛时，甚至连续唱上几天几夜。其中演唱诗文最长的著名歌手是居素甫·玛玛依。

《玛纳斯》既有文学欣赏价值，又有重要的学术研究价值，是研究柯尔克孜族语言、历史、民俗、宗教等方面的百科全书。

《玛纳斯》人物鲜明，情节曲折，在全诗人物画廊中，玛纳斯是充满原始激情与新鲜活力的英雄形象，具有特殊的艺术魅力。诗文语言优美，比喻生动，精练谚语随处可见，具有浓郁的民族特色。

20世纪50年代初，政府就开始了有计划地采集和记录《玛纳斯》的工作，20世纪60年代，整理出了两部约20000行，译成汉文、维吾尔文发表。1978年后，《玛纳斯》的记录、整理工作终于完成。《玛纳斯》流传于我国新疆地区，以及中亚的吉尔吉斯、哈萨克、乌兹别克、阿富汗等地，有俄文、德文、英文、法文、土耳其文、塔吉克文等多种译本。

2006年5月20日，经国务院批准，《玛纳斯》被列入第一批国家级非物质文化遗产名录。2007年6月5日，经文化部批准，新疆维吾尔自治区克孜勒苏柯尔克孜自治州89岁的居素甫·玛玛依和新疆维吾尔自治区文联民间文艺家协会66岁的沙尔塔洪·卡德尔成为《玛纳斯》非物质文化遗产项目的代表性传承人。

> 江格尔　类别：民间文学　编号：Ⅰ—26
> 申报地区或单位：新疆维吾尔自治区和布克赛尔蒙古自治县、博尔塔拉蒙古自治州、巴音郭楞蒙古自治州、新疆维吾尔自治区文联民间文艺家协会

长篇英雄史诗《江格尔》是蒙古族数部英雄史诗中最有代表性的一部，与藏族史诗《格萨尔》和柯尔克孜族的史诗《玛纳斯》并列为中国三大英雄史诗。《江格尔》源于新疆卫拉特地区，主要流传于新疆阿尔泰地区、伏尔加河流域的卡尔梅克共和国和蒙古国境内的西部地区。它是蒙古族劳动人民集体的智慧成果。

江格尔史诗通过历代民间艺人的丰富和发展最终成为长达60余章、10多万诗行的宏篇巨作。该史诗讲述了主人公江格尔汗和他的勇士们为

江格尔演唱

了保卫阿尔泰圣山为中心的宝木巴国,与形形色色的敌人(莽古思)进行了英勇不屈的斗争。史诗内容繁多,可以归纳为结义故事、婚姻故事和征战故事三个类型。结义故事讲述了英雄们经过战场上的交锋或各种考验最终结为情同手足的兄弟。婚姻故事讲述了江格尔和众英雄在娶亲过程中的各种经历,英雄们通过战胜各种困难表现了他们的英勇善战和足智多谋的性格。征战故事讲述了江格尔和众英雄们通过战胜恶魔保卫家乡的事迹,表现了英雄们热爱家乡、热爱和平的民族精神。江格尔史诗中除了汗国的首领江格尔以外还有他美丽动人的妻子阿盖·沙布塔拉的形象,还有足智多谋的勇士阿拉坦策吉、古恩拜、赫吉拉干,以及雄狮英雄洪古尔、萨布尔、萨纳拉等。史诗中对洪格尔这个勇士的形象塑造,可以说是最为成功的。他是江格尔左手头名勇士,他一片赤诚,拳拳之心紧系宝木巴国的安危,披肝沥胆,英勇战斗,将身家性命置于度外。史诗中江格尔和众勇士代表了正义,而故事中的莽古思象征着恶意、黑暗、丑陋。

演唱江格尔的艺人称为"江格尔齐",他们是江格尔史诗的保护者,传播者和创作者。江格尔的演唱分为两种形式,一为用乐器伴奏的弹唱形式,另一种为不用任何乐器伴奏的清唱形式。其中所用的伴奏乐器有陶布舒尔、三弦、四胡、马头琴等,但多用陶布舒尔进行伴奏。演唱江格尔不受时间、地点和环境的限制,在任何时间,任何地方都可以演唱。但也有一些地方在演唱江格尔时有一定的规矩,如卫拉特蒙古人如果开始演唱一部江格尔,必须把这一部讲完,听众必须要听到结束为止。之外,额鲁特人在演唱江格尔以前要点香、点佛灯、向江格尔磕头祈祷。而生活在博尔塔拉的察哈尔人,在晚上演唱江格尔时,则紧闭蒙古包的天窗和门,点香、点佛灯后再开始说唱。

江格尔史诗是蒙古族早期文学的最高成就,具有很高的文学价值和珍贵的史学价值,对于研究蒙古族远古时期的哲学思想、宗教信仰、风俗习惯等具有不可忽视的作用。2006年,江格尔被国务院批准列入第一批国家级非物质文化遗产名录,新疆维吾尔自治区和布克赛尔蒙古自治县的加·朱乃、新疆维吾尔自治区巴音郭勒蒙古自治州的李日甫和、新疆维吾尔自治区文联民间文艺家协会的夏日尼曼等被列为该文化遗产项目的传承人。

格萨（斯）尔　类别：民间文学　编号：Ⅰ—27
申报地区或单位：西藏自治区、青海省、甘肃省、四川省、云南省、内蒙古自治区、新疆维吾尔自治区、中国社会科学院《格萨（斯）尔》办公室

《格萨（斯）尔》是世界范围内规模最为宏大的一部英雄史诗。它有着上千年的创作和演唱的历史，是目前世界上最长的史诗，长达一百多万行。内容主要描写了以格萨（斯）尔为首的古代英雄群体惩恶扬善、英勇征战的故事。史诗的故事情节围绕着英雄人物格萨（斯）尔的一生展开，基础章节和情节主要有神国出生、赛马称王、迎娶爱妃、击退入侵、东讨西伐、降妖伏魔、返回神国等等。史诗中积淀了丰厚的藏族古代神话传说、诗歌和谚语等民间文学素材，提供了宝贵的藏族原始部落的形态和丰富的资料，是一部形象化的古代藏族历史，代表了藏族文化的最高成就。

除了在藏族群众中家喻户晓之外，这部史诗还广泛流传于我国的蒙古、土、裕固、纳西、普米等民族中。同时也被传播到境外的蒙古国、俄罗斯的布里亚特以及喜马拉雅山以南的印度、巴基斯坦、尼泊尔等国家和周边地区，具有十分强大的跨文化传播影响力，传播所到之处均与当地民族的语言文化相融合。其中流传至蒙古地区的《格斯尔》在情节发展和再度创作上独具特色，在艺术感染力上取得了和母体史诗可以媲美的成就。所以在申遗和对外宣传时，将《格萨尔》和流传至蒙古地区的《格斯尔》联名为《格萨（斯）尔》。目前，这一史诗在各流传地区仍处在不断创作和发展中，所以又被称作"活形态的史诗"。

我国学者最早介绍和研究这部史诗，是在20世纪20年代末和30年代初。而系统地、大规模地进行搜集工作则是从1958年开始的。1958年，中共中央宣传部曾批准中国民间文艺研究会、中国科学院文学研究所提出的搜集这一史诗的计划，并确定由青海省负责，其他有关省区协助。之后，青海、西藏、甘肃、四川、云南先后进行了搜集工作，并取得了显著的成绩。从2002年起，中国社科院在北京、四

川、西藏、内蒙古、青海等史诗流传省、区、市，先后以多种形式对这一史诗传统以及文化保护进行了大力的宣传和推广，陆续举办了一系列学术活动。几十年来，我国在《格萨（斯）尔》的民间艺人保护、资料整理、学科建设、人才培养、成果出版、对外学术交流等各方面取得了巨大的成就。

2000年10月，联合国教科文组织第31届大会将《格萨（斯）尔》列入"会员国2002—2003年度联合国教科文组织参与的周年纪念"名单。2006年《格萨（斯）尔》被列入第一批国家级非物质文化遗产代表作名录。2008年9月，中国社科院民族文学研究所和全国《格萨（斯）尔》工作领导小组办公室组成课题组，申报"《格萨（斯）尔》史诗传统"为联合国第四批"人类非物质文化遗产代表作名录"。2009年9月，在阿联酋召开的联合国教科文组织保护非物质文化遗产政府间委员会第四次会议上，"《格萨（斯）尔》史诗传统"被批准列入人类非物质文化遗产代表作名录。

阿诗玛　类别：民间文学　编号：Ⅰ—28
申报地区或单位：云南省石林彝族自治县

《阿诗玛》是流传在云南彝族撒尼人民中的长篇传说，是撒尼人民世世代代的集体创作。

《阿诗玛》使用口传诗体语言讲述或演唱阿诗玛的事迹：从前，在阿着底地方，贫苦的格路日明家生了个美丽的姑娘，爹妈希望女儿像金子一样珍贵闪光，便给她取名叫"阿诗玛"。阿诗玛姑娘不仅长得漂亮，也能歌善舞，许多小伙子都喜欢她。她爱上了青梅竹马的孤儿阿黑，立誓非他不嫁。一年的火把节，她和聪明勇敢的阿黑订了亲。财主热布巴拉的儿子阿支也看上了美丽的阿诗玛，便请媒人去说亲，但不管怎样威胁利诱，都无济于事。热布巴拉家乘阿黑到远方放羊之机，派人抢走了阿诗玛并强迫她

与阿支成亲，阿诗玛誓死不从，被鞭打后关进了黑牢。阿黑闻讯，日夜兼程赶来救阿诗玛，他和阿支比赛对歌、砍树、接树、撒种，全都赢了阿支。热布巴拉恼羞成怒，指使家丁放出三只猛虎扑向阿黑，阿黑三箭将猛虎射死，并救出了阿诗玛。狠毒的热布巴拉父子不肯罢休，勾结崖神，乘阿诗玛和阿黑过河时，放洪水卷走了阿诗玛。十二崖子的应山歌姑娘，救出阿诗玛并使她变成了石峰，变成了回声神。从此，你怎样喊她，她就怎样回答你。她的声音，她的影子永远留在了人间。阿诗玛不屈不挠地同强权势力作斗争的故事，揭示了光明终将代替黑暗、善美终将代替丑恶、自由终将代替压迫与禁锢的人类理想，反映了彝族撒尼人"断得弯不得"的民族性格和民族精神。

《阿诗玛》被撒尼人称为"我们民族的歌"，阿诗玛的传说已经成为撒尼人日常生活、婚丧礼节以及其它风俗习惯的一部分，在人民中间广为传唱。其艺术魅力随时间的冲刷而历久弥新，不减光芒，成为我国民族文学百花园中璀璨的瑰宝，蜚声世界文坛。1953年5月，云南省人民文工团深入到彝族撒尼人聚集的路南县圭山区进行发掘工作，搜集到《阿诗玛》的异文传说20种。后由公刘、黄铁、刘知勇、刘绮等对异文进行了整理、润色，于1954年发表。1959年，李广田在此基础上作了加工，出版了长诗《阿诗玛》。中国第一部彩色宽银幕立体声音乐歌舞片《阿诗玛》于1982年获西班牙桑坦德第一届国际音乐最佳舞蹈片奖。自此，民间叙事长诗《阿诗玛》开始享誉海内外。阿诗玛传说经国务院批准列入第一批国家级非物质文化遗产名录。

拉仁布与吉门索　类别：民间文学　编号：Ⅰ—29
申报地区或单位：青海省互助土族自治县

《拉仁布与吉门索》是土族流传最广、影响最大的优秀民间叙事长诗，堪称土族的《梁山伯与祝英台》，拉仁、吉门索为人名。这部叙事诗长达300多行，记述了一对土族青年的爱情悲剧。全诗围绕牧主的妹妹吉门索与雇工拉仁布的爱情故事这条主线，分八个章节进行叙述。全诗结构清晰，层次分明，根据故事情节的发展，始终贯穿拉仁布和吉门索两人的爱情这一主线，环环相扣，步步深入。主题鲜明突出，歌词对称，语言生动丰富，字里行间洋溢着真挚的感情，烘托出人物的不同性格特点，道出了拉仁布与吉门索纯贞的爱情和对自由、幸福生活的向往，对万恶的封建社会提出了强烈的控诉。全诗可讲可唱，是土族劳动人民集体智慧的结晶，具有广泛的群众性，也是土族群众最喜欢演唱的一首叙事情歌，在不同的流传地区有不同的风格。在演唱方式上，拉仁布与吉门索以男女对唱为主，但不同于一般的问答式对唱。演唱的曲调独特。

《拉仁布与吉门索》中，拉仁布、吉门索、哥哥、嫂子等主要人物性格特征鲜明。故事源于土族地区，植根于土族传统文化之中，为当地土汉两族民众所喜闻乐见。同时也反映了土族从游牧生产方式逐步转向农业生产方式的一个侧面，具有重要的历史研究价值。

土族歌舞

《拉仁布与吉门索》用土族口语创作并演唱，并以口耳相传的方式在群众中相沿传袭，至今仍为活态的口头文学形式，相关传承人是何全梅。但是随着时间的推移，这一民间长诗的传承人大部分已相继辞世，50岁以下的中青年人基本都不会唱了。

2006年5月20日，《拉仁布与吉门索》由青海省互助土族自治县申报，经国务院批准列入第一批国家级非物质文化遗产名录。2007年6月5日，经国家文化部确定，青海省互助土族自治县的何全梅为该文化遗产项目代表性传承人，并被列入第一批国家级非物质文化遗产项目226名代表性传承人名单。

畲族小说歌　类别：民间文学　编号：Ⅰ—30
申报地区或单位：福建省霞浦县

畲族小说歌发源于福建省霞浦县侯南镇白露坑村。白露坑村是畲族人口最为集中和文化积淀最为丰富的地区。畲族小说歌是以畲语为载体，集唱、念为一体的具有浓郁民族特色的文学形式。

据《霞浦县畲族志》载，"小说歌"属于畲族歌谣的一种，又称"全连本"或"戏出"，畲民俗称"大段"，属于长篇叙事歌，至今已有百余年历史。畲族没有自己的文字，多以口传心授方式传承。自晚清后畲族歌手借用汉字来记音，采用当地土语——霞浦话的读音来记音。小说歌多取材于汉族民间神话故事、传说、章回小说、评话唱本等。钟学吉（1856～1924）是畲族小说歌的代表人物。他改编和编写的小说歌种类非常丰富，有根据汉族章回小说、评话歌本改编而成的《长连正歌》、《孟姜女》、《唐伯虎》等长篇小说歌；也有根据畲族民间传说改编而成的史诗性小说歌《高辛氏》等。小说歌的叙事性强，有严谨的结构章法，每篇由众多的单首组成，单首的结构多为四行，每行七字。小说歌是融叙事、咏物、抒情为一体的文学作品，其内容丰富、形式多样、语言明快、音韵和谐。

畲族小说歌是畲民集体智慧的结晶，也是畲汉互动的见证。在全球化、现代化语境中，畲族小说歌也遭到了前所未有的挑战、出现断层现象、会唱畲族小说歌的人越来越少。2006年，畲族小说歌被列入国家级非物质文化遗产名录。歌王钟学吉的第四代后裔钟昌尧被列为传承人，他不仅会唱几万首畲歌，而且还通过个人努力收集到一批十分宝贵的"畲族小说歌"手抄本，对畲族小说歌的搜集整理、传承发展做出了重大贡献。

巴拉根仓的故事　类别：民间文学　编号：Ⅰ—51
申报地区或单位：内蒙古自治区通辽市

《巴拉根仓的故事》是以巴拉根仓为主人公的蒙古族民间文学，巴拉根仓是人名，蒙语意为"丰富的语言"或"智慧的宝库"。巴拉根仓并非实有其人，他是蒙古族劳动人民根据自己的想象虚构出来的理想人物形象。《巴拉根仓的故事》主要流传于内蒙古、新疆、甘肃、吉林、黑龙江等蒙古族居住地区。

《巴拉根仓的故事》的基本框架是从蒙古族古老的民间故事《答兰胡达勒齐》（蒙古语，意为"能言善辩者"或者"撒谎大王"）演变而来。故事在不同时期、不同地区、不同人群的流传中不断得到发展，成为情节幽默风趣、人物性格鲜明的系列故事群。据不完全统计，该故事群约有长短不一的故事200多篇，每一篇故事篇幅都不长，人物也少，语言大众化。单独看，每一篇都是首尾连贯的独立故事。但是，各篇又可以串成一个长篇讽刺幽默的故事群。故事中的巴拉根仓是普通农牧民形象，他以机智幽默的"谎言"对封建时代的官僚、财主、大喇嘛、奸商进行讽刺。巴拉根仓的"说谎"充满了哲理性，表面上是在撒谎，但其背后揭示了事实的真相，表现了他同情人民疾苦，为贫苦农牧民伸张正义，整个故事表现了正义战胜邪恶的美好理想。巴拉根仓的故事内容可以分为：1. 对权贵的藐视：如《让王爷下轿》、《摔锅》、《智慧囊》、《惩治宝日勒代巴彦》、《自找没趣》、《种羊难产》、《雨淋挑战者》等。2. 对奸商的惩治：如《井底捞鼻烟壶》、《还本付息》、《打官司》等。3. 对吝啬鬼的戏弄：如《为吝啬鬼打工并坚持了三个习惯》。4. 对伪善者的嘲弄：如《当场揭底》、《吃双俸禄的诺颜》、《试探信徒的信仰》等。5. 对阎王的惩治：如《给光头鬼生头发》、《红辣椒治小鬼眼病》、《把鬼魂关进膀胱里玩》、《让阎王七使者见到人世》等。

《巴拉根仓的故事》是蒙古族人民集体智慧的结晶，它是一部充满积极进取精神的讽刺幽默故事群，这些故事真实地反映了当时的社会矛盾。故事情节趣味横生，让人觉得真实可信，从而赢得了人民群众普遍的喜爱。2011年，《巴拉根仓的故事》被列入国家级非物质文化遗产名录。

满族民间故事　类别：民间文学　编号：Ⅰ—53
申报地区或单位：辽宁省文学艺术家联合会民间文艺家协会

满族民间一直有通过氏族部落酋长或萨满以口耳相传的形式记录历史的习惯，这类讲述活动称为"讲古"、"讲古趣儿"、"讲瞎话儿"。其中广泛流传于满族民间的神话、传说、故事、谣谚等短篇口头叙事被称为民间故事。满语一般将故事称为"朱伦"或"朱奔"，意思是讲"瞎话儿"、"古趣儿"。相较于满族说部而言，民间故事的讲述没有特定的场所和时间，具有一定的随意性和娱乐性。

满族民间故事一般流传于东北地区和承德区域，两地的民间故事因自然条件和历史环境的不同具有较大差异。

白山黑水是满族的发祥地，那里河流众多，气候寒冷。民间故事所讲述的多为清以前满族的社会生活，包括原始神话、英雄人物传说、以渔猎、采集、农耕为主要内容的生活故事。有以人参、大马哈鱼、东北虎等满族故乡特有物产为主的动植物故事以及由此派生出来的风俗传说，如《真假巴图鲁》、《鹰嘴峰》等。故事多以平民为主人公，故事情节描写细腻，崇尚壮美和力量，具有鲜明的民族个性，渗透着古老社会图腾崇拜观念。

承德是清朝时期满族新兴的迁徙地，这一时期满族民间故事只有清代满族历史故事这一条主旋律。故事的主人公以皇帝、外藩王公等贵族为主，从大规模、大场面的角度进行描述，以表现主人公的英明神武。还有一类东北满族民间故事中少见的"满蒙联姻"的传说，如《乾隆登双塔山》、《千公主和藩》等。在整体上，作品的民族性较为淡薄，是多民族融合的产物。另外，承德区域内还有一类关于旗主欺压旗民、地方旗官欺压百姓、争夺财物的故事，如《两旗争地》等，阶级矛盾较之于东北地区的故事更为尖锐。

辽宁满族民间故事因传承历史悠久、内容丰富、文化特征鲜明、传承人数量众多等特点，在满族民间故事分布地中一枝独秀，主要分布于辽东满族文化圈内，包括本溪、桓仁、宽甸、凤城、清原、新宾、抚顺、开原等地。辽宁满族民间故事主要产生于满族生产方式转变的重要时期，由渔猎向农耕生产的过渡。现代的满族民间故事传承人主要有金庆凯、富察德升、王德文、金庆新等。由辽宁省文联民间文艺家协会组织编写的《满族民间故事·辽东卷》获得了第十届中国民间文艺"山花奖"。2008年，满族民间故事经国务院批准列为第二批非物质文化遗产名录。

嘎达梅林　类别：民间文学　编号：Ⅰ—59
申报地区或单位：内蒙古自治区科尔沁左翼中旗

"南方飞来的小鸿雁，不落长江不起飞。要说起义的嘎达梅林，是为了蒙古人民的土地。天上的鸿雁从北往南飞，是为了躲避北方的寒冷。造反起义的嘎达梅林，是为了蒙古人民的利益"。这首响彻大江南北的蒙古民歌是歌颂蒙古族近现代英雄人物嘎达梅林的。

嘎达梅林（1892年—1931年），本名那达米德，汉名为孟青山，因在家排行老小所以叫"嘎达"，而"梅林"是指他的官衔，故此叫"嘎达梅林"。嘎达梅林是达尔汗旗人（现在的内蒙古通辽市科左中旗）。清末，清朝政府实施"移民实边"政策，大量汉人流入草原放垦开荒。蒙古王公又与东北军阀勾结大规模开垦草原，达尔罕旗四分之三的草原被放垦、牧场缩小、牧民被迫背井离乡，引起了牧民的愤怒。嘎达梅林为了牧民的利益和蒙古人民的土地发起"独贵龙运动"。不幸的是，蒙古王公与张学良部下串谋杀害了嘎达梅林，起义以失败告终。嘎达梅林的英雄事迹被民众以叙事民歌形式记录下来，产生了长篇叙事民歌《嘎达梅林》。

叙事民歌《嘎达梅林》产生于起义后，以真实事迹为背景，较完整的交代了起义的全过程，从而塑造了嘎达梅林的英雄形象。该民歌的韵文约有2000余行，演唱全曲需要四个多小时，抒情性与叙述性相结合，其旋律朴实、曲调深沉、语言生动感人。叙事民歌《嘎达梅林》充分体现了蒙古人民崇拜英雄的传统思想。阐述了蒙古科尔沁近代社会主要矛盾。通过塑造嘎达梅林的形象表现了蒙古人民热爱故土、热爱家乡、热爱大自然和保护大自然的博大情怀。运用《嘎达梅林》素材创作的艺术作品非常多，如辛沪光的《嘎达梅林交响诗》、冯小宁的电视剧《嘎达梅林》，舞蹈家朝克图的独舞《嘎达梅林》等作品运用不同艺术手法塑造了这位民族英雄。2008年，叙事民歌《嘎达梅林》被列入国家级非物质文化遗产名录，民间艺人何巴特尔被指定为传承艺人。

科尔沁潮尔史诗　类别：民间文学　编号：Ⅰ—60
申报地区或单位：内蒙古自治区

科尔沁潮尔史诗也称为"莽古思·乌力格尔"，"莽古思"在蒙语里是指"恶魔"、"妖怪"，"乌力格尔"为"故事"的意思，"莽古思·乌力格尔"意为"镇压恶魔的故事"，它是蒙古族的地方性英雄史诗之一，主要流行于通辽和兴安盟一带。

潮尔的表演者称为"潮尔齐"，潮尔齐用"潮尔"乐器伴奏，自拉自唱史诗。科尔沁潮尔史诗的角色由英雄人物和莽古思为代表的善恶双方角色组成。故事中的英雄多是为了迎娶美貌妻子或建立美好幸福的家园而奋斗，或者为保卫家族与入侵的莽古思开战等内容。故事中的英雄是善良、正义、勇敢的代表，而莽古思代表的是恶势力的代表，多以魔鬼的形象出现。

在民间演唱科尔沁潮尔史诗需要特定的场域和程序。表演多在冬夜进行，夏季六月禁止说唱。只有民间逢年过节、婚配嫁娶、新房落成、寿辰生日等民俗活动以及遇到天灾人祸时，要请潮尔齐来演唱史诗。潮尔齐演唱科尔沁潮尔史诗之前需要洁口净手、烧香念咒。潮尔史诗的表演，开篇时总会唱道："当巍峨的须弥山/像土丘般大的时候/当浩瀚的乳海之水/像泥潭般浅的时候/当阎王的青牛坐骑/还是个小犊的时候/当达赖、班禅两位活佛/还是个班迪的时候/当蔚蓝的天空/还未变蓝的时候/当金色的大地/刚刚成形的时候……"史诗的音乐以抒情与叙述性相结合，其风格古朴苍劲、粗犷豪放，语言多为韵文体，三句一段或四句一段。科尔沁潮尔史诗有18部：《宝迪嘎拉巴可汗》、《阿萨尔查干海清把秃儿》、《道喜巴拉图把秃儿》、《阿布日古楚伦把秃儿》、《阿嘎扎把秃儿》、《呼日勒把秃儿其木德道尔基可汗》、《额布根宝黑尔把秃儿》、《希日格勒岱蔑日根把秃儿》、《嫩吉腾格里》、《尼苏纳嘎拉珠把秃儿》、《苏日图嘎拉珠把秃儿》、《乌恒腾格里》、《古南哈拉》、《都贵哈拉》、《阿拉坦宝日毛日》、《钟毕力格图》等。

传承人扎拉森

科尔沁潮尔史诗是集草原民族特有的语言、历史、宗教、心理、世界观、人生观、风俗习惯等紧密地维系在一起的文学表演艺术，表达了蒙古民族讲求真理、主持正义、维护和平、和谐共存的美好愿望。时至20世纪，科尔沁潮尔史诗作为人类口头表演艺术形式留存于少数几位说唱艺人中间，代表性传承人有布仁初古拉、扎拉森等。2008年，科尔沁潮尔史诗被列入国家级非物质文化遗产名录。

> 仰阿莎　类别：民间文学　编号：Ⅰ—61
> 申报地区或单位：贵州省黔东南苗族侗族自治州

"仰阿莎"是一首数千行的上古苗族爱情神话长诗，传唱于贵州省黔东南雷公山区、清水江流域和都柳江部分苗族聚居区。"仰阿莎"是苗语音译，意为"水边的小姑娘"、"清水姑娘"，以此表现仰阿莎活泼美丽的外表和纯净而智慧的性格。这首长诗在民间流传了数千年，在苗族歌手心目中，"仰阿莎"是最美的歌。它是祖先留下的一份珍贵文化遗产，是我国少数民族民间文学的一朵奇葩，在我国民族民间文学史上占有一席之地，影响极大。

仰阿莎被誉为苗族的美神，她的美丽盖世无双，找她谈情游方的小伙子络绎不绝。传说仰阿莎与别人不一样："她的花衣呀，锦鸡的彩毛比不上，她的褶裙呀，只有菌子才相像。"8个支系族人中的姑娘，没有一个比得上她，9个支系族人中的青年，个个想爱她。不一般的仰阿莎，"头天理容貌，第二天就笑，第三天就唱，歌声响遍了山谷，花朵开遍了树丫"。整首长诗以仰阿莎为核心，讲述了年轻美丽的仰阿莎被骗嫁给太阳大王，因婚姻生活不幸福而爱上给太阳打长工的月亮，并与月亮私奔，并且最终和月亮结合的故事。整首诗通过仰阿莎恋爱及婚姻纠葛的故事和情节，曲折地反映了整个古代封建社会历史阶段苗族婚姻的侧影，它是一部苗族人民的婚姻史诗。仰阿莎成了苗族姑娘追求爱情、争取婚姻幸福生活的代表。古代苗族人民把他们对生活的热爱、对爱情的渴望、对美好的追求、对邪

仰阿莎　剧照

恶的惩判及敢于面对困难、敢于征服自然、勇往向上的精神凝聚成"仰阿莎"形象。

歌舞剧《仰阿莎》是作家韦文扬根据长诗"仰阿莎"改编创作的，剧本在2005年荣获第四届中国戏剧文学奖金奖。《仰阿莎》歌舞剧在尊重史诗的基础上，大胆虚构和夸张，将黔东南苗族音乐、舞蹈、服饰的美与美丽动人的爱情故事融合在一起，以拟人的手法成功塑造了美丽动人的苗族美神仰阿莎及太阳、月亮等形象。它是苗族神话叙事长诗的第一次生动展现。2008年6月，"仰阿莎"被列入第二批国家级非物质文化遗产名录。

布依族盘歌　类别：民间文学　编号：Ⅰ—62
申报地区或单位：贵州省盘县

布依族盘歌是布依族的传统民歌，又称酒令，是用布依族语言创作并演唱的叙事史类民间文学作品。流传于贵州省北盘江流域的布依村寨中，尤其以六盘水市盘县羊场布依族白族苗族乡境内的布依族盘歌最具代表性。布依族盘歌伴随着布依族人的社会生活发展而不断丰富。是布依人民集体智慧的结晶。发展至今，布依族盘歌的内容、形式、谱调等已较为完整。从内容上看，布依族盘歌涉及到了劳作、时政、仪式、爱情、生活环境、历史传说等诸多方面；从演唱场合看，有室内演唱和野外演唱两种形式；按演唱曲调分，可分为情歌调、礼教调、婚庆调、丧葬调等。布依族盘歌还涉及政治、经济、文化、社会、伦理道德、宗教等众多领域，是布依族人民记载民族历史、文化的重要载体。

布依族盘歌作为一种古老的文学作品，它比一般的叙事诗歌、抒情诗歌赋予了更多的文化内涵。今天在六盘水市境内乃至周边地区布依族聚居区域内流传的《孤儿苦》、《育儿情》、《姑娘怎样把家当》、《王玉联的遭遇》等叙事长诗均与布依族盘歌

盘歌演唱

一脉相承，寓含布依人的精神、信仰、价值取向，足显其深远影响。盘歌在布依人中口头传唱千百年，它是布依人的一部无字百科全书，具有珍贵的文化历史研究价值。是研究人类学、民族学、民俗学的珍贵材料。

盘歌是现存的一种鲜活的布依族传统文化表现形式，展示了布依人好客、友善的优良传统，具有广泛的教育意义。但是，由于受现代化进程的强烈冲击，布依族盘歌传承人越来越少，加之使用布依语的人越来越少，用布依语演唱布依族盘歌的人更为稀少。随着老一代布依歌手的相继去世，现在能系统演唱布依族盘歌的艺人已所剩无几。大部分青少年甚至没有听过用布依语演唱的布依族盘歌。所以采取有力、可行的保护措施，使原生态布依族盘歌能够继续传承下去已迫在眉睫。

2008年6月，六盘水市盘县羊场乡布依族口传叙事史诗布依族盘歌被列入第二批国家级非物质文化遗产名录。

梅葛　类别：民间文学　编号：Ⅰ—63
申报地区或单位：云南省楚雄彝族自治州

梅葛，彝族长篇史诗。流传在云南省楚雄彝族自治州姚安、大姚、盐丰等县。"梅葛"一词是彝语的音译。它本是一种曲调的名称，史诗用梅葛调演唱，因以得名。

长史共分四大部分：第一部分为创世，包括开天辟地和人类起源；

第二部分为造物，包括修建房屋、狩猎、畜牧、农事、造工具、生产盐和蚕丝；第三部分为婚事和恋爱，包括相配、说亲、请客、抢棚、撒种、芦笙、安家；第四部分为丧葬，包括死亡、怀亲。

《梅葛》是通过口耳相传保留下来的长篇史诗，人们视它为彝家的根谱，每逢年节都要吟唱。《梅葛》中说："远古的时候没有天，远古的时候没有地。"天地是由格滋天神的五个儿子和四个女儿造的。但打雷时把天震裂了，地震时把地震裂了，他们又用云彩补天，用地衣叶子去补地。天地补好后，还在摇晃，格兹天神又叫子女提了3000万公鱼来撑地角、700万母鱼来撑地边。当天地刚产生时，"天地间的万物是虎尸所化生的"。虎的"左眼作太阳，右眼做月亮，虎须做阳光，虎牙做星星，虎油做云彩，虎气变雾气，虎肚做大海，虎血做海水，大肠变大江，小肠变成河，虎皮做地皮，排骨做道路，硬毛变树林，软毛变成草"。从此地上才有了万物。

《梅葛》认为人是格滋天神造的。"格滋天神撒下三把雪，落地变成三代人。"头把雪变成独脚人，只有一尺二寸长，以泥沙当饭菜，独自一个不能行走，只能两手搂脖子飞行，因无法生存而被晒死了。第二把雪变的人有一丈三尺长，树叶当衣裤，吃山林果，身上长青苔，最终也被晒死了。第三把雪变成的人两只眼睛朝上长，成为直眼睛人。这时格滋天神撒下苦荞、谷子和麦子，但这代人糟蹋五谷粮食，谷子拿去打埂子，麦粑粑拿去堵水口，用苦荞面、甜荞面糊墙。一天到晚吃饭睡觉，睡觉吃饭。于是格滋天神决心发洪水，把这代人换掉。洪水泛滥时，只有一个叫学博若的小儿子照天神的旨意，与妹妹一道躲在葫芦里得以幸免，幸存的两兄妹在神的撮合下，"成亲传人烟"，从此有了横眼睛人。

《梅葛》没有文字记载，千百年来，完全凭口耳相传。在漫长的流传岁月中，经过彝族人民不断加工、润色，使它在内容和艺术上更加丰富完美。彝族人民把《梅葛》看成是彝家的"根谱"和古代社会生活的"百科全书"。逢年过节都要唱三天三夜，并把会唱《梅葛》的歌手尊为最有学问的人。1959年，云南人民出版社出版了这部长诗的汉文译本。

史诗反映了彝族人民在不同时代的生产活动、生活方式和他们对周围世界的认识，以及恋爱、婚姻、丧事、怀亲等社会习俗。同时也反映了历史上彝族人民与其他兄弟民族，特别是与汉族人民在经济、文化上的亲密关系。

查姆　类别：民间文学　编号：Ⅰ—64
申报地区或单位：云南省双柏县

查姆，彝族史诗，用老彝文记载并广泛流传。该诗描述了彝族传说中万物的起源。彝族把叙述天地间一件事物的起源叫一个"查"，《查姆》共有120多个"查"，现搜集到的只有11个"查"。

《查姆》认为，远古的时候上面没有天，空中不见飞禽，没有太阳照耀，没有星斗满天，没有月亮发光，更没有打雷扯闪。又说：最古的时候下面没有地，没有草木生长，没有座座青山，没有滔滔大海，没有滚滚河川。认为整个宇宙是"天地连成一片"，"分不出黑夜，分不出白天。"那么这个所谓"连成一片"的东西是什么呢？是"雾露"。在具体说明"雾露"

是世界的本原时,《查姆》指出：世界之初,"只有雾露一团团,只有雾露滚滚翻","雾露里有天,雾露里有地","雾露飘渺太空间……时昏时暗多变幻,时清时浊年复年"。

《查姆》用很大的篇幅谈到人类自身的历史发展。世界之初,"雾露飘渺大地,变成绿水一潭,水中有个姑娘,名叫赛依列,他叫儿依得罗娃最先来造人"。"人类最早的那一代……名字叫'拉爹';'拉爹'下一代,名字叫'拉拖';'拉拖'的后一代,名字叫'拉文'。人类祖先的"拉爹"时代,人只有一只眼睛。独眼睛这代人,不会说话,不会种田,象野兽一样过光阴。今天跟老虎打架,明日和豹子硬拼,人吃野兽,野兽也吃人……有时还会人吃人。"这一代人,"深山老林作房屋,野岭岩洞常栖身。石头做工具,木棒当武器,用树叶做衣裳,渴了喝凉水,饿了吃野果"。由于独眼睛这代人"不知道种粮食","道理也不讲","长幼也不分",于是由神仙之王"涅侬倮佐颇"和众神来商量,决心换掉"独眼睛"这代人,由神女"罗塔纪姑娘'用四瓢水洗去了"独眼睛"人身上的一切污垢,使"独眼睛"人"白发变黑发","粗手变嫩手","脚裂合拢了","独眼睛变成直眼睛",然后给他取下树叶帽,给他取下树叶裳,叫他脱去绿叶裤,全身换新装"。这代人用"树枝做椽子,树叶作瓦片,树皮当板墙"。并已学会种植粮食作物。发展到"拉文"这一代人,"有两只横眼睛,两眼平平朝前生",形象与现代人完全相同,他们"弯刀拿在手中,斧子别在腰里,去到大山头,砍树种旱地"。"世上需要的东西,样样都造出。"

彝族妇女装

史诗《查姆》是反映史前社会的一部长篇史诗,记载的内容十分古老,具有较高的学术价值,并对探讨彝族远古的社会、风俗等方面具有着重要的参考价值。《查姆》的搜集整理工作始于1958年,云南省民族民间文学楚雄、红河调查队第一次调查搜集,1962年,中国作家协会昆明分会民间文学工作部将原始材料连同《查姆》清理稿汇集成册，编入《云南民族文学资料》第7集中；继之，郭思九、陶学良进一步整理修订，1981年由云南人民出版社出版。

> 达古达楞格莱标　　类别：民间文学　　编号：Ⅰ—65
> 申报地区或单位：云南省德宏傣族景颇族自治州

《达古达楞格莱标》是德昂族迄今发掘、整理并出版的唯一一部创世史诗，德昂语意为"最早的祖先传说"。全诗长1200余行，史诗与其他民族的创世史诗不同，情节单纯，始终以万物之源——茶叶为主线，集中地描写了这一人类和大地上万物的始祖如何化育世界、繁衍人类的神迹，并以奇妙的幻想将茶拟人化，独特地提出人类来源于茶树，德昂族是茶树的子孙。反映了德昂族人对茶树的图腾崇拜和德昂族先民与众不同的原始思维特点和价值观念。

德昂人世代都在传唱着这样一首古歌："茶叶是德昂的命脉，有德昂的地方就有茶山。神奇的传说流传到现在，德昂人的身上还飘着茶叶的芳香。"长诗讲道，当大地一片混沌时，天上却"美丽无比，到处都是茂盛的茶树"。"茶树是万物的阿祖，天上的日月星辰，都是由茶叶的精灵化出。"这些茶叶精灵，看到大地上凄凉，就问万能之神帕达然："我们为什么不能到地上生长？"帕达然回答说："地下一切黑暗，到处都是灾难，下凡要受尽苦楚，永远也不能再回到天上。"但是茶树为了大地长青，愿意到地上受苦。帕达然也想开创出繁华的世界，试了老茶树又试小茶树，见它们都愿下凡，于是万能之神掀起狂风，撕碎小茶树的身子，使一百零两片叶子飘然下凡。这些叶子在狂风中发生了奇妙的变化，竟然变成男人和女人："单数叶变成五十一个精干的小伙子，双数叶化为二十五对半美丽的姑娘。"

后来，大地上出现了红、白、黑、黄四大妖魔，他们横行霸道，涂炭生灵。茶叶与四魔斗争，打了9万年，终于将它们消灭了。茶叶众兄妹割下自己的皮肉，搓碎后使它们变成大地上的树木花草，并把自己鲜美的颜色洒给百花，茶叶自己只留下普通的颜色：碧绿的花托、嫩黄的花蕊和洁白的花瓣。从此，这些姑娘和小伙子便在大地上生息，繁衍了人类。

史诗与德昂族散体述讲文学中的"茶叶生人"神话一脉相承。而德昂族将茶叶视为祖先，与德昂族原始先民的生活是分不开的，同时也是自然崇拜与祖先崇拜交相融合的产物。这篇创世史诗所反映的植物图腾观念比较原始，它的初创时间看来是很早的。故而这部史诗流传到现在，其文学价值和文化价值弥足珍贵。

《达古达楞格莱标》于2008年列入第二批国家级非物质文化遗产保护名录。为了有效开展该项目的抢救和保护工作，2008年8月25日，市文体广电旅游局举办德昂族创世史诗《达古达楞格莱标》传承人调查培训工作，来自全市6个德昂族乡镇的分管领导和文化站的工作人员12人参加了培训。

> 哈尼哈吧　类别：民间文学　编号：Ⅰ—66
> 申报地区或单位：云南省元阳县

"哈尼哈吧"，哈尼语，意为哈尼古歌，是中国哈尼族民间文学的重要组成部分，是哈尼族社会生活中流传广泛、影响深远的民间歌谣，是有别于哈尼族山歌、情歌、儿歌等种类的一种庄重、典雅的古老歌。"哈尼哈吧"

哈尼族十月年

涉及哈尼族古代社会的生产劳动、宗教祭典、伦理道德、婚嫁丧葬、吃穿用住、文学艺术等，是世世代代以农耕生产为核心的哈尼人教化风俗、规范人生的"百科全书"。

"哈尼哈吧"流传于滇南哀牢山区红河哈尼族彝族自治州红河南岸元阳、红河、绿春、金平县以及建水县坡头乡、普雄乡等哈尼族聚居地区。哈尼族历史上没有文字，农耕生产生活知识的传播完全靠口传心授，"哈尼哈吧"便成为重大节庆活动和朋友聚会场合中传承文化知识的主要方式。

以元阳县国家级非物质文化遗产代表性传承人朱小和演唱、卢朝贵翻译、史军超与杨叔孔收集整理、云南民族出版社出版的《哈尼古歌——窝果策尼果》为例，"窝果策尼果"意为古歌十二调，内容着重叙述哈尼社会各种风俗礼仪、典章制度的源起，分上下篇；上篇主要讲述神的历史，由神的诞生、造天造地、杀牛补天地，人、庄稼、牲畜的来源、雷神降火、采集狩猎、开田种谷、安寨定居、洪水泛滥、塔婆编牛、遮天树王、年轮树组成十二章；下篇讲的是人的历史，由头人、贝玛、工匠、祭寨神、十二月风俗歌、嫁姑娘讨媳妇、丧葬的起源、说唱歌舞的起源、翻年歌、祝福歌组成十二篇。十二篇内容可分可合，可通篇演唱，也可独立演唱，根据当时的仪典场合选择相宜的内容。从演唱的场合看，哈尼哈吧主要在祭祀、节日、婚丧、盖屋等隆重场合的酒席间由民间歌手来演唱，表达节日祝贺、吉祥如意或祈求的心愿；从演唱的内容来看，规模宏大，结构严谨，歌手可以连续演唱几天几夜。从演唱的特点来看，在隆重的场合因事而歌，摆酒吟唱，向亲朋好友、村寨百姓传递古老的规矩和道理。演唱方式有一人主唱，众人伴唱，或一问一答，二人对唱而众人和声；若遇重大年节，可以完整演唱十二调的主要内容，一位歌手难担大任，须数位歌手联袂演唱。

　　从收集整理的"哈尼哈吧"资料来看，古歌《窝果策尼果》、《哈尼阿培聪坡坡》、《十二奴局》、《木地米地》是"哈尼哈吧"的经典代表作。"哈尼哈吧"成为哈尼族传承知识、交流情感、凝聚民族精神的重要纽带。"哈尼哈吧"是哈尼族乃至西南农耕少数民族口头与非物质文化遗产的经典代表。

　　2008年3月，"哈尼哈吧"被国务院公布为第二批国家级非物质文化遗产保护名录。为进一步保护、挖掘、传承"哈尼哈吧"民族文化资源，元阳县"哈尼哈吧"保护专项资金组织有关人员深入到哈尼族民风习俗较为深厚的31个自然村寨，分片区分内容全面调查有关"哈尼哈吧"的产生、发展、演变的历史渊源以及分布、流传情况和传承人。

召树屯与喃木诺娜　　类别：民间文学　　编号：Ⅰ—67
申报地区或单位：云南省西双版纳傣族自治州

　　《召树屯与喃木诺娜》是傣族一部以爱情为主线的叙事长诗。长诗讲述了勐板加国的王子召树屯与勐董板孔雀国的公主喃木诺娜在金湖边相遇、相爱，但战祸带来灾难，破坏了美好的爱情，王子经过千辛万苦，重新找回了美好爱情。长诗虽然产生于封建领主制中期，即傣族封建领主政权最兴盛、南传上座部佛教最兴旺的时代，但它表述的却不是佛教出家修行的思想，而是对生活和爱情的赞美。长诗思想健康、艺术成熟。

长诗流传于整个傣族地区，有口头韵文体和书面韵文体两种形式。口头韵文体主要流传于佛教势力尚未达到的元江、金平、新平等傣族地区；用傣文撰写的书面韵文体手抄本主要流传于信仰佛教的西双版纳、德宏、孟连、景宏等地区。二者核心内容基本相同，细节有所变异。

长诗在傣族地区广为流传，深受傣家人喜爱，几乎每个寨子都有手抄本，元江、金平等傣文不普及的地区，也以口头说唱的形式流传。自汉文译本发表后，立即引起国内外关注，报刊转载，电台广播，20世纪80年代初，改编成电影《孔雀公主》，更使这一傣族文学瑰宝为我国人民家喻户晓。长诗的影响远远超出傣族地区，在我国文学史上也占有一席之地。

米拉尕黑　类别：民间文学　编号：Ⅰ－68
申报地区或单位：甘肃省东乡族自治县

《米拉尕黑》，又名《月光宝镜》，是东乡族最为著名的民间叙事长诗。主要流传于甘肃省东乡族自治县，用东乡语演唱、吟诵。有韵文体叙事诗和散文体故事两种形式。

韵文体叙事诗是说唱体，形式比较自由，中间换韵较多，音乐只有两个曲调，一为王声宫调式，一为羽调式，随着唱词的长短和变化自由伸缩，两曲谱交替，不断反复，有较强的吟诵性。该篇长诗（或故事）叙说的是：古时，撒尔塔（东乡人自称）英俊的勇士米拉尕黑（东乡语音译，"米拉"是小的意思，"尕黑"是哥哥的意思），箭术超群，竟然用箭射下了一片月亮，得到一面月光宝镜，在镜中有一位叫海迪亚（又名玛芝璐）的美女身影。米拉尕黑在一位智者的指引下，找到了美丽善良的海迪亚，遂以宝镜作为媒证和聘礼，约定第二年完婚。但就在他们即将成婚时，边关告急，为了保卫国家和人民，米拉尕黑毅然告别情人，跨马出征。临行时，他把月光宝镜分为两半，一人一半作为信物。几年以后，当白豆花盛开的时候，战争结束了。在归家途中，米拉尕黑困苦不堪，昏睡在田野里，一连做了三个奇怪的梦：自家园子里的花朵却开在别人家的后花园里；自己家的小马驹却拴在别人家的马厩里；自家灶房的炊烟却冒在别人家的烟筒里。一位谙达人生的长者亦朗姆为他解梦——远在家乡的情人被强盗逼亲。原来，在米拉尕黑远征时，强盗（或财主恶少马成龙）请来魔鬼给海迪亚喝下迷魂汤，使其逐渐失去记忆并娶之为妻。在亦朗姆老人的指点下，米拉尕黑不畏艰难，攀上云崖，喜得汗血神马（或风雪宝驹），日行千里，在马成龙娶亲时救出海迪亚，并且用他们彼此相爱的往事和月光宝镜唤起心爱姑娘的记忆，一对情人终成眷属，并在玛瑙海边举行了婚礼。

这首长诗共五六百行，内容丰富、情节曲折，生动感人，反映了东乡族人民不畏强暴、追求自由和幸福生活的斗争精神，深得东乡族人民的喜爱，数百年来代代相传，经久不衰。

《米拉尕黑》已由赵燕翼搜集整理出版，并于2008年成功入选第二批国家级非物质文化遗产名录，其传承人也受到政府和社会的关爱。东乡族诗人汪玉良也曾以此为题材，创作了叙事长诗《米拉尕黑》，于1982年获第一届中国少数民族优秀创作一等奖。

康巴拉伊　类别：民间文学　编号：Ⅰ—69
申报地区或单位：青海省治多县

藏区按方言可划分为卫藏、康巴、安多三大藏区。

拉伊脱胎于藏族山歌，公元7世纪三大藏区的划分，促成了拉伊在"下部多康"之安多藏区的广泛流播。拉伊种类丰富，数量浩繁，内容涉及爱情生活的各个方面。完整的对歌有一定的程序，如引歌、问候歌、相恋歌、相爱歌、相思歌、相违歌、相离歌和尾歌等。拉伊的曲调因地域不同而形成多种风格，有的节奏比较紧凑；有的旋律深沉悠扬；有的旋律甜美，节奏规整，形成雅致、端庄的抒咏风格等。拉伊历

拉伊演唱

史悠久，与藏民族的成长历程同步，承载着民族的创造力和灵感，在人类学、民族学、民俗学等研究中具有重要价值。

拉伊是藏族民歌中的一支奇葩，是藏族青年男女倾吐爱慕之情的歌，所以不能在家或村庄中咏唱，而只能在山野间引吭高歌。其曲调委婉抒情，节奏徐缓自如。它没有固定的歌词，是演唱者触景生情，随兴编唱，巧妙地运用比喻等方法，形象而生动地向对方表达演唱者的思想感情，有不少歌词采用了六世达赖仓央嘉措的情诗。

康巴拉伊分为祭歌、颂歌、引歌、启歌、竞歌、谜语歌、汇歌、恋歌、别离歌、贬歌、咒歌及吉祥祝福歌等12部，每部由一万首诗歌组成。其内容纷繁，结构紧凑，语言优美，为藏族民间诗歌的集大成，对研究藏族的历史、宗教信仰、风俗习惯、社会制度等具有一定的学术价值。康巴拉伊表现形式多样，特色鲜明。唱词内容广泛，如歌颂日月星辰、山河大地，赞美妇女的容貌服饰，思念亲人，祝福相会，祝颂吉祥如意以及宗教信仰等内容。目前，能够演唱全篇的艺人已很少，治多县政府已抢救收集整理《康巴拉伊》2400余首。由于《康巴拉伊》内容浩繁，以口头传承为主，濒临消亡，亟待抢救和保护。

汗青格勒 类别：民间文学 编号：Ⅰ—70
申报地区或单位：青海省海西蒙古族藏族自治州

英雄史诗《汗青格勒》主要流传于青海省海西蒙古族藏族自治州境内的德令哈市、乌兰县、格尔木市、大柴旦地区。它是蒙古族英雄史诗中的一朵奇葩，表现了人民征服大自然、镇压恶魔、拯救百姓、追求美好生活的情景。

《汗青格勒》具

民间艺人吟诵汗青格勒

有浓郁的海西地区特色，该地区称英雄史诗为"图吉"，将说唱英雄史诗的艺人称为"图吉齐"。汗青格勒由图吉齐用质朴的语言采用说唱或演讲形式表现，汗青格勒的内容主要是表现各类英雄之间通过争斗来扩大自己的牧场、掠夺人口、美女、骏马、牲畜和财产或进行血亲复仇等内容。如根据该故事内容创编的舞蹈剧《汗青格勒》中，西北地区的统治者巴音呼德尔阿拉腾汗的太子汗青格勒到很远的地方去娶亲，当回到汗国时，莽古斯（魔王）掠走了汗青格勒的父亲以及家中的财产，家乡成了一片废墟。汗青格勒为救父亲及父老乡亲历经艰辛，长途跋涉去找莽古思报仇。最终杀死莽古思，救回亲人，保卫了家乡，过上了幸福的生活。该史诗体现了汗青格勒热爱吉祥、热爱人民的高尚品德。体现了广大人民群众崇拜英雄及追求和平、自由、平等生活的美好愿望。2008年英雄史诗《汗青格勒》被列入国家级非物质文化遗产名录。

维吾尔族达斯坦　类别：民间文学　编号：Ⅰ—71
申报地区或单位：新疆维吾尔自治区

"达斯坦"为维语，意为"叙事长诗"。达斯坦，是维吾尔族历史悠久的一种民间弹唱长篇叙事诗，弹唱所用的曲调，借用了维吾尔族古老的大型音乐套曲"木卡姆"中的选段。维吾尔族达斯坦诗文篇幅长，容量大，讲述了完整的故事，塑造了生动的人物，在说唱文学中独树一帜。

维吾尔达斯坦最早流传于公元3世纪至7世纪的民间，那时的名字叫《阿里甫·埃尔吐额阿》，主要歌颂维吾尔民族英雄埃尔杜额阿的英雄事迹，是维吾尔族人民运用民间艺术形式达斯坦表现英雄人物的源头。

根据维吾尔族达斯坦的内容和形式，可分为"英雄达斯坦"、"爱情达斯坦"、"历史达斯坦"和"江那麦"（宗教达斯坦）等类型。

"英雄达斯坦"，篇幅较长，反映生活广泛，它主要取材于维吾尔民族的重大历史事件和英雄传说，描述维吾尔民族优美的神话传说、英雄人物的战绩、部落和部落、民族和民族之间的战争。如著名的诗作《乌古斯传》、《英雄钦铁木尔》、《坟墓之子》、《玉素甫·艾合买提》、《阿里普阿尔图阿》、《鲁斯坦米》等，都是深受人民喜闻乐见的作品。

"爱情达斯坦"，多以幻想爱情和生活爱情方面的题材为内容。表现幻想爱情的达斯坦，富于浓郁的幻想色彩，故事中的男主人公与美丽仙女相恋，他们相爱如蜜。作品生动地表现他们爱情的曲折多变、命运多蹇，把爱的甘冽与惨痛推向极致。但他们敢于面对残酷的现实，勇敢地和破坏他们爱情的妖魔鬼怪斗争。此类作品如《卡迈尔夏与谢米斯加纳尼》、《乌日丽卡——艾姆拉江》、《赛努拜尔》等。

"历史达斯坦"，多取材于历史上的重大事件和历史人物，突出地描写历史人物的英雄作为，表现他们为人民利益奋斗的献身精神。其代表作有《诺孜古姆》、《斯依提诺奇》、《阿布都热合曼和卓》等。

"江那麦"，又叫宗教达斯坦，取材于宗教战争。伊斯兰教传入新疆后，接受伊斯兰教的维吾尔族，与和田一带信仰佛教的维吾尔族之间，发生了冲突。"江那麦"用说唱的艺术形式，描写他们之间的战争场面，表现战争中一些首领的英雄业绩。这类达斯坦的艺术表现手法，保留了突厥语民族英雄史诗中的特点。

达斯坦的唱词散文与韵文相结合，表演时散文部分以口头语言形式叙述，韵文部分以歌曲的形式表演，说唱表演中，常穿插民间故事、神话传说和宗教经典，故事情节更曲折，人物形象更丰满。

达斯坦表演

演唱时，一人为主，手执热瓦甫，或都它尔、或弹拨尔、或沙塔尔等民族弹拨乐器，自弹自唱；三人助唱，手持手鼓、石片等打击乐器击节伴奏。有时，也有不带乐器的演员帮腔助唱。在全民性的节日、巴扎（集市）等大型集会上，在麻扎游览活动时，在劳动场所，都是达斯坦歌手展示演艺的大舞台。在民间各种宴会上，他们也常常献艺，说唱助兴。

达斯坦传承人哈孜木·阿勒曼

"达斯坦"流行于南疆的喀什、和田、阿图什、阿克苏、刀郎、库车地区，东疆的哈密、吐鲁番，北疆的伊犁等地。经国务院批准，维吾尔族达斯坦列入少数民族非物质文化遗产名录。

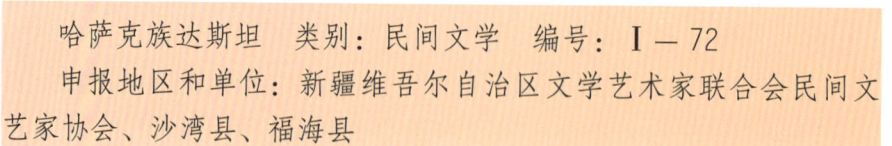

> 哈萨克族达斯坦　类别：民间文学　编号：Ⅰ—72
> 申报地区和单位：新疆维吾尔自治区文学艺术家联合会民间文艺家协会、沙湾县、福海县

"哈萨克族达斯坦"是哈萨克族民间用说唱形式表演的叙事长诗，配有固定的曲谱，是真正的原生态口头文学。它形成和发展的基础是哈萨克族古代神话、传说、诗歌、谚语等民间文学。内容极为丰富，真实生动地反映了哈萨克族宗法社会制度，生产方式，阶级关系，婚丧嫁娶和衣食住行等，被称为哈萨克族政治、经济、历史、文化、语言、哲学、宗教、军事、美学、习俗的"百科全书"。

"哈萨克族达斯坦"可分为四类：英雄长诗、爱情长诗、历史长诗和黑萨（长诗新编）。

"英雄长诗（巴特尔勒克达斯坦）"，有完整的故事情节，塑造了动人的英雄形象，展现了氏族、部族、民族转化发展中波澜壮阔的历史画卷。"英雄长诗"作品数量繁多，有的是长达数万行的巨作。自公元10世纪至19世纪，产生的代表作品有《阿勒怕么斯》、《库布兰德》、《英雄塔尔根》、《英雄哈木巴尔》、《英雄叶斯木别克》、《哈班拜英雄》、《加尼别克英雄》、《伯甘拜英雄》、《阿尔卡勒克英雄》等。

"爱情长诗"的创作和形成晚于英雄长诗，是在民族形成和稳固之后出现的，多以反映民族内部阶级矛盾为主题。也真实地描绘了哈萨克族人民家庭、生活、誓约、婚丧等方面的习俗。

爱情长诗在哈萨克民间流传很广、影响深远。公元9世纪至19世纪出现的主要代表作品有：《阔孜情郎与巴彦美》、《克孜吉别克》、《萨里哈与萨满》等。

"历史长诗"反映的是哈萨克族发展中的重大历史事件，作品有《阿布来》。

"黑萨（长诗新编）"，故事题材是外来的，在流传和创作过程中，哈萨克族歌手以自己的智慧，不断加工和改造，进行艺术再创作，使之内容更丰富、情节更曲折，人物更生动。

哈萨克族民间达斯坦主要分布在哈萨克族主要聚居的北疆，尤其是阿勒泰地区境内，其中福海县流传广泛，传承最多，以民间歌手功底厚技艺高而著称。

据统计，流传民间的哈萨克族达斯坦有200余部，但能传承下来的屈指可数。新疆民间文艺家协会对哈萨克族民间达斯坦的搜集、整理、普查做了不懈努力，二十多年来，在哈萨克族居住的28个县内，搜集了大量的英雄长诗、爱情长诗、黑萨，出版了36本县卷本。

哈萨克族的弹唱艺术流行于南疆的喀什、和田、阿图什、阿克苏、刀郎、库车，东疆的哈密、吐鲁番，北疆的伊犁等地区

福海县牧民76岁的哈孜木·阿勒曼，是弹唱哈萨克族达斯坦的高手，吟唱数量最多，在保存较完整的200多部哈萨克族达斯坦中，他能吟唱104部，这是最高记录，被誉为演唱哈萨克族"达斯坦"的"活字典"、"歌神"、"活唱片"。

2008年6月7日，"哈萨克族民间达斯坦"入选第二批国家级非物质文化遗产名录，并授予哈孜木·阿勒曼为非物质文化遗产哈萨克族民间达斯坦传承人。

珠郎娘美　类别：民间文学　编号：Ⅰ—73
申报地区或单位：贵州省榕江县、从江县

"珠郎娘美"是侗族的民间叙事长诗，长诗均基于贵州省榕江县三宝地区的真人真事。该故事发生于清朝乾隆至嘉庆年间，距今已有两百多年的历史，在侗族文化中有着重要的地位。这个故事在侗族地区流传的区域很广，先在古州（今贵州省榕江县）一带流行，后流传至贵州省黎平、从江等侗族地区，又流传到广西、龙胜、融水和湖南通道等侗族聚居县。"珠郎娘美"流传的文本很多，以故事、歌谣、叙事歌、说唱、侗戏等形式在民间广为传播，是侗族南部方言区流传最广、影响最深的民间故事。

"珠郎娘美"讲述的是贵州省榕江县三宝侗寨的一对青年恋人珠郎和娘美，为了摆脱包办婚姻，经历种种磨难和困苦，在珠郎被地主银宜设计谋害之后，娘美为其报仇，最后背着珠郎的遗体回到故乡的凄美爱情故事。故事讴歌了珠郎娘美至死不渝的真挚爱情，成功塑造了美丽善良智慧

的娘美这个人物形象。"珠郎与娘美"的故事在侗族地区流传过程中出现了多种不同的版本，民间叙事长诗是在流传中由侗族民间歌师们加工完成的。1921年，贵州省从江县洛香镇（原新安乡）榕寨村的侗族戏师梁绍华、梁耀庭又将《珠郎与娘美》创作改编成同名侗戏。"珠郎娘美"不仅被誉为侗戏历史中的一颗璀璨的明珠，而且被称颂为侗族文学史上的一块丰碑，在20世纪80年代被写入《侗族文学史》。"珠郎娘美"是侗族文化的一个象征符号，故事融合了侗族的鼓楼文化、月堂文化、火塘文化、款文化，将侗族文化和民族精神浓缩在美丽的故事之中。珠郎娘美"是产生较早的侗族故事的典范，集民族性、本土性、教育性、娱乐性一体，是侗族文化的充分展现，是侗族人民集体智慧的结晶。故事拥有民间故事、叙事歌、说唱、叙事长诗、侗戏剧本、歌剧剧本、黔剧等多种形式，在文本研究、文化生态研究、"活态文化"保护、文本传播、文化变迁、汉语借词、侗语音韵规律等方面都有极强的学术研究价值，是一座有待开发的宝藏。

侗戏珠郎娘美

贵州省榕江县、从江县对该故事的各种文本、发展历程、传承状况进行了系统地梳理和总结，作出了详细而全面的申报文本。2007年，"珠郎娘美"被列入了第二批国家级非物质文化遗产名录。

司岗里　类别：民间文学　编号：Ⅰ—74
申报地区或单位：云南省沧源佤族自治县

"司岗里"是佤族民间流传的古老传说，也是佤族人的一部创世史诗。"司岗"是崖洞的意思，"里"是出来之意，"司岗里"就是从岩洞里出来，特指的地理位置在沧源县岳宋乡南锡河对面缅属岩城附近名巴格岱的地方。该传说的梗概是：远古的时候，人被囚禁在密闭的大山崖洞里出不来，万能的神灵莫伟委派小来雀凿开岩洞，老鼠引开守在洞口咬人的老虎，蜘蛛堵住不让人走出山洞的大树，人类得以走出山洞，到各地安居乐业、休养生息。过去佤族每年都要到巴格岱"司岗"处剽牛祭祀纪念"司岗里"。

司岗里，是佤族人宝贵的的精神财富。佤族人民始终记住：我们是从神圣的司岗里走出来的阿佤人的后代，司岗里的灵气总会与我同在。

每年5月份，云南临沧市沧源县都举办"沧源佤族司岗里狂欢节"。场面热闹，隆重，有佤乡特色小吃和斗牛比赛。沧源是我国从原始社会直接进入社会主义社会的少数地区之一，因为历史原因，有部分佤族群众信仰基督教，还建有一定数量的教堂，加上"司岗里"文化的魅力，沧源县成为了云南旅游之地。

彝族克智　类别：民间文学　编号：Ⅰ—75
申报地区或单位：四川省美姑县

"克智"是一种别具一格的有固定格式的诗体文学，是彝族民间流传很广、历史悠久的口头文学之一。"克智"是彝语的音译。"克"是"口"、"嘴巴"的意思，"智"是移动、搬迁、退让的意思。"克智"名称说明这种文学形式具有口头性、灵活性和机动性的特征。"克智"有时也称为"克斯哈举"。"克斯"即夸张，"哈举"即舌头灵便。这一名称是以"克智"的创作方法的特点命名的。"克智"又称为"克格哈查"，"克格"即嘴里说着玩的，开玩笑之意，"哈查"有"巧舌言词"之意，是从"克智"的娱乐性、趣味性的特点而命名的。"克智"还有被称为"克波哈井"的，"克维"即边缘语、开场白，"哈井"是指"磨舌头"，即辩论交锋的意思。彝族"克智"的几个名称中都离不开"克"即"口"字，体现了彝族"克智"的口头性。克智文体内容丰富多彩，有抒情，有叙事，形式生动活泼。克智文体主要是在娶妻嫁女的场合表演，代表男女亲家双方参加婚礼的人，由主客双方各自选出能说会道、思维敏捷、知识丰富的代表，双方边饮美酒边展开克智竞赛，舌战是为了增强场面氛围，各自运用大量的比喻，语言夸张、流畅、富有音乐感。在克智进行过程中，双方针锋相对，有时进攻，有时防守。有时波翻浪涌，有时风平浪静。在说克智的时候，主客双方交锋，各自针对对手所述内容进行一一辩解，比智慧，比知识。"克智"表演时，甲乙双方对话的内容是有机联系的，是一个整体的两个方面，不能成为各说各的互不相干的话。为了战胜对手，要灵机应变，急中生智，自由发挥，即兴创作。听众聚精会神，屏息静听。说到精彩处，不时赢来喝彩。"克智"虽然是灵活机动的，但它是有头绪、有条理、由浅入深进行表达的，即大概按开场白、入题、逐步深入、展开、转折、发展、高潮、缓和、结尾等顺序进行的。"克智"的内容也因时间、地点和表演者的不同而有所差异。对话内容随地点的改变，亦随之改变。举行婚礼时，嫁女家是主人，男方是客人；到男方，男方是主人，女方是客人。"克智"富有民族特色，在丰富和活跃彝族农村文艺生活中，有着不可替代的作用。2008年6月，被列入第二批国家级非物质文化遗产名录。

苗族贾理　类别：民间文学　编号：Ⅰ—76
申报地区或单位：贵州省黔东南苗族侗族自治州

贾理是苗族史学、文学、哲学、民俗学、自然科学、巫学、语言学等口传心授的综合传统文化，被称为苗族古代社会的"百科全书"，是苗族先辈留给后人重要的和最具代表性的文化遗产。"苗族贾理"历代主要传承人是理老、寨老和巫师。其表演形式灵活，可唱、可诵、可说，具有文化认同、道德约束、行为规范、精神信仰等作用。在苗族社会中，人们以懂得"贾理"和遵从"贾理"为荣。

贵州黔东南、黔南和广西桂北苗族社会传统的鼓社制度、长老制度和议榔制度是贾理文化的社会土壤，贾理法典是这种社会生态里盛开的一朵文明奇葩。苗族贾理内部包括有贾经、贾例、贾理、贾师、贾仪等。

贾经是苗族社会公认的世代传承的贾理经文。

贾理表演

贾例是贾理的经典案例及事例。贾师——能够熟练诵唱贾经的贾理文化传承人。贾仪是贾理仪式，贾理仪式中所举行的一切重要文化活动的过程。贾理仪式包括传承仪式、议榔仪式、贾判仪式（含神判仪式）、贾理神灵的祈禳仪式等等。

苗族贾理文化，主要传承于贵州的黔东南、黔南和广西桂北苗族地区。

贾理反映出古代苗族人民的世界观、伦理道德观和价值观。一些苗族民众利用农闲时间来学习苗族的传统文化"贾理"。通过苗族贾理的学习来认识苗族的历史、社会性质、民族关系、伦理道德、婚姻家庭、风俗习惯、哲学思想、语言文化、科学技术以及迁徙史和习惯法等。

2008年6月，国务院公布第二批国家级非物质文化遗产名录，"苗族贾理"名列其中。贵州丹寨县积极开展保护与传承举办了三个传承培训班，40多名学员基本掌握了"贾理"知识。

藏族婚宴十八说　类别：民间文学　编号：Ⅰ—77
申报地区或单位：青海省

藏族婚宴十八说，主要流传在青海省东部农业区的互助土族自治县、乐都县、民和回族土族自治县、化隆回族自治县、循化撒拉族自治县等地的藏族群众聚居乡。居住在这里的藏族基本上处在脑山和浅山地区，世代从事农耕，兼营畜牧业。藏族婚宴十八说是一种民间口头文学，承载着悠久的历史传统和浓郁的民族特色，价值很高。藏族婚宴十八说的历史渊源，目前还无定说，当年文成公主与松赞干布在拉萨成亲时，为了衬托婚礼气氛，就有人祝词庆贺，形式与婚宴十八说中的某些片段近似，由此可知，藏族婚宴十八说的历史比较悠久。

以前在青海省东部农业区的所有藏族聚居区都流传着婚宴十八说，但后来随着时代的变迁，特别是清乾隆年间，罗卜藏丹津叛乱被平息后，清政府对世代居住在湟中、大通、湟源等地的藏族限制说藏语，久而久之，这些地区的藏族群众将婚宴十八说赖以生存的母语给丢失了。从此，藏族婚宴十八说流传的范围便日渐萎缩。

藏族婚宴十八说的具体内容有：

一、祭神。姑娘出嫁之日的清晨，由其家人焚香祭祀山神及家神，保佑姑娘从此走上新的人生路程。

二、梳辫说。从部落中挑选手脚勤快、有夫有子女、容貌出众、口碑好的中年女子二至三人为出嫁姑娘梳辫，同时由其哥哥或其他长辈致辫发词。

三、梳子说。一般由梳辫的女子来说。

四、哭嫁歌。姑娘即将出门时，由她或其姐姐等女性长辈说唱的分别词。

五、出路歌。也是由姐姐等女性长辈说的一种分别词。

六、父母的教诫。临上马时，新娘的父母拉着女儿的手说的一种词。

七、马说。送亲队伍骑马至新郎家附近时，由迎亲人员赞颂送亲队伍的马及马鞍等的说词。

八、垫子颂词。等马的颂词说完了，骑马的送亲队伍即将下马时，将提前备好的垫子铺在地上，让送亲队伍下马，此时，就说垫子的赞颂词。

九、祭山神词。颂送亲队伍下马接过哈达，喝了迎宾酒后，就要祭当地的山神，表示我踏入了你的地盘，请多多关照。

十、房屋说。进入新郎家后，先要祭新郎家的护法神，继而赞颂房屋。

十一、开茶说。当第一杯香喷喷的奶茶端到手里后，就要展开茶说，之后便可开饭。

十二、酒说。当饭吃到一定的时候，就要开始敬酒，此时有酒说。

十三、礼宴说。婚礼宴上酒足饭饱后，开始婚礼宴说，这是婚礼中最主要、也是最精彩的部分，一般由送亲队伍中资格最老的人来说。

十四、腰带说。送亲队伍给新郎系一条新腰带，一般由新娘的哥哥等人边系腰带边说

藏族婚礼

十五、衣服说。给新郎系好腰带后，便开始将新娘的衣服一件件晾出来，并开始衣服说。

十六、祝福。等程序基本结束后，便有一老人祝福新郎新娘。

十七、嘱托。婚礼快结束时，由新娘家的人将新娘嘱托给新郎父母亲

及其亲朋好友。

十八、吉祥词。婚礼结束时有一段吉祥词,是对婚礼的总结,也是对未来的祝愿。

民间有一种说法:"婚宴进行十八昼夜,婚礼祝词有十八道程序",说的即婚宴十八说的真实情况。婚宴十八说始终贯穿于婚礼之中,大多为说唱,都是即兴表演的,一般由十几人分阶段完成。

与此同时,伴随着婚宴十八说,一场场丰富多彩的歌舞活动、一道道美味佳肴,以及艳丽而华贵的藏族服饰呈现在人们面前。随着时代的发展和社会环境的变化,很多富有藏族特色的传统民俗活动日益淡化,婚宴十八说也难以避免地面临濒危境地。

土家族梯玛歌　类别:民间文学　编号:Ⅰ—80
申报地区或单位:湖南省龙山县

"梯玛神歌"是土家族的长篇史诗,它以"梯玛日"仪式为传承载体,世代口碑相传。"梯玛"是土家族译音,有两层意思,一是指土家族原始宗教的梯玛文化;二是指从事"梯玛日"活动的巫师。史诗记述了土家族的起源、繁衍、战争、生产、生活等内容,融合了音乐、舞蹈、文学等多种艺术形式。"土家族梯玛歌"是湘西土家族民间文学中的珍贵遗产。它是用土家语演唱的长篇古歌。既是一部深切、哀婉的吊唁挽歌,也是一部载歌载舞、娱人娱神的舞蹈诗。它具有传承民族历史、民族语言、民族医药、规范道德行为、促进社会和谐的功能。

梯玛仪式上的巫师

由于"梯玛神歌"及其仪式来源于原始巫师祭祀,在形成和发展的过程中融合了天地神人、人间万物、历史事件、历史人物、生命价值、哲学等内容,深涵着音乐、舞蹈、文学、语言、民俗、艺术等多种学问,堪称"土家族文化宝库"。无论是在表演形式、音律节奏、表情达意等方面都有浓厚的土家族巫师祭祀的民族特色，它是土家族人文化传统、心理素质、美学观念、生命意识的直接反映。梯玛及其梯玛仪式曾在湘西酉水鄂西夷水（清江）流域土家族人聚居区广为流传。其主要仪式活动，一是集体性的跳摆手；二是家庭性的祭菩萨，梯玛俗称土老司，是土家族敬神的人。

"梯玛歌"篇幅浩繁，格局宏大，句式自由，是一部吟唱式的长篇史诗。被学术界誉称为"研究土家族生活的百科全书"。2008年被列入国家级非物质文化遗产名录。

壮族嘹歌　类别：民间文学　编号：Ⅰ—82
申报地区或单位：广西壮族自治区平果县

壮族嘹歌为著名的壮族长篇古歌，它是经过长期的口头传诵后由壮族文人加工后用古壮字记录并在格式上作了适当规范的歌谣集。"嘹歌"流行于右江中游的平果、田东、田阳县和红水河流域的马山县、大化瑶族自治县以及邕江流域的武鸣县境内，其流传的中心区域在平果县。嘹歌与壮族其他口头传唱的民歌不同，它是一部由歌手们创作完成之后才四处传唱的民歌，内容相对固定，而且全部用古壮字传抄流行，人们用这种歌谣传递感情，开展社交活动，婚丧喜事、谈情说爱、结交朋友、农事活动等都唱嘹歌，嘹歌字句简短、优雅、动听，朗朗上口、易学易唱、易记易传。是一部未经刊行的壮民族古代原生态百科全书。

嘹歌是属于双声部的山歌，分高声部和低声部，以对唱的形式进行，嘹歌通过千百年的传唱，与当地的方言（壮语）融合在一起，形成了哈嘹、嘶咯嘹、的客嘹、那海嘹、长嘹、酒嘹等各具特色的曲调。2007年10月21日晚，一场名为《友谊的使者——中国民歌演唱会》大型文艺演出晚会在澳大利亚悉尼歌剧院举行。平果壮族"嘹歌"登上了世界著名的大雅之堂，壮族民歌再次引起了世界的关注。

根据壮族嘹歌的分布地区、歌手唱歌和抄歌的习惯，壮族嘹歌分为《日歌》、《夜歌》、《散歌》三大部分。其中《日歌》又分为《三月歌》、《献歌》两套长歌和《建月歌》、《盘问歌》、《对对歌》三个短歌；《夜歌》由《大路歌》、《贼歌》（即《唱离乱》）、《建房歌》三套长歌和《入寨歌》、《家穷歌》、《穿黑歌》、《打十闹》、《赞村歌》、《惜别歌》六个短歌组成。《散歌》是各种生活的写照，如《十年天旱歌》讲的是灾情，《丰收歌》讲的是风调雨顺、向往太平生活,《二十四季节歌》讲的是农事活动等。从而呈现出壮族嘹歌题材丰富的特色。

嘹歌表演

壮族嘹歌独特的艺术构思和表现方法,在我国各民族长诗中是少见的。其特点在于用鲜明的艺术形象来表达思想感情,在抒情的气氛中开展故事情节。2008年壮族嘹歌入选国家第二批非物质文化遗产。

柯尔克孜约隆　类别:民间文学　编号:Ⅰ—83
申报地区或单位:新疆维吾尔自治区阿克陶县;新疆师范大学

柯尔克孜族有个重要的部落叫"克甫恰克部落",在克甫恰克部落里流传一种传统民间口头文学叫"约隆"。这种文学形式表演时很隆重,只有在柯尔克孜人的婚礼盛宴上才说唱。

婚礼上,四个人将绣有克甫恰克图案的绣花布,拉紧四角,盖在新娘身上,把新娘全身遮挡起来。这时"约隆奇"开始说唱。"约隆奇"就是婚礼上的主持人,在婚礼中他的作用很大。他不但有很高的组织能力,可把婚礼举行过程中的各种礼仪和程序,协调和安排得有条不紊;而且他有非同一般的艺术才能,又说又唱,即兴编排歌词,把婚礼盛况、新郎新娘对美好幸福生活的憧憬等内容,贴切地编入"约隆歌",婚礼因此也增添了许多光彩。

根植于民间的"柯尔克孜族约隆",在发展过程中,渐渐演变成了柯尔克孜族的一种礼仪歌，流传在生活于帕米尔地区的柯尔克孜族聚居区。"柯尔克孜族约隆歌"有许多种类，如"托依巴什塔尔约隆"（婚礼约隆）、"哈依木约隆"（对唱约隆）、"阿勒木——萨巴克约隆"（问答式约隆）、"萨纳特约隆"（劝善约隆）、"度尔若"、"霍尔朵约隆"（讽刺约隆）、"塔碧什玛克约隆"（猜谜约隆）、"夸张约隆"等等。甚至还以人的性别来分类，有男性约隆和女性约隆。每一种形式，都艺术地再现柯尔克孜人的生活，如"劝善约隆"演唱时，主持人"约隆奇"面对新婚夫妇，即兴编出善与恶、是与非、同胞情谊、和睦友善、人格尊严等方面的内容，起到了良好的教育和引导作用。

"约隆"的表演形式非常灵活，歌手"约隆奇"可以清唱，也可用乐器伴奏演唱。用来伴奏的乐器叫库姆孜，这种乐器是柯尔克孜族独有的古老三弦弹拨乐器，有独奏、对奏、二重奏、合奏、伴奏等多种演奏形式。

伴奏约隆歌的乐器库姆孜

新疆维吾尔自治区阿克陶县，对柯尔克孜族约隆的普查、保护、申报等方面做了大量工作，在柯尔克孜族聚居的帕米尔地区，收集整理了十多种柯尔克孜族约隆歌，计800多首。

柯尔克孜族约隆2007年入选新疆维吾尔自治区首批自治区级非物质文化遗产名录。2008年6月，新疆师范大学与阿克陶县联合申报，经文化部批准，被列入第二批国家级非物质文化遗产名录。

珞巴族始祖传说　类别：民间文学　编号：Ⅰ—107
申报地区或单位：西藏自治区米林县

"珞巴"是藏族人对珞巴族的称呼，意为"南方人"。

珞巴族的始祖传说：相传大地母亲生了金冬（太阳）的九个兄妹，金冬又生了冬日（老虎），冬日生两子日尼、日洛，即阿巴达尼和阿巴达洛。阿巴达尼即为珞巴族祖先，阿巴达洛为藏族祖先。"阿巴"意为父亲、祖先，"达尼"长着四只敏锐的眼睛，前面两只观察光明世界，后面两只监视恶魔妖怪，能够上天入地，世间万物无不在他的掌握之中。他还是个能工巧匠，发明了制陶术和架桥术，为人类做了许许多多的好事。阿巴达尼有3个儿子，大儿子叫当邦，二儿子叫当坚，三儿子叫当日。三个儿子成家后分别向外迁移，形成不同的部落。当邦带着两个儿子往西，经里龙沟往南，越过色丹洛雅到达德根地区定居，他们的后裔成为后来的德根部落；当日和他的两个儿子，住在纳玉山沟（今南伊一带），到他们的子孙当波和嘎尔波兄弟时，顺着山沟往南越过纳玉东拉，到了德楞邦这个地方，他们比赛射箭，嘎尔波的箭落在果落双双，即后来的马尼岗；嘎尔波顺着箭的方向走去，定居在那里，后形成了博嘎尔部落。阿巴达尼的传说相当广泛，在珞巴族的迦龙、崩尼、崩如、苏龙等部落，都有讲述阿巴达尼始祖传说人。

珞巴族始祖传说是珞巴族人民生活的重要部分，是珞巴社会生活的真实写照，是珞巴民族生活的一种存在方式。人们可以从传说中窥见珞巴人历史发展的脉络，它给后人留下了珍贵的文化史料。

阿尼玛卿雪山传说　类别：民间文学　编号：Ⅰ—108
申报地区或单位：青海省果洛藏族自治州

阿尼玛卿雪山又称玛卿冈日，位于青海省果洛藏族自治州玛沁县境内，它的主峰"玛沁邦拉"由三个海拔6000米以上的峰尖组成，最高峰海拔6282米。"阿尼"是安多藏语的译音，意为先祖，也含有美丽、幸福或博大无畏等意；"玛卿"的意思是黄河源头最大的山，也有雄伟壮观之意。由于地势高峻，因而气候多变，冰峰雄峙，有冰川57条，其中位于东北坡的哈龙冰川长7.7公里，是黄河流域最长最大的冰川。

在藏族传说中，阿尼玛卿是开天辟地九大造化神之一。在藏族人民信仰的二十一座神雪山中，排行第四，专掌安多地区的山河浮沉和沧桑之变，是藏族的救护者。阿尼玛卿山神是活山神沃德的第四个儿子，沃德为了拯救藏区百姓，使他们解脱灾难，能过上安居乐业的日子，派老四到安多地方消灭妖魔，降伏猛兽，惩办坏人。后来老四与其父沃德相会时，修建的九层白玉琼楼变成了阿尼玛卿山神。据传，阿尼玛卿山神头戴红缨帽，身披银甲，乘玉龙白马，右手持矛，左手掌旗，腰悬宝剑，佩弓挂箭。日间巡视虚空和人间，行云布雨，施放雷电，或降吉样，或降灾祸，监视敌人。夜间会集神鬼，差遣任务。人们相信阿尼玛卿大山神有三百六十位眷属相伴，简称"三百六十玛"。其中有九位后妃和九子九女，另有一千五百位神将和侍从。分别居住在上、中、下三重由金、玉、宝石建成的宫殿中。虎狼豺熊为其看家，野牛、岩羊、鹿麋为其家畜。此外，阿尼玛卿山神之四面八方均有不同

阿尼马卿雪山

之神祇所镇守的堡寨，连营数十里，旌旗蔽天，刀剑如林。当地居民都能一一指出这些神祇的名称。还有许多冰川、冰洞和泉池，被认为是大山神的宝库和惩罚神鬼之监狱。藏传佛教认为，阿尼玛卿山神已接受佛教戒律，潜心修习，不复视人间俗事，已得佛家十地之位，每逢猴年才莅临本山一次。

在藏族人的心目中，阿尼玛卿雪山是观世音菩萨的道场，也是藏地四大神山（与西藏的冈仁波齐、云南的梅里雪山和玉树的尕朵觉沃并称为藏传佛教四大神山）之首。在藏族《格萨尔王传》中称阿尼玛卿山神是"战神大王"，说他是史诗主人公格萨尔所在的神山。传说阿尼玛卿山属马，每逢农历马年，藏区所有的神灵汇集阿尼玛卿山，马年来此转山，朝拜，就等于朝拜所有的神山。在青海藏区，经常可以看到阿尼玛卿山神的画像，山神白盔、白甲、白袍，胯下白马，手执银枪，他武艺超群，降魔济贫，拥有无穷的智慧。阿尼玛卿峰有如此大的神威，自然成为朝拜之地。

锡伯族民间故事　类别：民间文学　编号：Ⅰ—109
申报地区或单位：辽宁省沈阳市

锡伯族是古代鲜卑人的后裔。世代以狩猎、捕鱼为生的鲜卑人，曾是东北大兴安岭东麓的游牧民族。18世纪中叶，清政府为巩固西北边防，将部分锡伯族迁往新疆伊犁河谷屯田守疆。伊犁河谷土地肥沃，水草丰盛，发展农业和畜牧业的条件得天独厚，也是发展渔业的理想之地。

锡伯语接近满语。新疆的察布查尔、霍城、巩留、塔城等地的锡伯族，至今仍保留着本民族的语言文字，兼用汉语、维吾尔语、哈萨克语。东北锡伯族在语言、衣食、居住等方面和当地的汉族、满族基本相同。锡伯文是在满文基础上稍加改变而成，沿用至今。锡伯族人民运用自己的语言，创作了相当丰富的口头文学和书面文学。

锡伯族民间故事民族特色浓郁、内涵丰富，是锡伯族经济、文化、社会发展轨迹的真实写照。有学者将其简要地分为神话故事、民俗传说、生活故事、机智幽默人物故事及动物故事五种类型。

伊犁州金永辉和王刚，经过多年的挖掘和搜集，整理出150个广泛流传在锡伯族民间的各类故事。并出版了《锡伯族民间故事集》，包括风俗传说、神话、生活

故事、机智幽默故事、动物故事等。故事集内容丰富、题材广泛，历史跨度大。有深刻的思想内涵和生活气息，为弘扬民族文化，推动民间文化研究，提供了不可多得的第一手资料。作品分上下两篇，上篇主要是浪漫奇特的神话故事，下篇主要是锡伯族历史上的传说，特别是一些历史人物，如民族英雄图伯特、博乐果素、色布西额的故事。还有一些民间传奇人物，如莲花嬷嬷、赛音哈哈、祥玛玛的故事等。故事涉及人和自然界和谐共处，好人会有好报，寻求真理要百折不挠，生活中要尊老爱幼，互助友爱，团结和睦，顾全大局等等。

吉林的何钧佑也是讲述锡伯族民间故事的高手，例如他的《何钧佑锡伯族长篇故事》，反映了锡伯族历史、文化的变迁，是弥足珍贵的锡伯族口述史，是流淌在锡伯族民间的活态史诗。锡伯族民间故事，被列入第三批国家非物质文化遗产名录。

嘉黎民间故事　类别：民间文学　编号：Ⅰ—110
申报地区或单位：西藏自治区嘉黎县

嘉黎，藏语意为"神山"。嘉黎县地处那曲地区东南部、唐古拉山与念青唐古拉山之间。东连昌都边坝县、林芝波密县，南邻拉萨当雄县、林周县、墨竹贡卡县和林芝贡布江达县，西接那曲县，北依比如县，嘉黎县平均海拔4500米，属于典型的高原山地，高原大陆型气候。年平均气温为-0.21℃。受地势的影响，西北部几个乡气候寒冷，冬季长达半年，年温度在0℃以下，冬春季风大雪多。南部的忠义乡，气候温和、四季分明、雨水充沛、

嘉黎阿扎湖

空气湿润，山顶是终年不化的白雪，山腰是茂密的森林，山脚下是四季常青的山地，素有"藏北小江南"之称。

有关嘉黎的民间故事中说，嘉黎县是格萨尔王射箭之地和格萨尔王战

马场。格萨尔王射箭之地的传说：当年格萨尔王率大军前往魔域征战，途经嘉黎县时，天色已黑，前面隐隐约约出现一支军队，再加上当时风声如战鼓，山上旌旗招展，首当其冲的魔王骑一匹战马，蠢蠢欲动。于是，格萨尔王张弓搭箭，直到拉得弓满弦，"唆"的一声，箭带神光射向那魔王，正中喉头。顿时，一切归于寂然，格萨尔王遂命大军就地宿营。第二日，才发现是一座山脉，山上巨石林立，有如千军万马，石上多有被风雪侵蚀的小孔，粗如圆木，洞壁圆滑，如箭穿所致。格萨尔王继续前行，途经现嘉黎县措多乡时，发现一石壁，三面环绕，壁立千仞，如刀砍斧削，其下开阔平坦，易守难攻，于是，格萨尔王遂令扎营，依山而建战马场，并将此地长期作为大军战马供应基地。

土家族哭嫁歌　类别：民间文学　编号：Ⅰ－112
申报地区或单位：湖南省永顺县、古丈县

土家族女孩从十二三岁开始学习哭嫁，结婚时姑娘若不哭，亲属族人认为是不吉利的事情。

古时，土家族的婚姻比较自由，只要男女双方愿意，并征得族中老人的准许，便可订亲、婚娶。随着封建礼教的发展，土家族的自由婚姻逐渐被包办婚姻所替代，对包办婚姻不满而衍生的哭嫁现象就逐步表现出来并发展成内容丰富的文化现象。哭嫁歌的哭是以歌代哭、以哭伴歌的。新娘一般在婚前一个月开始哭嫁，也有出嫁前几天哭嫁的。哭嫁歌的歌词有传统的固定模式，也有姑娘自己触景生情即兴创作的。哭嫁歌分为："一人哭唱"、"两人哭唱"和"哭团圆"

哭嫁

三种形式；"一人哭唱"即姑娘哭泣诉说自己的命运，有哭祖先、哭爹娘、哭姐妹、哭兄嫂、哭自己等。"两人哭唱"也称为"姊妹哭"，由出嫁姑娘先哭唱，陪哭人在一旁劝慰哭唱，陪哭唱者多数从句尾插入，两个哭唱声一起一落形成多声部。"哭团圆"又叫"陪十姊妹",是土家族姑娘哭嫁的独特形式。新娘出嫁的头天晚上,邀请9位最好的未婚女伴,陪新娘一起哭嫁。土家人认为婚礼上不哭不热闹,不哭不好看。土家族哭嫁歌分为真哭和假哭;真哭是因为以前交通不便利,姑娘出嫁后很难再回家看望亲人,也是因媒人介绍的对方不知性格,担心自己所找的对象不好。假哭与土家人的信仰习俗有关,具有深刻的寓意。认为出嫁前泪水哭干,出嫁后定会过上幸福的日子。哭嫁歌的音乐结构属"联曲体"结构,是一个较长的乐段的多次反复。在反复哭唱中唱词、旋律也随之变化,但旋律的基音及终止音保持不变。哭嫁歌的句尾处时常加进呜咽与抽泣声,表现妇女悲痛压抑的情绪。

哭嫁,源于妇女婚姻不自由,她们用哭嫁的歌声来控诉罪恶的婚姻制度。今天,土家族姑娘在结婚时也要哭嫁,但不是因为婚姻不自由,而是作为一种传统习俗而举行的一种仪式罢了。2011年,由湖南省永顺县、古丈县申报的土家族哭嫁歌被列入国家级非物质文化遗产。

坡芽情歌　类别:民间文学　编号:Ⅰ—113
申报地区或单位:云南省富宁县

2006年2月的一次文化普查中,在云南富宁县坡芽村意外发现了"坡芽歌书",经过专家考证,《坡芽歌书》上的81个图案具备了文字的性质,是我国活着的图画文字之一。《坡芽歌书》代代相传,是以原始的图画文字将壮族情歌记录在土布上的民歌集,共有81个图案,每个图案代表了一首情歌。整部歌集记录了一对青年男女从相遇、相知、相恋并白头偕老的情感历程。歌书在村里受到了很好的保护,目前全村能够认读歌书图形符号的人小到十几岁,长到85岁的村民。有学者把它称之为"天下第一部图载歌书"。

该村的农凤妹可以用"大河边调"、"呃哎调"、"戈麻调"和"赞歌调"四种曲调演唱坡芽情歌,每种唱法都有不同的韵味和不同的演唱风格。她是周边壮族群众中公认的壮家歌手,她不仅精通《坡芽歌书》里的歌,而且对壮族其他题材如生产劳动歌、会面歌、试探歌、赞美歌、定情歌、告别歌、送行歌、敬客人歌、盘问歌、苦歌、喜庆歌、敬亲家歌、晚辈敬长辈歌、祝福歌等山歌也非常了解,她经常在"三月三"、"珑端节"等壮族传统节日上领着人们对歌，而且经常被周围村寨邀请担当司仪演唱，曾参加过省、县、乡的各种文艺演出和灌制民歌唱片等。

农凤妹精通壮族山歌，特别是收藏和传唱《坡芽歌书》的事被流传出去以后，在社会上引起了强烈的反响。多次接受云南电视台和中央电视台采访，并在美国、英国等十多个国家和地区发布。引起了世界对《坡芽歌书》的关注。

坡芽情歌《命好才相会》曾参加全国少数民族非物质文化遗产"灿烂中华"专场晚会。2010年经国务院批准列入第三批国家级非物质文化遗产名录。

祝赞词　类别：民间文学　编号：Ⅰ—114
申报地区或单位：内蒙古自治区东乌珠穆沁旗；新疆维吾尔自治区博湖县、和布克赛尔蒙古自治县

祝赞词也称赞颂词，是蒙古人祈求幸福和赞美一切事物的美好而创造的一种古老的民间文学形式。在蒙古族民间，祝词和赞词是两个概念；祝词是对事物的未来的祝愿，而赞词是对已有事物（事情）的赞颂，但二者都蕴涵着对事物赞颂及希望生活幸福平安的美好愿望。

祝赞词在蒙古族人民生活中广泛使用，从新婚嫁娶、婴儿诞生、庆寿献礼到牲畜繁殖、毡包落成、敖包祭祀、举行那达慕等等场合中均能听到祝福美好、祈求吉祥的祝赞词。祝赞词最早源于萨满祭词中，萨满师（蒙语称"博"）把古老的歌谣直接或者加以改编运用于萨满教的各种仪式中，其内容多为对天地山川和自然万物的赞美及对畜牧生产的祈求祝福等。随着社会生产的发展，人对大自然的了解逐步深入后，早期带有宗教色彩的祝赞词逐渐消除了，转为直接描述或赞美劳动过程或劳动成果。

祝赞词由"赫勒穆尔齐"或"亦如勒齐"吟诵，其语言情真意切、感情奔放。祝赞词的表现形式和语言风格不同于一般民歌，民歌多是四行一节，重叠复沓，而祝赞词则是一气呵成，长短不拘，其语言抑扬顿挫、起伏跌宕，富有歌诵性，但旋律远不如民歌丰富。祝赞词的旋律似唱似说，似说又唱，是一种民间的歌吟形式。蒙古族祝赞词不像汉语诗词讲究严格的韵律，而是追求口语的自然旋律、琅琅上口、舒展流畅。吟诵祝赞词有一定套式，由开头、主体、结尾三个部分组成。在开头部分，"赫勒穆尔齐"交代吟唱祝词的原因理由，即吟诵者要说明自己是以大家的意愿吟唱祝词的。主体部分是对所要祝福的事物进行真实的描述与赞颂。结尾部分表达对未来的祈愿和祝福。待吟诵完祝赞词后，在场收到祝福的人需说"但愿祝福应验"之类的话。蒙古族祝赞词内容丰富，如有《祭敖包赞词》、《婚礼祝赞词》、《那达慕祝赞词》、《祭火赞词》、《马鞍祝词》、《马奶祝词》等等。

2011年，蒙古族祝赞词被列入国家级非物质文化遗产。

婚礼中吟诵祝赞词

陶克陶胡　类别：民间文学　编号：Ⅰ—116
申报地区或单位：吉林省前郭尔罗斯蒙古族自治县

文学作品《陶克陶胡》产生于19世纪初，是歌颂蒙古族英雄陶克陶胡的真人真事所创编的民间文学，主要以乌力格尔说唱、叙事民歌等口头说唱形式流传于蒙古族地区。

陶克陶胡（1864—1922年）出生在郭尔罗斯前旗塔虎城三家子屯（今前郭县八郎镇陶克陶胡村）一个没落台吉家庭，父亲恩和毕力格，母亲巴应嘎。陶克陶胡聪明伶俐胆识过人，为乡亲做了许多好事，人们敬佩他、感激他、热爱他，尊称为"陶老爷"。民国初期，他率领乡亲反抗蒙古封建王公及清廷，以几十人的兵力与成千上万官军在东北与东蒙广阔地带进行了100余次激战，歼敌2000多人。人们为了纪念这位民族英雄创编了长篇叙事琴书、民歌《陶克陶胡》，全面记叙了陶克陶胡率领贫苦牧民反垦抗清，反封建王公和军阀政府掠夺土地的正义斗争。

《陶克陶胡》主要先以蒙古族琴书传唱，后来又出现了演唱的民歌和出版的文学作品。琴书《陶克陶胡》的首创者为民间艺人孝兴阿。后来由著名歌手桑如布、康哈日巴拉等编唱，趋于臻善，受到了人们的喜爱。广为流传于郭尔罗斯地区乃至整个科尔沁草原。无论是琴书、民歌还是其他文学作品，其故事情节生动曲折，语言凝练，音律铿锵，曲调跌宕起伏，气势恢宏，音韵铿锵，语言生动形象，具有极强的艺术感染力。《陶克陶胡》的表演形式有清唱，也可以用乐器伴奏演唱，有一人自拉自唱，也可以多人演唱，由乐手伴奏。伴奏乐器有四胡、马头琴、三弦等。

作品《陶克陶胡》产生于民间，并深深扎根于民间，具有明显的地方特色和浓郁的民族特色，它是蒙古族叙事琴书和民歌中赞美英雄的代表作。2008年民间文学《陶克陶胡》被列入第二批国家级非物质文化遗产名录。

陶克陶胡

密洛陀　类别：民间文学　编号：Ⅰ—117
申报地区或单位：广西壮族自治区都安瑶族自治县

《密洛陀》是瑶族支系布努瑶语，"密"意为"母亲"，"洛陀"意为"古老"，合起来意为"古老的母亲"。它是流传于广西都安、巴马等地瑶族聚居区的神话史诗，融神话、创世、英雄为一体。

《密洛陀》作为民间口头文学，在瑶族人民中代代相传。每当农历五月二十九日，瑶族人民都要宰杀猪羊，载歌载舞，聚会欢宴，纪念密洛陀女神。史诗流传地方很广，具有丰富的地域性特点。现整理出来的史诗有两种版本；一是为莎红整理的《密洛陀》，一是潘泉脉、蒙冠雄、蓝克宽搜集翻译的《密洛陀》。两者都有"创世"的内容，后者还有"创业"内容。密洛陀产生于原始社会前的母系氏族制度确立到全盛的阶段。内容主要歌赞了密洛陀的开天辟地、创造人类的伟大女性英雄人物形象。该史诗主要内容包括了布努人始母密洛陀的诞生、天地日月的形成、人类万物的起源及与同妖魔鬼怪的斗争、民族的迁徙、姓氏的确立及繁衍等重大事件。如《造天地》部分，突出描述了密洛陀创造出天地，日月星辰、云彩虹霓、山川河流、草木虫鱼等；"造森林"、"造房屋"、"射太阳"、"杀老虎"、"找地方"等部分主要讲述了创造人类能够生存和发展的自然环境。史诗以充满神话色彩的夸张手法塑造出了密洛陀形象，她不仅是创世英雄，而且具有超凡神奇的本领，既有明显的超人的神性特点，也有善良的人性特点。

史诗《密洛陀》形象而具体地再现了本民族生活历史、风俗习惯和民族的精神气质。它植根于古代瑶族祖先们的劳动实践中，反映了古代瑶族崇拜英雄的观念。它是集瑶族古社会的科学、艺术、宗教、哲学等于一体的古代瑶族风情画。2010年，由广西壮族自治区都安瑶族自治县申报的《密洛陀》被列入国家级非物质文化遗产名录。

亚鲁王　类别：民间文学　编号：Ⅰ—118
申报地区或单位：贵州省紫云苗族布依族自治县

《亚鲁王》是第一部苗族的长篇英雄史诗，主要流传于贵州省紫云县和邻近的罗甸县、望谟县、平塘县，另外，贵阳花溪、清镇、镇宁、关岭等西部苗族地区也有流传。它的创作年代可以追溯到《诗经》创作的时期。《亚鲁王》讲述的是苗族的第18代苗族首领"亚鲁王"的故事。故事中讲道，他造出了日、月、山、地，让自己的部族在平原地区过上了富足的生活。但是，他拥有的宝物"龙心"引来两个亲哥哥的嫉妒，并导致了战争的爆发。亚鲁王不得不带着王妃、王子和族人长途迁徙，退居到难以生存的山地，刀耕火种，重新开始生活。但他的哥哥们仍然紧追不放。最终亚鲁王奋起反抗，保卫家园。《亚鲁王》涉及古代人物很多，几百个古苗语地名，十几个古战场。有开天辟地、万物起源，还涉及劳动生产、宗教习俗等，是展现苗族古代社会的"百科全书"。

《亚鲁王》的流传基本不借助文字而是靠口口相传，而且大多是在送灵仪式上唱诵，具有神秘色彩。麻山地区有25个乡镇，18万人口，而会唱《亚鲁王》的歌师，每个村寨大约有四五人，据当地估算，歌师总数约达3000人。2009年，贵州省安顺市紫云苗族布依族自治县对《亚鲁王》进行非物质文化遗产申报，中国民协专门立项派出专家组深入贵州采集信息，这部作品才真正进入当代文化界的视野，经过三年的采集整理，《亚鲁王》第一部于2012年2月出版，第二部仍在采集整理中。

2010年5月18日，入选文化部公布的第三批国家级非物质文化遗产名录推荐项目名单。

目瑙斋瓦　类别：民间文学　编号：Ⅰ—119
申报地区或单位：云南省德宏傣族景颇族自治州

《目瑙斋瓦》是一部融神话、传说、诗歌于一体的景颇族的一部活的口碑历史，也是一部一代又一代地传诵和承袭下来的诗歌体裁的文学巨著。格律整齐，语言优美。它从开天辟地唱起，以优美的神话故事形式，记载了景颇族人民从远古到现代的发展演变过程。大致可分为七大部分：天地的形成、制服天地、孕育人类万物、宁贯杜瓦平整天地、洪水淹天的时代、宁贯杜瓦娶龙女与族系、对生产生活的描写等。现已收集到的《目瑙斋瓦》本子有五六种，因其流传的地区和演唱者的不同而略有不同。

目瑙斋瓦活动

斋瓦是在景颇族所有原始宗教董萨（祭师）中地位最高的祭师，即在盛大的目瑙纵歌祭典中祭辞者。他们对本民族的历史、神话传说、诗歌等传统文化懂得最多。被景颇族看做能与天界通话的圣人。斋瓦人数不多，一个县一般只有2～3个。民间认为，只有斋瓦有资格念官家供奉的木代鬼，把木代鬼从天上请来祭祀，祈求财宝，消灾免难。祭毕再把木代鬼送回去。官家请斋瓦念一次木代鬼须酬谢1～2头牛，若干匹绸缎、毯子等物。斋瓦在景颇族社会中不属于贵族，但他是神权的代表者，其社会地位在百姓之上山官之下。2010年，云南省德宏傣族景颇族自治州申报的"目瑙斋瓦"，入选第三批国家级非物质文化遗产名录。

洛奇洛耶与扎斯扎伊　类别：民间文学　编号：Ⅰ—120
申报地区或单位：云南省墨江哈尼族自治县

《洛奇洛耶与扎期扎伊》是长期流传在云南省普洱市和玉溪市的墨江、江城、普洱与元江、新平一带的哈尼族碧约人当中的英雄颂歌。这部英雄颂歌唱出了哈尼族碧约人朴实、淳厚、纯真而倔强的民族性格，也唱出了这一边疆兄弟民族的智慧和觉醒。此诗有完整的故事情节，鲜明的人物形象。它是一首赞颂劳动的歌、赞颂纯真爱情的歌，也是赞颂哈尼族男女青年反抗压迫、争取自由的坚强性格和不屈灵魂的英雄颂歌。主人公洛奇洛耶和扎斯扎侬的悲剧，是哈尼人曾经遭受过的历史悲剧。这对青年男女为人民的生存挺身而出，被砍成肉块、剁成肉酱依然复活，那虽死犹生、灵魂永远不死的传说，是哈尼族坚强性格的艺术再现。无怪乎，哈尼人民用最高的尊称阿基·洛奇洛耶（意为顶天立地的英雄）、最高的美称迷扎·扎斯扎侬（意为智慧美丽的花朵）称呼他们。

叙事诗《洛奇洛耶与扎期扎伊》的出版，给哈尼族带来了民族自豪感，为推动哈尼文化的积极健康发展起到了推波助澜的作用。叙事诗的收集整理者刘曙、姜羲、李广学、郭东屏等为此付出了艰辛的代价，演唱者白杨才老人已经辞世，但人们不会忘记他的功劳。2010年，入选第三批国家级非物质文化遗产名录。

阿细的先基　类别：民间文学　编号：Ⅰ—121
申报地区或单位：云南省弥勒县

《阿细的先基》是彝族支系阿细人的创世史诗。流传在云南省弥勒县西山一带。用固定的先基调传唱。"先基"，阿细语意为歌或歌曲。全诗分两部分。第一部分"最古的时候"，叙述天地万物的起源和人类早期的生活习俗。第二部分"男女说合成一家",记叙阿细人独特的婚姻和风俗习惯。长诗内容广泛,生动、形象地反映了阿细人民从原始社会到阶级社会的各个阶段的不同生活侧面,神话和现实交织,理想和事实融合,既是文学,也是历史。1959年出版了新版的《阿细的先基》。

在悠久灿烂的彝族历史文化中,《阿细的先基》因其规模庞大、内容丰富、气势雄伟、结构严谨、修辞手法的娴熟多变而成为一部空前绝后的奇书。内容包括天文、地理、民族迁徙、风俗起源、人物传记等,是阿细人的百科全书。

这部史诗最先由著名诗人、作家光未然(张光年)先生于1944年记录整理,取名为《阿细的先鸡》。1945年夏,北京大学袁家骅用国际音标记下了由阿细学生毕荣亮所唱的"先基"原歌,对先基字句采取直译,着重研究其音乐,语汇和语法特点。1952年,袁家骅对毕荣亮所唱的"先基"原歌进行重新整理,1953年,光未然又重新修订《阿细先鸡》,更名为《阿细人的歌》,由人民文学出版社出版发行。1958年11月,人民文学出版社再版光未然的《阿细人的歌》。1959年,红河调查队整理出版新版《阿细的先基》名称从此固定,为阿细人所承认沿用。2010年,入选第三批国家级非物质文化遗产名录。

羌戈大战　类别:民间文学　编号:Ⅰ—122
申报地区或单位:四川省汶川县

《羌戈大战》是羌族非常著名的民间史诗。这部史诗叙述了羌族人民的祖先在远古时期从西北向西南迁徙过程中的艰难,他们与"戈基人"征战,并最终定居于岷江上游的历史。该史诗主要讲述的是羌人在岷江上游遭遇到了一支名为"戈基人"的部落,与这支"身强力壮、凶悍威猛"

的戈基人频频发生争战，但几次交锋下来屡战屡败，几乎到了要落荒而逃的地步。最后是在天神的帮助下，羌人在脖子上贴上羊毛作为标记，用尖硬锋利的白石英石作为武器，最终战胜了"戈基人"。从此羌人在此安居乐业，繁衍生息，发展生产，成为有语言、有耕牧、知合群的民族。自此羌民族就形成了一种习俗：世世代代都以白石象征最高的天神，供祭于庙宇、山坡以及每家每户的屋顶白塔之中，朝夕膜拜，虔诚之至，以此报答神恩。《羌戈大战》以富有神话色彩的叙述手法将羌族祖先的传奇经历表现得惟妙惟肖，反映出羌族经历的民族大迁徙的史实，教育后代要热爱自己的民族，增强民族的凝聚力，从而开创更美好的生活。

由于羌族没有本民族的文字，因此《羌戈大战》主要依靠人民群众世代口授和歌唱而传承，现广泛流传于岷江上游羌族地区。2011年6月，由四川省汶川县申报，经国务院批准，《羌戈大战》入选第三批国家级非物质文化遗产名录。

恰克恰克　类别：民间文学　编号：Ⅰ—123
申报地区或单位：新疆维吾尔自治区伊宁市

"恰克恰克"，是维吾尔族一种民间文艺形式，即具有幽默性的说笑，以逗人发笑为目的，也就是人们常说的"笑话"。笑，是"恰克恰克"的灵魂。

生性幽默乐观的维吾尔族，离不开贴近生活的笑话，它是生命力极强的民间口头语言艺术。20世纪下半叶，"恰克恰克"盛行于新疆伊犁地区维吾尔族民间，在流行传承中，涌现了一批深受群众喜爱的"恰克恰克奇"。在伊犁地区有专门表演"恰克恰克"的聚会，深受民众的喜爱和欢迎，大家称赞"恰克恰克奇"为当代阿凡提。其代表人物叫依沙木。

据说，在维吾尔古代宫廷中，就曾有专门表演"恰克恰克"的艺人。在新疆维吾尔自治区诸多民间口头文学面临传承危机下，"恰克恰克"却依然在维吾尔民间保持着旺盛的生命力。

"恰克恰克"的表演互动性很强。表演至少有两人参加，多人同台表演则别具风采。从"恰克恰克"的内容和语言特色，可分为攻击型、绰号型、谚语型、故事型和歌谣型五种类型。

"攻击型"的"恰克恰克"，表演时围绕着一个中心话题，表演艺人极尽搞笑逗乐之能事，调动幽默语言，将对方进行讽刺，攻者句句逼近，守者步步为营，在紧张、热烈而欢乐的气氛中，以双赢和皆大欢喜为结局。

"谚语型"的"恰克恰克"，表演艺人以精彩的谚语或俗语为主，以讽刺对方为目的。被讽刺的表演艺人，则用"以牙还牙"的方式，迅速作出反应进行反击，引出观者的开怀大笑。"谚语型"的"恰克恰克"，具有熟记民间大量民间谚语、俗语的能力，并且在临场有运用自如、左右逢源的技巧。

"故事型"的"恰克恰克"，以讲故事的形式表现，表演艺人"恰克恰克奇"出场讲短小的故事，情节单一，人物突出，事件清晰，在结尾处突然抖落出一个出人意料的"包袱"，笑话亮点即被抛出。

"歌谣型"的"恰克恰克"，是一种艺术性较强的幽默表演，表演艺人使用诗意的语言表述，这种有特色的语言，类似维吾尔民间歌谣，对话押韵，雅味较浓。他们的成功表演，来自于对民间知识丰富的积累和储备，以及高超的语言技艺修养。

不管哪个类型的"恰克恰克"，其内容都不是预先设计或编排好的，而是表演艺人恰克恰克奇在具体特定的情境中，灵感突现而瞬间闪耀的幽默光芒。它是维吾尔民间口头传统文化中的一株奇葩。

由新疆维吾尔自治区伊宁市申报的"恰克恰克"，于2010年被列入第三批国家级非物质文化遗产名录中。

酉阳古歌 类别：民间文学 编号：Ⅰ—124
申报地区或单位：重庆市酉阳土家族苗族自治县

酉阳古歌俗称巫傩诗文，主要流传于湘鄂渝黔等地交界处的重庆酉阳土家族苗族自治县。它是土家族巫师祭祀祖先、祈求丰收、驱魔还愿等活动中宗教神职梯玛在行事法会中所吟诵的文辞。酉阳古歌是南方古文化在武陵山区延续和衍变的产物，是劳动人民长期积累的自然知识和社会知识的总汇。

酉阳古歌其源头可以追溯到上古时代的巫歌，古歌以口耳相传方式传承，较少即兴创作，文辞较固定，保存了大量的原始信息和艺术因子。古歌的内容大致分为神灵类和生活类，代表作有：赞美诗《东岳齐天是齐王》；风俗诗《藏身躲影》、《鸣锣会兵》；诀术诗《一年四季》等。包括人类起源、民族迁徙和英雄传说等；又有生活气息，如为家庭性的驱邪还愿活动，包括申文请圣、迎兵架桥、请水箌灶、悬幡解邪、回神安香、扫荡踢刀等程序。古歌的内容取决于活动仪式的性质，主要有跳神、请师、造桥、招魂、藏身、落阴、盖家先钱、打保符、送茅山、送神等。酉阳古歌是以自然崇拜、祖先崇拜和鬼神崇拜为基础、杂糅着儒、道、佛等成分的祭祀韵文，有双句押尾韵的自由体和两句一节、四句一节句尾押韵的格律体，多为四言七言句式，穿插连接。腔调有高腔与平腔两种唱腔，颇有韵味。

酉阳古歌是一座古老瑰丽的民间文学宝库，承载着远古神话、传说等信息，它是研究中华民族风俗民情、文学艺术的宝贵资料。2011年由重庆市酉阳土家族苗族自治县申报的《酉阳古歌》被列入国家级非物质文化遗产名录。

契丹始祖传说　类别：民间文学　编号：Ⅰ-87
申报地区或单位：河北省平泉县

契丹始祖传说主要流传于河北省平泉县。平泉县位于河北省东北部，处于辽宁、内蒙、河北三省交界地，东与辽宁省的凌源市接壤，北与内蒙古自治区赤峰市宁城县相连，西邻承德县，南邻宽城县。平泉县的地理环境、文化蕴涵，决定了平泉人的开放、宽容、朴实的性格，构成了民俗民间文化产生和传承的特殊地理环境。

平泉县流传的契丹始祖传说历史悠久。《辽史》卷三十七地理志一、志七就有相关于它的记载："相传有神人乘白马，自马盂山浮土河而东，有天女驾青牛车由平地松林泛潢河而下，至木叶山，二水合流，相遇为配偶，生八子，其后族属渐盛分为八部。每行军及春秋时祭，必用白马青牛示不忘本云。"这就是最早的"契丹八部"的来历，他们的部族供奉青牛白马，以表示祭祀祖先。

该传说一直以口传形式流传于平泉县及周边地区，源远流长，影响很大，后世当地男糊白马女糊青牛的丧葬习俗即来源于此。2011年，契丹始祖传说被列入第三批国家级非物质文化遗产。

刻道　类别：民间文学　编号：1—5
申报地区或单位：贵州省施秉县

苗族"刻道"即"刻木"，汉译为《苗族开亲歌》，是苗族酒歌的一种，因它的主要内容刻于圆形竹木（称为刻棒）之上，苗民们持棒而歌，故有此称谓。"刻道"主要流传于贵州省施秉县。它是中国境内的苗族群体中至今为止唯一保留的一种古老的刻木记事符号。

刻道多采用枫木、梨木或竹制作，一共有27格，每格以简单的符号记录，文字符号和刻棒流传下来以后，刻棒即成为苗家历代传唱这段故事和苗族婚俗由来的"歌本"。《刻道》是苗族古歌中历史最长、规模最大、流传最广的酒歌，有一万多行的歌词。它是苗族先民们在长期的生产生活实践中创造且积累和演变而形成的。刻道的诗歌语言通俗易懂，口语化且生活气息较浓厚，表现了苗族对幸福生活的追求与向往。《刻道》是一部规模宏大、历史悠久的苗族古籍，具有很高的文学艺术价值，对研究苗族的起源和迁徙、宗教信仰、审美等方面具有重要的价值。2006年，刻道经国务院批准列入第一批国家级非物质文化遗产名录。

二、传统音乐

CHUANTONGYINYUE

> 蒙古族长调民歌　类别：民间音乐　编号：Ⅱ—3
> 申报地区：内蒙古自治区；新疆维吾尔自治区巴音郭楞蒙古自治州、和布克赛尔蒙古自治县

　　蒙古族长调，蒙语称乌日汀哆，其"乌日汀"为"长"的意思、"哆"为"歌"的意思。蒙古族长调民歌与草原游牧生活方式息息相关，承载着蒙古民族的历史、又体现着蒙古民族的习俗和精神性格，被誉为"草原音乐活化石"。

　　蒙古族长调以旋律舒展和非律动性节奏为主要特点。长调的旋律字少腔多，曲调舒展悠远，擅长表现抒情性情感，音域多为两个八度到三个八度。长调的旋律具有许多华彩装饰音，如倚音、滑音、回音等。蒙古族长调运用特殊的演唱技巧发出独有的旋律形态，此种技巧称为"诺古拉"。"诺古拉"意为"波折音或装饰音"。演唱者运用喉咙、下颌等部位的巧妙的抖动唱出诺古拉。长调有柴若勒赫（使其亮出来），哨日郭拉胡（钻上去），查其拉嘎（向上抛起或上甩腔），哈雅拉嘎（向下扔掉或称下甩腔），浑德日呼（胸腔音）等演唱方法。长调歌曲的内容多数是赞颂草原、父母、故乡、骏马等，充分表达了蒙古人热爱大自然、热爱生活的精神气质。内蒙地区的长调歌曲根据风格特点大致可以分为呼伦贝尔流派、锡林郭勒流派、阿拉善流派、鄂尔多斯流派等四个风格区。呼伦贝尔风格区较有名的代表人物有宝音德力格尔，锡林郭勒风格区的代表人物有歌王哈扎布，阿拉善风格区的代表人物有巴德玛，鄂尔多斯风格区的代表人物有扎木苏等。代表性曲目有哈扎布的《圣主成吉思汗》、《走马》、《苍老的大雁》，宝音德力格尔的《辽阔的草原》、《矫健的雄鹰》，巴德玛的《富饶美丽的阿拉善》、《查干套亥家乡》，扎木苏的《六十棵榆树》、《枣树林》等。

　　2005年11月25日，联合国教科文组织在巴黎总部宣布了第三批"人类口头和非物质遗产代表作"，中国和蒙古国联合申报的"蒙古族长调民歌"荣列榜中。这是中国第一次与外国联合，就同一非物质文化遗产向联合国教科文组织申报的项目。2006年，蒙古族长调民歌经国务院批准列入第一批国家级非物质文化遗产名录，传承人有宝音德力格尔、莫德格、额日格吉德玛、巴德玛、扎格达苏荣、阿拉坦其其格、淖尔吉玛、赛音毕力格等民间艺术家。在国务院颁布的非物质文化遗产保护政策的大力推动下，内蒙古政府及相关的职能部门开展了各类保护与开发工作，进一步促进了长调民歌的保护与发展。

长调传承人巴德玛与弟子们

蒙古族呼麦 类别：传统音乐 编号：Ⅱ—4
申报地区或单位：内蒙古自治区；新疆维吾尔自治区阿勒泰地区

呼麦又称"浩林·潮尔"、汉译为"喉音艺术"，主要流传于内蒙古、蒙古国、图瓦共和国和新疆阿尔泰地区。它是蒙古族复音唱法潮尔音乐的高难度演唱形式，演唱者运用特殊的声音技巧一个人同时唱出两个声部，其演唱方法在全世界独一无二。

呼麦是一种古老的歌唱艺术，已经有千年历史。关于呼麦的产生，蒙古人有个说法：古代先民在深山中活动，见河汉分流、瀑布飞泻、山鸣谷应、动人心魄，便加以模仿，遂产生了呼麦。呼麦的发声方法，首先声带发出低沉的基音，其次口腔再发出高声部的泛音，再加上气息的调控和口形的变化来变换高音旋律而形成罕见的多声部音乐。呼麦的低声部与高声部两个声部之间一般是相距三个八度，其低声部是一个持续的长音，音高上很少有变化，而高声部是富有变化的旋律线、有时有唱词，但多数是无唱词。这种唱法能唱出金属般的透明清亮声音，或唱出咆哮似的粗犷的声音。呼麦可分为哈日黑拉呼麦（低音呼麦）与伊斯格勒呼麦（高音呼麦）两种。哈日黑拉呼麦只有低音声部，而伊斯格勒呼麦是运用特殊的发音技巧，用挤压的方式运用强烈的气流冲击声带，同时发出两个声部的声音。呼麦的歌词内容多为赞颂类题材，如赞颂英雄人物的《满都海赞》，赞美大自然的《阿拉泰颂》、《额布河流水》等，还有赞美骏马的如《四岁的海骝马》等曲目。

呼麦艺术通过口传心授的方式得以流传。而随着生态环境的变化和社

呼麦表演

会的变迁，到上世纪80年代，呼麦只流传于新疆阿尔泰地区罕达嘎图乡，在内蒙古已基本绝迹。直到90年代以后，内蒙古政府为挖掘民族艺术瑰宝采取了引进和挖掘等传承方式，聘请蒙古国呼麦大师进行教授，2001年成立了呼麦协会，加强了呼麦艺术的挖掘和传承工作。近年来演唱呼麦的歌手明显增多，较有名的呼麦手有呼格吉乐图、文丽等。2006年蒙古族呼麦经国务院批准列入第一批国家级非物质文化遗产名录。2009年中国蒙古族呼麦成功入选世界非物质文化遗产名录。

畲族民歌　类别：传统音乐　编号：Ⅱ—7
申报地区或单位：福建省宁德市，浙江省泰顺县、景宁畲族自治县

畲族形成于宋元时期，现分布在福建、浙江、江西、广东、安徽的部分山区，主要以闽东、浙南为聚居地，有本民族自己的语言，无文字。在长期历史实践中，民歌以其独特的魅力成为了畲族历史、文化、生产、生活的载体，是畲族人民生活中不可或缺的一部分。旧时畲族人很少能接受到主流文化教育，文化生活以学歌唱歌为主，民歌普及率较高，常以歌叙事，传承历史；以歌代言，沟通交流；以歌言志，寄托情感。畲族民歌的内容丰富多彩，包容百科，涵盖历史、风俗、劳动、技能、婚恋、祭祀、

伦理等各个领域。长篇叙事歌《高皇歌》（亦称《盘瓠王歌》）流传最为普遍，歌中叙述盘瓠身世经历及其光辉业绩和民族起源。劳动歌广泛流传的有：二十四节气歌、十二时辰歌、种田歌、勤耕歌、采茶歌、砍柴歌等，砍柴歌是青年男女相遇于田间山头即兴编唱的劳动歌曲，歌词富有哲理，满怀情愫。畲族人热情好客，有客来时，村里歌手们自发前来以歌会友，即兴对唱，长夜接龙而无重复，叫比肚才。在丧葬悲哀中，畲族人民也是长歌以哭、颂扬功德、寄托哀思，同时也赞美孝道、谴责忤逆。

畲族民歌多用假声，演唱形式有独唱、对唱、齐唱和独特的"双条落"，其中"双条落"二声部盘唱以其特有的音乐复调性质和丰富内容极具艺术价值。

畲族妇女

畲族民歌基本以口授代代相传，也常借用汉字标记畲语音记录歌本，据统计，散布民间的各类民歌手抄本有3000多首，在农闲时组织各种歌会，也对民歌的传承起到重要作用。

2008年6月，由浙江省景宁畲族自治县申报的畲族民歌入选第一批国家级非物质文化遗产扩展项目名录。

傈僳族民歌　类别：民间音乐　编号：Ⅱ—17
申报地区或单位：云南省怒江傈僳族自治州、泸水县

傈僳族民歌包括木刮、摆时和优叶等歌种。"木刮"是傈僳族最重要、流传最广的民歌之一，流传于云南省怒江傈僳族自治州的傈僳族聚居区。

"木刮"在傈僳语中原泛指所有的歌和调，后来逐渐成为叙事古歌的专称。其他属木刮类的歌、调一般冠以内容，如阿尺木刮（山羊调）、其奔木刮（三弦调）等。木刮主要用于内容严肃、气氛庄重的传统叙事长诗，并多在民族节日、集会等时间和场合歌唱。代表性的如《创世纪》《生产调》、《牧羊歌》《逃婚调》等，曲调朴实、深沉，具有苍凉、古老的风格。"摆时"和"优叶"是云南省怒江傈僳族自治州最具代表性的两类傈僳族山歌。摆时广泛流传于泸水县和兰坪县傈僳族地区，在平时及节日集会、庆祝丰收、男婚女嫁等喜庆的场合都有歌唱，歌词内容广泛，曲调热情奔放，宜于表露内心激情，深受傈僳族人民喜爱。摆时多为集体性的男女对唱，也可由一人作自娱性独唱。歌唱内容分为"朵我"、"辖我"两类。"朵我"主要歌唱传统叙事长诗，"辖我"则根据对歌对象即兴编唱，多以爱情、时事为主要内容。摆时代表曲目有《竹弦歌》、《忆苦歌》、《孤儿泪》等。一年一度的泸水县登更"澡塘赛歌会"是摆时对唱的隆重盛会。优叶主要流传于福贡县傈僳族村寨，按歌唱内容及形式分为两类：一类由中老年人围坐火塘边一面饮酒一面对唱，主要内容是追述旧时的悲伤、苦难，曲调低沉、速度徐缓、旋律平稳；另一类曲调轻松、活泼，是青年男女传情表意的主要方式，可男女对唱，也可在同性间对唱。第一类优叶现已较少传唱，第二类优叶至今仍广为流传。优叶常见曲目有《打猎歌》、《悄悄话》、《砍柴歌》等。

2006年5月，傈僳族民歌经国务院批准列入第一批国家级非物质文化遗产名录。近几年，怒江州重点开展了傈僳族民歌的整理保护工作。2008年省、州两级文化部门加强了傈僳民歌的整理，出版了650页的《傈僳族民歌集》，傈僳族民歌的保护工作取得了初步成果。

裕固族民歌　类别：传统民歌　编号：Ⅱ—19
申报地区或单位：甘肃省肃南裕固族自治县

裕固族聚居在甘肃省河西走廊肃南地区，其余居住在酒泉黄泥堡地区。自称"尧乎尔"、"两拉玉固尔"。按分布地区，裕固族使用3种语言：阿尔泰语系突厥语族的尧乎尔语、阿尔泰语系蒙古语族的恩格尔语和汉语。由于本民族的文字失传，裕固族的民族文化特别是民族历史都要依靠各个历史时期的民间歌手来传承。裕固族民歌保留了古代丁零、突厥、回鹘等民族民歌的许多特点，由于语言和居住地区不同，可分为东部民歌和西部民歌。前者较多具有粗犷、奔放的气质，音调接近蒙古族民歌；后者则较平和、深沉，更多地继承了回鹘民歌的传统。裕固族民歌依题材内容，可以分为"叙事歌"、"情歌"、"劳动歌"等，若依体裁、功能则可以分成"小曲"、"号子"、"小调"、"宴席曲"、"酒曲"、"擀毡歌"、"奶幼畜歌"等类别。它是研究古代北方少数民族，特别是突厥、蒙古民歌以及古代北方游牧民族文化历史的重要依据。裕固族曾经传唱着大量民歌，如《裕固族姑娘就是我》、《阿斯哈斯》、《萨娜玛珂》、《黄黛琛》、《路上的歌》、《说着唱着才知道了》、《尧达曲格尔》、《我只得到处含泪流浪》等等。这些歌曲反映了裕固族的迁徙史、婚宴祝酒习俗、裕固族的女英雄，以及背井离乡的裕固族人的乡愁。

裕固族牧羊

历史上，裕固族曾有职业歌手，他们主要为举办丧葬嫁娶的家庭演唱。近年来，裕固族歌手越来越少，大多数民歌已随歌手的去世而消失，急需抢救和保护。

目前，肃南县已整理出版了《中国少数民族民歌肃南裕固族自治县卷》（124首）、《祝福草原》、《裕固家园》、《飘香的草原》等书籍和光盘、磁带。整理搜集了裕固族民歌资料310多首。2006年5月，裕固族民歌经国务院批准列入第一批国家级非物质文化遗产名录。

花儿（莲花山花儿会、松鸣岩花儿会、二郎山花儿会、老爷山花儿会、丹麻土族花儿会、七里寺花儿会、瞿昙寺花儿会、宁夏回族山花儿、土族花儿、新疆花儿）　类别：传统音乐编号：Ⅱ—20
　　申报地区或单位：宁夏回族自治区；青海省大通回族土族自治县、互助土族自治县、民和回族土族自治县、乐都县

"花儿"也称"少年"，又叫情歌、山曲子、花曲儿、野曲等，是回族

等族民歌中最丰富、最具特色的民间艺术形式。"花儿"具有流传地区广、流传民族多、歌词独特、曲调丰富、内容广泛等特征，是西北地区各民族喜爱的民间艺术。花儿会因演唱"花儿歌"为主要内容而得名，较著名的有莲花山花儿会、松鸣岩花儿会、二郎山花儿会、老爷山花会、七旦寺花儿会、瞿昙寺花儿会等。花儿会节期一般为四天，各地时间不一。花儿会多和当地庙会同时举行，主要内容便是唱花儿。

宁夏回族山花儿

宁夏回族山花儿，俗称"干花儿"、"土花儿"，是主要流传于宁夏南部山区和同心等地回族中的代表性民歌。宁夏回族山花儿带有浓厚的回族民俗文化特征，在继承古陇山民歌"三句一叠"的基础上多以单套短歌的形式即兴填词演唱，多用五声音阶式迂回进行。

宁夏花儿表现的内容包罗万象，有爱情、自然景色、天文气候、神话传说、历史故事、鞭挞社会丑恶现象。山花儿作为回族群众愉悦自我、怡情解闷、吐纳情感的一种自娱性山野歌曲，有广泛的群众基础和浑厚的民俗文化内涵。其代表曲目有《黄河岸上牛喝水》、《看一趟心上的尕花儿》、《花儿本是心上的话》等。

现年67岁的马生林是宁夏回族山花儿目前唯一的国家级传承人，也是最具代表性的花儿歌手。马生林是海原县海

土族花儿演唱

城镇下庙沟村人，自幼在甘、宁一带学唱过400余首花儿小曲，海原的山花调子多由他传唱。曾获"宁夏第二届民间文学金凤凰奖"。在西北第一、二、三届民歌（花儿）比赛中曾获得一等奖和特别奖。2002年获得"首届宁夏（海原）'花儿'文化艺术节花儿演唱会金奖"。2006年，宁夏回族花儿被列入国家级非物质文化遗产名录。

新疆花儿

新疆花儿唱词浩繁，文学艺术价值较高，被人们称为"西北之魂"。"花儿"音乐高亢、悠长、爽朗，不仅有绚丽多彩的音乐形象，而且有丰

富的文学内容，反映了生活、爱情、劳动等内容，具有鲜明的民族风格和地方特色

新疆花儿王韩生元老人　　　　　　　　"花儿"表演唱

新疆花儿的故乡是昌吉回族自治州。新疆昌吉地区的回族大部分是从甘肃、青海、陕西、宁夏等地迁入的移民，随着这些移民的到来，"花儿"也随之从甘青来到了新疆，新疆"花儿"与青海"花儿"有着直接的传承关系。花儿何时传入新疆，据被称为"庭州花儿王"的韩生元老先生介绍，大约是清朝将军左宗棠西征平定阿古柏之乱时，由陕、甘、宁、青的回族兵将带入新疆。这些回族兵将来到新疆后，在自娱自乐的相互演唱中，方言相杂，曲调相糅，歌词的发音，再不是原来的发音，曲调也不纯为各流派的曲调。节奏上，借鉴了维吾尔族音乐的快节奏；演唱中，吸收了哈萨克族阿肯弹唱的幽默，形成了独具地方特色的"新疆花儿"，与陕、甘、宁、青的"河湟花儿"、"洮岷花儿"形成三足鼎立之势。新疆花儿有着自己独有的风格——演唱中少拖腔，曲调中少花音，唱词和曲调铿锵有力、洒脱自如。

被誉为"花儿歌王"的韩生元，现年已91岁，祖籍青海省沙沟扶儿湾，现为新疆米泉市长山子镇马场湖村人，他的祖父和父亲都是当时远近闻名的民间歌手。韩生元父母去世得早，他7岁时不得不依靠从父亲那里学来的"花儿"乞讨度日。韩生元凭借非凡的记忆力将所见所想编成歌词，并用本地方言和"花儿"令相结合，同时广泛地向当地各族民间艺人学习民间艺术，逐渐成为新疆较具影响力的回族民间歌手。

韩生元能用20多种曲调唱各种不同类型的"花儿"，50年来，他自编

自唱的"花儿"有200余首。他演唱的"花儿"不仅享誉新疆内外，还被翻译、流传到日本。2008年新疆花儿被列入国家级非物质文化遗产名录，韩先生被誉为"新疆花儿"传承人。

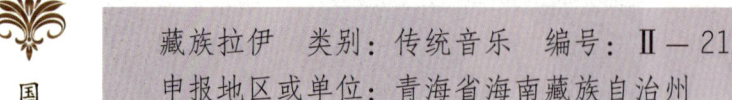

藏族拉伊　类别：传统音乐　编号：Ⅱ—21
申报地区或单位：青海省海南藏族自治州

"拉伊"是藏语音译，即情歌。在藏区，"拉伊"不可随处传唱，要回避长辈，也不能在有亲属男女的地方唱，只能到林中、田野或山上去唱，因此"拉伊"也指山歌。拉伊没有固定的歌词，演唱者触景生情，随兴编唱。它以单纯朴素的生活语言为基础，巧妙地运用比喻等方法，形象而生动地向对方表达思想感情，具有浓郁的乡土气息。拉伊曲调丰富，数量浩繁，内容涉及爱情生活的各个方面，完整的对歌有一定的程序，如引歌、问候歌、相恋歌、相爱歌、相思歌、相违歌、相离歌和尾歌等。拉伊的曲调因地域不同而形成多种风格，有的强调音乐的语言性，节奏比较紧凑；有的旋律深沉、悠扬，形成自由、婉转的悠长型山歌风格；有的旋律甜美，节奏规整，形成雅致、端庄的抒咏风格等。

拉伊是藏族民歌中的一朵奇葩，是藏族青年男女表达圣洁爱情、交流感情、歌颂美好生活的一种民间艺术形式。拉伊历史悠久，与藏民族的成长历程同步，承载着民族的创造力和灵感，在人类学、民族学、民俗学等研究中具有重要价值。拉伊不但显示出鲜明的区域特色和独到的艺术风格，并以其丰富的表现形式，体现出独特而重要的文化价值。

"拉伊"在青海共和地区的传唱历史悠久、底蕴丰厚、流传广泛，是共和地区标志性文化之一。在历届省州"拉伊"大赛中，共和杰出文化传承人，"拉伊"歌唱家吉毛加、才合加、卓格措、卓玛才让等人曾多次获得最高奖项。2006年，"拉伊"被列入第一批国家级非物质文化遗产名录，海南藏族自治州被确定为非物质文化遗产"拉伊"保护项目的实施单位。

靖州苗族歌鼟　类别：传统音乐　编号：Ⅱ—23
申报地区或单位：湖南省靖州苗族侗族自治县

靖州苗族歌鼟是指流行于湖南省靖州苗族侗族自治县三锹苗族地方的一种独具特色的艺术形式。三锹苗族有着非常悠久的历史，他们长期居住于大山深处，在日复一日的狩猎、伐木等生产生活中形成了自己独特的文化艺术，"歌鼟"就是其中的典型代表。"鼟"是指鼓声，靖州苗族歌鼟是一种多声部的合唱形式。苗族先民们生活在清新自然的苗族村寨，生活和谐愉悦，于是他们模仿大自然当中的鸟鸣、蝉唱、流水、林涛等这些丰富多样的自然声音，经过自身的联想，将这些自然的和声编成高低重叠的悦耳歌声，在以后的岁月中又经过不断的加工和提炼，最终形成优美的旋律与和声。靖州苗族歌鼟按其风格、旋律、内容、演唱方式可分为：山歌调、茶歌调、酒歌调、饭歌调、烟歌调、款歌调、担水歌调、嫁歌调和三音歌调和童谣调这十种。其歌词多为七言四句的形式，内容非常丰富，包括历史传说、劝事说理、生产劳动、祭祀礼仪、婚姻恋爱、唱咏风物等传统文化的方方面面。音乐的音律和音程有着自己鲜明的个性和特点。演唱采取由低至高、由轻至重、由少至多的递进形式，多以单人低声部起歌，其它声部先后进入，多个声部相互交替流动。演唱语言主要使用当地苗族土语（酸话）。靖州苗族歌鼟充分展示出了三锹苗族浓厚的民族特色，也是苗族文化传承的重要载体，因此成为怀化市两件"国宝"之一，被誉为"天籁之音"、"深山珍宝"。

近年来，由于重要歌手、歌师数量逐年减少，苗族歌鼟存在着后继无人的危险。靖州苗族侗族自治县有关部门一方面请来多位国内民族民俗专家深入苗乡搜集整理古曲、古舞，另一方面又多方筹集资金在该县农村中小学开办培训班，聘请当地擅长苗族歌鼟的民间艺人专门教授歌鼟技艺。目前该县苗族歌鼟少年班已初具规模。2006年，由靖州苗族侗族自治县申报，苗族歌鼟成功申报为国家第一批民族民间非物质文化遗产。

薅草锣鼓（五峰土家族薅草锣鼓、川东土家族薅草锣鼓）类别：传统音乐　编号：Ⅱ—27

申报地区或单位：湖北省五峰土家族自治县；四川省宣汉县、青川县

"薅草锣鼓"又名打闹歌，是土家人在薅草季节，聚集数十乃至数百人进行集体劳动时唱的歌，届时请两名歌手：一人击鼓，一人敲锣，随着锣鼓声的起起落落大家一起唱歌，是一种独特的民族民歌艺术形式。主要流传于湖北省西南部五峰土家族自治县、四川省宣汉县、青川县等地区。

五峰土家族薅草锣鼓

五峰土家族薅草锣鼓是一种在集体干农活时在田间地头的艺术表演形式，将生产劳动与艺术形式紧密结合。

五峰薅草锣鼓从田间"打闹"到舞台曲艺表演的过程中形成两种主要形式：一种是击乐加说唱，俗称"盘锣鼓"。另一种是在前者基础上加唢呐伴奏，俗称"吹锣鼓"。过去，土家族大户人家在农忙时请几十上百人劳作，或农户之间通过换工的方式集体劳动时，请两名歌手（一个击鼓，一个敲锣）面对薅草的众人，随着锣鼓声点的节奏引吭而歌，以激发劳动热情，提高劳动效率，增加劳动趣味。薅草锣鼓的锣鼓声节奏感强，音色浑厚，歌词生动形象，贴近生活，朗朗上口。歌手或两人对唱，手舞足蹈；或两人领唱，众人和之，间以锣鼓。舞蹈的动作特点为：双手随脚步摆动，左手左脚，右手右脚，动作柔中带刚，朴实遒劲。歌词一般分为四部分，引子、请神、扬歌、送神。引子部分有固定形式，也可以随兴而发，唱出集体劳动的火热场面；请神部分一般是先请"歌爷，歌娘"，再请"五方神灵"、太阳、土地、"八步大神"等，歌词根据请的神位不同而异；扬歌部分是薅草锣鼓的主体，歌词大多根据劳动情况即兴编排，演唱高亢激昂，使人振奋；送神部分是整场歌会的结尾，一天的劳作也随着结束。

由于土家族只有语言而没有文字，薅草锣鼓只是口头代代相传，也有土家族的部分民歌的歌词用汉语音调来记载，这对传承和传播起到很大作用，但也失去了土家族语言本来的韵味和内涵。2007年6月，薅草锣鼓入选湖北省第一批省级非物质文化遗产名录。2008年6月由湖北省五峰土家族自治县申报的五峰土家族薅草锣鼓第一批国家级非物质文化遗产扩展项目名录。

川东薅草锣鼓

川东土家族薅草锣鼓产生流传于达州市宣汉县境内，主要分布在宣汉县的龙泉、三墩、漆树、渡口、樊哙等乡镇，据传起源于3000多年前的巴人时期。那时候的人们从渔猎转为农耕，为了驱赶野兽、祭祀山神而击鼓鸣锣吆喝，后来演变成一种劳动山歌。明代《三才会图》一书中记载："薅田有锣鼓，其声促烈清壮，有缓急抑扬。"民国年间《宣汉县志》也有记载："土民自古有'薅草锣鼓'之习。夏日耘草，数家趋一家，彼此轮转，以次周而耘之，往往集数十人，其中二人击鼓鸣钲，迭应相和，耘者劳而忘疲，其功较倍。"

薅草锣鼓的打唱者称为"歌牌子"或者"歌头"，边打边唱，现编现唱，堪称能人。其打击乐器有鼓、钲、钹、马锣等。由"歌牌子"或者"歌头"领唱，众人接腔合唱，配以锣鼓伴奏。鼓声时轻时重，阴阳有致。锣鼓声热烈响亮，领唱者慷慨激昂，群众的和声波澜起伏，在山谷里久久回荡，原生态韵味悠长。

薅草锣鼓的唱词为五字句、七字句、十字句，一般是单句腔，复句押韵，一韵到底。薅草锣鼓的唱词都是口头创作、即兴发挥。对不合正理的、偷奸耍滑的、出工不出力的或调侃、或规劝、或打趣、或逗乐。除了即兴之外，也有唱秦香莲的，骂陈世美的，说岳飞的，斥秦桧的。

1982年，四川省文化主管部门曾组织全省音乐工作者来宣汉对以薅草锣鼓为代表的巴山民歌搜集整理，并出版了专辑。薅草锣鼓在土家族的生产生活中世代相传、特色鲜明，具有突出的历史、文化和艺术价值。

1982年3月，宣汉县土家族民歌薅草锣鼓被列入四川省第一批非物质文化遗产保护名录。2008年6月14日，又被列入第一批国家级非物质文化遗产扩展项目名录。

田间地头表演薅草锣鼓

侗族大歌 类别：传统音乐 编号：Ⅱ—28
申报地区或单位：贵州省黎平县、从江县、榕江县；广西壮族自治区柳州市、三江侗族自治县

侗族大歌和鼓楼、风雨桥一起并成为侗族三宝。侗族大歌历史悠久，起源于春秋战国时期，距今已有2500多年的历史。"汉族有书传书本，侗家无字传歌声，祖辈传唱到父辈，父辈传唱到儿孙。"这首侗族歌谣形象地说明了大歌在侗族历史文化中的地位，它不仅是一种音乐艺术形式，而且是侗族历史文化的传承载体。历史上，侗族大歌在整个侗族南部方言区

都有分布，目前主要流行区域只是很小的一部分，其中心区域在黎平县南部及从江县北部、以及榕江县等地。侗族人民有一句俗话叫做"饭养生，歌养心。"可见大歌在他们民族文化生活中的重要地位。侗族人民个个能歌善唱，人们尊重歌师，在人们眼里，"会唱歌、唱歌多"意味着掌握着比别人更多的知识，懂得比别人更多的道理。歌师是人们眼里最有知识、

侗族大歌演唱

最懂道理的人。侗族大歌最大的特点是侗族大歌"众低独高"、采用复调式多声部合唱方式，这在世界民歌界也是很罕见的。大歌一般由"组"、"首"、"段"、"句"构成；在重大节日、集体交往或接待远方尊贵的客人时在侗族村寨的标志性建筑鼓楼里演唱，因而侗族大歌又被称为"鼓楼大歌"。侗歌讲究押韵，歌词多采用比兴手法，意蕴深刻，种类繁多，主要有四大类：声音大歌、柔声大歌、伦理大歌、叙事大歌。声音大歌是其中精华部分，常以昆虫鸟兽或季节时令命名。侗族大歌按内容、咏唱场合又可分礼俗歌、踩堂歌、酒歌、情歌。侗族大歌代表性曲目有《耶老歌》、《嘎高胜》、《嘎音也》、《嘎戏》等。

目前，侗族大歌流行区域总面积不足1000平方公里，总人口不足10万，并且逐渐减少。许多歌手、歌师均年事已高，侗族大歌正面临着后继无人、濒临失传的尴尬境地。

2006年6月7日，国家级第一批非物质文化遗产代表作名录中收录了侗族大歌，并将其作为中国"人类口头及非物质遗产代表作侯选项目"。2008年6月7日，贵州省从江县、榕江县申报的侗族大歌入选第一批国家级非物质文化遗产扩展项目名录。2009年9月28日在阿拉伯联合酋长国首都阿布扎比召开的联合国教科文组织保护非物质文化遗产政府间委员会第四次会议上，由贵州省文化厅、黎平县政府承担申报工作的《贵州侗族大歌》成功入选世界人类非物质文化遗产代表作名录。

侗族琵琶歌 类别：传统音乐 编号：Ⅱ—29
申报地区或单位：贵州省从江县

侗族琵琶歌，侗族称之为"嘎琵琶"，流传于我国湘、桂、黔三省（区）广大侗族地区。它是融器乐、声乐为一体的自弹自唱的说唱艺术。按照流传地区可以分为七十二寨琵琶歌、车江琵琶歌、洪州琵琶歌、流洞琵琶歌等多种风格区。

琵琶歌一般用本民族的语言来演唱，一人手持琵琶边弹边唱。演唱场所没有固定限制，可以在戏台上、也可以在鼓楼里，或在桥亭民居，或在田间地头。琵琶歌的内容十分广泛，有弹唱祖先迁徙历史的，也有弹唱英雄豪杰的，还有弹唱爱情故事的。长篇叙事歌有"嘎章良章妹"、"嘎珠朗娘美"等。除此之外，一些优秀的琵琶歌师们，还经常编些新的琵琶歌即兴弹唱。伴奏乐器琵琶分为大、小两种类型。除了为唱腔伴奏外，在拖腔或间隔处可以加演奏。琵琶歌的结构分为序歌、正歌、散歌部分；序歌部分为开头歌，一般都是言简意赅地几句道白来吸引观众。正歌部分是琵琶歌的主体内容，多数叙述一个完整的故事情节。散歌部分为结束部分，散歌部分与正歌没有什么紧要关联，但是此部分能显示歌师的即兴弹唱水平，所以著名的歌师都特别注意唱好散歌部分。

侗族无本民族的文字，琵琶歌以口耳相传的形式传承下来，它是侗族人民生产劳动中创造出的艺术瑰宝，寓教性很强，在农村老人们把弹唱侗族琵琶歌当做教育后代的法宝。当男女青年行歌坐夜，把弹唱琵琶歌当作社交活动的主要方式，作为恋爱的媒介。随着时间的推移，社会的变革，一些老艺人的去世，珍贵的艺术面临着失传的可能。2011年由贵州省从江县申报的侗族琵琶歌被列入国家级非物质文化遗产名录。

多声部民歌（哈尼族多声部民歌、潮尔道—蒙古族合声演唱、潮尔道—阿巴嘎潮尔、瑶族蝴蝶歌、壮族三声部民歌、羌族多声部民歌、硗碛多声部民歌，苗族多声部民歌、） 类别：传统音乐 编号：Ⅱ－30

申报地区或单位：内蒙古自治区锡林浩特、阿巴嘎旗；广西壮族自治区富川瑶族自治县、马山县；四川省松潘县、雅安市，贵州省台江县、剑河县

多声部民歌即一对或一组歌手同时唱出两个或两个以上声部的民歌，主要集中于西南和南方各少数民族集聚居区，如哈尼族多声部民歌、瑶族蝴蝶歌、壮族三声部民歌等。在我国北方也有个别少数民族中存在多声部民歌，较著名的有蒙古族的潮尔道。

潮尔道—蒙古族合声演唱

"潮尔"系蒙古语，意为"回声、回响、共鸣"的意思，"道"为"歌曲"的意思。潮尔道是蒙古族古老的多声部歌曲，主要流行于内蒙古锡林郭勒盟阿巴嘎和阿巴哈纳尔等地区。

潮尔道属于"图林·道"的范畴。所谓的"图林·道"是指朝政歌曲，是与民间的"育林·道"相对应的概念。传统的潮尔道一般是在庄严隆重的场合演唱，如在宫廷官府的宴会中演唱。潮尔道的整个表演有一定的程序和规范，不能与情歌、讽刺歌、幽默歌等类型的歌曲一起演唱。潮尔道多数为赞颂英雄人物或缅怀祖先等庄重严肃内容，也有表达对生活、对草原的热爱和赞美等内容。潮尔道的旋律属乌日汀哆，其结构比乌日汀哆长，音乐比乌日汀哆更广。潮尔道多以 sol 调式或 re 调式为主。潮尔道的结构，由前面的正歌部分和结尾处的"图日勒格"两部分组成。正歌部分一般由一位男歌手领唱一句固定的引腔，紧随着众多伴唱进入。潮尔道的伴唱用特定的发声方法来唱出浑厚的持续低音，一般无歌词，唱虚词"噢"音。在伴唱的浑厚声音衬托下，领唱歌手演唱高亢嘹亮、舒展延绵的"乌日汀哆"的旋律部分，从而创造出庄严肃穆、浑厚深沉的意境。"图如勒格"是潮尔道的结束部分，一般由众歌手齐唱一段有固定衬词的旋律，其旋律走向往往是结束在高潮。图如勒格部分一般都结束于 re 调式音上。

蒙古族多声部潮尔道

潮尔道的整个音乐风格庄严、肃穆、典雅、深邃，代表性的曲目有《圣主成吉思汗》、《旷野》、《旭日般升腾》、《晴朗》、《珍贵的诃子》、《孔雀》、《强壮的栗色马》等。潮尔道不仅运用独特的演唱方式和发声方法来营造庄严肃穆的情境，更重要的是它体现了蒙古族古代宫廷礼仪歌曲的特点。较有名的潮尔演唱者有长调歌王哈扎布和特木汀。2006年潮尔道被列入国家级非物质文化遗产名录，民间艺人芒来誉为潮尔歌曲传承人。

瑶族蝴蝶歌

瑶族蝴蝶歌是指用汉语方言土语演唱，以情歌为主要内容，在歌的衬词中，常出现"蝴的蝶"、"蝶的蝶"、"黄蜂"之类衬词的一种瑶族二声部民歌形式。主要流行于广西富川瑶族自治县、钟山县和湖南江华瑶族自治县及其毗邻等地的瑶族聚居区，也被称之为"蝴的蝶歌"、"蝴蝶蜂"。瑶族儿女素来热爱歌唱，他们以歌记事，以歌祭祖，以歌述史，以歌传情。蝴蝶歌是瑶族山歌中的一种，在每年春季莺歌燕舞时分歌唱得最盛，曲调清丽优美，宛转悠扬，唱时发出的声音仿如昆虫翅膀舞动时发出的美妙之声，故享有"蝴蝶歌，一支流淌于翅膀上的山歌"的赞誉。蝴蝶歌分为短、长两类。短蝴蝶歌一般为四句，第一、二、四句均为七言，押脚韵，第三句常加衬词、衬句；长蝴蝶歌则是在短蝴蝶歌的基础上得以发展，因在每首歌的第三句可随歌手之意任意加长，形成长句，又称"双飞蝴蝶歌"。主要代表性作品有：《情郎下海我下海》、《不唱条歌难过日》等。蝴蝶歌是瑶族人民生活中一种重要的文艺活动形式，是他们沟通心灵，交流经验的主要方式。因此，不论是在生产劳动，还是恋爱、婚姻、走村串寨、探亲访友等，到处都在传唱。瑶族人民以歌唱的形式记载了丰富的历史内容，表达自己的思想感情。

口耳相传、世代相袭、民间传授是瑶族蝴蝶歌的主要传承形式。瑶族蝴蝶歌除了即兴创作、口头传唱的大量作品以外，许多瑶族的礼仪、服饰、文化、习俗等重要内容，通过唱蝴蝶歌的形式保存下来。为了传承和保护瑶族蝴蝶歌，广西富川已先后投入60多万元用于莲山镇莲塘村作为该非物质文化遗产的传承基地建设。从文化建设、人才培养、课题研究等方面全方位、系统化地做好瑶族蝴蝶歌的传承工作。2008年，瑶族蝴蝶歌被列入国家级非物质文化遗产名录。

壮族三声部民歌

壮族三声部民歌起源于唐宋，兴盛于明清，在广西壮族自治区马山、上林、忻城地区流行，壮族人又称之为"三顿欢"或"三跳欢"。史书有"壮人迭歌声合，含情凄婉，皆临居自撰，不能蹈袭，其间乃有绝佳者"的记载。壮族三声部民歌，内容丰富，涵盖生产劳动，恋爱情感，风情民俗等各个方面，民族地域特色明显，是壮族人民智慧的结晶。壮族三声部民歌包括三个声部，第一、第二声部为主旋律，有独立音调，由主唱者演唱，第三声部由二人以上合唱者合声附唱，起到陪衬和声的作用。三个声部看似清晰独立，实则协调配合，完美统一，在国内外的民歌中比较罕见。上世纪80年代，壮族三声部民歌被发现、整理并从中国走向世界，终结了西方音乐家关于东方民族没有多声部民歌的武断论调，填补了东方多声部民歌的空白。壮族三声部民歌歌词规范严整，多为五言四句式，讲究平仄押韵，生动活泼，朗朗上口。近年来，壮族三声部

壮族三声部民歌表演

民歌以其独特的魅力走出山区，走出中国，走向世界，壮族三声部民歌多次参加南宁国际民歌艺术节等大型演出，并到日本、韩国、埃及、芬兰等十余个国家进行表演，深受好评。

三声部民歌在不断的挖掘宣传中引起了广泛的关注，但随着时代发展变化，目前民间演唱三声部民歌已经不多，且传唱者多为老年人，其中巫、师道中会者居多，青少年一般不唱。

近年来，当地政府加强了对三声部民歌的保护宣传工作，多次组织三声部民歌参加国内外大型演出，普遍得到认可。许多音乐人士也在创作音乐中融入三声部民歌元素，增加了三声部民歌的影响力。2008年6月，由广西壮族自治区富川申报的壮族三声部民歌被列入第一批国家级非物质文化遗产扩展项目名录。

硗碛多声部民歌

硗碛是四川省雅安市宝兴县的一个乡。硗碛藏族原生态多声部民歌是嘉绒藏族民间特有的艺术形式。主要是在"抬菩萨"、佛教道场、打麦子（集体劳动）、锅庄等活动时演唱。在该县已流传有上千年的历史，是嘉绒藏族人民生活的生动写照，在硗碛藏族乡民间音乐中占据着重要的位置。硗碛人能歌善舞，堪称歌舞之乡。在当地丰富的民间音乐中，多声部民歌合唱占据着最重要地位，一般上台演唱多声部民歌的藏族同胞达数十人之多，歌词内容涉及面广，即使唱一个通宵也不会重复，凭借着自身原始、高亢、浑厚和丰富的多声部优势屡屡在国际舞台上展现出魅力。

由于硗碛语言没有文字，民歌大都是通过口传心授。随着老一辈传承人的去世，曾经辉煌一时的原生态多声部民歌如今面临着失传的危机。为此，宝兴县委、县政府以及文化工作者为保护、传承和发展硗碛多声部民歌作出了非常多的努力。一方面积极申报非物质文化遗产，一方面加强普及保护多声部民歌的知识，并通过组织表演、收集整理等方式，推动了硗碛原生态多声部民歌传承与保护工作的进展。此外，宝兴县还通过授予传承人证书和称号、表彰奖励、申报国家级、省级非物质文化遗产传承人的方式，进一步促进这一宝贵的民间文化在保护中传承，在传承中发展。

2006年，硗碛藏族原生态多声部民歌申报第一批省级非物质文化遗产取得成功；2007年原生态多声部合唱被列入国家级第二批非物质文化遗产名录。

哈尼族多声部民歌

哈尼族多声部民歌历史悠久，主要流传于云南省红河哈尼族彝族自治州红河县以普春村为中心的数个哈尼族村落中。哈尼族多声部民歌包括了歌颂劳动、赞美爱情、讴歌山野田园美景等方面的内容。曲目以《吾处阿茨》（栽秧山歌）和《情歌》最具代表性。演唱方式分为有乐器伴奏和无乐器伴奏人声帮腔两种。哈尼族多声部民歌的演唱场合多样化，梯田、山林和村寨都可以是表演空间。伴奏乐器均由民间歌手自己制作，有三弦、小二胡等。哈尼族多声部民歌的唱词结构以开腔用词、主题唱词、帮腔用词三部分构成一个小的基本段落，其音乐形态在歌节结构、调式音列、调式色彩、调式组合和多声部组成等方面都显示出鲜明的民族和地域特征。

哈尼族多声部民歌中凝聚着哈尼族的音乐智慧和才能，展现出哈尼族独特的演唱天赋。在田野考察过程中，有关专家已采录到8个声部的原生形态哈尼族多声部民歌，这极为罕见，具有很高的科学和艺术价值。哈尼族多声部民歌已引起国内外音乐界人士的广泛关注。

哈尼族多声部民歌深藏哀牢山腹地，其传承完全依赖民间歌手，尽管它已引起音乐界、人类学界专家的广泛关注，但长期没有得到有组织、有计划的保护，具有多声部音乐综合素质的传承人日益减少，这一宝贵的民间音乐形式正处于失传的边缘。

彝族海菜腔　类别：传统音乐　编号：Ⅱ－31
申报地区或单位：云南省红河哈尼族彝族自治州

彝族海菜腔是云南彝族特有的民歌品种，它又称大攀桨、倒扳桨，俗称石屏腔，主要流传于云南省红河哈尼族彝族自治州石屏县彝族尼苏人村落。石屏彝族海菜腔属海菜腔变体民歌，与其他三种变体曲调沙悠腔、四腔、五山腔并称"四大腔"，彝族称之为"曲子"。

海菜腔歌唱历史悠久，在形成及发展过程中深受明清时期汉族移民文化影响。清代以来的地方志中，有很多关于海菜腔歌唱的记载和诗文。一首完整的海菜腔曲调通常由拘腔、空腔、正七腔及白话腔等部分组成，结构复杂，篇幅宏大，是一种由多乐段组合，集独唱、对唱、领唱、齐唱、合唱等形式于一体的大型声乐套曲。海菜腔代表性曲目有《哥唱小曲妹来学》、《石屏橄榄菜》等。作为特定环境下产生的传统艺术形式，海菜腔在特定的生态、社会文化中有高度的适应性和广泛的群众性，对研究彝族历史、文化、道德观及彝汉文化交融等有重要的价值。

随着20世纪50年代以来海菜腔所依存的男女交际习俗"吃火草烟"的消亡及其他文化娱乐形式的传入，海菜腔的歌唱渐趋式微，现已鲜有能完整歌唱成套海菜腔的"曲子师傅"、"曲子老板"（均为对著名歌手的尊称），年轻一辈中也少有海菜腔的爱好者，其传承面临严重危机。国家非常重视非物质文化遗产的保护，2006年5月，彝族海菜腔经国务院批准列入第一批国家级非物质文化遗产名录。

那坡壮族民歌　类别：传统音乐　编号：Ⅱ—32
申报地区或单位：广西壮族自治区那坡县

那坡壮族民歌是黑衣壮历代传唱的民歌。在历史长河中，黑衣壮至今仍保存着古朴完整、多姿多彩的民间歌谣，并被誉为"广西民族音乐富矿"和壮族民歌的"活化石"。那坡壮族也称"黑衣壮"，它是壮族中具有特色的一个族群，自称"敏"、"仲"、"嗷"，现约有5万人，因着装全黑而得名，主要位于中越边境的广西那坡县。黑衣壮族人不仅能歌，还很善舞。由于长期处于封闭状态，黑衣壮歌谣保留着十分古老、质朴的特色。

按不同的声调，那坡壮族民歌可分为"虽敏"、"尼的呀"、"论"、"春牛调"、"请仙歌"和"盘锐"6大种类约160多套。代表性曲目有《虽待客》、《论造》、《酒歌》、《盘歌》、《祭祖歌》等。其中，"尼的呀"，是广西那坡壮语里"好的呀"的意思，在黑衣壮生活地区流传的民歌中是常用的衬词。"尼的呀"山歌曲调清新亮丽，艺术魅力独特，已经成为壮族音乐的标签。

按内容，那坡壮族民歌主要有神话传说、人物传记、环境变迁、历史事件等的叙事歌；倾吐苦难、控诉压迫的苦情歌；反映自然、生活的农事歌；向往美景的赞颂歌；接人待物的礼仪歌；表现传统习惯的风俗歌；吊唁奔丧的祭祀歌；庆祝婚嫁满月、新居落成、老人生日的祝酒歌。而最为丰富的是情歌，包含着抒情、初恋、连情、逗情、赌情、定情、盟誓、赞美、相思、忠贞、离情、叮咛、痛惜、怀旧、重逢、苦情、叹情、斗情、白头偕老等二十多种内容。

那坡壮族民歌除了具有交际、宣传、教育、娱乐等作用外，同时具有历史价值、学术价值、艺术价值和实用价值，它是壮族远古歌谣文化的遗存。直到2001年11月南宁国际民歌节开幕式上，黑衣壮一展黑美的服饰、天籁之声的民歌才引起中外民俗研究学者、音乐家、摄影师们的关注。

由于赖以生存、发展的文化空间发生了变革，传承的主要途径正在消失、活动场地逐渐缩小、师承断层等原因，黑衣壮歌谣面临着严峻的传承危机。2006年由广西壮族自治区那坡县申报入选第一批国家级广西非物质文化遗产名录。

蒙古族马头琴音乐　类型：传统音乐　编号：Ⅱ—35
申报地区或单位：内蒙古自治区，吉林省前郭尔罗斯蒙古族自治县

马头琴是蒙古族传统的拉弦乐器，因琴头雕有马头而被称为"马头琴"。马头琴蒙语称为"莫仁·胡兀尔"，"莫仁"为"马"的意思，"胡兀尔"为"琴"的意思。蒙古人被誉为"马背民族"，与马的感情很深，在逐水草而迁徙的生活生产方式中，马不仅是蒙古人的交通工具，也是蒙古人最为忠实的伙伴。因此，在民间关于马的传说，以及有关马的歌曲、舞蹈非常多，马头琴乐器充分体现了蒙古民族的游牧文化特征。

马头琴为二弦拉奏乐器，由琴头、琴柱、琴箱、琴弓、琴弦、弦轴、琴码等部分组成。马头琴一般为纯四度定弦，其音色柔和、浑厚而深沉，洪阔而醇美，富有草原风味。传统的马头琴乐器的琴箱正反面蒙有皮膜，因而其音量小，表现力差。而改良后的马头琴，琴箱一般由色木、榆木、花梨木、红木或桑木等硬杂木制成，呈正梯形，音色不仅保持了原有的风格，且音量增大，表现力极为丰富。

演奏马头琴，通常采取坐姿，将琴箱夹于两腿中间，琴杆偏向左侧。左手扶琴，右手执弓。左手虎口自然张开，拇指微扶琴杆。左手食指、中指通常用指甲根部顶弦，无名指、小拇指采用指尖顶弦。右手执弓时，以虎口夹住弓柄，食指、中指放在弓杆上，无名指和小拇指控制弓毛。蒙古族有许多杰出的马头琴演奏家,他们在继承、发展马头琴艺术做出了重要的贡献,较著名的有色拉西、巴拉干和桑都仍等。

传承人布林　　　　　　　　　马头琴重奏

20世纪50年代起,随着马头琴的改良,其演奏技巧更加成熟化、表现力方面更加多样化。马头琴不仅为民歌和说唱伴奏,也有独奏、合奏、重奏及协奏等演奏形式,并且登上了大雅之堂,赢得了专家的赞誉,蜚声海内外。马头琴的优秀曲目有《朱色烈》、《苏和的小白马》、《初升的太阳》、《叙事曲》、《万马奔腾》、《草原连着北京》、《草原音诗》等作品,并出现了一大批非常优秀的演奏家如齐·宝力高、达日玛、布林、李波等。2006年,马头琴音乐经国务院批准列入第一批国家级非物质文化遗产名录,民间艺人齐·宝力高和布林被指定为传承艺人。

蒙古族四胡音乐　　类型:传统音乐　　编号:Ⅱ—36
申报地区:吉林省前郭尔罗斯蒙古族自治县;黑龙江省杜尔伯特蒙古族自治县

四胡也称四弦琴,蒙古语称为胡兀尔,是蒙古族传统乐器之一。四胡音乐主要流行于内蒙古东部科尔沁地区和吉林省前郭尔罗斯蒙古族自治县及黑龙江省杜尔伯特蒙古族自治县等地区。

四胡最早产生于战国时期的北方少数民族东胡,顾称为"胡琴"。到元朝时胡琴已在蒙古族中十分流行,并出现在宫廷音乐中。到清朝时期,胡琴在宫廷音乐中依然深受青睐。四胡不仅在宫廷中广泛使用,在广大人民群众中也十分流行,不仅能为歌舞伴奏也能以自拉自唱的形式为说唱音乐伴奏,其艺术表现力相当丰富。

四胡由共鸣筒、琴杆、琴头、弦轴、千斤、琴弦、琴码、琴弓等部分组成。共鸣筒是呈八方形，用红木、花梨木或硬杂木制作，共鸣筒前口蒙以蟒皮或羊皮，琴筒后口加边框。琴头和琴杆多用红木、紫檀木制作，上端为平顶的琴头，其形制稍斜向左方。琴杆上安装等距横置四个弦轴，弦轴多用红木制作呈圆锥形。琴筒皮面中央置骨或竹制的琴码，张有四条丝弦或钢丝弦。一、三弦为里弦，二、四弦为外弦，每组的两根弦的音高相同。琴弓是用细竹栓马尾而制成，马尾分为两股。四胡依形制大小和音色可分为低音四胡、中音四胡、高音四胡三种。低音四胡的体积最大，多运用于伴奏，如好来宝、乌力格尔、蒙古族长篇叙事歌（民歌）等。之外，低音四胡也能独奏较大难度的乐曲，其声音宏亮、穿透力强、灵敏度好，在民族乐队中能够起到低音声部的支撑作用。中音四胡琴体比低音四胡略微瘦小，能够演奏较高难度的和有技巧性的音乐作品，在艺术表现力方面达到了更高的水准。中音四胡的音域能够达到两个八度以上，低音区音色深沉圆润、中音区音色清澈明亮、高音区音色柔和暗淡，在乐队中常与高音四胡、马头琴、三弦、火不思等乐器合奏。高音四胡的体积最小，其音区较高，有效音域两个八度左右，也能演奏超过两个八度的实音或泛音，特别是演奏出的泛音非常优美可以称为一绝。高音四胡低音区的音色纯正优美、中音区的音色刚劲嘹亮、高音区的音色高亢尖锐。高音四胡的演奏技巧丰富多彩，艺术表现力强，能够演奏具有高难度的大型音乐作品。

传承人吴云龙与弟子们

四胡演奏的技巧，如左手有滑音、颤音、打音、泛音、双音、双打音、双泛音等。右手的技巧基本与二胡的拉奏技巧相同。四胡是蒙古族拉弦乐器中较为成熟的乐器，也出现了多数著名的四胡演奏家，如孙良、朝鲁、吴云龙、赵双虎等。所演奏的曲目多数来源于民歌或说唱音乐的基础上进行改革和发展的。代表性曲目有《荷英花》、《韩秀英》、《英德勒玛》、《阿斯如》等。2008年，蒙古族四胡音乐被列入国家级非物质文化遗产名录，民间艺人吴云龙和特格西都楞被指定为传承艺人。

> 羌笛演奏及制作技艺　类别：传统音乐　编号：Ⅱ—38
> 申报地区或单位：四川省茂县

羌笛演奏及制作技艺主要流传于四川省阿坝州茂县，羌笛是古老的羌族独奏乐器。据记载，赤布苏、沙坝地区的羌笛是秦汉战乱年间由南迁的羌族人从西部地区带来的。羌笛由两根长约15至20厘米、筒孔大小一致的竹管并在一起，用丝线缠绕，管头插着竹簧的民间竖吹乐器，它的音律、音色、演奏技能独具特色，是羌族人民生活中不可或缺的一种古老乐器。它主要用于独奏，有十余首古老的曲牌，乐曲的内容非常丰富，主要是抒发自己的喜怒哀乐、悲欢离合的情感。常演奏的曲目有《折柳词》、《思乡曲》、《莎郎曲》等。羌笛吹奏主要

羌笛吹奏

采用鼓腮换气法，吹奏过程中可以使用喉头颤音、手指的上下滑音等多种技巧。制作羌笛一般选用杆直、筒圆、节长，且头尾粗细较均匀、竹肉厚薄有度、质地坚韧、纤维细密、不易开裂的箭竹为材料，并根据筒管的长短、厚薄、大小测定音位，孔距必须精确，否则音位不一。

由于羌笛使用双管，结构复杂，学习难度比较大，因此会吹奏的人很少。能掌握羌笛制作技艺的民间艺人以龚代仁为代表，他是第二批国家级非物质文化遗产项目代表性传承人，虽然以务农为生，但师承羌笛大师龚派传人龚代谱系，上世纪80年代以来对传统演奏曲目和羌笛制作上的不足进行了改进，其制作的羌笛曾在日本、法国、台湾等国家和地区展演，吹奏的《丰收庆》在国际民间艺术节上获一等奖。2006年，由四川省茂县申报，入选为国家级非物质文化遗产名录。

吹打（广西八音）　类别：传统曲艺　编号：Ⅱ—52
申报地区或单位：广西壮族玉林市

壮族人民在元宵佳节、婚娶、祝寿、祭祖等风俗活动中经常使用"吹打"，即广西八音。八音音乐真实地反映了壮族人民的思想感情和审美趣味，是壮族人民生活中不可或缺的艺术形式。

八音常用的乐器有马骨胡、土胡、葫芦胡、三弦、竹笛、锣、鼓、拔等。这些乐器中即有土生土长的乐器，如马骨胡，也有吸收其它民族的乐器。八音音乐的表演形式主要采用"坐奏"形式，多在村里的院子或戏台等固定场地上表演。八音以丝弦乐器及管乐器为主，打击乐为辅，因此人们常称它为"民族管弦乐"。八音音乐的乐曲多使用简易节奏，曲调多用级进和小跳音程，音调平稳流畅，速度及节奏一般较缓慢，具有古朴的情调和柔和雅致的风格，表现了壮族音乐特点和壮族人民追求美好的民族心理。代表作有《四大敬》、《拜堂调》等。

壮族八音乐曲是壮族人民的集体创作，表达了壮族人民的思想、感情、意志和审美趣味。2011年由广西壮族玉林市申报的广西八音被列入国家级非物质文化遗产名录。

土家族打溜子　类别：传统音乐　编号：Ⅱ—54
申报地区：湖南省湘西土家族苗族自治州；湖北省五峰土家族自治县、鹤峰县

土家族打溜子又称"围鼓"、"打家伙"、"抽溜子"、"打十盘鼓"、"打家业"、"打点子"、"打路牌子"等，是土家族地区流传最为广泛的一种古老的打击乐合奏形式。它的形成历史悠久，已不可考，流传的曲牌繁多，表演者技艺精湛，极具表现力和观赏价值。土家族打溜子是土家族人民文化生活的精粹，在红白喜事、寿诞庆典、传统节日中，打溜子是活动中重要的一部分。打溜子形式多样，手法灵活，在缓急、轻重、厚薄之间，表现出各种生动的形象和情趣意境。节奏清新明快，节拍变化频繁而流畅自如，厚重而不缺灵动。

打溜子乐队编制由溜子锣、头钹、二钹、马锣四件打击乐器组成，后也有加唢呐演奏的情况。乐班由五人组成，器乐分别为鼓、土锣、马锣、

双钹（分头钹、二钹，亦称上下手）。马锣又叫小锣或钩锣，发音清脆尖亮。是合奏中的高音乐器兼指挥；头钹、二钹的面径较汉族钹宽，比较薄，发音明亮柔和，是合奏中的中音乐器；溜子锣用响铜制成，又称田锣、堂锣，是合奏中的骨干和低音乐器。打溜子曲目繁多，内容丰富，描绘细腻，风格古朴。按所描绘的内容来看，可分为三大类：一是绘声类，以模拟描绘自然声态为主的曲牌，有"鸡婆唱蛋"、"蛤蟆闹塘"、"画眉扑笼"、"喜鹊噪梅"、"马过溪桥"、"阳雀叫春"等。这些曲牌以乐器模拟物语，以假乱真，使人如临其境。二是绘形类，以描绘生物神态、仪体为主，创造和谐自然的意境，有"梅鹿含花"、"凤点头"、"八哥洗澡"等，表现了土家人对美好生活的向往和幽默诙谐的民族性格。三是绘意类，通过深入细腻的音乐描绘表现一定内容。如"庆请儿"、"安庆调"、"鹊桥会"、"双齐头""安庆调"、"新仕门"、"新门进"、"仕门进"等，曲调平稳舒缓，描绘出一种安适如画的意境。

新中国成立后，通过政府部门搜集整理出的土家族溜子曲牌约有100个，打溜子走出国门，被国家艺术团体先后介绍到美国、德国、波兰、俄罗斯等国家，产生了强烈反响。2001年，五峰县文广局选送的器乐作品《打起溜子迎稀客》分别荣获全省首届楚天蒲公英奖（音乐金奖）；全国第二届蒲公英奖（音乐银奖）。2008年6月7日，由湖北省五峰土家族自治县申报的土家族打溜子入选第一批国家级非物质文化遗产扩展项目名录。

回族民间器乐　类别：传统音乐　编号：Ⅱ—63
申报地区或单位：宁夏回族自治区

宁夏回族的民间乐器主要是群众称为哇呜、咪咪、口弦等。这些乐器都是在长期的生活实践和文化活动中，传承了宁夏古代乐器和西北边塞乐器及其音乐逐步发展形成的。上世纪，我国文史学家考证出宁夏哇呜、咪咪、口弦分别是汉唐以来在宁夏流传的古乐器埙、羌笛、芦管、簧的流变和遗存；唐太宗李世明《饮马长城窟行》诗中的"胡尘清玉塞，羌笛韵金钲"、李益的"不知何人吹芦管，一夜征人尽望乡"诗句，均是亲临古代宁夏灵州对本地流行器乐的记述。

"咪咪儿"这种乐器用无名指粗细的竹管制成，开有6个音孔，酷似笛子。吹口处置有用嫩树皮制成的发音器（以"猫儿刺"枝干制作的为最佳），利用薄膜震动发音的原理吹出声音，靠6个音孔的音阶加一个自身音阶共7个音阶奏出曲子旋律。口弦多以黄铜、红铜或白银制成，奏时将口弦横放口中，以舌尖或手指轻轻拨动发音簧片，同时以口形的变化、呼吸气量的大小来调解掌握音程及音量。回族群众还有一种喜爱的乐器叫牛头埙，回族群众俗称"哇呜"或"泥箫"，是用黏合力强、结实耐用的黄胶泥制作的一种民间小乐器，古代称它为"埙"。据史书记载：埙大如鹅蛋，形如秤锤，上尖下平中空，顶上一孔为吹口，前面四孔，后面三孔。封建时代早期宫廷乐队中曾使用过此种乐器，以后逐渐消失，且在民间演奏中很少见到。

回族乐器"把式"（高手）可以用交叉颤指在高音哇呜上吹出其它乐器难以胜任的华彩。回族艺人制作的回族乐器，喜欢镶嵌本民族艺术图案，雕刻阿拉伯文书法等，具有鲜明的回族文化特征。由于它们音色优美，易于演奏，便于携带，在宁夏回族中世代相传。

2006年回族民间器乐被列入第一批国家级非物质文化遗产名录。

回族吹奏乐器埙

新疆维吾尔木卡姆艺术（十二木卡姆、吐鲁番木卡姆、哈密木卡姆、刀郎木卡姆） 类别：传统音乐 编号：Ⅱ－70

申报地区或单位：新疆维吾尔自治区、鄯善县、哈密地区、麦盖提县

维吾尔木卡姆，是流传于新疆各维吾尔族聚居区的一种大型音乐套曲，体裁多种多样，节奏错综多元，曲调丰富。它唱出的古典歌曲，格调深沉缓慢；奏出的民间舞蹈音乐，曲调热烈欢快；歌唱的叙事组歌，表达流畅优美。其音乐语言所塑造的生动音乐形象，成为中国民族艺术中的精典。木卡姆的分布，除维吾尔族聚居区的南疆、北疆、东疆外，还广泛地流传在新疆大中小城镇。

维吾尔族木卡姆艺术有四种类别：十二木卡姆、吐鲁番木卡姆、哈密木卡姆和刀郎木卡姆。类别不同，风格迥异，各具特色。

四类木卡姆中"十二木卡姆"最具代表性。

"十二木卡姆"源于西域土著民族文化，又深受伊斯兰文化的影响。

公元16世纪，叶原羌维吾尔汗国阿曼尼萨汗王后对维吾尔族民间的"木卡姆"及民歌资源，进行系统地整理，并积极进行艺术的二度创作。经过长期的努力，一部具有规范性和权威性的音乐套曲诞生了，这就是"十二木卡姆"。之后，经过长时间整合发展，"十二木卡姆"形成了多样性、综合性、完整性、即兴性、大众性的特点，而且被完整地保留并传承下来，成为中国艺术宝库中的一颗明珠。

十二木卡姆中，每套含乐曲20至30首，12套近300首。篇幅庞大，结构严谨，乐调繁复，音律多样，节奏错杂，音乐多元，唱词深邃，完整表演下来需20多个小时。

刀郎木卡姆表演

十二木卡姆表演

十二木卡姆中的达斯坦部分唱词，是由民间叙事诗组成，为木卡姆表演伴奏的有沙塔尔、弹拨尔、热瓦甫、手鼓、都他尔等民族乐器。十二木卡姆是维吾尔民众最喜爱的艺术形式，经常在各种公众场合或家庭聚会中演唱。

师教徒受，口口相传是十二木卡姆传承、保留主要方式。由于它词意深奥，曲牌绵长，完整记住这样大型的音乐套曲，非常困难。新中国成立时，它已濒临灭绝境地。

20世纪50代，文化部组织音乐家对维吾尔木卡姆开展了整理工作。

经过努力，终于找到了当时唯一能演唱十二木卡姆的维吾尔族著名艺人吐尔迪阿洪老人，并完整地记录下十二木卡姆的全部内容。历经近6年时间，才将曲谱、歌词整理完毕。经过整理和编辑，出版了《十二木卡姆》，包括古典叙诵歌曲、民间叙事组歌、舞曲、即兴乐曲等，总计340余首。

20世纪80年代，自治区木卡姆研究室、新疆木卡姆艺术团相继成立。同时出版了《维吾尔十二木卡姆》、《哈密木卡姆》、《刀郎木卡姆》、《吐鲁番木卡姆》等书籍和光盘。

2005年8月，国务院文化部委托中国艺术研究院，召开中国申报世界非物质文化遗产代表作的国家评审会议，新疆维吾尔木卡姆艺术作为中国向联合国教科文组织申报的第三批"人类口头和非物质遗产代表作"的预选项目。2005年11月25日，入选联合国教科文组织第三批"人类口头和非物质遗产代表作"名录。2006年5月，经国务院批准，又列入第一批国家级非物质文化遗产名录。

酉阳民歌　类别：传统音乐　编号：Ⅱ—85
申报地区或单位：重庆市酉阳土家族苗族自治县

酉阳土家族苗族自治县地处渝东南边陲的武陵山区，曾是明、清时代川东南政治、经济、文化的中心，也是现今渝东南少数民族的主要聚居地。酉阳民歌是土家人在节日活动、婚丧祭祀等活动中演唱的艺术形式。

《酉阳州志》记载："土人面对篝火歌舞膜拜以祭祀神灵"。酉水河一带的土家族，演唱民歌时讲究情致趣理。歌者通常借助于戏谑和调侃表达出独特的生活理念。歌词的情感真挚深刻，寓意深长。曲调丰富优美，歌声时而高亢、时而粗犷、时而悠扬、时而婉转。酉阳民歌种类繁多，内容几乎涵盖了生活中的每个领域。可分为劳动歌、爱情歌、闲情歌、苦情歌、哭嫁歌等。酉阳一带，不管男女老少，随情发挥，张口就来，即兴而歌，有叙述男女传情达意的《娇阿依》、有展示民族精神的《风吹芭茅》、有教育少年儿童热爱劳动的《割草》等代表性作品。酉阳民歌多是自由体山歌和小调，曲调丰富，优美流畅，多属五声调式范畴，以宫、徵、羽调式为主，结构以单段体结构为主。

土家族没有自己的文字，在漫长的历史发展过程中，他们用民歌记述和传承着民族的历史和传说，酉阳民歌被誉为"用音乐记录的教科书"。2008年，酉阳民歌被列入国家级非物质文化遗产名录。

爬山调　类别：传统音乐　编号：Ⅱ—91
申报地区或单位：内蒙古自治区呼和浩特市、乌拉特前旗

爬山调也称爬山歌、山曲、俚曲，是当地群众特别喜爱的一种民间艺术，主要流行在内蒙古西部地区土默特、河套、伊克昭盟等广大地区。

爬山调起源于晋陕地区，随着走西口以及人口的大量迁徙流入内蒙古，与当地的民歌相融合而形成的民间歌曲。根据流行地区可分为后山调、前山调、河套调三种。后山调主要流行于阴山北麓，旋律高吭悠长，音程跳动大，音域较宽；河套调流行于巴彦淖尔盟河套地区，节奏比较匀称规整，旋律优美，起伏比较小，感情细腻；前山调则主要流行于土默特平原，其特点是兼有后山调与河套调之长。爬山调旋律以五声音阶为主，偶尔有四声、六声和七声音阶。曲体结构多由呼应关系或应答关系的上、下句构成的乐段构成，共同表达一个完整的音乐内容。其中，上句常常落在调式主音的四、五度音上，下句一般落于调式主音。

爬山调产生于老百姓田间劳作或抒发情感等日常生活中，具有即兴性和随意性特点。爬山调的歌词具有浓厚的地方特色，多由西部方言来演唱，并大量运用了叠词。如歌词中类似"红丹丹"、"瞟妹妹"、"泪蛋蛋"等词语。并结合中国传统诗歌的赋、比、兴等手法，既表现了坦露直率又富有含蓄韵美的艺术风格。爬山调的题材内容较广，既有深刻揭露旧社会黑暗的，又有歌唱新社会幸福生活的，也有描绘当地风土人情的，也有讴歌甜蜜爱情生活的。代表性曲目有《亲亲不想吃个干硬粥》、《割莜麦》、《谁也比不上妹妹好》、《瞭不见哥哥上了房》等等。

爬山调音乐具有深刻的思想性和高度的艺术性及鲜活的民俗生活性，体现出了民歌巨大的艺术魅力。产生于田间、地头的爬山调与西部老百姓的劳动生活密切联系的，随着现代化的进程，爬山调赖以生存的环境正发生变化，保护和传承发展民间音乐的任务迫不及待。2008年，爬山调被列入国家级非物质文化遗产名录。

> 漫瀚调　类型：传统音乐　编号：Ⅱ—92
> 申报地区或单位：内蒙古自治区准格尔旗

漫瀚调是内蒙古西部地区民歌种类之一。漫瀚调一词有两种解释。一是"漫瀚"来源于蒙古语"芒哈"一词，意为"沙丘、沙梁"，因此漫瀚调有沙漠调、沙丘调之说。二是漫瀚调也称"蒙汉调"，它是蒙汉两族音乐文化相融合形成的音乐种类。漫瀚调的形成和发展与晋、陕汉族民间音乐和鄂尔多斯蒙古族传统音乐文化相互交融有密切联系。漫瀚调主要流传于内蒙古鄂尔多斯准格尔旗、达拉特旗，包头市土默特右旗，呼和浩特土默特左旗等地区。

漫瀚调最早产生于鄂尔多斯准格尔旗，已有一百多年的历史。清嘉庆和道光时期对蒙旗实行"借地养民"政策，使大量汉族移民流入准格尔旗，形成了蒙汉杂居、农牧兼营的局面。移入的汉民不仅开拓了农业经济的发展，同时也促使了蒙汉民族之间的文化交流，准格尔旗的"漫瀚调"就是蒙汉文化交融的背景下产生。早期的漫瀚调多数是在蒙古族民歌曲调中直接填入汉、蒙两种歌词而形成的。后来，逐渐产生了新的漫瀚调，已不再是单一填词，而是巧妙的融合了蒙古族民歌与陕西、山西地区民歌的特色，从而形成了独具特质的漫瀚调歌曲。

漫瀚调音乐的旋律多以鄂尔多斯蒙古族短调民歌为主，同时也吸收了爬山调和山西、陕西地区民歌的一些特点；唱词以汉语为主，同时也吸收了蒙语词汇，混合使用两个民族的语言来表现歌唱内容是漫瀚调的主要特征之一。漫瀚调的音乐以五声音阶为基础，旋律跌宕起伏，潇洒豪放，多采用大跳，七、八度大跳较为多见，九度、十度甚至十一、二度的大跳也时有所见；曲式结构以呼应式的上下两句或四句的方整性结构为主；演唱形式有独唱、齐唱、对唱，其中对唱为主。漫瀚调的乐队由四胡、笛子（俗称梅）、扬琴、三弦等乐器组成。代表性曲目有《王爱召》、《栽柳树》、《阿拉坦岱日》、《扫帚花日》等。

漫瀚调是蒙汉兄弟民族的文化结晶，它不仅透露着热情豪放的蒙古族音乐风格，同时也显现着高亢嘹亮的西北民歌的特色。2008年，漫瀚调被列入国家级非物质文化遗产名录。

> 蒙古族民歌（科尔沁叙事民歌、鄂尔多斯短调民歌、鄂尔多斯古如歌、阜新东蒙短调民歌、郭尔罗斯蒙古族民歌、乌拉特民歌）
> 类别：传统音乐　编号：Ⅱ—105
> 申报地区：内蒙古自治区通辽市、鄂尔多斯市、杭锦旗、乌拉特前旗；辽宁省阜新蒙古族自治县；吉林省前郭尔罗斯蒙古族自治县。

蒙古族民歌以声音宏大雄伟、曲调高亢悠扬而闻名于世。蒙古族不论男女老少都爱唱歌，他们尊敬唱歌和热爱唱歌的人。蒙古族民歌内容丰富多彩，有描写爱情的，有赞颂马、草原、山川、河流的，也有歌颂草原英雄人物的，这些民歌反映了蒙古的风土人情。蒙古族地域辽阔，不同地区的民歌形成了各自的特征，如科尔沁叙事民歌、鄂尔多斯古如歌、阜新东蒙短调民歌等。

科尔沁叙事民歌、鄂尔多斯民歌

蒙古族是个能歌善舞的民族，男女老少都爱唱歌，歌唱是蒙古人生活中不可或缺的行为。蒙古族民歌以声音宏大雄厉、曲调高亢悠扬而闻名，既有悠扬舒展的长调民歌，也有叙事性和舞蹈性的短调民歌。

蒙古高原地缘辽阔，各个部落生活习俗和文化具有共性特点以外，还有浓郁的地方特色。蒙古民歌依据地区风格可以划分为呼伦贝尔—巴尔虎风格区、科尔沁风格区、昭乌达风格区、察哈尔—锡林郭勒风格区、乌兰察布风格区、鄂尔多斯风格区、阿拉善风格区等。其中科尔沁风格区和鄂尔多斯风格区主要流传短调民歌，前者叙事性特点较为突出，后者以舞蹈性特点为主。

科尔沁叙事民歌也称为"乌力格尔图哆"，它是科尔沁地区独有的歌

科尔沁短调民歌手白红梅

曲类型。乌力格尔图哆反映的内容很广，有歌唱英雄人物的，如《嘎达梅林》和《陶克陶之歌》，也有表现爱情故事的，如《达那巴拉》、《韩秀英》等。叙事民歌的演唱特点，多为先交代故事主人公所生长的地方、家庭及周围的自然环境，之后才进入故事内容。叙事歌曲的内容和篇幅较长，一般为几十段到几百段，所以演唱完整部叙事歌曲需要几个小时或甚至十几个小时。叙事民歌的旋律较平稳朴实、音程跳度不大，节奏比较紧凑，音乐结构一般由上下两个乐句或四个乐句构成的方整性乐句。

鄂尔多斯地区的短调民歌旋律多用大跳音程，以切分节奏为主，风格欢快活泼，曲体结构多为单乐段，每段包括二至四乐句，乐句间平衡呼应，调式多为 la、sol、do 为主。鄂尔多斯地区的短调民歌所反映的内容较广泛，有反映思乡情怀的，如《送亲歌》、《春天里聚来的百鸟》；有反映蒙古青年爱情生活的，如《森吉德玛》、《黑缎子坎肩》；有歌颂父母恩情的，如《三匹枣骝马》；还有礼俗性的酒歌，如《金杯》、《西泉流水》、《圆顶帽》等。除此之外也有少数时政歌曲，如《独贵楞》、《席尼喇嘛之歌》等等。

蒙古族民歌短调民歌是在蒙古族传统歌曲中占有很大比例，节奏鲜明，节拍规整，简单灵活，易唱易学，流传面较广，具有广泛的群众基础。2008年，蒙古族短调民歌被列入国家级非物质文化遗产名录。

乌拉特民歌

乌拉特位于内蒙古西南部，行政区域上大致包括了巴彦淖尔盟（现在的临河市）乌拉特三旗（乌拉特前旗、乌拉特中旗、乌拉特后旗）。乌拉特地区西边与阿拉善盟毗邻，东接乌兰察布和土默特平川，北边与蒙古国接壤，南边抵河套平原，与鄂尔多斯隔河相望，特殊的历史和地理位置赋予了乌拉特民歌独有的特点。

1648年，乌拉特部落受清朝指令从呼伦贝尔草原迁徙于现在的河套平原，已有300多年历史。在历史发展过程中，乌拉特人不仅保存着古老的风格特征，在与周边地区长期交流中产生了很多与相邻地区风格相似或相近的民歌，如在乌拉特民间有"鄂尔多斯哆"和"乌拉特哆"之分。所谓的鄂尔多斯哆是指具有鄂尔多斯地区特色的民歌，乌拉特哆是相对于鄂尔多斯哆的风格的歌曲。除此之外，当地的人们把民歌分为"希鲁格哆"和

"花儿哆"两个类别。

"希鲁格哆"中的"希鲁格",蒙语意为"诗或诗歌","哆"是"歌曲"的意思,"希鲁格哆"便是带有曲调的诗歌的意思。"希鲁格哆"是由三世梅力更葛根罗布桑丹毕坚赞创作,共有81首,因此也称"梅力更葛根81首希鲁格哆"。希鲁格哆的旋律多为"乌日汀哆"(长调)形态,风格古朴、细腻、典雅。题材多为赞颂性内容,有赞颂活佛大德的,也有赞美家乡美丽风景或讴歌亲情友情等内容。除此之外也有训导劝诫等内容的歌曲。希鲁格哆一般都是在庄重严肃的宴会场合演唱,并有固定的演唱模式。宴会上演唱希鲁格哆一般为五组轮回,一组三首,开头必须演唱长调歌曲《三福》。所谓的《三福》是指《聚福》、《天赐缘福》、《洪福》。上列三首歌曲是酒席宴会的第一组歌曲,是任何宴席最先唱和必须唱的歌曲。这也是乌拉特民歌不同于其他地区蒙古族歌曲的显著特点。除此之外,较有代表性的希鲁格图哆有《真三宝》、《至尊的牟纳山》、《沙金图山岗》等等。

"花儿哆"是相对于"希鲁格哆"而提出的概念。二者的区别在于是否能在郑重的宴礼上演唱。"花儿"在蒙古语中有"花朵"或"繁杂"之意。花儿哆的内容包括爱情歌、幽默歌、讽刺歌、故事歌、生活歌、风俗歌等各种题材。它的形式短小、风格活泼,以短调形态为主。花儿哆包括传统的乌拉特短调民歌也包括从相邻的鄂尔多斯地区传入的短调民歌。如代表性曲目有《永荣花》、《色兰花》、《雪白的云彩》、《鸿雁》等等。乌拉特民歌既有蒙古族民歌典型特点,也有浓郁的地方特色和深厚的文化特质。2011年,乌拉特民歌被列入国家级非物质文化遗产名录。

鄂温克族民歌(鄂温克族叙事民歌)　类别:传统音乐　编号:Ⅱ—106
申报地区或单位:内蒙古自治区鄂温克族自治旗

鄂温克人主要分布在内蒙古境内的呼伦贝尔盟的鄂温克族自治旗、陈巴尔虎旗、莫力达瓦达斡尔族自治旗、额尔古纳旗、鄂伦春自治旗、布特哈旗及黑龙江省讷河县等地区。"鄂温克"是民族的自称,其意为"住在大山林里的人们"。

鄂温克族民间音乐可分为民间歌曲、歌舞音乐、萨满音乐和器乐音乐等。其中民间歌曲最为主要,反映了鄂温克民族的经济生活和劳动生产及与自然的斗争等内容。鄂温克族有本民族语言，但是没有文字，因此在历史长河中他们以叙事民歌记录了历史，并以此传承着本民族的历史文化。

鄂温克人生活在森林中，与森林和草原及群兽之间形成了一种亲密和谐的关系，并以这些生产生活及人文环境作为题材，创作了很多富有哲理

驯鹿

性的歌曲。叙事民歌《母鹿之歌》是一部经典之作。该叙事歌曲产生于古老的狩猎文化时期，充分体现了鄂温克人最为原始的环保意识。歌曲中记述了在遥远的狩猎时代，有个叫"呼尔迪"的鄂温克族猎人，在一次打猎时射中了一只母鹿"呼木哈"，母鹿带伤奔跑，有着丰富狩猎经验的猎人跟踪母鹿的足迹找到了它，却看到了令人心酸的场面：奄奄一息的母鹿在努力安慰和嘱咐小鹿。善良的母鹿和天真的小鹿之间催人泪下的对话，更是让猎人对自己的行为后悔不已，并且带上沉重的负罪感。正是这种负罪感使人类深深忏悔，从而造就了禁猎有孕或带幼崽的动物的习俗观念，最终产生了可持续发展的基本内涵。这首长篇叙事民歌，充分体现着鄂温克人对自然、对生命无与伦比的理解和尊重，凝聚着古老狩猎民族的诚信、善良、智慧的民族精神。

长篇叙事民歌《母鹿之歌》歌曲旋律带着浓郁原始风格，富有鄂温克

族游牧民歌的舒缓、优美、纯朴的特点，旋律如泣如诉，感人至极。以人类的情感和拟人化的方式，通过动物母子之间生死离别的一段对话，从另一个角度揭示了生态平衡、珍爱生命的意义。在鄂温克民族中类似《母鹿之歌》的长篇叙事民歌非常丰富，表现了鄂温克人的精神世界。2008年鄂温克民歌被列入国家级非物质文化遗产。

鄂伦春族民歌（鄂伦春族赞达仁）　类别：传统音乐　编号：Ⅱ—107

申报地区或单位：内蒙古自治区鄂伦春自治旗；黑龙江省大兴安岭地区

鄂伦春族主要分布在内蒙古自治区呼伦贝尔盟的鄂伦春族自治旗、布特哈旗、莫力达瓦达斡尔族自治旗，以及黑龙江省的呼玛、逊克、爱辉、嘉阴等县。鄂伦春民歌按体裁分类主要有"赞达仁"、"吕日格仁"和"萨满调"等几类。其中，"赞达仁"是鄂伦春族民歌的主要形式，数量最多，内容最丰富。

"赞达仁"，在鄂伦春语中含有山歌、小调的意思，是指除了歌舞曲以外的一切民歌。据记载，鄂伦春人在狩猎归途中，往往要放开喉咙高歌一曲"赞达仁"。这是由于在狩猎之中，要求人们不能发出任何声响，以便接近猎物。当满载而归后，借以抒发内心的喜悦之情。赞达仁有两种形式，一为无歌词的"赞达仁"，此种歌曲只运用衬词演唱，曲调高亢嘹亮，即兴性很强，歌曲的情绪完全取决于演唱者的情绪和表现能力，常用的衬词有"那依呀"、"那依斯希那耶"等。另一种为有歌词的"赞达仁"。此种歌曲节奏规整、结构对称、词腔比较统一。赞达仁的演唱有时将上述两种赞达仁连起来一起唱。

赞达仁的内容非常丰富，有悲歌、情歌、儿歌等表现鄂伦春人日常生产生活的歌曲，还有在各类仪式中演唱的歌

曲，如酒歌、出嫁歌、祭祀歌等等。赞达仁的旋律多以连续四、五度大跳；节奏多用二拍、三拍、四拍，亦有不规则节奏及混合拍；曲调以五声音阶为主，羽、宫调式为主，其次为徵、商调式；歌词多采用头韵，音乐和歌词结合自然；赞达仁歌曲多为两句或四句构成的单乐段结构；赞达仁较代表性的曲目有《黄骠马的乳汁》、《打猎归来》、《摇篮曲》等。

自上世纪50年代后，通过音乐工作者的深入调查和挖掘研究，鄂伦春民间音乐得到了更加系统、深入的发展。同时创作了很多具有鄂伦春民间音乐因素的新民歌，如《鄂伦春小唱》、《鄂伦春姑娘》等作品。2008年，鄂伦春族民歌被列入国家级非物质文化遗产名录。

达斡尔族民歌（达斡尔扎恩达勒、罕伯岱达斡尔族民歌）类别：传统音乐　编号：Ⅱ—108

申报地区或单位：内蒙古自治区莫力达瓦达斡尔自治旗；黑龙江省齐齐哈尔市

达斡尔族主要居住在内蒙古自治区莫力达瓦达斡尔自治旗和黑龙江齐齐哈尔市梅里斯达斡尔族区和齐齐哈尔等地区。历史上达斡尔族以狩猎为主，兼营畜牧业、农业、渔业等。达斡尔族的民间歌曲体裁可划分为歌曲"扎恩达勒"、民间歌舞"哈库麦"、萨满歌曲"雅德根伊若"和说唱音乐"乌春"四种形式，其中以扎恩达勒最为著名。它最直接地反映了达斡尔族鲜明的民族特色和独特的艺术风格。

"扎恩达勒"即为"歌"，它是类似于汉族山歌和小调体裁的民间歌曲的总称。扎恩达勒可分为无词的扎恩达勒和有词的扎恩达勒两类。无词的扎恩达勒用无实际意义的衬词作为唱词，此类扎恩达勒的衬词一般由"哪、呀、呢、那、伊"等虚词构成。无词的扎恩达勒的结构短小，节奏节拍变化较自由，是达斡尔族歌曲中独具特色的演唱形式。有词的扎恩达勒就是在无词的扎恩达勒基本曲调上加上了歌词，旋律和歌词的变化较大，"有词"的扎恩达勒曲子的结构不固定，经常根据演唱者的实际需要进行，一曲多词的现象较多。扎恩达勒的旋律具有悠长、含蓄、抒情的特点，旋律线条鲜明、通俗易懂、易于传唱。旋律以级进和小跳为主，偶有四度、五度、六度、七度的大跳。扎恩达勒常用的节拍有2/4 3/4 3/8 4/8 4/4 6/8等。扎恩达勒一般采用五声调式，以宫、徵调式居多，商、羽调式次之，角调式则应用较少。扎恩达勒一般都是乐段结构，有一、二、三、四句体。扎恩达勒的歌词内容广泛，多以反映现实生活。即有赞扬英雄人物的，也有歌唱生产劳动和爱情婚姻的，也有赞美祖国、家乡、人民的。代表性曲目有《住在山里的达斡尔人》《德莫日根》《母子打猎对唱》《快去撒网》、《女人好似笼中鸟》、《妈妈，我的苦难呦》、《寡妇自述》等等。

　　扎恩达勒反映了达斡尔族鲜明的民族特色和独特的艺术风格，是达斡尔族音乐中一颗璀璨的明珠。2011年被列入国家级非物质文化遗产。

苗族民歌（湘西苗族民歌、苗族飞歌）　类别：传统音乐
编号：Ⅱ－109
　　　申请地区或单位：贵州省雷山县；湖南省吉首市

　　苗族民歌以其聚居区人民的生活习俗和社会功能大致可分为：飞歌、游方歌、风俗歌、叙事歌、仪式歌、儿歌等；根据内容可分为游方歌（又叫情歌）、酒歌、苦歌、反歌、丧歌、劳动歌、时政歌、儿歌、谜语歌等等。

　　苗族飞歌，是苗族歌曲的一种，流行于贵州台江县、雷山县、丹寨县、剑河县、凯里等地。飞歌的音调高亢嘹亮，豪迈奔放，歌唱时声振山谷，有强烈的感染力。飞歌，多用在喜庆、迎送等大众场合，见物即兴，现编现唱。歌词内容以颂扬、感谢、鼓动为主，过苗年、划龙舟等节日喜庆活动，一般要唱飞歌。飞歌的歌词，每首一般在30句左右。一首歌中，常有三字句、五字句、七字句、八字句等，但多数是五字句。曲调有大致固定的谱子，拍节的长短与快慢有大致固定的格式，但有时可以在原有的基础上进行发挥。在一首歌曲中开头较慢，第一句先快后慢，拖音渐高而长，第二句先快后慢，但拖音渐低而长，从第三句或第

飞歌演唱

四句起，开始用中速唱，逐渐加快，唱到主要部分时，用快速连唱。高潮唱完之后，用渐慢渐拖音唱一小部分，即接近尾声了。唱到最后一、二句时，拖音渐低而长，飞歌开头一二句，中间接近高潮前的几句，收尾的一二句，一般都有拖音。歌唱者可以尽情拖唱，拖音的长短，凭歌唱人一口气的长短而定。

　　雷山地区的飞歌曲调独具一格。苗族长期居住雷公山山区各地，为了对远方迎送宾客、传递感情、召唤情人等，而产生了苗族飞歌。歌词简短，歌声昂扬，是雷山苗族的情感再现，例如雷山苗族常唱的一支迎客歌为："踩上木排起波浪，望见客人心激动，赶快过来陪客人，急急忙忙做什么。"一首简短的苗族飞歌词，体现了雷山苗族人民热情好客的传统美德，也体现雷山苗族人民豪放的民族心理特征。

　　"飞歌"这个名称，黔东南、滇东北一带的许多地区都用，但也有叫"顺路歌"、"吼歌"、"喊歌"的；湘西和贵州松桃一带根据其曲调特点称为"高腔"和"平腔"，由于一般唱"飞歌"都是在山岗林野与田间地头，其他地区也叫"山歌"。

　　苗族飞哥作为苗族的重要文化组成部分，在一定程度上承载着重要的文化信息，申请非物质文化遗产，对于系统性保护苗族的飞哥有重要作用。

瑶族民歌（花瑶呜哇山歌）　类别：传统音乐　编号：Ⅱ－110
申报地区或单位：湖南省隆回县

　　花瑶呜哇山歌渊源流长，它是花瑶人民在田野山岗劳动时自我愉悦、自我抒情的歌曲。千百年来，花瑶人居住在封闭的大山里，过着自给自足、与世无争的生活。原始古朴的自然风光给了花瑶人无限的激情和灵感。呜哇山歌产生于花瑶劳动人民中间，人们在山上砍柴、狩猎、伐木、采草药、挑担及田间劳动时都要唱山歌，或为寻觅同伴或为消除疲劳；或表达男女爱慕之情。人们把内心的激情用喊和唱的形式表达出来。花瑶呜哇山歌一般用汉语来演唱，是汉文化与当地花瑶土著文化相融合的产物。花瑶呜哇山歌作为一种特殊的劳动号子，具有协调和指挥劳动的功用，被称为民歌中的绝唱。

　　花瑶呜哇山歌至今还流传着几千首，其内容题材十分广泛，歌词带有即兴性（瑶语称"见子打子"）。山歌的题材主要有：族源和迁徙、农业劳作、狩猎、名胜、葬丧、服饰、日月星辰、风花雪月、婚姻嫁娶、傩巫鬼神等等。因呜哇山歌演唱大多在乡间野外，不受劳作时间限制，随意性很强。歌的内容可以随场景的变化而变化，是一种自由抒发的劳动号子。演唱时，有独唱、对唱、多声合唱等多种形式，常用大锣大鼓来伴奏，歌声高亢激昂。

花瑶呜哇山歌属高腔山歌，多为成年男子用真假声结合演唱，曲调节奏自由，音调悠长，唱时可以根据需要伸长或缩短节奏，声音高亢嘹亮，有较长的甩腔，并常加用"呜哇呜哇……"等衬词。歌词结构复杂，一般为四句体、六句体和多偶句体，一般七言、九言、十一言为一句，歌词讲究节奏和押韵，共24个韵脚。在音律艺术上，由于花瑶人隐居深山密林，力求传得遥远、听得清晰，一般音调高扬，声音绵长。其中最高音往往是衬词"呜哇呜哇……"常出现在第二句后加腔和歌词的最末尾绞腔。从诗歌最基本的"赋、比、兴"，到双关、对偶、歇后、排比、引用等各种修辞手法都有应用。

2007年，呜哇山歌的演唱者湖南省邵阳市隆回县虎形山瑶族乡的陈世达和戴碧生被确定为省级、国家级非物质文化遗产项目代表性传承人。陈世达已经80多岁了，能唱2000多首呜哇山歌。他最大的心愿是尽快将自己记得的上千首呜哇山歌的歌词整理成书，教好徒弟，让呜哇山歌这项传统民间艺术代代相传，发扬光大。

瑶族花瑶支妇女

花瑶呜哇山歌由湖南省邵阳市隆回县申报，于2006年、2008年相继被列入省级、国家级非物质文化遗产名录。

黎族民歌　类别：传统音乐　编号：Ⅱ—111
申报地区或单位：海南省琼中黎族苗族自治县

黎族聚居在海南岛通什镇、保亭、乐东、东方、琼中、白沙、陵水、昌江、宜县等地。黎族人民的聪明才智，不仅表现在物质财富的创造方面，还突出地表现在精神生活方面。黎族民歌植根于本民族的生活中，表现了黎族人民勤劳、勇敢、纯朴的民族性格。

黎族人民在喜庆的日子里都以歌声来表达欢喜之情，如建新房、举行婚礼、节日戏会、访亲会友等场合，尤其是每年的"三月三"这个黎族传统佳节，青年男女聚会在山间坡地，以歌为媒，交流感情，吐倾爱意，寻找情侣。黎族民歌分为用黎语唱的传统古老民歌和用汉语海南方言唱的受汉族文化影响的民歌。黎族民歌作为口头文学，其题材广泛、内容丰富，大致可分为劳动歌、仪式歌、情歌等。情歌的内容多为歌颂真挚的爱情、与恶势力的抗争等。劳动歌有劳动号子、摇篮曲等。仪式歌多数与祭祀或宗教仪式密切相关，除有固定的演唱程序以外，其音调柔和低沉，充满了庄严肃穆的风格特征。黎歌有独唱、对唱、还有齐唱等演唱形式。主要运用的伴奏的乐器有口弓、口箫、鼻箫等。民歌的节奏分明，音乐性较强。传统的黎族民歌多为五个音节一句，四句为一段。之外，也有六句、八句为一段的形式，因内容而定。传统的古典黎族民歌中的每首歌都有其固定的调子，便于歌唱者按曲配歌，为了配合音节长短的不同，歌词中经常使用衬词、虚词，因此在黎族民歌中多有以衬词命名的歌曲，如《欧欧调》、《罗里调》等。黎族民歌的歌词多采用赋、比、兴的手法，想象丰富，比喻贴切，语言形象，结构严谨，意境深远，生动活泼。

2008年由海南省琼中黎族苗族自治县申报的黎族民歌被列入国家级非物质文化遗产名录。

布依族民歌（好花红调）　类别：传统音乐　编号：Ⅱ—112
申报地区或单位：贵州省惠水县

布依族的文化艺术丰富多彩，民歌尤具特色。民歌种类有古歌、叙事歌、情歌、酒歌和劳动歌等；形式有独唱、对唱、齐唱和重唱；曲调有"大调"、"小调"之分。每逢喜庆节日，歌声昼夜不停。布依族人民喜欢唱歌，各地民歌曲调不尽相同，同一地区的民歌，也因歌词内容、演唱场合和歌唱方式的不同而有不同的曲调。呈现出百花齐放、各具特色的特点。惠水山歌调，俗称"好花红"调，流行于黔中南惠水、长顺、贵阳、龙里、贵定等县（市）布依族地区，基本上概括了这一带布依族民歌的格调风貌。曲调为四声羽调式，活动音域八度；迂回曲折，悠缓自如。歌词一般为七言八句，用比喻手法见物生情，内在含蓄，寓意深刻，生动活泼，委婉动听。近年来，音乐家们已将其曲调作为素材，改编或创作成合唱、舞蹈音乐、杂技音乐、影视音乐等，颇受群众欢迎。布依族经典民歌"好花红"的曲子是惠水县好花红乡一带布依族群众在清朝普及传唱的，迄今已有200多年的历史。"好花红"在布依族民歌中占有重要地位，作为贵州布依族地区的优秀民间音乐文化，它既是古老布依族音乐的遗存，也是布依族传统文化变迁的实证，发掘、抢救、保护"好花红"有其重要的学术价值和艺术价值。

1956年11月，惠水县举行第一届工农业余文艺会演，两名布依族歌手演唱了"好花红"等布依族民歌，引起了前来观摩会演的省歌舞团专家的重视。1957年初，两位歌手被选入贵州省文艺代表队，赴京参加了全国第二届民间音乐舞蹈艺术会演。中央人民广播电台作了实况转播，《民间文学》还特地作了介绍。2001年11月惠水"好花红"艺术节前，县政府在辉岩大桥之东立了"好花红故乡"石碑，在大桥之西建起了一栋"好花红歌亭"，让

布依族姑娘

各族人民群众在节日对歌、赛歌。2010年，中共惠水县委、惠水县政府以"好花红"为题名，举办了首届"好花红"艺术节。

彝族民歌（彝族山歌、酒歌） 类别：传统音乐 编号：Ⅱ—113

申报地区或单位：云南省武定县；贵州省盘县

彝族民歌有许多种类，大体上可分为叙事歌、山歌、情歌、舞蹈歌和儿歌等几大类。

叙事歌大都属于风俗性的彝族民歌，既可用以演唱有关创世造物、民族历史，又可用于祭龙、祭山等礼仪活动。这类民歌都有较强的宣叙性，故一般结构短小，音域不宽，旋律变化也不太大。

山歌类民歌大都具有节奏自由、音域宽广、旋律起伏的特点，有的曲体结构相当复杂。其中最有代表性的是红河江内彝族的"四大腔"（即海菜腔、莎莜腔、五山腔和四腔），属四种结构庞杂的套曲式山歌。这类结构复杂、篇幅长的山歌，在我国民歌中亦为罕见。此外，彝族山歌的演唱形式多种多样，有独唱、对唱、重唱和一唱众和、或在同一首山歌中几种演唱形式兼而有之。在彝族民歌中，表现爱情的很多，而有的民歌则专用于男女社交这一特定场合。如红河州的彝族有一种叫做"吃火草烟"的传统习俗，是一种专门的社交活动。在这种场合，成对的男女青年，可以尽情对答酬唱。对唱告一段落，再接以齐唱或集体应和。用于这种场合的民歌都以小嗓轻声吟唱，旋律委婉动听。歌词多为即兴创作、也有成套传统唱词，并大都朴素自然，形象生动。

民间歌舞活动，是彝族人民传统文化生活中的重要内容，通常叫做"打歌"、"跌脚"、"跳乐"，又因伴奏乐器不同而称为"跳芦笙"或"三步弦"、"杂弦"等。这些歌舞大都属于载歌载舞形式。有的彝族民间歌舞活动常按一定顺序变化各种舞蹈，天长日久，即形成按一定传统程式构成的组舞。这些舞蹈歌曲也常可离开舞蹈单独演唱。凡属舞蹈歌，大都节奏鲜明、音调明快。在彝族民歌中，儿歌极为丰富。在过去孩子没有条件上学的年代，这些儿歌就成为孩子们传授简单的生活、生产知识的教科书。内容带有一定的故事情节，语言生动风趣，曲调活泼简练。演唱时常成群结队地进行，手牵着手，左摇右晃，十分天真自然。

彝族民间有各式各样的传统曲调，诸如爬山调、进门调、迎客调、吃酒调、娶亲调、哭丧调等。无论男女老少，个个都会唱几首。有的曲调有固定的词，有的没有，是临时即兴填词。山歌又分男女声调，男声调雄浑高亢，女声调柔和细腻。各地山歌又有自己独特的风格，如著名歌曲《马儿快些跑》、《远方的客人请您留下来》，就是根据彝族民间曲调提炼出来的。

彝族撒尼人有一篇著名的叙事歌《阿诗玛》。它通过阿诗玛与阿黑同封建势力的代表——热布巴拉家的斗争，歌颂了劳动、勇敢、自由和反抗精神，体现了撒尼人民反对封建压迫的坚强意志和追求自由幸福的美好愿望。撒尼人民称"阿诗玛"是"我们民族的歌"，阿诗玛是撒尼族聪明、美丽、勤劳的姑娘。

彝族民歌是彝族文化的一个重要载体，是传承彝族文化最重要的形式之一。它记录了彝民族的历史、科学、生产生活、传统习俗、伦理等丰富多彩的彝族文化。

布朗族民歌（布朗弹唱） 类别：传统音乐 编号：Ⅱ－114
申报地区：云南省勐海县

布朗族民歌内容丰富，曲调繁多。每逢结婚、迁新居、过年节或劳动之余，年轻人都爱对歌。布朗族民歌按其音调大体可分为"索"、"胜"、"宰"、"拽"、"脱麻"等几种，这些曲调又因地区差异而各具特色。除劳动歌、风俗歌、迁徙歌、恨歌、颂歌、情歌、儿歌等短歌外，还有长篇抒情歌和长篇叙事歌，如《苦情调》、《新年调》、《艾》、《砍柴的依拉》等。《道高朗》流行于西双版纳景洪县，是一部唱述布朗小伙子与傣族小姐恋爱悲剧的长篇叙事歌。

布朗族的音乐绚丽多彩、曲调优美。西双版纳一带的布朗族的布朗调分为"甩"、"宰"、"索"、"缀"四类。演唱时，各类曲调固定不变，但内容

前往对歌场

根据不同场合即兴编唱。"甩"调由小三弦伴奏，以歌唱青年男女爱情的内容为主，唱起来充满激情，富有青春活力。"宰"调，也是用小三弦伴奏，大多是以生产、生活及爱情为题材，采取男女青年对唱的方式。"索"

调，也用小三弦伴奏，多歌唱民风民俗。"缀"调，是在节日或欢庆的日子里对唱，多歌颂历史英雄人物事迹。

其他地区的布朗族曲调，有民歌调、山歌调、打歌调、灯调和唢呐调。民歌调简短有力，活泼轻快，唱时以葫芦笙伴奏。山歌调曲牌较多，主要是青年男女在山野劳动时对唱的。打歌调曲牌具有简短、轻快的特点。灯调，调子轻松愉快，节奏感强，多用二胡、小三弦伴奏。唢呐调，习惯上是双手同奏，当地布朗人称为"吹打"，主要用于办婚丧事。布朗族弹唱，把布朗族的音乐、舞蹈、民俗、服饰等融为一体，体现了厚重的文化底蕴和浓郁的民族特色。2008年由云南省勐海县申报的布朗族弹唱艺术被列入国家级非物质文化遗产名录。

藏族民歌（川西藏族山歌、玛达咪山歌、华锐藏族民歌、甘南藏族民歌、玉树民歌、藏族赶马调、班戈昌鲁）　类别：传统音乐　编号：Ⅱ－115

申报地区或单位：四川省甘孜藏族自治州炉霍县、九龙县、冕宁县、阿坝藏族羌族自治州；甘肃省天祝藏族自治县、甘南藏族自治州；青海省玉树藏族自治州；西藏自治区班戈县

民歌是藏区各地民间生活中普遍流传的一种音乐体裁，藏族民歌浩如烟海、丰富多彩，藏区各地流传的民歌风格各异、各具特色。

川西藏族山歌分布在四川省甘孜藏族自治州的炉霍县和阿坝藏族羌族自治州马尔康县、壤塘县、若尔盖县，在不同的地方，其称谓不同。其代表为"马尔康嘉绒藏族山歌"、"草地山歌"和"炉霍山歌"。川西藏族山歌是当地藏族人民在长期的生活实践中创造的民间音乐形式。它是研究川西高原及周边藏族人民的社会生活、民族历史、经济文化、民族交往、道德观念、风俗习惯、宗教信仰等的"活化石"。

盛装

"玛达咪山歌"是产生并流传在四川省甘孜州九龙县一带的藏族民间山歌。它包括抒情山歌、劳动夯歌、丧歌、婚仪歌等。抒情山歌直抒情怀，爱憎分明；劳动夯歌男女分列对唱，一唱一和；丧歌是长辈去世时邻居吊丧的一种礼仪性演唱；婚仪歌在举行婚礼时女方送亲和男方接亲时演唱。目前"玛达咪"山歌已发现的调式就有六种，每种调式韵调悠扬，各具风格。玛达咪山歌具有独特的民族艺术价值，是各民族文化在当地融合的见证，对研究当地的民风民俗、民族民间文化具有十分重要的意义。

华锐藏族世居于甘肃省天祝藏族自治县，以此为中心的华锐藏区在历史上因各民族交错相居，其文化形成了自己独特的风格，尤其是藏族民歌更具有代表性。华锐藏族民歌包罗万象，数量繁多，大致可分为劳动歌、生活歌、学问歌、历史歌、叙事歌、舞蹈歌、情歌等。华锐藏族民歌以其浓郁的民族风格，生动朴实的语言，通俗易懂的唱词和抑扬顿挫的音调，在民间传唱，生生不息，是一幅反映华锐藏族语言、生活习俗、风土人情等的历史长卷。

甘南藏族民歌，是指形成和流传于甘肃省甘南藏族地区的民歌。甘南藏族民歌主要有："勒"（山歌）和"拉伊"（情歌），其曲调节奏自由，热情豪放，歌词内容丰富，歌词既有旧传又有新编，常常以旧调填新词来演唱。甘南藏族民歌的歌词和乐曲以前没有文字传承，均由民间艺人口传给后辈。

地处青藏高原腹地的玉树素有"歌舞之乡"的美名，勤劳、勇敢的玉树人民，在社会历史发展的进程中，创造了丰富多彩的文化艺术。民歌是玉树民间音乐的重要组成部分，当地的民歌主要有勒（山歌）、谐莫（打卦情歌）、群勒（酒歌）、嘛呢调等。玉树民歌种类丰富、曲调悠扬，是民间文艺宝库中一朵绚丽的奇葩。

藏族民歌反映了藏族社会各个历史时期的社会生活和思想哲理，是藏民族文化传统和性格感情的展现。

维吾尔族民歌（罗布淖尔维吾尔族民歌） 类别：传统民歌 编号：Ⅱ—116
申报地区或单位：新疆维吾尔自治区尉犁县

维吾尔族主要聚居于新疆维吾尔自治区天山以南的喀什、和田一带和阿克苏、库尔勒地区，其余散居在天山以北的伊犁等地。蕴藏于民间的维吾尔族民歌，资源丰富，内容广泛，数量众多，曲调优美。

维吾尔传统民歌包括爱情歌、劳动歌、历史歌、生活习俗歌等几类。

爱情歌是维吾尔人民最喜爱的民歌，在维吾尔民歌中的比重最大，数量最多，这类民歌不但热情地歌颂青年男女对爱情的执着追求，还深层地展示出青年男女在炽热爱恋中的民族心理表现。"比兴"是其主要的表现手法，具有浓郁的民族特色，显示了这类民歌独具的艺术魅力。

劳动歌，有猎歌、牧歌、麦收歌、打场歌、挖渠歌、纺车谣、砌墙歌等。

历史歌是歌唱维吾尔族民族历史中重大事件的歌曲。有的反映了封建统治阶级的残酷压迫、农民的英勇反抗和暴动起义，如《英雄沙迪尔》、《马车夫之歌》、《铁木尔海力派之歌》等；有的反映了维吾尔族人民反抗外来侵略、保卫家乡、保卫边疆、维护祖国统一的英雄事迹，如《迫迁歌》。其中流传较广的有北疆伊犁地区的《诺孜古姆》、《筑城歌》、《英雄沙迪尔的歌》等。

生活习俗歌取材于维吾尔族的传统习惯和民俗活动仪式。他们在婚丧嫁娶、举行庆典、祭礼时和庆祝民间节日时，都演唱习俗歌。如"婚礼歌"、"迎春歌"、"迎雪歌"、"挽歌"、"封斋歌"等。流行在东疆的催眠歌，如《睡吧，孩子》是典型的短调歌。相和歌也可分为两小类：第一类以自弹自唱为主，演唱的多是抒情性和叙事性民歌。第二类采用的是固定节奏型，民歌的节拍规整，节奏鲜明，气氛热烈。其形式有对唱、齐唱或领唱、帮唱等，也可用来作伴舞的歌曲。

维吾尔族民歌的歌词大多不固定，民歌中起着加强语气作用的衬词，则长短不一，灵活多样，能使词意更深化，渲染的气氛更浓。

维吾尔民歌格调活泼轻快、风趣横生，受到人们的喜爱。例如闻名中外的《阿拉本罕》、《半个月亮爬上来》、《达坂城》、《送我一朵玫瑰花》等，流传广泛，久唱不衰。

新疆罗布淖尔维吾尔族民歌是主要流传于尉犁县的维吾尔族民歌，其内容丰富、旋律优美、节奏极富感染力。2008年被列入第2批国家级非物质文化遗产名录。

乌孜别克族埃希来、叶来　类别：传统音乐　编号：Ⅱ—117
申报地区或单位：新疆维吾尔自治区艺术研究所、伊犁哈萨克自治州、喀什地区

乐舞文化是乌孜别克族的优秀传统文化，它继承了古代中亚的音乐文化，以民间音乐为基础，形成了包括民间音乐、古典音乐、宗教礼仪音乐在内的传统音乐。

乌孜别克音乐按民间的传统分类，可分为"艾希来"和"叶来"两类。这两类成为乌孜别克族民间歌曲的代表和主干。"埃希来"和"叶来"的民众性、独特性、古典性和丰富性，对研究乌孜别克族的社会生活习俗、东西方音乐文化交流历史，提供了十分珍贵的资料。

"埃希来"也叫"大艾修来"、"穷艾修来"，是长篇叙事民歌，篇幅宏大，为多段式发展型结构，非常严谨；音域宽广，曲调深沉，旋律激昂，曲式恢弘。其唱词为多段式律诗，每段四句，每句13至16个音节。反映的多是悲叹人生苦难、失恋痛苦或劝人止恶行善等内容。歌手演唱时情绪由深沉起句，渐渐向激动情绪推进，最后仍收束于深沉的腔调。这样多段体的大型歌曲，叙事速度缓慢，曲调抒情优美，唱词以古诗为词，演唱重在自弹自唱，或有乐手伴奏。"埃希来"调式、调性的无穷变化，回音、颤音、倚音，滑音等多种装饰手法的运用，富有感染力的苍老、深沉的音色，使得"埃希来"独具民族音乐特色和风韵。它曾是古代的宫廷音乐。

"叶来"也称"也勒来"，是流传于民间的短篇、小段民歌，结构短小，曲调轻快活泼，节奏明快，婉转悠扬，运用装饰音、颤音、波音，表现轻快的旋律。歌手自弹自唱，灵活自如，大多可为舞蹈伴唱。唱词为多段式律诗，每段四句，每句7音节居多。乌孜别克族在各种岁时节令、人生礼仪等喜庆场合，以群众性自

乌兹别克族少女

娱舞蹈伴奏的形式，展示亮相，独具风采。

乌孜别克族埃希来、叶来是靠民间艺人代代口传心授的民歌，保留和传承境地十分脆弱。为抢救这种珍贵的民间音乐，2007年10月19日，新疆维吾尔自治区乌孜别克族埃希来、叶来项目申报组，分赴南疆和北疆乌孜别克族聚居区，进行社会调查、收集、采录。项目申报组完成任务后，由自治区艺术研究所和伊犁州文化艺术研究所联合申报，经国家批准，乌孜别克族埃希来、叶来传统民间音乐，被列入国家第二批非物质文化遗产名录。

演唱埃希来和叶来

回族宴席曲　类别：传统音乐　编号：Ⅱ－118
申报地区或单位：青海省门源回族自治县

回族宴席曲是西北回族人民结婚时演唱的一种民间传统歌曲，流传于西北回族地区。该曲目是在婚礼宴席上演唱，且伴有动作，这种传统艺术的名词由宋代宫廷的《宴乐》转化而来，故也叫"宴席舞"。宴席曲的曲调优美婉转，内容丰富多彩，形式多种多样，能歌能舞，保留着我国宋、元时代西北少数民族民间小曲的古老风貌，宴席曲的演唱风格和内容可分为五类，包括表礼、叙事曲、五更曲、打莲花、散曲。这些宴席曲涵盖了回族群众数百年来生产、生活、爱情、婚姻等方方面面的生活，是一部全景式展现回族历史的音乐史诗，为我们研究回族的历史、风俗习惯、语言文学以及文化艺术等提供着丰富的资料。

宴席曲的演出程序,主要分以下步骤,"曲把势们"(演唱者)来到东家大门口,唱《恭喜曲》,进到家中拉开场子后,先由曲把式头儿《表礼》致赞词,然后开始正式的演唱。演唱的起首曲为《抬起吗头儿瞧》,接下来根据主人所点的曲目进行表演。如果这一家出现两组演唱家,必不可少的要进行对阵打擂,你一歌我一曲,不把对方唱得哑口无言绝不罢休。宴席曲的演唱,有唱一晚的,也有连着三晚的,这就看唱家们的肚子里的货有多少和演唱上的功夫有多大了。宴席曲演唱到最后,以一曲《谢东家》作结束。回族有"结婚三天无大小"的习俗,尽管伊斯兰教禁忌"弹唱歌舞",但回族仍有在喜庆场合贺喜唱曲的风俗。特别是在青海省门源回族自治县,回族"宴席曲"这种古老的说唱表演艺术已有200多年历史。

安宝龙是国家非物质文化遗产门源回族宴席曲的传承人。这个土生土长的门源人用三十多年的时间,挖掘、搜集、整理了一百多种、两百多首回族宴席曲。并多次参加省、州、县演出活动。他的演唱清澈悠扬、优美婉转、吐字清晰、声情并茂。舞蹈动作潇洒舒展、幽默风趣,生动地展现了回族宴席曲这一博大的传统文化。在他的不懈努力下,门源县回族宴席曲的影响力、知名度得到很大提高。

回族"宴席曲"于2006年被列入青海省非物质文化遗产,2008年又被列入国家级非物质文化遗产。

回族宴席曲传承人安宝龙及其弟子

朝鲜族洞箫音乐　类别：传统音乐　编号：Ⅱ—124
申报地区或单位：吉林省延吉市、珲春市

洞箫是一种竹制吹奏乐器，也是朝鲜族古老的民间乐器之一。其音色情调伤感，低音区沉闷，中音区柔和优美，高音区尖锐，声音持续不断，强弱自如，能生动地表现出喜怒哀乐等各种情感。内在、含蓄、发声美的箫在表现哀婉、慷慨的情绪时比其他乐器更胜一筹，形成洞箫演奏的重要特色之一。洞箫不仅能表达含蓄哀婉之意，也能表现慷慨激扬之情，独特的音律形成了"洞箫"演奏的重要特色。能歌善舞的朝鲜族人民每逢喜庆之日就会伴随着激昂的长鼓声和悠扬的洞箫声翩翩起舞。

洞箫也是朝鲜族古老的吹奏乐器，高句丽史《乐志》记载，洞箫属于中国唐代乐器，在李朝世宗时期，从西亚经中国传入朝鲜半岛。据史料记载，在4世纪中叶的高句丽壁画中，有吹奏"箫"的画面，据此有一种说法认为，这种乐器在高句丽以前就早已开始制作并使用过。从14世纪开始，箫被改良成洞箫并用于音乐实践，逐渐成为朝鲜族的传统乐器，堪称朝鲜族民俗艺术中的一朵奇葩。之后洞箫一直流传于朝鲜民间，主要是在朝鲜半岛的咸镜道和庆尚道地区广泛流传，深受民众喜爱，洞箫爱好者众多，普及面也很广。洞箫作为朝鲜族民间广为流传的乐器之一，以其独特的音调、演奏方式和艺术风采，在朝鲜族民间音乐的继承和传播中起着重要的作用。

洞箫演奏

朝鲜族洞箫音乐随着朝鲜族移民进入中国。最初，在中国朝鲜族居住区，有一些民间艺人进行过洞箫演奏活动，却因演奏人数不多，分布面也不广，因而影响力不大，没能形成器乐艺术发展的良好氛围。直到20世纪30年代，由于珲春市密江乡一位韩姓老人的到来，才使"洞箫"这门民间乐器以它独特的音乐魅力再次在中国延边朝鲜族中间兴盛发展起来。

> 土家族咚咚喹　类别：传统音乐　编号：Ⅱ—125
> 申报地区或单位：湖南省龙山县

咚咚喹亦称"呆呆哩"。土家语称"早古得"，土家族单簧竖吹乐器。咚咚喹制作虽然简单，却能吹出欢快清脆的旋律，故深受土家族妇女、儿童的喜爱。咚咚喹可独奏或重奏，经常两支在一起对奏，音色明亮，曲调轻快活泼。流行于湖南省湘西土家族苗族自治州龙山、桑植、保靖、永顺，湖北省鄂西土家族苗族自治州来凤、鹤峰等地。"咚咚喹"，既是一件结构奇特的吹管乐器，也是一种民歌歌调的体裁形式，同时，在湘西，它还是器乐与声乐所共有的常用曲牌的名称，并且，"咚咚喹"也作为歌调演唱时的衬词、衬句。咚咚喹传统曲调有固定标题，如"咚喹咚喹咚喹"、"巴涅咚咚喹"、"利利拉拉咚咚喹"等。土家族称咚咚喹乐曲为曲牌，传统曲牌极为丰富，大多数都有固定标题和唱词，既可吹奏，又能演唱。咚咚喹音乐，保留了土家族古代歌谣的特色，是典型的土家族传统民间音乐，具有浓郁的民族风格。传统乐曲有《耍调》、《赶集》、《布涅咚》、《慢巴涅咚》、《拉帕克》、《乃约乃》等。曲调清新活泼，悠扬悦耳，富有田园风味。

咚咚喹用细竹管制作，管身长15～20厘米。内径0.41厘米。竹管上端留有竹节，在节下切一斜口劈出薄片为簧。管身正面将外皮削平，管壁开有三孔或四孔，一端切断为空管音孔。有 do re mi sol 与 sol do re mi 两种不同音阶的体制。咚咚喹的曲牌丰富，一般都有固定的标题，

吹咚咚喹

表演时有独奏、齐奏或合奏等各种不同的形式。

清代的一首《竹枝词》记云:"流水淙淙白云飞,翠色重重笼四围;三五村姑齐吹奏,婉啭悠扬咚咚喹。"说明此乐器历史悠久。2008年6月7日,土家族咚咚喹被列入第二批国家级非物质文化遗产保护名录。

哈萨克六十二阔恩尔　类别:传统音乐　编号:Ⅱ—126
申报地区或单位:新疆维吾尔自治区文化厅

六十二阔恩尔,即六十二套连贯的抒情乐曲,是哈萨克族民间古典音乐。六十二阔恩尔中的"六十二"和"阔恩尔",哈萨克族人赋予它多层含意:

"阔恩尔"用在自然万物方面,表示那是最美丽的棕褐色,也指最适宜于放牧和生活的美丽山区,哈萨克族人称此为"阔恩尔套";也指炎热夏天凉爽宜人的和风,他们称之为"阔恩尔杰勒"。"阔恩尔"用在人物身上,表示这样的人是品德优秀、谦虚谨慎的人,称他们为"阔恩尔弥甲孜"。人们欢乐聚会时用"阔恩尔",他们称之为"阔恩尔康勒克歌"。"阔恩尔"用在经济宽裕的小康生活,他们称作"阔恩尔卡勒塔"。由此看,"阔恩尔"所描述的都是美好的人和事物,哈萨克族人把那种最能感染人的优美音乐,叫作"阔恩尔",每一首"阔恩尔"乐曲,在哈萨克族民间代代相传,是草原民歌的精典音乐。

"六十二"这个数字,哈萨克族人民给了它更深层的含义,与人的生命关联起来了。他们认为,人身上有六十二根血脉,运动不停,人才有了生命力的旺盛。这六十二根血脉是人的生命和躯体活动的支柱。

所以,以"六十二"和"阔恩尔"合在一起来命名的音乐,有了鲜活的生命力,代表着最美的乐曲。《六十二阔恩尔》承载和记录了哈萨克族人民对祖先、对历史的深厚情感,在哈萨克族民间影响久远,代代相传。

哈萨克六十二阔恩尔包含"六十二套曲",是一种综合表演的艺术形式,包括用民族乐器演奏;冬不拉弹唱、独唱、合唱、对唱等民歌演唱;单人舞、双人舞、集体舞等舞蹈;诗歌吟诵等内容。乐曲、民歌、舞蹈、诗歌等缺少哪一种艺术形式,六十二阔恩尔就成了不完整艺术。

《六十二阔恩尔》中的每一部套曲都由一个主旋律和若干变奏曲组成,其中每一首乐曲既是《阔恩尔》主旋律的有机组成部分,同时又具有和声特色的独立乐曲。套曲具有曲调丰富、结构严整的共同特点,而每组套曲又是各有独特的风格。哈萨克族民间广泛流传的近现代器乐曲"簧"、民歌"谙"、说唱"哦吟"、阿肯弹唱"哎吐嘶"、叙事诗演唱"赫萨—达斯坦"等音乐演唱艺术，都源于六十二阔恩尔。

民间历来有"富人家的喜事三十天娱乐，四十天庆典"的说法。娱乐和庆典上，《六十二阔恩尔》是重要的表演内容。按每部《六十二阔恩尔》演唱两小时，每天演唱两部计算，就要演唱三十一天。

《六十二阔恩尔》是哈萨克族历史久远的音乐文化，积淀厚重，丰富多彩。它以偏慢的行板演奏，十分讲究韵味，用朴实的风格，艺术地再现哈萨克民族深沉的历史，表现哈萨克民族厚重的草原文化所特有的纯朴和率真。

《六十二阔恩尔》所涵盖的曲目上万首，如今能为大众熟悉和演唱的已经为数不多，能够系统演唱《六十二阔恩尔》的民间艺人更是凤毛麟角。为了抢救濒临失传的危险窘境，伊犁哈萨克自治州1996年开展了搜集和整理工作。《六十二阔恩尔》艺术于2005年9月经列为自治区级非物质文化遗产保护项目，后列入国家非物质文化遗产保护项目。

六十二阔恩尔演出

维吾尔族鼓吹乐　类别：传统音乐　编号：Ⅱ—127
申报地区或单位：新疆维吾尔自治区

维吾尔族鼓吹乐是以打击乐器、吹奏乐器合奏形式为主的传统民间音乐，广泛地流传在新疆的维吾尔族聚居区。它最早自阿拉伯传入中国西域地区，维吾尔族吸收并融入了自创的内容，历经六百余年，逐渐丰富和完善，形成了完整的独具民族特色的十二套鼓吹乐。

演奏维吾尔鼓吹乐所用的乐器由一支苏乃依、三对纳格拉和一只冬巴克组成，或加入卡娜依和若干面达普，而苏乃依和纳格拉是最主要的乐器，演奏必不可少。参加演奏的人数较为灵活，可多可少，并不固定。

管状的吹奏乐器"苏乃依"，用棘木或桐木挖制而成，形状上细下粗，下端直管，喇叭口形，或套用铜质碗口。管身用骨质花纹和彩色宝石装饰，音孔上插苇质哨片。

罐状的击鼓乐器"纳格拉"，鼓的腔体最初取胡杨树干做材质，挖空后上蒙羊皮，后发展用生铁铸就。按形制大小和音高的不同，分为头鼓、中鼓、尾鼓。演奏时，头鼓在整个乐队中起着指挥的作用。

维吾尔族鼓吹乐有渲染喜庆气氛的特长，因此，它发声高亢，激越明朗，节奏感强，常用于节日、婚礼等喜庆场合，民间举行的各种麦西热甫和朝拜圣裔麻扎的礼仪、广场上的群众性欢快的舞蹈、民间杂技"达瓦孜"的表演，都有它伴奏的旋律。

维吾尔族鼓吹乐在演奏形式上，也在悄然发生着变化，常见的零星曲牌演奏，逐渐向套曲化发展。南疆和北疆都出现了不同艺术风格的"鼓吹乐套曲"在流传，其特点是从"散序"开始，中间是多个段落的由慢而快、由抒情、庄严到欢快热烈的音乐，最后在散板上结束全曲。如在伊犁地区流传的《伊犁十二套鼓乐》，在吐鲁番地区流传的《叶尔》、《米力斯》，在库尔勒地区流传的二十八套《赛乃姆》，在喀什地区流传的《萨玛舞曲》、《谢地亚娜》等，都是维吾尔族民间喜闻乐见的曲子。

维吾尔族鼓吹乐成为首批新疆维吾尔自治区非物质文化遗产保护项目，75岁的玉素甫江老人获得此项传承人称号。2008年6月经国家批准，成为第二批国家级非物质文化遗产名录保护项目。

打击乐纳格拉鼓

芦笙音乐（侗族芦笙、苗族芒筒芦笙） 类别：传统音乐 编号：Ⅱ—129
申请地区或单位：湖南省通道侗族自治县；贵州省丹寨县

芦笙是一种我国很多少数民族喜爱的传统民族乐器。生活在贵州省的苗族和湖南的侗族人民对芦笙更是有着深厚的感情。苗族的谚语说："芦笙不响，五谷不长。"由此可见，芦笙在苗族人民中的重要地位。

芦笙是苗族传统音乐文化中的核心乐器之一，在苗族音乐实践的历史长河中，蕴积了丰富的文化内涵，其文化功能已不限于普通的乐器，他承载了社会文化功能的多样性，形成独特的芦笙音乐。芦笙大小不一，管的数目也不尽相同，从单管、双管，以至5管、6管、8管、10管都有，但较常用的是6管芦笙。6管芦笙的构造，是用6根长短不一的竹管，分成二排插入木制的笙斗；每管的根部各装一个铜质簧片；管的下端各开一个小孔，吹奏时手指按孔发音。有的芦笙，在竹管上端套上竹篾折成的三角形喇叭，或套上稍大的竹筒，起共鸣作用。各管音高的次序，随着地域和民族不同而异。吹奏时，以单音奏旋律，同时发出两个以上的和音作伴奏。

芦笙多用于独奏、合奏和舞蹈伴奏。贵州苗族地区，有大小不同的四种芦笙组成的乐队，并且有一整套传统的芦笙曲。经过多次改革，现在有15管、20管、36管、36管的芦笙出现。有的将木制笙斗改为金属笙斗，有的加上音键，扩大了音域，能吹奏12个半音，解决了转调问题，能演奏较复杂的乐曲。芦笙的改革给芦笙的演奏带来了更为广阔的空间。它可以演奏抒情的、伤感的、叙述的等许多曲调，也可以演奏其他民族的曲子。

芒筒流行于贵州、广西、湖南等省区。贵州丹寨少数民族尤其是苗族，以芒筒芦笙为传统乐器。从芒筒芦笙的普及程度、芒筒芦笙的制作工艺、芒筒芦笙的独特演奏方式及其宏大场面看，堪称"中国芒筒芦笙之乡"。

芒筒芦笙舞被各种国内外组织邀请去表演，并获得许多奖项。芦笙是苗家人的根，芒筒是苗家人的魂。苗族芒筒芦笙祭祀乐舞被列为第二批国家级非物质文化遗产名录，2009年荣获第二届"多彩贵州舞蹈大赛"原生态类特别金黔奖。

布依族勒尤　类别：传统音乐　编号：Ⅱ—130
申报地区或单位：镇宁布依族苗族自治县

勒尤是布依族双簧气鸣乐器。它形似唢呐、无碗、上置虫哨吹奏，音色明亮而甜美。可用于独奏或为歌唱伴奏，深受布依族人民的喜爱。流行于贵州省黔西南布依族苗族自治州贞丰、望谟、册亨和黔南布依族苗族自治州罗甸等地。勒尤，是布依语音译，"勒"为唢呐，作动词是"追"和"选择"之意。"尤"是指情人。"勒尤"可直译为"选择（或寻找）情人的小唢呐"。民间也称其为小唢呐。由管身、簧哨、侵子和共鸣筒等部分组成，全长50厘米左右。

勒尤和勒浪，在布依族世代相传，与青年们的恋爱、婚姻有着密切联系，是青年小伙子用来向自己心爱的姑娘表达爱情的乐器，也常常作为定婚的信物赠给女方。勒尤和勒浪常于夜间在野外吹奏，可以吹出各种情话，以乐曲代替语言。经过长期的流传，每首乐曲都有具体的内容和一定的含意。勒尤承载着布依族人民在历史变迁中对自然的亲近、对压迫的反抗、对劳动的热爱、对美好生活的追求等情感元素，曲调内容相对固定。

流传较广的传统乐曲有《我还没有成家》、《想你呀，想你！》、《夜半三更喊妹醒》、《妹妹啊，你不要哄我！》、《吹起勒尤喊妹来》、《勾妹调》和《漂游调》等。

2008年6月，兴义市、贞丰县、镇宁布依族苗族自治县申报的"布依族勒尤"作为民间音乐类，顺利入选第二批国家级非物质文化遗产名录。

藏族扎木聂弹唱　类别：传统音乐　编号：Ⅱ—131
申报地区或单位：青海省海南藏族自治州

"扎木聂"又叫六弦琴，藏语"扎"是声音，"聂"为悦耳好听之意，"扎木聂"意为美妙悦耳的声音，藏族传统的弹拨乐器。主要流传于拉萨、山南、阿里、拉孜、萨迦、昂仁、定日等地。扎木聂是民间歌舞堆谐、囊玛和札木聂弹唱的主要伴奏乐器，亦可用于日常生活中的自娱自乐。扎木聂弹唱广泛流传于青藏高原，也广泛流行于四川、云南、青海、甘肃等藏区。

关于扎木聂的起源，众说不一。有的学者认为：扎木聂是古代由印度传入西藏的一种多弦乐器演变而成的；有的学者根据藏文古代文献《西藏王统记》中松赞干布赐宴时曾有艺人演奏乐器的记载，判断扎木聂是在唐代从内地传入西藏的，距今已有1000多年的历史；有的学者根据藏文古文献认为，扎木聂源于西藏本土，是藏族自己创造的乡土乐器，约有六七百年的历史。

扎木聂弹唱

我国著名民族音乐学家田联韬教授，20年来曾多次前往西藏等地进行考察。他在《藏族传统乐器》一文中说："筒钦、扎木聂、竖笛等应为藏族本身创造的乐器。"

扎木聂形制大小各异，琴身用红木、核桃木或檀香木制作，全长108厘米。音箱为半葫芦形，长29厘米，上部较小呈棱形，下部较大呈椭圆形，蒙山羊皮或獐子皮。琴杆细长，指板无品。琴头向后半弧形弯曲，六轴分列两侧，顶端雕刻成龙头或无饰。扎木聂为四度关系音域琴，有三弦琴、四弦琴、六弦琴和八弦琴等种类。其音色浑厚、响亮，是藏族古典歌舞囊玛和民间歌舞堆谐的主要伴奏乐器，也用于独奏。独奏曲目多为歌舞伴奏曲，著名的有《阿妈勒火》、《达娃雄奴》和《耶几长木》。藏族扎木聂弹唱于2008年被列入第二批国家级非物质文化遗产名录。

哈萨克族冬不拉艺术　类别：传统音乐　编号：Ⅱ—132
申报地区或单位：新疆维吾尔自治区伊犁哈萨克自治州

冬不拉是哈萨克族古老的弹弦乐器。它历史悠久，制作简易，音色柔美，有丰富的表现力，富有浓郁的草原风味，在哈萨克族地区广泛流传，是民间歌手常用的伴奏乐器。在哈萨克族里，很难找到不懂冬不拉的人，有些家庭，老少都能弹奏。尤其在哈萨克族聚居的伊犁哈萨克自治州，冬不拉几乎是所有家庭的必备乐器。

冬不拉中的"冬"，在哈萨克语中是指乐器的弹奏声；"不拉"的意思是给乐器定弦。冬不拉状如竖琴，采用的材质是较轻的松木或桑木，便于携带，适合哈萨克族人民草原迁徙不定的生活习惯。草原上的哈萨克牧人喜欢一边放牧，一边弹着冬不拉纵情歌唱。在高山，在草原，在清晨，在夜晚，总飞扬着冬不拉的旋律，哈萨克族人听到这曲调，往往情不自禁地翩翩起舞。冬不拉易学易带，是哈萨克人民喜爱的一种弹唱艺术形式。

哈萨克族冬布拉艺术包括五个部分：弹唱音乐、器乐曲、民间舞蹈音乐、演奏方法与技巧、乐器与制作工艺等。

用冬不拉自弹自唱，哈萨克族称之为"阿肯弹唱"。"阿肯"是哈萨克人民对民间说唱艺人或歌手、诗人的称呼。

冬不拉的曲体结构极为自由，曲调不固定，以说唱为主，伴奏为辅，弹唱时的前奏热情洋溢，随后引出高亢悠扬的歌声，如湍湍激流倾泄。这种冬不拉弹唱适于演唱古老的叙事长诗，也便于演唱即兴创作的诗歌。冬不拉所唱的歌，多取材于广阔的大自然和哈萨克族人民的生活。

曲调固定的阿肯弹唱，音乐节奏变化幅度很大，给人以充满活力的听觉美感。特别是以短歌艺术形式的弹唱，节拍有对比变化，调式频频交替，阿肯表情幽默风趣，热烈激情。

冬不拉弹唱的形式多有变化。哈萨克族人民在一年一度的阿肯弹唱会上，阿肯以男女对唱的表演形式出现。上世纪50年代后，阿肯借鉴了柯尔克孜族的"库姆孜"弹唱艺术，逐渐演变形成多人齐唱的形式。以短歌为主的冬不拉弹唱，节奏简洁，曲体结构严谨，易唱易记，多为歌颂草原新生活的创作。

冬不拉弹唱的曲目内容极为广泛，有歌颂英雄的史诗，如《阿尔卡勒

冬不拉弹唱　　　　　　　　　　冬不拉制作

克》，有描写爱情的叙事长诗，如《萨丽哈与萨曼》、《赛里木湖的传说》，有歌唱草原风貌、牛马驼羊、飞禽走兽等反映本民族草原生活的短歌。而歌唱男女爱情的恋歌，更是受欢迎的主题，如新娘歌、出嫁歌、挑面纱歌等。其他如谎言歌、寓言歌，幽默风趣，庆贺歌热情如火，摇篮歌亲情细腻等。

哈萨克族冬不拉艺术虽长期在民间流传，但却未能得到系统的整理和保护。伊犁哈萨克自治州对冬不拉艺术进行普查，积极扶持冬不拉艺术传人。由新疆维吾尔自治区申报，经国家批准，2008年冬不拉艺术列入第二批国家非物质文化遗产保护项目。

柯尔克孜族库姆孜艺术　类别：传统音乐　编号：Ⅱ—133
申报地区或单位：新疆维吾尔自治区克孜勒苏柯尔克孜自治州、乌恰县

柯尔克孜族民间音乐非常丰富，音乐具有普遍性，男女老少都是音乐的爱好者，并且出现许多民歌手、弹唱琴手等艺人。他们把民间的传说、故事、诗歌、民歌等，用歌唱出来，用琴弹出来。弹唱所用的最主要乐器是"库姆孜"。

"库姆孜"在柯尔克孜族语言中的意思是"美丽的乐器"，是柯尔克孜民族最古老的三弦弹拨乐器，主要流传于新疆克孜勒苏柯尔克孜自治州乌恰县、阿合奇县和阿克陶的柯尔克孜族聚居区。"库姆孜"音调和谐，琴声优美，表现力丰富，最能表达柯尔克孜族人喜、怒、哀、乐感情。在喜庆的节日里，每逢喜事时，或者在劳动之余，歌手们就会情不自禁地弹起库姆孜，或在库姆孜的琴声中，唱起歌谣，库姆孜琴声和歌声，表达喜庆的欢快、劳动的感受。

库姆孜是柯尔克孜族人民生活中不可缺少的快乐伙伴，几乎家家都有。柯尔克孜族有句谚语："伴你生和死的，是一把库姆孜琴。"

早在中国唐代，柯尔克孜族先民曾将这种乐器作为贡品献给唐王朝。随后，唐朝又把它作为大唐乐器赠送给日本国。3世纪时成吉思汗西征，又把这种乐器传到了巴达克山、克什米尔、中亚、波斯、阿拉伯等地。这是柯尔克孜族对中国和世界音乐宝库的一大贡献。

"库姆孜"的琴型多达七八种。有一种三弦的，长近一米，琴身稍扁近似梨形，琴颈细长，过去以羊肠为弦，近代改用丝弦，外形近似琵琶。专家考证，库姆孜琴的真正来历，是古代漠北草原上许多游牧民族使用过的一种叫"火不思"的乐器。此后，随着游牧经济的逐渐繁荣，游牧民族的音乐文化也获得了相应的发展，柯尔克孜民族把它发展成了自己独特弦琴库姆孜。

柯尔克孜族库姆孜没有固定的歌词内容，根据要歌唱的事而编词，有的是现场即兴编唱。库姆孜可用来独奏、对奏、二重奏、合奏、弹唱、跳舞伴奏等，演奏形式姿彩纷呈，风格各异，变体多样。有按曲演奏的，也有即兴演奏的，也有说唱演奏的。柯尔克孜族民间演奏库姆孜的能手，有的可以弹奏200多种曲调。

库姆孜

库姆孜演奏

库姆孜的弹奏，已呈后继乏人局面，特有的变体演奏技巧也面临濒危之势。新疆阿合奇县是"库孜姆之乡"。在阿合奇县精心选出了10名库姆孜学徒和40名优秀的"库姆孜奇"，作为非物质文化遗产的传承者。

库姆孜演奏不但在国内登上艺术的大雅之堂，而且引起了世界的瞩目。著名的库姆孜演奏家近年来还应邀前往日本和美国等地进行演出，受到热烈欢迎。

蒙古族绰尔　类别：传统音乐　编号：Ⅱ—134
申报地区或单位：新疆维吾尔自治区阿勒泰地区

"绰尔"也称为"潮尔"或"抄儿"，蒙古语意为"回声"、"和声"、"回响"。绰尔是流传于新疆阿拉泰蒙古族聚居地区的一种吹管乐器。因为制作材质多为木质，所以也称为"冒顿潮尔"，是蒙古族多声部潮尔音乐体系之一。

绰尔具有悠久的历史，是继浩林潮尔之后产生的古老吹管乐器。该乐器多用灌木植物"扎拉嘎"的茎秆制作而成，也有木质和竹制的绰尔。绰尔的制作原理是把原材料从中间剖开，掏空填充物成槽，然后将两槽和在一起用羊食道管从管中穿过套住，最后风干即成。风干后在管上开音孔，管子粗细多为成年男子拇指般大小或根据制作材料而定。太细音色过于明亮，太粗不易出声。管身两端通透，竖吹，无簧片，管身开三孔。绰尔的演奏方法别具一格，演奏方式不同于其他民族的吹管乐器置于唇边吹出旋律。绰尔是双手竖着持管，将吹口含在嘴里，靠近门牙右侧，抵住靠近上牙膛的牙壁吹出乐曲。吹奏前，演奏者先从喉管中发出低沉的持续音，运用口腔中的气流吹出旋律，从而构成两个声部和多声部音响。在指法方面，左手在管身下方，左手食指摁最下方音孔，左手拇指左手食指呈"八"字摁任中间音孔，右手食指摁最上端音孔，右手中指、无名指和小指自然放置右手食指旁。绰尔的音色独特，古朴苍凉，深沉凝练。其乐曲内容多为赞美故乡山川河水、飞禽走兽的模仿和对人和英雄的赞美等方面，代表性曲目有《阿尔泰的赞颂》、《枣骝马》、《叶敏河的流水》等。

绰尔音乐在潮尔体系中是独具特质的多声部音乐形式，它是人声与器乐声两者相结合的音乐形式，它以独特的演奏技巧和古朴沧凉的音色越来越受到社会各界的关注，广泛运用在声乐、器乐等领域中。2008年蒙古族绰尔成功被列入第二批国家级非物质文化遗产名录。

黎族竹木器乐 类别：传统音乐 编号：Ⅱ—135
申请地区或单位：海南省保亭黎族苗族自治县、五指山市

黎族民间音乐丰富多彩，乐器种类繁多。黎族民间有俗语：歌声不停、笛音不止。黎族器乐有的缠绵低沉，有的慷慨激昂，有的优美抒情，有的粗犷雄壮。黎族传统乐器取材于民间丰富的竹木资源，鼻箫、口弓、唎咧、口拜、洞勺、哔哒等竹木乐器不仅在国内堪称一绝，在国际上也是罕见的。

鼻箫黎语称"巡"，用山竹制成，竹管两头保留原来的竹节，鼻箫长约8

公分，口径约3公分，箫管上方15公分处和尾端6公分处各开一个音孔。鼻箫吹奏时，管身向右侧横斜，用左鼻孔的吸吐气吹奏。左手食指或中指按放于上方音孔，右手拇指按放于尾端音孔，食指或中指按放尾端音孔。吹奏者利用左鼻孔吸吐气量和按放于三个音孔的手指演奏技巧来控制音调的高低。

　　口弓，黎语称"歹"，是用竹片或铜片制成，长15公分，宽2公分，外形是头大尾小的扁形，弓身中间开着4公分长的小活片。弹奏时，左手拿着弓尾端，把弓靠于口唇，右手拇指弹弓头端，利用口腔和口唇吸、吐气的技巧，使口弓小活片在口腔中震响。

　　咐咧是黎族民间管乐器。咐咧管长7公分左右，头小尾大，用山竹尾细管制成。咐咧管以大管套小管，节节相套共有7节管，尾节稍长如拇指般大，首节是吹音小管如玉米粒般大，把吹管含在嘴里吹奏。管身第

黎族乐器演奏

2节下端开一个音孔，第3节至第7节的管上端各开一个音孔，共有6个音孔。吹奏时，右手拇指按下端音孔，两个手指按上端第一和第2音孔，左手3指按第3至第5音孔。

　　洞勺，黎语称"勺"，长四尺左右，粗为直径一寸左右，用山上藤竹制成，"勺"头顶保留原来竹节，"勺"身为通筒。在"勺"头顶边缘开一个吹孔，管下端一尺五处开一个音孔，管上端开3个音孔。吹奏时，用左手拇指按下端音孔，中指按上端第一个音孔，右手指按上端第2和第3的音孔。"勺"管粗长发出的是低音，"勺"管细短发出的是高音。"勺"有两种吹法，第一种是竖吹：把"勺"头靠在口唇吹奏，用露兜叶套着"勺"头，以控制吹奏气量发出音声。第二种是在吹孔里插上细竹管，用嘴含着细管吹奏。"勺"可独奏，亦可合奏，音色宽厚悦耳，夜间吹"勺"更是娓娓动人。

　　鼻箫声轻委婉，口弓声细缠绵，咐咧音清高亢，口拜声悠扬嘹亮，洞

勺声沉宽厚，哔哒声脆致远。竹木器乐曲蕴涵着原生态的音乐特征，曲子结构灵活、自由，旋律顺畅，音调古朴清纯。它融汇了黎族的传统文化、审美意识、民俗风情等诸多元素。2008年，由海南省保亭黎族苗族自治县、五指山市申报的黎族竹木器乐被列入国家级非物质文化遗产名录。

> 佛教音乐（楞严寺寺庙音乐、觉囊梵音、洋县佛教音乐、塔尔寺花架音乐、直孔噶举派音乐、拉卜楞寺佛殿音乐道得尔、青海藏族唱经调） 类别：传统音乐 编号：Ⅱ—138
> 申报地区或单位：西藏自治区墨竹工卡县；甘肃省夏河县；青海省兴海县、湟中县；山西省左云县；四川省壤塘县；陕西省洋县

觉囊梵音

觉囊梵音是一种世代相传、沿袭至今的乐种，被音乐和文化学界誉为"中国音乐的活化石"，在阿坝藏地"活态传承"了一千多年，始终与藏传佛教觉囊派佛教文化息息相通。主要分布在壤塘县中壤塘地方。壤塘全称"壤巴拉塘"，意为"黄财神居住的坝子"，是藏传佛教觉囊派的根本道场，觉囊派高僧宗然那西日于1425年在壤塘建立起一座"东方壤塘如意珍宝洲"寺，简称壤塘寺，从此觉囊派在这里生根。阿坝壤塘"觉囊梵音"的历代先师，除了口传心授之外，还开创了本乐种用各种不同形状、不同粗细的线条来表示音的高低长短的"央移（乐谱）"记谱方法，以手抄曲本为载体，使300多首孤本的曲谱传承下来，是藏传佛教音乐文化的宝库。

觉囊梵音古朴庄严、清澈流畅，堪称慈悲与智慧的美丽绽放。梵音演奏集吹奏、敲打、乐舞、赞偈、唱念、手印、供养于一体，由恭迎、沐浴、皈依、礼赞、和乐五个方面的内容组成，吹中有打，打中有唱，吹唱打奏相互关联，既可以单独演奏，也可以并联为伍。开场"净坛"的金刚乐舞，寓礼佛、赞佛、诵佛于通灵修炼之中，动作性格化，舞姿稳健庄重。各种乐器组合，配以僧人唱诵经文和金刚法舞，浑然一体。梵音中包含低音的大型法号和善于演奏旋律的金刚唢呐，以及多种音色的敲击乐器，因此演奏的音乐极具特色与感染力。其中金刚唢呐的演奏技巧精湛熟练，尤其是乐僧们一口气12分钟的"鼓腮换气吹奏法"，通过气息控制和指法变化增加装饰性颤音，音量大，穿透力强，曲调高亢激昂，可谓"追

魂摄魄",其吉祥号角声,令人啧啧称奇。"觉囊梵音"所有的乐器,都由民间手工作坊匠师制作,一代又一代传承。梵音演奏时,乐僧们身着红色袈裟,头戴藏传佛教觉囊派红色法帽,手持藏传佛教觉囊派特有的法器,大小不同的金刚法号吹奏声音异常低沉、浑厚有力,与打击乐器和僧人吟咏的声音交相和鸣,展示心灵的妙乐境相。

直孔噶举派音乐

直孔寺位于西藏墨竹工卡县境内雪绒河北岸的山坡上,距拉萨120公里,是藏传佛教直孔噶举派的祖寺。直孔寺有丰富的诵经音乐,且唱诵佛经有严格的演唱要求和独特的演唱风格。直孔噶举派的诵经音乐大致有:各方僧人通常在法会上唱诵的诵经音乐;各前辈喇嘛的"诵古尔",即道歌音乐;进行四个仪轨时的诵经音乐;进行护法酬谢时的诵经音乐等。除此之外,直孔噶举派的新、旧密"羌姆"舞乐也是该派寺重要的宗教音乐形式。寺院的乐器丰富而且精致,有银制"梵音"大法号、8对铜制大法号、6对宝珠镶嵌的银制加林(唢呐)、铜制达玛鼓,还有"达玛如"(鼗鼓)、银制金刚铃30对、蒙古铙等,这些乐器也为"羌姆"伴奏,演奏响亮而雄壮。

佛教音乐演奏

拉卜楞寺佛殿音乐道得尔

拉卜楞寺位于甘肃省甘南藏族自治州夏河县,由第一世嘉木样活佛于清康熙四十八年始建,是藏传佛教格鲁派六大寺院之一。在历代嘉木样大师的关怀下,一支被安多藏语称为"道得尔"的乐队发展、延续了下来,成为拉卜楞寺独有的文化形态。"佛殿音乐",在安多地区俗称"道得尔",乐队则称为"道得尔巴"。拉卜楞寺的乐队是寺主嘉木样大师仪仗队的四大组成部分之一。拉卜楞寺佛殿乐曲,从整体上看大多数传自于西藏,是纯粹的宗教乐曲。如"浪麦"(巡夜调)、"仰保"(唤灵调)、"央移"(诵经咏唱调)、"嘛呢"(六字真言调),这些乐曲,历史久远。也有一部分是土生土长的,吸收了民间音乐的演奏手法和素材,如"恰钦"(法舞)。此外,部分乐曲基本上源于内地寺庙和宫廷,如《五台山》和《万年欢》。据《拉卜楞寺概况》记载,第四世嘉木样从五台山带回了一些曲谱,其中的《日卧孜阿》即《五台山》就流传至今。

拉卜楞寺佛殿音乐以优美舒缓的色调、典雅肃穆的旋律、鲜明规整的节奏、深沉淳朴的风格,深受安多地区广大藏蒙人民的喜爱。它保留着我国古代藏族宗教、民间音乐和清代宫廷部分乐曲的古老风貌,为研究安多地区藏族的历史、风俗习惯、语言文学以及音乐艺术提供了珍贵的资料。

青海藏族唱经调

青海藏族唱经调主要流传于青海省兴海县赛宗寺及加吾沟、桑当、河卡等农牧区,其词曲丰富优美,不仅有很高的文学价值、音乐价值,而且具有很高的史学价值,是研究藏族历史、文学、音乐以及古老民族发展演变的宝贵的资料,现存唱经调法有100多种,具有极强的地域色彩。

佛教音乐是中国传统音乐的重要组成部分,是中国古老文明中最具历史价值与艺术价值的文化遗产。除以上2种佛教音乐外还包括楞严寺寺庙音乐、洋县佛教音乐等。2008年被列入"第二批国家级非物质文化遗产名录"。

阿里郎　类别:传统音乐　编号:Ⅱ—147
申报地区或单位:吉林省延边朝鲜族自治州

阿里郎是著名的朝鲜族民歌,在不同地区有不同版本,目前最常听到、最为普及的是流行于韩国京畿道一带的本调阿里郎,这一版本的"阿里郎"是1926年韩国同名电影的主题曲。该曲在2000年悉尼奥运会期间被用作韩国与朝鲜代表团的进场音乐。

"阿里郎",翻译成汉语是"我的郎君",是高丽时期流传下来的一个爱情故事。大概情节是一对恩爱的小夫妻,生活清苦,丈夫为了能让妻子过上好日子,想外出打工挣钱。但妻子不同意,她觉得只要两人能生活在一起就很幸福。可是丈夫不这么想,于是在一天夜里就悄悄走了。妻子年轻貌美,远近闻名,自丈夫走了以后,村里的地痞常来骚扰,让她改嫁,虽然都被她严辞拒绝了,但那个地痞还是总来骚扰。一年后,丈夫挣了钱回来,夫妻二人正高兴时,地痞又来了。在过去的那一年中,因为地痞经常来骚扰,村里渐渐开始流传有关妻子和地痞的闲话。丈夫起了疑心,以为妻子不贞,并且不听妻子解释,决定离家出走,妻子追赶不上丈夫,只好唱歌明志。歌曲的内容大概是诉说自己对丈夫的关心、思念以及受到的委屈。妻子唱的这段歌曲就是"我的郎君",即阿里郎。

后来,"阿里郎"这个故事和歌曲流传开来,成为朝鲜族具有代表性的经典曲牌,不论在世界的哪个角落,只要有朝鲜人就有"阿里郎",一唱"阿里郎"就知道是朝鲜人。"阿里郎"流传至今已经有很多版本,"阿里郎"曲在朝、韩两国因地方不同,歌词内容略有差异。各地的"阿里郎"曲,虽不尽相同,却同样将古代朝鲜族女性不甘逆来顺受、执意不屈的坚毅精神表露无遗。

哈萨克族民歌 类别:传统音乐 编号:Ⅱ—148
申报地区或单位:新疆维吾尔自治区伊犁哈萨克自治州

"骏马和歌是哈萨克的翅膀。"民歌是哈萨克族日常生活中表情达意的主要形式,在哈萨克族民间音乐中占有非常重要的地位,哪里有哈萨克族的毡房,哪里就有高亢的歌声。哈萨克人的一生是伴随着歌声度过的,祝贺新生婴儿诞生唱"祝诞生歌",举行婚礼唱"劝嫁歌"、"揭面纱"等一套"婚礼歌",亲友离别唱"别离歌",节假日亲朋相聚相互对唱,亲人去世要唱"送葬歌"。唱歌成了他们的习俗,是他们生活中不可缺少的精神食粮。

哈萨克民族主要分布在新疆维吾尔自治区天山以北的伊犁、阿勒泰、塔城等地区，世世代代以游牧为生，过着逐水草而居的游牧生活。独特的地理环境，独特的气候条件，独特的劳作方式及生活习性等，养成了哈萨克民族吃苦耐劳、豪迈爽朗的性格，同时也孕育了哈萨克民族独特的草原文化，民歌就是其中突出的民间艺术形式。哈萨克族民歌的曲调中，普遍融入了呼叫性调子，这种高亢嘹亮的旋律，突显了哈萨克族民歌独特的粗犷豪迈的风格。

弹拨乐器冬不拉，是哈萨克族民歌演奏的主要乐器，民歌的演唱有弹唱，也有独唱和对唱等几种形式。哈萨克族民歌形式多样，表演灵活，因此，流域很广。

哈萨克族民歌演唱

按内容，哈萨克民歌可分为谐歌、赞歌、哭歌、情歌四类；按传统的民间音乐，可分为"奎衣"和"安"两大类。"奎衣"就是器乐曲，用冬不拉演奏，一般是单个乐曲，也有若干个乐曲联结演奏的套曲。"安"就是歌曲，一般曲目都比较短小，曲调优美动听，易于上口。著名的哈萨克族民歌《玛依拉》、《我的花儿》、《可爱的一朵玫瑰花》、《燕子》、《亲爱的我的宝贝》等已成为国内乃至国际乐坛上经常演唱的保留曲目。如著名的《玛依拉》，传唱久，影响大。《玛依拉》鲜明地刻画了开朗活泼、惹人喜爱的哈萨克姑娘的性格特征，民歌中轻盈明快的曲调，柔美明朗的旋律，把这位天真美丽姑娘的形象，表现得惟妙惟肖。

哈萨克族民歌的职业演唱者，被称作"阿肯"，深受哈萨克族人民群众的爱戴和尊重。每年水草丰茂的时候，都要举行传统的"阿肯弹唱会"。各地的"阿肯"都要献出自己的拿手歌曲，交由裁判裁定胜负。这是一种演唱和诗歌即兴创作的艺术大赛，是哈萨克族民歌艺术的大展示。由新疆维吾尔自治区伊犁哈萨克自治州申报，哈克族民歌入选国家第三批非物质文化遗产名录。

塔吉克族民歌　类别：传统音乐　编号：Ⅱ—149
申报地区或单位：新疆维吾尔自治区塔什库尔干塔吉克自治县

塔吉克族历史悠久，有自己的民族语言。主要分布在新疆维吾尔自治区、帕米尔高原以东的塔什库尔干塔吉克自治县，少数散居于该县以东的莎车、泽普、叶城、皮山等塔里木盆地西部边缘地区。

帕米尔雄伟壮丽的山河，赋于了塔吉克民族坚强勇敢、豪犷爽朗的性格，在民族发展过程中，他们创造了内容丰富、形式多样、具有浓郁民族特色的文学艺术，塔吉克族民歌，就是其中独具特色的艺术形式。

塔吉克族民歌种类繁多，纷彩异呈，有"拜依特"（一般民谣）、"麦依丽斯"（叙事歌曲）、"菲来克"（斯里库勒方言的悲

塔吉克族歌舞表演

歌）、"塔勒肯"（葬礼歌）等。塔吉克人民的社会生活、民风民俗、宗教仪式、真挚爱情等主题，都可在民歌中找到。例如塔吉克族的婚礼中姑娘出嫁时要唱出嫁歌《古力阿洛甫》，歌词大意是向姑娘祝福，祝她找到个好婆家。举行婚礼的早上要唱《斯别》，歌词大意是让主人早早起来招待客人。之后要唱《孜尧法特米克纳姚热木》，歌词大意是要让主人热情、大方地招待好客人。以歌代言成了塔吉克族人民表情达意的重要习俗。

"柔巴依"，是塔吉克族民间喜闻乐见的一种民歌形式。"柔巴依"在塔吉克语中是"四"的意思，"柔吧依"反映了这种民歌的结构形态，即歌词中四句为一联，结构严紧，节奏鲜明。演唱时，一人操琴，多人演唱。唱词有的是传承下来的，有的是自编的。民歌"柔巴依"内容丰富，题材广泛，有关于伦理道德的，关于助人为乐的歌词，但塔吉克民间最爱唱的多是以爱情为主题的民歌。

与塔吉克族民歌相关的是塔吉克族音乐。塔吉克的音乐有弹唱曲、歌舞曲、叼羊曲、哀悼曲、情歌和宗教歌曲等。与曲相应的是乐器。塔吉克的乐器是独特的，他们在民歌表演中常用的是鹰骨制做的短笛叫"为纳

依"，弹拨的七弦琴叫"巴朗孜阔木"，弹拨的六弦琴叫"热瓦甫"。

当年一夜走红、久唱不衰的电影歌曲《花儿为什么这样红》，其乐曲就来源塔吉克族民歌《古丽碧塔》的主题曲，曲调激情、深婉，散发着浓浓的西域色彩，以独特的气质，弥漫着伤感思念的情爱。塔吉克民歌的魅力，由此可见一斑。

塔吉克人民十分热爱自己的民歌，他们与民歌朝夕为伴，他们用歌声表达喜怒哀乐的感情，用歌声表达美好的理想，用歌声叙述和记载他们的历史。

塔吉克族民歌是祖国十分珍贵的文化遗产。2008年经文化部批准，列入第二批国家级非物质文化遗产名录。

纳西族白沙细乐　类别：传统音乐　编号：Ⅱ－152
申报地区或单位：云南省丽江市古城区

白沙细乐是迄今仍然保留、传承于纳西族民间的大型丧葬歌舞、器乐组曲，其中包括舞曲、歌曲以及器乐曲牌三个部分。被联合国教科文组织授予"全人类珍贵的文化遗产"桂冠的云南丽江纳西古乐（洞泾古乐、白沙细乐）是多元文化相融汇的艺术结晶。由多种文化背景构成的纳西古乐，具有一种独特而神秘的韵味，是我国民间艺术的宝贵遗产。白沙细乐是集歌、舞、乐为一体的大型古典音乐套曲，被誉为"活的音乐化石"。

白沙细乐的音乐忧伤哀怨，悱恻缠绵，主要由《笃》、《一封书》、《三思吉》、《阿丽哩格吉拍》、《美命吾》、《跺磋》、《抗磋》、《幕布》等8个乐章组成。白沙细乐的曲调大多为羽调式，包括五声性的七声音阶、六声音阶，个别部分运用五声音阶。白沙细乐中也有节奏缓慢，风格柔婉，旋律清越流利的曲调。纳西族的丧葬有一套固定不变的仪式规范，白沙细乐的乐队由一位年长的人负责组织领导，严格按照规定的仪式进行演奏，同时，每个仪式都配上了相应的乐曲。纳西族的丧事一般要3天。3天所演奏的顺序和乐曲都有所不同。

白沙细乐是经过相当长的时间才逐步形成的套曲，其构思独到，器乐兼歌并舞，意境深宽，曲调抒情，旋律委婉流畅。20世纪60年代以来，一批国内知名学者到丽江调查研究，对保护、传承和弘扬白沙细乐做过许多有益的工作。目前，在丽江范围内能演奏白沙细乐的传人已越来越少，丽江各级政府及相关部门为弘扬白沙细乐做了许多行之有效的工作。2010年，入选第三批国家级非物质文化遗产名录。

伽倻琴艺术　类别：传统音乐　编号：Ⅱ—153
申报地区或单位：吉林省延吉市

伽倻琴，是朝鲜族弹拨弦鸣乐器。现在的伽倻琴有21弦，音阶排列有7声及5声两种，所用的右弹左按的技法和筝基本一致，具有独特的艺术风格特点和丰富多彩的演奏技巧；既可以独奏、重奏、合奏，还可以弹唱；其独特的"肉指弹奏"和"摇声"演奏技法，具有突出的民族特色。

伽倻琴是朝鲜族古老的弹弦乐器，早在公元500年左右就已流行在朝鲜半岛。朝鲜古籍《三国史记》载："伽倻琴，亦法中国乐部筝而为之……伽倻琴虽与筝制度小异，大概似之。"《新罗古记》在谈到它的来历时说："伽倻国（位于现在的庆尚南、北道）嘉实王见唐之乐器而造之。王以谓诸国方言各异，声音岂可一哉；乃命乐师省热县人于勒造十二曲。后于勒以其国将乱，携乐器投新罗真兴王，王受之，安置国原。"这些文献记载说明，伽倻琴是仿照汉族的筝制造的。新罗朝时期，伽倻琴东传日本（日本称其为新罗琴），在奈良东大寺的正仓院中，现在还存有一张那时制作的伽倻琴。

伽倻琴流传至今已经有1500多年的历史。古代的传统伽倻琴，有雅乐伽倻琴（又称风流伽倻琴）和俗乐伽倻琴（又称散调伽倻琴）之分，雅乐伽倻琴稍宽大，用于演奏宫廷庆典、祭祀等的所谓"正乐"；俗乐伽倻琴略窄小，均有12条丝弦，弦下施柱，一弦一柱，柱可移动，可微调琴弦。五声音阶定弦。因为没有底板，音量较小又缺乏表现力。经过若干世纪的流传和改进，朝鲜族人民吸取其他民族乐器的优点，给伽倻琴增加了底板，形成共鸣箱，创制出民族特点鲜明、性能良好的伽耶琴。现代的伽倻琴，由琴框、面板、底板、岳山、琴柱和琴弦等构成。共鸣箱呈扁长方匣形，右为琴首，左为琴尾。琴框表面蒙以呈拱形的薄木板，下设底板和琴脚，底板上开有3个圆形或一字形的出音孔。琴首一端有凸起的岳山架弦和穿挂琴弦的弦孔。有13条琴弦，琴柱呈人字形，柱中钻有小孔用细弦串连，支弦于面板中部，排列呈雁行，每弦一柱，柱可移动以调节音高。

伽倻琴发音柔和、圆润，音色清雅、悠扬，富有浓郁的民族色彩。伽倻琴可以演奏双音、和弦以及简单的复调音乐，但在演奏中一般不做转调。伽倻琴有丰富的表现力，通过演奏者纯熟的手法，能表达出刚毅、柔和、喜、怒、哀、乐等不同的情感，或奏出雄壮、激昂的宏伟场面，尤其适于演奏轻快活泼的民谣等音乐作品。伽倻琴可以独奏或重奏，主要用于集体弹唱。较著名的传统乐曲有：《伽倻琴散调》、《鸟打铃》、《桔梗谣》、《丰年乐》等。伽倻琴弹唱，是朝鲜族传统演唱形式，富有浓郁的民族特色，是器乐与声乐相结合的艺术。伽倻琴的流派常以地域和名家们的不同风格来划分，音乐主要由散调音乐来划分。伽倻琴散调有很多流派，主要是金昌祚流派和沈相健流派。金昌祚的弟子又分成金竹坡流派、安基玉流派、崔玉三流派等等。2011年经国务院批准，伽倻琴艺术被列入第三批国家级非物质文化遗产名录。

京族独弦琴艺术　类别：传统音乐　编号：Ⅱ—154
申报地区或单位：广西壮族自治区东兴市

独弦琴艺术是京族所特有的艺术形式，主要流行于广西东兴市京族聚居区。独弦琴在京语中称为"旦匏"，也叫"独弦匏琴"。它属于弹拨类弦鸣乐器，因独有一根弦而被世人称为独弦琴。它以大竹管为琴体，长约75公分，一端插一根与琴身成直角的小圆柱，或金属片，另一端安有一把手，两端由高至低拉一弦线。构造虽然简单，但发音丰满醇厚，音色清澈，优美动听，是京族特有的泛音演奏乐器。独弦琴可以通过弹、挑、揉、推、拉、拉揉、推揉等诸多手法来演绎作品，声音悠扬动听，既能细腻地描绘自然景象，又能淋漓尽致地展现人的思想感情和内心世界，有着深邃的艺术魅力。现代社会独弦琴也在不断的改进之中，使之音域更加宽广稳定，并使用乐谱进行普及推广，同时还给琴身加上扩音器，使艺术表现力和可观赏性都有了

京族独弦琴演奏

很大的提高。

京族独弦琴艺术传承人代表为苏春发。广西作曲家骆子韬创作并制作了华人首张独弦琴专辑《海韵魅影》,由独弦琴传人苏海珍演奏,专辑曲目风格创新,并在演奏上大大拓宽了独弦琴的表现力。2011年6月,经广西壮族自治区东兴市申报,京族独弦琴艺术入选为第三批国家级非物质文化遗产名录。

哈萨克族库布孜　类别:传统音乐　编号:Ⅱ—155
申报地区或单位:新疆维吾尔自治区伊犁哈萨克自治州

库布孜,是哈萨克族弓拉弦鸣乐器。所谓"弓拉弦鸣乐器",是指运用各种弓法、指法技巧,塑造音乐艺术形象的一种乐器。用弓拉弦鸣乐器演奏的曲调,具有柔美的音色,细腻的抒情性和丰富的表现力。不但可用来伴奏、合奏,也可进行独奏来表现个人的拉弦艺术技巧。库布孜除在新疆维吾尔自治区的哈萨克地区流行外,在青海、甘肃的哈萨克地区广泛流行。

哈萨克族使用库布孜可追溯到远古时代,那时民间有病人,要请巫作占卜治病。巫师用库布孜演奏美妙的乐曲,意在引来神灵,用以传达神的意旨。如此相传,巫师演奏库布孜的高超技艺被广泛地应用起来,一直延伸到哈萨克族的节日和喜庆时的助兴,甚而成了民间娱乐的乐器。

哈萨克族库布孜最初叫"克勒库布孜",制作较简,琴体呈弓状,只设有一条马尾弦,琴颈也无指板。后来在克勒库布孜的基础上,增加弦轴(左右各一)、琴弦和指板,制成了两弦的库布孜。后来,又出现了三弦库布孜、四弦库布孜、尚库布孜等类型。

制作库布孜

新疆伊犁哈萨克自治州文工团音乐家阿力别克,在20世纪60年代,对传统的库布孜乐器不断进行创造性地改革，琴箱上半部改为蒙以松木面板，下半部蒙以蟒皮或羊皮，增加指板，琴弦增至四条定弦，使用丝弦或钢丝弦，并制成高音、中音、低音和倍低音系列库布孜。他对拉弦乐器库布孜的改革，使得它更具有民族特色和地方特色，在哈萨克民族乐队中广泛使用，证明了阿力别克改革哈萨克族库布孜的成功。

库布孜的演奏常用于独奏，演奏者自拉自唱。也常作为民歌演唱，或作舞蹈的伴奏。库布孜的演奏曲有《阿勒泰》、《黑走马》等。

用库布孜演奏出的曲调优美动听，但学习库布孜演奏是很艰辛的。民间传言，从8岁起步学习，到40岁时也难把库布孜的音调调准。库布孜与小提琴声相比，两者演奏相仿，但库布孜的演奏要比演奏小提琴复杂。演奏库布孜左手拨弦，全靠指甲背面用力。

制用哈萨克库布孜的高手，是沙依拉西·加尔木合买提。他15岁开始制作冬不拉，如今能精致地制作28种哈萨克传统乐器，而制作库布孜，他更具匠心。目前，沙依拉西·加尔木合买提面临能否后继有人的困境。

受流行的现代音乐冲击，会演奏库布孜的人少了，传承和提高演奏库布孜的技艺面临着挑战。

石柱土家啰儿调　类别：传统音乐　编号：Ⅱ—15
申报地区或单位：重庆市石柱土家族自治县

石柱土家啰儿调流传于渝东南一带的土家族地区，因歌句末尾的衬词为"啰儿"而得名。在长时期的传唱中，形成了内容丰富多样、曲调简洁多变、乡音乡韵浓郁的独立的民歌歌种，包括生活歌、山歌、情歌、对歌、诙谐歌、号子等类别和难以数计的曲目。其代表作《太阳出来喜洋洋》的原型便是石柱啰儿调。

石柱土家族啰儿调旋律简洁，每曲音域都在八度以内，腔中少有装饰，行腔起伏流畅，易于掌握，便于传唱。其调式多为徵、羽、商调式，既有传统曲目，又有现场发挥的即兴歌调。歌词句式大多为七字句，可即兴填词，现场发挥，酣畅淋漓地表达歌者的真情实感，有的歌词直白通俗，逼真地反映了当地土家人生活的各个方面，比较全面地记录了土家族的礼俗活动、生存状况及民族文化演变过程。啰儿调音韵淳朴而浓郁，特别是啰儿调中大量地运用"啰儿"、"啰儿啰"、"啰"等习惯性方言衬词，使曲子音调与当地土家族方言的四声声调紧密结合，率真地表现了土家人乐观、豁达、睿智、幽默的性格，从而形成独特的风格和韵味。2006年，石柱土家啰儿调经国务院批准列入第一批国家级非物质文化遗产名录。

> 铜鼓十二调　类别：传统音乐　编号：Ⅱ—60
> 申报地区或单位：贵州省贞丰县

位于贵州省南部、中部、西部的布依族地区，每个大寨或大姓都有一面或数面铜鼓。铜鼓多数由青铜铸造而成，它是布依族古老的打击乐器之一，也是珍贵的民族文化遗产。

布依族使用铜鼓的历史源远流长，最早使用铜鼓且有文献记载可追溯到东汉、魏晋时期。《后汉书·马援传》写道：马援"好骑，善别名马，于交趾得骆越铜鼓，乃铸成马式，还，上之。"这是我国古代文献对铜鼓的最早记录。近代，布依族保存的铜鼓基本上属于"麻江型"铜鼓，其多数为用铜制造，面径一般不超过50公分，重量为10到15公斤左右。由鼓身和足两部分组成，鼓身即鼓面多有太阳纹芒。铜鼓的外形给人以庄重、威严的感觉。

击铜鼓是有调的，铜鼓十二调是指："喜鹊调"、"散花调"、"祭鼓调"、"祭祖调"、"三六九调"、"祭祀调"、"喜庆调"等，多是在庆典、祭祖、祭祀等仪式中使用。而且，每个调都有自己一套曲牌。如"祭乐"的曲牌分为祭神调、灭火调、送葬调、迎客调、丰收调、狂欢调等12段。演奏十二调，经常由铜鼓担任主奏，同时常与唢呐、皮鼓、大镲、铙钹、锣木棍等乐器合奏，其风格基本保存着古代乐器的演奏风格，同时具有浓厚的布依族音乐风格。

2006年5月20日，铜鼓十二调经国务院批准列入第一批国家级非物质文化遗产名录。镇宁扁担山乡革老坟村的王芳仁老人是布依族铜鼓十二调的传承人，主要代表作有铜鼓的祭祀调、喜庆调、祭鼓调、散花调、三六九调等鼓调。

> 秀山民歌　类别：民间文学　编号：Ⅱ—84
> 申报地区或单位：重庆市秀山土家族苗族自治县

秀山位于渝、湘、黔三省结合处，这里除了土家族、苗族较为集中居住外，还有瑶、侗、白、布依等其他少数民族。在兄弟民族长时间的交融过程中，形成了独具特色的秀山民歌，秀山被誉为"中国民歌之乡"。

秀山民歌和秀山各族人民生活相关，他们用歌民歌传授知识、表达爱情、祈求幸福，同时也通过民歌表达他们的感情，歌颂生活。秀山民歌依据内容可以分为劳动歌、山歌、风俗歌和生活歌等四大类。劳动歌与秀山人民的劳动生活息息相关，如有薅草歌、船工号子、农事歌等，代表性的有《一把菜籽》、《划船调》等。当地的情歌、盘歌、对歌等为代表的歌曲都属于情歌。风俗歌曲表现了当地民众的生活、习俗等方面内容。秀山民歌的音乐和演唱形式、词曲结构等都具有浓郁的地域性特征。歌词一般都用汉语演唱，民歌中所用的乐器有苗族人喜欢的芦笙、木叶，土家族的唢呐、咚咚亏等，还有二胡、笛子等乐器也常用在伴奏中。

随着长时间的发展和积淀，在秀山民歌的基础上，当地形成了一种载歌载舞的艺术—秀山花灯。2008年，秀山民歌被列入国家级非物质文化遗产名录。

南坪曲子　类别：传统音乐　编号：Ⅱ-88
申报地区或单位：四川省九寨沟县

南平曲子也称南平琵琶弹唱，主要流传于四川省九寨沟县城关镇、双河尾、王瓦区及松潘县等地区的汉、回、藏等民族中。关于南平曲子的起源，学界认为清朝雍正和嘉庆年间，由甘陕二地的移民在迁徙过程中将家乡的音调带入当时的南平一带，后又与地方文化融合，同时吸收了当地的藏族、回族、汉族等民族的音乐因素，最终发展成为独具特质的说唱艺术。

南坪曲子的演唱多为坐唱，其演唱形式非常自由，可分为单档和多档两种。单档是指一人弹唱，多档是指两三人弹奏，多人合唱的形式。其唱腔独特、语言朴实，音腔分为单曲体和联曲体两种形式。南坪曲子的结构分为背工调和花调两种。背工调是指用三弦伴奏，其内容多为叙述长篇故事。采用坐唱，多为自弹自唱形式，其音乐采用单曲体或有一定的联缀规律的联曲体形式。花调是指单曲体，一个曲目一个曲牌。此唱腔以民歌风格为主，多用琵琶伴奏，有时也会用碰铃、瓷碟等乐器。南坪曲子的歌词内容广泛，包括爱情生活、历史传说、农耕生活等方方面面。南坪曲子的伴奏乐器主要为琵琶，形状呈柳叶形，张弦三根，其中内弦与外弦为五度关系，内弦两根为同度关系，其音高多由演唱者自行决定。

茶山号子　类别：传统音乐　编号：Ⅱ-89
申报地区或单位：湖南省辰溪县

茶山号子流传于湖南省辰溪县黄溪口地区的各乡镇，除了汉族以外还有很多瑶族中流传。这里的瑶民除了耕作稻田以外还经营大片油茶林，茶山号子是他们在翻挖茶山时候唱的劳动号子。相传已有200余年的历史。

在挖茶山前要祭山神及土地神，再念咒语、烧香，然后才能开鼓唱茶山号子。表演形式为，众人在挖茶山，有人在山顶敲锣打鼓，鼓舞挖山人的干劲。唱一阵打一阵，用节奏的快慢来指挥挖山速度的快慢。有时采用一人领唱众人和的形式。茶山号子气势磅礴、歌声洪亮、激越高亢。茶山号子在挖茶山的过程中起着统一劳动节奏的作用，同时也有调剂精神、鼓舞劳动热情等作用。茶山号子分早晨开挖时、上午休息时、休息后开挖时、送午饭时、午饭后、下午收工时等几个时段，每个时段所唱的内容都有所不同。茶山号子发声方法独特，音乐旋律奇特，唱法、内容有一定的规范，演唱时按一定的时序严格进行。高音区翻高八度，特别高尖，堪称中国民族声乐艺术的奇葩。茶山号子演唱时多用小鼓、小锣为其伴奏。

歌唱茶山号子是瑶家人日常的休闲娱乐方式，人人都可以哼唱几段。每逢节日庆典或大型文艺演出，都少不了演唱茶山号子。

口弦音乐　类别：传统音乐　编号：Ⅱ-136
申报地区或单位：四川省布施县

口弦又称口簧，是深受少数民族同胞喜爱的小巧乐器。口弦琴表现形式丰富，即可以独奏、齐奏、合奏，也可以为歌舞伴奏。

我国少数民族地区，自古就流行着被称为"簧"的乐器。据史籍记载，至少在公元4世纪末，在四川、云南、贵州一带的少数民族地区已经非常流行。口弦分为竹制的和金属制的两种，体积大小不等。多数口弦长约有两三寸，宽有五寸左右。口弦的演奏方法有用手指拨动和抽动两种。手指拨动的演出方法为，左手拇指和食指夹住弦柄，多片弦则使其呈扇形，将簧舌部分置于两唇间，用右手拇指和食指来回拨动口弦尖端，引起簧舌振动，便发出明亮的叮咚之音。抽动演奏方法为，在每个簧片的尖端系有一条丝线，演奏时将线头套在右手指上，以指牵线使簧片振动发音。演奏者利用双唇向前突出使筒状增加共鸣、扩大音量，并借以口型交换和控制呼气等方法，变化出不同的音色。用口弦琴即可弹民歌，又可弹山曲，即可合弹，又可对弹，即可弹曲问答，又可弹曲斗骂，其曲调高雅，内容丰富，悦耳动听。

　　四川彝族口弦音乐分为语义性的、语义性向非语义性过渡的和非语义性的三种类型。第一种的音乐风格接近语言的音乐形态，善于摹拟语言。彝族的口弦音乐多属此类型。如彝族人所说"口弦会说话、月琴会唱歌"，正体现了彝族口弦音乐的风格特点。口弦音乐是彝族人民日常生活的一个重要组成部分，已完全融入到了彝族人民的情感世界和精神生活中。2008年，口弦音乐被列入国家级非物质文化遗产名录。

CHUANTONGWUDAO
三、传统舞蹈

> 狮舞（布依族高台狮灯舞，藤县狮舞，田阳壮族狮舞，高台狮舞） 类别：传统舞蹈 编号：Ⅲ—5
> 申报地区或单位：贵州省兴义市；广西壮族自治区藤县、田阳县；重庆市彭水苗族土家族自治县

狮舞，又称"狮子舞"、"舞狮"、"舞狮子"，多在年节和喜庆活动中表演。狮子在中华各族人民心目中为瑞兽，象征着吉祥如意，舞狮活动中寄托着民众消灾除害、求吉纳福的美好意愿。不同地区有着种类繁多的狮舞，异彩纷呈，如布依族高台狮灯舞、藤县狮舞、高台狮舞、田阳壮族狮舞等。

布依族高台狮灯舞

贵州兴义市布依族高台狮灯舞，是布依族民间龙灯会的主要节目之一，用6或8张八仙桌重叠作为高台，最顶倒放一八仙桌，狮子自下盘旋而上，完成各种惊险动作，在顶端桌子的四脚上起舞。兴义市马岭镇的瓦戛村是布依族高台狮灯舞的主要传承地，该村被贵州省文化厅在1994年授予"布依高台狮灯艺术之乡"称号。瓦嘎的布依族高台狮灯，是布依族世代传承的民间杂技艺术。主要由狮子表演队和响器表演队两部分组成。狮舞有一千多年的历史，古代称狮舞为"太平乐"。布依族舞狮者从六七岁开始学玩"猴子"，然后慢慢学玩"狮子"，经过长时间的训练后才能表演。表演内容多为唐僧取经的题材，有演员20余人。布依族高台狮灯舞，不仅舞狮表演精彩，而且有马锣、钵、堂锣、鼓等组成的打击乐配合。打法别致，变化多端，有上百个个花样。

布依族高台狮灯舞在民间世代传承。扮狮者从小就开始学习上高台的各种技能。目前在瓦戛村的舞狮队有16人，能上高台的5人，平均年龄三十几岁，1991年舞狮队还曾应邀赴上海参加"首届中华民俗风情大型游艺会"，至今已接待了17个国家和地区的来宾。2008年6月，贵州省兴义市申报的布依族高台狮灯舞入选第一批国家级非物质文化遗产扩展项目名录。

田阳舞狮

广西田阳素有"舞狮之乡"的美誉，逢年过节、庆五谷丰登和盛大活动都以舞狮作乐。田阳壮族舞狮有高难、惊险、奇美的特点，体现了浓郁的民族特色。相传远古时候，人们生活在丘陵和深山密林，壮族先民们常受野兽骚

扰，农作物被破坏。为了赶走野兽，想出了"以兽赶兽"的办法，即仿制兽中之王狮子，鸣锣擂鼓，舞动狮子，夜间还燃起火把，以驱赶群兽。于是狮子成为了壮族先民的功臣和吉祥象征，逢年过节都舞起狮子庆贺祝愿。从此舞狮成为壮族特有的表演节目，代代相传。狮舞分为地狮和高空狮两种：地面舞狮属文派舞狮，以活泼可爱的顽皮形象为特点，主要在地面表演闪、扑、挪、腾、滚或滑稽动作逗引人们；高空舞狮属武派舞狮，主要特点是把武术、杂技、舞蹈动作融进舞狮中，以高台表演为主。"狮子上金山"、"狮子过天桥"、"刀尖狮技"、"高桩飞狮"、"金狮雄风"等。套路多，节目丰富，技术精湛，融武术、舞蹈、杂技于一体。

田阳舞狮具有世家相传的特性，历代后人在传统舞狮套路的基础上进行创新，提高了技术含量，增强了观赏性。近年来，由于种种原因，舞狮绝技濒临失传。

2010年，田阳壮族狮舞成功入选国家级非物质文化遗产名录。

土家族摆手舞（恩施摆手舞、酉阳摆手舞） 类别：传统舞蹈 编号：Ⅲ—17

申报地区或单位：湖南省湘西土家族苗族自治州；湖北省来凤县；重庆市酉阳土家族苗族自治县

摆手舞是土家族最具影响力的大型歌舞，具有浓烈的宗教祭祀色彩，历代典籍认为，摆手舞起源于古代的一种战舞。巴人跟随周武王伐纣，"歌舞以凌，殷兵大溃"；后亦有随刘邦反秦，有巴人以巴渝舞勇挫秦兵的记载；明嘉靖年间土司兵抗击倭寇，以摆手舞迷惑敌人，大败倭寇。在宗教和战争的相互交融中，这种战舞逐渐演变成土家祭祀活动，各土司辖地纷纷建摆手堂。清代《永顺府志》载："每岁正月初三至十七日，男女齐集，鸣锣击鼓，跳舞唱歌，名曰摆手。"

摆手舞表演

摆手舞以歌伴舞，讲述民族的起源、迁徙、战争及英雄事迹。按活动规模分为"大摆手"、"小摆手"两种；按其舞蹈形式分为"单摆"、"双摆"、"回旋摆"等；按其举行的时间分为"正月堂"、"二月堂"、"三月堂"、"五月堂"、"六月堂"等。跳摆手舞不拘人数多少，少者数百，多则数万，摆手时，以锣鼓呼应节奏，气势恢宏，排山倒海，动人心魄。主要特点是手脚呈同边动作，踢踏摆手，共同进退，俨然行伍，节奏鲜明生动。大摆手按三年两摆的传统习俗，于正月初九至十一日在摆手堂中举行。各寨依姓氏或族房组成摆手"排"，每"排"为一支摆手队伍，各"排"人数不等。小摆手，形式灵活，是土家族居住区普遍盛行的一种文化习俗活动，过去，凡百户之乡，皆建有摆手堂，男女老少齐集摆手堂前的土坝，击鼓鸣锣摆手。其特点是摆同边手，躬腰屈膝，以身体的扭动带动手的甩动。表演内容为"拖野鸡尾巴"、"跳蛤蟆"、"木鹰闪翅"、"犀牛望月"等狩猎动作和"砍火渣"、"挖土"、"烧灰积肥"、"种苞谷"、"薅草"、"插秧"、"割谷"、"织布"等生产生活动作。

"摆手舞"是土家族最具民族特色的舞蹈，重庆市命名酉阳土家族苗族自治县为"摆手舞之乡"。酉阳县十多年来坚持推广普及土家"摆手舞"。目前，这个县土家"摆手舞"普及率达八成以上，覆盖面达百分之百。2010年10月3日，在酉阳中国土家摆手舞欢乐文化节上，来自酉阳县的10万名干部群众以桃花源广场为中心，同跳土家摆手舞，再现了古诗中"红灯万盏人千叠"的盛况。经世界吉尼斯纪录总部专家现场鉴定，酉阳10万人同跳摆手舞成功入选吉尼斯世界纪录。2008年6月，酉阳摆手舞入选第一批国家级非物质文化遗产扩展项目名录。

土家族撒叶儿嗬　类别：传统舞蹈　编号：Ⅲ—18
申报地区或单位：湖北省长阳土家族自治县

土家族"撒叶儿嗬"，是湖北清江流域中游地区土家族的一种祭祀歌舞。"撒叶儿嗬"即"跳丧"或"跳丧鼓"。"撒叶儿嗬"历史悠久，是巴人在两千年前传承下来的民间歌舞。山寨每有老人去世，停灵柩于堂前，亲属邻里前往吊唁。入夜，众人几人一组"打鼓踏歌"，通宵达旦，以增强热烈气氛，为亡人解寂，为亲属节哀。其特点是手脚同边，舞姿豪放，动作平稳、舒缓，唱词以歌颂死者生平事迹，歌唱其对子女的抚育及生产劳动方面的内容。舞蹈风格雄壮威猛，充分体现了土家汉子雄浑刚劲、粗犷豪放的个性。

土家族"撒叶儿嗬"集歌、舞、吹、打于一体，是一种综合的民间艺术，其本质是一种民间祭祀活动，表现了土家人对祖先的崇拜。"撒叶儿嗬"虽是祭悼亡灵的风俗舞蹈，但舞蹈表现的内容却远远超出了祭祀范围，包括了先民图腾、渔猎生活、农事生产、爱情生活及历史事件等民族发生发展的多方面历史。它充分表现了对民族历史的回忆和对祖先的崇拜，也反映了土家族对自己民族历史的回忆及其长期形成的道德意识与是非观念。因土家族世代生活在溪峒纵横、崇山峻岭的山区，长期越涧过水、攀岩背负的生活习惯和劳动方式，形成了"撒叶儿嗬"独特的表现风格。

2006年，长阳土家族自治县民族民间传统文化保护中心建立"撒叶儿嗬"传承机制。经县人民政府批准，在土家族"撒叶儿嗬"流传的资丘、榔坪、渔峡口三个乡镇分别建立了"土家族撒叶儿嗬"培训基地。资丘镇"撒叶儿嗬"培训基地已办两期培训班，培训中青年和中小学生246名。资丘镇举办了300人的"撒叶儿嗬"师徒大赛。在"撒叶儿嗬"重点流行的资丘、榔坪、渔峡口三个乡镇建立了"撒叶儿嗬"生态保护区。

2006年，"撒叶儿嗬"经国务院批准列入国家级非物质文化遗产名录。

弦子舞（芒康弦子舞、巴塘弦子舞、玉树依舞） 类别：传统舞蹈 编号：Ⅲ—19

申报地区或单位：西藏自治区；四川省巴塘县；青海省玉树藏族自治州

弦子舞是康区人民喜闻乐见的一种民间歌舞形式，是康区代表性歌舞之一。表演时由男子拉比旺（胡琴），女子舞彩袖，随着比旺节奏的变化，歌声、舞姿随之变化。弦子的歌词大部分为迎宾、相会、赞美、情意、辞别、祝愿的内容；曲调繁多，歌词丰富，舞步多变。舞蹈时男女舞队各围成半圈，时而聚圆，时而疏散，且歌且舞；男子舞姿重在舞靴、跺脚，显示豪放粗犷之美；女子突出长袖轻柔舒展之美。弦子舞盛行于整个康巴地区，康区不同的地方文化孕育出弦子舞不同的地域风格和异彩纷呈的貌特征。

芒康弦子舞

芒康弦子舞历史悠久，古老神奇，形式独特，高原特色浓郁，流派较多，表演体系完整，其舞姿圆活、狂放而流畅，有拖步、点步转身、晃袖、叉腰颤步等动作，以长袖飘飞最有特色。舞者随着弦子乐曲晃动而发出阵阵"颤声"，舞蹈动作相应产生"颤法"，这些动作多以模拟一些善良、吉祥的动物姿态为特征，有"孔雀吸水"、"兔子欢奔"等类别。现存芒康弦子有不少各具地域特色的流派，如端庄稳重的盐井弦子舞、潇洒飘逸的徐中弦子舞、动作难度较大而轻松舒展的索多西弦子舞、自由开放的曲邓弦子舞等。在清晰婉转的琴声下，弦子舞队无论是聚拢散开、列队绕行，还是扬袖旋转，都体现出丰富的文化意蕴和审美情趣。

巴塘弦子舞

巴塘弦子舞姿轻盈、优美，具有"长袖善舞"的特点，表演时，由数名男性持拉弦乐器"毕旺"在队前演奏领舞。其余舞者则和他们一起边歌边舞。"三步一撩、一步一靠"是巴塘弦子舞的基本动作，其含胸、颤膝及长袖的绕、托、撩、盖等动作形成了不同一般的地域舞蹈特色。每逢喜庆佳节，集会野营，劳动之余，人们聚集在"林卡"（林中空地）或坝子，跳起弦子舞，男女不拘，人数不限。弦子音乐一般分前奏、间奏、尾声三部分，音乐柔中有刚，优美抒情，节奏富于舞蹈性。

巴塘弦子舞中积淀着厚重的民族文化，折射着浓郁的民族风情，有很高的学术价值和艺术价值。2000年5月，文化部正式命名巴塘县为"中国民间艺术之乡"。有着几千首曲目的巴塘弦子成为了藏族民间音乐的宝藏，它是保存最完好的藏族音乐的"活化石"，其音乐和唱词已经渗透到了藏族其他各种文学艺术当中，保护巴塘弦子对于保护藏族歌舞艺术、研究藏族文化都具有十分重大的意义。

锅庄舞（迪庆锅庄舞、昌都锅庄舞、玉树卓舞、甘孜锅庄、马奈锅庄、称多白龙卓舞、囊谦卓干玛） 类别：传统舞蹈 编号：Ⅲ—20

申报地区或单位：西藏自治区；云南省迪庆藏族自治州；青海省玉树藏族自治州、称多县、囊谦县；四川省石渠县、雅江县、新龙县、德格县、金川县

锅庄舞，又称为"果卓"、"歌庄"、"卓"等，藏语意为圆圈歌舞，是

藏族三大民间舞蹈之一，主要分布于西藏昌都、那曲，四川阿坝、甘孜，云南迪庆及青海、甘肃的藏族聚居区。

在西藏，昌都锅庄广为流传。每逢节日、庆典、婚嫁喜庆之时，广场上、庭院里男女相聚，围成圆圈，按顺时针方向边歌边舞。通常由男性带头起唱，女性随后唱和，歌声嘹亮，穿透力很强，舞者和着歌曲"甩手颤踏步"沿圈走动。当唱词告一段落后，众人一齐"呀"地一声呼叫，顿时加快速度，撒开双臂侧身拧腰大蹉步跳起，挥舞双袖载歌载舞，奔跑跳跃变换动作。男性动作幅度很大，伸展双臂犹如雄鹰盘旋奋飞；女性动作幅度较小，点步转圈有如凤凰摇翅飞舞，显现出健美、明快、活泼的特点。

锅庄舞盛况

昌都锅庄艺术充分表现了藏族人民热爱生活、热爱劳动、热情豪迈的民族特性，显示出一种力量的美。2001年，昌都县被西藏自治区人民政府命名为"锅庄艺术之乡"。

迪庆锅庄舞主要流传于云南迪庆藏族自治州，其中德钦县奔子栏镇和香格里拉市沽塘镇、小中甸镇的锅庄最具代表性。如奔子栏在待客时就以锅庄歌舞形式表现一系列礼仪程序，有"祝福锅庄"、"赞颂锅庄"、"相会锅庄"、"辞别锅庄"、"挽留锅庄"、"送别锅庄"、"祈福锅庄"等种类，在全国各藏区十分罕见。

迪庆藏族锅庄包含着丰富的藏族文化内涵，形式完整多样，地域特色鲜明，民族风格浓郁，有深厚的群众基础，其中蕴含着友爱、团结等传统的人文精神，有较高的艺术和社会价值。

玉树卓舞主要流传于青海省玉树藏族自治州一带，至今还保留着很多远古时代的痕迹，随着藏族六大氏族的形成，玉树卓舞逐渐以部落、部族和区域文化的形态发展起来。

玉树卓舞种类繁多，其内容以对家乡、自然风光等的歌颂为主，同时广泛反映社会生活的各个方面。玉树卓舞整个舞蹈节奏鲜明，气势磅礴，完整的演出分祭奉神佛的序舞、表现广泛内容的正部、祝福吉祥的尾声三个部分，整体结构由慢到快，以载歌载舞的形式进行表演。

锅庄舞具有广泛的民众和社会基础，其丰富的表现形式、独特的风貌、精湛的技艺、强烈的个性为广大群众所称誉，在藏族歌舞艺术中具有广泛的代表性和显著的典型性，显示出很高的艺术价值。2006年5月，锅庄舞经国务院批准列入第一批国家级非物质文化遗产名录。

热巴舞（丁青热巴、那曲比如丁嘎热巴） 类别：传统舞蹈 编号：Ⅲ—21

申报地区或单位：西藏自治区

热巴舞是由藏族"热巴"（指过去以卖艺为生的流浪艺人）艺人表演的一种舞蹈形式，它以铃鼓为主，融说唱、谐（歌舞）、杂技、气功、热巴剧于一体。

热巴舞也属藏族民间舞蹈之一，它以铃、鼓舞为主，吸收了弦子、锅庄、踢踏、说唱、韵白、哑剧、杂耍等表演形式。主要流传于西藏东部的昌都、工布一带和云南、四川、青海玉树藏区，其高超的表演技艺和完美的艺术风格享誉国内外。

丁青热巴舞是一种鼓舞，也是一种融说、唱、舞、杂技和气功为一体的综合性表演艺术，主要流传于西藏昌都地区丁青县一带，是有别于其他藏区的一种独具特色的热巴舞。

丁青热巴舞有三个流派：窝托热巴、康沙热巴、伽措热巴。三种热巴的表现形式大同小异，均以粗犷豪放的舞蹈动作和高难度舞蹈造型闻名于世，其音乐以淳朴明亮、高亢激昂、奔放流畅为特点，主要内容多表现避灾祛祸、庆祝丰收、祝愿吉祥等。其重要特点在于它的粗犷、奔放、豪迈且富有宗教色彩。2002年，丁青县被西藏自治区人民政府命名为"热巴艺术之乡"。

那曲比如丁嘎热巴是藏北那曲地区比如县夏曲乡丁嘎村流传的一种民间舞蹈。丁嘎热巴的传统节目很多，共有三十多个，每个节目的跳法和姿态各不相同，其内容有讲述藏族历史、传说故事的，也有为了寺院祭祀活动的需要而宣扬宗教思想的，代表性剧目有《欧冬》（击鼓）、《曲杰罗桑》（罗桑王子）、《斯白巴玛感果》（原始的老父母）、《甲沙公觉郎巴》（迎请文成公主）、《古如多吉热》（金刚舞场）等。

丁嘎热巴舞既有当地牧民舞蹈的动律，又借鉴了昌都一带热巴铃鼓舞的舞姿，以顺手顺脚的牧民舞蹈动作为基本步法，上身表演吸收了昌都热巴女子手鼓激情豪放的动作，由此形成融汇藏东藏北舞蹈精华的独特风格。

2006年5月，热巴舞经国务院批准列入第一批国家级非物质文化遗产名录。2007年6月，西藏自治区昌都地区丁青县琼布热巴舞表演队获得国家文化部颁布的首届文化遗产日奖。

热巴舞表演

羌姆（日喀则札什伦布寺羌姆、拉康加羌姆、直孔嘎尔羌姆、曲德寺阿羌姆　类别：传统舞蹈　编号：Ⅲ—22
申报地区或单位：西藏自治区洛扎县、墨竹工卡县、贡嘎县羌姆，系藏语，也称"跳神"，是一种宗教舞蹈。羌姆起源于西藏，由于教派不同，寺庙规模不一，羌姆的形式大同小异。如萨迦派、噶举派、宁玛派、格鲁派各自的"羌姆"内容、形式都有所不同，但总体而言都是用舞蹈的形式来宣传宗教教义，反映了人们娱神、破灾、图腾崇拜的一种心理。

在藏区的大型寺院中都有羌姆表演，如拉康加羌姆、直孔嘎尔羌姆、曲德寺阿羌姆，其中札什伦布寺的最为著名。"色莫钦姆羌姆"是西藏日喀则地区札什伦布寺僧人表演的藏传佛教格鲁派羌姆，于每年的藏历8月举行。在藏语中"色莫"是观赏的意思，"钦姆"是大型的意思，"色莫钦姆羌姆"即观赏大型宗教舞蹈之意。

札什伦布寺的"色莫钦姆羌姆"对于表演者要求很高，要身体强壮、五官端正，同时精通佛教教规。表演时，演员被要求装扮哪一位神，就要成为神的化身，口中念诵咒语，心中始终不离神的形象。因此，挑选羌姆继承人都要从有悟性、有舞蹈感觉的年轻僧人中选拔。

羌姆表演

札什伦布寺羌姆共有20多段，表演完毕需要整整3天时间。第一天出场的是"波"和"莫"（老头和老太）两位老人的形象，通过滑稽动作来揭露社会的种种欺骗行为和官场腐败现象，令观众捧腹大笑。第二天的表演场面宏大，舞蹈动作威武凶猛，表现札什伦布寺的护法神能威镇一切魔鬼的内容。第三天的演出共有3场，有手持鼓、笛、锣歌颂上师与自然景致的歌舞，有表演野牛、狮子等动物的内容，还有藏戏队表演和展示"珍珠曼陀罗"、"金塔"等珍贵藏品，最后舞场中央煨起桑烟，羌姆表演者和观众抛撒糌粑，祈祷吉祥。

羌姆的配乐也是一大特色。伴奏乐队庞大，所用乐器有大法号四支、长柄鼓10面、大钹两副。两副大钹轮换演奏，当主神或重要护法神出场时，大钹齐奏。由于羌姆演员是根据大钹的节奏变化来表演的，因此大钹演奏者通常由曾经跳过羌姆主要角色的喇嘛担任。

羌姆是通过独舞、双人舞、群舞的形式来完成的。整个舞蹈，有的功夫在腿部，有的功夫在腰部，有的功夫在肩部，也有的功夫在臀部。羌姆作为宗教寺庙的一种祭祀活动，本身就有独特的风格特点，而这种祭祀活动不同于其他的宗教活动，其场地、面具、道具、服装都别具一格，整个活动全部通过舞蹈来体现，是一种富有舞剧因素的大型舞蹈。

2006年5月，日喀则札什伦布寺羌姆经国务院批准列入第一批国家级非物质文化遗产名录。

苗族芦笙舞（锦鸡舞、鼓龙鼓虎—长衫龙、滚山珠） 类别：传统舞蹈 编号：Ⅲ—23

申报地区或单位：贵州省丹寨县、贵定县、纳雍县、雷山县、关岭布依族苗族自治县、榕江县

芦笙舞，因舞者以芦笙为舞蹈伴奏工具并自吹自舞而得名，又称为"踩芦笙"、"踩歌堂"等。芦笙舞最大的特点是舞者为男性，男子在吹奏芦笙的同时，下肢灵活舞动。它在贵州、广西、湖南、云南等地的苗、侗、布依等民族聚居区均有流布，但以苗族地区为甚。

在苗族芦笙舞中，又以贵州东南部、西北部最为活跃。根据出土的西汉铜芦笙乐舞俑来看，芦笙舞至少已有两千多年的历史。芦笙舞作为苗族人民传统节日

的重要活动内容由来已久。芦笙舞在很多场合都能跳，具有宗教、民俗和文化娱乐等多种性质。芦笙舞无论是音乐还是舞蹈，都含有一种沉重、凄楚的情绪。据说是与苗族历史上的民族迁徙有关，是为了纪念先民的迁徙和离别之苦。"探路步"是芦笙舞的基本舞步。舞者提起左脚在空中往左侧划小半圆弧线后落地，右脚左移，身体同时往左移动，腰向右微斜，右脚接着做对称动作。这种舞步有着苗族浓烈的民族特色。与"探路步"一样，"双踏浪"也是芦笙舞中最基本动作，除此之外，"跪地下腰"、"板凳下腰"、"滚地笙"、"双腿蹬天"、"望家乡"等则是芦笙舞中难度大、技巧高的动作组合。芦笙舞要求舞者具备一定的功夫和体力。因而，芦笙舞舞者多为青年和中年人，老年人随着年事渐高，逐渐退出了舞者行列。苗族人从小起就开始学吹芦笙和跳芦笙舞。演奏和舞技出众的芦笙手，会受到人们的尊崇。甚至在苗族历史上，青年男子会不会吹芦笙、能不能跳芦笙舞都成为了女子择偶的条件之一。芦笙舞大多在年节、集会、庆贺等喜庆时刻表演，春节是芦笙舞表演的重要节日。除夕日，舞者就吹起芦笙相约舞伴，到了一家门口后，会跳起芦笙舞，约舞伴的同时，也给这户人家拜年。这样一家接着一家，最后，舞者集中到村里的大场上，彻夜起舞。

2008年6月，苗族芦笙舞入选第一批国家级非物质文化遗产扩展项目名录。

朝鲜族农乐舞（象帽舞、乞粒舞）　类别：民间舞蹈　编号：Ⅲ—24

申报地区或单位：吉林省延边朝鲜族自治州；辽宁省本溪市、铁岭市

"农乐舞"俗称"农乐"，是一种融合音乐舞蹈、演唱为一体的综合性艺术表演形式，主要流传于黑龙江、吉林、辽宁等朝鲜族聚居区。农乐舞最早起源于农业劳作，并具有古代祭祀成分。其中以象帽舞和乞粒舞最具代表性。

象帽舞

象帽舞是朝鲜族富有代表性的一种舞蹈形式，是农乐舞的最高表现形式，也是农乐舞中技巧最高的舞蹈。

象帽舞历史悠久，据说古代朝鲜族人民在耕作时，为了防止虎、狼等野兽的侵扰，用大象尾毛绑在帽尖上左右摇摆，用以驱赶野兽，久而久之，便形成了朝鲜族特有的民族舞蹈表演形式。也有人说它源于古代朝鲜人在狩取野兽等食物后，甩动发髻以示庆贺的一种表达形式。

　　象帽舞现在已发展成为一种综合性的民间艺术，它把音乐、舞蹈、演唱融为一体，具有丰富的技巧和内涵。象帽舞的种类繁多：长象帽、短象帽、线象帽、羽象帽、尾巴象帽、火花象帽等。长、中、短象帽因其彩带的长短不同而得名，短者仅1米多，长者达12米，目前最长者已有28米。其它的则因彩带、帽子的材质和装饰不同而得名，如羽象帽是将10根白鹭羽毛捆在一起，扎在象帽尖顶上甩动的带子而得名；火花象帽则是在长带子上绑上了几十个萤火虫，表演时仿佛萤火虫上下飞舞，极为绚烂夺目。

　　象帽舞是群体表演，它的表演非常讲究，分一定的步骤和程序。首先音乐响起，先甩短象帽，配以手鼓，做较简单的舞蹈动作；接着再换中象帽，配以长鼓，做转圈、旋子、扶地翻转等肢体动作；最后，由一至三人甩长象帽，做跳纸条、上台阶、圈人等高难度动作，使舞蹈达到最高潮。在舞蹈过程中，时时辅以手鼓、长鼓、边鼓以及大锣、小金、洞箫、短笛和朝鲜族唢呐等乐器伴奏。舞者以颈的力量频频摇动头部，使所戴象帽的飘带旋转如风，似车轮飞转般在舞者头顶和身体前、后、左、右划出种种彩环。甩象帽动作花样翻新，含"平甩象"、"左右甩象"及"立甩象"和"抖露珠象"等，能够边甩边跳跃，表演出"甩象跨步"和"俯身甩象"等高难度动作，带动帽子上的飘带形成线条流畅的一幅幅动态圆环。

　　经过长期的发展与传承，象帽舞已经从最初简单的田间娱乐形式发展到了由专业文艺团体进行演出，并深受世界各地舞蹈爱好者欢迎的优秀朝鲜族舞蹈。

乞粒舞

　　乞粒舞是朝鲜族群众十分喜爱的民间舞蹈，集朝鲜族民间舞蹈"双层舞"和"乞粒"活动中的舞蹈精华于一体，表演风格独特。

　　乞粒舞有着相对稳定的传统程式，但又不完全受传统程式的限制。表演者可以根据现场情绪起舞，整个舞蹈具有很强的即兴性。当表演者情绪高涨时，大家各显神通，男性晃动象帽，使顶端长缨飞旋，划出美丽的弧线；姑娘边敲击长鼓边快速旋转，以形体的动感和美感传情达意；老年的扮演者不仅注重舞之韵味，而且注重姿态，动作变化繁多，能通过即兴表演将心底的欢悦之情表达得淋漓尽致。乞粒舞参与人员多，影响广泛，是朝鲜族农民群体舞蹈的典型代表。

每逢佳节喜庆之时，参加表演的人数众多，场面宏大，这就需要有人出来主持、引导舞队进入表演场地。从舞队入场至走出各种队形变化，直到舞之尽兴，表演程式相对稳定。

乞粒舞的表演（以节日表演为例），需要在宽敞的场地进行，男女老幼皆可参加。每次表演，少则几十人，多则几百人，但长鼓手、圆鼓手必不可缺。场面热烈，阵容强大。

入场时，舞队的前面，是头戴"象帽"的小伙子和老人，他们不停地摇动着帽子上的彩色长绸。紧跟其后的便是整个舞队的总指挥，一位在村里德高望重的老人。他手中拿着铜钹，边走边击打着节奏，引导着舞队出场。依次是两个圆鼓手和两个长鼓手及舞队中的男女青年和上了年纪的老年人。在舞队最后面，是表演"双层舞"的男演员。在他们的肩上，站着一个小孩，小孩的手中拿着彩绸（或鲜花），不停地舞动。在"双层舞"里，也要有位年逾花甲的老人。舞队出场后，逐渐形成了一个大圆圈，圆鼓手、长鼓手、男女青年和老年，依次来到场中，表演自己最拿手的技艺。高潮过后，表演者又会在总指挥的铜钹声中，重新回到自己的位置，列队退出。乞粒舞主要在朝鲜族的重大节日或大型活动中演出，多通过家族传承。

木鼓舞（反排苗族木鼓舞、沧源佤族木鼓舞） 类别：传统舞蹈 编号：Ⅲ—25

申请地区或单位：贵州省台江县；云南省沧源佤族自治县

木鼓舞是流传在西南苗族、彝族和佤族人民中以敲击木鼓起舞祭祀的民间舞蹈。其鼓多以截取自然生长的树木躯干、凿空内部而成。木鼓舞为族群全体参与的大型祭祀活动中的一部分，木鼓被作为族群的象征，以敲木鼓、跳木鼓为核心的祭祀活动充满着强烈的祖先崇拜、自然崇拜的寓意，具有鲜明的原始文化的特征。

木鼓舞是贵州省台江县苗族群众所喜爱的一种民间舞蹈，主要有反排苗族舞和施洞、草东木鼓舞两大种类，其中以反排木鼓舞影响较大。它分布于贵州台江县城东南方26公里外的反排村，村中居民均为苗族。传说反排木鼓起源于一对跟从鸟虫学会跳舞的古代兄妹。自古以来，反排木鼓舞就在反排村世代相袭。

每逢丑年，十二年一次的祭鼓节到来，反排木鼓就要大跳一次。反排木鼓舞启、承、转、合结构完整，舞蹈动作简练，组合丰富、风格热烈豪迈，表现先民的生活场面和地理环境，叙述先民的由来，演员歌舞并进，五体皆动，甩同边手，踏二、四拍，舞姿粗犷豪放、洒脱优美，头、手、脚开合度大，摆动幅度宽。

沧源佤族木鼓舞分布在云南省临沧市沧源佤族自治县的岩帅、单甲、糯良、勐来、勐角、班洪等乡镇，佤山村村寨寨都有自己的木鼓歌场。现沧源县有大、中、小型木鼓700多只，百分之九十的人能跳木鼓舞，唱木鼓歌。

沧源佤族木鼓舞由拉木鼓、进木鼓房、敲木鼓、祭木鼓四部分组成。每逢年节庆典，佤族男女老少都会穿戴一新，在木鼓的敲击下围绕着木鼓房，携手成圈蹁跹起舞。他们以屈膝、弓腰表示对木鼓的敬仰，不分男女老少一律按逆时针方向围圈缓慢移动，动作以甩手、走步和跺脚为主。第一拍右脚向右斜前方上一步，双手曲肘举至头斜上方，身体后仰；第二拍左脚跟踏一步，双手甩至身后斜下方，身躯前倾。如此循环反复，动作规范而平稳。木鼓舞贯穿于木鼓祭祀活动的全过程，舞蹈以敲打木鼓者的领唱与众人踏节而歌为伴奏，歌词多述说民族历史、祭祀和劳动生产及生活等方面的内容。跳木鼓舞时鼓声震天，舞者秀发飞扬，动作粗犷奔放、炽热狂野，表现出佤族人民勤劳勇敢的性格特征。目前沧源佤族木鼓舞中已形成"高格龙勐"、"甩发舞"、"加林赛"等影响较大的代表作品。

木鼓是佤族传说中的通天神器，被视为民族繁衍之源头，是佤族的历史文化象征。木鼓舞集中体现了佤族民间歌舞、文学、艺术及宗教信仰的成就及特色。苗族木鼓舞同样具有浓郁的民族特色。

铜鼓舞（文山壮族彝族铜鼓舞、田林瑶族铜鼓舞、雷山苗族铜鼓舞） 类别：传统舞蹈　编号：Ⅲ—26

申报地区或单位：云南省文山壮族苗族自治州；广西壮族自治区田林县；贵州省雷山县

铜鼓舞是云南和广西、贵州的壮族、彝族和苗族民众中流传最广、影响最大的古老舞种之一。

铜鼓舞始于文山壮、彝先民的自然崇拜和祖先崇拜。彝族认为，铜鼓是万物之灵，通过敲铜鼓、跳舞，可以向上苍和祖先传递人们的意愿。壮族则认为敲铜鼓起舞，可以为村寨降妖驱邪，祈求平安。

铜鼓舞属族群性的集体舞蹈。舞者围成圆圈，踏着鼓声节奏沿逆时针方向起舞，跳完一组舞蹈动作再跳另一组，内容都是壮族、彝族农耕生产生活的反映。广南那洒镇马贵村壮族的铜鼓舞完整保留了12套舞蹈动作，反映着一年四季12个月不同的生产内容。麻栗坡、富宁等几个村寨中的铜鼓舞，主要用于祈雨、求丰收和老人丧葬等民俗活动。壮族、彝族的铜鼓舞流传普遍，动作古朴，舞蹈语汇非常丰富。壮族铜鼓舞表演时，一人敲铜鼓，另一人以木盒辅助形成共鸣滑音，这在其他音乐演奏中是找不到的。彝族的铜鼓演奏则是一种专门技巧，一人用公、母两面铜鼓可演奏12种音调组合，称12调。据称公鼓代表太阳，母鼓代表月亮，12调代表一年12个月，因此彝族的铜鼓舞还包含着本地民族的历法文化内容。

文山铜鼓舞凝聚着壮、彝人民的创造才能和聪明才智，具有鲜明的民族、地域特色和重要的历史、文化、艺术价值。铜鼓舞文化折射出壮、彝人民勤劳、聪慧、淳朴、善良的性格及审美观念。各级文化工作者经过近3年多的实地调查、收集整理和组织申报，文山壮族彝族铜鼓舞于2006年被列入第一批国家级非物质文化遗产保护名录。

瑶族铜鼓舞

瑶族铜鼓舞是瑶族人民创造的一种民间舞蹈形式，是深受广大瑶族人民喜爱的地方艺术。流传在广西田林县各地的"木柄瑶"、"长发瑶"的铜鼓舞，至今已有二百多年的历史，更是铜鼓舞中的精粹。铜鼓是"木柄瑶"、

"长发瑶"祖先迁徙携带的宝物，一直被视为神灵。每年农历正月初二至正月三十（或二月初二），各瑶寨都要跳铜鼓舞，纪念先人，欢庆节日，祈求健康长寿、六畜兴旺、五谷丰登。大年三十（或正月初二），男女老少穿上节日盛装，由寨老主持，举行一年一度的"起宝"仪式，把誉为一公一母的两个铜鼓挖出来，摆上香案，供上供品。祭完铜鼓后，寨老便指挥寨中青年把铜鼓挂起来。先由主祭人打一轮，之后别人才能轮流着打。

鸣鼓开始时，动作缓慢轻柔，逐渐加快后鼓点高亢激昂，最后如疾风骤雨。两位敲牛皮鼓的是领舞者，他们边打边舞，时而正面打，时而转身打，铜锤不停地从自己的脑后、腰后、胯下在鼓面上轮流敲击，节奏鲜明，动作协调，天衣无缝。这时，场上的男女老少也纷纷加入舞蹈行列，人数不限，场面壮观，热烈奔放。先跳《圆圈舞》，依次跳《迎春舞》、《扁担舞》。风格独特，舞姿优美，独具魅力，趣味无穷。每年跳完铜鼓，又将铜鼓埋入地下，地点鲜为人知。

家庭传承是木柄瑶铜鼓舞传承的一种主要方式。木柄瑶群众从小耳濡目染，通过他们祖辈、父辈们的言传身教学会跳铜鼓舞，又随着岁月的变迁，将铜鼓舞传授给下一代。

群体传承是木柄瑶铜鼓舞传承的另一种方式。铜鼓舞是木柄瑶在每年的春节期间举行的欢庆本民族传统节日的群体性活动，它是集木柄瑶的宗教仪式、大众娱乐、族内交流于一体的艺术。铜鼓舞作为木柄瑶群众喜闻乐见的文化活动，族内的男女老少都会积极地前去参与，参与的人数众多。通过这种群体集会庆祝的方式，使得木柄瑶群众从小耳濡目染，这就自然而然地呈现了它的群体传承性。

现今，田林瑶族铜鼓舞的传承人是田林县潞城瑶族乡三瑶村瑶怒屯的班点义老先生。班老先生是三瑶村瑶怒屯铜鼓舞第7代传承人，也是自治区级和国家级非物质文化遗产名录项目田林瑶族铜鼓舞代表性传承人。他舞艺精湛，享有很高威望，至今负责三瑶村的铜鼓保管，主持铜鼓舞活动。班点义老先生组织成立了瑶怒屯铜鼓舞表演队，该表演队闻名遐迩，多次在参加重大活动的演出中获奖。

2006年，由广西省田林县申报国家级非物质文化遗产，2008年被列入第一批国家级非物质文化遗产扩展名录。

傣族孔雀舞　类别：传统舞蹈　编号：Ⅲ—27
申报地区或单位：云南省瑞丽市

　　孔雀舞是傣族民间舞中最负盛名的传统舞蹈，流布于云南省德宏傣族景颇族自治州和西双版纳傣族聚居区，其中以云南西部瑞丽市的孔雀舞（傣语为"嘎洛勇"）最具代表性。相传一千多年前傣族领袖召麻栗杰数模仿孔雀的优美姿态而学舞，后经历代民间艺人加工成型，流传至今。

　　在傣族人民心目中，"圣鸟"孔雀是幸福吉祥的象征。孔雀舞是傣族人最喜爱的民间舞蹈，在傣族聚居的坝区，几乎月月有"摆"（节日）。在傣族一年一度的"泼水节"、"关门节"、"开门节"、"赶摆"等民俗节日，傣族人民都会聚集在一起，敲响大锣，打起象脚鼓，跳起姿态优美的"孔雀舞"，歌舞声中呈现出丰收的喜庆气氛和民族团结的美好景象。瑞丽傣族孔雀舞以单人舞为主，也有双人孔雀舞。舞者以男性居多。孔雀舞有丰富多样的手形动作和跳、转等技巧，四肢和躯干的各个关节要重拍向下屈伸，全身均匀颤动，形成优美的"三道弯"舞姿。架子孔雀舞的舞蹈语汇尤为丰富，有"飞跑下山"、"林中窥看"、"漫步森林"、"抖翅"、"点水"等惟妙惟肖地模拟孔雀神态的动作。

　　孔雀舞风格轻盈灵秀，情感表达细腻，舞姿婀娜优美，是傣族人民智慧的结晶，有较高的审美价值。它不只在重要热闹的民族节庆中单独表演，也常常融合在集体舞"嘎光"中。1957年世界青年联欢节上，女子集体舞蹈《孔雀舞》获金质奖章，民间舞蹈《双人孔雀舞》获银质奖章。傣族舞蹈家杨丽萍表演的孔雀舞在国内外享有盛誉，使其成为大江南北家喻户晓的傣族传统舞蹈家。2006年由云南省瑞丽市申报的傣族孔雀舞被列入国家级非物质文化遗产名录。

达斡尔族鲁日格勒舞　类别：传统舞蹈　编号：Ⅲ—28
申报地区或单位：内蒙古莫力达瓦达斡尔族自治旗；黑龙江省哈尔滨市

　　鲁日格勒舞是达斡尔族民间舞蹈的统称，因聚居地不同，有"阿伯罕"、"阿罕拜勒"、"郎突达贝"、"哈库麦勒"和"哈根麦勒格"等几种名称。"鲁日格勒"有"燃烧"或"兴旺"之意，达斡尔语中可引申为"跳起来"。传统鲁日格勒舞主要是由女性集体表演，偶尔有男性参与。

　　鲁日格勒舞，约产生于狩猎采集为主业的年代，至今该舞蹈的动作仍保留着那个时代的印记，如舞蹈中有模仿黑熊搏斗、布谷鸟鸣叫以及鹿走、鹰飞的动作，有模仿挑水、采野果、梳头、照镜子等生产生活的动作。达斡尔人聚集在村头的草坪上，边舞边唱，纵情舞蹈，在生产劳作之余，用舞蹈来表达心情，自娱自乐，消除疲劳。

鲁日格勒舞以双手双臂舞动为主，步法主要有侧滑步、跺步等，整体动作简单而不失活泼。同时，舞蹈有严格的程序和动作要求，表演一般分为"赛歌"、"对舞"、"打斗"三段。第一段以唱歌为主，表演者双手上下摆动，双脚按顺时针方向滑步走圆圈，表演者齐唱（同时唱一首歌，也可以接唱多首）或问答对唱，歌唱的内容多是劳动生活；第二段以舞为主，动作幅度加大，一般是两人对舞，互不相让，一方还要以拳头击打对方的头部。最后一段以打斗为主，形成狂欢，舞者情绪高涨，歌唱变为"哲嘿哲"、"德乎达"、"哈莫、哈莫"等简短有力、振奋人心的呼号，打斗是双方在呼号声中挥拳相击，达斡尔语称为"郎涂"，意即拳头，表现在舞蹈中则是一手叉腰，一手举拳过顶，振臂，挥拳，直到一方认输败下，或者第三者加入后，双方趋于和缓，舞蹈才告一段落。因达斡尔族分布地域的不同，鲁日格勒舞在民间表演时发生一些变化，除三段式外还加入了一些创新的舞蹈动作。鲁日格勒用呼号和歌唱来统一和协调众人舞蹈的舞步和节奏，实现了歌与舞的一体化。

鲁日格勒舞的传承主要靠家庭和社会活动中人们互相学习、互相传播。

蒙古族安代舞　类别：传统舞蹈　编号：Ⅲ—29
申报地区或单位：内蒙古通辽市库伦旗

安代系蒙古语，意为"抬起头来"、"掀起身来"，是蒙古族民间传统舞蹈，主要流传于内蒙古哲里木盟库伦旗和辽宁省阜新蒙古族自治县等地区。安代是蒙古人文化历史的一种形态，不仅是单纯的歌舞艺术，而是祈祷、歌舞、祝词、赞词、习俗、文化心理、宗教意识、占卜、崇拜等蒙古文化的载体。

关于安代舞的来源，学术界普遍认为是由古代"踏歌顿足"、"绕树而舞"的集体歌舞演变和发展而成。安代舞可以分为传统安代舞和现代安代舞，传统的安代舞是与萨满教的治病相关的宗教行为，整个仪式以歌舞为载体、以医病救人为目的，具有祈求神灵保护、驱魔消灾的文化含义。传统的安代仪式由"博"（科尔沁萨满的称谓）主持，整个仪式由准备、发起、高潮、收场等仪轨程序组成。仪式举行之前，在安代舞的场地中央立一断轴车或木杆，意为镇妖避邪之物。参加者在博的指挥下，围成圆圈，右手握一块绸巾或扯起蒙古袍下摆，随领唱（领舞者）边歌边舞。其曲调悠扬婉转，韵味醇厚。安代舞音乐的唱词内容丰富，活泼生动，富有即兴性色彩。现代安代舞是指民间集体性的歌舞形式，已从传统安代舞的治病的实用功能中脱离出来，具有娱乐性和审美功能。

安代舞的表演采用载歌载舞的形式，其中"踏"是安代舞的精髓，舞者手执手帕或头巾边唱边跳。其舞蹈动作有甩巾踏步、绕巾踏步、摆巾踏步、拍手叉腰、向前冲跑、翻转跳跃、凌空踢腿、腾空蜷身、左右旋转、甩绸蹲踩、双臂抡绸等等。安代舞的音乐适合于舞蹈动作，曲式结构短小，节拍规整，节奏清晰而强烈，富有感染力。多采用一人领唱众人应和或齐唱的形式。速度一般都是由慢逐渐变快，最后在快速的高潮中结束。

安代舞的音乐多数为科尔沁风格的民歌，固定曲牌有50多首，代表性的曲目如《序曲》、《李进财》、《本波莱》、《载古尔乃古尔》等。

2006年，安代歌舞被列为国家级非物质文化遗产名录，民间艺人那仁满都拉被指定为传承人，安代舞发源地库伦旗被誉为"安代舞之乡"。

安代舞

湘西苗族鼓舞　类别：传统舞蹈　编号：Ⅲ—30
申报地区或单位：湖南省湘西土家族苗族自治州

湘西苗族鼓舞，是我国苗族地区最独特的舞蹈艺术，流传在湖南省湘西土家族苗族自治州境内的吉首市和凤凰、泸溪、保靖、花垣、古丈等县。湘西苗鼓由鼓框、鼓皮、鼓钉、鼓槌等部件制作而成，框是用黄桑树干或杉木树干制成，牛皮为面，铁钉固定，槌是杉木干。在农历"四月八"、每年春节前后、赶秋、椎牛、庆丰收、婚嫁、迎宾客等重大活动里，苗族人民一般都会以鼓舞相迎。湘西苗族鼓舞的节奏复杂，不同节奏可以表达不同的思想感情，常见节奏有3/4、2/4、4/4三种，极少数人能打出3/8的节奏。表演时动作明快，如行云雷电，似高山流水，节奏重且有力。为营造更为活泼的气氛，苗族鼓舞除敲边伴奏外，还配上了铜锣、唢呐、土号等乐器，大型活动时还加二胡、三弦等乐器伴奏，场内气氛十分热烈火爆。尽管在苗区有很多关于苗族鼓舞的传说，但它归根结蒂是人们自娱自乐、自我激励的产物，与人民的生活密切相关，即所谓的"艺术来源于生活"。过去，湘西苗族人民长期生活在荒山峡谷之间，山高人稀，过着原始农耕生活，文化知识和生产生活滞后，在社会生活、劳动生产和斗争中，人们为调节劳逸，提高精神生活，击鼓作乐，逐渐创造出"苗族鼓舞"艺术。

新中国成立以来，党和政府多次派舞蹈专业工作者深入苗寨村落，搜集、整理、传承、保护苗族鼓舞的舞蹈素材及表演艺术。此外，原中南民族学院聘请苗族第一代（新中国成立以后）女鼓王龙大姐为客座教授，专门传授苗族鼓舞。第二代鼓王龙菊兰，于1991年赴新加坡参加国际民间艺术节，表演苗族鼓舞获得极大成功。

2006年5月20日，湘西苗族鼓舞经国务院批准列入第一批国家级非物质文化遗产名录。

湘西土家族毛古斯舞　类别：传统舞蹈　编号：Ⅲ－31
申报地区或单位：湖南省湘西土家族苗族自治州

湘西土家族茅古斯舞是最古老的舞蹈，中外专家称其是"中国民族舞蹈的最远源头"。土家族语为"谷斯拔帕舞"、"帕帕格次"或"拨步卡"，汉语多称为"茅古斯"或"茅猎舞"。茅古斯舞产生于土家族祭祀仪式中，主要分布在湘西的龙山县、永顺县、保靖县、古丈县。它是一种具有人物、对白、简单的故事情节和一定的表演程式的原始戏剧舞蹈，大多与跳摆手舞穿插进行，有时在一定场合单独表演，主要表现土家先民渔、猎、农耕等生产内容，既有舞蹈的特征，又有戏剧的表演性，两者杂糅交织，浑然一体。茅古斯舞动作别具一格，碎步进退，左右跳摆，摇头抖肩，表演者屈膝，浑身抖动，全身茅草唰唰作响，头上五条大辫子左右不停摆动。以表现"打露水"、"扫进扫出"、"围猎"、"获猎庆胜"等内容。该舞蹈最突出的特色在于服饰，表演者身穿草衣树皮，古朴大方，极具原始风情。表演对话时要求变腔变调，使观者辨认不出表演者的真实身份。

1958年底，湖北省土家族调查队到湘西土家族苗族自治州挖掘、收集毛古斯舞。1959年，中央文化部组织省、州、县民族文艺调查组，全面普查毛古斯舞，并撰写调查报告。1963年10月，湖南省民委派人访问毛古斯舞艺人，并撰写《马蹄寨毛古斯舞访问记》。1980年8月，湘西土家族苗族自治州群众艺术馆邀请各县土家族艺人来馆传授毛古斯舞，并拍成电影资料片，为研究学习留下珍贵影像。1983年春节，龙山县、保靖县分别举行大型毛古斯舞活动，观众达4万余人。1983年，《毛古斯·狩猎舞》参加全国少数民族文艺会演，首次登上了北京舞台。1983年2月18、19日（农历正月初七、初八），保靖县在县城举行盛大土家年会，县境11个社（镇）3000多人参加文艺表演，观众达6万余人。1984年，毛古斯舞开始在境内中小学校普及，部分民族学校还组建了毛古斯舞蹈队。茅古斯舞表演形态中的自然

毛古斯舞

崇拜、图腾崇拜、祖神崇拜等远古信仰，以及写意性、虚拟性、模仿性等艺术元素，是弥足珍贵的文化遗产。2006年5月，湘西土家族毛古斯舞经国务院批准列入第一批国家级非物质文化遗产名录。

黎族打柴舞　类别：传统舞蹈　编号：Ⅲ－32
申报地区或单位：海南省三亚市

打柴舞俗称"跳柴或竹竿舞"，黎语称"转涉"，跳时将圆木和圆木互相击打，所以又称"打柴"，是一种群众性的舞蹈活动。古代，该舞蹈是

民间用以祭奠和丧葬时表演的舞蹈形式，表现了祖先崇拜和鬼魂崇拜。现今，通过文艺工作者的改编和创作，在保持打柴舞原始色彩的基础上发展成为舞姿优美明快、热情欢畅，具有鲜明民族气息的群众性广场舞蹈。

　　打柴舞一般都在平地上进行，舞时先要摆好竹竿。先平行摆开两条方木为垫架，垫架上再横放若干手腕粗的竹竿。表演者手执竹竿，将竹竿与垫架、竹竿与竹竿间敲击出有节奏感的声音。持竿者的姿势有站、坐、蹲三种，姿势可随舞蹈进行变化，自由度较大。跳舞者在竹竿分合中机敏的跳跃进退完成各种优美的舞蹈动作。当舞者灵巧地在竹竿的分和中跳出时，持竿者会呼喊："嘿！呵嘿！"场面及其热闹。如果跳舞者被竹竿夹住，持竿者会将竹竿抬起被夹的跳舞者往外走。如果跳舞者是男性且舞蹈熟练，在竹竿的分合中应变自如，往往会得到年轻女子的青睐。由于打柴舞道具简单、节奏明快、跳法特殊，具有极强的娱乐性，打柴舞传遍整个海南黎族地区，成为黎族著名的舞种。

　　打柴舞不仅保留其民族性，而且兼具大众性、娱乐性、广场性、表演性、观赏性，深受国内外游人喜爱。1957年，黎族打柴舞首次参加全国少数民族文艺调演，引起很大的反响。上世纪70年代初，走出国门到罗马尼亚、南斯拉夫、巴基斯坦、日本等国家演出，深受各国人民的赞赏，被称为"世界罕见的健美操"。2006年由海南省三亚市申报的黎族打柴舞被列入国家级非物质文化遗产名录。

卡斯达温舞　类别：传统舞蹈　编号：Ⅲ－33
申报地区或单位：四川省黑水县

　　卡斯达温舞主要流传于四川省阿坝藏族羌族自治州黑水县。"卡斯达温"又称"卡斯达贡"，是黑水藏区方言。"卡斯达"为铠甲之意，"温"或"贡"是"穿"之意，因舞者身穿"甲衣"歌舞，汉语俗称"铠甲舞"。"卡斯达温"是古代黑水人出征前，勇士们祈祷胜利，亲人们为他们祈求平安、祝福吉祥的一种民间祭祀性歌舞活动。据考察研究，"卡斯达温"的内容与形式具有游牧、狩猎部族与农耕部族融合的遗韵，其最先可能是古羌部落在游牧、狩猎过程中产生的古代祭祀礼仪，产生于唐或唐以前。由于黑水地区战事连连，它逐渐演变成为将士出征前所举行的一种战事示威活动，发展到现在，已逐渐演变成为丧葬礼仪、节日庆典举行礼佛敬神、祈祷吉祥的祭祀歌舞活动。

"卡斯达温"在黑水县扎窝、红岩、维古三地分别呈现出以铠甲舞为基础的三种不同的内容与表现形式。扎窝乡朱坝村的"卡斯达温"主要以原始古朴的狩猎形式为特色，包含出行、煨桑、围猎、转山、欢庆等过程。红岩乡俄恩村的"卡斯达温"主要表现征战的内容。维古乡的"卡斯达温"则主要表现男女道别和为逝去的勇士举行丧葬祭祀的仪式歌舞。

"卡斯达温"舞从始至终随歌而舞，无乐器伴奏。男舞者身穿红漆彩绘铠甲衣，头戴藤制帽子，左肩扛枪，右手持刀挥舞，舞步以"碎步"、"蹲跳步"为主；女舞者身穿鲜艳的节日盛装，相互牵手前举，或放开手臂下甩于身侧，时而猛转身以"垫步跳转胯"的独特动作。其基本舞步以"碎步"、"踏跳步"、"垫跳步"为特点。整个舞蹈动作在急促有力中不失委婉柔美，具有原始古朴的风格。卡斯达温的演唱形式多样，有单声部和二声部。二声部特点为多出现大二度音程，单声部旋律粗犷高亢，节奏性强。整个歌舞的进程与情绪均是从深沉地吟唱到欢快歌舞。

"卡斯达温"祭祀歌舞活动是黑水地区民族生活的重要组成部分，它涵盖了历史、地理、生产、生活、祭祀、民间音乐、舞蹈、服饰等诸多内容，其独具一格的多声部祭祀礼仪歌舞形式，对研究远古高原峡谷地带的部族文化艺术特点也有重要的参考价值。"卡斯达温"不仅在音乐、舞蹈上有独到的艺术表现，而且对黑水民族史、语言学、民俗学等的研究有重要资料价值。2006年，"卡斯达温"被列入第一批国家级非物质文化遗产名录。

㑇舞　类别：传统舞蹈　编号：Ⅲ—34
申报地区或单位：四川省九寨沟县

㑇，藏族白马人方言，吉祥之意。"㑇舞"意为吉祥面具舞，汉语俗称"十二相舞"。主要流行于四川省阿坝藏族羌族自治州九寨沟县的藏族白马人各寨和临近的甘肃省文县、平武白马人的各寨。㑇舞历史悠久，它源于白马人崇尚"万物有灵"的原始时期，是氐羌文化与藏文化的融合体，带有一定的祭祀性。其拟兽舞蹈的特征说明它应是远古"百兽率舞"的遗存。

㑇舞一般有7、9、11人表演，其领舞者戴狮头面具，其余舞者所戴动物面具按俗规依次为牛头、虎头、龙头、豹头、蛇头、鸡头、俩小鬼、俩大鬼。伱舞的舞蹈组合以圈舞的点踏步、穿花的踮跳步为基本形式，舞蹈的基本动作以蹉步、小腿划圈蹲步、左右跳转圈为主，结合粗犷、神秘的上肢动作，栩栩如生地表现了所扮动物的形态。其舞蹈组合的第一套动作叫"纽"，一般在大型的祭祀活动和神灵面前表演，包括祭祀祖神和神山；第二套动作叫"尕"，一般在场坝里表演；第三套动作称"央"，是一套祝福的舞蹈，多用于走村串户、礼拜长辈、互道祝愿。"阿里尕"，汉语俗称跳小鬼，它是双人舞，代表一公一母，其中"母"的这一方为男扮女装。整个舞蹈展演了白马人男欢女爱的情景。"伱舞"的乐器有铜号一对，铜锣一面，牛皮鼓一面，铜钹一两副，以鼓钹和铜号为主要伴奏乐器。在浑厚有力的鼓号声中，头戴各种禽兽面面具的表演者，身着绣有龙和海水的彩衣彩裙，由"狮子"领头，以碎步沿逆时针方向转圈而舞。舞者时而停立，时而走圈，时而聚拢，时而散开，手脚特别灵巧活泼。动作多是模拟各种禽兽，如追打扑食，栖息藏匿，惊慌奔逃，鹰隼展翅，猛虎跳火等等，古朴大方，强劲有力。

历史悠久、雄浑古朴、神秘惊心、内涵深厚的白马藏族"伱舞"整体仪式充分体现了白马人对大自然的崇拜。

"伱舞"的动作十分复杂，有40多套，学起来很不容易。当地能全面、完整地指挥领跳者只有几十人，而白马十二相面具雕刻艺人仅剩几位老人。2006年，"伱舞"被列入第一批国家级非物质文化遗产名录。

傈僳族阿尺木刮　类别：传统舞蹈　编号：Ⅲ—35
申报地区或单位：云南省维西傈僳族自治县

"阿尺木刮"为傈僳语，意为"山羊的歌舞"或"学山羊叫的歌调"，流传于云南省迪庆藏族自治州维西傈僳族自治县叶枝镇的同乐、新乐一带，是当地传统的自娱性民间歌舞。

维西历史上交通闭塞，傈僳族少与外界往来，生产方式基本处于半农半牧。山羊是家家必养的牲畜，羊与维西傈僳人的生活关系极为密切。"阿尺木刮"亦与山羊有关，是维西傈僳人传统生产生活和思想感情的生动表现。

"阿尺木刮"舞者的服饰十分独特，据清代余庆远《维西见闻录》记载，表演"阿尺木刮"时，"男挽髻戴簪，编麦草为缨络缀于发间，出入常佩利刃。妇挽发束箍，盘领衣，系裙裤"。如今这种别具一格的服饰已不多见，现在"阿尺木刮"表演中仍保持"编麦草为缨络缀于发间"的惟有叶枝镇境内的傈僳族。

"阿尺木刮"舞蹈形式热烈奔放，风格独特，基本上保持着传统的民间艺术形态。目前，一些传统舞蹈套路只有部分老人还会跳，面临着传承危机。

阿尺木刮自从20世纪80年代中期开始走出山乡，跳到县城、州府之后，受到观众广泛称赞。1997年9月，迪庆藏族自治州举办的40年州庆暨毗邻藏区文化艺术节上，阿尺木刮演出夺得金奖。从那时起更多的人领略了阿尺木刮的魅力，凡有重要活动演出，阿尺木刮都作为首选节目。到21世纪初，一些传统舞蹈套路只有部分老人还会跳。国家非常重视非物质文化遗产的保护，2006年5月，傈僳族阿尺木刮经国务院批准列入第一批国家级非物质文化遗产名录。

彝族葫芦笙舞　类别：传统舞蹈　编号：Ⅲ—36
申报地区或单位：云南省文山壮族苗族自治州

彝族葫芦笙舞流传于云南省文山壮族苗族自治州西畴县鸡街曼村。曼村为彝族花倮人聚居的村落。花倮人的葫芦笙舞是一种古老的彝族民间舞蹈，以躯体"S"形前后曲动的典型舞姿而独树一帜，展现着古代滇人葫芦笙舞的遗韵。在开化古铜鼓图饰上，有4个头戴羽冠、衣着羽衣、吹葫芦笙翩翩起舞的舞人，舞姿正是一个典型的"S"形前后曲动的造型动作。即此证明在漫长的历史年代，古滇先民跳葫芦笙舞时，是头戴羽冠、手执羽毛、身穿羽衣、屈肢顿足而周旋飞舞。今天曼村花倮妇女的头饰和服饰仍保留有一些"羽冠"和"羽衣"的痕迹。

在花倮人的重要节日里，全村男女老幼欢聚于场院，妇女身穿节日盛装，在葫芦笙的伴奏下，围成圆圈，翩翩起舞。葫芦笙舞有牙虐（站着跳）、牙庆（起步跳）、牙拉（移步翻身）、牙降（走圆圈）、牙稳（穿花）、牙搞（对点头）和牙敢（前跳又后跳）等7种不同的舞蹈套路，每一种套路都有不同的葫芦笙曲调吹奏，音乐较为丰富。花倮人葫芦笙制作工艺特别，5根长短不一的竹管，在根部嵌竹或铜制簧片，插入葫芦制成的音斗，3支笙管侧面开有音孔，最短的一支在音斗背后也开有音孔，最长的一支顶端还套有一个小葫芦，以增加共鸣。

由于花倮人长期居住于高山之巅，人口稀少而又几乎处于与外界隔绝的环境之中，具备了保留原始舞蹈遗风的客观条件。但是由于生产生活的变化和外来文化的冲击，彝族葫芦笙舞的艺术特色和文化内涵正逐渐减弱，表现形式日趋单一，传承上也出现不容乐观的现象。国家非常重视非物质文化遗产的保护，2006年，彝族葫芦笙舞经国务院批准列入第一批国家级非物质文化遗产名录。

彝族烟盒舞　类别：传统舞蹈　编号：Ⅲ—37
申报地区或单位：云南省红河哈尼族彝族自治州

彝族烟盒舞又称"跳弦"、"垄偬"等，是云南彝族支系尼苏泼的一种群众性民间舞蹈。流传于滇南个旧、石屏、建水、蒙自、开远、通海、元江等地的彝族聚居区，元明时期趋于成熟，清代和民国时期达到鼎盛。舞蹈时，因每人两手各拿一个竹或木棉蝗烟盒弹跳起舞而得名。彝族亦称烟盒舞为"跳弦"、"跳乐"，等。彝族人民极为喜爱烟盒舞，不论小孩和老人都爱跳。

彝族烟盒舞包括正弦和杂弦两部分，形成了山区和坝区两种风格和多种流派，舞蹈套路多达220套，目前仅搜集整理117套，其中正弦62套，杂弦55套。其舞蹈形式有双人舞、三人舞和群舞等，舞者手持旧时盛火草烟的圆形木制烟盒，在四弦的伴奏下，弹击盒底作舞，节奏明快，气氛热烈。石屏彝族烟盒舞个性鲜明，技巧多样，著名的技巧动作有"仙人搭桥"、"蚂蚁搬家"、"倒挂金钩"等。这种富有特色的民族民间舞蹈既可健身又可怡情，动作流畅潇洒，极富艺术感染力，深受群众喜爱，传播范围遍及城乡，现已发展成为集歌、舞、乐、竞技于一体的综合性舞蹈艺术。

烟盒舞通过头、脚、身、手、腰等各个身体部位的巧妙运动，以优美的舞姿形象地表达了彝族特有的审美趣味，同时下腰连环翻滚等高难度的舞蹈技巧，也具有很高的艺术价值。随着时代的变迁，烟盒舞的人文环境发生巨变，传统的"吃火草烟"习俗已经消失，烟盒舞出现风格单一化、内涵浅显化的趋势，亟待抢救。国家非常重视非物质文化遗产的保护。

基诺大鼓舞　类别：传统舞蹈　编号：Ⅲ—38
申报地区或单位：云南省景洪市

大鼓舞，基诺语称"司土锅"，"司土"为"大鼓"，"锅"为"跳"，流传于云南省西双版纳傣族自治州景洪市基诺族乡。基诺族跳大鼓舞是为了感谢传说中用大鼓拯救了基诺人的创世女神阿嫫腰白。跳大鼓舞以过"特懋克节"时最为隆重，时间是在立春后三天。跳大鼓舞有一套完整的仪式：舞前，寨老们要先杀一头乳猪、一只鸡，供于鼓前，由7位长老磕头拜祭，其中一人念诵祭词，祈祷大鼓给人们带来吉祥平安。祭毕，由一人双手执鼓槌边击边舞。跳大鼓舞时的唱词称"乌悠壳"，歌词多为基诺人的历史、道德和习惯等内容，舞蹈动作有"拜神灵"、"欢乐跳"、"过年调"等。大鼓是基诺族的礼器、重器和神物，只能挂在卓巴（寨老）家的神柱上，制造大鼓要遵循很严格的程序。

大鼓舞

基诺族大鼓舞蕴涵丰富的历史文化内涵，有一定的艺术性和观赏性。目前，只有几位年过七旬的老人尚能掌握大鼓舞仪式的全过程及全部舞蹈动作，已处于极度濒危的境地，急需加以保护。2006年，基诺大鼓舞经国务院批准列入第一批国家级非物质文化遗产名录。

山南昌果卓舞　类别：传统舞蹈　编号：Ⅲ—39
申报地区或单位：西藏自治区

卓舞是西藏民间震慑邪魔、祈求吉祥的一种民间舞蹈，主要流传在西藏拉萨、山南、日喀则等地，距今已有一千多年的历史，是现存世界各民族传统舞蹈文化中最为古老的一种民间舞蹈。

相传公元8世纪中叶，第37代藏王赤松德赞在莲花生等佛教大师的协助下，在雅鲁藏布江北岸兴建西藏第一座寺院桑耶寺时，白天工匠们辛辛苦苦修建的墙壁到了晚上就被妖魔毁掉。为了迷惑鬼神，莲花生大师从达布地区邀请了卓巴7兄弟跳卓舞镇魔，从此卓舞就在山南盛行开来，后来又逐渐流传到其它地区。每逢重大节日，广大农牧民都有跳卓舞的习俗。

山南昌果卓舞是一种腰鼓舞，共由18段组成：1.三步鼓点；2.鹦哥；3.安土净地；4.莲花生岩上打桩；5.雄狮跳跃；6.虎狮争斗；7.连环套；8.旃檀仙女；9.桑耶墙角的基石；10.三击卧地；11.击鼓；12.乌鸦行金刚步；13.国王上座；14.财运门；15.臣民；16.礼拜供施；17.大象侧卧；18.九步鼓点。舞蹈时在鼓帮上拴两条鼓带，一条围扎在腰上，一条围扎在大腿根部，将圆鼓竖着固定于腰左。表演时传统的队形基本为圆形，表演者分领舞（阿热）和群舞（卓巴）两类。在整个表演队伍中，领舞者人数2至6名不等，他们不带腰鼓，主要是提醒动作变换顺序，控制节奏速度，群舞表演者边击鼓边按鼓点节奏起舞，同时舞蹈动作把长发辫子挥舞成"∞"、"○"等形态。卓舞集动作、韵律、技巧、节奏于一身，各方面相互协调、高度统一，因难见巧，魅力无限。

在西藏自治区贡嘎县的昌果乡，这里上至7旬老人下至几岁孩童，鼓声一起，便可翩翩起舞，跳上一段地道的卓舞。2006年山南昌果卓舞已被列入第一批国家级非物质文化遗产。

土族於菟　类别：传统舞蹈　编号：Ⅲ—40
申报地区或单位：青海省同仁县

土族於菟流传于青海省同仁县年都乎村，是当地特有的一种民俗文化形态，于每年农历十一月初五至二十日举行，包含念平安经、人神共娱、祛疫逐邪等仪式。於菟亦是舞者的称谓。仪式开始时，名为於菟的舞者在赤裸的上身绘上虎豹图案沿村进行表演，挨家挨户跳舞。土族於菟舞流传至今已有数百年历史。关于"於菟"习俗的历史渊源，有楚风说、羌俗说、苯教仪式说等多种观点，民间也有多种说法。在青海省同仁县热贡地区，当地人认为，每年的农历腊月二十日为"黑日"，这时妖魔鬼怪纷纷出来作乱，所以要举行跳於菟的祭祀活动，跳於菟也就是模仿老虎的动作，依此来驱逐妖魔，保佑太平。

"於菟"的舞蹈语汇与节奏相对单一，"垫步提腿跳"是整个舞蹈的主要动作，因舞者双手持约两米长的树棍，所以上身及手势动作较为简单。腿部动作的跳跃幅度与动势，也与其舞蹈情绪的发展、变化相适应。从"於菟"的舞蹈形态来看，它是一种原始拟兽舞。拟兽舞与原始人的狩猎生活紧密相连，是原始舞蹈中最常见、最有代表性的舞蹈形式。流传至今，年都乎土族的"於菟"舞则完全失去了狩猎生活的那种功能，成为当地民间祭祀活动中的重要内容，它的全部意义是"驱魔逐邪，祈求平安"，它是原始人万物有灵的宗教文化观念在民间艺术中的遗存。

"於菟"系列民俗活动曾在隆务河流域部分村落中流传，现仅在年都乎村传承沿袭，且已处于濒危状态。2006年，土族於菟经国务院批准列入第一批国家级非物质文化遗产名录。

塔吉克族鹰舞　类别：传统舞蹈　编号：Ⅲ－41
申报地区或单位：新疆维吾尔自治区塔什库尔干塔吉克自治县

塔吉克族视鹰为大自然中的强者，是天地间的英雄。人们称赞塔吉克族为"鹰之族"，他们对鹰有特殊的感情。他们把雄鹰的动态，甚至鹰的习性，编成舞蹈表达独特的思想情感。

鹰舞中男子的舞姿矫健，感情激越，表演中双臂伸展，忽上忽下，似苍鹰盘旋；双肩颤动，时而旋转，如苍鹰起落。模仿鹰飞翔的舞姿变化多端，运用单翅、双翅、展翅、交叉翅等艺术手法，再现飞鹰的上下起落；以单步、错步、退步和转步等步法，一招一式都表现了飞鹰的千姿百态。女子跳鹰舞则用柔和平稳的舞姿。她们微颤的双肩、传神的双眼、灵气的眉毛、动情的嘴唇，以及优美的形体，一姿一态借鹰的灵在传递丰富的内心情感。

鹰笛是鹰舞伴奏的主要乐器。鹰笛也称"三孔骨笛"，鹰，塔吉克语称"斯特洪诺依"，"斯特洪"指骨，"诺依"指笛子。鹰笛就是鹰骨做成的。鹰笛的曲目很丰富，有固定的曲目，如在婚礼和喜庆的时候吹奏"恰甫苏孜"、"泰温"、"吉格伦"、"黑吾力"、"巴拿纳马克"、"热布让克"等；表演叼羊时吹奏"腾巴克苏孜"、"瓦拉瓦拉科克"等；思念家乡和情人时吹奏"法拉克"。手鼓是鹰笛的伴奏乐器，但吹思念曲调时不用手鼓伴奏，在演奏其他曲目时，两人吹笛，两名妇女同敲一个手鼓。鹰笛虽然只有3孔，但可吹出7个音节，声音清脆宏亮、美妙动听。

鹰舞的主角是男子，男子舞姿俊健、纯朴、粗犷。双人鹰舞多在喜庆佳节或家庭晚会中表演。跳舞时，大家围坐或半围坐，男女相邀，成双而舞；有时若干对舞伴一起表演，形成集体舞。在柯尔克孜族举行盛大的赛马、叼羊活动时，多支鹰笛和多面手鼓组成乐队，吹奏《叼羊曲》、敲响"瓦拉瓦拉赫克"鼓，为参赛的骑手呐喊助阵。

鹰舞包括"恰甫苏孜"、"买力斯"、"拉泼依"等艺术形式。

"恰甫苏孜"，在塔吉克语中含"快速、熟练"的意思，指吹奏的节奏，是即兴表演并带有竞技性的舞蹈形式，代表塔吉克族舞蹈特有的风格。它以双人对舞为主表演形式，两三组同舞，或男女同舞。

"买力斯"，含有"特定节拍"之意，是以民乐伴奏或民歌伴唱的舞蹈，表演时连续原地旋转，身姿轻扬，舞步优美，深为女子喜爱。

"拉泼依"，是家庭内表演的舞蹈，以热瓦甫伴奏。有时也在室外进行，采用"恰甫苏孜"的曲调，伴奏者亦可轻快自如地边奏边舞，把热瓦甫放于肩上弹奏起舞的，是技艺高超的表现。

2006年，塔吉克族鹰舞经国务院批准，被列入第一批国家级非物质文化遗产名录。

查玛　类别：传统舞蹈　编号：Ⅲ—57
申报地区或单位：内蒙古自治区阿拉善盟

"查玛"为蒙语、是藏语"羌姆"的音译，专业术语称为"金刚驱魔法舞"。查玛是佛教乐舞，具有深刻的教义寓意。蒙古地区流传的查玛舞是来源于藏传佛教羌姆乐舞。它是藏传佛教的一种密乘宗教舞蹈。查玛乐舞通过穿戴藏传佛教中神灵和鬼怪的面具和衣物、手持法器，在法器的伴奏下舞者作出富含藏传佛教内涵的动作，以示驱魔逐祟、祈求吉祥。

查玛乐舞从整体上看应包括内查玛、外查玛、索日扎拉火（也称送祟）三个部分组成。"内查玛"中的"内"是指寺院的殿堂内进行的乐舞表演，一般为1至4人。"外查玛"中的"外"是指殿堂之外，也称"呼日耶查玛"（广场查玛），表演的人数较多，规模最大。"索日扎喇火"中"索日"是象征魔鬼的面俑，"扎喇火"是迎请的意思，在这一部分中主要是焚烧"魔鬼"，以此来象征破除所有魔障的意思。其中外查玛不仅规模最大，有严格的表演程序、角色、内容和象征涵义。代表性角色有：绿度母、阿萨日

（也称螺神）、骷髅（蒙语称郝布海）、阎罗法王（也称护法神）、蝶神（也称尸陀林神）、鹿神、白老翁等等。表演形式有独舞、双人舞、4人舞等。主神的表演多采用独舞形式，节奏徐缓，动作缓慢且典雅。双人舞与4人舞的舞蹈动作较欢快跳跃，多有激烈的搏斗或跑动动作和场面。

查玛舞表演

查玛舞中的伴奏乐非常重要，所运用的乐器种类也相当丰富。从演奏方法上可分为打击乐器和吹奏乐器。吹奏乐器中有旋律性的演奏乐器如管子、唢呐（也称毕西古尔）、笙、笛子，也有为了烘托气氛的单音乐器，如芒号、海螺、牛角号等。打击乐器有钹、铙（也称森年）、手柄鼓、立鼓、云锣等等。

内蒙地区的查玛乐舞已与藏族地区的"羌姆"明显不同。随着藏传佛教传入蒙古地区后，积极的吸收和融合了蒙古族传统音乐舞蹈和萨满教神舞的因素后形成了蒙古化的查玛乐舞。因此，内蒙地区的查玛内具有复合型和多元性特点。2008年，查玛乐舞被列入国家级非物质文化遗产。

朝鲜族鹤舞　类别：传统舞蹈　编号：Ⅲ—58
申报地区或单位：吉林省延边朝鲜族自治州

鹤舞历史悠久，是朝鲜族独有的一种舞蹈表演形式。朝鲜族自古以飞鸟为民族图腾，在道教文化的影响下，他们把"鹤"视为在天界与神仙相依的飞鸟，故称作"仙鹤"。人们把仙鹤作为长寿和幸福的象征，把仙鹤栖息之地认作是吉祥之地。据说，朝鲜族男子在一身素白衣裤外另罩一件黑色背心的传统服饰，是来源于对"仙鹤"白羽黑翅的仿照。而且，在出席正式场合时，还要特地戴上一顶犹如"鹤冠"的黑色纱帽，给人以高贵、素雅之感。

鹤舞主要通过模拟鹤的悠闲动作，搭颈、啄鱼和摆臂等动作，描绘出人们向往美好生活的心态，形象地表现了朝鲜族人民崇敬仙鹤的精神信仰和对善与美的强烈追求。它是朝鲜族民间舞中唯一的鸟类假面舞，其动作以模拟鹤的形态、特征为标志，朴素、柔和、舒展，是一种特殊的艺术表演形式。

朝鲜族长鼓舞　类别：传统舞蹈　编号：Ⅲ—59
申报地区或单位：吉林省图们市

中国朝鲜族长鼓舞脱胎于朝鲜族传统的农乐舞，有悠久的历史，舞种古老，舞姿典雅飘逸，驰名中外。

长鼓又称"杖鼓"，起源于印度的细腰鼓，通过丝绸之路传入我国中原，再东传入朝鲜，成为朝鲜民族音乐的主要打击乐器，在朝鲜族音乐和舞蹈中起重要作用。长鼓分为长鼓、舞蹈长鼓等几种。形状是两头粗、中间细，左边鼓筒直径比右边鼓筒直径长1厘米，右边鼓皮薄，左边鼓皮厚。长鼓的右边用一根饰彩穗的竹条敲，左边用手，右边声高，左边声低，能敲击出丰富多彩的节奏。长鼓作为民间打击乐器，在农乐舞队里由长鼓手击打，起伴奏和渲染气氛的作用。当情绪高昂时，长鼓手常常随众人一起翩翩起舞，因其身前挎着长鼓，故在起舞时侧重于击鼓的形体动作，逐步创作出"大蹦子"等技巧，由此被称为"长鼓演戏"。后经历代艺人创作丰富，长鼓舞便以独立的表演形态从农乐舞里脱颖而出。明清时期，朝鲜族人口从朝鲜半岛迁入中国，长鼓舞随之传入，形成了具有中国特色的朝鲜族舞蹈。

长鼓的表演，以柔软的扛手、伸肩、鹊雀步等动作为主，以肩挎长鼓，右手持鼓鞭边跳边敲鼓的形式表演，身、鼓、神融为一体，高度协调统一。朝鲜族长鼓为两面鼓，其两端音高不同。舞蹈时，右手用鼓鞭敲打高音鼓面，左手拍打低音鼓面。由于音高不同，节奏不同，变化多端的鼓点和着优美的舞姿，令人赏心悦目。女性长鼓舞优雅舒展，男性长鼓舞活泼潇洒。现代长鼓舞有两种击打法：一为舞者用鼓鞭（一尺许细长的竹鞭）兼用鼓槌（一端圆粗，长约尺许的木槌）；一为只用鼓鞭不用鼓槌。前者开头只用鼓鞭按慢鞭拍子边击边舞，舞至高潮时，方抽出鼓槌进行技巧表演。后者持鼓鞭随乐起舞。长鼓舞通常由慢板起拍，节奏逐渐加快，最后戛然停止。舞蹈的形式有独舞、双人舞、群舞等多种。长鼓舞集演奏、演唱、舞蹈于一体，是综合性的民间艺术，长鼓不仅可以做伴奏的乐器，还可以做舞蹈道具，可集体表演，亦可单独表演，具有很高的艺术欣赏性。

瑶族长鼓舞（小长鼓舞、黄泥鼓舞） 类别：传统舞蹈 编号：Ⅲ—60

申报地区或单位：广东省连山壮族瑶族自治县；广西壮族自治区金秀瑶族自治县

瑶族长鼓舞是瑶族民间舞蹈的典型代表，流行于广东、广西、湖南等瑶族聚居地区，多在瑶族传统节日、庆祝丰收、乔迁或是婚礼喜庆的日子

长鼓舞

表演。湘南地区的瑶族，每年农历十月十六日都要跳芦笙伴奏的长鼓舞，祭奠盘王；居住在粤北山区的排瑶同胞，逢年过节，都喜欢跳长鼓舞；广东排瑶地区的长鼓舞为男性舞蹈。长鼓通常用沙桐木作材料，牛、羊皮蒙鼓面，按其形状分小、中、大三种，小长鼓由大长鼓演变而来，主要流行

在广西大瑶山和湖南瑶族地区。长鼓舞分"单人舞"、"双人舞"、"群舞"等类型，有72套表演程式，每一套又分"起堂"、"移堂"等若干细节。其动作特征是粗犷、勇猛、奔放、刚强、雄劲、彪悍、洒脱。不管是跳、跃、蹲、挫，还是旋转、翻扑、大蹦、仰腾，都表现了瑶族人民热情奔放、坚强勇敢的性格特征。长鼓的击鼓动作大多表现生产、生活内容，如建房造屋、犁田种地、摹仿禽兽动作等，形象生动，富有生活气息。击鼓有文打和武打之分，文打动作柔和缓慢，武打粗犷豪放。有两人对打、四人对打，也可大群人围成圆圈打，气氛热烈，鼓声洪亮。瑶族长鼓舞历史悠久，常表演于瑶族传统的祭盘王仪典和一些驱鬼逐邪、治病占卜的巫术活动中。发展至今，瑶族长鼓舞已经成为群众性文娱活动。

2008年，瑶族长鼓舞被批准为第二批国家级非物质文化遗产代表作。连山壮族瑶族自治县瑶族的"小长鼓舞"也被列入广东省非物质文化遗产名录项目。

傣族象脚鼓舞　类别：传统舞蹈　编号：Ⅲ—61

申报地区或单位：湖南省江华瑶族自治县；广东省连南瑶族自治县；广西壮族自治区富川瑶族自治县；云南省潞西市、西双版纳傣族自治州

象脚鼓舞是傣族舞蹈中流传最广、最有特色的一种群众性男子舞蹈。因挎着形似象脚的鼓起舞，故名象脚鼓舞。象脚鼓舞在傣族的文化生活中占有重要位置。每当工余、节日或赛鼓盛会，身背象脚鼓的小伙子从各村寨赶来，跳起矫健、浑厚、灵活的象脚鼓舞。哪里有象脚鼓声，哪里就有欢乐的人群。在众多的傣族民间舞蹈中，"象脚鼓舞"是比较有代表性的。

傣族象脚鼓分长象脚鼓、中象脚鼓、小象脚鼓3种。长象脚鼓舞蹈动作不多，以打法变化、鼓点丰富见长。有一指打、二指打、三指打、掌打、拳打、肘打、甚至脚打、头打，多为一人表演，或为舞蹈伴奏。中象脚鼓一般用拳打，个别地区用槌打。它没有更多鼓点，一般一拍打一下，个别地区左手指加打弱拍。以鼓音长短、音色高低及舞蹈时鼓尾摆动大小为标准。据说鼓音长者，可打一槌鼓将衣服钮扣全部解开，再一槌鼓将钮扣全部扣好，鼓音仍不完。中象脚鼓舞步扎实稳重刚健，大动作及大舞姿较多。舞蹈时不限定人数，人少时对打，人多时围成圆圈打。小象脚鼓仅在西双版纳较多见，舞步灵活跳跃，以斗鼓、赛鼓为特点。斗和赛中以灵活、机智的进攻、退让、最后抓住对方帽子或包头为胜。一般为二人对赛。

击鼓人边敲鼓边舞蹈，鼓声时紧时缓，节奏明快。击鼓人是整个舞蹈的组织者和指挥着。人们随着鼓声欢乐舞蹈，舞姿婆娑，变化万千。有的击鼓技巧特别出众者，还能以鼓代"言"，用象脚鼓和另一鼓手以鼓"谈话"。

相传在远古时候的勐遮地区是一个碧波荡漾的美丽湖泊。可湖畔却盘踞着蟒魔和龟魔，它们四处造孽，吞食人畜。后来一位傣族武士带着一群猎人来到湖边，消灭了蟒龟魔，取蟒皮蒙在空心树和竹筒上敲击取乐，于是便形成了鼓。后来，有两位驯象人把鼓改成象脚腿的形状，自此傣族民间便有了象脚鼓。

象脚鼓鼓身细长，鼓面是用羊皮作成。鼓身用轻质木材，一段完整的圆木挖空树心而成。整个鼓身涂上鲜艳的彩色，并用孔雀翎毛装饰，非常美丽。鼓身上系黄色或其他彩色绸带，挂在击鼓人的左肩。击鼓人夹鼓于左胁下，双手击鼓面。为了使鼓音圆润柔和和延长，打鼓前须在鼓面上涂揉糯米饭。

2006年被云南省政府列入云南省第一批非物质文化遗产保护名录，2008年被国务院列入中国第二批国家级非物质文化遗产名。

羌族羊皮鼓舞　类别：传统舞蹈　编号：Ⅲ—62
申报地区或单位：四川省汶川县

羊皮鼓舞是在法事活动中跳的一种祭祀舞蹈，羌语称为"莫恩纳莎"、"布滋拉"，又称"跳经"，是羌族祭祀活动中主要的舞蹈形式，具有鲜明的羌族文化特色。羊皮鼓鼓框为木制，单面蒙以羊皮，鼓框高约11厘米，鼓面直径38～40厘米，鼓框内置横梁。鼓身连在一个雕饰以羊头、下端拴系双丝彩穗呈弓形的木把上。鼓棰用藤条或杉木制作（羌语称"尔握特"），呈勾形，长约58厘米，棰头缠以绸布，棰柄饰以彩穗。改革后的羌族皮鼓，单面蒙以双层羊皮，鼓框外表彩绘条形纹饰，鼓框周围装饰丝质彩穗。羊皮鼓是"释比"的法器，而并非一件乐器；击鼓、舞蹈、演唱《坛经》是"释比"作法事的基本形式。羊皮鼓舞一般在每年二月的还愿、四月的祭山会、十月初一的羌历年和请神、送神、祛病去灾等宗教活动中跳，分独舞、双人舞、集体舞三种。跳时由一名或多名巫师表演。羊皮鼓舞一般在每寨的神林中举行,由"释比"领舞,头戴插着野鸡翎羽和彩色纸条的金丝猴皮帽,手持铜响盘、神棍、彩旗等。开始时鼓声沉闷,盘铃声轻,舞步单一迟缓,形成虔诚、神秘的气氛,祈求天神下凡附体。节奏转快后,动作力度加强,蹲跳、转打,情绪振奋,表示得到神力,已将鬼怪邪魔赶走,羌寨可保平安。表演

羊皮鼓舞

中许多击鼓的舞姿,粗犷、稳健,技巧性强。其中,"商羊腿跳击鼓转"、"拧腰转身击鼓"及一些蹲跳击鼓等技巧都很精彩。由于鼓大而沉,舞动起来费劲,鼓的摆动是靠表演者身体转动,伴以膝的上下颤动才得以起舞,形成独特的风格。

羊皮鼓舞是羌族人民精神文化的一种体现,是研究羌族历史文化的重要资料。

毛南族打猴鼓舞 类别:传统舞蹈 编号:Ⅲ—63
申报地区或单位:贵州省平塘县

毛南族打猴鼓舞又叫"猴鼓舞",是毛南族的民间舞蹈之一,发源于贵州省平塘县卡蒲毛南族乡甲坝村甲翁组一带。这是源于母子亲情的舞蹈:相传在一个树林茂盛的毛南族村寨,有一户人家,丈夫早亡,妻子带着三个儿子相依为命。一天,最小的儿子在山上采摘时掉进了一个猴子山

洞，从此他与猴子一起生活，而母亲却因为过度思念儿子，忧郁而终。出殡时法师用铜鼓祭祀，铜鼓声传进山林，小儿子听到远方家乡熟悉的铜鼓声，便循声回到家中，方知母亲已逝。他捡起了一段空树筒，用兽皮蒙上，边敲边舞蹈，口里发出"嚎、嚎、嚎"的声音，泪流满面。猴鼓舞就是根据这个母子亲情的传说演化而来。后来每当有亲人去世，毛南族人便敲响铜鼓，跳起这个舞蹈来悼念。此舞蹈起初是毛南族群众在丧事活动中，由巫师表演，他们用兽皮做成手鼓辅以身体动作，反映巫术礼仪、丧

猴鼓舞

葬驱魔、避邪求吉、敬奉精灵的内容，共分"猴王出世"、"猴子敲桩"、"猴子引路"三段。一人击铜鼓，一人击皮鼓，一人表演。表演时间根据表演者的情绪，可长可短。舞蹈将巫术祭祀动作与宗教法事动作融合，具有鲜明的民族特色和地方特征。舞蹈动作粗犷、豪迈、刚劲、有力。毛南族的打猴鼓舞传承至今已有几百年的历史，但这种舞蹈以前没有被外界所认识。

2011年贵州平塘县邀请省级打猴鼓舞代表性传承人石治禹，为一些青少年传授"打猴鼓舞"。

毛南族打猴鼓舞面临失传的危险，平塘县于2006年成立非物质文化遗产领导小组，由县文体广电局、县文联共同开展申报工作，通过艰苦的努力，"毛南族打猴鼓舞"入选了州、省非物质文化遗产名录，并上报国家文化部。2008年6月经国务院批准，"毛南族打猴鼓舞"成为国家级非物质文化遗产扩展项目。

瑶族猴鼓舞　类别：传统舞蹈　编号：Ⅲ—64
申报地区或单位：贵州省荔波县

猴鼓舞，瑶语称为"玖格朗"，是白裤瑶族传统祭祀舞蹈。舞蹈模仿猴子的各种姿态神情，并以猴鼓伴奏而得名。

猴鼓舞人数多寡不限，有铜鼓、皮鼓、小锣、小钹等乐器以及金箍棒、芭蕉扇等辅助道具。舞时，众人围成一个大圈，皮鼓立于圈中，另一侧悬吊着数面铜鼓。每面铜鼓设两名乐手，一人击鼓，一人在鼓后手持状如饭钵的"土共鸣箱"，犀水一样在铜鼓背面一进一出，以使铜鼓声更加深沉悦耳。整个舞蹈的起始、疾徐，以猴鼓的节奏为据。舞姿以扣胸屈膝蹲颤，来回跳动击鼓，伴以模仿猴子的攀爬、跳跃、采摘等各种姿态、神情为基本特点。其动作有"三击鼓面"、"莲花"、"反背"、"穿脚"等。舞姿粗犷质朴，却不失灵动巧妙，随着浑厚洪亮的鼓声复沓、跳跃，节奏韵律感极强。

猴鼓舞在贵州与广西等瑶族地区广泛流传，关于其起源传说也多种多样。其中贵州省荔波县白裤瑶中传说，白裤瑶祖先从广西迁徙荔波地经捞村时，途遇危难，得以猴子护救。为纪念祖先的迁徙之苦和猴子护送之功，便模仿祖先跋山涉水的情景以及猴子们攀爬跳跃、护送祖先的神态手舞足蹈，久而久之，便形成了猴鼓舞。

瑶族猴鼓舞

猴鼓舞原为丧葬祭祀仪式中的舞蹈，随着社会文化、旅游事业的不断发展，逐渐推广到节庆假日活动中，成为民族传统文化的一道靓丽的风景。

猴鼓舞的传承方式为族传，且传男不传女，虽然完好地保存了民族特色与古韵遗风，流传范围却受到很大限制，甚至面临失传的危险。目前荔波瑶族乡会猴鼓舞者不到10人。何吉坐是如今荔波瑶族乡猴鼓舞的唯一传承人，被尊称为"瑶王"。每逢重大活动，组织人员都要请他参加表演。猴鼓舞于2008年被列为国家级非物质文化遗产。

高山族拉手舞　类别：传统舞蹈　编号：Ⅲ—65
申报地区或单位：福建省华安县

高山族是能歌善舞的民族，歌舞在他们的生活中具有重要的位置。祭祀活动以歌舞来娱神，青年连情时以歌舞搭桥，喜庆时以歌舞会友，工余酒后以歌舞自娱，丧事以歌舞志哀祭灵，战后以歌舞祝捷。

早在清代时期，在《台湾府志》记载："种粟之期，群聚会饮，挽手歌唱、跳哪旋转以为乐。"《台湾民族图说》也写道："吉事皆更艳服，头替野花，缠金丝藤，数十成群，挽手合围而歌。"拉手舞是高山族最常见的一种集体舞蹈，高山族称为"马利库拉"。关于拉手舞的起源，距今一千多年的《北史·琉球传》中有"歌呼踏蹄，一人唱，众皆和，音颇哀怨。扶女子上膊，摇手而舞"的记载。舞蹈中拉手的方式基本上有两种：一种是与两旁的人相拉，称"小拉手"；一种是隔一人相拉，形成互相交叉的连臂拉手，通常称"大拉手"。拉手舞的手部动作少，腿部动作多，主要由上步、撤步、向各方向的抬腿、不同节奏的踏脚等动作组成。队形多沿圆形向左、右环绕，或面向圆心进退，亦有单排、双排及螺旋形、龙摆尾等便于集体环绕的队形。这种歌舞能够充分显示出人们团结的气氛。

高山族民间歌舞源于生活，服务于生活。这种深深植根于人民生活的艺术，以其浓郁的民族风格、特有的艺术形式，体现了团结的重要性。2008年，由福建省华安县申报的高山族拉手舞被列入国家级非物质文化遗产名录。

得荣学羌　类别：传统舞蹈　编号：Ⅲ—66
申报地区或单位：四川省得荣县

"学羌"为藏语，意译为"一起跳"，是流传于四川甘孜州南部得荣县子庚乡、子实、阿村境内的一种民间歌舞。每逢节日、集会，村村寨寨的藏族男女老幼都欢聚一堂，跳学羌以示和睦、吉祥、祝福。特别是秋收之夜，人们点燃熊熊篝火，相聚在一起，跳起学羌，畅饮美酒，尽情歌舞，气氛热烈。据说，过去在村子里跳学羌时，还要加进"跳火堆"的游戏，可见学羌这一舞蹈形式与民众的民俗活动是紧密相连的。

学羌舞蹈别具一格，与甘孜藏区其他民间舞蹈风韵不尽相同。相传，该舞蹈是从云南香格里拉一带流传而来的，当地人声称为"纳西"时代的舞蹈。据《滇云历年传》记载，晚明纳西人极盛一时，曾一度统治中甸、巴塘、理塘一带地区。得荣在旧社会属巴塘管辖，民间言传的学羌是否为明代后期的纳西族舞蹈，有待进一步考证。

跳学羌时，在坝子中燃起一堆篝火，众人围圈而舞，舞者人数不限。男舞者头戴狐皮帽，穿藏式男衬衣，外套藏袍，穿彩裤，系红绸腰带，佩珊瑚项链，腰后插男用藏刀，着藏靴。女舞者头上盘发辫，戴银耳环，穿彩绸或白绸藏式女衬衣，外套无袖大襟女藏袍，系氆氇围腰，佩嘎乌，着女式藏靴。男女各成一排相互搭肩扶腰。男在右，女在左，全体面对篝火站成一横排。由男左侧第一人领头，全体边唱边跳。主要动作有"溜步"、"端立步"、"双跺步"等。其动作特点在于脚下的踏跺组合。舞蹈中常见的进式踏点，可谓下步有力，踏脚轻脆，当舞者俯身而变化踏点后，这一动作则显得柔韧、洒脱。学羌的音乐曲调较单一，其旋律结尾处多以不稳定的角音为主，每段曲子旋律结束后，伴以舞者的踏点而填补空白，给不稳定的余音造成稳定的结尾，使学羌这一旋律单一的舞曲充满生机活力。

得荣学羌历史悠久，内容丰富，蕴涵深情。舞蹈动作刚劲有力、古朴大方，舞姿端庄典雅，曲调豪迈奔放，步法潇洒自然。该舞蹈起源于民间，流传于民间，无论其唱词、韵调、舞步都具有浓郁的地方特色。"得荣学羌"于2008年被列入第二批国家级非物质文化遗产名录。

博巴森根　类别：传统舞蹈　编号：Ⅲ—68
申报地区或单位：四川省理县

"博巴森根"为藏语，"博巴"意为"藏人"，"森根"意为"狮子"。"博巴森根"是四川理县嘉绒藏族地区甘堡藏寨所独创的一种民间祭祀舞蹈。此舞蹈只在每年农历的五月初五端阳节，全寨子人举行"辫子坟"祭祀活动时才跳，因此人们又称为"端阳锅庄"。该舞蹈产生于清道光年间，是从东南沿海归来的士兵们为纪念抗击英军的英勇事迹和牺牲的战友而创作，表达出对勇士的感激和赞赏之情，意在让后辈儿孙永远记住英雄们的功绩。歌颂了士兵骁勇善战的英雄形象，充分表达了藏族人民的爱国主义情怀。

　　舞蹈共分两部分，整个舞蹈过程约需两个小时。第一部分，由领舞者手持串铃，带领众舞者绕圈而行，领舞者领唱一遍，众舞者跟唱一遍，边唱边舞。唱完一段后，由领舞者开始"钻"，即其中两舞者右手高抬，由领舞者开始从中钻过，其它舞者依次跟随，边唱边钻，最后形成"扭"，即所有舞者的左手与前舞者的右手相握并搭靠在前舞者的右肩上。然后开始"解"，即所有舞者从"扭"的动作回复至手牵手，在回复过程中逐步将领舞者团团围在中央。喻义为只有紧密团结，才能获得胜利。此部分曲调节奏缓慢，叙事性较为强烈，唱腔旋律深沉，曲调为商调式，浸透着悲壮和追忆的情绪，使人为之动容。第二部分由德高望重者在圈中央独唱，众舞者则原地蹲坐倾听和复唱，演唱士兵在东南沿海作战时的英勇、艰辛与思念。演唱完毕，众舞者齐声欢呼，抛撒"龙达"，祈求吉祥如意，幸福安康，这时锅庄结束。该舞蹈沿用了四土锅庄的一些特点，但在表演形式中创造了"钻"、"扭"、"解"等舞蹈形式，并独创了由领舞者叙事性演唱，众舞者倾听的表演形式，独具特色。

　　理县甘堡藏寨古称"甘堡甲穹"，已有2000多年的历史。清朝乾隆十七年（1752年）废除土司制，将杂谷脑土司属地设为五屯守备。甘堡是五屯中保留最完整、规模最大的兵寨。甘堡藏寨曾派屯兵入藏、入台保卫疆土。每当士兵出征，当地藏民即跳起"博巴森根"，激励勇士出征。舞蹈饱含着对以往战死亲人的怀念，是一种内心矛盾交织的舞蹈。博巴森根承载着甘堡藏寨的历史和文化。2008年，"博巴森根"被列入第二批国家级非物质文化遗产名录，保护和传承这一非物质文化遗产，对研究嘉绒藏族的历史和屯兵文化有着十分重要的意义。

彝族铃铛舞　类别：传统舞蹈　编号：Ⅲ—69
申报地区或单位：贵州省赫章县

　　"铃铛舞"主要流传在贵州毕节乌蒙山区的彝族聚居区。彝语称"恳合呗"。"恳合"，指祭祀礼仪中唱经的歌，"呗"即跳的意思，又称"跳脚"、"抄子舞"，意即通过舞蹈表演的形式加上歌师的诉唱来祭奠死者，是彝族先民在祭祀活动时按辈分和长次举行的骑马战状舞蹈。彝族铃铛舞跟彝族其他舞蹈最为显著的共同特征是在舞蹈中，静态造型多，动态造型少，脚下的动作多，手臂造型少，且刚劲有力。舞者先歌后舞，歌舞相间，舞蹈无音乐伴奏，靠鼓点及舞者摇响手中的铜铃声来统一动作，唢呐只作间隙的吹奏。通过祭祀活动，跳"恳合呗"，唱祭祀礼仪之歌，以尽子孙之孝，祭奠逝者，安慰生者。由于彝族有婚嫁、丧葬皆歌舞的习俗，铃铛舞所表现的内容也有彝族人民传统的生产生活场景。原始的彝族铃铛舞仅限男性表演，表现形式雄浑悲壮、豪放粗犷，撼人魂魄，将战场上勇猛威武、彝山汉子的血性气概表现得淋漓尽致。如今随着观念更新，女子也加入其中，使舞蹈更加绚丽多彩，古朴雄浑的风格依然不变，且场景不限，节日、喜庆、农闲时都可以演跳。

赫章县非物质文化遗产保护小组2005至2006年，全面开展普查，摸清和掌握铃铛舞的分布、渊源、流派等情况；2006至2007年组建村寨表演队在民间推广铃铛舞。2007至2008年在彝族居住聚居区中小学校推广铃铛舞，使之作为乡土教材得以传承发展。

2005年，彝族铃铛舞成功申报为省级非物质文化遗产。2008年，被列为第二批国家级非物质文化遗产保护名录。

彝族少女

彝族打歌　类别：传统舞蹈　编号：Ⅲ—70
申报地区或单位：云南省巍山彝族回族自治县

云南巍山彝族打歌是男女青年的一种自娱性舞蹈，有芦丝、笛子、三弦伴奏，边跳边唱。"打歌"彝语称"欧克"，是巍山分布最广、影响最大、历史久远的一个舞种。跳法有"直歌"、"穿花"、"阿妹跳"、"倒置歌"、"三摆手"、"脚跳"、"喂猪歌"、"四摆手"等，各自有固定的伴奏舞曲。

巍山彝族男女老幼都会打歌，逢年过节要打歌，赶庙会要打歌，婚丧嫁娶要打歌，老人成福百日（去世后百日）要打歌，三年脱孝要打歌，看电影要打歌，开会前后要打歌。"芦笙一响，脚杆就痒。笛子一吹，调子就飞。"凡是有人群聚会的地方都要打歌。

巍山彝族的恋爱婚姻比较自由，不少青年男女都是在打歌场上相识而结婚的。彝族办喜事，要举行"花子闹房"，即请12人分别扮成乞丐、厨师、绅士、算命先生、猴子等，他们要即兴唱调子说吉利话，扮演者都要具备打歌唱调子的才华。

彝家办丧事，要以打歌祭奠。但受祭者必须是活过花甲的老人，年寿越高，打歌场面越大。打歌时要唱述死者的生平，葬礼十分隆重，届时要请"阿毕"诵经，请客人通宵达旦打歌。热闹三天后才送葬。起棺、入土、下葬、谢客时都要打歌。当死者满百日或上新坟、脱孝时也都要到坟地上打歌。这类打歌有严格的规程，必须遵守，歌场必须由权威人士来主持。

"打歌"有较多的历史文献记载：唐·樊绰《蛮书》载："少年子弟暮夜游行闾巷，吹葫芦笙，或吹树叶……用相呼召。"清·康熙《蒙化府志》载："宴会则踏歌跳舞。"《蒙化府志稿》载："婚丧宴客……踏歌时悬一足，作商羊舞，其舞一人居中吹笙。"《弥渡县志》（紧邻巍山县）载："境内有彝族二十余村，至迎神赛会，选材中宽广隙地，立一秋千架，对立一杆，上是灯幡，下焚香火，夜间男女杂沓，聚众打歌……当正月十四日，至铁柱庙领歌，杀羊为牲，焚化香火，次日又复来打歌。"

巍山彝族打歌因地区不同分为以下5种不同的类型，即巍山打歌、东山打歌、西山打歌、五印打歌、马鞍山打歌。各地的服饰、音乐、动作、风格及习俗都各不相同。巍山青云打歌影响最大，曾多次出席省内外举办的民族民间文艺会演。1956年出席全国少数民族民间文艺演出。1980年又在全省民族歌舞会演出中获优秀节目奖，并被邀请赴日本演出。1986年，美国国际民间艺术组织曾把这种民间自娱性的歌舞列为最受欢迎的"全球十大民间舞蹈"之一。

彝族跳菜　类别：传统舞蹈　编号：Ⅲ—71
申报地区或单位：云南省南涧彝族自治县

云南南涧县彝族跳菜，是无量山、哀牢山一带彝族民间独特的上菜形式和宴宾时的最高礼节，是舞蹈、音乐与杂技完美结合的传统饮食文化。

"跳菜"，顾名思义，即跳舞上菜。宴宾时，通常用方桌沿两则一溜摆开，宾客围坐三方，中间留出一条"跳菜"通道。三声大锣拉开"跳菜"序幕，大锣、芦笙、三弦、闷笛、树叶等民乐齐奏；姑娘小伙"呜哇哩——噻噻"的高腔吆喝声与纯真优美的民乐声，汇成一曲高品位的民间交响乐。

"跳菜"总理引导众"跳菜"高手登场亮相。他们供揖拜诸位厨师和乐师之后，"跳菜"宴正式开场。"跳菜"者通常用黑漆溜金木盘，内装8碗（碟）菜，在神秘豪放的"呜—噻噻"的吆喝声中，只见顶着托盘的光头汉子双手拱揖，脚步忽高忽低、忽急忽缓，另一个头顶和双臂各撑一菜盘（共24碗）的汉子紧随其后入场。他们合着古朴纯厚的民乐协奏曲，脸上作着滑稽风趣的怪相，跳着歪来复去而又轻松、优美、流畅、连贯的舞步。两位手舞毛巾的搭档，则怪态百出，形如彩蝶戏般忽前、忽后、忽左、忽右地为其保驾护航。一对托菜手即要上菜4桌，搭档把32碗菜摆成九宫八卦阵，每碗菜都象一粒"棋子"，自有定位，全按古已有之的规矩逐一落桌，丝豪不乱。一对托菜手刚退场，只见一位头顶托盘内装12碗菜，口中衔着两柄铜勺，勺上各置一碗菜，双臂各叠5碗菜的"空手叠塔"顶级高手合着鼓乐声上场。那一起一落、摇来晃去的舞姿使众宾客为之捏一把汗，生怕盘翻菜洒而不敢出气。只见表演者从容自如，重叠在他臂、口、头上的24碗菜却随着他的舞姿位置变换而稳稳当当，连一滴汤汁也不曾溅落出来。表演者臂、肘、手、口、头功齐用，开张整合，缓急有序。

为弘扬民族优秀文化，南涧全县全力打造独有的彝族民间民俗——跳菜文化和跳菜经济。

为把跳菜艺术推向国际舞台，南涧县人民政府拨出专款用于节目创演。经过文艺工作者半年多的艰苦努力，一组大型广场舞蹈《南涧跳菜》应运而生，先后参加了中国国际旅游交易会迎宾晚会、第六届亚洲民间艺术节等演出，深受海内外观众的高度评价和组委会的充分肯定，最终荣获中国第十届"群星奖"铜奖。

南涧把一年一度的火把节依法确定为跳菜艺术节。县里命名了无量乡等8个乡镇为"跳菜打歌民间艺术之乡"，瓦折村委会等４０个行政村为"跳菜民间艺术村"，罗文贵等３２户为"跳菜世家"，罗家富等３６户为"音乐世家"，同时举行隆重的授牌仪式。为进一步挖掘整理跳菜系列作品，南涧县文化工作队更名为"南涧跳菜艺术团"，由艺术团全权负责跳菜艺术的继承、发扬以及对外交流工作。为系统积累资料，先后摄制出《南涧跳菜》、《无量山放歌》、《跳菜汉子》系列光碟以及《跳菜之乡——南涧行》摄影画册等，深受专业学者和主流媒体的广泛关注，同时倍受广大人民群众热爱。

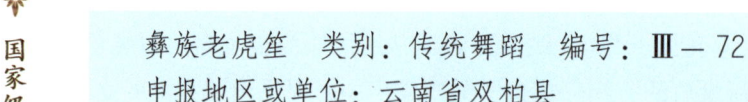

> 彝族老虎笙　类别：传统舞蹈　编号：Ⅲ—72
> 申报地区或单位：云南省双柏县

"彝族老虎笙"，又叫"虎舞"，云南双柏彝族祭祀舞蹈。正月初八这天，由8只"老虎"参加跳舞，以后每天增加一只"老虎"。到正月十五增加到15只"老虎"。先来的为"大老虎"，后来的是"小老虎"。虎舞前导是一位称作"垛西"的长者，虎队成员都披着画成虎皮的毡子，全身画虎纹。"垛西"手持"嘣咚鼓"，带领一队"老虎"，到每家每户跳舞。夜间，在田间燃起火堆，虎笙绕寨而行。15只"老虎"都出场后，全村摆酒庆贺，整夜狂欢。

云南双柏有一个彝族支系称老虎为"倮马"，认为天地万物都是老虎创造的，认为自己是老虎的后代，自称"倮倮"。传说早年当地的彝族头人都要披虎皮，死后也要裹虎皮。每年农历正月初八至正月十五，是云南省楚雄州双柏县小麦地冲彝族"倮倮"支系一年一度的"虎节"，又称"老虎笙"。老虎笙舞蹈仪式由接虎神、跳虎舞、虎驱鬼扫邪和送虎四部分组成；其舞蹈形式有表现老虎生活习性的12套虎舞和表现生产劳动的一系列舞蹈。虎舞是彝族古代虎图腾的遗风。

彝族在举行祭祖大典时，大门上悬挂一个葫芦瓢，凸面涂红色，上绘黑虎头，以示是虎的子孙。

双柏县法脿镇小麦地冲、大庄镇木久郎村的虎节祭祀活动很有特点：先由彝族毕摩请虎神，用算卦方式在村子里选出8名体魄健壮的年轻人作为8只老虎，用黑毡扎于身上作虎皮，虎耳高耸，虎尾粗壮，裸露在外的胸、脸、手、脚则用黑、黄、红、绿等颜色画上虎纹，额头上绘一"王"字，然后在脖子上挂一个铃铛，化妆成老虎的人只能表演，不得言语。

跳虎舞时，村寨里家家户户燃香烛供虎神，待人们在毕摩的引导下把虎神从山中接回村里时，虎舞就依次在每户人家逐一开跳，从房前跳到房后，从门前跳到屋里。程序是：8只老虎先在主人家场院里跳9圈，然后两只公虎进堂屋半跪在门槛上，两毕摩身穿无领长衫，头戴篾帽，手持竹竿和法器，竹竿上挂一葫芦，葫芦底部通几个洞，内装火灰，站在门外两侧，将一只脚踏在"虎"背上，边摇铃铛边念经。大意是今天是天赐黄道吉日，我们来某某家跳虎，以驱邪除魔，求虎神守佑，保佑某某家来年风调雨顺，五谷丰登，六畜兴旺，人丁安康。这个"驱鬼除祟"的过程，彝语称为"罗麻乃轰"。

夜晚，村头寨尾燃起篝火，跳虎的队伍绕寨而舞，最后在一块宽畅的晒场上，众虎各自用力抖动脖子上的铜铃，锣鼓叮叮咚咚，开始跳犁田、耕地、耙田、撒秧、薅草、收割、打谷、扬谷等生产劳动舞蹈，或重复跳老虎出山、老虎开门、老虎找食、老虎找伴、老虎搓脚、老虎勾脚、老虎穿花、老虎摆尾、老虎亲嘴、老虎性交、老虎搭桥、老虎开路、老虎盖房等一系列居家、生活、繁殖后代的舞蹈动作。若有捣乱者，"老虎"会用尾巴击之，被虎尾击中是件不吉利的事。

彝族左脚舞　类别：传统舞蹈　编号：Ⅲ—73
申报地区或单位：云南省牟定县

彝族左脚舞，彝语称"咕遮"。左脚舞是彝族人民在长期的社会生活中形成的以娱人、交往、健身为目的民间舞蹈，并包含了彝族人民对天、地、日、月、火、虎等自然崇拜的文化。左脚舞产生于彝族早期社会，经漫长的发展历程，形成相对固定的左脚歌舞跳法和唱法。千百年来深受牟定彝家所喜爱。

左脚调节奏明快，纯朴自然，表现力丰富，为高八度声腔演唱，清脆悦耳，高亢热烈，具有浓郁的地方特色。目前，牟定县境内共整理出广泛流传的左脚调300多首，其中，彝族祝酒歌的代表《喜欢不喜欢也要喝》为左脚调的代表曲目。

每到农历正月十六和三月二十七、二十八、二十九三天或有人家娶妻嫁女，夕阳西下之时，远远近近的彝族和其他民族群众不邀而到，弹起龙头弦子，男女和声或齐声唱起左脚调，手牵手、肩并肩，围成一个几十乃至上百人的大圆圈，欢跳左脚舞。伴着铮铮作响的弦音和着高亢清脆的歌调，表演者时而蹉脚闪腰，时而折步跌脚，时而甩腿对脚，时而摆手转身，舞步整齐统一，舞姿轻盈健美。《彝族民间歌舞——左脚舞》

由《高山顶上茶花开》、《莫给小妹白等着》、《彝山松毛绿茵茵》、《青菜心白菜苔》、《我们团圆在今晚》、《昙华山好地方》、《阿哥阿妹跳脚来》、《赶会调》、《小哥小妹去玩耍》、《歌唱丰收年》等十个曲目组成。牟定是左脚舞的故乡。每年农历三月二十七至二十九是民族传统盛会"三月会"，届时，既有彝族歌舞的表演，又有商贸活动。

2008年入选国务院批准文化部确定的第二批国家级非物质文化遗产名录。

乐作舞　类别：传统舞蹈　编号：Ⅲ—74
申报地区或单位：云南省红河县

乐作舞，流行于云南红河南岸，故又称为"江外"彝族舞蹈。彝语称"栽比"，意思是成双成对跳起来。当地汉族人认为是欢乐的动作，故也叫"乐作"。乐作舞的动作颇似蜻蜓飞舞，因此还有叫"蜻蜓舞"的。

这是一种传统的自娱性舞蹈，通常在喜庆节日，劳动间歇或社交活动中跳，常以数人围圈并伴以"乐作"的欢唱声。红河彝族乐作舞伴奏用锣鼓，也有的地区已增加了四弦、巴乌、二胡。红河彝族乐作舞由领舞者以跺脚示意动作的变换，每个舞蹈动作无固定的名称。整个风格深沉稳健，粗犷古朴。

乐作舞是歌唱、器乐和舞蹈三者紧密结合的一种歌舞形式。参加舞蹈的人数不限，多成双数围着圆圈进行。舞时有一定程序，舞前先以抒情性的歌唱开始，有乐队伴奏，乐队人员不参加舞蹈，却随着伴奏的拍节摇晃身体，并以高昂的帮腔助兴。

舞蹈柔和而轻盈，膝盖伸屈富有弹性，舞动的手臂如蜻蜓振翅，姿态优美，特色浓郁。舞者边跳边唱，间或拍手，激烈时，相互对穿，忽停，忽动，并自转一圈。

红河彝族称"乐作"为"则比"，意为跳鼓。据说在云南省彝族中"乐作"这一名称是红河州石屏、建水人对红河南岸彝族舞蹈的别称，传到红河彝族地区就称"乐作"了。

云南省红河州彝族在喜庆节日，赶街集市活动中或劳动间歇的田间地脚，或收工回村的路上及村头寨尾都会跳"乐作"。通过跳"乐作"，人们交流了感情，传递了思想，并可以消除劳作一天后的疲劳，同时，也是青年男女表达爱情的特殊形式。

彝族三弦舞（阿细跳月、撒尼大三弦彝族左脚舞） 类别：传统舞蹈　编号：Ⅲ—75

申报地区或单位：云南省弥勒县、石林彝族自治县

彝族三弦舞是彝族人民代代相传的一种民间舞蹈。不同的地区或不同的彝族支系对其有不同的称呼。流传于撒尼彝区的三弦舞称"撒尼大三弦"，流传于阿细彝区的三弦舞称"阿细跳月"。这是一种休闲或欢乐时跳的舞蹈。彝族三弦舞又分"大三弦舞"和"小三弦舞"两种。

年轻人跳舞时用的是大三弦，所以叫"大三弦舞"。中老年人跳舞时用的三弦较小，因而称"小三弦舞"。相比较而言，"小三弦舞"的音乐、舞蹈节奏缓慢，所以又称"慢三步乐"。三弦舞是一种男女群体性的舞蹈，但跳舞时只有男子使用"三弦"，女子只是踏着节奏伴舞。

20世纪60年代，到莫斯科参加世界青年联欢活动的撒尼青年表演的彝族三弦舞轰动了整个联欢会。近20年来许多国外游客到石林旅游时观赏过大三弦舞蹈，因而在国际上有一定的知名度。

大三弦舞源远流长。近几十年在大型庆典活动和影视节目中经常出现大三弦舞的身影，因而在国内有较高的知名度。2004年在人民大会堂举行国庆55周年文艺晚会上，百余人的大三弦舞把整台晚会推向了高潮。

纳西族热美蹉　类别：传统舞蹈　编号：Ⅲ—76

申报地区或单位：云南省丽江市古城区

"热美蹉"亦称"窝惹惹"，是产生于人类早期社会的原始舞蹈，广泛流行于纳西族民间，并被录于纳西族东巴经书。著名纳西族学者宣科深入研究发现，热美蹉起源于先人对自然的恐惧心理："热美"是一种精灵，专门吮吸死者灵魂，为保护亡灵，人们在守灵时边唱边跳，以吓唬和驱赶"热美"。

热美磋音乐和舞蹈相结合，无乐器伴奏，无音阶、无音列法则。男声由"左罗巴"领唱，女声由"热勒美"领唱，多声部之间刚柔并济，形成富有原始艺术美感的不协和音程。"热美蹉"至今还存在于丽江大东、鸣音、大具、宝山等纳西族地区以及宁蒗金沙江畔纳西族村落的丧葬礼仪之中。是一种任何乐谱都难以记录只有靠世代口传心授传承的歌舞，被誉为

"活着的音乐化石"，对于研究原始音乐舞蹈具有重要的价值。2008年入选第二批国家级非物质文化遗产名录。

布朗族蜂桶鼓舞　类别：传统舞蹈　编号：Ⅲ—77
申报地区或单位：云南省双江拉祜族佤族布朗族傣族自治县

布朗族的蜂桶鼓舞是祖传的一种男女集体舞蹈，舞蹈即兴性很大。贺新房时用塘边称为"父、母、儿"的三个鼓进行伴奏，男女手拉手尾随着伴奏边跳边唱边呼喊，舞者自始至终是走一步，身子府前，退一步，身子微后仰动。

布朗族舞蹈

双江境内邦丙乡大南直村的布朗族的蜂桶鼓舞最具特色，响誉省内外。蜂桶鼓因其形如布朗人家养的蜜蜂蜂桶而得名。

蜂桶鼓直径一般25—30厘米，高70—80厘米，以攀枝花树或柳树挖空树心，两端蒙上牛皮制成，形似蜂桶。鼓棒直径3—4厘米，长40—50厘米，两端系有彩色布条。

蜂桶鼓舞是布朗族的群众性舞蹈，分为3步和5步两种。演出时，由两名年轻男女双手各持一条"帕节"（即毛巾）在前面跳"帕节舞"引导，舞蹈动作主要是甩手巾。其后是蜂桶鼓队，一般为4—6只，后紧随两只象脚鼓，之后是6人敲打的大、中、小芒和镲，最后是跟着跳舞的人们和助兴的老幼。

大南直布朗蜂桶鼓队多次被邀赴省城和省外演出。蜂桶鼓舞源于布朗族关于人类起源的传说。因为人类遭受大洪灾后，是蜜蜂把兄妹俩带到了一座高山上，人类才得以繁衍至今。按照天神的旨意，人类必须给蜜蜂做蜂桶，让它住在里面，和人类相依相伴。

> 普米族搓蹉　类别：传统舞蹈　编号：Ⅲ—78
> 申报地区或单位：云南省兰坪白族普米族自治县

"搓蹉"为普米语，"搓"意为舞，"蹉"意为跳。舞时，领舞者按一定节奏击羊皮，起到鼓点的效果，因而也叫"羊皮舞"。此外，还有"四弦舞"或"普米锅庄"之称。主要流传于兰坪县的通甸、河西、啦井、金顶及石登等普米族聚居的村寨。

"搓蹉"属自娱性的舞蹈，在长期的生产生活中不断得到发展，成为日常自娱自乐、交际喜庆以至大型活动中必不可少的舞种；不受时间、空间和道具的限制，传播面较广，参与的人从几十人至上万人皆可。传承至今的开放式"搓蹉"有12套舞步，在兰坪县境内还有无伴奏的"搓蹉"。

该舞一般为中速，速度慢时，舞步轻盈、飘洒。速度加快时，舞步粗犷、有力。队形主要有手牵手的单圆圈、双圆圈及半圆圈，一般习惯逆时针方向跳，也可顺时针方向跳。

普米族搓蹉保留了古代的歌、舞、乐三位一体的特点，以四弦琴伴奏，在四弦弹奏和羊皮鼓击打的引导下，人们围成一圈或数圈同舞，舞步变化丰富。

"搓蹉"中的经典舞段"龙跳舞"、"碰胯舞"经专业团体改编演出，在国内获大奖。20世纪80年代经云南省歌舞团加工改编成为保留节目。

> 拉祜族芦笙舞　类别：传统舞蹈　编号：Ⅲ—79
> 申报地区或单位：云南省澜沧拉祜族自治县

拉祜族芦笙舞是传统的自娱自乐性的舞蹈。芦笙在芦笙舞中起伴奏和导舞的作用。吹笙者边吹边跳，参加者围成一圈或几圈合着芦笙的节拍起舞，依芦笙曲调的变化而变换舞蹈动作。

男孩从七八岁就开始学吹芦笙，民谚"谷子黄，拉祜欢，山山岭岭芦笙狂"，就是拉祜族芦笙歌舞盛况的真实写照。璀璨绚丽的葫芦神话和芦笙歌舞，造就了能歌善舞的拉祜民族。人们在节庆和婚丧嫁娶时，常通宵达旦歌舞不息。

拉祜族芦笙舞有100多个套路，按表现内容可分为宗教祭祀、生产生活、模拟动作和嘎调子4种类型。祭祀礼仪舞多在重大节日和祭祀活动中跳，并按照一定的程序进行，表现了拉祜族原始宗教的意识形态。生产生活舞是芦笙舞中最重要的一种舞蹈，以生产生活中的某种动作形态为原形，加以舞蹈化。模拟动物的舞蹈是表现了各种动物的性格和外貌特征，如"斗鸡舞"、"青蛙舞"等，这部分舞蹈要求神态和动作有一定技巧和默契的配合，带有一定的表演性。嘎调子是集体芦笙舞的高潮部分，人们围圈而舞，可即兴表演，往往持续时间较长或通宵达旦。

拉祜族芦笙舞以正步、踏步、磋步、线步和身体的俯、仰、转等为主要动作特点，动作幅度时大时小，形象细腻，形成了深沉而坚毅的艺术风格。

澜沧县、双江县芦笙舞已被列入云南省第一批非物质文化遗产保护名录。2008年入选国务院批准的第二批国家级非物质文化遗产名录。

宣舞（古格宣舞、普堆巴宣舞）　类别：传统舞蹈　编号：Ⅲ—80

申报地区或单位：西藏自治区札达县、墨竹工卡县

"宣"原为梵语，翻译为藏文即歌舞之意。宣舞历史悠久，早在10世纪前起源于今阿里地区札达县，后流传至普兰、日土等地，是藏族古老的女子歌舞。宣舞有独特而华贵的服饰、优美而动听的歌声、典雅而稳健的舞步，多在民间或宗教庆典场合表演。

宣起源于民间，到公元10世纪时开始进入上层社会，当时多为宫廷礼仪舞在盛大仪式上表演，但到后期，又逐渐流传到民间，成为娱乐性的歌舞。宣在民间逢年过节时和"嘎尔舞"一起表演，先演嘎尔，然后演宣，最后嘎尔和宣一起表演。在宗教活动时，穿插在宗教舞蹈中表演。主要是表示吉祥和虔诚。

宣的基本风格典雅稳健，优美自如，动作较少而且简单，但它的韵味较难掌握。表演者相互交叉着牵手，头微低，在鼓的伴奏下，脚下缓缓移动，整个舞蹈没有更多的动作。其形式有：圆圈、斜线或龙摆尾。伴奏乐器有两个音调高低不同的鼓。舞时，先打鼓，舞者不唱。按鼓点舞几段。

然后领舞者起唱，众舞者合唱，鼓停，边唱边舞，一步一抬，步伐舒缓而稳重。一般的藏族舞队形都是圆圈、半圆圈或横排，而宣舞则是别致的斜线，队形的变化在其他藏族民间舞中较少见。

在札达县广为流传的古格宣舞，在乡与乡之间，其表演形式、特点、人数、服饰等方面都有不同之处。其中，发源于札达县底雅乡的"底雅宣"因其历史悠久而名声远扬。舞蹈形式一般为"宣果"（领舞人）站在最前列，边唱、边舞，沿逆时针方向移动，节奏由慢逐渐变快。"底雅宣"分为"顿宣"和"加布宣"两种，前者是身前拉手舞，后者是腰后搭手舞，人数不限，舞蹈共有13种曲目，底雅乡也获得西藏自治区颁发的"全区民间艺术之乡"的称号。

"宣"舞融合了说、唱、跳三种形式，其说唱内容涵盖宗教、礼仪、风俗、节庆等方面，展现了藏族古代语言文学的独特魅力；其舞姿融合了中藏和后藏民间舞蹈的精华，别具特色。如今，能够掌握完整宣舞的舞者少之又少，2008年"宣舞"被列入第二批国家级非物质文化遗产名录，经过西藏自治区非物质文化遗产抢救小组的抢救性整理，近两年，宣舞又渐渐走进了大众的视野。

拉萨囊玛　类别：传统舞蹈　编号：Ⅲ—81
申报地区或单位：西藏自治区拉萨市

囊玛，是指流传于西藏拉萨、日喀则、江孜等地的一种结构庞大并包含诗、歌、舞、乐的综合型音乐舞蹈样式。"囊玛"结构宏大，由引子（器乐演奏）、歌曲（组歌）、舞曲（舞蹈音乐）三部分组成。歌曲旋律典雅流畅，节奏舒展平缓，而舞曲音乐则急速欢快，奔放豪迈，与歌曲部分形成鲜明对比。演唱时只作鞠躬等较小动作，演奏乐曲时演员停止歌唱，跳起热情奔放的快速舞步，脚下踢出明快的音响节奏。囊玛中的器乐合奏、歌曲和舞蹈伴奏时常使用的乐器包括竹笛、扎年琴、扬琴、藏胡琴、贴琴、根卡、串铃等。囊玛有专门曲调，流传下来的约有四五十首。

"囊玛"，藏语是屋里之意。此歌舞常在达赖喇嘛所居官邸布达拉宫内表演，因此得名囊玛。据传五世达赖对拉达克山区的歌舞音乐非常欣赏，于是派人向歌舞艺人学习，成立了拉萨歌舞队，表演各种民间音乐舞蹈，宫内的囊玛于是形成。以后又在西藏拉萨、日喀则、江孜等地区流行。还有一种说法是西藏囊玛的乐队表演方式开创于1795年，多仁班智达从内地引入，一般有6人演唱，所演奏的音乐称之为"朗玛"，即内部的歌舞。

囊玛是在民间歌舞的基础上形成的，分歌曲和舞蹈两个基本部分。歌词多是6字句，中间夹有较多的衬字。这些歌词有民间流传的口头创作，也有上层喇嘛们的创作。囊玛的引子、歌曲、舞曲各有意义。引子由器乐表演，是为全曲做准备。歌曲部分，除柔美的抒情歌唱外，偶尔有少量的舞蹈动作，如让礼、鞠躬之类。在18世纪末，八世达赖时，囊玛融入了内地乐曲和江南舞姿。随着音乐舞蹈文化的发展，囊玛经过改编，现已成为表演舞蹈呈现在舞台上。

囊玛舞

堆谐（拉孜堆谐）　类别：传统舞蹈　编号：Ⅲ—82
申报地区或单位：西藏自治区拉孜县

"堆谐"，意译是"西藏西部地方的歌舞"。"堆"的藏文直译是"上方"、"上部"或"西部"，"谐"的意译是"歌舞"或"歌曲"。"堆"是从吐蕃王国时期相沿下来的西藏的一个地理区划的名称，指雅鲁藏布江南岸由日喀则以西至阿里的广大地区。最初外地的人们将此地区流传的民间歌舞统称为堆谐，后来专指身挎扎木年琴载歌载舞的艺术形式。堆谐一般有南北两种流派，南派以定日、萨嘎、吉隆为代表，音乐舞蹈较质朴热情。北派以拉孜、萨迦、昂仁为代表，音乐较优美活跃。

以拉孜为中心的北派堆谐，曲调抒情婉转，舞姿潇洒飘逸，舞蹈轻松活泼、欢快热烈。民间表演时没有正规的舞台，一般在地上放一块木板，这样踩脚时便于听出有节奏的声响。堆谐没有固定的演出时间和地点，多在过年过节和劳动空余时，大家聚集在一起边唱边舞。舞者男女不限，多则七八人，少则一二人，一男一女，或一人独舞。舞者面向前，站一横排。堆谐乐曲的基本结构是由慢歌段（降谐）及快歌段（觉谐）组成，但有些乐曲只有快歌段，没有慢歌段。除快、慢歌段之外，堆谐乐曲还包括用乐器演奏的前奏、间奏及尾声。在表演者一声"拉索！"的呼喊后，乐曲开始。慢歌段音乐优美舒展，演唱时做简单的舞蹈动作，然后又在"拉索！"声中由慢歌段转入快歌段。快歌段音乐采用紧拉慢唱的手法，歌声悠扬而乐器伴奏紧凑，表演者载歌载舞，脚下变换出轻重、长短不同的踢踏声，构成多种节奏类型，情绪欢快热烈。前奏、间奏与尾声的曲调基本固定，在前奏、间奏、尾声音乐进行中，表演者只舞不歌。尾声的情绪最为热烈，是全曲的高潮部分。

2007年，在中央电视台的春节联欢晚会上，来自拉孜县的"堆谐"艺术《飞弦踏春》，震撼了全国观众。随后，在第三届全国少数民族文艺汇演、中国民族民间歌舞盛典等一系列重大活动中，"堆谐"艺术连受好评，在全国引起轰动。从此，拉孜"堆谐"这一传承千年的藏民族歌舞，开始进入全国乃至全世界观众的视野。2008年，"拉孜堆谐"被列入第二批国家级非物质文化遗产名录。

谐钦（拉萨纳如谐钦、南木林土布加谐钦、尼玛乡谐钦）类别：传统舞蹈　编号：Ⅲ—83
申报地区或单位：西藏自治区拉萨市城关区、南木林县、班戈县

"谐钦"藏语为大型歌舞的意思，是流传于西藏拉萨、山南、日喀则、阿里等地区的古老仪式歌舞形式，多在隆重节日时演唱。谐钦一般由多首带有标题的歌舞曲组成，首尾乐曲分别称为"谐果"（引子）及"扎西"（吉祥），每首歌舞曲由慢板及快板，或由慢板、中板、快板组成，音乐古朴热情。歌词内容有人类起源、历史传说、赞颂祝福等。热巴谐钦是流行于康巴地区的流浪艺人表演的歌舞。包括鼓铃舞、杂耍、歌舞剧、木棒舞、鹿舞、刀舞、热巴弦子等多种表演形式。热巴弦子音乐与民间流行的弦子相同，鼓铃舞音乐包括散板的男声领唱及慢板齐唱，音乐热情优美，富于魅力。此外，还有流行于西藏地区的卓谐（鼓舞），流行于云南中甸地区的雄冲、卓见，流行于甘南地区的多底舞、嘎巴舞等。

谐钦又名为次久谐钦（次久意为藏历初十），相传它的歌词由八世班禅丹贝旺秋创作，共有25篇。在西藏地区，无论是宗教节日还是民俗节日，谐钦是不可缺少的活动形式，也是群众喜闻乐见的参与性很强的自娱

性集体歌舞艺术。后藏地区青年男女有相聚跳谐钦的传统，无论是农活结束还是逢年过节，牧民们在辽阔草原上酣畅起舞，任由靴子在大地上敲出回声。其中最著名的是土布加谐钦。

土布加谐钦是在后藏地区由来已久的民间舞蹈中滋生形成。土布加谐钦继承了当地民间歌舞艺术的形态。它是历代班禅在前往班禅驻锡地札什伦布寺时，沿途举行盛大的迎送活动时专门跳的一种民间舞蹈，也在举行隆重的活动时表演，以祝愿吉祥、祝福。歌词内容既有古典文人诗作，又有民间歌谣等。表演形式多样化，有歌有舞。表演中有着相对规范的曲式、手势、旋律、节奏、速度。男子头戴圆黄色小帽，身穿黑色氆氇藏胞，肩披红色绸带，内穿长袖衬衣，腰系藏刀，脚穿藏靴。女子头戴巴果巴珠，身穿黑色氆氇藏袍，腰前系藏围裙帮典，胸前佩带"嘎乌"，脚穿松巴拉姆靴。服饰道具典雅庄重，表演形式淳朴浑厚。

谐钦表演

阿谐（达布阿谐）　类别：传统舞蹈　编号：Ⅲ—84
申报地区或单位：西藏自治区比如县

阿谐是藏族人民所喜爱的一种古老传统民间劳动舞蹈。它广泛流传于山南地区和昌珠一带。

相传昌珠一带原是一个大湖，湖中有一条5头怪龙作祟，使附近百姓得不到安宁，为了征服怪龙，吐蕃王松赞干布来山南泽当贡布日山上的"竹康孜"修行成正果后，变成一只大鹏停在山头，眼

打阿嘎舞

见湖中怪龙在翻腾，当怪龙露头时，大鹏立即俯冲下去，一口啄掉一个龙头，这样反复5次，终于把怪龙的5个头全部啄掉。为了使此地永远平安吉祥，松赞干布在湖里填土，建造了这座命名为昌珠的寺庙。参加建寺的人们，为了使阿嘎地打得更好，他们手持"勃度"（打阿嘎地时用的劳动工具），跳起了欢乐、诙谐、有力的"阿谐舞"。昌珠寺的建成，结束了怪龙残害百姓的历史。为了纪念松赞干布的大恩大德，当地群众每逢藏历三月或七月要对昌珠寺的地面进行一次维修，维修过程中要跳"阿谐舞"。这习俗一直沿袭至今。

阿谐是一种由劳动场面演变而来的舞蹈，它将劳动与歌舞完美地结合在一起，以丰富多变的形式、欢快的舞姿表现出了人民对劳动、对生活的热爱。在西藏地区，不论建造房屋的平顶屋面或室内地面，均要由一种特殊的粘土——阿嘎土夯砸而成。夯土多由女工操作，妇女们手持阿嘎，在铺有阿嘎土的地上边砸、边歌、边舞。用劳动歌舞的形式增加劳动的娱乐性，减轻劳动中带来的劳累。

打阿嘎土时，男女通常是十几个人排成两队，每个人手中拿着一根木制的工具，他们唱着歌，按着一定的节奏前后左右移动步伐，同时用手中的工具敲打着脚下的碎石和泥土。这样的劳动场面像是一种歌舞表演。

阿谐大多取材当地民歌，歌词内容极其丰富、幽默，有颂歌、情歌、有景物抒发、有讥讽生活趣事等多种题材。

嘎尔　类别：传统舞蹈　编号：Ⅲ—85
申报地区或单位：西藏自治区

"嘎尔"，藏语意为歌舞，也有人认为是"乐舞"，因为表演嘎尔有专用乐器伴奏。嘎尔主要出现在大型庆典场合和迎送达赖喇嘛和班禅大师等场合，其它场合不能随意表演。嘎尔历史悠久，舞蹈造形优美，音乐风格独特，是一种独具特色的礼仪性男子抒情歌舞艺术。

嘎尔主要流传在西藏阿里地区的扎达、普兰、日土等县以及拉萨布达拉宫、日喀则扎什伦布寺、萨迦寺、那曲地区比如寺、昌都强巴林寺等。有嘎尔表演的寺院一般都是具有影响的大寺院，并且是藏区德高望重的大活佛的主寺。

嘎尔开始是民间艺人在民间节日时表演的一种歌舞艺术，而后逐渐流入当地各大寺庙，并在寺院大型宗教活动时表演。嘎尔流传到拉萨地区有三种不同的说法：一是拉达克地区派了一个歌舞队来到拉萨，向五世达赖喇嘛作致敬演出，表演后五世达赖非常欣赏这种歌舞形式，因此演出完便筹备和组建了嘎尔歌舞队。二是演出后，拉达克把整个歌舞队送给了五世达赖。三是五世达赖时期拉达克属于阿里地区，当时阿里首领从拉萨找了四位学员去阿里学习嘎尔。学业有成后返回拉萨，组建歌舞团并向五世达赖作致敬表演。

嘎尔的演员均由男性组成。分为嘎尔朱巴、嘎尔巴、嘎尔本三种。嘎尔朱巴即男童歌舞者，他们在嘎尔队伍中是最辛苦且又是等级最低的队员。嘎尔巴即歌舞者，比噶尔朱巴高一级，他们可以享受西藏地方政府和各大寺院少量的生活待遇。嘎尔巴中艺术造诣和组织能力好的经过严格考核之后胜任嘎尔本，即艺术指导或行政负责人，他们受到西藏地方政府和各大寺院比较优厚的生活待遇。各地嘎尔分多种段落，但曲调不同，歌词内容不一，而基本动作大同小异，嘎尔分为嘎尔和嘎尔鲁两种表演方式。嘎尔鲁表演是一种童声齐唱的艺术形式，有扎木年、竹笛、扬琴等乐器伴奏。嘎尔表演时站成一排或两排，面对主人，一边舞动一边向左右移动，成前后交叉队形，也可以站成一个竖排前后移动，成左右交叉队形等，舞蹈动作中"单腿跪"和"行礼手"比较多。舞蹈过程没有波澜起伏，也没有欢快热烈，并且静态的造型动作比较多，整场舞蹈具有庄重肃穆、虔诚赞颂等特色。各地嘎尔的服饰不尽相同，但道具和伴奏乐器基本上都一样。道具有长刀和斧头等。乐器有高低音达玛如两个、苏纳两个、云锣等。

1986年，西藏自治区歌舞团聘请末代嘎尔本巴桑顿珠给专业艺术工作

嘎尔表演

者传授了嘎尔和嘎尔鲁，在学习继承传统的基础上经过专业文艺工作者们的加工提炼，有了新的发展，深受国内外广大观众的欢迎和称赞。

芒康三弦舞　类别：传统舞蹈　编号：Ⅲ—86
申报地区或单位：西藏自治区芒康县

芒康县位于西藏东南部，藏、川、滇三省交界处，三弦舞是该地区的一种民间歌舞，它以弦子为伴奏乐器，男女聚集在一起，随着音乐翩翩起舞和歌唱。其舞姿具有古朴、典雅、悠扬、舒畅的特点，深受群众的喜爱。三弦舞所处地域为"茶马古道"进藏的第一站——芒康，古朴、典雅的三弦舞成了"茶马古道"上的一道独具特色的舞蹈艺术景观，来往旅客对三弦的传播起到了重要的作用，使三弦舞成为藏东南地区和藏、川、滇交界处非常著名的舞蹈。

芒康三弦舞主要以三弦琴为伴奏乐器。传说三弦琴的琴头是龙的头，琴身是龙的脊梁，琴弦是龙的筋，现今的三弦琴是以纯木制成的。三弦舞的表演是以男女聚集边歌边舞，歌词动听、节奏悠扬、时快时慢。三弦舞的音乐以淳朴明亮、唱腔奔放为特点。舞蹈不受人数、场地等限制，男女齐唱，边唱边跳，一般都地在悠扬缓和的乐曲中开始，流畅欢快的中场表现，升腾热烈中结束。三弦舞主要以避灾祛祸、庆祝丰收、祝愿吉祥为主要内容。

三弦舞

芒康三弦舞历史悠久，形式独特，民族风格突出，高原特色浓郁。由于诸多原因，芒康三弦舞正面临失传的危险，为了挽救这一独有的民间艺术，昌都地区芒康县采取了请老艺人以传、帮、带的方式向年轻人进行传授。

几年来，经过芒康县民间艺术团广大文艺工作者和民间老艺人的精心整理、挖掘，使得三弦舞这一芒康县独有的艺术再展昔日风采。据说原舞蹈有13个节目，现流传下来的只有7个。三弦舞在1965年西藏自治区成立之际，在昌都地区庆祝成立大会文艺表演中获得观众好评。现今约有近200名艺人会跳流传至今的7个舞蹈。

2007年6月，芒康县三弦舞被列入自治区级非物质文化遗产并给予了授牌。

> 定日洛谐　类别：传统舞蹈　编号：Ⅲ—87
> 申报地区或单位：西藏自治区定日县

洛谐表演

"洛谐"是起源于后藏地区的民间舞蹈。据历史记载，定日"洛谐"早在元朝定日万户府时期就有表演，俗称"农村圈舞"。600多年来，经过各阶层特别是经过定日地区农牧民群众在劳动中对这一舞蹈的逐步加工、完善和规范，使这一民间舞蹈逐渐形成了具有定日地方特色的舞蹈。"洛谐"继承了当地民间歌舞艺术的形态，又深受多元文化的影响。随着历史的发展，"洛谐"产生了诸多变异。

日喀则地区定日县是"洛谐"的起源地。定日县位于中国西部边境，地处喜马拉雅山脉中段北麓珠峰脚下，定日县古时称为"洛"（南部的意思），"谐"泛指歌舞。

定日洛谐的内容丰富多彩，多以传统民歌为主要内容，大致是劳动、时政、情歌、赞歌、颂歌等。表演曲调浑厚淳朴，动作流畅、洒脱，旋律优美。它以歌和扎念琴及三弦琴伴奏为主、歌舞结合、载歌载舞。表演时男子弹唱扎念琴及三弦琴，女子手拉手连臂踏歌，顿地为节，男女分班一唱一和，此起彼伏。跳舞过程中相互交叉组合，舞步稳重，是群众喜闻乐见、参与性很强的自娱性集体民间舞蹈。

"洛谐"以"脚靴"见长，通过脚上节奏变化抒发情绪，上身姿态变化不多。男性表演时以拉琴弹琴边弹边舞，穿插旋转动作较多，舞者气质庄重豪放。女性舞蹈时脚步顿地比较平稳，伴着脚下连点步跳踏，上身微微起伏，双手在胸前左右自如甩动，舞姿显得典雅轻快。

经过几百年的演变，"洛谐"在发展过程中越来越规范，已形成具有明显地方特色和艺术魅力的舞蹈表现形式。如今的"洛谐"，在传统六弦琴基础上，又自创了"三弦胡"，"三弦胡"是用三根极细的钢丝制成的像二胡一样的弦乐器，用一束马尾做成号弦拉奏，再辅以笛子、串铃、扬琴等，使"洛谐"更具欣赏性，丰富了"洛谐"的艺术表现形式。

21世纪初，定日县组成了具有相当文艺表演水平的群众业余"洛谐"艺术表演队，多次参加区内外文艺活动，在全地区乃至区内外享有较高的盛誉，深受人们的喜爱。

旦嘎甲谐　类别：传统舞蹈　编号：Ⅲ—88
申报地区或单位：西藏自治区萨嘎县

旦嘎，是西藏自治区萨嘎县的一个地方名。"甲谐"的汉语意思是隆重的歌舞表演，是一种集体舞蹈。萨嘎县旦嘎乡的男女老幼都会表演"甲谐"并世代相传。

"甲谐"的表演服饰都是用高级绸缎做成的，以红色和黄色为主，显示出一种高贵典雅的气质。演员所戴的是一种大而圆四周又有流苏的帽子，表演时不停地摇摆，就像狮子一样威武、雄壮。演员的裤子又肥又大，像裙子。"甲谐"的动作十分粗犷、豪放，显示出藏民族剽悍而又勇敢的性格特征。道具有长腰刀、马鞭等。

"甲谐"以一面大鼓作为伴奏乐器，表演时节奏感强烈，时快时慢，动作队形变换丰富，男女表演者都有不同的舞蹈动作。"甲谐"表演的时间根据歌词的内容可长可短，一段歌词就有相应的动作表演，歌词的内容大多都是赞美家乡或是某种事物，有时可以连续跳一整天。

早在2002年，旦嘎乡就被自治区政府确定为甲谐艺术之乡。甲谐一般在每年的藏历新年和重大节日时表演，旦嘎乡的甲谐队先后参加过拉萨雪顿节、庆祝西藏和平解放50周年、珠峰文化节等演出活动。

廓孜　类别：传统舞蹈　编号：Ⅲ—89
申报地区或单位：西藏自治区曲水县

"廓"藏语意为牛皮船，"孜"意为舞蹈。廓孜，也称"廓孜舞"即"牛皮船舞"，在西藏曲水县的俊巴村流行。俊巴村是拉萨地区唯一以渔业生产为主的村落，位于拉萨河最下游，三面环山一面临水。西藏的牛皮船早在吐蕃时期就已经成为重要的水上交通工具，也正是这些摇动着牛皮船的船夫们创造出了牛皮船之舞。

牛皮船舞

跳廓孜时的很多动作，具有"高原之舟"牦牛的特性，整个舞蹈铿锵有力，粗犷朴实。廓孜由边唱边跳的"阿热"和身背牛皮船并击船发出声响为节奏的船夫合作表演。"阿热"是郭孜舞中的领舞者。跳牛皮船舞时，"阿热"手执"塔塔"（五彩旗杆），唱着歌，跳着舞，另外几位（一般是4—6人）舞者看着"阿热"的动作，背着重约三四十公斤的牛皮船，用同样的动作跟着"阿热"跳舞。大家动作整齐，船浆击打船榜的"咚咚"声不绝于耳。郭孜舞是俊巴人在单调繁重的劳动之余的一种自娱自乐。常常是在打鱼之后，几个人聚在一起，背着牛皮船，边唱边跳。廓孜舞蹈的表演共有四段：

第一段叫"述道白"。由一位叫"阿热"的领舞者说开场白：如"神牛光顾俊巴村，东山上面吃青草，西山脚下喝清泉，在草场上面打滚嬉戏，在牛圈里面练习角斗。"

第二段叫"仲孜"（即牦牛舞）。船夫们首先在"杂昂！杂昂！杂昂！"的击船声中跳起牛皮船舞，同时，"阿热"边跳边唱《祝福歌》。

第三段叫"挑哈达"。"阿热"唱《祝福歌》并从藏袍里取出哈达，边跳边放在沙地上，牛皮船舞者们边跳边向前弯腰，用背着的牛皮船的左右上角从地上挑起哈达。

第四段是唱《祝福歌》。歌词大意是，但愿能经常相会。祝你们身体健康。唱完后"阿热"领头向观众行礼下场。

每当雪顿节和望果节等吉祥日子来临之际，船夫们就进行"廓孜"歌舞表演。据2010年调查，俊巴渔村仅剩扎桑老人是村子里唯一的"阿热"

多地舞　类别：传统舞蹈　编号：Ⅲ—90
申报地区或单位：甘肃省舟曲县

多地舞，藏族民间舞蹈。主要分布在甘肃省舟曲县的上河地区、下河地区和山后地区。多地舞有一千多年的历史，由"多地"、"嘉让"、"甸录"三部分内容组成。均是当地藏族群众在喜庆、丰收、祭祀、民俗等节日活动期间跳的舞蹈。

多地舞的动作以腰以下部位为多，经常出现"一顺边"的美，即手和脚同出一侧形成"一顺儿"。许多舞蹈中女性以身体俯仰、臀体转动为特色，颤膝摆胯，微动肩胸，上身较为平稳，上肢开张幅度不大，合着脚步和节奏律动，较为突出地表现了女性胸部之凸显、腰部之柔软、臀部之丰腴。

多地舞

多地舞主要分布在舟曲县的上河等三个地区，各地区的多地舞都由村寨单独传承。各个藏族村寨之间由于语言不同和交通不便，相互交流较少，舞蹈动作也有很大的差异，许多地区连舞蹈名字的叫法也不同。深居

三、传统舞蹈

山中的多地舞很少被外界提及，直到1958年，该县首次举办民间传统歌舞汇演，铁坝乡第一个把多地舞搬上了舞台，多地舞开始对外传播。多地舞属于集体舞蹈类型，动作简洁易学。村寨中的年轻人都不用特意拜师学艺，只需在平时节庆活动中观察长辈们跳舞就自然习得。憨班乡黑峪村村民李扎西是唯一被认定为多地舞国家级非物质文化遗产项目代表性传承人。李扎西深谙藏传佛教文化，熟识各种宗教礼仪，对各种形式的多地舞有很深的研究。舟曲县自2007年开始组织人员对多地舞进行了普查，于2008年制定了《舟曲"多地"舞蹈艺术保护法规》。2010年初，舟曲县建立了"多地舞蹈艺术保护中心"。

巴郎鼓舞　类别：传统舞蹈　编号：Ⅲ—91
申报地区或单位：甘肃省卓尼县

巴郎鼓舞，藏语称"莎姆舞"，意为在广场上表演的一种祈祷平安的舞蹈，是流行于甘肃省卓尼县藏巴哇、柏林和洮砚乡境内的一种古典锅庄舞，因其使用的击打乐器颇似货郎用的拨郎鼓，故汉语称巴郎鼓舞。

卓尼地处"唐蕃古道"，巴郎鼓舞的起源与古羌人的原始祭祀活动和吐蕃宗教法舞有着密切的关系。据当地人讲，其先祖在吐蕃时期或稍晚一些随军迁徙到此，将后藏的舞蹈与当地的风俗习惯结合起来逐渐形成了巴郎鼓舞。舞蹈中的歌词以敬神、祝福吉祥为开端。表达对自然的崇拜，称赞地方富裕宽广，祈求一年吉祥如意、风调雨顺。这种舞多在每年正月时

巴郎鼓舞

期表演。

表演开始前,"莎姆场"中心燃起篝火,摆放桌椅板凳,这是年长者的位置,他们负责掌管活动。年轻人负责倒茶斟酒。天近黄昏时,全村人都到齐了,由一执事宣布表演开始。"莎姆队"围着篝火,摇着巴郎鼓,翩翩起舞。首先唱序曲"及柔",接着跳"苦松加里",以一问一答的方式各跳三圈;之后边跳边唱《沙楼梅娄》,意为"莎姆"正始开始。以下依次是"春芽撒"、"春柱"、"尼给刀羊"等。歌词内容有庆贺丰收、互道节日愉快的;有歌颂家乡自然美景、好人好事的;也有针砭时弊的;有的则是猜谜式的"盘歌"。一直唱到夜阑更深,雄鸡报晓,东道主将"莎姆队"请进大厅里,各家将丰盛的节日食品及青稞酒端出来款待客人。主人代表举起酒杯唱问"龙够"、"撒玛鲁"(饭歌)、"扎玛鲁"(酒歌),客人立刻以歌回答,彼此对唱。举行告别仪式,并跳"盖路",互祝来年丰收吉祥。巴郎鼓舞粗犷健美,具有铿锵劲健的节奏感和浓郁浪漫的地方特色。

目前卓尼县境内会唱跳巴郎鼓舞的表演已经不多,且平均年龄在60岁以上。近年来,随着旅游资源开发等的鼓励和推动,鼓舞表演的服装、鼓面有很大的改动。同时,巴郎鼓舞在表演时间上不再仅限于只在正月表演。除恰布、拿路、柏林、加麻沟、上下达勿等几个社区外,其他村子已经不再跳鼓舞了。

藏族螭鼓舞　类别:传统舞蹈　编号:Ⅲ—92
申报地区或单位:青海省循化撒拉族自治县

螭鼓舞流传在青海循化地区,以集体舞形式,表现请神、敬神、送神、降魔等,反映了当地藏族的宗教信仰、劳动和生活情趣。

"螭"是传说中的龙生九子之一,嘴大,能吞海。表演"螭鼓舞"就是对水龙的祭祀。目前,流传下来的13段(套)动作,完整规范,以雄健粗犷的跳跃击鼓动作,以及模仿的雄鹰、骏马、海螺、太极等形象,都以请神、降魔等祭祀内容为主。循化道帏乡宁巴村的表演程式保存得较为完整,动作和队形丰富多变,极具代表性。每年农历六月,循化县道帏藏族乡村民举行的隆重神灵祭祀活动中要表演螭鼓舞,旨在禳灾驱邪,保佑村民。据说,一二百年前,宁巴村的一个"噶哇珲波"(即土官)每年正月初二都在村北的府邸跳神鼓舞。后来雍增仓活佛(约1881—1958)将这种舞蹈加以规范，其后便一直沿袭下来。"螭鼓舞"经世代流传演变，已形成较为固定的表演形式和风格。螭鼓舞对服饰要求很高，舞蹈者须身着艳丽的民族服装，手执绘有吉祥彩绘图案的羊皮鼓，脚系响铃，边敲边舞，起舞时铃声和鼓点合拍，发出铿锵清脆的声音，气势宏大，震撼人心。舞蹈者舞姿洒脱，热烈粗犷，富有高原民族特色。该舞蹈于2008年被列入第二批国家级非物质文化遗产名录，表演者道吉才让、仁青加为青海省非物质文化遗产项目代表性传承人。

则柔（尚尤则柔）　类别：传统舞蹈　编号：Ⅲ—93
申报地区或单位：青海省贵德县

"则柔"藏语意为"戏嬉"，是一种集体歌舞表演形式，其中"尚尤则柔"最为出名。尚尤（汉语为下排）则柔主要流传于青海省海南藏族自治州贵德县河西镇下排村等地。是音、舞、诗相结合的艺术，语言华丽、精粹，富有文学色彩，以载歌载舞的形式进行表演。

据史料记载，"尚尤则柔"发源地为四川省西康地区，到了明朝中期则柔流传至贵德下排村，并得到逐步的发展和弘扬，距今已有400多年历史。它边唱边跳，动作由简到繁。开始只有几个舞曲，到目前已发展到20多种，其中比较古老的有13种，它分布于黄南、海北、海南州和贵德的藏族村落。而下排的则柔内容丰富，种类较多，词曲变化不定，动作也较复杂、优美，原生态势保留完整。尚尤则柔是集体性的娱乐活动，歌颂藏族人民欢乐的劳动场面和载歌载舞的民族风情。也歌颂牧区牛羊肥壮的丰收景象，鞭挞盗贼和邪恶。表演方式多为男女成对，少至2人，多至12人，从两面出场，或穿插，或对舞，或排成一圆形，场面随时变化，动作粗犷熟练，比喻生动细腻，表情奔放，气氛热烈。尚尤则柔在表演时仪式性、表演性、自娱性相结合，因而得到各阶层的参与和重视，有广泛的民众和社会基础，内容和艺术上达到较高的层次。尚尤则柔的表演一般有固定的时间和地点，表演最好的为领舞，领舞带领舞者，老舞者带领新舞者。尚尤则柔是集体性的娱乐活动，主要以大众方式进行传承。除此之外，尚尤则柔的传承还有三种形式，即世袭传承、娱乐传承和培训传承。世袭传承，是家庭或家族内部传承。娱乐传承是在婚礼、节庆表演时，老艺人传授于年轻人。培训传承是依托表演队进行培训传承。

近些年来，尚尤则柔的传承也面临严峻的危机，知名老艺人和舞蹈骨干的相继去世，使尚尤则柔艺人的断层现象非常严重。

萨吾尔登　类别：传统舞蹈　编号：Ⅲ—94
申报地区或单位：新疆维吾尔自治区和静县、博湖县

萨吾尔登是流传在内蒙古阿拉善、新疆等蒙古族聚集地区的一种乐舞，是蒙古族最为古老、最具代表性的民间舞蹈。该舞蹈表演时因为用托布秀尔乐器伴奏，所以也称为"托布秀尔乐舞"。萨吾尔登舞时至今日流传在卫拉特蒙古人中间，在大型娱乐活动或各种节日、婚礼等喜庆日子，人们都要欢快地跳起萨吾尔登舞蹈。

土尔扈特萨吾尔登

关于"萨吾尔登"一词的解释，众说不一，大致有两种说法：（一）"萨吾尔登"一词是指人和动物的前肢，"登"为象声词，即在"登登"作响的节奏下人手像鹰等动物一样摆动和起舞。（二）"萨吾尔登"由蒙古语"萨吾那"而来，意为马的头上下不停地弹动。萨吾尔登舞蹈来源于卫拉特人的劳动生活，表演随意性强，强调群体性。萨吾尔登舞蹈的种类繁多，依据内容和动作特点大致可以分为十几种，有摹仿鹰、走马、水浪、山羊等的萨吾尔登。也有模仿动物的，也有模仿劳作的，也有表现日常生活内容的。

萨吾尔登舞蹈是乐与舞一体的艺术形式，在表演时由弹拨乐器"托布秀尔"伴奏。萨吾尔登舞蹈的动作和速度取决于托不秀儿的伴奏音乐，即兴性很强，多数情况下取决于托不秀儿艺人的情绪。萨吾尔登舞蹈的音乐曲调共有12种，既有模仿快速奔跑的马蹄声的节奏型，也有表现缓慢行走的骆驼的节奏型。音乐节拍多为2/4、4/4，曲调结构短小精悍，以五声音

阶为主，保留了蒙古族古老的音乐风格。表演萨吾尔登舞蹈，通常有一人弹起托布秀尔，这时围坐成一圈的人们伴着乐曲拍手歌唱，随着乐曲的渐入高潮，人们开始上场起舞。先有一人或两个人起来跳，并通过招手的动作邀请身旁的人一起跳舞，人们陆续上场，女生的舞蹈优美，男生的舞蹈矫健有力。萨吾尔登的舞蹈动作部位主要以肩部、腕部的弹动为主，即兴性表演为主要特点。

萨吾尔登舞蹈已成为新疆维吾尔自治区巴音郭楞自治州的一个文化品牌，该地区每年都举办萨吾尔登舞蹈艺术节，当地文艺工作者先后创编了以萨吾尔登为主要形式的系列舞蹈并搬上了舞台。2011年，由新疆维吾尔自治区博湖县申报的萨吾尔登舞蹈被列入国家级非物质文化遗产名录。

> 锡伯族贝伦舞　类别：传统舞蹈　编号：Ⅲ—95
> 申报地区或单位：新疆维吾尔自治区察布查尔锡伯自治县

锡伯族在古代艰苦的渔猎生活中，模仿生活和生产的情景，创造出古老的民间舞蹈"贝伦舞"。在锡伯族语中，"贝伦"有"舞蹈"之意，是锡伯族民间舞蹈的总称。

乾隆年间，大兴安岭一带从事渔猎生活的数千名锡伯人，西迁到新疆伊犁地区戍边屯垦，二百多年来，在和新疆各民族的交流中，贝伦舞具有了新的舞蹈语汇、表现手法和舞蹈风格。在新疆维吾尔自治区锡伯族散居区的察布查尔锡伯自治县及其他县市、塔城地区和乌鲁木齐市等地，凡有锡伯族人足迹的地方，都能见到贝伦舞表演的舞姿。

锡伯族贝伦舞在保留原始舞姿风貌的基础上，经过现代人的再创造，拓展出10多种贝伦舞。

"锡伯贝伦"，亦称"蒙古贝伦"，它包含了贝伦舞的各种基本动作，曲调叫"卡吾尔登"，有丰厚的群众基础，深受男女老幼的喜爱。

"单阿克苏儿"，单步踢舞，风格庄重，多为行家表演。

"双阿克苏儿"，双脚交相踢踏的舞蹈，舞步灵活，热情奔放，俏皮幽默。

"多禾伦阿克苏儿"，舞步灵活富有变化，可以自由发挥。

"行礼舞"，在婚礼、喜庆日或迎接贵客时跳，表演者边舞边行礼，分寸感强，文雅庄重，时有幽默之姿。

"拍手舞"，曲调叫"扎克处尔登登"。男青年是表演的主角。在众人的拍手中，穿插舞步，状如东北秧歌，活泼明快，欢畅热烈，诙谐情趣，时有流露。

"招媳妇舞"，锡伯语叫"赫赫胡拉热贝伦"。这是在过年、假日和婚礼上表演的富于幽默风趣的舞蹈，参与性强，情节生动，活泼明快。

"仿形舞"，锡伯族民间亦称"乌兰克"，模仿禽兽，滑稽夸张，富有浓烈的喜剧风格。

"耶尔克尔德克舞"，两个小伙子对舞，或一男一女同舞。动作特征是扭屁股，表演者可说话。

"烧茶舞"，锡伯语叫"查伊付伊不勒贝伦"，为女性舞蹈，模仿主妇日常生活动作，节奏舒缓，细腻温柔。

"醉舞"，锡伯语叫"梭克托火贝伦"，男性舞蹈。模仿喝酒，微醺酩酊，脚步趔趄，舞姿幽默滑稽，讽刺警世。

"走马舞"，锡伯语叫"着若莫林贝伦"。男性舞蹈，模仿马的慢走、小跑、驰骋动作，形象生动逼真。

"蝴蝶舞"，也称"多木多昆玛克辛"。女性舞蹈，把蝴蝶当作追求爱情的象征，描绘追逐捕捉蝴蝶的特定动作。

"踏地舞"，又叫"法兰弗库特热贝伦"。描绘婚礼中，新娘到新郎家走下喜篷车，在院里红地毯上翩翩起舞的场面。

从这些种类中可以看出，锡伯族贝伦舞可根据不同的场合、个人的特长而自由表演。贝伦舞的伴奏乐器，是锡伯族民间弹奏乐器冬布尔。

贝伦舞表演

2009年，新疆维吾尔自治区察布查尔锡伯自治县申报，经国家批准，锡伯族贝伦舞被纳入第二批国家级非物质文化遗产名录。新疆伊犁察布查尔县75岁的村民月香，被授予国家级非物质文化遗产项目贝伦舞代表性传承人。

维吾尔族赛乃姆（若羌赛乃姆、且末赛乃姆、库尔勒赛乃姆、伊犁赛乃姆、库车赛乃姆） 类别：传统舞蹈 编号：Ⅲ—96

申报地区或单位：新疆维吾尔自治区哈密地区、莎车县、若羌县、且末县、库尔勒市、伊宁县、库车县

"赛乃姆"是由多首歌曲联唱和歌舞音乐的总称。在维吾尔语中，"赛乃姆"是"偶像、神像、美女"的意思，女子常用它作自己的名字。"赛乃姆"是美的象征。

"赛乃姆"，也叫为"赛兰木"，原是中亚一带的地名。16世纪时，那里大批的赛兰人往新疆龟兹（今新疆库车）地区迁徙，并定居下来。同时，也把他们的"胡旋舞"、"柘枝舞"带进了新疆，并逐渐与龟兹地区的舞蹈相融合，形成了独特的艺术，人们称这种舞蹈为"赛兰木"。后逐渐演化为"赛乃姆"，并广泛流传。今天的赛乃姆既保留了古典舞蹈的风味，又不断融入新疆维吾尔族舞蹈的元素，更加婀娜多姿，更富魅力。

"赛乃姆"已是新疆维吾尔族最普遍的一种民间舞蹈，广泛流传于天山南北的城镇乡村，是维吾尔族人的生活组成部分，喜逢佳节、亲友欢聚、举行婚礼等活动中，跳赛乃姆舞是助兴的最主要的节目。东道主总要热情地邀请乡亲加入到舞者的行列，在赛乃姆的欢快舞步中，不失时机地穿插传送碗花、酒杯、腰带等风趣游戏，或演唱木卡姆、猜谜语、吟诗等散发着浓厚的民族风韵的活动。比如举行婚礼的傍晚，新郎和朋友去新娘家迎亲，一路上载歌载舞。迎回新娘，赛乃姆的表演更加热烈，大家围成圆圈，乐队伴奏，观者拍手唱和，舞者不唱，婉转美妙的伴唱，回旋空中，高潮迭起。演唱的有旧歌曲，舞到兴浓，唱至情迷处，就会现场发挥，旧曲调即兴编入新词，描绘现场的情景。婀娜多姿的赛乃姆舞步，抒情优美的歌曲，把大家的情绪渲染得热火朝天。

新疆各地维吾尔族形成了各地区不同艺术风格的"赛乃姆"，群众习惯在赛乃姆前面冠以地名，如喀什赛乃姆、伊犁赛乃姆、哈密赛乃姆等。

"喀什赛乃姆"是南疆地区的典型代表，舞步轻快灵巧，明朗活泼，腰肢舞动细致，手腕变化丰富。舞者优美的舞姿，极有艺术感染力。

"伊犁赛乃姆"是北疆地区的典型代表，轻快利落的舞姿中，不失潇洒豪放的气势，而戛然静止的造型，给人雕塑般的美感，那幽默风趣的小

动作，彰显了它的流畅与和谐。

"哈密赛乃姆"是东疆地区的典型代表，节奏较缓，舞蹈动作稳重，手腕变化不大，单步较多。

维吾尔族赛乃姆舞的音乐，由数量不同的歌曲组成，曲调优美、富有感情，激越热烈，节奏鲜明。有弹拨尔、热瓦甫、都它、沙塔尔、达甫（手鼓）等民族器乐。而在赛乃姆舞蹈中，起重要作用的是手鼓，速度的快慢，气氛的渲染，情绪的调动，都是手鼓在掌控。所以，鼓声越流畅，跳得越自如；击打越响亮，舞蹈越激情。手鼓最能表达浓郁的新疆风情。

莎车县小学教师依明·依比布拉，是自治区级的赛乃姆传承人。

老古舞　类别：传统舞蹈　编号：Ⅲ—101
申报地区或单位：海南省白沙黎族自治县

老古舞，黎语"闯坎"之意，古籍称"告祖先"。源于黎族原始社会的祖先崇拜。老古舞在白沙的细水乡、元门乡、白沙镇、牙叉镇，以及相邻的琼中黎族苗族自治县的黎族乡村都可见到，目前仅在细水乡有遗存。老古舞参加的人数众多，少则数十人，多则上百人。旧时跳老古舞时，全村人人参与，是集祭祀、舞蹈、庆典、娱乐于一体的综合性活动。但其中最有价值的，还在于舞蹈中包含的众多的角色和动作，角色众多是老古舞有别于其他黎族舞蹈的重要特征。舞蹈情节大体分为"起师"、"开阙"、"挽嚷"和"走洪围"四个阶段。表现黎族人民的祖先崇拜祭祀仪式和传统生产、生活习俗。

随着时代变迁和时尚文化的冲击，老古舞祭祀祖先的仪式逐渐消逝。目前，县政府相关部门正采取措施保护老古舞。

2010年，白沙的老古舞入选第三批国家级非遗名录推荐项目名单。

棕扇舞　类别：传统舞蹈　编号：Ⅲ—103
申报地区或单位：云南省元江哈尼族彝族傣族自治县

"棕扇舞"是哈尼族支系豪尼人的舞蹈。豪尼人同汉族一起过春节，每年农历正月初三至初五，要跳棕扇舞以庆贺。

据红河县哈尼族民间传说：远古时候，一位叫"奥玛妥"的先祖母要将棕扇舞教给中老年妇女，但未教完先祖母就升天了。先祖母的拐杖插在村头，长成了参天大树。人们把它看作先祖母的化身，每年农历二月属牛或属虎日，全村妇女都去"神树"下悼念先祖母，同时跳起"棕扇舞"。红河哈尼族把"奥玛"和"神树"共同视为神灵崇拜。祭时，由妇女挥棕扇，踏歌起舞。

在棕扇舞盛典的日子里，成年男子们每天都端着自己家里的佳肴、米酒，成群结队地聚在一个广场上，把酒菜沿广场直摆成长长的宴席，举行规模宏大的棕扇舞活动。棕扇舞最初主要用于祭祀活动，舞姿不求统一，但每个动作均有象征性，男性模拟动物或鸟类，女性手持棕扇模拟白鹇鸟动作，各自起舞，表示对死者的尊敬和怀念，既庄重肃穆又感情真挚。随着社会发展，棕扇舞逐渐淡化祭祀成分，发展为今天既可用于祭祀仪式更是自娱活动的舞蹈，不仅在祭祀、丧葬时歌舞，逢年过节、农事休闲时亦歌亦舞。

哈尼族棕扇舞是元江县最具有特色和代表性的传统民间舞蹈，棕扇舞主要传承方式为师传，由师傅向徒弟传授舞蹈的主要动作和基本技法。作为哈尼族舞蹈代表作之一，棕扇舞多次在国内获奖，曾赴瑞典、意大利等国家演出。2010年，入选第三批国家级非物质文化遗产名录。

鄂温克族萨满舞　类别：传统舞蹈　编号：Ⅲ—104
申报地区或单位：内蒙古自治区根河市

鄂温克信仰萨满教，在祭祀、驱邪、祛病等仪式中均有萨满舞的表演。萨满按满一通古斯语解释，是激动不安或疯狂乱舞，俗称"跳神"。鄂温克人非常尊重萨满师，萨满师在群众中有很高的威望。萨满师无论到谁家都会坐在最尊贵的位置上。萨满师被视为传递神灵意旨、沟通人间和鬼神世界的中介。过去，族群的任何重大仪式均由萨满师住持，如除夕仪式、治病仪式、丧葬仪式等。萨满仪式主要由请神、娱神、送神等几个步骤构成。届时，萨满师身着饰有兽骨、兽牙的神服，手持萨满鼓载歌载舞。

鄂温克族萨满舞动作大抵为模拟野兽或雄鹰动作，既夸张又豪放。萨满舞的舞蹈肢体步伐可以分为：手部动作，腰部动作和脚底下动作。萨满舞的每个动作有严格要求同时富有很深的含义。手部主要指手击皮鼓（也称抓鼓），抓鼓是萨满舞中不可或缺的道具，也是法器，其动作丰富、技艺也较强。抓鼓的抓法为：先将左手中指（或小指）插入小圈，然后满把抓住大圈，右手拿着鼓槌双手就可以随意挥舞敲打出各种鼓点。抓鼓动作可分为碎打鼓、半转鼓、整转鼓等几种。碎打鼓以左手抓鼓竖在胸腰之间，右手拿鼓槌有节奏地敲打鼓面，向四方鞠躬敬神。然后，舞者坐下将鼓面斜仰，在敲完鼓点后，接唱名为"以洛"的请神曲。半转鼓为，鼓面一上一下的反复翻动。抓鼓的手心向上时鼓槌自上向下打，手背朝上时鼓槌从下向上打。整转鼓是当手腕从外向里往上翻的时候打一下鼓面，当鼓面朝下（在腰胯的位置处）手腕由里向外翻动时又敲一下鼓面，如此循环不断。鄂温克族萨满舞的腰部动作多为甩腰，其动作幅度不是很大，有挺身、挺胸、收腹、弯腰、提臀和曲腿等动作。脚下的步伐有走步、回旋和蹦跳等动作。走步为前后行进，回旋步为两脚平踏原地自转，蹦跳为上下大幅度的跳跃。

鄂温克族萨满舞保留着原始氏族生活与自然崇拜、图腾崇拜、祖先崇拜产生时代的原始文化的痕迹。2011年，鄂温克族萨满舞被列入国家级非物质文化遗产。

协荣仲孜　类别：传统舞蹈　编号：Ⅲ－105
申报地区或单位：西藏自治区曲水县

拉萨市曲水县的非物质文化非常丰富，主要有协荣"仲孜"、色麦村的柳编技艺、俊巴村的牛皮船舞、鱼宴和皮具制作技艺等。

仲孜的"仲"，藏语意为"野牛"；"孜"，藏语意为"舞"或者"玩耍"。是当地举行婚礼、祝福迎祥或烧香拜佛、送鬼驱邪的一种舞蹈。2人、4人或6人一组，乐器伴奏有唢呐一把、长鼓一个。鼓绑在腰上的就是领舞，击鼓者边击鼓边领舞。鼓点变化后，舞者亦随之变换动作。野牛舞的基本步伐和手势有"三步一踮"和"前推手"。据介绍，过去还有斗牛动作。野牛舞的动作较慢较小，但要跳出刚烈的感情和粗犷的性格来，亦不是轻而易举的。在藏区各个地方的仲孜有自己的特点，如：曲水县才纳乡的协荣仲孜最具有特点。

协荣仲孜是一种集唱腔、道白、舞蹈于一体的艺术形式。协荣仲孜表现喜庆、吉祥、圆满、欢乐的场面，舞蹈动作欢快、热烈、豪放，承载了这一地区独特的地域文化及特色。

协荣仲孜的主要表演过程是从"阿热"（领舞）的两段道白开始，说完第二段道白后,"阿热"在前面逗引,扮演两头"野牛"(一公一母)在欢快的钹、鼓声中奔跑出场。在广场上绕一圈后,"阿热"站在两头"野牛"中间面向观众。"阿热"在钹、鼓声中边领舞边唱,其内容是表示吉利和挑逗野牛的道白。这时钹、鼓便加快速度,两头"野牛"跳得更欢快,"阿热"又接着唱道:"我们协荣的小野牛,是最快乐、最幸福的。"接下来"阿热"向天空撒糌粑,两头"野牛"时而蹦跳,时而吼叫,时而打滚斗角,时而欢腾歌舞;特别是用犄角挑起哈达,献给最尊敬的客人,使表演达到高潮。最后,"阿热"再说一段道白,说完道白,集体在原地舞一段后,"阿热"赶"野牛"退场。整个舞蹈到此结束。

每年的雪顿节,协荣村的"仲孜"表演队都要在拉萨参加表演,其主要原因是协荣"仲孜"突出地表现了祝福、吉祥和圆满。现在协荣的"仲孜"表演队不仅在本地的望果节上表演节目,而且还在各种庆典上受邀表演。

演"阿热"的桑珠老人是协荣"仲孜"的第7代传承人。从2002年开始,他培养了一个接班人次仁,次仁就成为第8代传承人。

普兰果尔孜　类别:传统舞蹈　编号:Ⅲ—106
申报地区或单位:西藏自治区阿里地区

普兰县位于阿里地区南部,喜玛拉雅山脉南麓,是中国、印度、尼泊尔三国接壤处。境内有著名的"神山"(岗仁布齐)、"圣湖"(玛旁雍错),是佛教圣地。在这里流传的传统歌舞艺术有"嘎尔"、"谐"、"达尔谐"、"果谐"、"玛吉夏卓(孔雀舞)"、"仲吉夏卓(野牛舞)"等,已成为阿里地区最兴盛的歌舞之地。

普兰果尔孜,又名"果谐",发源于普兰县,流传于藏族各地区。普兰果谐是当地群众在逢年过节及民间祭祀活动时表演的歌舞,是当地主要的娱乐活动,也是群众喜闻乐见的一种歌舞形式,在普兰县,每逢传统节日,男女老少人人踊跃参加,欢跳果谐。普兰县果谐的表演形式为圆圈或半圆,男半圈,女半圈,或混合。谐果(领舞者及组织者)站在最前列,男唱一段、男女齐舞,女唱一段,男女齐舞。边唱边舞按,顺时针方向移动,有时也可以在原地,无乐器伴奏。舞者人数不限,少则二十多人,多则上百人。分快板和慢板两种,先跳慢板后跳快板，慢板以唱为主，舞少，快板时边唱边舞。舞姿有甩手的，也有拉手的。基本特点是轻快有力，基本动作有"三步一提"、"前踢腿"、"划踢腿"、"单跺两步"、"打腿转身"、"双甩手"、"拉手"、"手搭肩"、"前关开手"和"前后甩手"。

普兰果谐的服饰很有特点，妇女们的着装据说是模仿孔雀的，妇女所戴的帽子叫"听玛"，是棕蓝色彩线氆氇制成的圆筒帽，帽子的底边有个缺口是留辫子之处，耳坠是珊瑚及珍珠相连所组成的，长达15厘米，独特的帽子及耳坠象征孔雀的头冠。背部系"改巴"即背围裙，普兰妇女的围裙由"改巴"所代替。"改巴"是由白面羊羔皮制成，正中部镶有圆形花纹的氆氇粗条线，象征孔雀的背部。另外，羊羔皮袍特别盛行，几乎人人都有羊羔皮袍子，制作精细，装饰典雅。男子的装束没有什么特别，和藏族农区的一样。

果尔孜

普兰县是半农半牧地区，因此舞跳也有半农半牧的独特色彩，这种独特的舞蹈在西藏少见。

陈塘夏尔巴歌舞　类别：传统舞蹈　编号：Ⅲ—107
申报地区或单位：西藏自治区定结县

夏尔巴人，藏语的意思是"东方人"，主要分布在我国西藏自治区樟木口的立新（包括雪布岗）、定结县陈塘和定日县绒辖等地，现有约两千多人口，夏尔巴与藏族有着深远的历史渊源。他们通用藏语，陈塘夏尔巴人的语言较杂，既有藏语、尼泊尔语，还有当地土语。

陈塘夏尔巴人喜欢歌舞，不拘场合，不受限制，男女老少都能闻乐声而翩翩起舞，因夏尔巴人没有文字，故歌舞也就承载了夏尔巴人太多的历史。即使生活在封闭的大山里，夏尔巴人依然用动人的夏尔巴歌舞表现他们对生活的热爱，世间所有美好的事物都是他们歌舞的对象。他们还会手捧夏尔巴人特有的芒加美酒，迎接远道而来的客人。夏尔巴传统民间歌舞，由"占列"（六弦琴）、"比旺"（胡琴）伴奏。他们的舞蹈与藏族踢踏舞大不一样，男子弹琴拉胡琴，女子随音乐围着篝火跳圆圈舞。大致可归为三个基本动作：（一）脚步如行走，右脚踏地重，左脚踏地轻，有力平稳，节奏均匀。（二）双手随着均匀的脚步左右甩动，身体随之自然左右摆动。（三）轻轻扭腰甩臀胯。夏尔巴的歌曲较多，每逢结婚、庆贺、丧葬、集会、酒后都要唱几曲，歌声宏亮圆浑，充满山乡人民的豪气。一般在节日、集会、假日和客人来访时举行，场地大小不限。歌词分为传统词和新编词两种。传统歌词以古代传说、农牧技能、宗教颂歌、建筑技术等内容为主；新编歌词则以歌颂山川美景、男女爱情为主；此外尚有讽刺、诙谐、劝诫等方面的内容。歌词多为藏语，有6言、7言、8言等多种，歌有4句、6句、8句或多句多段体。

夏尔巴妇女

安昭　类别：传统舞蹈　编号：Ⅲ—109
申报地区或单位：青海省互助土族自治县

　　安昭舞，土族语称"千佼日"，是"弯曲"或"转圈"的意思。此种舞蹈是歌舞相结合的形式，无乐器伴奏，在土族地区流传十分广泛。关于其名称有不同的说法。一是说由文人墨客们以歌词衬句中的"安昭"一词而命名的。一说是以舞蹈基本动作而得名。关于安昭舞的来历，民间也有诸多传说。有说它是鲁氏太太降王莽时，为了迷惑王莽而跳的一种舞蹈；有的则认为跳安昭舞是土族人民为了礼赞山川神的恩惠，歌颂先民业绩，祝福土乡人丁兴旺、五谷丰登、牛羊肥壮等为主要内容，以歌舞的形式抒发土族人民对美好生活的热爱和向往。还有一种说法就是，古时，人们从事群体狩猎生活。围着自己的猎获物在欢呼、雀跃，抒发无比喜悦的情感，表现顽强剽悍的性格，象征丰收和胜利。现在，经过长期的流传演变，安昭已经成为土族人民自娱自乐的一种重要方式，受到越来越多的人的喜爱。

安昭舞主要是在庭院或打麦场上举行。土族群众（以青壮年为主）身穿民族服装，结队围成圆圈，由1—2名长者或"把式"（土语为"杜日金"）领唱领舞，众人随舞，并以衬词伴唱和声。安昭舞的基本动作是：先向下弯腰，双臂随步态左右摆动，即第一步向右摆动，第二步向左摆动，第三步左脚高跳，身体随之向右翻转一周，双臂上举。如此循环。安昭舞种类较多，主要有《兴马老》、《召引召》、《拉热拉莫》、《索罗罗》等。曲调与舞步配合紧密，节奏明快，并随着歌词内容的变化而变化。女性舞蹈动作优雅、秀气、温柔，男性则粗犷、开朗、大方。安昭舞步伐轻盈，节奏明快。尤其是那些身穿花袖长衫的土族阿姑们翩翩起舞时，宛若仙女伴随彩虹降临人间。

安昭舞按其特点和场合的不同，可分为三类：祭祀安昭舞，节庆安昭舞和婚礼安昭舞。

2010年安昭舞入选第三批国家级非物质文化遗产名录推荐项目。

萨玛舞　类别：传统舞蹈　编号：Ⅲ－110
申报地区或单位：新疆维吾尔自治区喀什市

萨玛舞，是维吾尔族最有代表性的宗教祭祀乐舞。"萨玛"，阿拉伯语意为"苍穹"、"天河"、"太空"等意。传到新疆，"萨玛"变异为古代维吾尔族信仰过的一种原始宗教，在祭祀时，他们用歌、鼓、舞等形式，祈求神灵赐予丰收。这种形式逐渐从祭祀礼仪演变发展为维吾尔族人在年节时欢跳的一种集体民间舞蹈。萨玛舞在新疆各维吾尔族聚居区均有流传，尤其以喀什、莎车等南疆为盛。

男子是萨玛舞的主要参与者，女子跳萨玛舞时，也只在女人圈子里，不和男子混在一起同跳。萨玛舞的主要伴奏乐器是纳合拉鼓和唢呐。

纳合拉鼓两鼓一组，鼓音一高一低，音调对比明显。表演时，鼓点响起，表演者左右胳臂平行，双手举起，双腿跳起，身体旋转180度。鼓的节奏决定着舞蹈的快慢和动作的和谐统一。有经验的鼓手，使鼓点多变，诱发表演者的激情，调动观众的情绪。

萨玛舞的鼓点和唢呐曲来自于维吾尔著名的"十二木卡姆"中的乐曲。伴奏中，每隔一小时换一种曲调，伴奏者的曲调不同，表演者的舞姿也要随之作不同地变换。所以，曲调的灵活多样，使得萨玛舞活泼灵动，充满了维吾尔族人民炽烈奔放的热情。

在盛大的古尔邦节和肉孜节上，更显示出萨玛舞的气势和热烈。节日的清晨，艾提尕尔清真寺礼拜刚做完，清真寺屋顶上纳合拉鼓清脆的鼓点和唢呐悠美的旋律，就飘到千家万户。欢度传统的节日鼓声和唢呐声，如一把火，点燃了人们的热情，人们穿上盛装，从四面八方涌向大礼拜寺有名的喀什艾提求广场上，纷纷甩开双臂，按着鼓点翩翩起舞。其参加人数之多，动作之热烈，场面之壮观，在其它地方难以见到。观众里三层外三层，围得水泄不通。整个广场欢腾了，处处洋溢着节日的欢乐气氛。用他们独特的充满民族气息的方式，表达着节庆欢乐的心情。甚至一些银须垂胸的老人，也情不自禁地合着鼓点和大家一起跳萨玛舞。

维吾尔族萨玛舞

2010年，文化部公布了第三批国家级非物质文化遗产名录推荐项目名单，新疆维吾尔自治区喀什市申报的"萨玛舞"入选，列入传统舞蹈项目类别的非物质文化遗产。

哈萨克族卡拉角勒哈　类别：传统舞蹈　编号：Ⅲ—111
申报地区或单位：新疆维吾尔自治区伊犁哈萨克自治州

"卡拉角勒哈"为哈萨克语，意为"黑色的走马"。相传强大的蒙古人抢占了哈萨克人的草场，抢走了哈萨克人的马群。其中有一匹黑马很神奇，能听懂牧马人吹奏"斯布孜"笛声。一天，无奈的牧马人在山头又吹起了"斯布孜",悠长深情的笛声,随风传到山下黑马耳中,黑马听懂了主人的忧愁和伤感,猛然前腿腾跃,冲向马群,将被抢来的哈萨克族的马群带回到主人的身旁。无比感动的牧马人,创造一支乐曲,名为"黑走马",在民间广泛流传。后来民间艺人又把这个故事编排成舞蹈,用肢体语言演译这个动人的故事,舞蹈起名叫"黑走马"舞。

男子表演的卡拉角勒哈舞,舞姿轻快有力,刚健苍劲,特别是模仿黑马的走、跑、跳、跃一系列动作,狙犷豪放,在舞姿张弛律动中,更显其剽悍的风格,表现出了特有的草原风味。女子卡拉角勒哈舞的舞姿则优美舒展、活泼含蓄、抒情性浓。代表性的如显示姑娘美丽而自豪的《花儿赞》、窥视恋人的《羞窥》、前俯后仰的《展裙吊花》等。

自古以来,哈萨克族在草原上,男人骑马放牧,纵横奔驰;妇女从事挤奶、剪毛、擀毡、熟皮等劳动。智慧的哈萨克族人民巧妙地揉进这些生活和劳动的场景,使得卡拉角勒哈的舞蹈语汇也更加丰富,内容更加宽广,由此延伸衍化出许多优秀的舞蹈,如《擀毡舞》、《挤奶舞》、《绣花舞》、《拉面舞》等舞蹈,真实生动地反映出哈萨克族人民的生活状态和情感。

卡拉角勒哈舞

表演卡拉角勒舞的场地很灵活,有大型集会,也可在小小的毡房里舞蹈。既可一人独舞,也可双人对跳,作为集体舞也深受大家的欢迎。

卡拉角勒哈舞的伴奏乐曲"卡拉角勒哈"节奏感极强,明快活泼,旋律宛如骏马在草原上驰骋。用来伴奏的乐器是哈萨克族的传统乐器冬布拉,冬布拉随着舞蹈的快慢变换节奏。

新疆维吾尔自治区的青河县,每年在金秋八月举行卡拉角勒舞大会,舞会那天,县城万人空巷,四个广场人头攒动,成了欢乐的海洋。青河县这一活动对卡拉角勒哈舞的保护和传承,有着特殊的意义和价值。

甲搓　类别：传统舞蹈　编码：Ⅲ—67
申报地区或单位：四川省盐源县

甲搓舞就是纳西族摩梭人的"打跳"，又称"锅庄舞"或"蹉搓舞"；"甲"是美好之意，"搓"是舞，意即为美好的时辰而舞蹈。这种舞蹈在四川省凉山州泸沽湖畔的摩梭人中广为流传。

关于甲搓舞的起源，有两种释义。其一为源于古代战争，其二为源于祭祀活动。现在，每逢盛大节日到来，或新屋落成、或婚礼等重大庆典，都可以看到身着鲜艳民族服装的摩梭人围着火堆跳起欢快的甲搓舞蹈。甲搓舞一般傍晚时候在院内或场坝上举行，在场地中燃起一堆篝火，跳舞的紧挽手臂，面向火堆，逆时针方向起舞，随着音乐速度而变化，时而喊出"阿喏、喏"的呼喊声，气势宏大。甲搓舞舞姿粗狂、节奏鲜明，动作简单，便于学习和掌握。基本步法有"前三步，后三步"以及"大跳"等，基本动作由腿部动作和手上动作构成，腿部主要表现为"跨退、踏步、辗转"等基本动作；手上动作主要表现为"摆、甩、晃、搭、撩"等。活动范围涉及上肢、下肢、腰、肩、颈部等几乎遍及全身。舞蹈律动先慢后快，再从快变慢。动作大多反映摩梭人的耕作、狩猎、纺织、等劳动生活内容。女子的甲搓舞蹈动作以轻柔、优美为主要特点，男子的动作多为迅捷、刚劲有力为主要特点。为甲搓舞蹈伴奏的乐器有吹奏乐器和打击乐器。吹奏乐器有竹笛、芦笙、唢呐、二胡、海螺、牛角号、人骨号等，打击乐器有牛皮鼓、拨浪鼓、芒锣、镲、铃等。

仗鼓舞（桑植仗鼓舞）　类别：传统音乐　编码：Ⅲ—98
申报地区或单位：湖南省桑植县

桑植白族仗鼓舞又叫"跳邦藏"，是张家界市桑植县白族独有的一种民族舞蹈。该地区的仗鼓舞是。南宋末期桑植白族始祖和历代桑植白族子孙创造而成，该舞蹈唯独流传于桑植白族中。

仗鼓舞古朴明快、粗犷大方，广泛流传于桑植白族中。尤其位于张家界天子山一带的白族人爱跳仗鼓舞，每逢其祭祀、节日喜庆、农事等民俗活动中都要跳仗鼓舞。仗鼓舞以"仗鼓"为道具，其鼓长一般为1.2米左右，两头大如碗口，用皮革绷面，中间部分较细，可以握持，其形状如木杵。仗鼓舞的伴奏乐器以打击乐器为主，同时有用吹奏乐器奏出其主要旋律，所运用的乐器有笛子、唢呐、大号和锣、钹、磬等。

桑植白族仗鼓舞在保留云南白族传统舞蹈基本动作特点的同时，在民族迁移过程中吸收和融合了周围民族的舞蹈特点。在700多年的发展过程中，桑植仗鼓舞形成具有81种套路的较为成熟及复杂的舞蹈，如有"霸王撒鞭"、"硬翻身"、"四十八花枪"、"玉女扫地"、"野马分鬃"等。桑植白族仗鼓舞最主要的特点为，舞者和乐器伴奏者们围成圆圈共同完成所有舞蹈套路。乐手们手持乐器，一边演奏一般跳转，整个舞蹈从而更加灵巧多变。舞者和乐手们跳跃的同时发出"哦、喂"的吼声助兴，使舞蹈场面更加活跃、粗犷。桑植仗鼓舞以跳、摆、转、翻等为基本动作，脚步多为先左后右，手与脚顺向摆动、顺拐、屈膝等动作为主要特点。除此之外，桑植仗鼓舞在发展中形成一定的程式化特征，舞步与伴奏乐队的节奏结合紧密的同时，在鼓点敲出"咚咚咚咚咚锵锵"时候，舞者必须持道具摆动。

跳曹盖　类别：传统舞蹈　编号：Ⅲ-102
申报地区或单位：四川省平武县

"曹盖"系白马藏语音译，意为面具，跳曹盖即戴着面具跳舞，在"跳曹盖"中，舞者会带上各种不同的面具，穿上特制的不同扮相的服装起舞。跳曹盖主要流行于平武县、南坪县白马藏区。跳曹盖以夸张的舞姿来展现对大自然神灵的崇拜及祭祀各方神灵，以此祈求人畜平安，五谷丰登。

平武县跳曹盖的仪式在每年正月初六举行。初五晚上，附近的牧民在寨外的空坝上搭上祭棚，在祭棚中间烧起一堆篝火，巫师们围在火堆旁念经。初六清晨跳曹盖之前还有一些仪式。首先人们在巫师的主持下宰头牛，用于祭神。祭完神灵才开始跳曹盖。身壮力健的青年带上面具，手持各类舞具，围着火堆跳起粗犷、刚健的曹盖。跳曹盖的舞者至少要有三人或三人以上。舞者的动作以手上动作为主，主要是摸仿老熊等猛兽的动作，带有浓厚的崇拜图腾的意味。很多学者把这种跳曹盖的仪式活动划定为傩祭的范畴，并界定为处于发展阶段的傩戏，认为其中保留了大量的巫的成分，是原始的巫傩向傩戏的过渡。跳曹盖整个舞蹈是在锣声的伴奏下完成。白马藏人的"跳曹盖"，是一种古老的傩祭仪式，在人类学、民族学、民俗学、艺术发生学等方面，具有重要的学术价值。2011年，跳曹盖被列入国家级非物质文化遗产名录。

巴当舞　类别：传统舞蹈　编号：Ⅲ—108
申报地区或单位：甘肃省岷县

巴当舞是岷县民间流传的一种古老的羌藏文化融合的舞蹈，也是羌藏文化的遗存。"巴当舞"古称"播鼗武"，源于古羌人的"祭山会"，是为祭祀神灵的最原始、最尊贵的礼仪之一。巴当是舞蹈中最主要的道具，古代称作"雷鼗"，俗称"拨浪鼓"、"长柄鼓"，由一种用羊皮加工的双面手摇鼓（直径30公分，厚度10公分，手柄长50公分）制成，每个村寨的每家每户都有至少一个巴当，每个村选一个春巴（领舞者）与一个巴当舞组织者，且春巴和组织者是轮流但任。春巴的角色相对比较稳定，春巴新上任时要接受严格的藏文《巴当舞曲谱》的学习，《巴当舞曲谱》由春巴保存，据说"巴当舞"这种古羌族特有的文化流传于明宣德年间，而至今仍然完整地保存于岷县的各个村落。

"巴当舞"的过程大致由"安场"、"敬山神"、"扯节勒"三部分组成。为了祈求来年的风调雨顺、五谷丰登，辛勤劳作了一年的村民在庆祝春节这个最隆重的节日时，聚集在打麦场上，生起篝火，由春巴带领，每户抽一名男子，手拿巴当载歌载舞，村里其他村民站在外围拍手起舞，并随着春巴的领唱进行上百人的大合唱，这一部分称为"安场巴当"，其舞蹈步法有二十多种，而最常用的有直脚步、春巴洋、春巴洋撒、难直洋撒、雄巴、难个儿麻难、噢洋洋、古艾、撒艾等9种，而且一种步法一种唱腔。一到晚上，上百人围着篝火跳起粗犷豪放的巴当集体舞，其场面庄严、热烈，充满了神秘色彩。安场舞结束后，由春巴带领进行下一场表演—"敬山神舞"。敬山神时，春巴与参加巴当舞的众男子围着燃起的大火拜五方，并在秋千架下进行新的舞蹈，其步法与安场步法不同，也有十几种之多，最常见的步法有噢乃洋撒、沙乃洋撒、噢达、沙母洋、噢呦呦等5种。敬山神结束后是"扯节勒"，这是"巴当舞"的第三部分，所有舞蹈者开始吃饭、喝酒、品茶，集体进行藏语大合唱。同时，还合唱酒曲、茶曲，围观的群众也参与其中，或拍手、或歌唱，气势磅礴，非常壮观。

巴当舞作为一种古老的民间舞蹈，是藏族人民长期劳动智慧的结晶，具有很大的地域和民族特色，它不但保留了极其古老的原始美、野性美，而且富有舞蹈的节奏美和韵律美，充满了阳刚之气。

MINGJIANXIJU

四、民间戏剧

> 藏戏（德格格萨尔藏戏、巴塘藏戏、色达藏戏、青海马背藏戏、拉萨觉木隆、日喀则迥巴、日喀则、南木林湘巴、日喀则仁布江嘎尔、山南雅隆扎西雪巴、山南琼结卡卓扎西宾顿、黄南藏戏、尼木塔荣藏戏、南木特藏戏）　类别：民间戏剧　编号：Ⅳ—80
> 申报地区或单位：四川省德格县、巴塘县、色达县；青海省果洛藏族自治州；西藏自治区尼木县；甘肃省甘南藏族自治州

　　藏戏是藏族戏剧的泛称，藏语称为"阿吉拉姆"，为"仙女姐妹"之意。据传藏戏最早由七姐妹演出，剧目内容又多是佛经中的神话故事，故而得名。藏戏起源于8世纪藏族的宗教艺术，17世纪时从寺院宗教仪式中分离出来，逐渐形成以唱为主，唱、诵、舞、表、白和技等基本程式相结合的生活化的表演。

　　藏戏演出一般分为三个部分，第一部分为"顿"，主要是开场表演祭神歌舞；第二部分为"雄"，主要表演正戏传奇；第三部分称为"扎西"，意为祝福迎祥。藏戏的传统剧目相传有"十三大本"，经常上演的有《文成公主》、《诺桑法王》、《朗萨雯蚌》、《卓娃桑姆》、《苏吉尼玛》、《白玛文巴》、《顿月顿珠》、《智美更登》，俗称"八大藏戏"。此外还有《日琼娃》、《云乘王子》、《敬巴钦保》、《德巴登巴》、《绥白旺曲》等，多含有佛教内容。

　　藏戏的服装从头到尾只有一套，演员不化妆，主要是戴面具表演，所以藏戏以面具的颜色象征人物的个性特征和善恶之分。通常白色象征善良和纯洁；红色象征威严；绿色象征柔顺；黄色象征吉祥和高贵；半黑半白代表女巫；青面獠牙代表妖魔，乡民的面具则用白黄之布缝制，代表朴实敦厚。

　　藏戏又分白面具戏和蓝面具戏

藏戏表演

两种。蓝面具戏在流传过程中因地域不同而形成四大流派。其中觉木隆藏戏是在所有藏戏剧团和流派中艺术发展最为完备丰富、影响最大、流传也最广的一种。拉萨、山南地区的藏戏团体，多数属于觉木隆派。迥巴藏戏团是藏族戏剧中最为古老、杰出的代表之一。藏戏以蓝面具藏戏为典型代表，而蓝面具藏戏是从迥巴藏戏班首先创建起来的。它上承白面具藏戏古老传统，保持了藏族最为古老的发声法，下启蓝面具藏戏，开创了新颖华丽的蓝面具藏戏风格，因此迥巴藏戏的表演、唱腔艺术在藏族群众中享有崇高的名望。湘巴藏戏——也称"常·扎西直巴"，又因在南木林山沟中的香河边，也被称为香巴藏戏。江嘎尔藏戏的影响仅次于觉木隆，是一个富有代表性的剧团，唱得好是它的主要特点。白面具戏也有传承绵延的优秀剧团，久负盛名的雅隆扎西雪巴是西藏白面具藏戏的杰出代表，其鼓钹伴奏、唱腔、服饰等都与其他藏戏不同。琼结卡卓扎西宾顿也是西藏白面具戏的一个著名演出团队，该团的主要演出剧目为《曲杰诺桑》，以独特的唱腔闻名于全藏。另外，流行于青海黄南地区的黄南藏戏是属于安多语系藏戏的一个重要支系，其特点是在音乐中吸收了当地民间歌舞素材。

2006年5月，藏戏经国务院批准列入第一批国家级非物质文化遗产名录。

山南门巴戏　类别：传统戏剧　编号：Ⅳ—81
申报地区或单位：西藏自治区

山南门巴戏，也称"门巴拉姆"、"门巴藏戏"，流行于喜马拉雅山东南坡门巴族聚居区，即现在的西藏山南地区错那县勒布区。门巴戏的剧本是直接使用藏戏的藏文剧本，所以民间习惯称呼这种戏曲为"门巴阿吉拉姆"，"阿吉拉姆"是藏族对藏戏的称谓，因此"门巴戏"也可以称为"门巴藏戏"。

相传18世纪末，强巴克龙从拉萨带回一部《诺桑王子》的藏文剧本，由此门巴戏开始在勒布流传。

门巴戏演出的剧目主要有两个，一是《诺桑王子》，一是《卓娃桑姆》。表演时按开场戏"顿羌"、正戏"雄"和结尾戏"扎西"依次进行，规定只有6个演员和一个司鼓钹的伴奏员。开场戏由这6个角色先后出场舞跳、歌唱、表演，还穿插表演祭祀众神等等。正戏开始后，6个演员除要分别扮演剧中6个角色外，剧中的其他角色也要由6人轮流串演，串演时服装、装扮都不变换。戏班除6个演员和一个伴奏员外，还有一个是管理人，他也要参加开场演出，他穿黑藏装，戴"薄独"帽，举一面保护神"杜嘎日"旗帜，第一个出来绕场一圈，然后引出6个演员出来表演。而对伴奏员则有更高的要求，除小鼓小钹要由他演奏外，还要求他谙熟全部剧情、戏词，懂全部唱腔、舞蹈动作和表演，以使鼓钹点与整个戏剧节奏相合。

门巴戏的表演源自门巴族的民间舞蹈、歌舞和宗教艺术表演，其音乐则源自门巴族民歌"萨玛"（酒歌），此外又吸收了门巴族的说唱音乐、古歌、悲歌和宗教音乐。门巴戏的服装主要以门巴族生活服装为基础，同时又受到藏族服饰的影响。在勒布地区，每年藏历新年期间，规定连续演出《诺桑王子》7天，一天演一段。

门巴戏表演

由于地处西藏偏远的边境地区，加之文化水平较低，"门巴戏"老民间艺人不能把自己演唱的声腔、唱词和表演经验用文字记录下来，因此勒布的门巴戏早在新中国成立以前就已停止活动，至今已半个世纪。"门巴戏"老艺人所掌握的表演绝活必须靠言传身教。所以，现在西藏有关部门采取措施抢救。

2006年，山南门巴戏经国务院批准列入第一批国家级非物质文化遗产名录。

壮剧 类别：传统戏剧 编号：Ⅳ—82
申报地区或单位：广西壮族自治区；云南省文山壮族苗族自治州

壮剧又称壮戏，是在壮族民间文学、歌舞和说唱技艺的基础上发展而成的。旧时壮族自称"布托"，意即"土著者"、"本地人"，壮戏又称为"昌托"，即"土戏"。由于地域环境的阻隔，各地在发展过程中产生差异，产生了北路壮剧、南路壮剧等7个分支，文山富宁壮剧是其中之一。壮剧植根于民族生活土壤之中，是壮族人民创造的历史悠久、独具特色的剧种，也是东南亚地区的民族文化交流融合的桥梁。

壮剧的主要伴奏乐器是马骨胡，用马腿骨做琴筒，用金属丝做弦，比京胡细而长，音乐清脆、明亮。配器是土胡、葫芦胡和二胡、三弦、箫筒或笛子，有时吹奏木叶作为辅助，此外还有木鱼、小鼓、大钹、星锣、高边锣等打击乐器。壮剧题材多反映本民族的生产生活故事，如《布伯》、《侬智高》、《张四姐下凡》、《宝葫芦》、《红铜鼓》、《金花和银花》、《莫一大王》和《百鸟衣》等。熟悉的剧情，亲切的方言唱词、道白让壮族人民对壮剧喜爱有加，同时壮剧还被赋予了消灾解难、增寿丰收的意义。壮剧的唱词保持了壮族传统民歌的特有韵律结构，押腰脚韵形式，使唱词平仄变换，韵味无穷独具特色。

1960年，历史上第一个专业剧团——富宁县壮剧团成立，后又改为文山壮族苗族自治州壮剧团，在专业剧团的带动下，一些业余剧团也随之兴起，颇受广大群众欢迎。随着时尚文化的不断发展侵蚀，壮剧受到各种流行文化的冲击，危机重重。壮族青年一代逐渐消减了对壮剧的热情，随着老一代艺人的相继离世，这一民族文化的奇葩也将消失。对壮剧的保护刻不容缓。

2006年6月7日，壮剧入选第一批国家级非物质文化遗产扩展项目名录。

侗戏 类别：传统戏剧 编号：Ⅳ—83
申报地区或单位：贵州省黎平县；湖南省通道侗族自治县；广西壮族自治区三江侗族自治县

侗戏是我国民间戏曲中的戏种之一，是侗族人民在长期的劳动生活中创造并喜闻乐见的艺术形式。侗戏具有独特的民族风格，多流行在贵州省

四、民间戏剧

黎平、从江、榕江，广西壮族自治区的三江、龙胜等县的侗族村寨。它是黎平县腊洞村侗族文人吴文彩创始于19世纪初叶，至今已有150多年的历史。吴文彩最早创作出来的两出侗戏，一出是根据汉族说唱本《二度梅》改编的《梅良玉》，另一出是根据汉族传书《薛刚反唐》改编而成的侗戏《李旦凤娇》。侗戏角色有生、旦之分，但并未形成定型的行当，一般是根据剧中人物的需要来分配演员。演员念白很少，以唱为主。唱腔一般是上下句结构，中间都有过门。演员每唱完一句，都要在过门中与另一个演员互走一字，交换位置。侗戏音乐是在侗族民歌琵琶歌、叙事歌、大歌和山歌基础上，吸收汉族戏曲剧种音乐逐渐发展而成的。根据唱腔的结构和形式，可分为"戏腔"、"歌腔"两大类。侗戏的乐队包括管弦乐和打击乐两种。侗戏的唱词十分讲究音韵，其尾韵统一，腰韵严谨，主要曲调有"平板"、"哀调"。"平调"是上下句结构，多用于叙事。而"哀调"是由侗歌中的"哼歌"、"格以琴"等演变而来的，节奏自由，旋律哀怨，适于表现悲痛的感情。侗族的村寨都建有鼓楼，戏班的组织是以鼓楼为单位，一个鼓楼有一个戏班，属业余性质。一个戏班一般为十几个人，有戏师傅、歌师傅、演员和伴奏人员，无女演员。戏班除在本寨演出外，也到外面去"走寨"演出。演出时间主要集中在春节、二月二、三月三、秋后或本寨的会期。

过去侗族没有文字，戏师用心记戏，后言传身教传给演员。有的戏师把传统的侗戏借用汉文字记录下来，成为侗家自己的侗戏本。有名望的戏师在农闲时经常被请到外寨去教戏。新中国成立以来，涌现了

侗族迎客酒

一批在侗戏创作与编导上有新成果的后起之秀，如茅贡籍的吴定国、赵永佳、吴远隆，创作与编导了《珠郎娘美》、《善郎娥梅》、《孤独的王乔星》等优秀侗戏剧目，将侗戏的传播力和影响力波及到了黔、湘、桂、鄂等侗

族地区，形成了"少儿学戏，青年唱戏，老人看戏"的浓厚氛围，极大推动了贵州省黎平县侗戏的传承。

2006年，贵州省黎平县侗戏经国务院批准列入第一批国家级非物质文化遗产名录。

> **布依戏　类别：传统戏剧　编号：Ⅳ—84**
> **申报地区或单位：贵州省册亨县**

布依戏，布依语称"谷艺"，也叫"土戏"，是布依族文化"八宝"之一。布依戏是黔西南独有的民族戏曲艺术，流传于南盘江沿岸的布依山寨。布依戏的剧目分为传统剧目、移植剧目、现代剧目三类。布依戏的表演分"特有身段谱"13项，主要有"留溜溜"、立掌、"亨万"、绕台、整发理帕、棍术对打、武行出场等，别具特色。布依戏的音乐曲调有"京调"、"起落调"、"翻演调"、"马倒铃"、"正调"、"长调"、"八谱调"、"反调"、"武打升官调"、"过场调"、"倒茶调"、"吃酒调"等，伴奏乐器主要包括尖子胡琴、朴子胡琴、笛、短萧、木叶、三弦、琵琶、月琴及大锣、大钹、鼓、木鱼、包包锣、小马锣等。布依戏中有生、旦、丑及大王、大将等分工，各角色都戴着别致古朴的脸壳，其脸壳有木雕、笋壳、竹篦壳三种，以红、黑、黄、绿、蓝、紫6色勾画、涂染，绘制常常运用夸张、变形的手法，在眼、眉、鼻、嘴、胡上着力渲染。演出时，演员头上蒙以青纱，然后通过脸壳上眼、鼻、嘴处雕开的孔往外看，自由表演技艺。各角色都是三步或五步一转身，演唱过程中对面穿梭，形式活泼，风格质朴。布依戏具有历史学、民俗学、宗教学、戏曲学等方面的研究价值。

布依戏主要由村寨的民间业余戏班传承。戏班一般有三十多人，以自然村寨为基础，戏师为班头，各班每年春节期间必须为本寨或没有戏班的村寨演出，以避灾祈福、驱鬼逐疫。但是，现在布依戏已经不易看到了，因为许多布依戏演员年事已高，又难以物色到合适的接班人，故而能演者越来越少。

由册亨县申报的布依族谷艺（布依戏）2006年已列入第一批国家级非物质文化遗产保护名录。

彝族撮泰吉　类别：传统戏剧　编号：Ⅳ—85
申报地区或单位：贵州省威宁彝族回族苗族自治县

撮泰吉是仅存于贵州省威宁彝族回族苗族自治县板底乡裸嘎寨的一种古老的戏剧。"撮泰吉"是彝语音译，现在见到的文字音译名称有"撮衬姐"、"撮寸几"、"撮屯姐"、"撮特基"、"撮泰吉"等十余种。汉语简称"变人戏"。"撮泰吉"被专家学者誉为"彝族戏剧的活化石"。

撮泰吉的主题是讲述先民耕作的由来，生动地再现了远古先民的农耕活动。撮泰吉一般于农历正月初三到十五演出，旨在驱邪祟、迎吉祥、祈丰收。表演主要分为祭祀、耕作、喜庆、扫寨四个部分，其中耕作是全戏的核心，主要反映彝族迁徙、农耕、繁衍的历史。演出内容反映了彝族先民创业、生产、繁衍、迁徙的历史。戏中对先民如何耕地、播种、薅锄、收割、归仓等生产过程，作了粗犷的示意性表演。

撮泰吉的表演形式十分独特。表演者用白色头帕将头缠成尖锥形，身体及四肢用布紧缠，象征裸体。台词对白皆以吸气发音，还发出猿猴般的吼叫声，象征他们是生活在人类初期。表演时部分人头戴面具，所戴面具主要有5种，分别是彝族老人（1700岁）、老妇人（1500岁）、苗族老人（1200岁）、汉族老人（1000岁）及小孩。面具长约一尺，前额突出、鼻子直长、眼睛及嘴部挖出空洞，用锅烟涂为黑色，再以石灰及粉笔在额头和脸部勾出各种线条，黑白相间，极显粗犷、神秘、古朴和森严。不戴面具者为山林老人或山神（2000岁），是自然与智慧的化身。在表演期间，表演者走村串寨，每到一家，都要坐在火塘边念一段吉祥祝辞，并向主人索要鸡蛋和麻，走时再从柴房四角扯一把草。之后来到寨边路口，把三个鸡蛋埋入土中以预测来年年景，点燃茅草把其余鸡蛋煮熟分食。

因撮泰吉在一个偏远并且相对狭窄的区域流传，保存比较完好，但传承相当脆弱，急需抢救保护。目前撮泰吉有一个国家级传承人、两个省级传承人。其中，威宁彝族回族苗族自治县罗晓云、文道华荣获第二批国家级非物质文化遗产项目代表性传承人称号。

傣剧　类别：传统戏剧　编号：Ⅳ—86
申报地区或单位：云南省德宏傣族景颇族自治州

傣剧是云南独具特色的少数民族戏曲剧种之一，流传于云南省德宏傣族景颇族自治州潞西、盈江、瑞丽、陇川、梁河等县及保山市部分傣族聚居区。

傣剧发源于有一定人物情节的傣族歌舞表演及佛经讲唱，后吸收滇剧、皮影戏的艺术营养，逐步形成比较完整的戏曲形式。起初，傣剧中由男性扮演的女性角色穿傣族女装，男性角色的装扮及男女角色的动作套路与滇剧和京剧相仿。表演时，演员上前三步演唱或做动作，再退后三步听场边人提词，唱段之间以锣鼓等打击乐伴奏。后来唱腔经逐步发展形成"喊混"（男腔）和"喊朗"（女腔）两个基本腔调，傣族民歌曲调被广泛吸收为唱腔及器乐曲。演出中着傣装，表演动作中融入傣族民间舞蹈的步态，伴奏方面增加了葫芦丝、二胡及象脚鼓等乐器，民族风格更加浓郁。

傣剧传统剧目有的源自傣族民间故事、叙事长诗或佛经故事，如《相勐》、《千瓣莲花》、《朗推罕》等；有的翻译移植自汉族剧目，如《庄子试妻》、《甘露寺》、《杨门女将》等。20世纪60年代以来，傣剧整理改编和创作演出了《娥并与桑洛》、《海罕》、《竹楼情深》等一大批剧目。

1962年，《娥并与桑洛》参加西南地区少数民族戏剧观摩演出引起轰动。除德宏州傣剧团这样的专业团体以外，较大的傣族村几乎都有业余演出队伍。目前傣剧基本上只为老年人所喜爱，年轻人因为听不懂而对其没有多大兴趣。傣剧在传承方面的困难日益凸现。

傩戏（侗族傩戏、仡佬族傩戏、恩施傩戏、荔波布依族傩戏）
类别：戏剧　编号：Ⅳ—89
申报地区或单位：湖南省新晃侗族自治县、冷水江市；贵州省道真仡佬族苗族自治县、荔波县；湖北省恩施市；山西省曲沃县；江西省德安县。

侗族傩戏又叫"咚咚推"，流行于湖南省新晃侗族自治县贡溪乡四路村天井寨，因演出时在"咚咚"（鼓声）和"推"（一种中间有凸出的小锣声）的敲击中进行，"咚咚推"由此而得名。天井寨最早的居民为龙姓侗族人，所以又称之为侗族傩戏。2006年5月20日，侗族傩戏经国务院批准列入第一批国家级非物质文化遗产名录。

侗族傩戏"咚咚推"的表演形式以歌舞为主。"咚咚推"的音乐多由当地山歌、民歌发展而成，常用的曲调有《溜溜腔》、《石垠腔》、《吟诵腔》、《垒歌》等。"咚咚推"的表演在舞蹈中进行，演员的双脚一直是合着"锣鼓点"，踩着三角形，不停地跳动。老艺人介绍，这种踩三角形的舞蹈，是根据牛的身体而来，牛的头和两只前脚是一个三角形，牛的尾巴和两只后脚又是一个三角形。侗族的农耕文化孕育了"咚咚推"，所有的演唱全部用侗语。它的剧目有反映本民族生活的《跳土地》、《癞子偷牛》、《老汉推车》等；也有《关公捉貂蝉》、《古城会》等以关公为主角的三国戏。

在傩祭中，面具起着十分重要的作用。在傩戏表演中，面具则成了傩戏造型艺术的重要手段，也是傩戏最为重要、最为典型的道具。演员佩戴面具是傩戏区别于其他戏剧的重要特征。新晃侗族傩戏现存面具36幅：三国人物12幅、傩神2幅、神鬼面具6幅、动物面具3幅、其他人物13幅。

新晃侗族傩戏是中国早期南戏传承至今的"活化石"。自1995年以来，贡溪傩戏、傩技班共接待中国和日本、韩国著名专家、学者近150人次并外出香港、怀化、吉首、芷江、新晃等地演出120余场次。

傩，在历史上是一种祭祀仪式，其用意在于驱疫除邪。贵州道真仡佬族傩戏因其独具特色而闻名。据历史学家考证，傩最早在先秦时期就流行于黄河流域了，它是汉族先民的一种宗教仪式。明代众多的汉族军民进入贵州境内，与仡佬族等少数民族杂居相处，汉族文化也渐渐渗透到仡佬族中。傩文化就是在这个时候逐渐在仡佬族文化中扎根，并成为仡佬族文化中的一个组成部分的。仡佬族傩戏的主要表现内容以驱邪除鬼、祈福纳祥、圆满人愿为主。傩戏属巫教范畴，兼有巫教仪式和戏剧表演双重性质。道真傩戏有大巫小巫的分别，主要是根据法事目标不同而分类，大巫的内容主要有"打保福"，"冲傩"，梓潼戏、阳戏等。小巫则有"和梅山"、"祭坛"、"谢土"等数十种。傩戏以其多种面具为重要特点，共有面具70多种，包括山王天子、炳灵侯王、二郎菩萨、秦童老官、汉朝将军、铁匠婆婆、唤狗二郎、端枪童子、捉火郎君、孽龙、鞠公、毛包、山羊；常用乐器10余种，包括笛子、唢呐等仡佬族常用乐器及仡佬族乐器中最为独特的是"鸣哇"；服饰、头饰各20多种，口条10余种，师刀等道具50多种，唱腔也达30余种之多，剧目更有两三百种。在发展过程中，道真傩戏融合了佛教、道教等宗教内容，有多宗混合的趋势。

新中国成立前，道真县全县14个乡（镇）的33保中，保保有傩坛；

且每保平均3个以上，总计100余坛；其职业人员达1000余人。寒冬腊月是傩戏活动的高峰时节，遍及各村各保。1957年，道真傩坛所演《山王图》在贵州省第一届工农业余文艺会演中获得二等奖。1958年后及"文革"期间，道真傩戏受到很大的冲击。"文革"结束后，傩戏得到了复苏和发展，据调查，道真傩戏目前仍有50余坛，从业者630余人。傩戏也引起国内外专家学者的关注。

2003年，中国傩戏经中国艺术院推荐，由亚太文化中心专家评审确定，正式列入亚太文化中心传统民间表演艺术数据库；贵州省人民政府2007年将道真仡佬族傩戏公布为第二批省级非物质文化遗产；2008年，道真仡佬族傩戏正式入选第一批国家级非物质文化遗产扩展项目名录。

佤族清戏 类别：传统戏剧 编号：Ⅳ—135
申报地区或单位：云南省腾冲县

云南腾冲县荷花乡甘蔗寨，是个佤族村寨，这里奇迹般地保存并流传着一个古老的珍贵剧种——佤族清戏。

佤族清戏属高腔系统，男女不同台，角色有类似生、旦、净、末的区分。用一种叫"红药"的染料彩脸，显示人物身份。表演时，台上有角色，幕后有帮腔，乐队也有一定规模。甘蔗寨流传下来的剧目有《姜姑刁嫂》、《芦林相会》、《安安送米》、《越墙成仙》等数十折。其声腔有大汉腔、四平腔、高腔、放腔、哭腔及清江引、下山虎、小桃红、柳叶青、哭相思等"九腔十三板"。

佤族清戏一般在春节期间走村串寨巡回演出，兴盛时"灯友"（演员）可成百，20世纪20年代后渐趋衰微几至灭绝。1984年，销声匿迹了半个世纪的佤族清戏终得重见天日，并一举登上了云南省农民文艺调演的大雅之堂，从而受到省内外戏曲界的热切关注。佤族清戏枯木逢春般地能"活"下来，的确是个奇迹。

彝剧 类别：传统戏剧 编号：Ⅳ—136
申报地区或单位：云南省大姚县

彝剧流行于云南省楚雄彝族自治州，20世纪50年代在彝族民间传统艺术的基础上发展而成。源自彝族古老的说唱艺术，结合云南当地滇剧、花灯戏等地方剧种，采用汉族戏曲形式，不断融合、完善而形成的新兴民族剧种。采用彝语、彝调，歌、舞、白相结合，内容多以反映当地彝人生活为主。音乐由民歌小调（如《梅葛调》、《曼莫若调》、《过山调》等）、舞曲、器乐曲（如"芦笙曲"、"月琴曲"、"唢呐曲"等）结合形成，称"山歌体"。表演采用"叠脚"等民族舞蹈的舞步、身段，具有浓郁的地方特点和民族色彩。

目前，彝剧表演还未形成一套完整的程式，也没有严格的行当分工，最初是以模拟某些生活动作和动物特征的简单表演，后又从毕摩（彝族祭司）祭祀和唱《梅葛》的动作、声调、表情中吸收一些表演技巧，再从"打跳"中提取某些身段、步伐，变成节奏性和舞蹈性较强的表演技巧，发展为以歌、舞、乐、剧结合的表现形式，散发着浓郁的民族生活气息和鲜明的民族特点。彝剧已创作演出近百个剧目，多属反映现实生活的现代戏。主要代表剧目有《半夜羊叫》、《曼嫫与玛若》、《歌场两家亲》、《查德恩达》、《银锁》、《掌火人》等。

1986年彝剧正式定名，主要流传在峨山、新平、元江等县彝族聚居地，也有小型节目演出。1989年，李长明编演的《外乡人》等剧目，从剧本、音乐、表演、舞台美术等方面都向戏曲化迈出了可喜的一步。特别是《荞花又开》，以及1995年宋佳良等创作演出的《赶羊调》等剧目，都以其完美的艺术形式和浓郁的民族特色赢得观众及专家的赞赏和肯定。自《荞花又开》成功后，彝剧被认为是玉溪地区新兴的少数民族剧种。

彝剧在舞蹈、服装、灯光、布景等方面，在保留民族特色的前提下，表演者注意吸收别的戏剧艺术的长处，以丰富彝剧的艺术表现力。1985年楚雄州彝剧团参加云南省第二届民族戏剧汇演，演出了《银锁》、《蔑独尼闹店》（后改为《闹店》）、《跳歌场上》、《春荡彝山》4个彝剧。其中《闹店》剧本，曾被《剧本》月刊刊出，并在全国的民族题材戏剧创作评奖活动中荣获银奖。《跳歌场上》、《掌火人》、《银锁》、《曼么与玛若》、《歌场两亲家》、《查德恩塔》等一批彝剧分别荣获全国少数民族戏曲剧种录像演出奖、全国少数民族题材戏剧剧本奖和云南省现代戏创作剧目奖。到目前为止，彝剧已创作出了60多个剧目。

彝剧的剧本文学以散文体、七言体、十言体为其唱词格式，人物对白采用汉语彝腔，并采用彝族擅长的比兴手法润饰。在音乐上，以彝族各支系的民歌为素材进行配曲创作。在表演上，以彝族动作为基础，并借鉴其他地方剧种的表演技巧，衍化出欢快步、迎客步、送客步、劳作登山步、俯身步、跌脚步等一系列动作。彝剧的剧目题材大多反映彝族现代生活，剧中的人物都给观众有强烈的亲切感。

彝剧有单一的唱腔，结构比较简单，以1句式、2句式、4句式为主，也有6句、8句和多句式的；也有按段落可以分为两段、3段、4段一直到多段体的；有按速度变化，用散板、慢板、中板、快板的结构组成的。演唱形式上，有独唱、对唱、齐唱、领唱伴唱（即当地彝族群众说的"凑腔"、"帮腔"）、重唱、合唱等等。

白剧　类别：传统戏剧　编号：Ⅳ—137
申报地区或单位：云南省大理白族自治州

白剧，原名"吹吹腔"，流行于云南西部洱源、云龙、大理、鹤庆等白族聚居地区，是大理地区白族演唱的一个古老剧种。白剧与明代的弋阳腔有渊源关系。它由江西传入的弋阳腔融合白族语音、曲调而逐渐形成，清乾隆年间已开始演出，光绪年间盛行。1949年后，以吹吹腔为基础，吸收白族曲艺"大本曲"的曲调，得到进一步丰富提高，改称"白剧"。用白语和汉语演唱，唱腔曲调有三十多种，表演节奏鲜明，韵律严谨，比较古朴，有严格而固定的程式。

白剧音乐包括唱腔音乐和伴奏曲谱两大部分。唱腔音乐由吹吹腔和大本曲两大类组成。有的唱腔按行当分为小生、小旦、摇旦、须生腔；有的按人物身份和动作分为英雄腔、哭腔、苦腔；有的按节拍、唱法分为平板、高腔、一字腔、流水板等。采用白族"山花体"格式，即"三七一五"或"七七一五"，人称"七句半"。用白语或汉语演唱，道白用"汉语白音"。角色按生、旦、净、丑行当扮演各种人物。不仅舞蹈性很强，而且还有一些表现力强的武功。白剧有红、黑、白、蓝、紫5色的独特脸谱，以区分不同的人物性格。伴奏乐队除保留唢呐和三弦两种传统乐器外，现已发展为以民族乐器为主的中西混合乐队。

目前收集到大约400多个剧目，其中传统剧目300多个，新中国成立后新创、整理、改编的剧目130余个。内容主要有袍带剧、生活剧、民间传说故事剧、新编历史剧和现代剧5类。1962年，大理白族自治州白剧团正式成立。优秀的传统剧目有：《崔文瑞砍柴》、《火烧磨房》、《窦仪下科》、《柳荫记》、《竹林拣子》、《访白袍》等。此外，《红色三弦》、《苍山红梅》、《望夫云》、《阿盖公主》、《情暖苍山》、《苍山会盟》、《白月亮白姐姐》等剧目多次被选调晋京演出并在国内外巡回演出，曾荣获"文华奖"、"曹禺剧目奖"等省级和国家级大奖，团体和个人获国家级奖励近百项。

吹吹腔的传统剧本，有鲜明的民族特色：一是吹吹腔的文学性较强，有不少剧目出于文人手笔，文辞雅美。二是吹吹腔的唱词格式不同于汉族戏曲的唱词，基本上是"三七一五"的所谓"山花体"，即每段唱词为四句，前三句是7字，后一句是5字。"山花体"是白族文学中诗歌的传统形式，无论山歌、小调、大本曲、文人诗和巫觋所唱的祝词，都用这样的表现形式。由此可见吹吹腔与白族文学之间的密切关系。三是吹吹腔的剧本有着自己的语言特色。语言是白语与汉语夹杂，白语部分也是用汉字书写，只是在句旁加以注明。

邕剧　类别：民间戏剧　编号：Ⅳ—138
申报地区或单位：广西壮族自治区南宁市

邕剧虽然是汉民族创造的皮黄戏曲剧种，但长期在壮族聚居的桂西南地区流动演出，其舞台语言、音乐、扮相、行头、剧目内容等方面潜移默化地融进了壮族文化元素，发展成为西南各民族共有的戏曲艺术。

邕剧声腔属于皮黄腔，源于湖南，因流传到古雍州一带且用邕州话演唱而称为邕剧。邕剧的表演风格古朴、粗犷，行当有生、旦、净、丑四大类。其中武生的武打则粗犷激昂，表演夸张，许多身段造型以至出手、投足等都来源于桂西南一带壮、汉民族的民间舞姿，体现了壮族雄浑粗犷的民族风格。邕剧的唱腔大多数以皮黄声腔为主，伴奏乐器有大锣、大钹、二弦、喉管等。邕剧的语言多用西南官话，地域特色较浓。邕剧在发展过程中已形成独特的表演程式，如有"甩发"、"马步"、"跳台"等。邕剧的脸谱常用黑、红、白、绿、黄色，不同颜色的脸谱表现了不同的内容和不同的人物特点。传统剧目有"五台会兄"、"三进士"、"陈塘关"等等，据不完全统计，邕剧传统剧目近有七百多部，现保存下来的有418部，它是汉族戏剧文化和岭南少数民族艺术的结晶，2008年，邕剧被列入国家级非物质文化遗产名录。

恩施扬琴　类别：传统戏剧　编码：Ⅴ-74
申报地区：湖北省恩施市

恩施扬琴也称恩施丝弦，广泛流行于湖北恩施土家族苗族自治州的恩施、咸丰、利川、来凤、宣恩等周边县区。传说恩施扬琴是清同治年间传入到鄂西山区的，在长达140年的传唱过程中，从地方戏剧、民间歌曲中吸收了很多原文化因素而成为具有浓郁地方艺术特色的恩施扬琴音乐。

恩施扬琴的演唱以扬琴为主要伴奏乐器，故称为恩施扬琴。此外还有碗琴，二胡、三弦、月琴、京胡、鼓、尺合等乐器，被誉为"八音"。在演奏中，扬琴居首。所演唱的传统曲目分生、旦、净、末、丑等角色，演员不能少于三人。音乐分板腔体曲牌、歌谣曲牌、民间小调、器乐曲牌等四种，以唱为主，念白为辅。唱腔主要是"正宫"和"二六"，因吸收了"楚调"和南戏中"西皮"、"二黄"部分唱腔，所以曲调婉转，抒情性强，表现力十分丰富。

恩施扬琴的唱词雅致，以七字句（二、二、三）、十字句（三、三、四或三、四、三）为基本句式。恩施扬琴的演唱，不搭台、不化妆，无表演，多在夜阑人静之时，在深宅、古庙中演唱，演员自操乐器，围桌而坐，剧情进入高潮或煞尾时，常伴以众合"彩腔"。恩施扬琴曲目众多，传统曲目有《大宴》、《琵琶记》等，现代新编曲目有《白求恩赠刀》、《脚印》等。

恩施扬琴是外来文化与本土民族文化相交融的产物，具有深厚的历史人文价值和文学、音乐研究价值。2008年，恩施扬琴被列入国家级非物质文化遗产名录。

CHUANTONGQUYI
五、传统曲艺

新疆曲子　类别：传统曲艺　编号：Ⅴ—30
申报地区或单位：新疆维吾尔自治区昌吉回族自治州、巴里坤哈萨克自治县

在新疆，除了有独具魅力的民族歌舞之外，还有独具特色的戏曲艺术。它就是与"陕西曲子"和"兰州鼓子"有着源流关系的新疆曲子。它是文化部认定的新疆维吾尔自治区唯一用汉语演唱的新疆民间剧种，在全国也属稀有。

新疆曲子，民间称之为"新疆小曲子"。历史上，陕西曲子、兰州鼓子以及青海平弦、西北民歌等民歌俗曲传入新疆后，杂糅了多种民族语言和音乐曲调，逐渐形成了具有独特风格的艺术形式"新疆小曲子"，已有一百多年的历史。新疆曲子伴奏的主要乐器是三弦胡、干鼓子。

新疆曲子流行于维吾尔自治区东疆的哈密、巴里坤，北疆的乌鲁木齐、昌吉州、伊犁地区、塔城地区和南疆的库尔勒、焉耆等地。

疆曲子根植于新疆各族民间，贴近现实，贴近生活，贴近群众，具有很强的民间性和地方性，深受汉、回、锡伯等各民族人民群众的喜爱。新疆曲子载歌载舞的表演，生动活泼；丰富动听的音乐，赏心阅目；风趣幽默的道白，通俗易懂。这种雅俗共赏的艺术形式，群众喜闻乐见。

新疆曲子的唱词按其格调，可分雅、俗两类。雅者，所唱词讲究文辞优美，唱的内容多为英雄人物的感人事迹。俗者，唱词表述流畅，通达易懂，内容多取材于民间，或为流传广泛的民间故事、或为历史悠久的民间传说。

有唱有说，是戏曲的特点。新疆曲子的道白，过去多用陕西语音，夹有新疆语音，杂语繁音，不显地方特色。经过长期的实践，新疆曲子的道白逐渐变异，以昌吉回族自治州吉木萨尔县方言的语音为标准音，加以提炼和加工，渐渐形成舞台化的艺术语言。

新疆曲子的音乐，融合了多种民族的音乐成分，博采众长，旋律生动，调式优美，艺术风格独特，区域特色鲜明，是新疆汉文化中的一枝鲜艳的花朵。

新疆曲子在发展过程中，和大多数非物质文化遗产同样，受现代文化的冲击，受众逐步减少，生存环境日益狭小、传承人的断层、保护不力的境况日渐明显，亟待抢救和保护。1958年，昌吉回族自治州首创成立了"新

疆曲子剧团"，这是第一个国营的新疆曲子专业剧团。

2006年，由新疆维吾尔自治区昌吉回族自治州申报，经国务院批准，新疆曲子剧种列入了第一批国家级非物质文化遗产名录。文化部确立新疆曲子艺术代表人物侯毓敏，为第二批国家级非物质文化遗产项目代表性传承人。

表演新疆曲子

乌力格尔　类别：传统曲艺　编号：Ⅴ—40
申报地区或单位：内蒙古自治区通辽市、扎鲁特旗、科尔沁右翼中旗；辽宁省阜新蒙古族自治县；吉林省前郭尔罗斯蒙古族自治县

乌力格尔，也称"胡仁·乌力格尔"，汉译为说书，是蒙古族传统说唱艺术。主要流行于内蒙古东部的通辽、兴安盟、赤峰及辽宁、黑龙江、吉林等省区的蒙古族聚集地区。

乌力格尔的表演者称为"胡尔奇"，表演形式为胡尔奇一人自拉自唱，所使用的伴奏乐器为蒙古族低音四胡。乌力格尔音乐具有浓厚的叙事性和抒情性特点。曲调不仅保存了蒙古族古老的说唱艺术英雄史诗的音乐特点，并且在发展过程中吸收了科尔沁民歌、萨满调、祝赞词等音乐因素。乌力格尔的曲调非常丰富，即有表现固定场景的固定曲调，也有表现不同人物性格的基本曲调，还有胡尔奇自己即兴创编的变化曲调。乌力格尔的故事内容可以分为"本子因·乌力格尔"，蒙古族传统历史故事，胡尔奇创作的故事三种。本子因·乌力格尔是用蒙语说唱的汉族历史故事，如《三国演义》、《红楼梦》等乌力格尔；传统历史故事有《青史》、《嘎达梅林》等蒙古族历史和民间故事；胡尔奇创作的乌力格尔有《烈火金刚》、《龙虎两山》等。

乌力格尔在流传过程中形成了不同的风格流派，可以分为喀喇沁—东土默特风格区，扎鲁特—昭乌达风格区，科尔沁风格区。喀喇沁—东土默特风格区是指原卓索图盟，因地理位置和历史原因该地区的乌力格尔中大量掺杂着汉语，曲调平和自然，语言幽默诙谐。扎鲁特—昭乌达风格区包括现在的通辽市北部的扎鲁特旗、奈曼旗以及赤峰市的巴林左旗、巴林右旗、阿鲁科尔沁旗等地。该风格区的乌力格尔叙述性特点显著，擅于表现史诗型题材作品。科尔沁风格区包括现在的通辽市、兴安盟、吉林、黑龙江、辽宁等蒙古族聚居地区。其音乐擅长表现抒情性特点，故事情节跌宕丰富。历史上曾出现了很多有名的胡尔奇，有丹森尼玛、却崩、布仁巴雅尔、扎那、琶杰、毛依罕、金宝山、乌斯呼宝音等。

说书艺人

乌力格尔是近代蒙古社会生活、民俗风情的反映，又是民族精神与民族性格的生动体现。2006年，乌力格尔曲艺被列入第一批国家级非物质文化遗产名录，传承人有扎鲁特的劳斯尔，辽宁阜新蒙古自治县的杨铁龙、韩英福，吉林省郭尔罗斯蒙古自治县的包朝格柱等。

达斡尔族乌钦　类别：传统曲艺　编号：Ⅴ—41
申报地区或单位：内蒙古自治区莫力达瓦达斡尔族自治旗

乌钦也称为"乌春"，是达斡尔族民间说唱形式。主要流传在内蒙古自治区呼伦贝尔盟莫力达瓦达斡尔族自治旗及黑龙江省齐齐哈尔市梅里斯等达斡尔族聚集区。

据历史记载，乌钦是清朝年间由达斡尔文人用满文创作的叙事体诗歌，并以吟诵调朗读。清朝时期达斡尔族文人敖拉·昌兴创作的长诗《巡边记》就是当时的较为流行的作品，后又经民间艺人口头说唱及表演，逐渐成为民间广泛流传的说唱音乐形式。乌钦音乐的表演采用说和唱相结合的形式，有时以说为主、以唱为辅，有时以唱为主、以说为辅，有时一唱到底不插道白。乌钦的音乐富于说唱性，旋律质朴、叙述性较强，其旋律与语言密切结合，要求语言比一般的民歌更讲究格律。一部完整的乌钦多数由开篇、正文和结尾三个部分组成。乌钦的音乐比较丰富，经常使用的曲调有《少郎与岱夫》、《德莫日根》、《四季歌》、《口迪哥哥》、《向牡丹花诉说》、《伐木》、《放排谣》、《乌钦》等。乌钦的唱腔旋律以级进为主，旋律中经常有以绕一个基音上下波动的旋律线，偶尔也会出现6度、7度、8度的大跳。乌钦音乐的节拍是多为2/4、4/4、3/8、6/8，曲调多运用16分音符，尤其前16分音符的经常使用给人一种前紧后松的感觉。乌钦的内容既有达斡尔人的故事，也有汉族经典著作的翻译。前者中多为描述劳动生活、爱情传说和寓言故事，代表性作品有《少郎与岱夫》、《奇三告状》、《赴甘珠尔庙会》等；后者中代表性作品有《红楼梦》、《三国演义》等，乌钦的故事语言朴实，人物形象栩栩如生。

达斡尔族有语言、无文字，因此乌钦音乐在达斡尔族的历史传承具有重要的作用。2006年达斡尔族乌钦音乐被列入国家级非物质文化遗产名录。

赫哲族伊玛堪　类别：传统曲艺　编号：Ⅴ—42
申报地区或单位：黑龙江省

伊玛堪是赫哲族的传统曲艺，是有讲有唱、以唱为主、无伴奏的传统民间口头文学样式，在黑龙江省的赫哲族聚居区流行。赫哲人自称为"大唱"、"鱼歌"和"那乃人之歌"。"大唱"，与赫哲族民间小调"嫁令阔"相对，含有唱词长，唱段多，几天几夜也唱不完之意；所谓"鱼歌"，指的是在捕鱼劳动结束后，在渔滩上唱的歌、讲的故事；而"那乃人之歌"则是指生活在三江流域以捕鱼为生的赫哲族人之歌。另外，伊玛堪被誉为北亚洲原始语言艺术的"活化石"。世代沿江而居的赫哲人，无论是上山打猎、下江捕鱼，还是逢年过节、婚嫁喜事、盖房喝圈酒，都会尽兴地唱颂伊玛堪。伊玛堪传神地记录着一切与赫哲人有关的渔猎生活、风俗人情、爱情故事。

伊玛堪的内容主要是围绕主人公莫日根，讲述氏族社会时期部落之间的征战与联盟、复仇以及爱情、婚姻的故事。篇幅一般较长，代表篇目：《安徒莫日根》3万字；《满斗莫日根》6万字；《香叟莫日根》6万字；《马尔托莫日根》4万字；《希尔达鲁莫日根》12万字；《木都里莫日根》5万字。伊玛堪由相对固定和完整的情节构成，主要包括莫日根的出身、兄弟结拜、婚姻、遇难、搏斗、祭祀和凯旋等。作品中不仅塑造了骁勇善战、具有三重身份（莫日根、额真、萨满）的莫日根，还塑造了精通萨满法术、变幻莫测的阔力，阔力多是莫日根的妻子姐妹，她们变成神鹰帮助莫日根完成西征大业。伊玛堪的故事情节和人物形象都渗透着萨满教文化。另外，伊玛堪的曲调悦耳动听、高昂粗犷，讲唱人在赫尼那这个基调之上，又演化出男调、女调、老翁调、少年调、高兴调、悲伤调。

伊玛堪歌手，被尊称为"伊玛卡乞玛发"或"伊玛堪奈"，即"讲唱伊玛堪的人"。他们都是能说会唱的聪明人，具有很强的记忆力、表达能力和表达欲望。著名的伊玛堪歌手主要有莫特额、三福玛发、尤贵连、傅长春、葛长胜、吴连贵、吴进才、葛德胜、尤树林等人。目前，国家级传承人有两个：吴明新、吴宝臣。黑龙江省级传承人有4个：尤文凤、尤秀云、尤文兰和葛玉霞。

2006年，该曲艺被列入第一批国家级非物质文化遗产名录。2011年11月23日，联合国教科文组织将伊玛堪列入"联合国急需保护非遗名录"。

赫哲族老人

鄂伦春族摩苏昆　类别：传统曲艺　编号：Ⅴ—44
申报地区或单位：黑龙江省

鄂伦春族摩苏昆是形成并流行于黑龙江大小兴安岭鄂伦春族聚居区的一种曲艺说书形式，形成于清代末期。"摩苏昆"是鄂伦春语，意为"讲唱故事"。演出形式多为一个人单口表演，没有乐器伴奏，说一段，唱一段，说唱结合。"摩苏昆"是一种内容十分丰富的说唱艺术，含有悲伤地述说或喃喃自述苦情的意思，多讲唱"莫日根"英雄故事和自己苦难的身世。"摩苏昆"来源于生活，同时它的产生与宗教有密切的联系，萨满不仅是专门从事宗教活动的巫师，而且也是能歌善舞、会说能讲的表演艺术家，萨满大多数本身就是讲唱文学的创作者、传播者和继承者。"摩苏昆"是说唱结合的表演形式，曲调不固定，由说唱者自由发挥。故事有长有短，长的要讲上几天甚至十几天，故事人物鲜明，语言生动，情节曲折，引人入胜。《英雄格帕欠》唱词达1900行，10万余字，运用比喻、夸张、排比、借代等多种修辞方法，生动地描述了格帕欠同恶魔斗争的故事。

现存"摩苏昆"说唱体代表作品有：《英雄格帕欠》、《娃都堪和雅都堪》、《波尔卡内莫日根》、《布提哈莫日根》、《双飞鸟的传说》、《鹿的传说》、《雅林觉罕和额勒黑汗特尔根吐求亲记》、《诺努兰》和《阿尔旦滚蝶》等十余篇。其中有悲壮的英雄故事，有代表忠贞的爱情故事，有受苦难的生活故事，有不甘屈辱的反抗斗争故事等等。"摩苏昆"的文学语言，有流畅、押韵、精炼、朴实的特点，在散文和韵文中均有很突出的表现。

"摩苏昆"在形成后的整个20世纪，曾经是鄂伦春族人民重要的娱乐和教化手段，同时又是其民族精神和思想的载体，对于了解和研究包括鄂伦春族在内的北方各渔猎民族的社会、历史、经济、文化和宗教传统意义十分重大。但今天的"摩苏昆"遭到了现代化的强烈冲击，生存出现危机，亟需加以保护。

"摩苏昆"的艺术传承一直以口耳相传的方式进行，著名艺人有莫海亭、李水花、魏金祥、初特温、孟德林等。2006年，该曲艺经国务院批准列入第一批国家级非物质文化遗产名录。

傣族章哈　类别：民间曲艺　编号：Ⅴ—44
申报地区或单位：云南省西双版纳傣族自治州

傣族章哈又称"赞哈"，是傣族传统的曲艺形式，流传于云南省南部边陲的西双版纳傣族自治州及思茅市江城、孟连、景谷等地傣族村寨，与傣族毗邻而居的布朗族中也有传唱。章哈既是歌手称谓，也是作为曲艺表演形式的曲种名称。

章哈的具体演出形式可分为独唱和对唱两种。演出因伴奏乐器不同也分为两种形式，一种以傣族拉弦乐器玎伴奏，演唱内容多为山歌、情歌，多倾诉小伙子对姑娘的爱慕之情，称作"哈赛玎"；另一种以单簧吹管乐器筚伴奏，称作"哈塞筚"。章哈的演唱既有即兴演唱，也有程式化的祝福歌、祈祷歌，还有固定本子的叙事长歌等。其曲调与唱词语调联系密切，朗诵性与歌唱性有机结合，具有柔美抒情的特色。

章哈在傣族社会生活中有着不可替代的作用，其演出极为广泛，傣族新年、关门节、开门节、祭寨神、赕佛及贺新房、婚嫁礼仪、孩子满月等多种喜庆场合都要请艺人演唱章哈。

章哈曲目众多，保存了诸多傣族最原始古老的歌谣、神话和传说。曾产生过康朗甩、康朗英、波玉温等享誉全国的著名艺人。近年来，老一辈章哈歌手逐渐离世，加上傣族地区的城镇化进程日益加快，各种外来的艺术和娱乐形式涌入傣族地区，傣族民间听章哈的风习已远不及以往。今已无知名章哈歌手，一些长篇的演唱内容也逐渐失传，章哈的生存面临危机，亟待加以有效保护。

哈萨克族阿依特斯　类别：民间曲艺　编号：Ⅴ—45
　　申报地区或单位：新疆维吾尔自治区；甘肃省阿克塞哈萨克族自治县

哈萨克族"阿依特斯"历史悠久、内容丰富、民族特色鲜明、曲调唱腔多样，有很强的生命力。"阿依特斯"之所从古延续至今，完全得助于民间口口相传。它反映的内容非常广泛，题材大小都有，历史典故、人生意义、现实生活、亲情爱情、寒暄问候、猜谜语、戏谑讽刺等。在"阿依特斯"表演过程中，充满了理智、感情、风趣、活泼，亦庄亦谐。从唱词到音乐，表现出浓郁的哈萨克口头文学和音乐文化特点。

"阿依特斯"的唱词都是"阿肯"们的即兴创作，这种艺人"眼观六路，耳听八方"，知识渊博，才思敏捷，出口成章，对答如流。艺人即兴编出新词，即弹即唱，其综合的高超技艺，鲜明地表现出他们的创作能力、音乐天赋、雄辩能力、表演能力。

阿依特斯的表演曲牌灵活多样，形式以对唱为主。演唱者根据对唱的内容，从语言本身生发旋律与节奏，所用的伴奏乐器多为冬布拉。对唱带有比赛性质，是竞技式表演，灵活自如，丰富多彩。以两人对唱为主，还有四人对唱，双方歌手即兴编词、边弹边唱，一问一答，一方提问，一方即唱即答。其胜负评判标准重在双方幽默机智语言的表达能力、内容的生动有趣。单人独唱主要是用于叙事长诗和经典曲目的演唱。"阿依特斯"弹唱，在古时候就出现了《巴斯塔吾诗》（开场弹唱）、《阿曼弹唱》（问候诗）、《赞美弹唱》、《山的弹唱》、《四季弹唱》、《训诫弹唱》、《叶吉克弹唱》、《玩笑弹唱》、《鱼种弹唱》、《议事弹唱》、《知识弹唱》、《猜谜弹唱》等各种弹唱形式和种类，既是群众的娱乐形式，也是传授知识的方法。

"阿依特斯"丰富的语言内涵，优美的音乐旋律，鲜明的民族特色，灵活多样的表演，寓教于乐的艺术，是哈萨克族人民喜闻乐见的重要原因。

阿依特斯对唱

布依族八音坐唱　类别：传统曲艺　编号：Ⅴ—46
申报地区或单位：贵州省兴义市

　　布依族八音坐唱又叫"布依八音"，是布依族世代相传的一种民间曲艺说唱形式，主要流传于安顺关岭、镇宁至黔西南贞丰一带。

　　布依族八音坐唱在布依语中叫"万播笛"，即吹奏弹唱的意思。八音坐唱的表演形式为8人分持牛骨胡（牛角胡）、葫芦琴（葫芦胡）、月琴、刺鼓（竹鼓）、箫筒、钗、包包锣、小马锣等8种乐器围圈轮递说唱，故得名。表演以第一人称的"跳入"唱叙故事，以第三人称的"跳出"解说故事，也有加入勒朗、勒尤、木叶等布依族乐器进行伴奏的情形。演唱时，男艺人多采用高8度，女子则在原调上进行演唱，这样不仅可以产生强烈的音高和音色对比，还能增加演唱的情趣。演唱时唱腔用布依语，道白用汉语，有小嗓和平嗓之分，由乐队人员分担角色。曲牌有正调、正音、走音、自路板、长调、倒长调、反簧调、倒茶调、吃酒调等三十多个，可单独演奏，也可边奏边唱。

表现形式有座弹唱和带戏剧性的演弹唱等。"八音坐唱"旋律古朴流畅、悠美悦耳，常在民族节日、婚丧嫁娶、建房、祝寿等场合演奏，是深受布依族人民喜爱的民族说唱艺术形式。最具代表性的传统节目有《布依婚俗》、《贺喜堂》、《胡喜与南祥》、《迎客调》、《唱王玉莲传》、《敬酒歌》、《梁山伯与祝英台》等四十余个。内容主要取材于布依民间口头文学，民间音乐和说唱艺术，表现出布依人民对生活的热爱、对丰收的向往、对爱情的追求、对丑恶的鞭挞。

据史料记载，八音早在唐宋时期就流传于南北盘江的贵州兴义、安龙、册亨、望谟等布依族聚居区一带。元明时期，八音演唱内容加入了民俗、喜庆的内容，并吸收了其他戏曲特点。到了清代，八音已发展成为曲艺演唱形式。新中国成立后，兴义市布依八音队多次应邀参加国内外演出。目前，八音坐唱的生存和发展面临严重困难，急需加以保护扶持。2006年，该曲艺经国务院批准列入第一批国家级非物质文化遗产名录。

朝鲜族三老人　　类别：传统曲艺　　编号：Ⅴ—80
申报地区或单位：吉林省和龙市

朝鲜族三老人，是朝鲜族传统的曲艺形式，它由三个演员扮老人角色表演，融朝鲜族的曲艺唱谈、小丑戏、幕间剧等形式而成。主要流传于吉林省和龙市境内，在当地很受欢迎。

早在原始社会旧石器时代，和龙市境内就已有人类繁衍，渤海国曾在此建都中京显德府，成就渤海国全盛时期，故和龙又有"千年古都"的美誉。和龙市是朝鲜族聚居地，民间艺术传承与发展具有鲜明的朝鲜族民族气息。公元1869年，朝鲜饥民陆续冒险越境来到已是清政府封禁之地的和龙垦荒创业。"三老人"这一曲艺形式在生产建设和娱乐调侃之中逐步发展成型。"三老人"融朝鲜族曲艺、小丑戏（尔光代）、漫谈、幕间剧等形式的特点，以颂扬民族精神为主，受到观众热烈欢迎。

三老人以说为主，唱演为辅，运用延边地区的方言，具有延边的地方特点。由演员分别模拟进步、中间、落后三种类型的老人，以争辩形式演出，在笑声中表扬先进人物和新生事物，批评错误思想、落后现象，嘲笑和抨击敌对势力。三老人对白朴实，风格幽默。先进者正气凛然，彰显智慧；中间派是"墙头草"的形象，左右逢源，对白滑稽；落后者易走极端，头脑简单，三个人物相得益彰，浑然成趣。在插科打诨中缓解矛盾，很有教育意义。唱词简明通俗，谱曲具有明显的朝鲜族风格特点，易学易唱，朗朗上口。三老人扮像幽默滑稽，演员不受年龄约束，往往年少者演出更受欢迎。

三老人具有人物定型化、结构程式化的特点，尤其是语言幽默，具有浓郁的地方特色。

好来宝　类别：曲艺　编号：V—95
申报地区或单位：内蒙古自治区科尔沁左翼后旗

"好来宝"系蒙语，意为"连起来唱"或"串起来唱"，它是蒙古族传统说唱曲艺之一，主要流行于科尔沁和喀喇沁等地区，已有四百多年的历史。

演唱好来宝的艺人称为"好来宝齐"，好来宝齐不仅能唱、能拉，而且有触景生情的灵感，具备随编随唱的本领，并且需唱词恰当、吐字清晰、语言流利、能准确表达自己的思想感情。好来宝的表演可分为"雅布干·好来宝"和"胡仁·好来宝"两种。前者是指无伴奏乐器的演唱形式，后者为有伴奏乐器的演唱形式，该好来宝多用马头琴或四胡来伴奏。好来宝根据表演人数可以分为"单口好来宝"、"对口好来宝"、"群口好来宝"等三种。"单口好来宝"也称为"堂海好来宝"或"扎达盖好来宝"，表演

群口好来宝表演

形式多为民间艺人用四胡或马头琴自拉自唱的形式用赞颂、讽刺、比喻、叙述等手法来描绘一件事物或刻画人物形象。"对口好来宝"也称"代日拉查嘎好来宝",此种好来宝是通过一问一答来比试智慧和才智的说唱形式,其问答的范围较广,除了民间传说故事以外还有天文地理、生活百科等内容。代日拉查好来宝有三种形式,如"比图好来宝"、"额力呼合好来宝"、"达呼尔好来宝"等。"群口好来宝"为集体性的表演形式,以赞颂类内容为主。

好来宝一般都有固定的曲调,其典调动听、节奏明快、地方特色较浓。好来宝的唱词多为四句或两句一押韵,也有几十句唱词一韵到底的情形。表演的节目,篇幅可长可短,既可叙事、又可抒情,有赞颂的、也有讽刺的内容。语言普遍运用比喻、夸张、排比、反复等修辞手法,从而使表演具有风趣幽默、酣畅淋漓。好来宝的代表性曲目有《燕丹公主》、《三国演义》、《党和母亲》、《两只羊羔的对话》、《富饶的查干湖》等。著名的好来宝齐有旦森尼玛、琶杰、宝音诺莫胡、乌斯呼宝音、毛依罕等。2008年好来宝被列入国家级非物质文化遗产名录。

哈萨克族铁尔麦　　类别:传统曲艺　　编号:Ⅴ—96
申报地区或单位:新疆维吾尔自治区伊犁哈萨克自治州

"铁尔麦",哈萨克族语,含有"精选"、"集粹"之意,是一种从哈萨克族的谚语、格言、诗歌或其他文艺作品中,撷取其精华,再配上曲调演唱的曲艺,因为它的唱词有鲜明的哲理性,所以人们也称其为"劝喻歌"。主要流传在伊犁哈萨克自治州及巴里坤、木垒等哈萨克族聚居区。

铁尔麦的艺人们用精练、通俗、优美的语言,为英雄人物唱赞歌,宣扬公正无私的优良品德,总结生活经验,揭示生活哲理,从而起到说教、劝导、嘲讽等社会作用。"铁尔麦"往往通过一个简单易懂的比喻来揭示一个深邃的哲理,使人们可以从中得到明辨是非和规范道德的启示。唱词短小精悍,生动幽默。而它通俗的大众化语言,以及巧妙的比喻,合理地夸张,鲜明的对比等修辞手法的运用,更显示了哈萨克族人民的智慧,也反映出哈萨克族人的历史过程、生活经验,以及思想意识和性格特征。

"铁尔麦"篇幅短小精悍,艺术形式简练,寓意深刻,语言通俗,托物寄情,借事喻理,形象鲜明,生动感人,表现人民生活斗争和社会实践的经验，富有趣味。有以歌唱为主的"铁尔麦"，有以叙事为主的"铁尔麦"。根据演唱的内容，"铁尔麦"可分为传记性、哲理性、说教性和答辩性等类型。

演唱"铁尔麦"的曲调源于民歌，简洁明快，保留了哈萨克民歌原生态的牧歌特色，质朴通俗，热情奔

铁尔麦传承人阿里甫斯拜

放。它的曲调分为一曲多用和单曲独词两种类型。演唱多种不同内容的唱词，采用一曲多用的曲调；而单曲独词的曲调，是为特定的铁尔麦词而创编的曲调，既可以独立演唱，亦可穿插运用。根据唱词的结构、内容及其表达的思想感情，来选取不同的曲调。

"紧弹松唱"是艺人演唱的突出特点。艺人弹起冬不拉而自唱，多彩多变、振奋人心的序曲，情节生动、内涵丰富的主体内容，以快慢有致的歌唱和冬不拉的伴奏，使表达技巧细腻多样，歌唱优美动人。

随着知名艺人相继去世，"铁尔麦"面临后继乏人的危机。"铁尔麦"被列入第二批国家非物质文化遗产名录。新疆尼勒克县文体局干部阿里甫斯拜，被推荐为国家级非物质文化遗产"铁尔麦"项目代表性传承人。

盘索里　类别：传统曲艺　项目编号：Ⅴ－102
申报地区或单位：辽宁省铁岭市；吉林省延边朝鲜族自治州

"盘索里"是一种朝鲜传统曲艺形式，出现于18世纪。20世纪初，随朝鲜族的迁入而传入我国。"盘索里"一词是朝鲜语的音译，意思是在大庭广众面前演唱的歌。

"盘索里"的起源可上溯至朝鲜王朝肃宗时期，这是朝鲜平民文化兴起的时期。它原有十二集锦。到了英、正祖时代，出现了"盘索里八代名唱"，他们将"拍子"与"调"的范围扩大。到朝鲜王朝后期，申在孝将原来的十二集锦删改为六集锦，形成了今天我们所见的盘索里表演。

盘索里的节拍独具特色。所谓节拍包括了节奏的快慢、强弱、高低以

及音律等等。节拍的主要特征：陈扬调是散调里最慢的一种节拍；中莫利是散调里面节拍较慢的12拍节奏，常用于抒情或叙述；中中莫利是比中莫利快，常表现悲愤或者兴奋；自振莫利是散调里面节拍很快的12拍节奏，常用于罗列、叙述；挥莫利是散调里面节拍最快的4拍节奏，用于表现慌乱的景象。

盘索里具有较强的叙事性，被称为"唱优之戏"。表演时一人坐以击鼓，一人立以说唱。说唱中以唱为主，说唱结合，一个人可以出演有多个人物的大型作品。其传统节目如《春香歌》、《沈清歌》等。

盘索里现存的五大代表曲目是：《春香歌》、《沈清歌》、《赤壁歌》、《水宫歌》、《兴夫歌》。原十二集锦是：《春香歌》、《沈清歌》、《兴夫歌（瓢打令谣）》、《兔龟歌（水宫歌）》、《赤壁歌（华容道）》、《雉打令谣》、《横负歌》、《曰者打令谣》、《裴裨将打令谣》、《江陵梅花打令谣》、《淑英娘子传》、《雍固执打令谣》。后来的六集锦是：《春香歌》、《沈清歌》、《兴夫歌（瓢打令谣）》、《横负歌》、《兔龟歌（水宫歌）》、《赤壁歌（华容道）》。

盘索里现有东便制、西便制、中高制3个流派。东便制以痛声和羽调为主，声音雄壮而唱法清爽，不见连绵响亮，抑制表演者自身感情，擅演《赤壁歌》。西便制流传的中心是全罗道的光州、罗州、宝成、康津等地。音色柔和，尾声夹带拖音，并擅用装饰性技巧。中高制唱法介于上述两派之间，音色倾向于东便制。

南曲　类别：传统曲艺　编号：Ⅴ—71
申报地区或单位：湖北省五峰土家族自治县

南曲是湖北地方小曲中一个较为古老的曲种，主要流传在长阳、五峰两个土家族自治县境内，在长阳叫"长阳南曲"，在五峰，人们习惯沿用民间的传统称谓，叫"南曲"。南曲是土家族和汉族文化在长时间的碰撞和交融而发展成的具有浓郁民族特色和鲜明的地方风格的曲艺。

南曲最早传入土家地区的时间可以推至清朝乾隆年间，至今已有近三百年的历史。土家人每逢过节、娶媳嫁女、生日寿宴及劳动之余都会唱起南曲。南曲的表演形式主要是坐唱，多为一人自弹自唱，也有多人弹唱或一人弹奏，一人边打简板边唱。长阳南曲中很少有道白，其曲调优美，婉转动听，表演者没有动作表演。其唱腔可分为"南曲"和"北调"两大腔系。在"南曲"腔系中共有31个曲牌，其中核心曲牌为4个，即南曲头、垛子、上下句、南曲尾；常用曲牌为7个，变体曲牌为13个。在"北调"腔系里仅存一个曲牌，即"寄生"。南曲主要的伴奏乐器为小三弦，也有使用简板者。其传统曲目的文词以短篇为主，很少有中篇和长篇唱词。整体风格较为文雅，多运用比喻、排比、夸张等修辞手法。内容题材多取自小说或戏本中的某章目，如《水浒传》、《三国演义》中的片段。也有很多表现土家族风格特点的题材，如《胖大娘过江》、《螳螂讨亲》等。南曲的演唱者多系土家族农民，无专业艺人，多采用口传心授的办法传承。

六、民间体育杂技与竞技

MINGJIANTIYU
ZAJIYUJINGJI

维吾尔族达瓦孜　类别：传统杂技与竞技　编号：Ⅵ—5
申报地区或单位：新疆维吾尔自治区

"达瓦孜"是维吾尔族一种古老的传统杂技表演艺术。"达瓦孜"，就是高空走大绳的表演。

据史料记载，两千多年前，在西域就有"达瓦孜"杂技表演。汉朝时，在南疆维吾尔族聚居地，"达瓦孜"杂技表演曾盛行一时，并不断扩大影响，向外流播，往东传入中原，往西传出国门。许多"达瓦孜"世家，代代相传，技艺不衰，有的沿丝绸之路，远到印度、红海之滨和埃及等地。

达瓦孜表演

"达瓦孜"即是杂技表演项目，也是节日里的娱乐活动，它有杂技和体育的双重特点。"达瓦孜"表演十分壮观，在空旷的场地上，中间耸立三十多米高的立杆，顶处扎一牌楼上挂彩旗。牌楼横杆两端有表演用的吊杠和吊环。表演技能的绳索长八十多米。表演者手持长约6米的平衡杆，不系保险带，在绳索上作前后走动、盘腿端坐、蒙眼行走，甚至脚踩碟子、飞身跳跃等一系列惊心动魄的动作。经过不断实践和发展，"达瓦孜"表演技巧有了新突破，在浓郁民族风味维吾尔族民间乐曲伴奏中，表演者轻松自如地在高空绳索上踏着节拍跳舞歌唱，并且敏捷地变换着高难动作。

1991年，第四届全国少数民族体育运动会在南宁举行，"达瓦孜"节目荣获国家首次设立的表演奖。此后，"达瓦孜"成为"民运会"中不可缺少的一个重要组成部分。1997年6月22日，"达瓦孜"传人阿迪力·吾守尔以13分48秒成功地横跨了我国长江三峡打破了世界吉尼斯纪录。

阿迪力·吾守尔是"达瓦孜"艺术的第6代传人，其家族表演此技至少已有四百多年的历史。他创造了在高空钢丝上头顶倒立、劈叉、骑独轮车、弯腰采莲等创新性的高难技巧，1997年至2003年期间，曾5次成功打破高空行走世界纪录，成功跨越长达1399.6米的钢丝，创造了"无保险高空走钢丝世界最长"的吉尼斯世界纪录，创下"高空生存25天"纪录，获得了"高空王"的美誉。

2006年，该遗产经国务院批准列入第一批国家级非物质文化遗产名录。2007年，经文化部确定，新疆维吾尔自治区的阿迪力·吾守尔为该文化遗产项目代表性传承人，并被列入第一批国家级非物质文化遗产项目226名代表性传承人名单。

> 回族重刀武术　类别：杂技与竞技　编号：Ⅵ—9
> 申报地区或单位：天津市

回族重刀武术原名"曹门大刀"，它是回族民众尚武精神的象征和标志，具有增强人民体质、丰富人们娱乐生活和传承民众尚武精神等多方面价值。重刀又称大刀，是我国古代兵器的一种，重刀由刀头、刀背、刀身、刀环、护手、刀把和樽组成，材质为生铁。刀背上铁环代表刀的重量，铁环数量越多表明刀的重量越大。天津市回族大刀成名于明成祖初年，相传燕王朱棣的一个金陵籍回族将领惯用一把60斤重的大刀征战，他随朱棣北伐平定天津，后举家迁至天津，于是有了津门曹氏大刀，代代相传。唐朝以来，160斤的重刀是武状元考试的主要器械，曹门刀式吸收了以往武科考试中的弓、刀、石、马步箭等科目技艺，将礅子、石锁、抱石等功夫糅进大刀招式之中。曹门重刀主要有插、背、拧、云、撇、水磨、腰串、狮子披红、乌龙摆尾、雪花盖顶、比摆荷叶、掌中花、叠罗汉等刀式，特点是刚柔相济、动静结合，集力量与技巧于一体。津门著名回族武术名家曹金藻武艺超群，行侠仗义，与霍元甲并称为"回汉双侠"。曹金藻之子曹克明继承父业，在本门刀、礅、抱石、拳铲等功夫基础上自创"曹门刀式"，以"弘扬武术，强身爱国"为宗旨，组建了天津市第一家回族武馆"回族大刀花样举重队"。目前已传至曹仕伟、曹仕杰兄弟，传承方式也由"家族世袭"变为开放式传授。"曹门刀式"特点是刚柔相济、动静结合，集力量与技巧于一体。大刀舞起，动如风，静如松，提刀千斤重，舞刀鸿毛轻，刀飞钢环响，刀落寂无声，既惊险雄劲，又轻盈灵动，给人以极大的美感享受，充分展示了我国古老的民族文化气息，又体现了现代体育之风采。

曹门刀式以弘扬民族武术精神、加强民族团结、习武健身为宗旨，受到国内外各界人士的普遍赞誉。2006年5月20日，该遗产经国务院批准列入第一批国家级非物质文化遗产名录。2007年6月5日，经国家文化部确定，天津市的曹仕杰为该文化遗产项目代表性传承人，并被列入第一批国家级非物质文化遗产项目226名代表性传承人名单。

朝鲜族跳板、秋千　类别：杂技与竞技　编号：Ⅵ—14
申报地区或单位：吉林省延边朝鲜族自治州

跳板和荡秋千是朝鲜族妇女最喜爱的传统民间体育运动。

跳板和秋千具有悠久的历史，最晚也起源于13世纪。朝鲜族民间有句俗话说："姑娘时不跳跳板，出嫁后就会难产。"因此，跳板运动很受重视与喜爱。关于跳板的由来，还有一段浪漫的传说：相传古代朝鲜妇女受封建伦理道德束缚，终日只能在自己家的院子里，不准出大门。为了看看院外的世界，她们只好在院内墙根处支起跳板，借助跳板腾空跃身，偷看院外的风光。

跳板长5.5米、宽35—40厘米、厚5厘米，大多用木质坚硬又极具弹性的水曲柳木板制成。跳板中央的下面放一个"板垫"，使木板两端可以上下活动。"板垫"多用稻草捆，用草袋装满土亦可，高度以30厘米为宜。跳板

跳板表演

中间有一个支点，跳时两人分别站在两端，轮流起跳，利用跳板的反弹力把自己和对方弹向空中。这样反复地一起一伏，奋力向上跃起，不断增加腾空的高度并做出各种花样动作。跳板要靠两人协调合作，有时还边跳边唱，一人唱，一人和。跳板讲究多种技巧和空中姿态，跳法多种多样。有直跳，即蹬离板后两腿伸直跳；屈腿跳，即人体腾空后弯屈腿跳；剪子跳，即腾跃后将腿伸直前后分开跳；空翻跳，即腾跃后向前或向后空翻一周跳。

跳板比赛有比抽线拉高和比表演技巧两种。抽线拉高是在规定时间

内，以腾空者将系在脚脖上的线抽拉出来的长度定胜负。表演技巧则有规定动作和自选动作，自选动作可手持扇子、圈、花环等进行，由裁判员按其所做动作的难度、完成的质量及姿势优美的程度来评定分数。表演技巧不仅要看高度，还要看表演者在空中的动作、姿态和技巧。所以能做出空翻跳、跳藤圈、舞花环、挥彩带等惊险、高难度而又优美动作者常能受到众人的赞赏，赢得比赛的胜利。

朝鲜族的秋千，亦称"半仙之戏"。因为带着几分惊险和刺激，深受人们喜爱，尤其是受到朝鲜族妇女的喜爱。

秋千制作简单，过去一般将秋千绳拴在高大树的横枝上。现在多用木头或铁管制作专用秋千架，横梁上系两条绳索，下拴蹬踏的木板即可。朝鲜族的秋千有单人荡和双人荡两种。

标准的秋千架高为12至13米，在高杆的顶端架起一根横木，横木上系上两根约8至9米的秋千绳索，在下垂的两根绳索底部栓着30厘米左右的踏脚板，荡秋千时，还要系上安全带子。朝鲜妇女身着彩色长裙，踏上秋千板，凭着腰部、臂部的力量向前后摆荡，越荡越高，如紫燕凌空，自由自在；如仙女腾云，优美飘逸。秋千活动具有高、飘、悠、巧、柔、美、欢的特点。在秋千前方的上空悬有彩带或铃铛，荡起的秋千板要触及这个标志才能赢得欢呼与赞扬。

现在，荡秋千不但是端午节、中秋节和农闲喜庆日的娱乐项目，而且变成了体育竞赛项目。荡秋千需要体力、技巧，更需要勇敢的精神。秋千现已正式列入全国民族运动会的比赛项目，延边朝鲜族自治州的荡秋千绝技已成为少数民族传统体育园地一朵盛开的奇葩。

达斡尔族传统曲棍球竞技　类别：传统体育　编号：Ⅵ—15
申报地区或单位：内蒙古自治区莫力达瓦达斡尔族自治旗

曲棍球，达斡尔语称作"贝阔"，曲棍球是我国各民族中唯独达斡尔族保留下来并世代相传的一种民间传统竞技项目。曲棍球球棍称为"波依阔"，是由当地枝干挺直的柞木弯曲根部削扁而成；球称为"颇列"，有毛球、木球和火球三种。毛球多由牛毛团压制而成，毛球轻软，弹性好，滚动速度比较慢，适合少年和儿童击打。木球用杏树根或柞树根削磨而成，质地坚硬，不易破损，适合成年人击打。火球则是把木球掏成空心，再在球上挖出几个窟窿，内燃松明、油脂或桦树皮，可以保证长时不熄，夜幕降临，飞舞的火球在空中划出一道道红线，是达斡尔族村屯夜晚最美的一道风景。

据史料记载，传统曲棍球竞技已有上千年的历史，早在汉代，就有对曲棍球的记载，分为骑马击球和徒步击球两种，分别称为"击鞠"（马球）和"捶丸"（步打球），将曲棍称为"月杖"。到了辽代，契丹民族普遍热爱类似运动；唐、宋年间，传统曲棍球颇为流行，唐代的"步打球"和北宋的"步击"游戏，同达斡尔族的"波依阔"极为相似。至今仍保存完好的两条唐代花毡上可以看到"步打球"的形象，在当时，表演曲棍球的以女性为主。

每逢新年春、中秋等节日和婚嫁喜庆，达斡尔族各个"莫昆"（氏族部落）的人们便组成两队，开展曲棍球比赛。比赛场地多选在平坦的草地或村中开阔的地方，大小无具体规定，两个球门，设在两端，比赛时对垒双方少则五六人，多则十余人，每队各有一名守门员，其余队员分别为前锋和后卫。群众性的曲棍球比赛，逐渐形成了一整套球场规则。达斡尔语把曲棍球球场地两端的球门称为"阿那格"（狩猎营地）和"耶热"（野兽洞穴），传统曲棍球运动与达斡尔人的生活有着密切的联系。

曲棍球比赛

莫力达瓦达斡尔族自治旗分别于1976年和1980年正式成立了我国第一支男子专业曲棍球队和第一支女子曲棍球队。并在中小学增设了曲棍球课程，为我国曲棍球事业的发展做出了突出贡献。1988年，国家体委将该旗命名为"曲棍球之乡"；2006年6月和2007年7月，达斡尔族传统曲棍球竞技分别被列为国家和内蒙古自治区第一批非物质文化遗产名录。

蒙古族博克（阿拉善盟沙力搏尔式摔跤）　类别：传统体育　编号：Ⅵ—16
申报地区或单位：内蒙古自治区阿拉善左旗

"搏克"系蒙语，意为摔跤，是蒙古族传统体育项目。内蒙古自治区锡林郭勒盟、通辽市、呼伦贝尔市、巴彦淖尔市、鄂尔多斯市、阿拉善盟等地区较流行该体育项目。

据记载，早在成吉思汗时期，搏克运动已经非常流行。搏克是蒙古男儿三项技艺之首，不仅是力量的较量，也是技巧的较量。蒙古人称摔跤手为"搏克沁"，参赛时搏克沁身着传统的摔跤服"卓得戈"（紧身半袖坎肩）裸臂盖背。卓得戈多用牛皮制作、边沿镶有铜钉或银钉，后背中间有圆形的银镜，上面有"吉祥"、"好运"等各式各样的祝福文字。腰间系用红、蓝、黄三色绸子做的"策日布格"（围裙）。搏克沁下身穿"班泽勒"（裤）。班泽勒多用白布制成，其尺寸很大，有利于行动和摔跤。在"班泽勒"的外面套一条绣有各种动物或花卉图案的套裤。搏克沁脖颈上配套五色彩绸制成的"将嘎"（项圈），获胜次数越多，"将嘎"上的五色彩绸条也越多。搏克比赛在"搏克音朝乐"声中开始，选手们进场时挥舞着壮实的双臂，跳着模仿狮子、雄鹰等姿态的舞步入场。搏克比赛的规则简单明了，不限时间，参赛者也不分体重，膝盖以上任何部位着地为负。

流行于阿拉善盟、青海和甘肃等地区流行的搏克称为沙力搏尔式摔跤。"沙力搏尔式"词从蒙古语"沙拉巴"（迅速之意）、"沙拉玛盖"（敏捷的）词派生而来。该搏克的摔跤技巧是模仿公驼之争而发展形成，与其它地区摔跤不同。在服饰方面，沙力搏尔式摔跤时搏克沁赤足穿三角短裤从赛场两角迎面而上，分别抓好对方短裤后开始进攻，技巧有前攻、猛背、偷袭、后推、左拉右拧、内外夺脚、旋转猛压、上压、空旋、单打、松肩、硬抗、上翻下扣等。搏克沁需要有强壮的体质、耐力、智慧和技巧。

搏克是蒙古族人民中最为广泛的娱乐形式，是"那达慕"中的重要竞技项目。搏克运动不仅能锻炼人的力量、灵敏度、速度、耐力等身体素质，而且能培养人的机智、勇敢、顽强等意志品格，充分体现了蒙古族崇尚力量、智慧的审美情操。蒙古族搏克2006年被列入国家级非物质文化遗产名录。

搏克比赛场

蒙古族象棋　类别：传统体育　编号：Ⅵ—20
申报地区或单位：内蒙古自治区阿拉善盟

　　蒙古象棋用蒙语称为"沙塔拉"，它是蒙古古代社会中非常流行的一个棋种。据记载，早在成吉思汗时期，蒙古宫廷和军队盛行下蒙古象棋。时至今日，牧民们常以下棋为消遣娱乐和锻炼智力。

　　蒙古象棋多为木质的和石质的，还有金铜制成的。现在多用木头精雕而成的立体造型，具有浓郁的草原特色。棋盘大多用木料制作，由深浅两色间隔排列的8乘8的64格组成，浅色的称白格，深色的称黑格。象棋棋子也分两种颜色，浅色的称白子，深色的称黑子，总共32枚，双方各执16个棋子，每方由诺颜（君王）、哈屯（王后）、哈萨嘎（勒勒车）、骆驼、马、厚乌（儿子）等6种棋子组成。其中诺颜和哈屯各1个，哈萨嘎、骆驼、马各2枚，厚乌8个。

　　蒙古象棋的玩法，与国际象棋基本上相同，同时也有鲜明的草原特色。其中：诺颜可以横、直、斜着走，进退随意，没有位置的限制，但每次只限走一格。两个诺颜可以相遇，但不能用其他棋子代替诺颜。哈屯没有格数的限制，横、直、斜均可走。哈萨嘎只有横、直两种走法，格数不限。骆驼分别在各自的格中走，黑驼走黑格，白驼走白格。而且只能斜走，格数不限。马以"日"字形行走，先横走或直走一格，然后才能斜走。厚乌的走法为，位于诺颜前面的厚乌，第一步可以走两格，其他的厚乌均走一格，双方的任一厚乌到达对方的最末一格后，成为被吃掉的对象。不过，蒙古象棋的规则是，不得吃掉对方的乌奴钦厚乌（孤儿），还有最后赢家不能将对方的棋子全部吃掉，而是要给对方留一子，这是蒙古象棋特有的玩法。

蒙古象棋是集民族性、趣味性、知识性、竞技性、大众性、艺术性为一体的娱乐活动。虽不像摔跤、射箭和赛马那样出名，但也是那达慕比赛的主要项目。蒙古象棋是一种科学博弈竞技棋艺游戏，有利于青少年选手的心理素质和运动耐力等各方面的锻炼。2008年，蒙古族象棋被列入国家级非物质文化遗名录。

沙力搏尔式摔跤　类别：传统体育　编号：Ⅵ—22
申报地区或单位：内蒙古自治区阿拉善左旗

"搏克"系蒙语意为摔跤，是蒙古族传统体育项目。据记载，早在成吉思汗时期，搏克运动已经非常流行。搏克是蒙古男儿三项技艺之首，不仅是力量的较量，也是技巧的较量。

内蒙古阿拉善盟、青海和甘肃等地区流行的搏克比赛称为沙力搏尔式摔跤。"沙力搏尔式"一词从蒙古语"沙拉巴"（迅速之意）、"沙拉玛盖"（敏捷的）派生而来。该搏克的摔跤技巧是模仿公驼之争而发展形成，与其它地区摔跤有所不同。沙力搏尔式摔跤时，搏克沁赤足穿三角短裤从赛场两角迎面而上，分别抓好对方短裤后开始进攻，技巧有前攻、猛背、偷袭、后推、左拉右拧、内外夺脚、旋转猛压、上压、空旋、单打、松肩、硬抗、上翻下扣等。搏克沁需要有强壮的体质、耐力、智慧和技巧。

搏克是蒙古族人民中最为广泛的娱乐活动，是"那达慕"中的重要竞技项目。搏克运动不仅能锻炼人的力量、灵敏度、速度、耐力等身体素质，而且能培养人的机智、勇敢、顽强等意志品格，充分体现了蒙古族崇尚力量、智慧的精神。蒙古族搏克（沙力搏尔式摔跤）2006年被列入国家级非物质文化遗产名录。

马球（塔吉克族马球）　类别：传统体育　编号：Ⅵ—37
申报地区或单位：新疆维吾尔自治区塔什库尔干塔吉克自治县

马球最早源于公元前525年的波斯（今伊朗），后传入中国。中国西汉末年就有马球，至今已有2000多年的历史。马球盛行于唐、宋、元三个朝代，主要流行于军队和宫廷贵族中。

塔什库尔干塔吉克自治县位于新疆维吾尔自治区西南部，西北与塔吉克斯坦接壤，西南与阿富汗接壤，南部与巴基斯坦相连。历史上，塔什库尔干塔吉克自治县是我国丝绸之路通往中亚和西亚的重要通道，也是中外文化交流的重要渠道。有资料记载，马球是唐代由波斯经阿拉伯传至吐蕃（今西藏）的，后来传入中原地区时，塔什库尔干是必经之道。在离塔什库尔干塔吉克自治县较近的北克什米尔喀喇昆仑山麓"丝绸之路"古道上，有一个村庄叫巴基斯坦吉尔特，村里长久以来就流行古老的马球比赛。

在塔什库尔干塔吉克自治县县城不远处，有一处石头城遗址，石头城遗址之南不远处，发现一处古代马球场，球场的场地和看台轮廓都很清晰。这说明很早以前，塔吉克族就有打马球的习惯。据当地老人回忆，马球活动在过去大都是有钱人玩的，在1932年到1938年期间，英国驻喀什代办曾在塔什库尔干石头城玩过马球。

马球，塔吉克语叫"高保孜"，也有人称"乔干"。马球运动是塔吉克人传统的体育项目。

据当地塔吉克族介绍，有一种木质马球，是当地的一种树根做成。这是一种灌木的根茎，塔吉克语叫"托合"。这种根茎呈圆形，直径约20多厘米，用刀削成直径17—18厘米的球形。木球比较结实，一般打不坏。还有一种马球用毡子缝制，里面填实碎毡片、碎布，中间放干羊粪蛋，做成直径20厘米左右的马球，比木质球稍大。这种球轻便有弹性。球棍有两种，一种长一米左右，直径约10厘米，上圆下扁，手握处较细；另一种马球木杆呈扁形，下端突出部分呈"J"字形，手握处细而圆滑。马球比赛场地长180米，宽90米，中间有一条直线。双方进球的地方是一个直径约50厘米、深50厘米的坑，球打进对方坑里为胜。

马球比赛

参赛的马球运动员，无专门服装，一方戴红色头巾，另一方头戴白色的头巾。双方上场的人数没有统一规定，一般是每队6—12人，每一个队代表一个家族或一个部落。裁判一主一副，身上挂布条作标记，可骑马在场上流动裁决。参赛运动员多时，裁判两主两副。半小时赛一场，分上下两场。双方设一持棍守门员。在比赛中也有一些规则，如不准用球棍打马、打人或是拽人、三次违纪罚下场、比赛途中可换人等。总之，民间的马球赛规则是宽松的。但选择参赛的马是讲究的。不要烈性马，因烈性赛马往往会跑过头，失去球。选好马后，马鬃和马尾上系红色布条。打马球是塔吉克族马背上的竞技，要拼勇敢、讲技巧、比智慧，是一项很有趣的运动。

1974年，塔什库尔干塔吉克自治县成立20周年大庆时，举行过一次马球表演赛，如今三十多年过去了，当时参加过表演赛的人已无几。这项竞技面临濒危。2008年，塔吉克族马球入选第二批国家级非物质文化遗产名录。

满族珍珠球　类别：传统体育　编号：Ⅵ—38
申报地区或单位：吉林省吉林市

珍珠球竞技运动产生于满族古老的采珍珠生产劳动，又被称作"踢核"、"采核"、"扔核"，满语称之为"尼楚赫"，是满族传统的体育项目。"珍珠球"竞技运动将体育运动的俊美与生活劳作的优美巧妙融合，被誉为"民族体育之珠"。

居住于白山黑水之间的满族人民世代以渔猎为生，自古便有采集珍珠的生产活动。满族青少年在劳动之余，为了欢庆丰收，经常举办以模拟采珍珠的劳动过程为内容的游戏活动，珍珠球由此发展而来。早期珍珠球比赛场地分为水区、蛤蚌区、威呼（满语"船"的意思）区3个区域，双方选手为"采珠人"。水区处于场地的中央，"采珠人"在水区争夺"珍珠"，突破在蛤蚌区用球拍拦截的对方选手，传给威呼区的队友，威呼区的选手要用网兜接住队友传过来的"珍珠"才能得分。游戏最初在河里进行，后转移到陆地上。

现在的珍珠球竞技运动保留了其传统特点，又在器材和竞赛规则上与现代体育相结合。在游戏阶段，珍珠球用布球、猪膀胱、筐等表示，现在珍珠球的外壳用皮革、橡胶制成，内装有球胆，表面为珍珠白色。球拍由树脂材料制作而成，为蛤蚌壳形状。抄网兜用细绳或尼龙绳制成，兜口为圆形。比赛双方各为7人，球场分为5区，水区（海蓝色）各有4名队员，称为采珠手；限制区（红色），封锁区（黄色）2人，手持球拍，称蛤蚌手；

隔离区（红色）、得分区（黄色）1人，手持抄网，称得分手。采珠手负责进攻或防守，向得分区投射"珍珠球"，蛤蚌手用球拍拦截对方向得分区投射的珍珠，得分手要用抄网在得分区内部自由地接"珍珠球"。比赛规则简单，但是集体性、对抗性强，具有较强的观赏性。

珍珠球竞技运动最初主要在吉林松花江边的乌拉街地区和伊通满族自治县内举行，被誉为东北满族"老家"的民族游戏。这两个地区有许多家族是当年为朝廷采捕"东珠"的"珠轩达"的后人，如乌拉街的张氏家族、石氏家族、赵氏家族、关氏家族等。较为著名的传承人有关常富、郎国兴等。

珍珠球竞技运动于1994年被列为第4届全国少数民族传统体育运动会比赛项目，全国唯一专为珍珠球设计和建造的体育馆坐落于吉林省伊通满族自治县。在一些地区的大专院校，珍珠球也被引入到学校的专业或选修课程中，首都体育大学更有了近20年开展珍珠球运动的历史。满族珍珠球于2008年经国务院批准列为第二批国家非物质文化遗产名录。

满族二贵摔跤　类别：传统体育　编号：Ⅵ—39
申报地区或单位：河北省隆化县

"满族二贵摔跤"是一种流传于河北省隆化县城乡的满族民间体育活动。"满族二贵摔跤"历史悠久，关于它的起源带有一些传奇色彩。传说少年康熙为扫除亲政道路上的障碍，挑选少年侍卫演练摔跤，最终计捉奸臣鳌拜的故事。民众为了庆祝康熙皇帝亲政，特将摔跤比武大赛的场面衍化成"二贵摔跤"这一民间表演形式。清道光年间传统的"二贵摔跤"基本定型，到了民国时期已非常盛行。

"满族二贵摔跤"不仅可以做为体育活动在运动场上表演，还可以以花会的形式出现在节日和街头。"满族二贵摔跤"演出时，表演者将木制摔跤道具绑在背上，双腿全蹲、双手倒穿一双薄底布靴扮作四足，在武场乐队的伴奏下，采用抡、转、滚、踢、跳等武术和舞蹈元素做手脚互摔的动作，由一人分饰二角色，活灵活现地表演两个人摔跤的场面。"一人顶两人，难解又难分。自己摔自己，底下定乾坤。"是河北承德人对"满族二贵摔跤"精彩场面的形象而逼真的描述。

随着时代的发展，文化工作者们在保留"满族二贵摔跤"传统风格的基础上，对它的表演形式、动作编排、服装道具、绝活动作等进行了大胆的探索和科学合理的改革，并把原来的单人表演演变为群体表演，舞蹈表演由舞台扩展到广场，强大的阵容和壮观的场面，使其表演内容更加丰富，民族性更加突出。

继北京奥运会前夕在京城的展演后，"满族二贵摔跤"又于2011年受国家民委、中国民族博物馆委派，参加"多彩中华"对外文化交流活动，得到了美国观众的热烈欢迎和高度赞誉。

2008年，"满族二贵摔跤"经国务院批准列入第二批国家级非物质文化遗产保护名录。

鄂温克抢枢　类别：传统体育　编号：Ⅵ－40
申报地区或单位：内蒙古自治区鄂温克族自治旗

"抢枢"鄂温克语，"抢"为"体能"，"枢"为"轴销"（防止车轮从车轴上脱落下来而定制的木制卡销），是民间流传下来的一项古老的民间传统体育竞技项目。

"抢枢"体育项目已有上千年的历史。关于这项体育竞技的来历，有非常有趣的传说。有一个鄂温克老人名叫扎拉，族人在一次游迁过程中，因领头勒勒车的枢脱落遗失，导致后面多辆车无法行进。情急之中，经验丰富的扎拉老人吩咐两个儿子各带一队按原路返回寻找枢，哪一队找到枢并修好车就奖赏谁。不久次子的人找到了枢。听到枢找到的消息，身材魁梧的大哥为了立头功，与弟弟争夺起了枢，于是双方人马展开了一场激烈的抢枢搏击。最终，枢被力大无比、反应敏捷的哥哥夺去了，头车很快修好，游迁队伍顺利到达目的地。后人为了纪念扎拉老人，便把"抢枢"的故事逐渐演化为鄂温克族人民喜爱的民间体育运动。抢枢比赛有男队、女队和男女混合队三种，古老的比赛场地以草坪为主，现在一般都在专门的比赛场地竞技。每方需要5至7人，玩法与橄榄球接近，但对抗中融入了蒙古式摔跤。在抢夺"枢"的过程中，只能用手传递不能抛或踢。该项目独特的玩法为，在竞技中"枢"可以是随机隐藏在几个小坑中，进攻方突破防守将"枢"找到并接触到车轱辘为得分。

2009年，文化部公布了第三批非物质文化遗产传承人名单，其中鄂温克"抢枢"传承人哈森其其格入选。哈森其其格自1997年起多次举办"抢枢"培训班，积极推广了这项运动。现在，"抢枢"运动已经在鄂温克草原上遍地开花，被纳入了中小学体育课中，先后在全国民族运动会和内蒙古自治区民族运动会上表演并获奖。2008年，鄂温克族抢枢运动项目被列入国家级非物质文化遗产名录。

赛马会（当吉仁赛马会、玉树赛马会）　类别：传统体育　编号：Ⅵ—43

申报地区或单位：西藏自治区拉萨市；青海省玉树藏族自治州

在藏区各地都有赛马节或赛马会，小的有村子或部落组织的赛马会，大的有整个地区组织的赛马会。农历五月初五，野花盛开，藏族一年一度的端阳赛马会（又叫天马节）隆重开幕。节日期间，人们举家出游，在山脚坝边搭帐篷、野炊、宴客。等到赛马会开始，人们便齐聚在宽敞的草坪上，观看各地骑手的精彩表演。赛马有比速度、比步法、比马上枪旗、跑马拾物等内容。优胜的骑手，不仅为自己夺到奖品，也为自己的村寨赢得了荣誉。

赛马会

较有名的有吉仁赛马会、藏北赛马会、定日赛马节、玉树赛马会等等。每年藏历六月举行的赛马会，是藏北草原规模盛大的传统节日，又称"草原盛会"，为期5—15天不等。其中，以那曲赛马会规模最大。节日期间，藏北各地的牧民，穿着色彩鲜艳的节日盛装，支起漂亮的帐篷，骑着骏马，从四面八方涌向赛场。赛马会期间，除赛马、射箭、马术表演等传统项目外，还有抱石、拔河、摔跤等项目，并组织文艺演出、放映电影，还有各地的《格萨尔》说唱艺人前来演唱。节日期间同时伴有大型的物资交流活动。除那曲赛马会以外，藏历七月初，有不定期的当雄赛马会，规模也比较大。当雄赛马会举行三天。参加比赛的有各个部落的马匹。参赛的选手，一般是12岁以上，20岁以下的青少年。赛程12公里，有专人裁判。赛时由两人拉绳为起点界线，终点划一白线。鸣枪为号，百马齐放。比赛共录20名，入选者均给予奖励。赛马会期间另有射箭比赛。

玉树赛马会是青海规模最大的藏民族盛会。每年7月25日至8月1日，一年一度的以大型歌舞、赛马和物资交流为主要内容的康巴艺术节拉开帷幕。届时，会场周围几公里内搭满了五彩缤纷的帐篷，如同一座独具风情的帐篷城。赛马会是玉树地区最隆重的传统娱乐节日，主要有跑马射箭、赛牦牛、藏式摔交、跑马倒立及越野快马等项目。玉树人无论祭山敬神，迎宾送客，操办婚事，都离不开赛马。

叼羊（维吾尔族叼羊）　类别：传统体育　编号：Ⅵ—44
申报地区或单位：新疆维吾尔自治区巴楚县

叼羊是新疆维吾尔自治区的维吾尔、哈萨克、柯尔克孜、塔吉克等各

哈萨克族叼羊

民族马背上的一种对抗性强、争夺剧烈的体育运动。

叼羊常在羊肥马壮的金秋举行。比赛选用2岁或3岁的健壮山羊，去头和四蹄，紧扎羊的食管，放入清水浸泡，或羊肚灌水增加重量，也增加羊皮的坚韧性，以免争夺中被扯烂。

每当叼羊时，盛装的男女老幼，喜气洋洋的将赛场围得里三层外三层。比赛开始前，主持人把羊身放在草场中心，两队骑手整装待发。主持人一声令下，骑手们如离弦之箭，冲向山羊体。一个骑手抢先叼起羊只，于是引来众骑手穷追不舍，奋力堵截，合力拼抢。得羊一方设法阻挡，保护胜利果实；另一方绝不示弱，组织人马，蜂拥而上。最后得胜者紧抱战利品，坐骑上长啸抒怀，观众欢呼跳跃。得胜的骑手冲向终点，把叼到的羊体放下，草原上响起欢呼的热潮。获胜者按照当地习俗，当场烤熟羊肉，请众骑手共享，称为"幸福肉"。

参加叼羊赛的骑手一般数十人，多时上百人，当地有句谚语："摔跤见力气，叼羊见勇气"。扣人心弦的叼羊赛，是力量的较量，是勇敢的拼比，也是智慧的竞赛，也是骑术的展示。优秀的叼羊手受到大家尊敬，被誉为"草原上的雄鹰"。

叼羊的比赛形式有三种：两人叼羊、分组叼羊和集体叼羊。

"两人叼羊"。比赛开始，一骑手抓住羊体一端，另一骑手拚力抢夺，左拉右扯，前进后退，最后能把羊体夺到手，并能牢牢地掌控住羊体者是胜利者。

"分组叼羊"。骑手们分组进行比赛，主持人把一只羊体放在草地上，发令信号，各组开始争夺抢拉，围追堵截。最后，谁把羊体叼到手，不再被别人夺走，很快把这只羊能扔到任何一家的毡房门口，谁就是胜利者。这只羊烤熟与大家分享，图个吉祥。

"集体叼羊"。两排各路骑手进入备战状态。当主持人发令枪一响，骑手们跃马急驰绕场一周。接着扬鞭跃马，向草场中心的羊体扑去。一路领先的骑手口咬马鞭，双手丢开鞍缰，跃身抓住羊体，冲出重围，摧马奔驰。其后的众骑手不甘落后，快马加鞭，急起直追，冲上去抓住羊的一端，开始了争夺战。你争我夺，难分难解，互不示弱，各不相让。当最后的骑手把羊刁到手中，便环绕目的地一周，再飞马返回，将羊体放回原处。在全场的欢呼声中，叼羊的胜利者，随意把羊体扔进人家的毡房内，这毡房的主人认为是吉祥，全家动手解羊煮肉，热情招待前来恭贺的客人，唱歌跳舞，通宵达旦。

土族轮子秋　类别：传统体育　编号：Ⅵ—45
申报地区或单位：青海省互助土族自治县

"轮子秋"是土族男女老少喜闻乐见的体育活动，也是传统的娱乐活动。"轮子秋"，土族语称为"卜日热"，意为旋转，主要流传于青海互助土族自治县。

轮子秋，最初作为庆丰收的娱乐活动在民间广泛流传。每当秋收打碾时，人们将木轮大车的车辀辘竖起放于空地。在抵地的轮子上压上重物固定住，上面的轮子上横绑一架三四米长的梯子，在梯子的两端拴上"U"字形（秋千形）坐套。荡秋千的人坐在绳圈里，由其它人推动横杆梯子使之旋转。围观的人还不时地帮推木梯使之旋转，或在轮子秋边上围成圆圈唱歌、跳舞。轮子秋比赛时，每两人各坐于秋千套上，然后用力旋转轮子，以旋转时间长而又头不晕、眼不花者为胜者。本领高超的人在轮子秋旋转时表演"寒鹊探梅"、"雄鹰展翅"、"猛虎下山"、"孔雀三点头"等各种优美的空中绝技，引得围观者阵阵喝采。现在的轮子秋多用钢管焊制而成，并装上滚珠轴承，使用起来更加安全、方便。

近年来，轮子秋已被列为全国农民运动会和民族运动会上的表演和比赛项目，使土族人民这一古老的体育、娱乐活动又焕发了新的活力。2008年8月8日，青海土族传统娱乐项目"轮子秋"是奥运会开幕式前的表演节目，赢得了世界的关注。2008年由青海省互助土族自治县申报的土族轮子秋被列入国家级非物质文化遗产名录。

摔跤（朝鲜族摔跤、彝族摔跤、维吾尔族且力西）　类别：传统体育、游艺与杂技　编号：Ⅵ—21
申报地区或单位：吉林省延吉市；云南省石林彝族自治县；新疆维吾尔自治区岳普湖县

摔跤，彝语称为"杏格"，是彝族最为喜欢的传统竞技活动。据史料记载，该活动起源于唐朝天宝年间，后代代相传于至今。彝族传说中的支格阿龙、惹丁毫星等英雄和传奇人物都是摔跤高手。

彝族摔跤，按体重分为5个级别，即52公斤级、57公斤级、62公斤级、74公斤级和90公斤级。运动员在鼓乐声中列队进入场地，绕场一周，然后先由两人交手。运动员双手从两侧抓住对方腰带，通过抱腰、抱单腿、过背、穿腿、夹臂翻等动作，将对方摔倒双肩着地为胜。凉山彝族摔跤先抱腰抓好，然后用下绊、抱挑、缠腿、过胸摔等办法把对方摔倒在地。彝族摔跤比赛一般采用三赛两胜制。败者退下，换另外运动员上场。胜者直至无人与其较量，将被誉为"大力士"，并奖红布数丈。

摔跤是朝鲜族古老的体育和娱乐活动。每逢端午节或中秋节，四方摔跤手云集，争夺锦标，人们常选一头肥壮的黄牛作为奖品给优胜者。比赛时，双方穿上特制的服装，右腿上扎一束白色的带子，各自将左手套进对方的带子里，右手抓住对方的腰带，裁判一声令下，双方同时立起，比高低，经过多局较量，获胜者牵着黄牛在锣鼓声中绕场一周。

朝鲜族摔跤一般分为儿童、少年、壮年3个级别，由少年摔跤开场。比赛时，双方均右膝跪地，左膝弯曲，右手搂住对方左肩，从背后抓住对方腰带，左手紧抓对方腿带。裁判员发令后，双方同时迅速站起，猛摔对手，以使对方3点着地为胜。摔倒对方一跤后，裁判员给胜利者头上系根带子，表示胜了一跤。比赛无时间限制，以摔倒对方决出胜负为一局终。一般采取3局2胜制，经过多局较量后决出获胜者。

维吾尔语称摔跤为"且力西"，多在"古尔邦节"、"肉孜节"等过节时表演。在婚礼喜庆时、农闲和巴扎上，也常以摔跤助兴。

"且力西"具有竞技性，比赛不分年龄，也不按体重。裁判多为德高望重的长者担任。

比赛开始前，双方摔跤选手先抓紧对方的腰带，裁判员发令后，比赛即开始。在比赛进行中，摔跤手的双手均不得离开对方的腰带而去抓对方的其他部位。比赛过程中，常用的方法和技巧有扛、勾、绊等动作，将对手摔倒后，即为胜利者。

比赛采取3局2胜制，也有一跤定胜负的。若是几对选手对抗的赛，基本上势均力敌。这样的场面，赛势非常激烈，观者热情高涨。

新疆的岳普湖县是维吾尔族"且力西"非常普及的地区，每年在"五一"、"五四"等节日期间举行。

"且力西"运动

岳普湖县色也克乡二村的农民米曼·艾米拉,是国家级非物质文化遗产项目维吾尔族"且力西"摔跤传承人。米曼·艾米拉出身于摔跤世家,是家族中第3代传人,经常参加各类且力西比赛,被群众称为"且力西大王"。

传统箭术(南山射箭) 类别:民间体育杂技与竞技 编码:Ⅵ-42

申报地区或单位:青海省乐都县

青海乐都南山地区的民间射箭活动历史悠久。如今,乐都县南山地区每年都要举行射箭比赛,它不仅是一项体育竞技,更是保留了很多传统的习俗和礼节。乐都南山射箭比赛多数集中在每年的端午节前后。这时,该地区藏、土、回等民族,村与村、队与队相继摆开射箭比赛的赛场。射箭比赛一般以村为单位进行,实行主客场赛制。整个射箭活动分为祭弓、请箭、布排箭场、比赛、置公馆、送箭手等几个环节。祭弓是整个比赛活动的序幕,当天,箭手们身着民族服装,背上心爱的弓箭,带上青稞酒、酥油茶等来到鄂博处,燃起桑烟,献上祭品,将一支缠绕有羊毛和彩带的箭插在鄂博上,虔诚叩拜,以顺时针方向围鄂博转三圈之后,全体箭手高吼着朝村里的集合点奔去,开始烧箭茶。请箭仪式是主方选两名优秀队员,背上弓箭,带上礼品,到客方村邀请参加射箭比赛。射箭比赛中的记分方式较为独特。在箭场两面各挖一个小坑,双方都捡来蛋状圆石,每射中一

箭即捡圆石一枚投入坑中，两轮结算一次，以石多者为赢家。在比赛中，被称为盖靶子的比赛是最为精彩激烈的环节。是指比赛最后的三箭，多为请出该村的神箭手来参加。因此，会迎来很多观看者，每命中一箭，全场欢声雷动。全天的比赛结束，主箭手邀请客方箭手们在家中热情款待，此环节称其为置公馆。南山射箭活动的最后环节为送箭手。送箭手多由主方村的女人们用热情的歌声送客方箭手们。

南山射箭场一般设置在村里较为平坦、开阔处。箭手们所用的弓是民间弓匠制做的牛角弓，箭是木杆铁镞，箭尾带有羽毛。靶是用杨树或柳树树枝编制而成，约一米多见方，中间涂有碗口大的红心，叫做"月儿"。靶顶插有四至六面小彩旗，用以醒目和辨别风向、风力。在起射线后边分客、主两方放着两堆蛋形石作记分石，俗称"羊儿"。

乐都南山射箭比赛，世世代代相传，且年年举行。受各族群众的欢迎，是因为射箭比赛不仅仅是一项强身健体的民间体育活动，还承载着民族文化、习俗等。2008年，南山射箭被列入国家级非物质文化遗产的名录。

MINGJIANMEISHU

七、民间美术

纳西族东巴画　类别：传统美术　编号：Ⅶ—13
申报地区或单位：云南省丽江市

东巴画是东巴文化的重要内容之一，它的内容主要表现古代纳西族信仰的神灵鬼怪和各种理想世界，其中也反映了古代纳西族社会的各种世俗生活。东巴画用于东巴教的各种仪式中。以东巴教中的诸鬼神为绘画对象，常见的有经书的封面和题图，做佛事时用的布帛（卷）画、木牌等。东巴绘画主要以木片、东巴纸、麻布等为材料，用自制的竹笔蘸松烟墨勾画轮廓，然后敷以各种自然颜色，绚丽多彩，历经数百年不褪色。东巴画大致可分为以下几种：木牌画、经书绘画类、纸牌画、卷轴画、神路画。

东巴画最有名的布卷画《什罗神路图》和《民间神路图》绘有几百个鬼神。布卷画《什罗展》画面正中上方为大鹏鸟，左边为金鹿，右边为人面狮，正中为东巴祖师丁巴什罗像，还有南方神"茨日蒙果"，

东巴绘画

西方神"纳采充吾"，北方神"古色克布"，东方神"索耶采古"。四方神下有两个叫"海米拉姆"的女神，女神下面有两个鼓手，称作畅巴（意为舞者）。再下面画有三座雪山，雪山下面是大海。《神路图》由一百多幅分格连环画组成，长卷上共描绘了三百六十多个人物及动物形象，分为地狱、人类世界、自然天国、天国四个部分，画面色彩鲜明、艳丽，人物造形生动、鲜明，既受藏传绘画艺术影响，又具有纳西族传统风格和特色，是东巴绘画艺术中的珍品。《神路图》主要用于丧葬时超度死者亡灵仪式中，描述了死者亡灵要经过的地狱、人间、自然界、天堂等各阶段的具体场面。

东巴画渊源甚古，一方面源于古老的东巴象形文字，一方面也得益于丰富多彩的宗教活动。

2006年5月，该遗产经国务院批准列入第一批国家级非物质文化遗产名录。2007年6月5日，经国家文化部确定，云南省丽江市的和训为该文化遗产项目代表性传承人，并被列入第一批国家级非物质文化遗产项目226名代表性传承人名单。

藏族唐卡（勉唐画派、钦泽画派、噶玛嘎孜画派、昌都嘎玛嘎赤画派、墨竹工卡直孔刺绣唐卡、甘南藏族唐卡、勉萨画派）　类别：传统美术　编号：Ⅶ—14

申报地区或单位：西藏自治区昌都县、墨竹工卡县；四川省甘孜藏族自治州

唐卡，藏语音译，是一种可以悬挂的卷轴画，是藏族传统绘画艺术的一种形式。按制作方法又可分为绘画唐卡、堆绣唐卡、刺绣唐卡、印刷唐卡、织锦唐卡、缂丝唐卡等。唐卡反映的主要是宗教内容，多以宗教人物和宗教历史事件为描述对象，多挂于寺庙，也流行于民间。唐卡在其不断地发展和演化过程中，形成了勉唐画派、钦泽画派和噶玛嘎孜画派等。

勉唐画派是15世纪以后影响最大的藏族唐卡绘画流派，主要流行于卫藏地区。该画派的创始人是勉拉·顿珠嘉措，他出生于洛扎勉唐（今山南地区），勉唐画派由此而得名。勉拉·顿珠嘉措在绘画艺术上有着很高的造诣，其造像多注重绘画线条的运用，工整流畅，法度谨严而变化丰富，色调亦活泼鲜亮。在创作的同时，勉拉·顿珠嘉措还根据《续部》编写了绘画理论专著《造像画度如意宝》。

钦泽画派创始人是贡嘎岗堆·钦泽切姆，他自幼酷爱美术，在尼泊尔派绘画的基础上吸收中原汉地、印度等地的绘画技法，创立了钦泽画派，15世纪中期以后流行于后藏和山南地区。钦泽画派在构图上保持了尼泊尔绘画中主尊较大的特点，但在风格表现上开始吸收汉族地区的绘画风格，尤其擅长表现具有阳刚之美的愤怒像，绘制精彩绝伦。

噶玛嘎孜画派又称"嘎玛嘎赤画派"，简称"噶孜派"，流行于藏区东部，以四川省甘孜德格和西藏昌都为中心。相传在16世纪由南喀扎西活佛创建，以噶玛巴大法会而得名。嘎孜画派最显著的特点是施色浓重，对比强烈，画面富丽堂皇，故在数百年中逐渐形成一套颜料制作与使用的特殊技法。创作中以白、红、黄、蓝、绿为母色，能调出9大支32中支进而变

化出158小支诸种色相。黄金的运用是藏传佛教绘画的一大特色，噶孜画派有一套研制金汁及涂金、磨金、勾金线、刻金、染金的绝技，可将金色分成多种冷暖变化，可在黑地上用金线勾画十几种不同的层次效果，还可在大片涂金的地方用九眼石制成的笔摁出各种线条（俗称"宝石线"）。

唐卡制作程序复杂，成本昂贵，方法考究，且技艺长期以来均是师徒相承、口耳相传。

"昌都嘎玛嘎赤画派"属于藏族唐卡的三大流派之一，与流行于四川甘孜德格的"噶玛嘎孜画派"属同一流派。嘎玛嘎赤唐卡是通过色彩描绘、布贴等艺术手法的综合运用，在布、丝、绸、纸等材料上表现神话传说、历史故事、民族风情、自然山水等。

拉萨市墨竹工卡县的直孔刺绣唐卡是众多流派中极富特色的一支，历史上一直以家族传承的方式流传于较小范围。"直孔刺绣唐卡"将绘画和刺绣相结合，是刺绣在布绸上的彩色卷轴画，画面凹凸有致，极富立体感、质感和动感。相比绘画唐卡，直孔刺绣唐卡讲究拼、刺、绣、缝手工，制作难度极高，每一幅图案、每一个微小的细节都是一针一线精心刺绣而成。完成这样一幅刺绣唐卡，少则一年，多则数载。

"甘南藏族唐卡"源于寺院，它的传承历史与甘南拉卜楞寺喜金刚学院传授有直接联系。甘南唐卡多在纯棉布上绘制，也有在羊皮上绘制而成的，有丝绣和绸贴丝缝的也有版印的单色唐卡，绘画颜料多为矿物质和金银等。甘南藏族唐卡的构图极为别致，整个画面不受太空、大地、海洋、时间的限制，即在很小的画面中，上有天堂、中有人间、下有地界。

剪纸（和林格尔剪纸、苗族剪纸、丰宁满族剪纸、岫岩满族剪纸、医巫闾山满族剪纸、傣族剪纸） 类别：传统美术 编号：Ⅶ—16
申报地区或单位：内蒙古自治区和林格尔县；河北省蔚县、丰宁满族自治县；云南省潞西市；辽宁省岫岩满族自治县

河北省丰宁满族自治县民间流传的满族剪纸始于清代康熙年间，至乾隆年间形成了具有地域特征与民族特色的新异风格。它以阳刻为主，阴刻为辅，剪工精细。清末民初丰宁满族剪纸进入鼎盛时期，1949年后在形式和内容上又有了进一步的发展，更为贴近现实生活。1960年以后，剪纸艺术创作堕入低谷。1982年，丰宁民间剪纸队伍重新建立，其作品随着各种

展览和出国表演在海内外造成广泛的影响。1993年，丰宁被文化部命名为"中国民间剪纸艺术之乡"。

丰宁满族剪纸从内容上可分为吉祥剪纸，花鸟鱼虫剪纸，山水风光剪纸，人物、盆篮碟盘瓶、瓜果、动物、花字剪纸等类。从表现形式看，它包括单色剪纸（红、白、黑等）、点染剪纸、填色剪纸、复色组合剪纸等。根据具体用途，又可分为窗花、祭神祖吊签（挂签）、节令剪纸、礼花（结婚的喜庆剪纸、葬丧的素色剪纸等）、日常室内装饰用顶棚花、风斗花、炕围剪纸等。在我国众多民间剪纸之中，丰宁满族剪纸以其特有的艺术魅力占有一席之地。目前丰宁满族剪纸的传统技艺大多留存在70岁以上的老人手中，面临失传的危险，亟待抢救、保护。

满族剪纸艺人

医巫闾山地区满族民间剪纸以满族人原始的自然神崇拜、始祖神崇拜、生殖繁衍崇拜以及满族风俗为主要内容。

医巫闾山满族民间剪纸不但内容丰富，且造型简洁，纹样古朴。它不用繁琐、细密的剪法，不求精致、准确的造型，而主要以博大恢弘的气度和朴拙古茂的神韵取胜。

目前，尚有侯桂芝、马凤云、黄连玉、汪秀霞等十余家族仍在传承。随着老一代艺人逐渐逝去，将后继乏人。

傣族剪纸主要流行于云南省德宏傣族景颇族自治州潞西一带，其最早形式源于傣族祭祀仪式所用的纸幡，后来在佛教文化和中原文化的影响下逐步充实发展，形成完善的剪纸并被广泛应用于祭祀、赕佛、丧葬、喜庆及居家装饰等方面。潞西傣族剪纸以特制的剪刀、刻刀、凿子和锤子为工具，剪刀和刻刀具有尖、利、仄、薄的特点，一般可剪八层纸；凿子和锤子有稳、钻、灵、活的特点，一次可凿五十余层纸。

傣族剪纸分"剪"与"凿"两种方法。剪纸内容多与傣族信仰的南传上座部佛教有关，也有反映现实生活中喜闻乐见的形象，生活气息和乡土风味浓郁。常见图案有表现吉祥的龙、凤、孔雀、大象、狮子、麒麟、马鹿、骏马、游鱼等，也有形态各异的糯沾巴花、荷花、玫瑰花、菊花、茶花、杜鹃等植物花卉，还有亭台楼阁、佛塔、寺庙、房屋建筑等。风格粗犷有力，朴实无华。

傣族民间剪纸能手多为男子，云南省潞西市的思华章老人为该文化遗产项目代表性传承人，并被列入第一批国家级非物质文化遗产项目226名代表性传承人名单。德宏傣族景颇族自治州潞西市风平镇弄么村傣族妇女邵梅罕的作品曾多次获得国内外比赛的金奖，被当地群众称作"傣乡剪纸王"。她的代表作《吉祥如意》被选入《中国非物质文化遗产天才传承者图文库》，邵梅罕也因此被云南省授予了"民族民间艺人"、"民族民间美术师"等称号。

和林格尔剪纸，和林格尔地处内蒙古中南部，俗称西口外，和林格尔是中国近代史上最著名的三次人口迁徙经由地之一，是中原农耕文明与北方游牧文化交汇融合的重要地区。和林格尔地区的剪纸艺术融合了蒙汉两个民族的剪纸艺术特色。

和林格尔剪纸艺术继承了草原牧区剪皮艺术的基础上，又吸收晋陕剪纸裁、剪、锥、挤、挫、压等运剪方式来塑造粗壮、奔放、热烈、丰满的艺术造型。和林格尔剪纸纹样可分为四类：自然纹样、吉祥纹样、组合纹样和几何纹样。自然纹样包括花草纹、动物纹和自然景色纹三种，如表现梅花、杏花、海棠、芍药、牡丹等。鹿、马、蝴蝶、牛、羊、骆驼、狮子、大象等动物纹，山、水、云、火等属自然景色纹。吉祥纹样是作品中最常见的纹样，福、禄、寿、喜、方胜、盘长、龙、凤、佛手等具有祈求吉祥安康内容。组合纹样是蒙古族传统装饰中最擅长运用的纹样之一，如将盘长纹延伸后加以卷草的云头纹，鱼纹加上花叶纹，双鱼纹加上盘长纹等。几何纹样是将自然纹样、吉祥纹样及其它纹样的图案化、简约化、几何化的结果，表现了蒙古民族独特的艺术审美。2003年文化部命名和林格尔县为"中国民间剪纸艺术之乡"。

苗族剪纸，苗语称为"西给港"、"西给榜"，"西"是"纸"的意思，"给"是"剪"之意，"港"是"虫"的意思，"榜"是"花"的意思。"虫"在苗语里是动物的泛称，顾名思义，"西给港"、"西给榜"就是"动物剪纸"

和"花卉剪纸"。剑河苗族剪纸主要是作为苗族刺绣纹的底稿。苗族妇女刺绣时，有些绣法如平绣、辫绣等需要绘制底图，为的是保证刺绣绣面整洁。除了少数人、少数地区直接在绣面绘图样外，绝大苗族妇女都用剪纸作为刺绣的底图。

苗族剪纸所使用的工具是刀口尖细的小剪刀，也有人用刻刀刻。在一次重叠很厚的纸张上，可以多刻几层剪纸。无论是使用剪刀剪还是用刻刀刻，都需要先在表层纸张上画好图案。苗族剪纸代代相传，和刺绣一起，是苗族远古文化和原始艺术的留存。

包头剪纸又称刻纸。包头市剪纸以其独特的剪法广受人民群众的喜爱，从城镇到乡村、从孩童到老人，全市剪纸艺人和剪纸爱好者非常多。包头市九原区、东河区、固阳县、土右旗等旗县区有数量众多的"剪纸文化大院"、"剪纸文化户"及"剪纸艺术工作室"等。

包头剪纸艺术即有晋陕剪纸艺术风格，又富有草原艺术特色，其风格粗犷有力、淳朴简练、形式多样、内容丰富。有表现北方游牧民族信仰的题材，如《动物十字纹》、《鹰》、《回头鹿》、《蛙》、《碗里卧鱼》等，还有表现多元文化风格的，如《狮顶灯》、《壶里藏花》、《猴子钓鱼》、《老鼠舔灯盏》、《龙吃鱼》、《云头花》、《喜花》等等。该地区剪纸按用途可分为窗花、喜花、辟邪剪纸等，反映了老百姓对美好生活的向往及对美满幸福的渴求。包头剪纸艺术作品运用缩小、简化或夸张的处理等手法来塑造艺术形式，强调艺术作品玲珑剔透、构图平视、对称、画面均衡、美观大方，线条粗细相宜，色彩鲜明柔和协调，使人赏心悦目。

包头剪纸

苗绣（雷山苗绣、花溪苗绣、剑河苗绣）　类别：传统美术　编号：Ⅶ—22

申报地区或单位：贵州省雷山县、贵阳市、剑河县、凯里市、台江县

苗绣是指苗族民间传承的刺绣技艺，流传在贵州省雷山县、贵阳市、剑河县等地。苗绣的图案在形制和造型方面，大量运用各种变形和夸张手法，表现苗族创世神话和传说，从而形成苗绣独有的艺术风格和刺绣特色。苗家妇女擅长纺织和刺绣，清《开化府志》、《广南府志》和民国《马关县志》、《邱北县志》都记载有苗族妇女"能织苗锦"之说。苗族服饰的刺绣工艺有其独特性，如双针、锁绣、绉绣、辫绣、破纱绣、丝絮贴绣、锡绣等。苗绣是苗族文化的重要组成部分，也是中国服饰文化的瑰宝。

苗绣最讲究对称美、充实美和艳丽美。上下左右不论图形、色彩、空间，都完全要求对称；整个绣品不留空白。所谓艳丽美，就是用色大胆，大红大绿，鲜亮夺目。苗绣主要用来镶嵌服装的衣领、衣襟、衣袖、帕边、裙脚、护船边等部位。苗绣以五色彩线织成，图形主要是规则的若干基本几何图形组成，花草图案极少。几何图案的基本图形多为方形、棱形、螺形、十字形、之字形等。苗族刺绣针法很多，有平绣、辫绣、结绣、缠绣、绉绣、贴花、抽花、打子、堆花等十来种。图案也有吉祥的麒麟、龙、凤和常见的虫、鱼、花卉、挑子、石榴等；颜色有大红、水红、紫红、深蓝、浅蓝、深绿、浅绿、橙黄、深黄等。

苗绣是著名的民族文化遗产，其精美绝伦的刺绣技艺和璀璨夺目的银饰让人赞叹不已。2006年，该遗产经国务院批准列入第一批国家级非物质文化遗产名录。

水族马尾绣　类别：传统美术　编号：Ⅶ—23

申报地区或单位：贵州省三都水族自治县

贵州省三都是全国唯一的水族自治县，位于贵州省黔南布依族苗族自治州东南部。水族马尾绣是水族妇女世代传承的以马尾作为重要原材料的一种特殊刺绣技艺。这种传统工艺，主要分布在三都境内的三洞、中和、廷牌、塘州、水龙等乡镇的水族村寨。以丝线裹马尾刺绣图案的好处是马尾质地较硬，能使图案不易变形；马尾不易腐败变质，经久耐用；另外，

马尾上含有油脂成分，利于保养外围丝线光泽。现在，马尾绣产品远销新西兰、意大利等地，已成为水族同胞致富的新途径。水族刺绣的技法种类有平绣、马尾绣、空心绣、挑绣、结线绣及螺形绣等。马尾绣服饰多在节日里穿戴。2006年，该遗产经国务院批准列入第一批国家级非物质文化遗产名录。

水族马尾绣

土族盘绣 类别：传统美术 编号：Ⅶ—24
申报地区或单位：青海省互助土族自治县

盘绣在土族人日常生活中的用途颇为广泛。盘绣主要流传在青海互助县东沟、东山、五十、松多、丹麻一带，是土族的一种复杂巧妙的刺绣技艺，其底料多以黑色纯棉布为主，所选的丝线有红、黄、蓝、绿、紫、白、桂红。用针讲究，上针盘、下针缝，即用针配以相同颜色的两条线，挂在右胸的为盘线，穿在针眼的为缝线。

盘绣注重运用对彩线和搭配色彩，所绣图案讲究整体和谐，如"金龙戏珠"所选颜色左右对称，运针疏密有致，"珠"内又包含太极图案，蕴含着吉祥的寓意。土族盘绣的图案有几十种，如法轮、太极图、五瓣梅、雀儿头等。土族盘绣的老一辈能手多已谢世，新一代的盘绣技艺亟待传承。代表传承人李发秀是盘绣技艺的重要传承者之一。土族的盘绣不仅是一门技艺，同样是土族人民对美的生活方式的一种追求。

阜新玛瑙雕 类别：传统美术 编号：Ⅶ—30
申报地区或单位：辽宁省阜新市

玛瑙自古以来就是人们珍爱的美饰品。辽宁省阜新蒙古族自治县的老河土、十家子、苍土等乡镇，彰武县的五峰、苇子沟等地具有丰富的玛瑙矿产资源，其十家子镇被誉为阜新市玛瑙第一镇。

据《清实录》载，当时阜新地区已"开挖窑洞十六，窑工千人，南部设有商邑"。清代乾隆年间，宫廷所用玛瑙饰物和雕件的用料及工艺大部分来自阜新。玛瑙有"玉黄金"的美称，具有多种天然色彩和条带花纹，是雕刻的理想材料。玛瑙被视为美丽、幸福、吉祥、富贵的象征，具有较高的收藏价值。有人物、鸟兽、花卉、素活、水胆玛瑙制品等5大类。雕刻一件精美的玛瑙玉件要经过选料、剥皮、设计、抛光、初雕、细雕和配座等7道工艺流程。雕刻工艺门类中，素活工艺处于领先地位，有"打钻掏膛"、"取链活环"、"肩耳制作"、"透雕活球"、"装饰雕刻"等技术。阜新玛瑙雕刻的艺术特色为；巧、俏、绝、雅。巧为构思奇巧、技艺精巧；俏为充分利用玛瑙天然色泽、纹理及质感雕刻出世间万物；绝为使用自然的材质通过加工，雕刻出出神入化的绝品；雅不仅表现了作品的格调高雅，更重要的是含有丰富的文化内涵。

阜新玛瑙雕技艺主要通过家族传承，素活大师李洪斌是历史上有名望的玛瑙世家第四代传人。2006年该遗产经国务院批准列入第一批国家级非物质文化遗产名录，李洪斌为该文化遗产项目代表性传承人。

藏族格萨尔彩绘石刻　　类别：传统美术　　编号：Ⅶ—39
申报地区或单位：四川省色达县

藏族格萨尔彩绘石刻属于格萨尔文化的一种遗存，主要分布在四川省甘孜藏族自治州色达、石渠、丹巴三县境内，以有"格萨尔艺术之乡"美誉的色达县的格萨尔彩绘石刻最有代表性。

格萨尔彩绘石刻是藏族美术史上一个创举，它以英雄史诗《格萨尔》的核心内容为表现对象，融精湛的刻石技艺和传统绘画为一体，以独特的艺术风格再现了岭·格萨尔王及岭国众将士为民造福、不畏邪恶、英勇奋战的历史场面。

格萨尔彩绘石刻制作工艺较为复杂，一般包括采选石料、构图、刻制、上色等工序。色达县境内有丰富的天然页岩资源，艺人一般就地采选石质相对坚硬、板体形状好的天然板石作原材料。制作时多保持石材的自然形状，先以线描构图，再用立刻、刮刻等手段雕刻，走线如行云流水，形象自然生动。绘刻完成后，在刻石的画面上通刷一道白色颜料为底，干后着彩。色彩多用红、黄、蓝、白、黑、绿6色，一般不用中间色。这些色彩都具有特定的意指，与格萨尔史诗中的各位将士相对应，当地群众一看便能明白。格萨尔彩绘石刻技艺的传承方式以师徒或家族传承为主，作者一般不在石刻上署名。

色达县的格萨尔彩绘石刻主要存放在泥朵乡、色柯镇、年龙乡、翁达镇，其中翁达镇翁达村雅格修行地的格萨尔彩绘石刻年代最为久远，传承最好、数量最多，规模最大的则是泥朵乡普吾村的格萨尔彩绘石刻群，其工艺不仅在色达县和甘孜州具有代表性，就全国格萨尔文化流传地区而言，也非常典型。

格萨尔彩绘石刻长期露天放置，因高原严寒的侵袭和强烈紫外线的照射而造成较为严重的自然损坏，20世纪60年代又遭到近乎毁灭性的人为破坏，有关刻绘技艺基本失传。20世纪80年代以来，在阿亚喇嘛的发起和组织下，格萨尔彩绘石刻的技艺才薪火复燃。但由于格萨尔彩绘对艺人的素质有着特殊的要求，艺人青黄不接的状况堪忧，亟需扶持、保护。

2006年，藏族格萨尔彩绘石刻经国务院批准列入第一批国家级非物质文化遗产名录。

彩绘石刻

泥塑（苗族泥哨、杨氏家庭泥塑） 类别：传统美术 编号：Ⅶ—47

申报地区或单位：贵州省黄平县；宁夏回族自治区隆德县

苗族泥哨

"泥哨俏形怪有神，妙音悦耳又怡人。牛如负轭耕田野，马似脱缰闯路程。犬吠羊鸣鸭嘎嘎，龙吟虎啸鸟嘤嘤。行销世界腾身价，巧制于今更出新。"这首诗吟咏的就是黄平苗族泥哨。黄平泥哨，当地人俗称作"叫鸡"，是流行与贵州黄平一带的一种苗族民间儿童玩具。七十多年前，由黄平当地苗族民间泥塑艺人吴国清在传统泥俑、陶俑的基础上首创。黄平泥哨以当地黄泥为原料，用手工艺捏拿成形，再涂抹生菜油定性，然后用竹签等工具加工出眼、口、鼻等细微部位，用模具压制出装饰纹样，再经过木屑煅烧、涂油上色等其他多项工序制作而成。黄平泥哨常见的题材是各种动物，包括飞禽走兽、家禽六畜等，其色彩艳丽，黑底上着以红、绿各色。同种题材的黄平泥哨造型各异，以虎哨为题材的泥哨就有卧虎、跳涧虎、下山虎、怒吼虎、扫尾虎、扭头虎、打撑虎、滚地虎等多种。民间传统的十二生肖图案是泥哨最常见和最出名的题材。头部特征是黄平泥哨着重强调的部位，而又以神似为上，故整个泥哨造型呈现出夸张变形、色彩斑斓的风格。整体看来，泥哨造型质朴、装饰考究，题材神形兼备，民族风格浓厚，是苗族独具特色的民间艺术品。

泥哨最初只是作为一种玩具，尾端有吹孔和回气孔，吹出的声音清脆悦耳。上世纪80年代以来，黄平泥哨日渐流行，不仅仅只是一种儿童玩具，早已成为家庭陈设的艺术品和收藏品，也成为了广受旅客欢迎的苗族旅游纪念品。黄平泥哨主要以家庭为作坊制作。目前，掌握这项技艺的人越来越少，传承面临着危机。1993年，黄平县被贵州省授予"泥哨艺术之乡"。2006年，黄平泥哨在"多彩贵州"旅游商品会上荣获三等奖。2011年，黄平苗族泥哨代表性传承人王登书在北京参加了"我们的节日——百名非物质文化遗产项目代表性传承人迎春展示活动"。2008年，贵州省黄平县申报的苗族泥哨入选第一批国家级非物质文化遗产扩展项目名录。

杨氏家庭泥塑

泥塑，亦称彩塑，属雕塑艺术种类之一，是我国五大雕塑传统（陶、木、石、铜、泥）的一种。宁夏隆德县杨氏家族泥塑最早可以追溯到清光绪十二年（1886年）。杨魁山为杨氏家族第一代泥塑传承人。开辟了杨氏家族泥塑的先河。其子杨廷府成为杨氏泥塑的第二代传人，民国年间，第三代传承人杨维福继承祖业后，和叔父边学边干，最擅长刀马人物。杨栖

传承人杨栖鹤老人　　　　　　　　泥塑

鹤是杨氏泥塑的第四代传人，他在继承传统工艺的基础上，采用传统与现代结合的手法创作了木雕《香炉》和章雕系列等。改革开放后，他携子孙三代，广收门徒，传授技艺，培养出第五代传人杨成年，第六代传人杨贤雄、杨贤龙、杨贤麒等。

杨氏家族泥塑工艺流程是先配制泥料，选合适的红胶土，碾碎并用筛子筛后和水浸透敲砸，使之细润。同时配制粗、中、细、极细几种泥料。制作造型骨架，以前主体骨架用木橼扎制，现多用钢管电焊链接骨架的基本造型，并用麦草秸秆垫补捆扎，使其丰满，接近形象。在骨架上上粗泥，用泥刀将粗泥一层层堆积，直到每个局部形象完全准确。再接着上细泥、木白、起稿、敷彩、上光。

杨氏泥塑在造型表现和刻画上，力求精炼概括、姿态生动自然，夸张与写意适中，并不失度。特别是在人物的塑造上，比例准确、表情各异。在表现手法上，具有细腻与粗犷相加，圆雕中有浮雕，横线纹饰与斜线交汇错落。在色彩处理上，经粉底、沥粉、矾染、涂色、点饰图案、装金、罩逛等方法着色后，其色度艳丽，对比明显，古朴典雅，并有防潮不掉色之功效。

杨氏家族雕塑艺术集泥塑、绘画、木刻、章雕、烫花于一体，在继承传统特色工艺的基础上，吸纳了浓郁的现代生活气息。产品题材广泛，既有表现田园风情、山水野趣的，又有表现人文景观、神话传说的，还有《农村社火队》、《毛主席过六盘》等现代题材的大型泥塑；既有花瓶、笔筒、烟具、印章等实用品，也有人物、飞禽走兽、佛像屏风、山水风光等观赏品。

2007年，杨氏泥塑第四代传人杨栖鹤老人入选首批国家级非物质文化遗产项目代表性传承人。2008年，国务院公布了第二批国家级非物质文化遗产名录，同时公布了第一批国家级非物质文化遗产扩展项目名录。隆德杨氏家族泥塑被收录到第一批国家级非物质文化遗产扩展项目名录里。

酥油花（塔尔寺酥油花、强巴林寺酥油花）　类别：传统美术　编号：Ⅶ—48

申报地区或单位：青海省湟中县；西藏自治区昌都地区

塔尔寺，藏语称为"衮本贤巴林"，意为"十万狮子吼佛像的弥勒寺"。塔尔寺坐落于青海省西宁市湟中县城鲁沙尔镇西南隅的莲花山坳中，是中国藏传佛教格鲁派六大寺院之一,也是青海省首屈一指的名胜古迹和全国重点文物保护单位。

被誉为"塔尔寺三绝"(酥油花、壁画、堆绣)之一的酥油花是藏民族独有的雕塑艺术,用洁白细腻的酥油(由牛奶提炼而成)为原料,调入各种矿物质颜料制成。其造型精妙,丽彩柔嫩,花色品种层出不穷,充满吉祥喜庆的视效。

酥油花最早产生于西藏苯教,是施食供品上的小小贴花。按印度传统的佛教习俗,供奉佛和菩萨的贡品有六色,即花、涂香、圣水、瓦香、果品和佛灯,可当时天寒草枯没有鲜花,只好用酥油塑花献佛,由此形成艺术传统。1409年,宗喀巴大师首次在拉萨大昭寺发起祈愿大法会时,组织制作了大型立体人物群像的酥油花供奉于佛前。此后,酥油花传入宗喀巴大师的诞生地塔尔寺,在此相沿成习。

塔尔寺酥油花的制作,有一套完整的机构和科学程序。寺里设"杰宗曾扎"和"贡茫曾扎"两个专门制作酥油花的学院,俗称"上花院"和"下花院"。酥油花艺术继承藏传佛教艺术"精"、"繁"、"巧"的特点,其设计、制作

酥油雕塑

自古是师徒口手相传,一般都在封闭低温的环境里精心制作。

酥油花这一宣扬佛法的纯宗教艺术,目前在塔尔寺已逐渐演变为节日艺术展品,宗教意味相对削弱,掺入了许多民间艺术的成份。酥油花的内容题材正在逐步通俗化。以前的单塑手法也已逐步发展成为立塑和浮塑相结合、单塑和组塑相结合、花架和盆塑相衬托的多种形式,引起越来越多中外艺术爱好者的关注。

酥油花工艺的传承也面临着一些困难。1958年宗教改革后,藏区宗教活动停止,僧人被遣送出寺。至20世纪80年代恢复酥油花制作时,大部分著名艺僧已相继去世。酥油花作品极易变形,无法长期保存,这使传统技

艺在传承中不容易得到固定的范本。2006年，该遗产经国务院批准列入第一批国家级非物质文化遗产名录。

热贡艺术　类别：传统美术　编号：Ⅶ—49
申报地区或单位：青海省同仁县

"热贡艺术"是藏传佛教艺术的重要组成部分和颇具广泛影响的流派，从15世纪开始，发祥于青海省黄南藏族自治州同仁县境内隆务河流域。数百年来，这里有大批艺人从事民间佛教绘塑艺术，从艺人员之众多，群体技艺之精妙，都为其它藏区所少见，故被誉为"藏族画家之乡"，同仁地区在藏语中称为"热贡"，因此这一艺术便统称为"热贡艺术"。

热贡艺术包括绘画（壁画、唐卡）、雕塑（泥塑、木雕）、堆绣（刺绣、剪堆）、建筑彩画、图案、沙画、酥油花等多种艺术形式。表现内容主要有释迦牟尼传、菩萨、护法神、佛经故事及仙女等。

热贡艺术早期的作品手法粗放古朴，色彩单纯，带有较典型的印度、尼泊尔风格。绘画笔调雄迈，人物、山水、花鸟、草虫生动传神，画面

热贡唐卡

给人以雄浑、博大之感。至17世纪中叶，热贡的匠师们技艺日趋精妙，线描简练流畅，刚劲有力，采用工笔重彩，庄重沉稳，设色清新浓郁，匀净协调，所画人物形神兼备，画风趋向华丽、精细，同时开始注重画面的装饰效果，成为热贡艺术承前启后的辉煌鼎盛时期。19世纪以后，作品色彩鲜艳，笔法细腻，特别追求装饰趣味，同时大量用金，使画面呈现出金碧辉煌的效果和热烈的气氛。

热贡艺术不断走向外部世界，艺人们在早期长年累月地到处作画，足迹遍及青、藏、甘、川、新疆和蒙古地区，以及印度、缅甸和尼泊尔等国，广泛接触到西藏塑绘、甘孜木刻、敦煌壁画以及其他民族或友好

国家的艺术，吸收了丰富的养料，经过总结、提炼，逐渐形成了细腻生动、富有热贡地方特色的艺术风格，成为藏传佛教画坛上独具特色的一个重要流派。

2006年，热贡艺术被列入国家级首批非物质文化遗产保护名录，2008年9月，热贡艺术被列入申报"联合国世界人类非物质文化遗产项目"初选名单。2009年9月30日，联合国教科文组织保护非物质文化遗产政府间委员会第四次会议在阿布扎比审议，热贡艺术被批准列入人类非物质文化遗产代表作名录。

竹编（毛南族花竹帽编织技艺）　类别：传统美术　编号：Ⅶ—51

申报地区或单位：广西壮族自治区环江毛南族自治县

毛南族花竹帽，毛南语叫"顶卡花"，意为帽底编花。花竹帽是用当地盛产的金竹和墨竹篾子编织而成的，工艺精致，花纹工整，帽形大方，造型独特，是广西环江县毛南族青年的传情之物。由它衍生出的花竹帽文化，包括花竹帽歌、花竹帽舞、花竹帽故事，是毛南族文化的精髓。关于花竹帽说有一个美丽的爱情传说，以前有一位聪明美丽的毛南族姑娘爱上了一位外地来的勤劳勇敢的小伙子，小伙子有着非凡的竹编技艺，于是用毛南族山区盛产的金竹和墨竹编织了一顶漂亮的花竹帽送给姑娘作为定情信物，后来两人结为夫妻，幸福美满地度过了一生。花竹帽便成为毛南族男女青年定情信物的象征，代表着幸福和吉祥。花竹帽编织取材十分讲究，必须于夏至后立秋前选取修直匀称的筋竹、墨竹作编织篾材，全用手工分篾，篾细如发丝，辅以天然染料染色编织而成。一顶花竹帽由表里两层覆合组成，

编织花竹帽

里层由12片主篾组成，每片主篾分30片分篾，与20片细细的横栅交织；表层则由720片分篾和60片横栅交织。

古周村74岁的老人谭顺美在自己编织花竹帽的同时，也担任起传艺授徒的重任。毛南族花竹帽编织技艺在2006年由广西环江毛南族自治县申报为传统手工技艺的文化遗产。

草编（哈萨克族芨芨草编织技艺）　类别：传统美术　编号：Ⅶ—54
申报地区或单位：新疆维吾尔自治区托里县

芨芨草编织技艺在哈萨克族语中称为"棋托乎"。芨芨草编织技艺多在哈萨克族妇女人群里操作和传承，它是哈萨克族妇女世代相传的一项手工编织技艺。

哈萨克族居住的毡房离不开芨芨草编织，芨芨草编织品可顺着毡房的周围展开，既实用美观，又能阻挡外来物的进入，使毡房内艳丽夺目，充满草原气息。

新疆小河墓地出土的3800年前的草编篓　　　芨芨草编织品

哈萨克族芨芨草编织技艺历史悠久，被评为2004年中国十大考古发现的若羌孔雀河"小河墓地"出土文物中，除大量墓葬及男女干尸外，在近千件祭祀遗存文物里，就有芨芨草编织的"草编篓"，直口，鼓腹，环底，颈部编有曲波纹和弦纹，篓口盖着褐色毛布。证明在公元前18世纪以前，新疆就有草编。根据哈萨克史料记载，公元5世纪哈萨克族先民已制作和居住毡房，在西汉时期，哈萨克族先民在制作毡房时，已用芨芨草编织品作为毡包内壁，这说明在

2000多年前，哈萨克族先民们已把芨芨草编织广泛应用于生产和生活中。

芨芨草的采集在每年的9至10月。采集时妇女用双手将芨芨草一根根连根拔起，打捆成束，运回家放置到向阳处，晾晒半年。第二年春天，把芨芨草打开，揉掉杆表面翘起的部分使其光滑；为了防虫蛀，要用火烧一下根部。

原料备好了，然后支起大锅烧开水，水开后放入各种花草和石头，再放进处理好的羊毛，烧煮一个小时。花草和石头的原生态颜色，自然地染在羊毛上。把着色的羊毛捻成各色的毛线。编织时在纸上绘好图案，把芨芨草放在图案上，用小刀或铅笔在芨芨草上划分出各个颜色的位置和间距。然后将各色的羊毛根据图案的要求，缠绕在芨芨草上，用这样的芨芨草将图案拼出来。所需要的图案编完后，就用斧头等工具砍齐两头，一件编织物就完成了，哈萨克族人把它叫"琼木其"。最常见的"琼木其"宽一米半、长两米。要编织一件精美的芨芨草挂毯，要花上数十个甚至上百个工日才能完成。

柳编（维吾尔族枝条编织）　类别：传统美术　编号：Ⅶ—55
申报地区或单位：新疆维吾尔自治区吐鲁番市

吐鲁番枝条编制技艺已经有3000多年的历史，在许多出土古墓葬中都发现了吐鲁番枝条编制的物品。吐鲁番枝条编制的大都是平常实用的产品，最常见的莫过于夏季装葡萄的提筐。

制作过程是，首先要将枝条剥去外皮，露出光滑洁白的枝干，在水中浸泡三四天后捞出阴干，这样是为了让枝条更加柔韧。过去大多数匠人都延续传统的设计方法和技巧，讲究的是实惠耐用，但也有基本方法。其一，是在经干之间穿进穿出的平织法。其二是麻花织法，这是一种要求比较高的编制技艺，主要用于器物的边缘，编制的形状可以根据编制匠人的技术来决定，有菱形、波浪形、椭圆形等。

吐尔逊是枝条编制工艺第6代传人，说他的先辈开始用枝条编制是在18世纪，先辈名叫克吾尔阿洪，也是一位远近闻名的能工巧匠，已经传了300多年，他是第6代传人。如今，吐尔逊的儿子已经完全掌握了父亲的枝条编制技艺，在吐鲁番一带也成了有名的匠人，周围也有一批崇拜者。此工艺2008年入选第二批国家级非物质文化遗产项目名录。

藏文书法（德格藏文书法、果洛德昂洒智） 类别：传统美术
编号：Ⅶ—64
申报地区或单位：四川省德格县；青海省果洛藏族自治州

藏族人民历来十分重视书法艺术，重视书法练习。孩童入学之初的头几年，主要是学习书法，打好书法功底。在西藏地区一般是用习字板练习。在习字板上达到一定书写功底后，才能在纸上写字。从藏文产生至今，先后共出现了乌金、徂仁、白徂和酋体等数十种字体，书写迅疾、形体优美流畅的酋体，成为最实用、书写最快捷的书体被广泛地运用。字体或书法是藏族人民非常重视的，经过刻苦练习，一般有书法功底的人能书写六七种书体，经过千百年来的沉积，有关藏文书法的书经、笔论等，有上百种之多，藏文书法早已成为祖国艺术宝库中的瑰丽珍品。

德格藏文书法历经了700多年的历程，是在寺院教学与运用的基础上逐渐形成的一种美术形式。德格藏文书法讲究书体线条的遒劲、字头的舒展奔放，字体结构的疏密对比关系以及书写布局的精巧美观。德格藏文楷书、行书、草书等不同书体均表现出轻快明朗、凝重而灵动、舒放而练达的独特风格。

"德昂洒智"是对果洛地区流传和使用的一种独具特色的藏文书写与制作墨纸工艺的统称，主要器具有笔、墨、纸、砚、写字板、文具盒、毛刷、砚套、打线器等物品，堪称藏族"文房四宝"。因起源于果洛州达日县德昂乡而得名，始自吐蕃王朝时期。

果洛德昂洒智制笔工艺独特，通过劈、削、刻、发酵、油浸、熏烤等工艺流程，以达到书写流畅、刚柔适度、经久耐用。墨以当地矿物质和植物为原料，经研磨、烧制、调和等工序制作而成，在水中浸泡数年也不掉色、不走墨。纸则采集当地植物，经剁、切、煮、刮模、定型等工艺制作而成。但制成的纸张较厚、粗糙、脆硬，在书写前需要进行打磨、柔化等繁杂的工序方能使用，现在已极少制作和使用。

果洛德昂洒智具有珍贵的历史、文化价值和鲜明的民族、地域文化特色，也是民族文化的典型代表。目前，由于现代化进程及经济方面的原因，对传统墨、纸的制作工艺只有少数几个人掌握，面临失传，亟待抢救和保护。

德格藏文书法、"果洛德昂洒智"于2008年被列入第二批国家级非物质文化遗产名录。

> 羌族刺绣　类别：传统美术　编号：Ⅶ—76
> 申报地区或单位：四川省汶川县

"此情有景道不得，羌姑刺绣在前头。"在羌寨，羌族刺绣总是一道美丽的风景。绣花是羌族妇女所擅长的，是她们必备的本领，也是衡量妇女们是否勤劳聪慧和心灵手巧的主要尺度。羌族服饰上的各种绣片花纹图案，都属于羌族传统民间工艺美术的范畴，有着悠久的历史。

从生产方式上说，羌族刺绣是以家族的个体方式进行生产并传承沿袭的。它是羌族人自己创造的艺术，凝聚着他们的智慧和匠心。羌绣作品既有程式化规范，同时又充满自由想象，是一种带有自发性、业余性和自娱性的美术创造。

从功能上说，羌族刺绣主要用来装饰衣裙、鞋子、头帕、腰带、飘带、通带、背带、袖套、裤子、裤管、鞋帮、鞋垫、枕巾、手帕、衣边、衣袖口、香包等。羌族服饰的刺绣图案有一百多种。这些装点和表现美好生活愿望的刺绣工艺精湛，朴实严谨，布局巧妙合理、深浅适度，使审美与实用功能自然地结合起来。

今天的羌族人，大多还穿着传统的民族服装。羌族男女皆穿形似旗袍、多为白色的麻布长衫，外穿羊皮背心，晴天皮毛朝内，雨天皮毛朝外。羌族男子的服装一般是蓝布长衫，外套羊皮褂子，包青色头帕。妇女的服饰比较鲜艳。

羌族刺绣

羌族刺绣在中国的第三个"文化遗产日"入选第二批国家级非物质文化遗产名录。

彝族（撒尼人）刺绣　类别：传统美术　编号：Ⅶ—78
申报地区或单位：云南省石林彝族自治县、

彝族刺绣种类繁多、丰富多姿、制作精美，是彝族传统文化的体现，是彝族服饰中不可缺少的部分。

彝族撒尼人女子善长刺绣，五彩斑斓的服装显示着精深的刺绣技艺。绣花簇簇的大围腰，绣满鲜艳花朵，别致精巧的花鞋，做工精美的头帕，都显示着彝族撒尼人女子的心灵手巧。在彝族撒尼中有"不长树的山不算山。不会绣花的女子不算彝家女"之说。

彝族撒尼女子一般都穿做工精细，分里外两件的上衣，里面穿一件后长前短的长袖大襟衣，外衣则多以黑色或红、紫、绿等颜色布料做的圆领褂子。但不论内衣还是外衣，领边、袖口都用彩线绣上各种花纹、图案，且相互对称。腰系围腰，围腰大都爱用黑布，上绣红花，花朵层层套叠，格外醒目耀眼。妇女的鞋子更是别具一格，脚穿船形般的尖尖绣花鞋，上面精心刺绣的花叶分明，别出心裁。女子发髻用黑布或绸子缠绕，上面插满各种加工精美的银饰花朵。由于彝族支系多，居住地区不同，加之年龄、性别不同穿戴也就各异。

维吾尔族刺绣　类别：传统美术　编号：Ⅶ—79
申报地区或单位：新疆维吾尔自治区哈密地区

维吾尔族刺绣根植于民间，来源于生活。刺绣艺术作为一种传统的民间工艺，显示着维吾尔族独特的风格，点缀和丰富了维吾尔族人民的艺术生活。

刺绣俗称"绣花"、"扎花"、"文秀"、"稀绣"。刺绣时先在织物上设计纹样，然后穿针引线织成图案。它吸收了苏绣和京绣的一些针法。图案多为自然界的花卉草木、山峦流水等景物，妇女们把各种图案刺绣在花帽、衣领、袖口、枕头、被褥、头巾、帷幔等部位。图纹布局疏密合理、密而不乱，红花绿叶，色彩艳丽。

维吾尔刺绣花帽，色调热烈、色彩艳丽；刺绣长袍、短袄和坎肩等服装，根据年龄不同，底色面料有别，图案古朴庄重，和谐华贵；刺绣的四棱长方型枕头的枕面，各色绸缎、平绒作底，黑色布料沿边，中间为花卉图案，多彩多姿，丰富活泼。

满族刺绣（岫岩满族民间刺绣、锦州满族民间刺绣、长白山满族枕头顶刺绣） 类别：传统美术 编号：Ⅶ—80
申报地区或单位：辽宁省岫岩满族自治县、锦州市古塔区；吉林省通化市

满族刺绣最早见于文字记载的是《后汉书·乌桓传》："妇人能刺韦，织毛布，男人作弓矢、鞍勒，煅金铁为兵器。"距今已有2000多年的历史。

最初，乌桓人在皮革上刺绣是为使皮衣耐用而又美观，刺绣应用范围较窄，仅在衣襟、下摆、裙边刺绣简单的纹样。随着与汉族交流的增加，金代女真人的刺绣从衣边刺绣发展到皇亲国戚纹绣满身。清代时期，满族人民的服饰由皮衣转为以布衣为主，吸取鲁绣、苏绣、京绣等技艺，将北方游牧民族的艺术风格与中原传统的刺绣特色巧妙融合，满族刺绣发展到顶峰。

满族刺绣针法多样，初期图案以花卉、走兽为主，有萨满宗教文化的深深印记，后期融合了汉族的传统吉祥纹样，构图简括，绣工精致。刺绣的色彩以白、红、黄、蓝为主，丰富艳丽。满族刺绣绣品丰富，除民族服饰外，以枕头顶、幔帐套、烟袋荷包、钱搭上的刺绣很有特色。在清代时期，无论家贫富贵，刺绣是满族女孩的必修课，绣品的好坏直接关系到她们能否嫁得如意郎君，她们以针代笔、以线代色，在绣面上描绘了史诗般的磅礴画卷。

满族刺绣在不同地区具有不同特点。申遗成功的岫岩、锦州、长白山满族民间刺绣因其特点鲜明，具有一定的代表性。岫岩满族自治县满族民间文化积淀深厚，满族民间刺绣吸收四大名绣之长，以纱或缎织物为主，家织布、青、白布次之，题材丰富，构图考究，绣法多样，粗犷与细腻并举，依靠家族进行传承。锦州满族民间刺绣俗称"针绣"、"扎花"、"绣花"，由于锦州地处满汉文化交融汇合的辽西走廊，地域特征明显，满族的粗犷豪放与汉族的灵秀细腻巧妙融合，内容包罗万象，也以家庭内部传承为主，第5代传承人夏丽云心灵手巧，创办了锦州八旗锦绣民间工艺发展有限公司，市场广阔，为民间艺术的传承提供了新的范式。长白山满族枕头顶刺绣技艺精湛，与满族独特的婚俗密切相关。品类繁多，色彩丰富，内容吉祥喜庆，受绘画、书法艺术、民间剪纸的影响，绣品别致。此

外，由于东北二人转的流传，长白山满族枕头顶刺绣有许多表现了二人转的演出场面，造就了一批别具特色的刺绣珍品。

蒙古族刺绣　类别：传统美术　编号：Ⅶ—81
申报地区或单位：新疆维吾尔自治区博湖县

蒙古族刺绣是蒙古族劳动人民在长期的生产劳动中创造出来的具有悠久历史和鲜明风格特点的手工艺术，它既有实用性又有审美性。

据民俗学家罗布桑却丹在其著作《蒙古风俗鉴》中记载，早在元朝以前，新疆博湖蒙古人在生活中非常注重刺绣艺术，应用范围很广，除了在服饰上有刺绣以外，在一些日用品上也绣有各种具有民族风格的图案。如头饰、衣领、袖口、袍服边饰、长短坎肩、靴子、鞋、摔跤服、赛马服、枕套、蒙古包均绣有图案。蒙古族刺绣艺术的图案内容和形式有来源于大自然中的动植物纹样，也有抽象概括而成的几何形式，如有花卉、蝴蝶、蝙蝠，也有点、线、面、圆等等。这些图案不仅具有浓厚的民族性和装饰性，并且有高度的概括性。刺绣的图案多有潜在的象征意义，如盘长图案或卷草纹等不同图案的结合象征着吉祥、团结、幸福；犄纹象征着六畜兴旺；蝙蝠象征福寿吉祥；回纹象征坚强，寓意太阳的转动和四季如意；云纹象征着吉祥如意；鱼纹象征着自由；虎、狮、鹰象征英雄；杏花象征爱情；寿、喜梅代表美好的祝福等等。这些图案表现了蒙古族人民向往自由、渴望幸福的愿望。蒙古族刺绣针法有平绣、结绣、补绣、锁绣、盘金绣、打子绣、拼花等二十多种。从刺绣的针法上看，蒙古族的刺绣艺术不以纤细秀丽见长，而以凝重质朴、粗犷匀称的针法取胜。蒙古族刺绣艺术在配色上，多用原色，很少用过渡色，因而色彩明快、纯厚，给人以饱满充实之感。很多绣品在黑底色、红底色上直接用大红大绿绣成，色彩对比强烈，富有光泽。绣线细韧明亮，富有弹性，体现了蒙古族绣品的自然美。

蒙古族刺绣最大的特点是色彩艳丽，用色无拘无束，大胆夸张，利用彩线尽情抒发自己的感情。蒙古族人民对生活的乐观向上态度和粗犷豪爽的性格在刺绣艺术中体现的淋漓尽致。2008年，蒙古族刺绣被列入第二批国家级非物质文化遗产名录。

柯尔克孜族刺绣　类别：传统美术　编号：Ⅶ—82
申报地区或单位：新疆维吾尔自治区温宿县

　　柯尔克孜族在游牧生活中，长期以家畜的毛、绒为原料制作生活用品。在柯尔克孜族人家，四周墙上都悬挂着绣有花卉图案的墙围，炕上的靠枕、被面、毛毯等都用各色绣花布单蒙盖着，不但保洁，更有装饰作用。这些美丽的绣图，都出自柯尔克孜族妇女灵巧的双手。

　　柯尔克孜族的妇女，自幼受母亲、姐妹们刺绣的熏陶，开始学习刺绣，从简单的轮廓勾勒到层叠的填色创作，在选料、染制、纺线、缝制等一系列工序中，练就了一双灵巧的双手。她们可在小至头巾、枕头、衣袖边上飞针走线，大至被面、挂毯、地毯上精工细作。所绣图案多为日月星辰，花卉草木，飞禽走兽，各种几何图案。图案花纹精致，构图精美。刺绣以黑、白、红、蓝、绿等为主色调。柯尔克孜族姑娘的刺绣很特殊，绣制的手绢是姑娘传统的定情信物。绣制的毡帽赋于了不同风格：给中年男人白毡帽绣上黑色、蓝色的素花，显出英威剽悍、憨厚稳重；给未婚男子白毡帽上绣红花和美丽图案，表现英俊潇洒、朝气蓬勃；给儿童白毡帽边沿绣花草鸟兽、山水图案，或孩子的生肖属相图，衬托出幼童的精灵可爱。给老年人的黑、蓝色腰带，以白线绣出简约的波纹，对比强烈；给青年人紫红色腰带的中间绣的各色图案花纹，典雅浪漫；女性的黑、绿、红金丝绒小坎肩，襟边各部位都以盘金银绣法，绣上金色银色的花草水纹，罩在连衣裙之外，显出身姿的阿娜多姿。

　　姑娘出嫁时，父母送的陪嫁礼品中，毡房内壁上挂的巨形壁毯和帷幔、床帷、叠放在床上的高高的被子和枕头、地毯、花毡、门帘、窗帘，大都是色泽鲜艳而精美的棉毛织品和刺绣品。

　　新疆阿克苏地区温宿县博孜墩柯尔克孜族乡的布如力斯开克

柯尔克孜族刺绣作品

是柯尔克孜族刺绣技艺传承人。2008年柯尔克孜族刺绣列入第二批国家级非物质文化遗产名录。

哈萨克毡绣和布绣　类别：传统美术　编号：Ⅶ—83
申报地区或单位：新疆生产建设兵团农六师

哈萨克妇女擅长刺绣，她们能在皮革和花毡上绣，可在挂毡、箱套、帷帐、窗帘、门帘、罩单、枕套、帽子上绣。

毡绣、布绣也称"花毡"。制作花毡工艺比较复杂，要经过多道工序。各种呢子和布片是做花毡的基本材料。妇女们先把毡子和布片剪成毛角花、鹿角花等图案，然后根据构想的图案精心帖缝在毡子上。

花毡有三种：第一种用布料图案拼图，是用各种彩色的布剪成自己喜爱的图案，然后在白色的毡子上，根据构成的图案，用羊毛线缝上去；第二种用毡子作料。把毡子染成五颜六色，再把这些彩色的毡子拼成各种图案，用羊毛线缝起来；第三种用料是毡和布，把彩色毡片和彩色的布拼设成图案，再缝制起来。花毡上的图案，都突显出构图严谨、色彩协调、美观大方的特色，称得上是精制的艺术品。

走进哈萨克族的毡房，就进入了花毡的艺术殿堂。小到荷包，大到被褥、帏帐处处可见女主人精心绣制的精美图案，艳丽夺目。毡房内四周挂的是花毡挂壁，地上铺是花毡地毯，各种幔帐都是刺绣艺术品。

哈萨克族毡绣　　　　　　哈萨克布绣

哈萨克族姑娘出嫁时，花毡壁挂是必备的嫁妆，而且新娘要亲手编制。她们挑选自己最喜爱的花卉图案绣在上面，而且配上相应的花边图案，图案周围镶上金丝，缀上银珠，这些图案和装饰承载了新娘的爱和情，工艺精良典雅，画面光艳照人，是很有欣赏价值的装饰品。

新疆建设兵团农六师在传承、保护、创新等方面都做了大量的卓有成效的工作，兵团首座哈萨克族毡绣、布绣加工展销基地在农六师红旗农场落成，毡绣、布绣传统民间工艺技能，在这里已传承了第4代，传承人卡门和阿瓦义信心倍增。2008年，新疆建设兵团农六师申报，哈萨克族毡绣、布绣被列入国家非物质文化遗产保护名录。

建筑彩绘（白族民居彩绘） 类别：传统美术 编号：Ⅶ—96
申报地区或单位：云南省大理市

大理市白族民居彩绘普遍流行于大理市及周边白族地区。白族民居彩绘经元、明、清几代的发展，内容越来越丰富，到20世纪三四十年代已达到成熟阶段。大理市喜洲镇严家大院、董家大院就是白族民居彩绘的代表作。

现代的白族彩绘基本上沿袭传统的工艺，但使用的材料更加多样化。白族建筑多为土木结构，青砖、白墙、灰瓦与建筑彩绘相互协调映衬，以黑、白、灰色为主，着重突出和体现"白色"这一主体色调。白族建筑彩绘不仅用于宗祠、庙宇和大型古建筑群，还广泛用于白族民居建筑。民居彩绘以其独特的色彩和图案装饰房屋的同时，也被赋予了祛邪避灾、祈祥求福等丰富含义。有各种吉祥图案如"渔樵耕读"、"棋琴书画"、"火龙吐水"、"牡丹卷草相缠"、"流云飞鹤"、"四喜登梅"、"一路（鹭）连升"、"洪福齐天"、"锦上添花"、"四季平安"、"金玉满堂"等。

大理白族民居彩绘的国家级非物质文化遗产传承人李云义，1999年被评为云南省民族民间大师，2006年被评为大理白族自治州民间艺术大师，2009年评为国家非物质文化遗产项目代表传承人。宾川鸡足山祝圣寺里的"鸡足山全景图"就是李云义的心血之作。大理白族民居彩绘2008年被列入国家级非物质文化遗产名录。

苗画 类别：传统美术 编号：Ⅶ—98
申报地区或单位：湖南省保靖县

苗画是清朝时期在单色传统绣花样稿的基础上发展起来的一种独立画种。开始，苗画画师用白色粉浆把绣花图案绘于布料上，然后供妇女们直接按画刺绣。后来一些技艺高超的画师，舍弃刺绣环节，直接在布料上绘画，由此发展成现在的苗画。苗画作品题材广泛，构图大胆，线条错落有致，色彩丰富协调，具有强烈的民族特色。

苗画题材多为喜庆、吉祥、长寿、友谊等图案，苗画图案中经常运用的有双凤朝阳、凤穿牡丹、鸳鸯戏荷、鱼鸟同乐、双龙抢宝、麒麟送子、蝴蝶伴寿、喜鹊闹梅、鲤鱼跳龙门、龙凤呈祥等。苗画反映了苗族人民对大自然生灵的热爱和对幸福生活的向往。

上世纪初，随着老艺人的相继去世，苗画面临失传的困境。在梁求瑞、梁永福、梁德颂祖孙三代的苦心传承和创新下，才得以重焕生机。在濒临消失的关头，保靖县水田河镇的梁求瑞不仅将苗画传承了下来，并且不断丰富绘画的题材内容。后来，梁求瑞将苗画技艺传授给其子梁永福。梁永福的儿子梁德颂从小耳濡目染，7岁便开始学画，已从事苗画创作近40年。梁德颂有多幅作品被省、州博物馆收藏。2009年10月，他的作品《双凤朝阳》获得"湘鄂渝黔边区民族民间旅游商品及民间工艺大师评选大赛"金奖，他本人也被授予"民间工艺大师"称号。2009年，他还入选省级非物质文化遗产传承人。

苗画是苗族文化的奇葩，得到国内外有关专家的好评。

瑶族刺绣　类别：传统美术　项目编号：Ⅶ—105
申报地区或单位：广东省乳源瑶族自治县

瑶族刺绣，是指广东省清远市连南瑶族自治县瑶族妇女特有的一种传统手艺。图案内容十分丰富，有40多种，不同图案表达不同的内容和情感。瑶族妇女刺绣不用打板、打图，反面绣正面看，世代靠口述手传。瑶族服饰刺绣是瑶族人民热爱生活、爱美和追求美好生活的象征，也是瑶族文化的载体。

刺绣的用途主要是配饰在服装上。男女衣服、头巾、腰带、围裙、小孩的帽子、挎包、伞袋等物件上都有刺绣。据瑶族的传统习惯，头巾是年轻女子恋爱时送给心上人的一件宝贵礼物。所以，瑶族姑娘多数在十一二岁开始学刺绣。

刺绣用料是红、绿、黄、黑、白5种色线。所绣图案有30多种类型，图案由三种

瑶族刺绣

线条演变而成。即对角线、垂直线和平行线，角度分别为45、90、180度。刺绣不用画底稿，先用黑线或白线（视布色而定）依着布纹绣出一行行方格，再在方格中绣出各不相同的图形。图中的人形纹、兽形纹只限于白色或黑色而不用其他颜色。其刺绣是从反面绣，不看正面，但又能使正面构成三角形、齿状形、城堞状形等，其结合在一起就形成了一个个图案，再将其组合起来，就是各种衣物服饰上的图案。这些花纹图案中，有象征男女的、有象征飞禽走兽和花草植物的，花样繁多，鲜艳夺目。

连南瑶族刺绣于2009年被列入广东省非物质文化遗产名录，2010年被授予"广东瑶绣之乡"称号。2011年荣获"中国瑶族刺绣艺术之乡"称号。为了更好地保护和传承瑶族刺绣，连南县委、县政府将瑶绣引入校园，到2011年全县有8所中小学校把瑶族刺绣列入第二课堂的教学内容。在研发瑶绣文化产业中，连南聘请广东省文化厅、广东省民族宗教研究所、中山大学、广东省文联民间艺术协会等部门的专家、学者展开"产、学、研"合作，通过成立"广东瑶绣坊"，培训了首批瑶绣技艺师32人，这些技师在家带徒近200人。

此外，连南县2011年制定了《连南县瑶族刺绣职业专项能力开发工作方案》，计划在"十二五"期间完成5000人的瑶族刺绣职业专项能力培训，在已落户建设的"广东瑶族博物馆"带动下建立起"岭南瑶绣文化旅游"产业链，打造连南瑶绣品牌。

藏族编织、挑花刺绣工艺　类别：传统美术　编号：Ⅶ—106
申报地区或单位：四川省阿坝藏族羌族自治州

嘉绒藏族生活在川西高原大渡河、岷江上游地区，嘉绒藏族善于刺绣、纺织，精巧的工艺为其服饰增添了无穷的魅力，也是藏族服饰地域风格最为突出的。如该区域最为流行的刺绣花帕子、后围和纺织品腰带（织带），都极强地表现出与藏族其他地区不同的区域特征。这些特征都与其地理环境、气候条件、文化背景、族源关系以及异文化的影响有关。嘉绒藏族刺绣工艺精湛，针法不受经纬限制，适宜绣花草纹样。工艺主要用于装饰花帕子和后围。绣品质地柔软，图案精巧细致，构图简洁，色彩对比强烈，鲜艳夺目。嘉绒藏族编织的各种直线和几何形组成的纹样简洁美观。在藏族服饰中，腰带是通常的饰物，多为彩色腰带，而嘉绒藏族因长期与羌族毗邻，服饰也有一些羌族特色，腰间常扎丝、棉、毛花腰带。腰带也称织带，嘉绒语称为"吉热"，常用五色丝线和棉线织成各种方块图案的抽象造型。由于材料和工艺的影响，手工只能织等格直线形。常见的纹样以线构形为主的方形、三角形、菱形、万字纹、网纹、牡丹纹和蝴蝶纹等。图案主要以黑白两色交织而成，织带边常以彩线色条纹或回纹装饰，两端留有线穗。

藏族绣花鞋

侗族刺绣　类别：传统美术　编号：Ⅶ—107
申报地区或单位：贵州省锦屏县

　　侗绣是刺绣的一种，是侗族人民一针一线在侗布上绣出来的，其风格自然、朴素、大方。侗绣中的精品当属北侗盘轴滚边绣，该绣法仅在锦屏县的平秋、石引、黄门等北部侗族群体中流传。盘轴滚边绣是纯手工制作，历经作模、打面浆、粘布、拟模、贴面、镶边和绣花等数十道工序，制作一件完整的盘轴滚边绣精品要花一年的时间。侗族刺绣是观赏与实用并举的工艺形式，绣品不仅图案精美，具有极高的装饰价值，其反复绣缀的工艺还能增加衣物的耐用度。

　　侗族的刺绣品上，还有些起点缀作用的附属物。附属物有较厚的金黄色纸片，还有铜片和玻璃片。这些附属物大多为圆形，也间有方形和三角形。绣在图案上，可以填充空间，组成线条，还可利用它的色泽增加服饰品的光彩。当姑娘们在节日里穿戴上这些服饰翩翩起舞时，人们很远就可看到衣服上的熠熠光彩。

　　陈显月于1964年出生于锦屏县平秋镇平秋村，外婆、母亲均是当地赫赫有名的侗绣能手。陈显月除了是制作背带的能手，少女腰带、小腿包绑带、少女披肩、宝宝银帽及渚绫（侗家妇女盛装）等这些侗家民族特色刺绣工艺品，她都是行家里手。陈显月在劳动之余，苦练刺绣，盘轴滚边绣技艺日益成熟。目前经她培训的人员已达80人次，并带出了6个徒弟，这里的侗乡人称其是"侗家最美的月亮"。2010年10月，她被命名为省级非物质文化遗产项目代表性传承人。

锡伯族刺绣　类别：传统美术　编号：Ⅶ—108
申报地区或单位：新疆维吾尔自治区察布查尔锡伯自治县

锡伯族刺绣是锡伯族妇女最热爱、最拿手的手工技艺。刺绣好与不好，往往是衡量锡伯族妇女品性与能力的重要标准之一。过去，女孩子出嫁前，要学做鞋袜和绣花，姑娘出嫁时，陪嫁姑娘亲手制作的带有精美刺绣图案的生活用品，如枕头顶、被帐、手帕等。特别是在婚庆时，穿的是自己亲手做的精巧绣鞋。

锡伯族的生活中到处是妇女们展示刺绣技艺的天地，如门帘、窗帘、枕套、桌布、挂饰、茶具盖布等日用品，以及服装、头巾、鞋子等衣饰，上面绣出的珍禽异兽、奇花异草的精美图案，展现了她们的聪慧才艺。

锡伯族妇女的刺绣构图重视原生态的自然美，讲究均匀整齐的针步、层次分明的纹理。她们绣制的平面图案或立体图案，造型优美，色彩绚丽，风格多样，生活气息浓郁，擅长运用针织、挑花、贴花等手工技艺。

锡伯族刺绣是开放式的，善于吸收不同民族的图案的特点，来丰富自己的作品，诸如维吾尔族的花卉图案、哈萨克族的鞍具图案、蒙古族的酒具图案，甚至汉族的建筑图案，各种图案特色，都能融入绣品。

锡伯族刺绣被列入第三批国家非物质文化遗产名录保。

挑花（苗族挑花）　类别：民间美术　编号：Ⅴ11—25
申报地区或单位：湖北省隆回县

居住在花溪一带的苗族妇女，以做工精细，结构严谨，设色明润的挑花工艺著称，具有端庄淳朴，秀丽清新的风貌。花溪挑花的历史至少可追溯到前清。古老挑花的纹样以动物纹居多，图案结构疏密相间，用色极为简单，一般只用白线和红线，白多聚而红疏散，少用黄线，难见其它色线，这与材料的来源关系极大。古老挑花少用斜线交叉结构，多用经纬线交叉结构，以鱼刺纹为多，线条排列密聚，少用十字针法而多用豆花针法。在挑花以前一般先画蜡染（多是富有人家），蜡花甚至是挑花的骨架。现在挑花纹样多用植物纹，少用传统纹样，注重图案的布局安排，色彩丰富，尤其是粉红色的大量使用，形成现代花溪挑花的特色。结构都是斜线交叉，以十字针法为主，间以其它针法，不用蜡染作挑花骨架。

花溪挑花的最大特点就是反挑正着，即在布的背面挑制，正面欣赏。这种挑法具有几个优点：清洁，妇女在劳动休息时挑花，手脏且粗、反面挑花能使正面图案保持干净；平整，正面挑花不易掌握好力度，容易使线条松紧不匀，绣面易绉。反面挑制好掌握，也便于在反面打结；正面挑花易受拘束，需要照纹样挑，反面挑花则可任意发挥，纹样新颖多样；省线、针法明确，很少重新复线。

花溪苗族挑花善用粉红的色调，并有丰富有色彩变化。用色不多，一般以白色、大红、粉红、中黄、翠绿五种颜色为主，偶用蓝色，极少用他色。由于色彩搭配、对比巧妙，在深色的底布上，显得绮丽美观。花溪挑花在图案的组织上，主要有对称式、织成式、二方连续、单独纹样、团花等，一般采用满构图。有的中心置花，四周镶边，讲究图案的结构和布局。中心图案平正严重，凝重森挺，四周纹样舒展流畅，气韵流美。以十字形作为主骨架是花溪挑花最显著的结构特点。骨架以猪蹄叉为多，但具体形式各不相同，里面仍挑出各种纹样。挑制顺序一般是先挑骨架，再在空白中填置基本花纹，最后补缀少花即成。

由于苗族没有文字，花溪苗族挑花也成了记录本民族历史和传说的载体，独特的挑花也成为这支苗族的识别标记和民族凝聚力的象征。

石雕（泽库和日寺石刻） 类别：民间美术 编号：Ⅶ—56
申报地区或单位：青海省库泽县

泽库县位于青海省，黄南藏族自治州中南部，东与甘肃省夏河县毗邻。泽库县和日村藏民善于刻雕，利用各种石头作材料，随形构图，创作出不同的造型。泽库县和日寺的石经墙是藏族传统石雕艺术的代表，也是世界闻名的藏族文化遗产，是石刻工艺规模最大，石刻经论最完整的石刻遗产。

泽库和日石经墙位于青海省黄南州泽库县和日寺后山，距离西宁352公里。石经墙高3米、厚2.5米、长200米，加上另外三堆石经，总长度近300米，全部用刻有经文的大小石板砌成，是由寺僧和民间艺人历时几辈人完成的。其数量之巨，雕刻工艺之高，实属罕见。石经上面的内容是藏传佛教名著《甘珠尔》、《丹珠尔》和《贤劫经》、《大磐若经》等，还有《释迦牟尼》、《药师佛》、《无量光佛》、《莲花生》、《玛米塔》、《汤东杰布》、《八十四大成就师》等千余幅佛教故事石刻画。经文字数在2亿以上，石刻工程浩繁巨大，充分显示了藏民族吃苦耐劳的精神和聪明智慧，是海内外罕见的人文景观。

泽库和日寺石经墙不仅有助于我们了解藏族历史、宗教、社会、文化状况，而且也有助于了解藏民族独特的装饰、工艺美术技巧和雕刻技法，是绝妙的藏族石刻艺术的大展示。2011年，和日寺石刻被列入国家级非物质文化遗产名录。

彩扎（凤凰纸扎） 类别：民间美术 编码：Ⅶ—66
申报地区或单位：湖南省凤凰县

纸扎又称"糊纸"或"扎纸"、"扎作"等，是以竹板、篾条、木棍等为骨架，用素色或彩色的纸帛糊裱，并略施彩绘的民间造型美术品。纸扎可以扎成各种人物、动物、花草、虫鱼、用具等。湘西土家族苗族自治州的凤凰县被誉为纸扎工艺的故乡，这里的纸扎取材广泛、造型夸张、色彩鲜明，充分体现了湘西土家族、苗族民间审美情趣。

纸扎工艺以功能可以分为祭祀型纸扎与游艺型纸扎两大类。祭祀型纸扎最初是与丧葬民俗联系在一起，是由原始社会墓葬、殉葬俑的发展演变的结果。通过祭祀型纸扎艺术制品来陪葬亡者，即能悼念死者、也能安慰和调节世人情感。游艺型纸扎指的是用在年节和灯会等文娱活动中的纸扎作品，有龙、狮、戏台、旱船、舞具等游艺道具以及金鱼、螃蟹、风筝等玩具摆件。

纸扎工序有整平竹节骨、破竹、刮蔑、蔑条防腐处理、晾干、制作形状蔑、纸缠蔑、搓纸捻、扎制骨架、裱糊、彩绘、走金线条、装饰、组装等14道。在纸扎诸多工序中，形状蔑的制作和扎制骨架是关键和难点。凤凰纸扎传承人聂方俊老人的手艺精湛，在传统的纸扎手法"奇、古、丽、轻"和"粗、俗、野、土"等特色的基础上融入了自己的风格，造就了凤凰纸扎工艺的独特魅力。

湟中堆绣　类别：传统美术　编号：Ⅶ—72
申报地区或单位：青海省湟中县

湟中堆绣是一种运用"剪""堆"等技法塑造形象的艺术，多用于唐卡制作，内容多以藏传佛教题材为主。珍藏在湟中县塔尔寺中的堆绣是藏传佛教艺术的瑰宝，与酥油花和唐卡一同被誉为塔尔寺三绝，闻名遐迩。

湟中堆绣艺术品的制作主要在塔尔寺周边地区，是湟中汉藏文化融合的艺术精品。其发展历史可追溯到唐代，成型于明朝宗喀巴大师诞生后。明朝嘉靖年代为湟中堆绣鼎盛时期，到清朝中晚期，处于低潮状态。至清末民国初期一世嘉雅堪布·洛桑达杰将堆绣艺术广泛传承发展，后传给许多艺僧和民间艺人，一直传承至今。堆绣将刺绣与浮雕艺术完美结合，具有较高的观赏、审美和收藏价值。同时，逐步成为湟中旅游的品牌纪念品。

堆绣从内容题材可分为藏式（宗教）堆绣和汉式堆绣。藏式堆绣内容都以佛经故事为题材，以人物为主，着重于人物造型的神态，讲究各色、丝绫的配置。其代表作有《藏财神》、《宗喀巴》等；汉式堆绣题材广泛，有历史人物、花鸟、动物及吉祥图案等。代表作有《红楼十二金钗》、《唐蕃古道》等。从制作技法上可分为平面堆绣和立体堆绣。堆绣工艺品是用各色棉布、绸、缎剪成所设计的各种图案形状，精心堆贴成一个完整的画面。其工序有图案设计、剪裁、堆贴及个别图案部分上色等。一般来讲，图案设计环节主要以客人需求为主。勾草图最能考量艺人绘画技能，也是至关重要的步骤。图案设计完成后，将各色布料比照图案剪裁、粘好，之后再填充以羊毛或棉花等，以使图案成立体型，最后将各色布料图案堆贴在设计好的大幅布幔上，构成一组完整的画面，使画面产生丰富生动的立体感和织物特有的肌理感，达到浅浮雕式的艺术效果，表现力丰富。作品粗犷中显细腻，点滴中见绝妙，技艺精湛，巧夺天工。一幅堆绣可以说是一幅彩色浮雕作品，极具艺术观赏价值。

2008年以来，在湟中县阳光办和扶贫办的安排下，湟中县藏文化艺术职业学校分别在湟中县西部镇葛一、葛二村，共和镇尕庄村、南村等地对农村妇女连续开办堆绣培训班，青海省湟中县职业技术学校开设了工艺美术课，请佛教寺院的艺僧在学校为当地农民子弟传授唐卡、堆绣的制作工艺，受到了当地农民的欢迎。

八、传统手工技艺

CHUANTONGSHOUGONGJIYI

黎族原始制陶技艺　类别：传统手工技艺　编号：Ⅷ—4
申报地区或单位：海南省昌江黎族自治县

我国陶器的产生距今大约有一万年历史，从目前考古发掘材料来看，海南的陶器至少也有长达六千多年的历史。海南岛制陶历史悠久，在黎族聚居地区的史前遗址中曾发现过陶片，文献中也不乏相关记载。如宋朝的《诸蕃志》（卷下）曾记，黎族"以土为釜，瓠匏为器"。清代顾炎武《天下郡国利病书》亦记，黎人"缌绠绩木皮木布，陶土为釜"。黎族地区的制陶技术保留在哈方言、润方言、赛方言、美孚方言等区域。

黎族制陶工具包括木杵、木臼、木拍、木刮及竹刀、蚌壳、钻孔竹棍、竹垫等，制陶过程由挑陶土、晒陶土、粉碎陶土、筛陶土、和泥、制坯、干燥、点火烧陶、取陶、加固等十多个步骤组成。制品主要有釜、甑、瓮、碗、罐、蒸酒器、蒸饭器等。

制陶的工艺流程非常复杂：第一步，选取粘性泥土，放在阳光下晒干；第二步，将晒干后的泥土舂碎，用米筛筛5至7次成泥粉；第三步，用水调匀细泥粉拌成泥团，水与泥粉的比例约为1∶2。水多或少都不行，需恰到好处，这一步是制作陶器的关键；第四步，制陶皿。先捣泥直至完全均匀后，将泥团铺成薄饼状做器底，并移到一个倒扣的粗孔竹筛上，然后用螺壳和小木拍等工具，将陶坯做成各种生活用具，如碗、钵、锅、罐、盆、蒸酒器、水缸等。制作好的陶坯置晒6至8天完全晾干后，才择日烧陶。

制坯技艺从一个侧面反映出黎族原始制陶技艺的水平，它包括捏制、泥条盘筑、快轮制陶等。泥片贴筑法、泥条盘筑法、快轮拉坯法等制坯方法至今仍在黎族地区保留着，其中泥条盘筑具有不用羼和料、制陶工具简单、露天烧陶、没有陶车和陶轮、器型少等特点，简便实用。

制陶是黎族重要的手工业之一，1949年以前，黎族同胞生产的陶器除了自己使用外，还挑到偏远的山区进行物物交换，换取生活用品与稻谷，由于社会经济的发展，原始制陶在上世纪70年代已经退出了历史舞台。但泥条盘筑法之类的原始制陶工艺至今在海南岛昌江黎族自治县石碌镇大坡地区仍有传承，这对史前制陶史的研究具有重要的启示作用。黎族保留着制陶的原始形态和特征，真实地再现着原始的制陶过程，不失为中国古代原始制陶的"活化石"。

海南昌江黎族自治县石碌镇保突村的羊拜亮老人被确定为黎族原始制陶技艺的唯一传承人。2006年，黎族原始技艺制陶获批准为国家级非物质文化遗产项目。

傣族慢轮制陶技艺　类别：传统手工技艺　编号：Ⅷ—5
申报地区或单位：云南省西双版纳傣族自治州

西双版纳傣族自治州的景洪曼斗寨、勐罕曼峦站寨、勐海曼扎寨及勐龙寨等地均保留着较为完整的傣族传统制陶技艺。

傣族自古喜爱用陶，制陶在傣语中称为"板磨"，汉语俗称"土锅"。明初钱祖训所著《百夷传》称：傣族"惟陶冶之器是用"。与其他民族不同的是，傣族制陶是由妇女世代相承的。其主要工具有转轮、木拍、竹刮、石球等，主要技艺流程包括舂土、筛土、拌沙、渗水、安装转盘、制坯、打坯、干燥、烧陶等环节，所生产的陶器按其用途可分为生活用具、建材、赕佛用具等。

傣族制陶技艺最突出的特色为慢轮手工制作，器物表面均用有纹的木拍拍打出印纹，这与南方新石器遗址出土的印纹陶器相一致。傣族陶器在用料上亦有讲究，主要以泥土加砂石料。其焙烧方式也有自己的特点，包括露天焙烧和封闭半焙烧等多种方法。成坯方法呈多样化特点，有无转轮制坯、脚趾拨动慢轮、手拨动转轮等方式。这些远古时期的制陶技术，至今仍为傣族传承使用。

20世纪50年代末期以来，国内外著名的考古学家多次对傣族制陶进行专门调查，认为傣族传统制陶是我国原始陶艺的代表，是解开中国新石器时代烧陶之谜的钥匙。但是，随着现代化进程的深入，除了少量用于建筑物屋脊的装饰品和佛教礼器外，在其他场合已不大容易看得到传统的傣族陶器。陶器制作的经济效益不理想，所以学习和从事制陶技艺的人越来越少。在西双版纳，只有少数村寨的几户人家还会制作陶器，原始制陶术已处于即将消亡的状态，亟待拯救和保护。

维吾尔族模制法土陶烧制技艺　类别：传统手工技艺　编号：Ⅷ—6

申报地区或单位：新疆维吾尔自治区英吉沙县、喀什市、吐鲁番地区；新疆建设兵团

新疆维吾尔自治区的吐鲁番地区、南疆的喀什地区出产一种土陶制品，历史悠久，大约有两千多年历史，通过代代相传，流传至今。

维吾尔族人爱种花卉，使用的花盆、花缸土陶器叫"素陶器"。在维吾尔族日常生活中，还有粮缸和储物缸，过去照明的油灯，盛放食物和饮料的各种罐以及碗、盘、碟、小盆等，都着以彩釉美化。

维吾尔族使用的土陶器中还有各种壶型器物，造型独特，形制多样，色彩艳丽，大都用彩釉装饰得五彩缤纷，颇具鲜明的阿拉伯风格。这是维吾尔族制作土陶器的技艺趋于成熟的表现。

吐鲁番维吾尔族土陶器以各种造型的壶见长。近代吐鲁番维吾尔族土陶器中的壶型器物上的压花、刻花十分精美，彩釉陶盘和陶罐大都用彩釉装饰得五彩缤纷，以净壶为代表的壶形器皿在造型上有明显的阿拉伯风格。

喀什土陶，粘土是制陶的主要原料。用这种粘土制陶，不经任何加工，不添加配料，以水和泥制成器皿状，再涂以不同颜色，烧成光泽美观的生活用品。

英吉沙县是维吾尔族制陶的重要地区，产品造型精美、古朴，具有典型的维吾尔风格。英吉沙的土陶分为素陶和琉璃陶两类，都以黄泥制坯，素陶是直接烧制的，琉璃陶则成坯施釉后再烧，因釉料有铝、黑铁渣、石英石、红土等不同成分，故烧成后有深绿、浅绿、棕色、白色、土黄、土红、奶黄等颜

土陶

色。其制品远销南疆各地。

2006年5月，经国务院批准，维吾尔族模制法土陶烧制技艺列入了第一批国家级非物质文化遗产名录。

土家族织锦技艺　类别：传统手工技艺　编号：Ⅷ—18
申报地区或单位：湖南省湘西土家族苗族自治州

湘西土家族织锦技艺主要分布于永顺、龙山、保靖、古丈四县。土家织锦用绵线织成，俗称"打花"，主要有打花铺盖，土家语为"西兰卡普"，"西兰"意指铺盖，"卡普"意指花，西兰卡普即"花铺盖"，因具有淳朴的乡土特征，所以有时又称"土花铺盖"。西兰卡普最具代表性的是采用"通经断纬"的挖花技术，分为"对斜"平纹素色系列和"上下斜"斜纹彩色系列两大流派。西兰卡普是土家族保留最完整的一种原始纺织工艺品。土家女一般从10岁左右开始学习织锦，她们采用一种非常原始的腰机木架，以通经断纬的方法，用手挑换纬纱、用木梭、竹扣打织完成。图案中还有一种比较特殊的钩连形式，采用钩状纹样，有的作陪衬，有的作为主体纹样。比较典型的如八钩、十六钩、二十四钩、四十八钩，其中以四十八钩最为有名。花带是土家锦中普及面更广的品种，它采用"通经通纬"的古老"经花"手法，几乎不需专用工具即可在织造者两膝间完成。经线在锦面上是贯通而不间断的，各色纬线仅仅于图案花纹需要处与经线交织。由于经纬线的交错，传统土家织锦只适合表现相对简洁的图形，不可能像其它的民间艺术种类那样表现繁复、具体的图像，织锦的图案造型具有强烈的抽象性。

湘西土家族织锦技艺历史悠久，有四百多种传统图案。土家人从出生、成长、婚恋，直到死亡，人生每一个阶段的礼仪都与织锦有着密切的联系。湘西土家族地区是土家织锦手工技艺的原生地和热土，也是全国土家族中至

土家族西兰卡普

今仍保留民间织造风尚的唯一区域。

2006年由湖南省湘西土家族苗族自治州申报的土家织锦被列入国家级非物质文化遗产名录。

> 黎族传统纺染织绣技艺　类别：传统手工技艺　编号：Ⅷ—19
> 申报地区或单位：海南省五指山市、白沙黎族自治县、保亭黎族苗族自治县、乐东黎族自治县、东方市

黎族传统纺染织绣技艺是海南省黎族妇女创造的一种纺织技艺，它集纺、染、织、绣于一体，用棉线、麻线和其他纤维等材料做衣服和其他日常用品。黎族妇女从小就从母亲那里学习扎染经纱布、双面绣、单面提花织等纺织技艺。母亲们通过言传身教，传授技能。黎族妇女仅凭自己的丰富想象力和对传统样式的了解来设计纺织图案。在没有文字的情况下，这些图案便成了黎族历史、文化、宗教、禁忌、信仰和民俗的记录者。

黎族传统纺染织绣技艺包括纺、染、织、绣四大工序。纺纱，即把棉花脱子、抽纱，把纱绕成锭。染色，传统的染料有植物染料、动物染料和矿物染料三种。织布，用踞织腰机进行织布；腰机简单轻巧，容易操作。刺绣，传统刺绣有单面刺绣和双面刺绣两种。刺绣的技术可根据针法、绣法和面料分为三个层次，把绣法、色彩、图案三者结合为一体。刺绣工艺精湛，图案朴实自然，富有独特的民族艺术风格。黎锦是黎族重要的社交、文化场合中不可或缺的一部分，如一些宗教仪式和各种节日，特别是婚嫁场合。黎族妇女都会为自己设计精美服装。作为黎族文化的载体，黎锦的传统纺织技艺是黎族文化遗产中必不可少的一部分。

黎族分哈、杞、润、台、美孚5大方言区，各方言区由于生活习惯、生产环境等的不同，织锦图案也有所差异，这使得黎族织锦五彩缤纷，丰富多样。

纺织

哈方言地区的图案以人形纹、动物纹为主，植物纹、生产工具纹、自然界的各种图形纹样为辅，造型生动，构图饱满，色彩浓烈，内容丰富。杞方言地区的图案多描绘人的神态，如舞蹈、生产、生活、婚恋等，以祈愿岁岁平安，人丁兴旺。润方言地区的图案追求形似，色调和谐，对比鲜明，线条清楚，以人形纹、龙纹、鸽纹为主，其他动物纹、植物纹、花卉纹为辅。台方言地区的图案以人形纹、青蛙纹居多，尤其是青蛙纹在筒裙上更为普遍，在黎族社会里，青蛙表示母爱和避邪。美孚方言地区的图案以人纹、鹿纹、蜜蜂纹、鸟纹、汉字花纹、水波纹、曲线纹居多。鹿是黎族人民心目中的吉祥物，是善良和美好的象征。

由于社会生活的变化，黎族传统纺染织绣技艺已处于濒危的状况。主要表现在后继乏人和原料匮乏两个方面。

黎族传统纺染织绣技艺被列入第一批国家级非物质文化遗产名录。

壮族织锦技艺　类别：传统手工技艺　编号：Ⅷ—20
申报地区或单位：广西壮族自治区靖西县

壮锦是我国四大名锦之一，历史极为悠久，壮族先民在汉代织出的"斑布"就是其前身。壮族织锦技艺主要包括壮锦、绣球等编织技术。壮锦的制作，一般是用麻线或棉线染上各种色彩，以原色麻线或棉线为经，以染色麻线或棉线为纬，使用装有支撑系统、传动装置、分综装置和提花装置的竹笼机精编而成。壮锦种类齐全，花纹图案各种各样。其色彩鲜艳对比强烈，菱形几何图纹较多，多用于被面、床单、台布、坐垫、头巾、披巾、背带、枕巾等，旅游纪念品以壮锦壁挂系列为主。壮族织锦艺人对壮锦的颜色搭配要求较严格，直观上要鲜艳生动，一幅壮锦的完成，常常会用十几种颜色组合，由于搭配相得益彰，显得色彩

织锦

斑斓、丰富多变、和谐统一。

经历了千年的发展，现在的壮锦已经形成了自己的体系，主要有三大类、20个品种和50幅图案，广西民族织锦技艺已成为我国传统民间工艺的重要组成部分。织锦工艺得到广泛发展，它是壮族妇女赖以为生的基本技能。织锦工艺代代相传，姑娘们会把师傅传给她的一些基本原理，再加上自己对生活的感受，创作揉合在壮锦里面，使得壮锦不断地发展、补充和升华。壮锦的传承延续大都靠言传身授。

2006年，作为传统手工技艺的壮锦由广西壮族自治区靖西县申报国家级非物质文化遗产名录，成为了首批国家级非物质文化遗产。

藏族邦典、卡垫织造技艺　类别：传统手工技艺　编号：Ⅷ—21

申报地区或单位：西藏自治区山南地区、江孜地区

藏族的毛织技艺有着悠久的历史，其制品以围裙（邦典）和地毯（卡垫）最为著名。

藏族妇女的毛织围裙在藏语中称"邦典"，具有装饰、防寒等功能，是藏族妇女藏装上的一种特殊装饰。织法独特，色彩鲜艳，编织精密，美观大方。它的原料与氆氇相同，但比氆氇单薄、精致、小巧。

邦典的制作工艺并不简单，最初的原料是上好的羊毛，经过梳毛捻线（细捻为经，粗捻为纬）、上织机、织图、着色、反复浆染、揉搓、晾晒等工序，一条成品的邦典才能完成。其中，染色是用藏族特别的民间工艺调制的岩石和植物染料，羊毛线可以染出20多种艳丽的色彩，而且绝不会褪色；捻线更是费时费力的活，男人干不了，所以自古就是女捻线，男织机。西藏山南地区贡嘎县杰德秀镇是藏族围裙的主要产地，因而有"邦典之乡"的美称。

藏毯主要指"萨垫"（地毯）和"卡垫"（垫褥）。日喀则地区江孜县是西藏著名的地毯之乡，与土耳其地毯、波斯地毯并称为世界三大名毯。江孜卡垫最为出名，是在"旺丹仲丝"的传统技艺基础上演变发展起来的，它的穿杆结扣法，在全国乃至世界地毯织造技术中独树一帜，其织法、色彩以及纹样等方面独具特色，因此江孜也被誉为"卡垫之乡"。

江孜卡垫以色泽鲜艳、毯面柔软、细腻和风格浓烈而著称。不仅毛线

均匀，质地优良，染色也别具一格。它除了红、黑两种颜色的染料外，其他颜色的染料都是从当地的树叶、草根和矿物中提炼出来。这种自制的染料色泽鲜艳，经久不变，具有浓厚的独特的民族风格。

邦典

卡垫

江孜卡垫不仅全国闻名，而且远销印度、尼泊尔、不丹等国。

2006年，藏族邦典、卡垫织造技艺经国务院批准列入第一批国家级非物质文化遗产名录。

加牙藏族织毯技艺　类别：传统手工技艺　编号：Ⅷ—22
申报地区或单位：青海省湟中县

藏毯编织是藏民族创造的优秀手工技艺。据史料记载，明末清初，藏毯编织技艺已十分普及，并得到了进一步的改进和发展。大约在17世纪初期，青海藏传佛教圣地塔尔寺扩建需要大批卡垫，藏毯便在寺院附近的加牙村蓬勃兴起。加牙村在塔尔寺东4公里处，汉藏文化交汇的湟中县上新庄镇。

藏系绵羊毛是世界上公认的织毯优质原材料，加牙藏毯的原材料来自天然放养的藏系绵羊毛、山羊绒、牦牛绒和驼绒等，通过低温染纱、低温洗毯等工艺流程，成品具有色泽艳丽、弹性好和不脱色掉毛的优良品质。藏毯从材料的选择、纺纱、染色、编织等都用手工制作，因此其色泽艳丽而不褪色，质地坚硬而富有弹性，藏族先民们还在传统编织方法的基础上，发明了独特的连环扣编结法，这一技艺使藏毯产品更具独特的艺术价值。

加牙藏族织毯产品以卡垫、马褥、炕毯、地毯为主，有以藏式吉祥图案为主的传统藏毯、仿古藏毯、包芯卡垫藏毯、丝毛合织藏毯、丝绒藏毯等，花样新奇，做工精致。图案具有大气、配色艳丽、雍容华贵等风格特点。同时还保留着传统藏毯边缘不缠线的特点。

加牙藏毯不仅是精美的工艺品，同时也是藏民族非常实用的一种生活用品，它从天然原材料的选择到织造工艺的实施，到最终的成品，整个都是天然绿色产品，具有环保的品质，因此适应了人们健康生活的需要，备受人们的喜爱。

但是，这种手工编织技艺费时费力，很多年轻人都不愿意学习。而全球气候变暖，使青海草原沙化现象严重，草质的退化必然带来藏系绵羊、牦牛、山羊生存环境的恶化，进而导致牛羊数量减少、毛绒产量下降、毛色出现杂质等，严重影响了藏毯原材料的供应。加牙村从事藏毯编织的女性居多，男性大多在农闲时间外出打工，由于男女手上力量的差异，使藏毯的质量受到了一定的影响。而且藏毯技艺属于家族式传承，这也在很大程度上导致了一些技艺的失传。

2006年，加牙藏族织毯技艺经国务院批准列入第一批国家级非物质文化遗产名录。

维吾尔族花毡、印花布织染技艺　类别：传统手工技艺　编号：Ⅷ—23

申报地区或单位：新疆维吾尔自治区吐鲁番地区、且末县、塔城地区、英吉沙县

讲究居室装饰，追求摆设美观，是维吾尔族的传统生活习俗，他们用来精心装饰和布置房间的主角，是渲染着民族特色的花毡和印花布。

维吾尔族花毡的制作历史十分悠久。他们的祖先是游牧民族，为了游牧生活的需要，出现了毛毡，这是一项了不起的发明。古代，他们造毡房、铺炕、制靴、制帽等生活用品，所用材料都是毛毡。后来维吾尔族人定居了，但仍离不开毛毡。毛毡制作技术的发展、改进、创新，反映了他们审美价值观的变化、生活需求的提高。

花毡有绣花毡、补花毡、擀花毡、印花毡、彩绘花毡等类型，各有特色。

绣花毡的是在彩色的毛毡上精心绣上纹样的花毡，所用的主要料材是彩色丝线。

补花毡是毛毡上的纹样，是用彩色的布料裁剪出来的，然后缝绣、贴绣到素色的毛毡上，正反对补，又称"贴绣花毡"。它的图案多是羊角、鹿角等，也有树枝、花草等植物和云等自然景物。

擀花毡的制作方法，就是在黑色毛毡或白色毛毡上，把原色羊毛和染色棉毛拼成的各种图案。擀压成"压花毡"或"嵌花毡"。

印花毡用的基料是素色毛毡，在上面用木图章（木印模）拓印出某种图案。彩绘花毡，是用毛笔绘出图案的花毡。

花毡的品种无几，但花毡上的图案纹样却有百余种。其图案纹样不但有本民族的传统特色，并且吸收其他民族的纹样之长，丰富自己的创作。

维吾尔族印染花布的历史也是悠久的，在具有民族特色的手工工品艺苑里，独树一枝。维吾尔族印花布的手工印花形式，有模戳多色印花和镂版单色印花两类。

模戳多色印花，又叫"木模彩色印花"。在木模上雕刻各种图案，一个木模是一个单独纹样。然后涂上各种植物染料和矿物染料，最后，戳印到手工土白布上，白布上就出现了各色木模组合而成的彩色图案。这种多色的印花布，是用来做衣里、墙围、壁挂、窗帘、桌单、腰巾、褥垫等日常生活用品的材料。

镂版单色印花，也称为"镂版蓝印花"。这种工艺流程是制印版，把纹样画于厚纸板或铁皮上，镂空花纹，印版即成。接下来是印染，将印板放在白布上，把灰浆（石膏粉配以面粉和少量的鸡蛋清）涂抹到镂空的花纹上。最后，去掉镂空花纹印版，灰浆干后，再把布放入染液中浸染、晾干，剥去灰粉，即现出色、白相间的印花来。

| 印花模具 | 织绸机 |

维吾尔花毡、印花布虽然是本民族世代相传的传统手工技艺，但20世纪80代后的人们随着经济和文化的变化，生活方式和居住要求也大有改变，花毡和印花布的用途日渐减少，其工艺传承也面临着抢救与保护的局面。

2006年，新疆维吾尔自治吐鲁番地区申报，维吾尔族花毡、印花布织染技艺被列入国家非物质文化遗产名录。

苗族蜡染　类别：传统手工技艺　编号：Ⅷ—25
申报地区：贵州省丹寨县、黄平县；四川省珙县

苗族蜡染是苗族传统手工技艺。历史上称蜡染为"蜡缬"，是与绞缬（扎染）、夹缬（镂空印花）并列的我国古代三大印花技艺。蜡染在苗语里的发音为"务图"，是蜡染服的意思。目前，苗族蜡染主要流布地区为贵州省丹寨县、安顺县、黄平县等苗族聚居区。从很多苗族地区流行的《蜡染歌》来看，蜡染历史悠久。据考证，苗族的先民最早掌握蜡染技术是在先秦时期。根据史料记载，宋代"点蜡幔"（蜡染）已在五溪地区盛行。明清时代，苗族蜡染衣料成为苗族人民穿着最多的衣料。贵州的安顺、丹寨等地的蜡染技艺最为高超。安顺被称为"蜡染之乡"，清代皇家宫廷就曾珍藏有一幅安顺市郊苗族蜡染背扇扇面，这项工艺品目前珍藏于故宫博物馆。苗族蜡染有点蜡和画蜡两种技艺。是用蜡将花纹点绘在织物上，然后在靛蓝染料缸中浸染，有蜡覆盖的地方则不能上色，去蜡整个织物就会呈现出点绘时的白色图案。苗族蜡染中花纹有半月、粗勾、长直线、不规则的小方格、粗条"十"字、太阳光芒、小圆点、粗条大圆圈等，风格古朴厚重。蜡染技巧最核心之处在于"冰纹"，"冰纹"是因蜡块折叠迸裂后导致染料渗透不均匀所成的染纹，这种图案纹理带有浓烈的抽象色彩。安顺地区的苗族蜡染以结构松散、造型生动的几何纹样为主。具体制作要经过浸布、点绘蜡、染缸浸泡、漂洗、回收蜡、脱蜡等多道工序。除上述工序之外，蜡染需制作蓝靛和染缸。苗族蜡染是与日常生活紧密相连的艺术，它的主要产品也都是日常生活用品，如女性服装、床单、被面、包袱布、包头巾、背包、提包、背带、丧事用的葬单等。穿着蜡染衣裙在苗族妇女中极为普遍。

目前，蜡染手工艺制品作为特色旅游纪念品而走向了市场，但一些质量低下，制作粗糙的蜡染制品涌现，对这项传统的民族技艺造成了很大冲击。

2008年，贵州省安顺市申报的苗族蜡染技艺入选第一批国家级非物质文化遗产扩展项目名录。

白族扎染技艺　类别：传统手工技艺　编号：Ⅷ—26
申报地区或单位：云南省大理市

扎染古称"绞缬"，是我国一种古老的纺织品染色技艺。大理白族自治州大理市周城村和巍山彝族回族自治县的大仓、庙街等地至今仍保留着这一传统技艺，其中以周城白族的扎染业最为著名，被文化部命名为"民族扎染之乡"。

扎染一般以棉白布或棉麻混纺白布为原料，染料主要是植物蓝靛（云南民间俗称板兰根）。扎染的主要步骤有绘制图案、绞扎、浸泡、染布、蒸煮、晒干、拆线、碾布等，关键技术是绞扎手法和染色技艺，染缸、染棒、晒架、石碾等是扎染的主要工具。白族扎染品种多样，图案多为自然形的小纹样，题材寓意吉祥。

大理白族扎染显示出浓郁的民间艺术风格，一千多种纹样是千百年来白族历史文化的缩影，折射出白族的民情风俗与审美情趣。

当前产业化的趋势使部分传统扎染技艺走向消亡，原有的民间特色开始退化，污染问题日益突出，植物染料板兰根供不应求，白族扎染技艺的传承受到困扰。

侗族木构建筑营造技艺　类别：传统手工技艺　编号：Ⅷ—30
申报地区或单位：广西壮族自治区柳州市、三江侗族自治县；贵州省黎平县、从江县

侗族木构建筑营造技艺是侗族民间传统文化的重要表现形式，以风雨桥、鼓楼为代表，造型美观，工艺绝伦。侗族整座木构建筑以榫卯连接，不用一颗铁钉，但却十分牢固，不仅有极高的工艺价值，而且是侗族民间文化的杰出代表，有着很高的艺术价值。侗族木构建筑，包括鼓楼、萨堂（祖母祠）、民居、风雨桥等在内的十大建筑，构成一个完整的侗族建筑群。

鼓楼一般位于寨子的中心，附近有歌坪、戏台、萨堂，是侗族村寨的核心构成。紧靠鼓楼外围是民居住房，再外是禾晾和禾仓，出了寨门有凉亭和风雨桥。侗族称当地的民间工匠为"梓匠"。在设计鼓楼、风雨桥以及民居等时,"梓匠"使用的工具是侗族传统的度量尺"匠杆","匠杆"由竹子临时制成,长度和房屋中柱相当,楼房各部的长度和尺码都绘刻在上面,"梓匠"使用起来得心应手。"梓匠"常用的13个世代相传的建筑符号都刻在"匠杆"上和建筑构件上。鼓楼也称"罗汉楼",居于侗寨中心,室内除火塘、板凳、木鼓之外,别无他物。鼓楼以巨大的圆木为中心柱,这也是侗族人民的精神象征。侗族歌谣有"鼓楼建在龙窝上"的歌词,因而鼓楼的中心位置有其风水上的意义。传说鼓楼照"杉树王"建造,因而总体轮廓形似杉树。

侗族民居属于干栏式木楼建筑,在地上打桩立柱,树立栏杆,房屋就构筑在上面。侗族干栏式木楼建筑防潮防虫,一般有三层,底层储存工具、饲养家畜等,人住第二层,有火塘、卧室、楼梯间、宽廊等。第三层一般是用来存放粮食,也有作卧室之用的。侗族村寨寨门为"井干式"木构建筑,侗族寨门不单单是界标,更有其礼仪象征作用。风雨桥是在木悬臂梁式平桥上建造长廊。侗族村寨多溪多水,风雨桥既能为行人遮风避雨,也是村民游玩聚会之所。风雨桥不仅有着实用价值,更是侗族宇宙论中的一个要素,是沟通阴阳两界的"生命之桥"和护寨纳财的"福桥"。

侗族木构建筑营造技艺是侗族传统民间工艺,也是侗族文化的重要体现,主要通过民间工匠传承,但是,目前侗族木构建筑营造技艺传承出现危机,主要是因为建筑工匠后继乏人、木材来源匮乏。

2006年,侗族木构建筑营造技艺经国务院批准列入第一批国家级非物质文化遗产名录。2008年,由贵州省黎平县、从江县申报的侗族木构建筑营造技艺入选第一批国家级非物质文化遗产扩展项目名录。

苗寨吊脚楼营造技艺　类别:传统手工技艺　编号:Ⅷ—31
申报地区或单位:贵州省雷山县

苗寨吊脚楼的营造技艺远承河姆渡文化中"南人巢居"的干栏式建筑,在历史沿革中又结合居住环境的要求加以变化。造房匠师根据地形和主人的需要确定相应的建房方案,使用斧凿锯刨和墨斗、墨线,

在30至70度的斜坡陡坎上搭建吊脚楼。吊脚半边楼建于倾斜度较大的山坡上，后半边靠岩着地，前半边以木柱支撑，楼屋用当地的木材建成。坡面开成上下两级屋基，下级竖较长柱，使前面半间楼板与后面半间地面平行，形成半边楼。房架高6至7米。每排柱的最外一根自上而下截齐上屋基处，形成吊脚柱，"吊脚楼"因此得名。吊脚楼有半吊脚和全吊脚两种形式。屋基多以石垒而成。吊脚楼为歇山顶穿斗挑梁木架干栏式楼房，青瓦或杉木皮盖顶。苗家吊脚楼，飞檐翘角，三面有走廊，悬出木质栏杆，栏杆上雕有万字格、喜字格、亚字格等象征吉祥如意的图案。悬柱有八棱形和四方形，下垂底端常雕绣球和金瓜等各种装饰。上层室外为走廊，多为妇女女红劳作（绣花，挑纱，织锦）场所，或观花赏月之处。黔东苗族吊脚楼的走廊上安有"美人靠"（苗语为"安息"），站在"美人靠"凭栏远眺，就能赏览山区风光，家乡胜景。吊脚楼具有简洁、稳固、防潮的优点，还能节省耕地和建材。西江千户苗寨吊脚楼的营造技艺远近闻名。

苗寨吊脚楼对于西江苗族社会文明进程和建筑科学的研究具有极为珍贵的价值。吊脚楼建造匠师后继乏人，因此，苗寨吊脚楼建筑技艺的延续和实物保护都面临着极其严峻的挑战。

2006年，苗寨吊脚楼营造技艺经国务院批准列入第一批国家级非物质文化遗产名录。

苗族芦笙制作技艺　类别：传统手工技艺　编号：Ⅷ—33
申报地区或单位：云南省大关县

云南苗族芦笙制作技艺主要流传在云南苗族聚居区的昭通市大关县天星镇。天星镇芦笙以苦竹、桦槁树皮、杉木、铜片为料，使用刀、锯、刨、凿、钻、锤、剪刀、炼炉等工具制作。芦笙通常由笙管、笙斗和簧片三部分构成，常见的芦笙发音管一般为6根，大关县芦笙制作传人王杰锋在继承祖传秘技的基础上作了创新，将发音管改成8根或10根，又在高温冶炼黄铜笙簧片时加入一定比例的铅，增强了芦笙簧片的弹性及韧性，这样制成的芦笙发音更加响亮悦耳，传承百

苗族芦笙传人

余年的天星"王芦笙"就此扬声滇黔交界的苗族村寨，为大关天星芦笙增添了光彩。

芦笙是苗族文化的一种象征，苗族芦笙在表演吹奏方面把词、曲、舞三者融为一体，保持了苗族历史文化艺术的原始性、古朴性。芦笙制作技艺历来都由师傅亲手教授，无文字资料留存，且技艺考究，传承比较困难。现在能熟练制作芦笙的艺人已越来越少，精湛技艺后继乏人，面临失传的危险，亟待抢救、保护。

> 银饰锻制技艺（苗族银饰锻制技艺、彝族银饰制作技艺、畲族银器制作技艺） 类别：传统手工技艺 编号：Ⅷ—40
> 申报地区或单位：贵州省黄平县、剑河县、台江县；四川省布拖县；福建省福安市

苗族银饰锻制技艺

苗族银饰均为纯手工制作而成，是苗族民间独有的技艺，样式经过锻造师傅的精心设计，由绘图到制作成品有30道工序，要求非常苛刻。苗族银饰有的细如发丝，有的薄如花瓣，体现了极高的工艺水平和欣赏价值。银饰是苗族普遍使用的饰物。妇女从头到脚，无处不用。包括银冠、面饰、项圈、肩饰、胸饰、腰饰、臂饰、脚饰、手饰等。其中银冠最为繁杂，也是整套银饰的重头，工艺复杂，使用多达一两百件的小饰品，价值昂贵。黄平苗族银饰是苗族银饰中的杰出代表，款式众多，造型精美。大花银帽响铃板项、扭丝项、小米项、链项、银围腰、各式手圈和耳环等，这些佩戴在人身各部位的银饰只是黄平银饰中的少数几种。银饰的装饰图案多为猫（虎）、狗、马、鱼等动物及一些常见的植物。大花银帽响铃板项和银围腰，是银饰中的三大件，工艺最为复杂。大花银帽，帽顶是银质草片，草片上又有上百朵银花，高低不一，深浅错落，头部稍动，整个银冠上的小花也随之而动，富丽堂皇。响铃板项如牛角相连称圆圈。板上有双龙抢宝。银围腰是将12块以上的偶数长方形银牌缝在布条上，银牌上刻有各种动物图案，装饰人形银片，再吊上银铃。苗族人起先使用贝壳、花卉等天然饰物作为饰品佩戴，银饰为后来逐步演化而来。如今其样式还在不断翻新、与时俱进。贵州不自产白银，以前的银饰加工原料主要为政府铸造的货币。

新中国成立初始，政府非常重视苗族群众的习俗，每年低价供给苗族饰物专用银。苗族妇女着盛装时离不开繁多的银饰，全身可达十多公斤。

苗族银饰制作技艺通常是家传的方式，使得传承不能择优而行，真正继承了精湛工艺的传承人越来越少，银饰技艺传承遇到了很大的困难。

苗族银饰制作技艺入选第一批国家级非物质文化遗产名录。

彝族银饰制作技艺

很早以前，彝族地区就以银锭为货币，银子是身份、地位、富贵的标志。彝族银器大多构思巧妙奇异、造型传神美观、线条精美细腻。凉山彝族银器种类繁多，有餐具、酒具、马具、刀具、宗教用具和佩饰等。银饰是彝族群众生活的一部分，有美观漂亮的缀泡头饰，有独树一帜的镂花领饰，有精巧别致的耳坠，有做工精细的胸饰、背饰，有造型奇异的手镯、手链，还有极富民族风格的戒指。几乎家家都有银质器具，婚丧喜庆活动，男女老幼都佩戴银饰。一个盛装的彝族女子，从头到脚，都是琳琅满目、熠熠生辉的银饰。在彝族女子的穿戴中最贵重的是结婚用的胸饰和背饰。华美的胸饰是彝族银饰中的珍品，一般长达1米左右，需用纯银10多斤，由6至8件独立的饰件组合而成，用纯银链连结成环状。每个饰件垂吊筒穗、银铃。饰件上的图案，由太阳、月亮、星星、羊角、蝴蝶、麒麟、飞鸟、火轮等纹饰组成，整个图案形象突出、夸张，做工精细、纹饰外凸，颇富立体感。色泽艳丽的背饰是彝族妇女的最爱，由一块长方形的红羊毛布作底，上镶饰花银片，银片外形多采用日、月纹样，上面压制圆点纹样或镂空，银白衬在红底上，红白辉映、鲜艳富丽。彝族男子一般喜在左耳佩戴大而粗的银耳环，有的男子也佩戴手镯和戒指，由此显示豪迈威武的英雄气概。早期的银器纹饰，信手刻画，原始朴实。后来由原始图腾模拟纹饰发展到动植物全貌纹饰，进而升华到用点、线、圈组成的几何纹样，现在的纹样多由日月星辰、花鸟草鱼、山川树木等构成。纹样大多雕刻细腻、明暗对比强烈，直线弧线并用，图案变化无穷，动中有静、疏密有致，繁中有简，浓淡相宜，花纹的繁简疏密要根据不同器具而定。银器的纹饰手法采用阴刻、镂空、镶嵌、吊缀、錾刻等。一年一度的火把节，是展示彝族银饰的亮丽舞台，美丽的彝家姑娘配戴的银饰，雍容华贵，高贵典雅。布拖县的彝族民间著名银饰工艺师勒古沙日被省文化厅认定为凉山彝族银饰手工技艺代表性传承人。2008年，彝族银饰制作技艺被列入第二批国家级非物质文化遗产名录。

畲族银器制作技艺

福安畲族银器工艺精湛、历史悠久。产品以银茶杯、茶盘、茶匙、银筷、银罐等实用器皿与饰品为主，饰品主要用于妇女的装饰，品种多样，分为头饰、面饰、颈饰、胸饰、脚饰、手饰等，彼此配合，体现出完美的整体装饰效果。银器制作过程有30多道工序，全部由手工完成，主要包括操、錾、起、解、披五大技法和平雕、浮雕、圆雕、镂空雕4种工艺，形式上表现为造型奇巧独特、纹饰雕工细腻。畲族银器在工艺上追求纯朴、粗犷、神秘的色彩。

妇女银饰

由于融合畲、汉银雕技艺及历史文化，闽东银雕技艺不断传承光大，"珍艺闻八闽，银辉耀九州"。其中享有盛名的当属珍华堂银雕、盈盛号银雕及百年老字号"林德团"金银首饰。2011年5月，以福安珍华堂银器制作技艺为代表的畲族银器制作技艺被国家列入第三批国家级非物质文化遗产名录，闽东畲族银雕也由此掀开了新的一页。

阿昌族户撒刀锻制技艺　类别：传统手工技艺　编号：Ⅷ—41
申报地区或单位：云南省陇川县

阿昌族户撒刀锻制技艺流传于云南省德宏傣族景颇族自治州陇川县西北部的户撒乡，主要集中在潘乐、户早、隆光、相姐、明社、曼炳6个村。

户撒刀是阿昌族人智慧的结晶，其先民在唐代就掌握了锻制和铸造铁器的要领，明代"三征麓川"（1441—1449）时使户撒成为了"兵工厂"。阿昌族人吸收了汉族的兵器制造技术，形成独特的户撒刀锻制工艺，明末清初走向成熟，民国年间生产达到鼎盛。户撒刀制作过程须经下料、制坯、打样、修磨、饰叶、淬火、创光、做柄、制带、组装等10道工序，尤以淬火技艺最为重要，通过热处理使刀叶的硬度和韧性达到最佳状态，如史所称是"柔可绕指，吹发即断，钢可削铁"。

户撒刀品种繁多，功能多样，现已发展出生产工具、生活用具及装饰性工艺品三大类一百二十多种。除服务周边民族和邻近地区及远销西藏、青海外，还出口东南亚地区。但是，在外来文化和社会经济转型的压力下，户撒刀制作的传统技艺和设备有被现代机械及原材料替代之势，加上老艺人年事已长，后继乏人，阿昌族户撒刀技艺面临失传的危险，急需抢救和保护。

保安腰刀锻制技艺　类别：传统手工技艺　编号：Ⅷ—42
申报地区或单位：甘肃省积石山保安族东乡族撒拉族自治县

保安腰刀是保安族传统的手工艺制品，主要产于甘肃省积石山保安族东乡族撒拉族自治县大河家镇、刘集乡及周边地区。保安人打制腰刀的历史久远，保安腰刀的出现与元代的军事活动密切相关，也与保安族的历史密切相关。保安腰刀的品种很多，有"波日季"、"哈萨刀"、"蒙古刀"、"十样锦"、"雅乌其"、"双落"、"细螺"、"扁鞘"、"满把子"等。其中最漂亮的要算"十样锦"，最有名气的要数"波日季"。

在保安族冶铁业中，腰刀的生产占重要地位，制造腰刀的技术可以说达到了炉火纯青的水平，经过几代高超匠人的不断改造创新，保安腰刀又展现出新的生机，传承人陆续创造出"黄河流水纹"、"蜘蛛纹"等新的锻制技艺。

保安腰刀国家级传承人马维雄　　保安腰刀

现在的保安腰刀传承仍然以家庭为主，父传子最为常见。最有代表性的传承人是"国家级非物质文化遗产传承人"马维雄。2007年，"保安腰刀锻制技艺"被列入第一批国家级非物质文化遗产名录，马维雄和另一位保安腰刀匠人冶古白成为国家级传承人；2009年，马维雄代表甘肃省参加中国非物质文化及中国传统手工技艺大展；2009年6月，参加第二届中国成都国际非物质文化遗产节，获得民族特色文化奖。

保安腰刀以其精湛的工艺、悠久的历史驰名中外，除在全国各地销售外，而且畅销日本、印度等国。1985年3月，随中国青年代表团到日本访问的保安族青年代表，曾把保安腰刀赠送给日本青年朋友。2006年，保安腰刀锻制技艺被列入第一批国家级非物质文化遗产名录。

弓箭制作技艺（锡伯族弓箭制作技艺、蒙古族牛角弓制作技艺）
类别：传统手工技艺　编号：Ⅷ—44
申报地区或单位：新疆维吾尔自治区；内蒙古师范大学

锡伯族弓箭制作技艺

锡伯族素以"善骑善射"著称，历史上，锡伯族繁衍生息在我国的东北地区，以渔猎为生，因而弓箭成为其主要的护卫和谋生工具。

清代锡伯族被编入满洲八旗，在盛京（今沈阳）一带驻防。清政府利用锡伯族的"骑射劲军"出征云南，驱逐缅甸入侵之敌，出征西北，平息准噶尔部的叛乱；乾隆二十九年（1764年），锡伯族军民奉朝廷之命，从盛京西迁新疆伊犁戍边屯垦，在八旗制度下充分利用弓箭这一武器，守卫祖国边防，为维护祖国统一和地区安定作出了重大贡献。1949年，新中国成立后，锡伯族纵横于国内外箭坛，在新疆三万余人的锡伯族群众中涌现出国际级健将3名、国家级健将15名、自治区级健将近50名，他们为中国和新疆的射箭运动争得了无数的荣誉。

锡伯族的传统弓箭主要使用红柳和牛筋等材料。其中响箭的制作工艺很有讲究，响箭的箭头用兽骨制成，呈尖圆形。箭头上凿有4个小孔，箭离弦后，由于速度快，空气从小孔中穿过，发出响声。制作弓时使用大叶白蜡、洋槐木、榆木等硬质木头。大的弓箭要将18块不同的木头粘合在一起，小的弓箭也要用12块木头粘合，每块木头都要有拉力和弹力，并且不易变形。这些材料的加工需要切、锯、刨、削、磨、弯曲、打光、粘贴、整合、装饰等多种工艺。需要从粗加工到精细加工的多道工序。弓弦一般用洗干净并晒干的羊肠来做，弓箭力量的大小跟羊肠的粗细、硬度、弹力有直接关系。弓的内胎为竹木，外贴牛角，内贴牛筋，两端安装木质弓梢，以牛角、竹木、动物胶、丝棉、原漆、牛筋、动物骨、皮革、金属丝等多种材料制成，有制胎、切角、粘筋、锉梢、整形、饰体、编弦、造箭、制袋、制扳、制臂11道制造流程和230道制作工序。

近年察布查尔锡伯自治县的民间手工艺人着手开发弓箭工艺品，为恢复已经失传的传统弓箭制作技艺提供了机遇。锡伯族弓箭制作技艺传承人有陶文新、伊春光、伊陈辉、孔锋晖等。

2007年被列入第一批自治区非物质文化遗产名录。2008年被列入第二批国家级非物质文化遗产名录。

蒙古族弓箭制作技艺

射箭是蒙古族传统盛会那达慕的"男子三项技艺"之一。历史上，弓箭是蒙古族重要的武器之一，不管是在以往的狩猎生活中，还是在战争中，弓箭都是不可或缺的工具和武器。蒙古族传统弓箭多是用牛角和牛背筋制作，因此称为蒙古族牛角弓。

制作牛角弓是件细致的活儿，需要有很大的耐心。从选择材料到制作程序都有严格的要求。制作弓箭前需要准备的材料有：牛角、牛背筋、竹木、黏胶等，其中牛角多数选取水牛角或岩羊角，牛背筋要选取上等的牛背筋或牛蹄筋，竹木需要弹性好的竹木，黏胶是用动物的皮熬制成的纯天然胶，其黏性很高，一般不会开裂。牛角弓箭的制作步骤是：首先选用一根细的有韧性的柳条作为弓骨，在弓骨的背面贴上牛角片。每个牛角片的尺寸大约有2到3寸，用黏胶将这些牛角片一层摞一层的粘在弓的背面。在粘好的牛角外面，还要粘牛筋。这些牛筋需经过软化，又拉成2到3寸长的细丝，粘在牛角的外面。拉牛筋成细丝是一个非常费功夫的活，俗话说"好汉子一天撕不了四两筋"。细丝牛筋粘在牛筋的外面起固定作用，细丝牛筋之间接缝的地方需要牛筋捆扎，并用动物胶粘住，外面再裹上蛇皮作为装饰，这样整个弓就制作完毕。

牛角弓是蒙古民族在古代战争、狩猎中所使用的武器，后延续发展为蒙古族男儿三项技艺之一，是蒙古男子必备的一门技艺。2008年，蒙古族牛角弓制作技艺被列入国家级非物质文化遗产。

蒙古族勒勒车制作技艺　类型：传统技艺　编号：Ⅷ—46
申报地区或单位：内蒙古自治区阿鲁科尔沁旗、乌珠穆沁旗

勒勒车也称大轱辘车，是北方草原的自然环境和游牧生产生活的重要交通工具。它作为蒙古文明的一个代表，在蒙古族的发展史上起到了十分重要的作用。

根据记载，勒勒车在汉代已经广泛运用于北方游牧生活中，多用来拉水、运送燃料以及倒场迁居等劳作中。勒勒车轮体高大、车身轻便、其构造简单，由车身和车轮两部分组成。车身由车辕、横衬、立柱、牙箱、羊角桩子及顶棚几个部分组成。车辕有两根，一般长4米，用8—10根横衬连接。横衬也称车底板，横衬的大小相同，上铺木板或柳笆。车辕两侧竖起来的部分叫做牙箱，每侧牙箱根据长短尺寸用4—5根立柱支撑。羊角庄子用于挽住牛鞅绳，下大上小，位于车辕前端。在两辕的顶端系上编拧而成的绳状柳条，套于牛脖子上的横木上，以供拉行。勒勒车上有用柳木条弯曲成半圆形的车棚，棚周围包以羊毛毡，形成篷帐，用以遮阳光、挡风雨。车轮包括车毂、车辋、车辐、车轴几个部分。车毂又名轱辘头，左右各一。车辋位于车轮最外侧，连接车辋与车毂之间的辐射状木条称为车辐。车毂外围两侧套入铁箍，中央开孔两侧镶嵌铁圈，铁圈有4个锲形耳子，铸成整体称为车串。

勒勒车所用的材质主要是草原上常见的桦木，也有用松木、柳木、榆木、柞木、樟木的。桦木质地坚硬，耐磕碰，车体又轻，着水受潮不易变形，适宜在草原、沙滩上通行。勒勒车整体不用铁件，结构简单，便于制造和修理。勒勒车的种类很多，有用牛拉的勒勒车，也有马拉的大车，前者较多。

随着经济的发展和社会的进步，勒勒车逐步退出了历史舞台，勒勒车制作艺人多数已上了年纪，且后继乏人。2008年，蒙古族勒勒车制作技艺被列入国家级非物质文化遗产名录，民间艺人巴音查干被指定为传承艺人。

拉萨甲米水磨坊制作技艺　类别：传统手工技艺　编号：Ⅷ—47
申报地区或单位：西藏自治区

在西藏农区和部分牧区，人们利用山间水的落差巧妙地建造水磨坊，用来加工糌粑、面粉及家畜饲料，其中以"甲米曲果"最为驰名。"甲米曲果"意为甲米水磨坊，位于拉萨市北郊的娘热沟。娘热沟山清水秀，恬静的村落散布在娘热曲（小溪）岸边，丰富的水资源使这里形成了拉萨市郊最具规模的水磨坊群，娘热沟从古至今一直是拉萨地区加工糌粑的重要场所，历史上，这里共建有大小21座水磨坊，这在整个藏区是绝无仅有的。

藏族人民食用糌粑已有几千年的历史，早期的糌粑是用人力手工磨制，后来开始借助水力。甲米水磨坊约建于公元17世纪，五世达赖喇嘛在帕邦卡松赞岩洞闭关修行时，磨坊主人曾向他供奉过该磨坊所产的糌粑。这些糌粑加工精细，纯白无杂，美味可口，五世达赖喇嘛对其赞不绝口。到七世达赖时，娘热甲米水磨坊成为向达赖喇嘛供奉糌粑的定点磨坊，并获得正式命名。为了表彰甲米水磨坊向历代达赖喇嘛供奉甲米糌粑的功绩，原西藏地方政府特赐给长2米、宽20公分的法棍两根，免去磨坊的税额和乌拉差役，并规定甲米水磨如有坍塌、损坏，由其他水磨坊协力修复，并给予甲米水磨坊优先使用水资源的特权。

水磨坊大都建在河边或大江支流沿边的草地上，水渠源头设有控制流量的闸门，水流通过从高到低的木槽注入磨坊底层，推动连接磨盘中轴的木转轮。磨坊上层设有大小相等的上薄下厚同心圆（直径约1–1.2米）石质磨盘。磨盘四周是糌粑蓄池，磨盘上方吊有盛青稞的布袋，布袋底部装有出料管并与磨盘接触，随着石盘的转动，青稞自动均衡地通过磨孔落入摩擦面。

磨坊

在糌粑池边，还有个升降木杆与转轮底座相连，通过杠杆原理调节磨盘之间的缝隙宽度，根据用户喜好，加工粗细不同的糌粑。

磨坊显现了藏族人民机械制造和谷物加工的杰出才能，它充分利用天然水源，以节能、无污染的方式磨制糌粑。但由于水磨效率不高，所以甲米水磨坊受到了电动磨面工具的冲击，发展前景不甚乐观。2006年，拉萨甲米水磨坊制作技艺经国务院批准列入第一批国家级非物质文化遗产名录。

> 傣族、纳西族手工造纸技艺　类别：传统手工技艺　编号：Ⅷ—68
> 申报地区或单位：云南省临沧市、香格里拉县

明代中叶傣族地区已有造纸业，傣族称纸为"缅纸"。缅纸用纤维较好、较细的构树皮制成，纸质薄而柔软、韧性好，主要用于制作高升、孔明灯和书写佛经。缅纸还用于制作油纸伞，即以纸为伞面，上涂芝麻油，是丧葬的必备品，意为老人死后可以借助伞飞向天堂。油纸伞还用来遮风避雨。缅纸是寺庙和尚抄写经书和学习傣文的必用纸。也是以前抄写医药的必用纸，后来佛寺中和尚学习佛经仍用缅纸。纤维较粗的构树皮和含杂质较多的纸浆则用来制造纸毯。纸毯颜色较青黑，厚约5毫米，是老人丧葬时的垫子。目前，手工纸因原料减少、成本高等原因，规模已有所萎缩，所产纸主要用于祭祀、丧葬等。

纳西族东巴纸又称白地纸，其制作技艺较为独特，现保存于迪庆藏族自治州香格里拉县三坝纳西族乡的白地村。白地（即白水台）是纳西族东巴文化的发祥地，东巴纸是东巴最重要的写经用纸，在滇西北各族中久负盛名。东巴纸的原料采自当地独有的植物原料"阿当达"，经鉴定为瑞香科丽江荛花。其造纸过程由采集原料、晒干、浸泡、蒸煮、洗涤、舂料、浇纸、贴纸、晒纸等工序组成，主要工具有纸帘、木框、晒纸木板、木臼等。东巴纸的活动纸帘较为特殊，晒纸过程明显受到浇纸法的影响，又有抄纸法的痕迹，是中国造纸术与印巴次大陆造纸法兼容并蓄的结果。白地东巴纸色白质厚，不易遭虫蛀，可长期保存，用它书写的东巴经典有五千多卷。白地东巴纸为弘扬东巴文化作出了卓著贡献，从工艺史角度来看，它又是研究我国手工造纸的难得实例。纳西族造纸技艺有传子不传女的传统，一向以家庭作坊进行生产。

藏族造纸技艺　类别：传统手工技艺　编号：Ⅷ—69
申报地区或单位：西藏自治区

　　藏族的造纸法是由文成公主进藏带去的一些造纸工匠发展起来的。公元8世纪以来，藏族人民借鉴周边民族先进的造纸技艺，就地取材，生产出了独具地方特色的藏纸。藏纸以瑞香狼毒、沉香、山茱萸科的灯台树、杜鹃科的野茶花树为主要原料，根据原料品质的差异，可以制成各种不同用途和等级的藏纸。

　　造纸工艺一般都有去皮、划捣、蒸煮、沤制、漂洗、捣料、打浆、抄造等环节。造纸时，先把狼毒的根刨出，去皮后将中间白的一层撕下来刮成细条，晒干后放水中煮一到两个小时，捞起来放到石臼里用木槌打成浆状，再搁到酥油茶桶里捣成纸浆。然后把捞纸框（木框绷纱布做成）摆在水面上，倒纸浆进去后慢慢晃动框架，让浆液变得均匀平整，再轻轻提起框架，等水滴完，拿到院子里靠墙斜放，自然晾干。最后把纸从纸框上揭下，用石头研光纸面，就可以使用了。

　　西藏造纸技艺形成了多种类共同发展的格局。藏东地区盛产康纸，藏南盛产金东纸、塔布纸、工布纸、波堆纸、门纸（珞巴、门巴地区的纸），卫藏地区盛产尼纸、臧纸、聂纸（聂拉木纸）、猛噶纸、灰纸及阿里纸等。

晾纸

　　中原内地传统上用的是一张帘子反复入水池捞纸的"抄纸法"，而西藏则用的是把纸浆倒进纸框，然后连框一起搁在露天自然干燥的"浇纸法"，并且两种方法的原料也不一样。用浇纸法造的纸，质地厚实，不适合柔软的毛笔，却适合藏族、纳西族的硬笔书写。

　　藏纸坚韧洁白，吃墨好，不易污染。藏纸原料有一定毒性，因而具有防腐、防蛀、防潮的特性，易于长期保存。其纸质较为柔韧，经久耐用，色彩也丰富多样，具有装饰美感。藏族造纸业不仅在西藏地区得到全面推广，还传入印度、尼泊尔、不丹等国。

高超的藏纸技艺、悠久的藏纸历史、丰富的藏纸生产经验创造了独具特色的藏纸文化。2006年，藏族造纸技艺经国务院批准列入第一批国家级非物质文化遗产名录。

维吾尔族桑皮纸制作技艺　类别：传统手工技艺　编号：Ⅷ—70
申报地区或单位：新疆维吾尔自治区吐鲁番地区

大约在公元11世纪，维吾尔族聚居的和田地区就出现了桑皮造纸的手工业。公元14世纪中叶，吐鲁番地区的维吾尔族皈依伊斯兰教，桑皮纸制作技艺从南疆和田传入了东疆的吐鲁番，成为新疆的又一个桑皮纸供应基地。

制作桑皮纸

桑皮做纸技艺较为复杂，制作工艺考究，要经过剥削、浸泡、锅煮、棰捣、发酵、过滤、入模、晾晒、粗磨等多道工序，成品纸为四边各50厘米左右的正方形。据说每5公斤桑树枝可剥出1公斤桑皮，1公斤桑皮可做20张纸。桑皮纸纤维细，韧性好，质地柔，拉力强，不断裂，十分结实。在纸上书写吸水性强，字不浸润。用上佳墨汁写出的字，千年不褪色，不被虫蚀。

桑皮纸用途十分广泛。清代，新疆政府的书册典籍，取用的是高档桑皮纸印刷，也用来装裱、制伞、糊篓、做炮引、包中药、制扇子等，精细的还可做姑娘的花帽。这种高档桑皮纸在民国时还用来印制过钞票。中档纸一般用来作茶叶、草药等的包装纸，低档的比较粗直，多是普通用纸，用以糊天窗、制衣靴辅料等。

新疆曾出现过大量制作桑皮纸的专业户，而且是世代相传，子承父业。但随着时代变迁，社会进步，科技发展，桑皮纸已失去了实用价值。早在1950年，维吾尔族桑皮纸便开始退出了印刷和书写用纸的行列，80年代以后，就完全退出了维吾尔族人的日常生活，这门古老的技艺面临着失传的危险。

2006年，由新疆维吾尔自治区吐鲁番地区申报，桑皮纸制作技艺被列入第一批国家级非物质文化遗产名录项目。

藏族雕版印刷技艺（德格印经院藏族雕版印刷技艺、波罗古泽刻板制作技艺） 类别：传统手工艺 编号：Ⅷ—80
申报地区或单位：四川省德格县；西藏自治区江达县

波罗古泽刻板制作技艺

藏族远古时代的图文载体主要有石、青铜、陶、墙壁、木、贝叶、丝绸、骨等材料。随着纸的产生，图文载体主要为纸、丝绸和墙壁。这三种图文载体一直沿用至今。随后便出现了木刻印刷术，藏族的木刻印刷术何时产生，尚无确切的年代。但一般认为是公元12世纪左右，14世纪初，木质刊刻印刷几乎遍及藏地，江达县的波罗古泽的刻版技艺闻名藏区。

木质刊刻印刷就是把印刷出版的图像和文字用人工刻在木板上，即成木刻版。木板一般挑选秋天的落叶红桦树，经过多道加工后，把所要印的书的文字和图案精心雕刻成书版，从左向右横刻，要求刀工均匀，深浅适度，字体清晰工整，版面整洁。书版都是长条形，版的一端有柄，以便取放时把握方便。刻版因书的类别不同而大小规格不一。一般通用的长约3尺，宽约7寸。有些书版的两端雕有佛像。页号都在左边，右边是书名和章节、函、名称、号码。印刷纸张也有一定的要求，一般选用植物根皮为原材制成的浅灰色纸，这种纸一是阅读时因色浅而不费眼，二是有韧性，能避虫蛀鼠咬，久藏不坏。木刻版印刷的出现，对藏族文化的传播普及、继承，起到了重要作用。公元17世纪以后，随着格鲁派登上历史舞台，藏传佛教的一些大型寺院陆续建成，也出现了很多闻名于世的印书院。

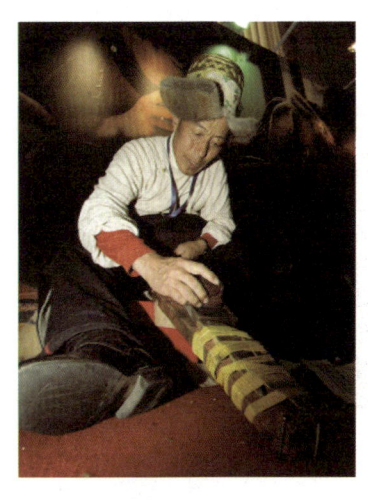

雕板印经

德格印书院位于四川甘孜藏族自治州德格县境内，由42代德格土司却吉丹巴泽仁兴建于1729年。工程长达16年之久，印书院的雕刻技工来自四面八方，盛时多大一千三百多人，它是藏区最大的印书院。德格版藏文经籍不但畅行于整个藏区，还流传到汉、蒙古等地区和国外。

德格印经院雕版印刷技艺在整个藏区堪称一绝，是藏民族几千年来浓郁文化和手工艺的结晶。现在流传下来并保存完好的印刷工艺包括造纸、制版、印刷等程序。德格印经院许多经文和画像的用纸，完全是用传统手工方法自制出来的。造纸原料十分独特，是一种叫"阿胶如交"的藏药材——瑞香狼毒草的根须，含微毒，色微黄，较粗较厚，吸墨性能好，份量轻，久藏不坏，还可防虫蛀、鼠啃。"阿胶如交"的根分为内、中、外三层，可以分别制作三种不同质量的纸。用中层制作的纸，质量最好。如果内层和外层合用，则是二等纸，主要用来印刷。如果内、中、外三层合用，则是三等纸，纸质较厚，纤维较粗，但很结实，现在德格印经院用的就是第三种纸。制版选用红桦木为原材料，微火烤脱水后在畜粪中埋数月，再取出，水煮，烘干，刨平，然后才能在上面雕刻文字或图画。红桦木经火熏、粪池、水煮、烘晒、刨光等工序后，可几百年不变形。印经院的经版文字雕刻很深，而且书法甚是优美，适合反复印刷，在印制中形成了许多独特的技艺。经版雕刻好后，前后还要经过12次严格审校。校改无误的印版放在酥油中浸泡一天，取出晒干，再用一种叫"苏巴"的草根熬水刷在经板上，作为防蛀的药水。晾干后，一块成品印版就算竣工。雕版印刷流程，至今仍然完全延续传统的印刷工艺。

德格印经院现藏典籍830余部、5亿多字，木刻雕版30余万块。这些珍贵雕版，兼收并蓄藏传佛教各教派的代表性经典著作，包括宗教、历史、科技、医学、数学、文学、藏文文法等藏族文化的各个方面。

目前由于制造的手工生产成本颇高，工艺复杂，藏墨生产工艺尚未恢复等，加上活字版技术又被更先进的电脑照排所替代，德格印经

藏文雕版

院藏族雕版印刷技艺传承遇到了困难。

> **桦树皮制作技艺（鄂温克族桦树皮制作技艺、鄂伦春族桦树皮船制作技艺） 类别：传统手工技艺 编号：Ⅷ—83**
> **申报地区或单位：内蒙古自治区根河市；黑龙江省大兴安岭地区**

鄂温克族桦树皮制作技艺

桦树皮制作技艺是我国北方游猎民族的独特手工技艺，具有悠久的历史、浓厚的地域特色和鲜明的民族特色。居住在大兴安岭腹地及周围地区的鄂温克族擅长制作精美实用的桦树皮器皿，小到日常生活用品如摇篮、针线包、盐盒、茶叶盒、刀鞘、桶、碗、火柴盒等，大到交通工具桦皮船等。

鄂温克族的桦树皮制作工艺流程虽不复杂，但却极具特色。总体说来，大体包括以下五个步骤：一是剥取树皮；二是浸、煮以软化树皮；三是剪裁；四是用柳皮线等缝合；五是装饰图案。

鄂温克族聚居区有大量的白桦树，桦树皮的防水、抗腐蚀性能非常好，以此制成的器皿轻便、易携带，不易破碎。还装饰有象征吉祥、喜庆、平安、丰收的图案，这些图案大多来源于鄂温克人的生产、生活之中，动物纹有驯鹿纹、蝴蝶纹、兽角纹等；植物纹有花草；几何纹有山、水、大地等等。装饰技法多以压花、画花、刻花、点刺花和拼贴为主。与其他几个同有桦树皮文化的狩猎民族相比，最具鄂温克族特色的是用桦树皮做的服饰，如桦树皮帽、桦树皮鞋等。

2006年6月，鄂温克族桦树皮制作技艺经国务院批准列入第一批国家级非物质文化遗产名录，这对研究和传承鄂温克族桦树皮制作技艺、弘扬本民族传统文化、繁荣和发展中华民族文化艺术宝库具有非常重要意义。

鄂伦春族桦树皮船制作技艺

鄂伦春族主要居住在大兴安岭腹地，这里长满了白桦林和落叶松，鄂伦春人在漫长的游猎生活和林业生产中创造出了适于他们生存环境的独特的桦树皮文化，在国内外都十分罕见。

兴安岭盛产桦树，桦树皮洁白而光滑，具有防水、透气、防腐等诸多作用。桦树皮制作的物品不仅便于携带也有耐磨等特点。在鄂伦春人的生活中，到处可见用桦树皮制作的物品，如桦皮桶、桦皮碗、桦皮筷筒、桦皮盒、桦皮摇篮、桦皮船等等。鄂伦春族桦树皮制作技艺有一套自己的程序。每年的五六月份是桦树皮水分最大、最为鲜滑，易于完整的剥取。剥时，以猎刀在树的上下各横切一刀，然后从上下刀刃处，自上而下再切两刀，形成四角形，这时用手一掀，一块方形桦树皮就揭下来了。

桦皮船是鄂伦春族最典型的大型桦树皮制品，制作桦皮船需掌握娴熟的工艺。船身的制作，首先把压制的数张桦树皮摆好，接头用松树油粘合起来，用3块围护帮将桦树皮夹在船帮（船舷）上，使桦树皮形成U形。用抓那（木夹子）将桦树皮夹在船舷上，依次钉上木钉，在U形桦皮船内纵向有顺条板，横向有肋条板（在顺条板之上）。顺条板和肋条板的作用是使桦皮船更加坚固。船底至船帮用绳子绑牢，形成半圆形。用一张桦树皮制作船头，对桦树皮的两头剪制加工，形成尖顶状，用围护板固定，再用顺条板、肋条板支撑，用绳子捆扎好，从而形成半圆形。船头有两种，一种两头都是尖形的，但水流急时很容易翻船；另一种一头稍宽，行进时尖的一头在前，这样的桦皮船不容易倾翻。船身由4根横撑所分割，其中一根穿于船舷上。每个横撑

鄂伦春族桦树皮画

之间能乘坐一个大人或两个孩子，还能放些物品。桦皮船制作完成以后，将船体在陆地上垫高，往船内倒水，如不渗水，即为成品。

黎族树皮布制作技艺　类别：传统手工技艺　编号：Ⅷ—84
申报地区或单位：海南省保亭黎族苗族自治县

海南岛黎族树皮布主要分布在中南部黎族集聚区，包括三亚、五指

山、东方等市及琼中、保亭、陵水、乐东、昌江、白沙等县。树皮布又称纳布、楮皮布、谷皮布等。古代文献中所称的楮冠、谷布衣，就是用树皮制成的衣冠产品。黎族地区可用于加工衣物的树皮有很多种，如厚皮树、黄久树、箭毒树、构树等，其中构树古称"树"，学名"楮树"。古代人民在用麻和木棉纺织之前，曾经历过相当长时期的"无纺织"年代，后来古代的黎族人民发现，楮树树皮含有粗纤维，可以制造衣服、垫单、腰带等等。

黎族"缝树皮为衣"有几个步骤，先是扒树皮，然后将树皮放在水中浸泡脱胶、漂洗、晒干、拍打成片，便成了"布片"，然后将树皮布剪裁缝制帽子、枕头、被子、上衣、裙子、兜卵布、口袋等生活用品。尽管这一技艺分为若干工序，但所用工具并不多，其中以锤打工具最为重要。石拍是制作树皮布主要的器具。

用树皮布制作衣服，是黎族人民对人类社会的贡献。随着社会的发展和人们生活方式的改变，海南岛上的树皮布及石拍从生活中消失，年轻一代已不知树皮布为何物。因此，对于树皮布制作技艺的保护和发掘整理具有重要意义。2006年黎族树皮布制作技艺被列入第一批国家非物质文化遗产保护名录。

赫哲族鱼皮制作技艺　类别：传统手工技艺　编号：Ⅷ—85
申报地区或单位：黑龙江省

赫哲族是我国人口最少的民族之一，世代在黑龙江、松花江、乌苏里江流域繁衍生息，在历史上因以鱼皮为衣而被称作"鱼皮部落"。赫哲族的"鱼皮文化"在全世界独树一帜。2006年6月，被列入第一批国家级非物质文化遗产名录。黑龙江省同江市街津口乡尤文凤是鱼皮制作技艺的传承人。

传统鱼皮制作技艺包括剥皮、干燥、熟软、拼剪缝合、修饰等一整套复杂的加工步骤。先将要剥皮的鱼晾至表皮干燥，然后切去头、尾、鳍，用利刃在鱼腹下从头至尾划开鱼皮，以桦木木刀插入皮肉间，边撕边用木刀剥离；把鱼皮剥下来贴在木板上晾干，卷成卷，用木铡刀挤铡，或用木砧、木槌捶敲打，使之变软。拼剪主要有两种方法：一种是先拼后裁，即先把鱼皮拼接成大块面料，然后剪裁；另一种是直接用小块鱼皮裁剪拼缝。缝制鱼皮服饰的鱼皮线制作也非常精细，剥下鱼皮后，刮净鱼鳞和碎肉，晾干，切去四角不整齐的皮，在鱼皮上面抹一层狗鱼肝，使之湿润，折叠成若干层，用小木板紧压，用快刀切成细线，一头细一些，一头粗一些。

  运用鱼皮制作的服饰主要包括上衣、套裤、绷腿、手套、荷包等。鱼皮上衣，赫哲语称为"乌提库"，用大马哈鱼皮做面料最好，多用胖头鱼、草根鱼、鲤鱼等鱼皮缝制，分上下两截，衣长过膝，腰身稍窄，下身肥大，成扇面形，袖子肥而短，有领窝，没有立领，衣边、领边、袖口都绣有用各种颜色的皮条剪成的花边云纹，男式鱼皮上衣为对襟，女上衣为大襟。鱼皮套裤多用怀头鱼、哲罗鱼或狗鱼皮制成，有男女之分。男式鱼皮裤，赫哲语称为"敖约刻"，上口为斜口，可用钉在上沿的带子将套裤系吊在内裤的腰带上。女套裤，赫哲语称为"嘎荣"，上口为齐口，可扎在大腿根或吊系在裤腰带处。男女套裤下沿均镶黑边，女套裤的裤脚口还绣上花纹。靰鞡（套鞋）由靰鞡身、脸、鞡三个部分组成，一般用熟化的怀头、哲罗、狗鱼等鱼皮制作，鱼皮手套赫哲语称为"手闷子"，有两种，一种完全用鱼皮制作，另一种是用布制作，冬天可以保暖，夏天可以防蚊虫叮咬。鱼皮绑腿是猎人行猎时的装备，便于在雪地上、树林里、灌木林中或草甸中行走。另外，鱼骨、鱼刺还被磨成扣子、身佩、项饰、胸饰、腰饰等饰物。

  赫哲族的鱼皮制作技艺依托鱼皮服饰得以继承和传播，2003年，赫哲族大马哈鱼皮服饰在法国中国文化年中展出，在香港文化博物馆"中国少数民族服饰展"中，赫哲族的传统鱼皮服饰深受中外宾客的青睐，并进入了国际视野。

> **黎族钻木取火技艺**　类别：传统手工技艺　编号：Ⅷ—87
> 申报地区或单位：海南省保亭黎族苗族自治县

  黎族地区至今还保留着人工取火术。黎族钻木取火技艺主要分布在海南岛中南部包括三亚、五指山、东方等市及琼中、保亭、陵水、乐东、昌江、白沙等县的黎族集聚区。黎族的钻木取火是古代各类人工取火术之一，具有鲜明的地域特色。按照黎族生产习俗，烧陶点火一定要以"钻木取火"的方式进行。由于"钻木"需要很大的耐力才能使木竿钻出火星，女子做不了，体弱的老年男子也很难完成。黎族钻木取火工具由两部分组成，一个为钻火板，一个为钻竿（或弓木），二者配合才能取出火来。钻火板要选择干燥易燃的木料——山麻木砍制，一般长35厘米左右，宽7至10厘米，厚3至5厘米，在一侧挖若干小穴，穴底为流灰槽，火星由此下落。钻竿（或弓木）长50至60厘米，用硬杂木制成，要粗细适中，直径3至5厘米，下端略尖，如圆锥状。此外，还需用芯绒、芭蕉根纤维、木棉絮等引燃物。取火时，用脚踏住钻火板，将钻竿插在小穴内，以双手搓动钻火棒，使机械能转为热能产生火星。火星沿槽而落，点燃引燃物。当引燃物冒烟时，迅速吹风助燃，从而引出火来。

钻木取火的必要性早就不再存在，懂得这一技艺的人已不很多，现存于民间的一些老人，还掌握着钻木取火的方法。2006年黎族钻木取火技艺被列入国家级非物质文化遗产名录。

陶器烧制技艺（钦州坭兴陶烧制技艺、藏族黑陶烧制技艺、黎族泥片制陶技艺） 传统技艺 编号：Ⅷ—98

申报地区或单位：广西壮族自治区钦州市；四川省稻城县、荥经县；云南省迪庆藏族自治州、建水县；青海省囊谦县；贵州省平塘县；海南省白沙黎族自治县

钦州坭兴陶被认定为目前广西最具民族特色的二件宝之一。也是广西钦州最著名的特产之一。钦州坭兴陶的"窑变"采用一系列特殊工艺的处理，艺术品位极高，故有"中国一绝"之称。钦州特有的陶土，无需添加任何陶瓷颜料，在烧制过程中其部分胎体发生窑变现象，出炉制品一经打磨去璞后形成各种斑斓绚丽的色彩和纹理，如天蓝、古铜、虎纹、天斑、墨绿等意想不到的诸多色泽，可谓"火中求宝、难得一件，一件在手、绝无类同"。称之为"坭兴珍品"，具有极高的收藏价值。

四川稻城扎旺制作的黑陶是用当地一种特殊的红土和石头为原料制成的。制陶工具为木锤、木拍、木刮等。黑陶的制作过程是复杂的，要经过十几道工序。首先要把土和石头背回来，经过晾晒之后，用器物压碎，然后再用筛子筛几遍，留下早已融为一体的细细的沙土，用水搅拌成泥，原料便成了。然后是最为关键的制作成型过程，先用木拍把陶泥拍打成条状，捏出器具的轮廓，磨光、装饰后阴干，再进行烧制。藏族的制陶业至少有上千年的历史，种类包括粗砂陶、黑陶、彩陶等，成品主要用于宗教活动及生活用品。在藏区，古老的黑陶制作工艺现在已经很罕见了。

传统棉纺织技艺（维吾尔族帕拉孜纺织技艺） 类别：传统手工技艺 编号：Ⅷ—100
申报地区或单位：新疆维吾尔自治区伽师县、拜城县

帕拉孜，维吾尔语是一种用彩色羊毛线编织的手工织物，图案多为各种几何形的组合体，是维吾尔族的传统工艺品。

维吾尔普通的家庭都会编织"帕拉孜"，他们用帕拉孜纺织技艺来缝织无栽绒地毯、墙围子、炕围子、套袋、马褡子、饰品等。不但自己家用，还会拿到市场销售。因其充满了精美的工艺和文化特色，受到越来越多的人欢迎。

帕拉孜纺织选择染料很讲究，它主要选取植物或矿物等天然原料，常用的有沙棘根、鲜核桃外皮、鲜石榴皮、野山花、奥依丹、彩色矿石等。用这种天然原料制作出的纺织品色彩朴素、大方、自然，而且具有植物汁液的自然气息。

纺织"帕拉孜"

帕拉孜纺织的毛线染色程序很严格。选择矿石作染料时，在毛线染料锅里加入适当的盐水，待水温达到70至80度时，将准备的矿石染料倒入锅中反复翻滚，翻滚时要使染料均匀地被毛线吸收，然后将染好的毛线取出，晾干即可；植物染料与矿石染料工序大体相同。不同之处在于先将植物染料的原料放入锅中后用温火煮，待颜色完全渗出后将毛线放入染色。用这些天然原料染出的毛线不易褪色，历经百年色彩依旧。

帕拉孜纺织在纺织过程中经线长度有20米或40米不等，根据自己需要而定。而经线数量通常可根据宽度而定，40厘米宽的帕拉孜，需要8种不同颜色的144根经线；在每种不同颜色分隔处，需7根同一颜色的经线把两种颜色区分开，用于纺织简单的花纹。以此推算40厘米的帕拉孜共需要193根经线。制作工具只需一个小支架，一个刀形翻板，一个鲁尔（横柱子），一块板子。通过择料、上色、成线、纺织工艺流程，构成一个完整的纺织工艺，搭配自己所喜爱的颜色，就可纺织出鲜艳、朴实、耐用的帕拉孜纺织品。

维吾尔族帕拉孜纺织技艺是先辈们传承下来的产物，随着时代的进步、科技的发展，掌握这项技艺的人越来越少。拜城县黑英山乡的帕热坦木·吐尔迪是帕拉孜纺织技艺非物质文化遗产传承人。当地100多名维吾尔族妇女，用三年多的时间织成的巨幅帕拉孜长达1160米，为传承帕拉孜纺织技艺迈出了可喜的一步。

> 毛纺织及擀制技艺（彝族毛纺织及擀制技艺、藏族牛羊毛编织技艺、东乡族擀毡技艺、维吾尔族花毡制作技艺） 类别：传统手工技艺　编号：Ⅷ—101
> 申报地区或单位：四川省昭觉县、色达县；甘肃省东乡族自治县；新疆维吾尔自治区柯坪县

彝族毛纺织及擀制技艺

凉山彝族自治州，位于四川省西南部，是全国最大的彝族聚居区。凉山彝族毛纺织和擀制传统技艺，历史悠久，工艺独特，在中国绝无仅有。它在古代凉山彝族传统服饰的制作中，有着极其重要和独特的地位和作用。以羊毛为主要原料的凉山彝族传统服饰，主要以"佳史"的擀制和"瓦拉"的纺织为主。"佳史"，汉语称披毡，是凉山彝族的基本服饰，是彝族群众的生活必需品之一。"佳史"主要以羊毛擀制而成。擀制的工具有竹席、弹弓、夹板、竹帘等。瓦拉是另一种有代表性的彝族服饰，其工艺含有剪毛、捻线、弹毛、搓线、织毛布、缝制等技艺。据古彝文《起源经》记载，彝族弹毛擀毡，创始于先祖阿约阿先时代，而纺线织布，则始于彝族英雄支格阿龙的母亲蒲嫫列依。

如今，凉山彝族毛纺织和擀制工艺技艺，由于受到外来文化和现代商品市场的冲击，更因为制作工序复杂、费工费时，从事毛纺织和擀制技艺的工匠越来越少，掌握精湛毛纺织和擀制技艺的工匠更是少见。昭觉彝族毛纺织种类繁多，独具特色。然而传统彝族毛纺织只有在重大节日盛会和旅游景点等特殊场合得以目睹。

2008年彝族毛纺织及擀制技艺被列入国务院批准列入第二批国家级非物质文化遗产名录。

藏族牛羊毛编织技艺

色达县位于青藏高原东南，甘孜藏族自治州西北部。色达，藏语意为"金马"，其历史悠久，宗教文化博大精深，民族文化源远流长。色达县是藏族牛羊毛编织技艺主要流行地之一。

藏族牛羊毛编织技艺有着上千年的历史，它以编制精密、品种繁多、形式独特、色彩艳丽而闻名。藏族牛羊毛编织用品是藏族人民在雪域高寒地带生存的必需生活用品，其用料主要以本地所产牛羊毛为主，故此编织技艺广为普及。在高寒游牧区，编织牛羊毛生活用品也是牧民最热心从事的一项手工艺劳作。在统一的民族传统工艺风格中，孕育出了五彩缤纷、格调质朴的各类编织工艺品。

藏族牛羊毛编织技艺之所以能够得到世人的青睐，与其精良的制作工艺和百里挑一的材料有不可分割的联系。色达县是全国四大重要牧区之一，草原草质好，无污染，这里生长起来的藏系绵羊毛色纯净，毛质极好，纤维长，弹性强，光泽度好，耐酸耐碱性能强，这是在材料上的优势。另外，藏族牛羊毛编织技艺还涵盖着丰富的传统民间文化底蕴。它全部用手工编织完成，织毯匠人用橡壳、大黄叶根、槐米、板蓝根等天然植物染色的毛线环绕在绕线杆上，织完一行，就将毛线扣全部拉紧，再用刀具将杆上的绕纱割开。于是，在毯面上出现层层毛线的断面，这一制作工艺被称为手工连环结。整片藏毯织完之后，织毯匠人再用剪刀对其进行修剪。藏族牛羊毛编织工艺品品种繁多，花色各异，有以藏式吉祥图案为主的传统藏毯、仿古藏毯、包芯卡垫藏毯、丝毛合织藏毯、丝绒藏毯等。图案具有风格粗犷、大气、配色艳丽、雍容华贵等风格特点。

藏族牛羊毛编织是藏民族创造的优秀手工技艺。牛羊毛编织品从材料的选择、纺纱、染色、编织等都用手工制作，因此其色泽艳丽而不褪色，质地坚硬而富有弹性。藏族先民们还在传统编织方法的基础上，发明了独特的连环扣，这一技艺使牛羊毛编织产品更具有独特的艺术价值。牛羊毛编织品同时也是藏民族非常实用的一种生活用品和商品，它从原材料的选择到最终的成品，整个都是天然绿色产品，因此备受欧美国家欢迎。牛羊毛编织业又是一个劳动密集型产业，需要大量的人力参与其中，从事选料、洗毛、编织、染色等工艺流程。这种商业价值和实用价值，也是牛羊毛编织业的一大特色。藏族牛羊毛编织技艺具有极高的艺术价值、实用价值和商业价值。2008年，四川省色达县申报的藏族牛羊毛编织技艺被列入第二批国家级非物质文化遗产名录。

东乡族擀毡技艺

擀毡是东乡族的传统工艺，可追溯至元代至元年间，由东乡族先民"撒尔塔"人从中亚传入。历史上，全县境内均有分布，重点集中在北岭、龙泉、董岭、大树等乡。

东乡族自治县位于甘肃省中部，山大沟深，属高寒地带，擀毡具有良好的防潮保暖效果，为此地必需之物；此外，东乡族群众又擅长养羊，因此，在这种独特的地理环境和有利条件下，擀毡在东乡族中十分盛行。男人们几乎人人精于此道，擀毡技艺高超是一件值得骄傲的事和养家立足的本领，不少毡匠还远赴肃北，甚至青海、新疆等地以擀毡为业。擀毡还是东乡族姑娘出嫁时的主要陪嫁品之一。炕上铺满洁白绵软厚实的擀毡，是家庭富足的象征。可见，擀毡在东乡族生产生活中都占有至关重要的地位。

擀毡的种类很多，按羊毛的种类分，有春毛毡、沙毛毡、绵毛毡等；按规格分，有四六毡（即宽4尺，长6尺）、五七毡、单人毡和拜毡（穆斯林做礼拜用）等；按花色分，有白毡、花毡、红毡、瓦青毡等；按用途分，有毡衣、毡帽、毡鞋、毡鞍鞯、毡垫（铺在土炕上）等。东乡擀毡为纯羊毛全手工制作，柔软、舒适、匀称、洁净、美观大方、做工精细、经久耐用，因此享誉西北大地。

东乡族的擀毡全凭毡匠的精湛手艺、超人的耐力和艰辛的劳作。擀毡所需材料和制作工具均很简单，复杂之处在于其制作过程。羊毛丝，纯正的豆面和麻油，再加弹弓、竹帘、沙柳条，毡匠就可以制作擀毡了。但制毡工序却很复杂，粗分为弹毛、擀毡、洗毡等，多达20道工序。其中，去除毛巾的油脂，用弓弹毛、辅毛、踏滚毡坯是重要的工序。

历史上，东乡族男子多数会擀毡，但随着社会的发展，只有少数擀毡匠人在坚守此古老技艺，擀毡技艺的传承曾一度堪忧。现在，东乡县采取有效措施以推进东乡族擀毡技艺的保护与传承，不仅选出了国家级传承人马舍勒，而且已在龙泉乡建有两处擀毡传承基地。

维吾尔族花毡制作技艺

维吾尔族花毡历史悠久，从古至今，花毡制作技艺在维吾尔族人生活中占有重要地位。

维吾尔族花毡图案风格既体现着浓郁的民族风格，又明显的融入了伊斯兰文化特征。主要是植物花卉图案，一般没有动物、人物图案。艺人们在运用植物花卉图案和几何图案时，讲究对称性和连续性，娴熟地使用夸张与变形、对称与均衡、变化与统一、对比与调和等美的法则，创造出具有独特审美价值的手工艺术装饰风格。图案的花纹有几十种，既有受汉文化影响的"寿"字纹、回纹、博古纹，也有阿拉伯风格的几何纹和花卉纹样以及维吾尔族独特的日常用品和工具纹样；还有伊斯兰教风格的净壶、圣龛等纹样，甚至还有古代西域流传的一些纹样。花毡纹样图案丰富、色彩鲜艳。常见的纹样有阿不都瓦纹、阿娜古丽纹、牡丹纹、桑椹纹、塔吉纹、芝麻纹、团花纹、菊花纹、红花纹、爪牙纹、窗格纹、梳子纹、巴达姆纹、蔷薇纹、回形纹、双回形纹等。

维吾尔族花毡在日常生活中使用十分普及，这就促成制作花毡的艺匠们，挖空心思创作出更加丰富的表现手法。根据制作技艺的不同，花毡分为绣花毡、补花毡、擀花毡、印花毡、彩绘花毡等品种。

补花毡。维吾尔族称"西尔达克"，是用彩色布套剪成羊角、鹿角、树枝、云等纹样缝绣、贴绣到素毡上，正反对补，虚实相映，又称"贴绣花毡"，图案基调粗犷豪放，色彩对比强烈。

印花毡。维吾尔语称"巴斯玛古丽克依克孜"。印花毡是在素毡上制作时先将素毡铺平，在不同的面积上铺一层不同的底色，勾出边线，用木图章（木印模）拓印出图案。纹样细腻、

制作花毡

艳丽，花色品种多。

绣花毡。维吾尔语称为"凯西坦克依克孜"，它是用彩色的丝线锁盘针法将各种纹样图案对称地绣在花毡上，制作精良，费工费时。主要铺在客厅主位上，是旧时贵族用品之一。

擀花毡。维吾尔语称"坦力玛特"，用原色羊毛和染色棉毛，在黑色羊毛或白色羊毛为底的毡基上，摆成各种图案进行擀制，也称"压花毡"或"嵌花毡"；这种擀制的花毡制作过程费工，但牢固耐用，纹样清晰，美观大方。彩绘花毡是用毛笔绘上图案的花毡。制作花毡是维吾尔族人民世代相传的传统手工技艺。2006年，花毡制作技艺由新疆维吾尔自治区吐鲁番地区申报，经国务院批准列入了第一批国家级非物质文化遗产名录。

侗锦织造技艺　类别：传统手工技艺　编号：Ⅷ—104
申报地区或单位：湖南省通道侗族自治县

侗族织锦有着悠久的历史，是侗族女性通过母女和近亲代代相传的纯手工艺品。在很早以前，侗族先民就懂得利用苎麻、木棉、芭蕉等植物的纤维来捻纺纱线，结网织布。侗族先民居住的岭南地区属亚热带，气候宜人，雨量充沛，土地湿润，植被繁茂，植物资源十分丰富，各种富含纤维的植物可用来捻线织网和纺纱织布。

完整地编织一幅侗锦，需要经过轧棉、纺纱、排纱、织锦等10多道工序，而且全部由手工操作而成。侗锦图案一般采用概括、抽象、夸张和变形等手法构图，并以装饰性很强的鸟、兽、虫、鱼、花、人、楼等为主体，图案多为几何形、棱形、四方形、圆形、三角形等，结构精密严谨，图案精美雅致，继承了侗族数千年古老工艺传统，保

侗锦

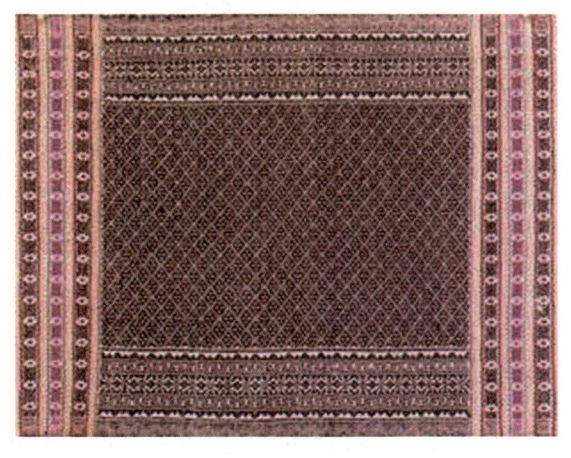

留了民族特有的优美、朴素与细腻的艺术风格。传统的侗锦有"素锦"和"彩锦"之分。用黑白棉线织成的称为"素锦"。用黑白线和彩线交织成花的称为"彩锦"。根据用途的不同，又可分为日用锦、寿锦、法锦等。其中，日用锦又分为20种类型，有被面、垫毯、衣服料布、头帕、背带、盖布、绑腿等。侗锦制作工艺也有两种，一是机织，机织锦就是在织布机上，经手工编织出来的帛锦。其工艺手法是以白棉纱作经线，经线作底，纬线起花，通经通纬织造。采用这种方法织造的侗锦一般面积都较大，如床单、被面、头巾等。编织时通过脚踩压经棒牵动综线提经开口，手工穿梭挑织。织物为两梭组织，一梭是花纹，一梭是平纹，通纬梭织。二是刺绣，民间刺绣针法多种，有平铺绣、连环结子绣、锁丝绣、盘筋绣以及剪绣（花）等。通道的独坡、播阳、地阳坪、元现、八毫等一带的刺绣工艺别具一格。

侗锦是我国著名锦类之一，主要分布在湖南、广西、贵州三省交界的通道侗族自治县。近年来，通道先后组建了雄关侗锦坊、通道侗族自治县啰耶侗锦织艺发展有限公司对侗锦进行市场化开发，已研发生产抱枕、壁挂、背包、提包、服装、床上用品等侗锦产品三十多种。通道县每年举办侗锦织造技艺培训班，国家级非物质文化遗产侗锦传承人粟田梅向侗锦爱好者传授技术。

> **苗族织锦技艺　类别：传统手工技艺　编号：Ⅷ—105**
> **申报地区或单位：云南省西双版纳傣族自治州；贵州省台江县、凯里市**

苗族织锦是我国传统织锦技艺中独具特色的一种。苗族织锦又称织花，是苗族妇女利用当地所产的蚕丝、苎麻、木棉等纤维染彩编织的花纹织物。苗族织锦有通经断纬法和通经通纬法两种，前者运用较为广泛，从东部苗族的湘西到西部苗族的楚雄一带都使用。其主要特点是：本色的经线比较细，彩色的纬线比较粗，以纬克经，只显示影纬而不露经线。正面色彩非常艳丽，反面呈不规则状。

苗锦纹饰的题材非常广泛，飞禽走兽、花草虫鱼、山川日月、苗族人民的生产生活场景等无所不有，充分体现了苗族人民对大自然和生活的热爱。苗锦的表现形式丰富多彩，有规律的几何纹、菱形、方形、团花等，也有字纹、龙纹、舞人纹、鹭纹、鱼纹等不规则的纹样。贵州台江县、黄平县、剑河县一带以通经断纬法织出的彩锦图案十分丰富，有龙纹、舞人纹、鹭纹、鱼纹以及几何纹等，尤以台江县施洞、革东、五河一带织锦图最为丰富，色彩绚丽，一般用作围腰和衣背。

织锦方法主要有挑织、机织、编织三种。挑织一般都织宽锦，机织和编织只用于织锦带。织锦宽的可以达一尺，技艺精致，色彩鲜艳绚丽，样式美观大方，主要用于衣服、围腰、背带、背包、腰带等，是制作姑娘和少妇裙围的精品。

苗锦中最精美的应该首推贵州省凯里市舟溪、麻江县下司和丹寨县南皋一带的"短裙苗"丝锦。这一地区苗族以细丝为经纬纱，织出的锦细腻而有光泽，手感非常轻柔，色彩清淡而高雅，图案非常丰富。该锦尤以用丝之细著称，每平方厘米达到用经纱60根、纬纱90根的水平。

苗族织锦

苗族的纺织工具和纺织程序都比较简洁，都没有像织蜀锦那样的提花机。但是，苗族妇女们凭借自己的勤劳和智慧纺织出品种多样、绚丽多姿的彩锦。2008年，苗族织锦进入第二批国家非物质文化遗产名录。

傣族织锦技艺　类别：传统手工技艺　编号：Ⅷ—106
申报地区或单位：云南省西双版纳傣族自治州

傣族的织锦，是流传在傣族地区的一种民间工艺品，具有浓郁的地方特色和民族特色。

傣锦是一种古老的传统手工纺织品，图案是通过熟练的纺织技巧创造出来的，多是单色面，用纬线起花。织造时将花纹组织用一根根细绳系在"纹板"上，用手挡脚蹬的动作使经线形成上下两层后开始投纬，如此反复循环便可织成十分漂亮的傣锦。设计一幅傣锦，需几百乃至上千根细绳在"纹板"上，倘若结错一根线，就会使整幅傣锦图案错乱，可见傣锦的工艺要求极严。

傣族人早在唐宋时期就会用棉线和丝线织傣锦。南诏时期，地方官员把傣锦作为上贡朝廷的礼品。傣锦织工精巧，图案别致，色彩艳丽，坚牢耐用。多以白色或浅色为底色，以动物、植物、建筑、人物等为题材，所织孔雀、骏马、龙、凤、麒麟、大象、塔等图案，分别代表着吉祥、力量和丰收；宝塔、寺院、竹楼，寄寓对美好生活的追求。这些寓意深远五彩斑斓的图案，充分显示了傣族人民的智慧和对美好生活的向往。

今天，傣锦工艺在继承传统的基础上得到了发展和提高。除了制作统裙、挎包、床单、被面、窗帘、手巾外，还设计制作出了傣锦屏风、沙发垫等新品种，以其鲜明的色调、瑰丽的图案，受到国内外人士的喜爱。

由云南省西双版纳傣族自治州申报，2008年傣锦入选国务院批准的第二批国家级非物质文化遗产名录。

新疆维吾尔族艾德莱斯绸织染技艺　类别：传统手工技艺　编号：Ⅷ—109

申报地区或单位：新疆维吾尔自治区洛浦县

"艾德莱斯"一词，是维吾尔语，意为"扎染绸"，它采用中国古老的扎染手工工艺，依照绘制的图案纹样，在经纱上扎结进行染色。它的织染工艺非常复杂，每道工序都要手工操作。其质地柔软，轻盈飘逸，来自于它采用的天然蚕丝。特别是它采用纯天然植物染料来染色，生产过程中不加任何辅助纺织原料，所以，对人体及皮肤无害。绸面的构图和着色，表现出维吾尔族人民的智慧和独特的审美观；绸面上艳丽的色泽，分明的层次，对称的布局，严谨的组合，张显出浓郁的新疆民族风韵。不但是维吾尔族妇女最喜欢的衣裙绸料，也深受乌孜别克族妇女的喜爱。在新疆无论城乡都能见到艾德莱斯绸的绚丽身影。

和田、洛浦的艾德莱斯绸，以黑白色调居多，色彩简单，比衬明快，虚实相映，纹样粗犷。

艾特莱丝绸按色彩分为黑艾特莱斯、红艾特莱斯、黄艾特莱斯、多色调艾特莱斯4大类。

"黑艾特莱斯绸"，以黑色图案变化纹样为主色调，民间称之为"安集延艾特莱斯"。其图案主要有耳坠、流苏、栅栏、公羊角、镰刀、花卉等。

"红艾特莱斯绸"，在黄或白的底色上，绘制以红色为基调的图案，绸面色彩明丽，张扬着青春气息，深受姑娘和少妇的偏爱。图案纹样主要是梨子、苹果、锯子、木槌、植物叶、小花、热瓦甫琴、巴达木杏等。

"黄艾特莱斯绸"，在多样底色的衬托下，众星捧月似的烘托出黄色图案，显得庄重而典雅，贵气而庄重。图案纹样多是苹果、木梳、链条、栅栏、巴旦杏等，多为中青年女子的服装衣料。

艾德莱斯绸

"莎车式艾特来斯绸"，是综合性的艾特莱斯绸，维吾尔族人称其为"买利奇满"。它的构图艺术独特，形成一种色与色之间相隔的多组合形式，以跳荡的韵律显示其审美价值。基色排列整齐，对比强烈，舒缓有致。

古老的艾德莱斯绸，今天已融汇到现代生活潮流中，一些设计师也常设计出鲜靓时尚的现代服饰，在国内外大型的服装比赛中，受到人们赞同。维吾尔族艾德莱斯绸，已进入国际市场，远销巴基斯坦、吉尔吉斯斯坦、沙特、土耳其、德国、美国、日本等国家，深受中外客商的青睐。

新疆维吾尔自治区的和田市洛浦县吉亚乡与布亚乡，是洛浦艾德莱斯绸的重要发源地，几乎家家种桑养蚕，户户有机织绸，男女老幼都会操作，是名副其实的丝绸之乡。2006年，由洛浦县申报，经国家批准，新疆维吾尔族洛浦艾德莱斯绸列入第二批国家非物质遗产名录。

地毯织造技艺（阿拉善地毯织造技艺、维吾尔族地毯织造技艺）
类别：传统手工技艺　编号：Ⅷ—110
申报地区或单位：内蒙古自治区阿拉善左旗；新疆维吾尔自治区洛浦县

阿拉善地毯织造技艺

内蒙古高原气候寒冷，生活在这里的蒙古人民在生产生活中用羊毛编制成各种生活物品，如用羊毛编制成的地毯手感舒适、防潮隔寒、冬暖夏凉，其图案朴素、古典优美、高贵华丽，具有实用与欣赏双重价值，广泛运用于农牧民的日常生活中。

内蒙古的阿拉善地毯是中国地毯五大系之一，被誉为大漠的一朵奇葩，以其精细独特的做工和淳朴秀美的图案在大漠戈壁独树一帜。阿拉善地毯继承了阿拉伯和京城宫廷地毯的传统，至今有270多年的历史。据记载，1730年定运营（现巴彦浩特）城兴建后，地毯织作技艺从新疆经宁夏传入阿拉善。此后在阿拉善地区仅定运营相继就有二十多家地毯作坊。阿拉善地毯制作工艺以手工为主，其工艺极为复杂，需要经过图案设计、配色、染纱、上经、手工打结、平毯、片毯、洗毯等多道工序，如此繁琐的工艺，使得制作一块毯子的时间需要几月到几年不等。制作地毯的工具需纺线车、染缸、织架、耙子、剪刀等。阿拉善三蓝仿古地毯以苍天厚土的蓝黄为主色调，具有庄重、典雅、深沉的艺术风格。阿拉善地毯加工工艺精巧，图案琳琅满目，别具风姿，或素雅清秀，或活泼明快，或古色古香，或新颖激越，令人赏心悦目，具有强烈的艺术魅力。阿拉善地毯的图案通常是由中间的花纹和边缘花纹组成。边缘花纹的图案与色调，一般与中间部分的花纹相称。比如，中间部分是棕色，边缘花纹的颜色也是棕色，有时也配绿色或黄色。中间部分是兰色或天兰色时，边缘花纹通常是浅黄色。

阿拉善地处漠北，风沙大、地脉干燥、土种羊毛鳞粗、洁白，物理性能极好，织出的地毯具有质刚、弹性强、光泽好的特点。2008年，阿拉善地毯被列入国家级非物质文化遗产名录，民间艺人刘赋国被指定为传承艺人。

维吾尔族地毯织造技艺

新疆是世界地毯的发祥地，新疆地毯素以历史悠久、技艺高超而驰名于世，是新疆传统的民族工艺美术品，主要出口商品之一。

和田是新疆地毯的故乡。关于和田地毯的来历，民间传说，在和田的玉龙喀什河畔有位叫阿克西凡的农民，他聪明勤奋，充分运用当地的棉花、羊毛特产，研究出用棉线做经线，用羊毛线做纬线织扣栽绒的办法织出地毯。同时，还用当地盛产的核桃皮、石榴花、沙枣皮等植物的果皮、茎、叶拌上铁锈，发酵染色，使织出的地毯绚丽多彩。他的发明创造很快流传到和田、喀什等地，后来人们把阿克西凡称之为"地毯之父"。

和田地毯是新疆维吾尔族地毯的代表作，早在两千年前，和田就有盛产地毯的记载。1959年和田地区民丰县的古精绝国故址的墓葬中，出土了一块地毯残片，经考证为东汉时期的物品。这是我国历史上发现最早的地毯实物。同时出土的一批怯卢文木简上已有"地毯"、"和田地毯"等字样。考古足以证明，新疆织地毯的历史已在2000年以上。

维吾尔族地毯的原料上乘，采用著名的半粗毛，羊为当地的优良异质半粗毛羊品种，毛质纤维粗而不粘，坚韧而富有弹性，耐拉耐压，强度大，宜织造，光泽如丝，染色鲜艳。用这种毛线织造出的地毯，毯面薄平、工艺考究，长久不变，使用年限可达百年之久，是艺术价值很高的收藏品。毛线颜色用天然植物色素染成，色彩柔和，经久不褪，古朴大方。20世纪60年代后期，采用了酸性媒介染料和蒸汽染色工艺，丰富了染色毛纱的种类，能染出400多种不同色彩，使地毯图案设色更加绚丽多彩，协调明快。

制作毛线时先将羊毛捻成毛纱，再染色，然后根据需要将毛纱合股，分别用做经线、地纬、绒纬（俗称绒头）；织毯时将一组经线上下交织成平纹式的基础组织，再将经过染色的绒头按一定程序栓结于基础组织的经线上，以此显示出地毯的不同色彩与图案、纹样。

和田地毯图案自成一格，多以绚丽多彩的植物花、果、枝叶为纹样的基本造型，也有各类动物纹样。往往把各类植物和动物纹样加以扩张变型，并辅以有变化的几何形纹理，构成了别致新奇而充满民族风味的图案。图案题材广泛，内容纷繁，联想丰富。按图案内容和形式可分为石榴花、蜡花式、波浪式、波斯式、散点排列式、洋花式、五枝花式和博古式8大类。此外，还有人物、花鸟和风景挂毯等。

立机织作是和田地毯织造的特点，通常采用"森纳"结扣法（或称伊朗结扣法），用这种结扣法织造的地毯，若是局部被破损，整体地毯的使用寿命不会受到影响。地毯图案上的打结，全是手工编织，织工精致细密，须经过十数道复杂的工序。

维吾尔族地毯是具有悠久历史的传统手工艺品，它集绘画、编织、刺绣、印染等手工技艺于一体。或悬挂于厅堂之壁，或展铺于室内走廊，毯面光泽平滑，毯板挺实，美观大方，色调鲜丽，是理想的家庭、宾馆陈设的高级用品。地毯品种繁多，花色斑烂，大都花纹对称、整齐，线条粗犷，色彩对比强烈。就用途而分，有铺毯、挂毯、座垫毯、拜垫毯、褥毯等。

维吾尔族地毯织造技艺被列入国家第三批非物质文化遗产名录。自治区文化厅授予和田地区洛浦县的买吐送·吐地、布合地且汗·依明为地毯制作技艺传承人。

维吾尔族地毯

鄂伦春族狍皮制作技艺　类别：传统手工技艺　编号：Ⅷ—112

申报地区或单位：内蒙古自治区鄂伦春自治旗；黑龙江省黑河市爱辉区

鄂伦春族生活在中国东北地区的大小兴安岭，这里到处是茂密的原始森林，在长期的狩猎生产生活中，鄂伦春族形成了自己独具特色的狍皮制作文化，从冬季的长袍到夏季长袍以及靴、裤、帽、手套、被褥等均由狍皮制作。

鄂伦春妇女加工的狍皮结实、柔软、轻便，为了适应寒冷气候和狩猎生活所创制的狍皮衣和狍皮帽，独具匠心，别具特色。制作皮衣前，先要鞣皮。鞣皮时先在生皮上涂以捣烂的狍犴，使其发酵后再将皮子顶在膝盖上用"毛丹"刮去皮板上的污垢，用"贺得勒"反复鞣皮子，直至鞣软为止。鞣好皮子之后，就可根据需要剪缝成各种服装。缝制用的线也是狍筋线。狍皮服饰上绣有样式不同、颜色各异的图案。制作男子冬季长袍多用七八张狍皮缝制，为了便于骑马，前后襟均有开衩。开衩处和袖口镶有薄皮图案，既结实，又显美观。这种长袍，青少年、壮年、老年均可穿用。女子冬季长袍比男袍长，大襟覆盖脚面，左右开衩，开衩处和衣边、袖口均绣有美丽的花纹，有古朴纯厚之美。男女的夏季皮袍，同冬季皮袍样式相同，不同的只是选用的皮张不同，夏季做衣服用夏天的狍皮，冬季皮袍用冬天的狍皮。狍皮帽是用狍头皮按狍头原样缝制而成，不仅可以防寒、而且形状如狍头，以便在狩猎时伪装。鄂伦春族妇女善于刺绣，从头上戴的帽子到脚上穿的鞋都绣有花、鸟、鱼、虫和小动物的图案，显示了她们丰富的想象力和高超的艺术创造力，其花纹图案形象逼真、美观大方。

随着生产方式的改变，社会经济的变革，鄂伦春族狍皮制作技艺已面临消失的境地。狍皮制作技艺是鄂伦春族民族技艺文化瑰宝。2008年，鄂伦春兽皮制作技艺被列入国家级第二批非物质文化遗产保护名录。

维吾尔族卡拉库尔胎羔皮帽制作技艺　类别：传统手工技艺　编号：Ⅷ—114

申报地区或单位：新疆维吾尔自治区沙雅县

新疆维吾尔自治区沙雅县盛产维吾尔族卡拉库尔胎羔皮帽。胎羔皮帽的质量是由卡拉库尔羊决定的，沙雅县是中国"卡拉库尔羊之乡"。

沙雅县的天然大草原优良的水草，养育出了优良的卡拉库尔羊。卡拉库尔羊的毛很细，富有光泽。

制作胎羔皮帽

胎羔皮亦称羔皮，尤为珍贵，羔皮是在母羊将要产羔前的3—7天里，前两天不给饮水，第三天喂冰凉的井水，让其自然掉胎羔后取皮。这种自然流产的羊羔胎皮，毛长不超过2厘米，毛细而密，有光泽，并有明显的波状纹，其纹色泽温润，经久不变；形态美观，有卧蚕形、跃鼠形、肋形、豌豆花形、水波纹形等。鞣制后可染成多种颜色，适宜制作皮帽、皮领等。

制作卡拉库尔胎羔皮帽工序相当复杂，所用的材料包括胎羔皮、一般的皮子、毛毡子、棉布、面胶、线、金丝绒、玉米面、水、盐、黑染料。制作所需要的工具就有18种之多：鞣革桶、棒子、梳子、剪子、圆刀、整修剪子、整修梳子、铁顶针、皮革顶针、锥子、针、模子、钉子、石头、红柳杆子、铁锤、夹子、喷水器、子器具等。

就以民间纯手工制作的工序来看，首道是鞣革。先在盐水中放一定量的玉米面，然后将胎羔皮泡进去，等胎羔皮泡好后再鞣革。其次是整皮。对鞣制好的胎羔皮进行整理、压平，还要拔掉不齐的毛；第三步是裁剪。根据要制作的胎羔皮帽的样式，将硬纸模型放在胎羔皮上裁剪，胎羔皮碎片也可以补起来用做帽子面。接着是上里子。里子要选用带毛皮子，将里子套在木头模具上，上面抹胶，粘上棉布和毡子，再把皮面套上去缭边。最后是整修。将帽子从模具上取下来，剪掉不齐的毛即可。

2007年6月，沙雅县的卡拉库尔胎羔皮帽列入了第一批自治区级非物质文化遗产名录，2008年6月，录入国务院第二批国家级非物质文化遗产名录中。沙雅县维吾尔族老人玉山·买买提被列入第三批国家级非物质文化遗产项目代表性传承人。

藏族金属锻造技艺（藏族锻铜技艺、藏刀锻制技艺、） 类别：传统手工技艺 编号：Ⅷ—120
申报地区或单位：西藏自治区南木林县、拉孜县、日喀则地区；四川省白玉县；青海省玉树藏族自治州

藏族金属锻造技艺，是指以金、银、铜、铁等金属为原料，辅以木料、动物皮毛等制作成各种器具的手工技艺。西藏自治区南木林县的锻铜技艺可追溯到十世达赖喇嘛时期，距今已有一百多年的历史。早期的锻铜技艺主要是锻造佛像，其艺术风格独特，手法洗练，技艺精湛，显示着该地区手工技艺的优秀传统。整套技艺工序繁多，制作严谨，按照其所用不同材料，其工序也不尽相同。选材主要是紫铜、黄铜、白铜，有时也用金、银等材料，但很少用青铜和铁，因青铜、铁等质硬而脆，缺乏延展性，不利于塑造锻制。

藏刀具有生产、生活、自卫、装饰等用途，做工讲究。刀身用钢材锻制，刀柄用牛角或硬质木料加工而成。从规格尺寸看，藏刀大致分为长刀、短刀和小刀3种。长刀最长的有一米多，短刀约40厘米左右，小刀则仅有十几厘米长。从形状上看，具有很强的地方特色，有牧区式、康巴式、后藏式等区别；用途也有很多种，如林区砍树有专门的砍树刀，屠夫

用的屠宰刀等。藏刀把多用以牛角、牛骨或木材制成，较高档的刀把用银丝、铜丝等缠绕，刀鞘则更为讲究，较简单的有木鞘或皮套，多数是包黄铜、白铜，甚至包白银、镀金等，上面刻有精美的飞禽走兽及花草等各种图案，有的还镶嵌各种宝石、彩石，显得华丽精美。拉孜藏刀，历史悠久，样式美观，淬火适中，刀刃锋锐，再配上精致、贵重的刀鞘，雕着龙、凤、虎、狮和锦花图案。由于锻打精致，镌刻细腻，色彩夺目，并附有藏文，系有五颜六色柄穗，形成别具一格的藏族工艺品。藏刀的主要加工材料有银、铜（白铜、黄铜、紫铜）、铁、鲨鱼、牛角、玛瑙、硬杂木等。过程有冶炼熔化、模具翻铸、敲打大形、刻花镶嵌、焊接组合、加固、锉磨整形、精雕细刻及镁洗抛光等工序。

藏刀

维吾尔族传统小刀制作技艺　类别：传统手工技艺　编号：Ⅷ—122

申报地区或单位：新疆维吾尔自治区英吉沙县

新疆的各少数民族中，男子都爱在身上佩带一把小刀，小刀做工考究，造型秀丽，纹饰美观。这种小刀既是一种具有民族风味的饰物，也是生活的必备。吃大块牛羊肉、手抓羊肉，烤全羊都离不开小刀；瓜果飘香的季节，切瓜削果；甚至宰杀牲畜，修理各种套具，都离不开小刀。

新疆有四大名刀，即英吉沙刀、伊犁沙木萨克折刀、焉耆陈正套刀和莎车买买提折刀。

英吉沙县为"英吉沙小刀"的原产地。这种小刀造型精美，纹饰秀丽，刀口锋利，约有400年的历史，是新疆各民族普遍爱用的民族特需工艺品。

"伊犁沙木萨克小刀"的创始人沙木萨克·阿西木，出生在原绥定县（今霍城县），后流落到南疆。在流落中他细心观察各式小刀，潜心学习各家制作工艺，集众家之长，经过不断探索，创用了一种工艺和款式别具魅力的折叠式单面刀，受到了人们的称赞，并冠以"沙木萨克小刀"的美称。

"焉耆陈正套刀"，又叫"新疆陈正小刀"，已有450年的生产史。陈正小刀刀刃锋利，刀与鞘带弹簧闭锁，刀鞘外壳装配有扎马针，刀柄镶嵌金属片和兽角骨。

"莎车买买提折刀"，是买买提老人集众家之所长，经过不断探索和改进，制造了一款新颖的折叠式单面刀，因其经济实用、精巧美观、便于携带，受人称赞，称之为"莎车买买提折刀"。

英吉沙小刀大多十几到二十公分长，最小的仅两寸左右，最大的有半米余。其造型各异，有月牙形、鱼腹形、凤尾形、雄鹰形、百灵鸟头形，千姿百态，令人赏心悦目。

英吉沙刀　　　　　　　　　制刀

英吉沙小刀在传统制作工艺的基础上，制作更精。精心选钢材锻打成型，制成粗细胚，刀锉光后淬火，再经过锻打、保养、开刃等流程，方为成品。其中核心制作工艺是工匠们世代相传的，视为绝技，秘不外传。"极品英吉沙小刀"，钢色纯正，炉火精纯，锋刃锐利，削铁如泥。刀柄图案风格别致，上有铜、银、玉、骨、宝石等组合而成的图案。其中用纯银和宝石镶嵌装饰的刀柄最为珍贵。现在小刀的刀柄普遍使用有机玻璃和塑料薄板来装饰，色调明快，艳丽鲜亮，时髦但不失传统之感，价廉更加大众化。刀鞘用牛皮或羊皮模戳压制而成，耐磨耐用。

2008年，由新疆维吾尔自治区英吉沙县申报，经国家批准，维吾尔族传统小刀制作技艺被列入国家级非物质文化遗产名录。

蒙古族马具制作技艺　类别：传统手工技艺　编号：Ⅷ—123
申报地区或单位：内蒙古自治区科尔沁左翼后旗

蒙古族被誉为"马背民族"，蒙古族孩子从懂事之日起就被抱上马背，开始学习骑艺。马是蒙古族重要的交通工具、马鞍又是链接人与马的重要工具。蒙古族传统马具制作技艺是集木工工艺、金属工艺、刺绣工艺及皮件编织等于一身的民间传统工艺。

马具由马鞍、鞯、靳、鞴、镫组成。马鞍有鞍鞒（博胡日格）、鞍屉（道格莫）、肚带（乌落格）、扯肚（吉日莫）、后稍绳（浩格图嘎日格）、鞍垫（德布斯）、肚带（乌落格）和扯肚（吉日莫）等部分组成。制作马鞍时首先要做裸鞍。裸鞍通常用四大块桦木制作，然后用工具雕成两块凸形的左右鞍板和两块U型的前后鞍鞒。裸鞍的重量一般为4.7斤左右，裸鞍上面一般都铺有鞍垫。鞍垫是为了骑坐者乘骑舒服而制作，通常为不同纹样装饰的长方形坐垫，有布质的也有毡质的、可以绣花纹作装饰。鞍垫的大小可根据鞍面大小而定。鞍垫上用鞍花和压钉来固定。鞍下还设有一层"鞯"，也称"鞍屉、护腰"，一般多为一软一硬的毛毡制作，是因为马在奔跑后容易出汗，为防止马的腰部中风或防止马的脊梁和肋骨被鞍子磨伤。鞴是放置于鞍鞒之下垂悬马腹两侧用来防止马镫碰伤马身的马具。马镫（杜热）是供上马和骑马乘足时用的重要马具。马笼头是驾驭马的辅助用具之一，主要用于拉马、牵马、拴马。马笼头通常用对摺成条的熟牛皮系结而成，套戴到马头上用偏缰控制使其不能随意跑掉。在生活中，牧民把笼头分为活笼头和死笼头两种，活笼头的偏缰是活接头、可以调节松紧；死龙头的接头是死头、不可以活动、不能调节大小、松紧。绳叫偏缰（扯手、树勒布日），骑者握缰就可以驾驭马匹，也用来牵马或拴马。除了上列鞍具以外，还有很多配具，如马汗刮子、马鞭、护腰、马棒、马褡子、马印、套马杆、马挠子、马刷子、套马索、蝇甩、马绊子等。

2008年，蒙古族马具制作技艺被列入国家级非物质文化遗产名录，民间艺人陶克图巴乙拉被指定为传承艺人。

民族乐器制作技艺（朝鲜族民族乐器制作技艺、维吾尔族乐器制作技艺、蒙古族拉弦乐器制作技艺、马头琴制作技艺、苗族芦笙制作技艺、傣族象脚鼓制作技艺）　类别：传统手工技艺　编号：Ⅷ—124

申报地区或单位：吉林省延边朝鲜族自治州；新疆维吾尔自治区疏附县、新和县；内蒙古自治区科尔沁右翼中旗；吉林省前郭尔罗斯蒙古族自治县；上海市闵行区；贵州省凯里市；云南省临沧市临翔区

朝鲜族民族乐器制作技艺

朝鲜族传统乐器有30多种，均以竹木管乐器和打击乐器为主，以弦乐器为辅。流传至今的有伽倻琴、玄琴、牙筝、奚琴、横笛、筒箫、短箫、唢呐、铮、长鼓、圆鼓、龙鼓、手鼓、细筚篥等。

伽倻琴为朝鲜族传统弦乐器之首，是民族色彩很浓的弹拨乐器。它的形状近似于汉族民乐器古筝。伽倻琴由共鸣箱、琴弦、琴码三部分组成。共鸣箱长150厘米，宽25厘米，中间厚5厘米。分别用梧桐树板和桦木板制作，琴线用蚕丝制作，共13根弦，琴弦的两头各固定在琴头和琴尾，在琴头有弦枕。13根琴弦用码子支柱，琴头可以左右移动，调节音阶。伽倻琴富有表演力，是善于表达民族柔和情感的民间乐器。因此，伽倻琴弹唱是各族人民喜闻乐见的一种表演形式。

长鼓是打击乐器，亦称"杖鼓"。流行于吉林、黑龙江、辽宁的朝鲜族地区。长约70厘米，木质鼓身呈圆筒形，鼓的两端粗空，鼓面蒙皮，鼓腰细小。以铁圈为框，系皮条或绳索，可以调整鼓的音高。演奏时，右手执细竹条敲击，左手敲击鼓的另一面。两手节奏交错，技法丰富。在乐队中，将鼓放在演奏者前面的鼓架上，在歌舞中一般将鼓挂在身前常用于声乐和舞蹈的演奏。

细筚篥是吹奏乐器。用细竹管制成，长约25厘米，开有8个按音孔（前7后1），哨长4厘米，双簧，用于民间歌舞的伴奏。它的装饰性颤音很具有朝鲜族音乐的特色。历史悠久，构造独特，音色柔和，奏出的音乐以旋律清新、流畅、婉转、轻快以及长短节奏丰富而著称，常用于歌舞伴奏和器乐合奏。吉林省延边朝鲜族自治州首府延吉市是朝鲜族乐器的主要研究、开发、生产基地。

维吾尔族乐器制作技艺

维吾尔族的乐器有十几种之多，可分为弹拨、拉弦、吹管和打击四个类型。弹拨乐器主要有弹拨尔、热瓦甫、独塔尔、卡龙琴；拉弦乐器主要有艾介克、胡西塔尔、萨塔尔；吹管乐器主要有苏尔奈（唢呐）、乃依（笛子）；打击乐器主要有达甫、纳合拉、塔西（又叫石头）、木勺等。其中弹拨乐器为数最多。

弹拨尔是维吾尔乐器中最长的弹拨乐器，长达1米多，琴体状如半个水勺，用桑木或红木制作，钢丝弦为，音色明净，悦耳动听。

　　维吾尔族乐器制作选材料要求十分严格，上等桑木是首选，只有这样的材质制作出的乐器，具有民族特色的音响效果。其独特的音色及其高超的演奏技巧，以及乐器的形制结构、音序排列、音域音色等元素，经过长期完善已基本定型，是维吾尔族传统文化的重要组成部分。

　　新疆天山之南，有两个国家级的维吾尔族民间乐器制作村，一个是阿克苏地区新和县依其艾日克乡加依村，一个是喀什地区疏附县吾库萨克乡托万克吾库萨克村。阿克苏新和县是历史上著名的"汉唐重镇，龟兹故里，班超府治"，这个县的民间乐器制作技艺历史悠久。最初是手工匠人用桑木制作出来的，并培养徒弟，直至把民族乐器制作技艺传承到如今。加依村民间的乐器制作，选用的是花纹均匀的上等桑木，木材和工艺均来自于民间。现在的新和县维吾尔乐器制作技艺，既有对传统手工技艺的继承，又有现代乐器制作技术的融入，简洁而古朴，高贵而典雅，更符合现代人的审美观，它不但是民族歌舞中伴奏的乐器，也是用来装饰的精美工艺品。

　　喀什疏附县吾库萨克乡吐万干吾库沙克村制作民族乐器，已有150多年的历史。2000年，国务院命名该村为"中国新疆民族乐器村"。这个古老的村子制作的维吾尔乐器有沙它尔、都他尔、热瓦甫、达甫（手鼓）、胡西塔尔等，共27大类，50多个品种。乐器制作以选材精细、工艺精湛而著称，特别是它别致的形制、精美的花纹，以其实用性和收藏价值，受到人们的青睐，畅销国内外。为进一步保护和传承维吾尔族传统乐器制作技艺，该村建成近百户的民族乐器手工艺人村落，成为新疆最富有民族特色和最具盛名的民间乐器制作地之一。

乐器作坊

　　维吾尔族乐器制作技艺，作为民间传统技艺由新疆维吾尔自治区疏附县和新和县申报，于2008年，入选第二批国家级非物质文化遗产名录。

蒙古族拉弦乐器制作技艺

蒙古族拉弦乐器主要有潮尔（古代在我国北方民族中流行的拉弦乐器）、马头琴、四胡（又分高、中、低）三种，主要用于为独奏和说唱类表演的伴奏。

古代，潮尔是一种在我国北方民族中流行的拉弦乐器。用潮尔伴奏的蒙古族说唱称"潮尔陶力"，演奏者称"潮尔奇"。

入清以后，图什业图王府乐班和喇嘛寺院将蒙古族拉弦乐器制作工艺传入民间，迄至第十五世图什业图亲王时期。图什业图王府木匠占巴制作的潮尔、马头琴做工精细、音质好。后来，享誉内蒙古地域的乌力格尔大师孟根高力套、额尔敦朱日和、布仁巴雅尔等人都是使用他制作的四胡。

现在，全旗制作蒙古族拉弦乐器的能工巧匠有百余人。胡庆海是代钦塔拉苏木（旧王府所在地）农民。1985年以来，他以制作马头琴、四胡为营生，有两把四胡分别被来自日本、台湾的客商以高价购买。哈达是一名专业演奏员。在全旗首创胡琴制作厂家，他带领十几名员工，继承传统技艺，开发研制出多种品类，驰名自治区内外。近年来，科右中旗蒙古族拉弦乐器制作技艺不断提升产业化规模，促进了演奏水平的提高，多次在全国、自治区演出中获得殊荣。一个拥有800把四胡、民间自发组织起来的演奏团体多次亮相大型庆典活动，受到各阶层的关注。

2007年，该项目被列入第一批自治区级非物质文化遗产，2008年被列入国家级非物质文化遗产名录。同年，科右中旗被自治区文联命名为"内蒙古四胡之乡"。

马头琴制作技艺

马头琴是蒙古族传统的拉弦乐器，拉奏方法与其他拉弦乐器不同，弓子是在弦外擦奏，发音柔和浑厚、音色宏阔低沉、富有草原风味，在少数民族传统乐器中是较为成熟的拉弦乐器。

马头琴全长100厘米左右，通常用白松、泡桐、色木、红木、桑木等硬质木制成。马头琴由琴箱（共鸣箱）、琴杆、琴头、弦轴、码子、琴弦和弓子等部分组成。琴箱是马头琴的发音体，是马头琴最主要的部分。传统马头琴的琴箱两面用皮膜蒙上，音量较小、音色黯沉，而改革后的马头琴的音箱多用桐木、松木做面板，其音量较大，且声音具有很强的穿透力。琴箱呈正梯形，由面板、侧框、背板组成。面板是马头琴音箱中最主要的部分，由正梯形的板材制作，面板的左右两半面上开音孔，围着面板的边多画蒙古特色的花纹，富有蒙古文化特色。侧框通常是使用四块侧板材料，上面的板最短，两侧板的长度和宽度均相同，下面的板比上面的板稍长。音箱的板材要求每个面都要平整光滑，侧板的厚度尺寸是根据马头琴声音的需要来决定。制作音箱时在上下两侧板上须开装入琴杆的孔眼。做好琴箱后，上面还需按好拉弦板和琴码。

琴杆为半圆形柱状体，前平后圆，正面为按弦指板，上端设有山口，下端装入琴箱的通孔中。琴杆多用色木制作，对木材有严格要求。一般都用径切木料，年轮的走向必须是顺着水平线与侧向平面垂直。琴杆要依照样板精心制作，上面部分为琴头和琴槽，下端为琴颈部分。琴头部分没有尺寸要求，但雕刻琴头是最为精细而有趣的制作过程，琴头的造型依据蒙古族所喜欢的马的造型来雕刻。琴颈部分有严格的尺寸要求，现在琴颈的指板部分为480毫米，下端琴杆连接琴箱部分，长度多为70毫米以上。待琴头和琴杆锯切、修削完了应该上琴轴。琴轴外形为圆锥体，多用黄杨木或铜质的材料制作。琴杆上有两条马尾弦，两弦分别用40根和60根左右的长马尾合成。两端用细丝弦结住，上端缠于弦轴，下端系于琴低的尾柱上。琴弓用藤条或木材料制作弓杆，两端栓以马尾为弓毛。将上举这些部件制作完成后，需上漆涂色，待干安装好便是一部成品马头琴。

自上世纪50年代起，马头琴演奏家不仅对马头琴的演奏技巧和技法进行改革，而且根据作品需要制作出了中音马头琴，低音马头琴，高音马头琴，从而使马头琴音乐更加完美。2011年，蒙古族马头琴制作技艺被列入国家级非物质文化遗产。

苗族芦笙制作技艺

贵州各地少数民族居住的村寨，素有"芦笙之乡"的称誉。芦笙是少数民族特别喜爱的一种古老乐器之一，逢年过节，他们都要举行各式各样、丰富多彩的芦笙会，吹起芦笙跳起舞，庆祝自己的民族节日。

芦笙由笙斗、笙管、簧片和共鸣管构成。笙斗又称气箱，多用杉木、松木或梧桐木制作，以杉木最佳，纹理顺直、质地松软、少疤节，外观呈纺槌形。笙管多用白竹制作，白竹的竹径细、竹节长、粗细匀、竹壁薄，

直径通常1.2厘米左右，每节长40厘米至50厘米，是制作笙管的良材，要选生长三年以上、冬至到立春前砍伐的为佳。簧片多用响铜制作，《尾蕉丛谈》一书载有"长管之上冒以匏，短管之中置以簧，用响铜为之，恒用火炙，亦古制也"。共鸣管是套在笙管上端的一截竹管，可使音量明显增大，多使用毛竹制作，依音高不同而异。

芦笙表演

苗族芦笙因流行地区的不同，在大小、音色、音量和调式上有所差别，黔东南黄平、丹寨和榕江一带的芦笙高亢粗犷；黔西毕节、水城一带的芦笙柔和抒情；而黔南的芦笙则雄浑明朗。

传承流派主要有雷山苗族芦笙和大关苗族芦笙两种。贵州省雷山县苗族居住区，村村有芦笙，是芦笙的重要产地。芦笙制作工匠分别居住在雷山县丹江镇的排卡村、方祥乡的平祥村和雀鸟村，桃江乡的桃梁村和年写村。雷山地区制作的芦笙音质纯正，外表光洁美观，极负盛名。

云南省昭通市大关苗族芦笙制作技艺主要在大关县天星镇。天星镇芦笙以苦竹、桦槁树皮、杉木、铜片为料，使用刀、锯、刨、凿、钻、锤、剪刀、炼炉等工具制作。芦笙通常由笙管、笙斗和簧片三部分构成，常见的芦笙发音管一般为6根，大关县芦笙制作传人王杰锋在继承祖传秘技的基础上作了创新，将发音管改成8根或10根，又在高温冶炼黄铜笙簧片时加入一定比例的铅，增强了芦笙簧片的弹性及韧性，这样制成的芦笙发音更加响亮悦耳，天星"王芦笙"就此扬声滇黔交界的苗族村寨，为大关天星芦笙增添了光彩。

傣族象脚鼓

在傣族人民的生活中，象是剽悍的象征，他们仿照象的脚，制成民族乐器，这就是象脚鼓。云南省临沧市傣族象脚鼓制作的历史距今已有500多年。主要流传于临翔区忙畔街道办事处忙令社区青华村、凤翔街道办事处的南屏社区的后寨村、章驮乡的勋旺村以及博尚镇的大励准村，其制作工艺颇为考究。木料通常选用椿树、杨柳树、云槐树、刺通树攀枝花树、牛嗓管树等。

现在的象脚鼓，鼓身细长，鼓面不再用蟒蛇皮，而是用羊皮做成。鼓身用轻质木材，一段完整的圆木挖空树心而成。整个鼓身涂上鲜艳的彩色，并用孔雀翎毛装饰，非常美丽。鼓身上系黄色或其他彩色绸带，挂在击鼓人的左肩。击鼓人夹鼓于左胁下，双手击鼓面。为了使鼓音圆润柔和绵长，打鼓前须在鼓面上粘揉糯米饭团。长象脚鼓、小象脚鼓和个别地区的中象脚鼓粘核桃大的一团于鼓面中心，大多数中象脚鼓则粘直径约七厘米左右的圆圈。此外，为了美化鼓尾摆动幅度，有的中象脚鼓尾上装饰着孔雀羽毛。

如今，制作象脚鼓的艺人大多上了年纪，而制作象脚鼓是个耗时间又费体力的活，年轻人大多不爱学。加上古树资源逐渐减少导致制作成本提高，传统象脚鼓工艺已经面临失传。2011年，傣族象脚鼓制作技艺入选第三批国家级非物质文化遗产名录。

彝族漆器髹饰技艺　类别：传统手工技艺　编号：Ⅷ—128
申报地区或单位：四川省喜德县，贵州省大方县

彝族漆器历史悠久，相传彝族髹漆技术是由狄一伙甫开始的，距今57代左右，约有1700年的历史。彝族漆器古朴典雅，绚丽多姿，鲜艳夺目，精细美观。从材料性质可分为皮制漆器和木制漆器两大类。木制漆器有圆盘餐桌、木盔、木盘、高脚木盔、木碗、木勺、高脚酒杯、宝塔形酒壶、鹰爪杯、鸽形酒壶、太阳形酒壶、珠宝饰器盒和针线盒漆器等；皮制漆器有皮碗、皮酒怀、铠甲、盔帽、宝剑柄、背带、箭盒、护腕等。漆为土漆，颜色一般为红、黄、黑三色，分别加朱砂、石黄、锅烟调和而成。漆器纹饰制作方法大致有四种：漆彩绘、雕刻、镶嵌和堆漆。彝族漆器纹样

摄取山河日月、花草鸟兽以及生产生活为素材,概括表现出自然纹样、动物纹样、植物纹样、生产工具纹样和其他生活纹样等。

现代彝族漆器通过技术和漆器品种的革新逐步适应现代商品经济的发展。原彝族传统漆器工艺及设备都有了较大的改善和提高,生产出了一批又一批质量好,工艺性强的各类木制漆器品。尤其是餐具及酒器类,在原有的工艺基础上,生产出了不少制作考究、纹饰华美的产品。漆器的彩绘技术精益求精,各种图案构成严格对称,线条匀称,纹样整齐均衡而又非常生动。彩绘精工细腻,绚丽夺目,很受人们喜爱,远销日本、法国、美国、挪威、德国。

2006年5月,中国民间文艺家协会公布:喜德县彝族民间漆器传承人吉伍巫且为国家级非物质文化遗产彝族漆器传承人。2009年吉伍巫且被国家授予国家非物质文化遗产项目代表性传承人称号。2008年,彝族漆器经国务院批准列入第二批国家级非物质文化遗产名录。

藏香制作技艺　类别:传统手工技艺　编号:Ⅷ—141
申报地区或单位:西藏自治区尼木县、墨竹工卡县

藏香是藏区雪域神山中稀有的"天木",佛经中有诸多记载,天木香是佛教礼佛供养之上品,是显密典籍中记载的著名的五种殊胜供香之一。藏医称天木为小沉香,据藏医典籍记载:天木纯净无染,为养生疗病之良药,有避秽化浊、除恶防虫、通络疏窍、熏治毒疮怪病、祛散山瘴邪气之效。在传统手工制作藏香的历史中,尼木县吞巴村、拉萨西郊堆龙德庆县、山南敏珠林寺被称为三大传统藏香生产地。藏香制作历史可追溯到1300年前,藏文创始人、藏香始祖——吞弥·桑布扎在其家乡尼木县吞巴村广施慧德,利用天然纯净山泉和藏药材,制作了具有神奇医疗作用的藏香。此后便有了吞巴村老百姓家家户户制作藏香的传统,沿袭至

制藏香

今。尼木县也是藏区最大的藏香原料生产基地。敏珠林寺位于山南地区。据说当年藏香发明者就是在这里制作出了第一根藏香。由于这个特殊的宗教含义，因此，从古至今，人们都认为敏珠林寺的藏香是所有藏香中最高档的，而且曾一度被指定为达赖喇嘛的专用藏香。直至现在，一些寺庙在做法会的时候也指定要敏珠林寺制的香。吞巴村制作的藏香一部分销往东南亚一些佛教国家，一部分用于普通百姓拜佛或者家用。

藏香的制作采用了无污染的雪域高原珍贵植物药材和纯天然植物香料精心配制而成。因为其含有多种天然香料和医药成分，对人体具有清心健脾、杀菌消毒的功效。传统的藏香制作主要有6个步骤：1. 将柏木裁成长方块泡在水中。2. 将柏木块楔在水车的往复杆上，在磨池中磨成木浆。3. 木浆晒后取掉粗屑，做成泥砖，晾干备用。4. 泥砖与藏药按一定的比例和水，搅拌均匀。5. 用前部钻眼的牛角将香挤制成细长条，阴干或是在阳光下晒干。6. 用钢尺将藏香切成一样的长度，然后把晾干的藏香用细线缠好即可。

藏香制作技艺传承有一些优秀的人才，如西藏的贡觉伟色、安多的龙日江措等等。随着时代的发展，藏香的制作逐渐由人工制作逐渐转变为机器制造。2008年6月，藏香制作技艺被列入国家级非物质文化遗产名录，成为国家非物质文化遗产保护项目。

贝叶经制作技艺　类别：传统手工技艺　编号：Ⅷ—142
申报地区或单位：云南省西双版纳傣族自治州

贝叶经，傣语称"坦懒"，是指刻写在经过处理的热带植物贝叶棕（傣语称"郭懒"）上的佛经。贝叶经通过多道传统工艺处理后，能防虫、防水、防变形。

傣族贝叶经是

指记录在贝叶上的以佛教典籍为核心内容的经卷，在傣族社会发展中，佛教思想传播和佛教文化发挥过重要作用。贝叶经最早起源于印度，7世纪前后传入云南傣族聚居地区，得到丰富和发展。傣族贝叶经除了记载佛经经典外，还囊括了傣族的天文历法、社会历史、哲学、法律、医药、科技等诸多内容，是傣族文化的"百科全书"。傣族佛寺里一般都专门设有藏经阁保存贝叶经。民间传说，古代的贝叶经有八万多部，目前，西双版纳收集到三百多部，还有大量流散于民间。

云南西双版纳、普洱、临沧、德宏一带发现的傣文贝叶经约有四五千卷，其中登记造册的有两千余卷。由于西双版纳的傣族与泰国的泰族、老挝的老族、缅甸的掸族具有相同的族源（百越族群），又共同信仰南传上座部佛教，其居住地域又山水相连，所以形成了一个东南亚贝叶文化圈。云南贝叶经被称为"刻在树叶上的傣族文化"，也是中华民族最珍贵的文化瑰宝之一。

贝叶经因其独特的制作技艺及其蕴含的傣族文化而独树一帜。2008年6月入选国务院批准的第二批国家级非物质文化遗产名录。

黑茶制作技艺（下关沱茶制作技艺）　类别：传统手工技艺
编号：Ⅷ—152
申报地区或单位：云南省大理白族自治州

黑茶是六大茶类之一，也是我国特有的一大茶类，生产历史悠久，产区广阔，销售量大，品种很多。产量占全国茶叶总产量四分之一左右，以边销为主，部分内销，少量侨销。

大理地区有独特的气候条件，享誉中外的下关沱茶就产于大理市下关。下关沱茶产地位于终年积雪的苍山之麓，碧波荡漾的洱海之滨，这里常年清风吹拂，泉水甘洌，有著名的"风花雪月"四景，是加工精制茶叶的理想环境。

下关沱茶，凹面像厚壁小碗，凸面似小圆面包，其外观精巧玲珑。其加工演变过程源于明代的"普洱团茶"和清代的"女儿茶"，1902年由下关"永昌祥"商号成功定型，至今已有一百多年的历史。下关沱茶的创始人为大理喜洲"四大商帮"之首的严子珍（镇圭），他于1902年与江西商人彭永昌、北城商人杨鸿春合资创立了"永昌祥"商号。在国内主要做滇藏、滇川贸易，在国外主要做滇缅、滇印贸易。

"永昌祥"下关茶厂在原有形状上加以改进，既吸取了"月饼形"团茶的小巧和便于运输，又充分考虑到了防止团茶因过厚而内生霉变，以及在运输贮藏过程中的后发酵因素。现在看到的这种小碗臼形下关沱茶的最大设计特点是：能使团茶在有限的空间内尽可能地增大表面积。既保证了紧压团茶良好的透气性，防止团茶过厚而内生霉变，又增大了团茶凹凸面与空气的接触，能有效地促进其缓慢地自然发酵过程，有利于长期贮藏。

牛羊肉烹制技艺　类别：传统手工技艺　编号：Ⅷ—168
申报地区或单位：内蒙古自治区阿拉善盟

在漫长的游牧生活中，蒙古族创造了很多肉食的烹饪技艺，如烤全羊技艺、风干肉制作技艺、肉血肠制作技艺等等。内蒙古西部阿拉善地区的烤全羊技艺以其独特的烹制技艺深受蒙古地区人民的欢迎。

早在元朝时期，烤全羊已是宫廷中的主要菜肴，如《朴通事·柳蒸羊》中记载："元代有柳蒸羊，于地作炉三尺，周围以火烧，令全通赤，用铁笆盛羊，上用柳枝盖复土封，以熟为度。"到清朝时期，北京"罗王府"（即阿拉善王府）的烤全羊名气很大，蒙古族厨师嘎如迪名震京城。阿拉善地区烤全羊的技艺是集新疆地区蒙古族烤全羊技艺与北京烤鸭等手艺而形成的独具特质的烹饪技艺。

烤出美味的全羊，选材非常重要。全羊必须是年龄在一岁半到两岁左右的土种羯羊，要求头大尾肥。烤制时还需准备一些配料，如鸡蛋、姜黄、富强粉、精盐、胡椒粉和孜然粉等。烤全羊的技艺要经宰杀、烫毛、配料、烘烤等18道工序。羯羊宰后剥皮、去头、蹄和内脏。取内脏时，腹部开口要小些，然后用1根粗约3厘米、长50～60厘米的木棍从胸腔穿进，经胸腹、骨盆，由肛门露出，使带铁钉的一端恰好卡在颈部胸腔进口处。再用鸡蛋、盐水、姜黄、孜然粉、胡椒粉和富强粉等调成的糊状涂料涂在羊身上。涂完配料的全羊头朝下挂在火炉中开始焖烤。焖烤前，在火炉下面放置一个盛水的盘，目的是为了收取烤羊时滴下的油珠，同时盘中的水还能受热蒸发，增加空气湿度，加速全羊熟透。焖烤大概需要三小时，当木棍附近的羊肉呈现白色、肉表面呈金黄色全羊便烤熟。

烤熟的全羊放置于大盘内，头戴红花，伴着祝赞词《烤全羊赞》，由专业的师傅现场给客人割分羊肉。割分羊肉多由外及里，按皮、肉、骨等先后顺序，盛入盘内，逐样端给客人品尝。2008年，蒙古族牛羊肉烹饪技艺（烤全羊技艺）被列入国家级非物质文化遗产，赵铁锁被指定为传承人。

蒙古包营造技艺　类别：传统手工技艺　编号：Ⅷ—181
申报地区或单位：内蒙古自治区文学艺术家联合会、西乌珠穆沁旗、陈巴尔虎旗

蒙古包也称"毡包"，是蒙古族传统民居，具有制做简便、便于搬运、耐御风寒、适于游牧等特点。蒙古包容易拆装，有利于放牧搬迁流动，可以将毡包打点成行装，由几头双峰骆驼驮着运到下一个落脚点再重新搭起。

蒙古包主要由架木、苫毡、绳带三大部分组成。蒙古包的架木包括套瑙、乌尼、哈那、乌德和支柱等。苫毡由顶毡、顶棚、围毡、外罩、毡门、毡门头、毡墙根、毡幕等组成。绳带又依据用途分为围绳、压绳、捆绳、坠绳等，具有保持蒙古包的形状、使蒙古包稳固坚定、防止哈那向外炸开或被风掀起来的作用。蒙古包的建造技艺包括搭建、拆卸和运载等程序。蒙古包的搭建步骤包括建立框架结构、搭盖苫毡、捆扎带子和围绳等过程。建立框架结构首先要建立哈那和乌德，"哈那"是蒙古包围壁的木架，一般用粗细匀称、长短一致的木棍制成。这些木棍首先用火烤弯，再在两端和中间处钻眼用革线穿结成栅栏状。"乌德"是蒙古包的门，多为红或棕色。搭建哈那时要从西南开始，相邻的两个哈那口需捆绑好，搭好"哈那"后

临时搭建的蒙古包　　　　　　蒙古包内

用内围绳将"哈那"两边的口与门框绑在一起，接着要竖好"套脑"和"乌尼"。"套脑"是蒙古包的天窗，"乌尼"是连接套脑和哈那的柳条椽子。再接着要支柱子，最后用压绳捆绑包体。框架搭建完成后需进行苫毡的覆盖。苫毡中最主要是顶毡和围毡两部分，分别粘在乌尼和哈那外。最后用围绳捆绑加固哈那，防止蒙古包走形，用压绳固定顶毡、系好坠绳以防大风起时蒙古包被风掀起。蒙古包的拆卸，首先把带子和外围绳解开，从上而下依次摘下顶毡，再取外层顶篷。解开围毡的系带及取围毡，最后取下套脑及拆卸哈那和门框等。运载蒙古包一般用勒勒车、牛车或驼车等，用不同的车的运载有不同的方法。

蒙古包的建筑构造轻巧灵通，制作不用水泥、土坯等原料，冬暖夏凉，是建筑史上的奇观。蒙古包的外形结构和它的装饰花纹充分表现了蒙古族独特的审美情趣。蒙古包体现了建筑的科学实用性，2008年蒙古包营造技艺列入国家级非物质文化遗产名录。

黎族船型屋营造技艺　类别：传统手工技艺　编号：Ⅷ—182
申报地区或单位：海南省东方市

黎族船型屋是黎族民居建筑的一种，流行于海南五指山中的黎族聚居区。黎族同胞为纪念渡海而来的黎族祖先，故以船型状建造住屋，因外形酷似船篷，通常称为船型屋。船型屋是黎族最古老的民居，有高架船型屋与低架（落地式）船型屋之分，其外形像船篷，拱形状，用红、白藤扎架，拱形的人字屋顶上盖以厚厚的芭草或葵叶，几乎一直延伸到地面上，从远处看，犹如一艘倒扣的船。其圆拱造型利于抵抗台风的侵袭，架空的结构有防湿、防瘴、防雨的作用，茅草屋面也有较好的防潮、隔热功能。而且能就地取材，拆建也很方便。鉴于这些优点，船形屋得以世

船型屋

代流传下来。

船型屋是原始的干栏式的住宅。分上下两层，居者沿竹梯而上，上层居人，下层用于饲养家畜。一般分为三间，中间为厅，两边为居室；也有前后两间的，前为灶厅，后面为居室。茅草屋为落地船型屋，长而阔，茅檐低矮，这样的建筑有利于防风防雨。房子分为前后两节，门向两端开，茅草屋中间立三根高大的柱子，黎语叫"戈额"，"戈额"象征男人，两边立6根矮的柱子，黎语叫"戈定"，"戈定"象征女人，即一个家是由男人和女人组成。

东方市江边乡白查村，是海南船形屋保存得最完整的自然村落之一。白查村完整地保存了81间船型屋。随着愈来愈多的黎族村民搬出祖祖辈辈居住的古村落，迁入政府统一规划兴建的砖瓦房，船型屋被世人遗忘，船型屋营造技艺也将失传。2008年船型屋被入选第二批国家级非物质文化遗产名录。

哈萨克族毡房营造技艺　类别：传统手工技艺　编号：Ⅷ—183
申报地区或单位：新疆维吾尔自治区塔城地区

哈萨克族人逐水草而居，一年四季中有三个季节都在移动的房子即毡房里居住。哈萨克族毡房有2000多年的历史。毡房看起来简洁，用料简单，但建造一座毡房却很复杂。毡房所用的建材全来自于手工。建造毡房的外围墙篱选用的芨芨草，要求长短相等，粗细相同，每根都必须绕上红、黄、绿、白、黑等颜色的毛线，缠绕后还要能排成美观的图案。围墙用细红柳木做材料，横竖交错成菱形。扎围墙用的是宽约20～40公分的彩色主带，全部是五颜六色的毛线织成的，主要用来捆挷房墙和房杆接头处，以使毡房牢固。

毡房的骨架也是红

哈萨克毡包

柳木做的。四周环形的毡墙，上面是圆形的屋顶。用牛皮绳和牛筋来连接。用松木制作门框和房门，门制作很讲究，雕有花纹和绘有图案，吊在门上的毡子也用彩色的绒线，绣出各种鲜艳夺目的图案，大方、厚实、美观。

最后还要用大量的毡子和毛绳包裹和覆盖，整座毡房没用一枚钉子。牧区的哈萨克族一年要搬十几次家，这种毡房不仅具有便于携带、坚固和轻便等优点，而且，拆卸和安装也很容易，一般两个多小时即可"盖"起来。毡墙的多少决定毡房的大小，一般的毡房用六块毡墙。每块房墙宽约2～3米，高约1.7～2米；如果人口多的人家，建造8～10块房墙的毡房。

毡房内的装饰和布置很合理。前半部分放物品、用具，后半部分住人、待客。进门左上方是儿子和儿媳妇的床位，床前挂有缎幔；正中上方摆被、褥、衣、箱等物；右上方是主人的床位，有的还设有特制的床，一般不允许晚辈在上面坐卧，正中的衣物箱子前，铺有华丽的毡子和地毯，是客人坐的席位；右下方摆有食物和饮具；左下方放置牲畜用具和猎具，正中央的天窗下放铁皮炉。毡房的四周几乎摆满了东西，中间还留有很大的空隙，一般来十几位客人也不显得拥挤，有时在毡房里举行赛歌会、音乐会和舞会。

在30多平方米大的毡房内，既设置有"客厅"、"卧室"，又安排"伙房"、"库房"。放置合理，井井有条。

然而，在经济迅速发展的形势下，营造哈萨克族毡房的建材，价廉物美的地毡、绣花地毯和轻便钢管，取代了传统的建材，冲击了传统的毡房营造技艺。同时，由于定居成了许多牧区重要居住生活方式，毡房的使用量日益减少。营造毡房的传承人越来越少，毡房营造技艺后继乏人，面临着失传的境地。

俄罗斯族民居营造技艺　类别：传统手工技艺　编号：Ⅷ－184
申报地区或单位：新疆维吾尔自治区塔城地区

20世纪50年代初期，新疆塔城的学校、医院、机关、银行、商店等几乎所有的公共建筑，都是俄罗斯建筑，不少民居也是俄罗斯风格的。这些俄罗斯民居建造者，多是在中俄做商贸的塔塔尔族、乌孜别克族、维吾尔族商人。

俄罗斯族民居，多为砖木结构或土木结构，用园石或砖块砌地基，达60-80公分，非常厚实。屋顶用方木、圆木搭成三角脊形，木板盖严三角架，钉铁皮上漆。一侧留小木门，门里边三角形架空间是小仓库，有的做鸽窝。这样的房屋冬暖夏凉，美观大方。

房屋内装修和摆设别具风味。用木板铺地，地板与地面之间以圆木为支柱。天花板上有雕花，以蓝天作衬底。两扇大门上装玻璃圆柱形或铁制圆形对称的把手，里面再加两扇玻璃木门。木制双层窗框，上角留小通气口，窗外框刻花纹。栏杆多刷上涂铁红、邮局绿等鲜亮的颜色。屋檐和窗户上下，用雕砖装饰几何图形，天窗、漏水的铁皮管，以及廊檐、柱子都有镂、刻、扎镟成的图案。

屋里中间为主门，由此向两侧延伸，大客厅、大卧室、书房、厨房相连，墙体嵌壁炉。厨房内的设施齐全，以烤制面包的火炉为主，墙上是用玻璃和木板做成的各种壁橱、衣橱、书橱、碗橱，用起来得心应手。门外有木板、护栏搭成的雨棚，屋前有台阶、靠凳。

院内有砖木结构洗澡房、闷气式浴室，取火的炉子是石头垒成，大多为十几平方米。院墙一角的厕所，多为小木房。

院落大门为木制，马车进出方便，木门上装饰多用圆形、方形，门框、门把手装有铁环，门上框中间刻有建房年代。

塔城尚存俄罗斯族民居建筑10座，保存完整的红楼、双塔、四中教学楼，已成为塔城地标性建筑。

塔城原有的教堂和一些学校、民宅多被拆除，装饰遭毁，俄罗斯族民居营造技艺传承面临断层。自治区和塔城地区已高度重视，采取了多种保护措施。该项目的传承人为张怀升。

俄罗斯民居营造技艺已于2008年被列入第二批国家级非物质文化遗产名录。

塔城红楼

撒拉族篱笆楼营造技艺　类别：传统手工技艺　编号：Ⅷ—185
申报地区或单位：青海省循化撒拉族自治县

"篱笆楼"，在撒拉语中称"篱笆奥依"、"篱笆日阿合"，是一种古老的撒拉族民居形式，兴起于元代末年，明清时期达到高峰。现存撒拉族古篱笆楼主要集中在青海循化县黄河岸边的清水乡孟达、大庄村，该村紧邻孟达国家级自然保护区，森林资源极为丰富，附近山上以红松、桦树及落叶乔木为主的500余种植物是撒拉族祖辈生存的基础，也是孟达地区木建筑和木雕工艺存在和发展的物质保障。

篱笆楼通常分上下二层，上层为生活间，设有卧室、厨房等，底层内阔廊窄，设有仓库、畜圈等生活辅助用房。门窗和柱子大多雕饰各种精美的图案。底层墙体多用河光石、红石板和草泥砌筑，有时也有土坯修筑、黄土夯筑、篱笆编制等形式。为减轻压力、防盗、防潮、防震、防火，确保建筑牢固美观，两侧边墙、背墙、隔墙多采用篱笆编制形式——取用孟达山区稀有灌木枝条编制篱笆，在编织好的篱笆两面抹以草泥，再在草泥表面抹灰。墙体中间为空，冬暖夏凉，透气性较强。篱笆墙的编制形式多样，既有横桩竖编，也有竖桩横编，编条有粗有细，墙面别致。这种墙体形式拓展了建筑材料的选用范围，展示了朴素的手工编笆技术，形成了具有地域、民族特色的独特建筑风格。整个编笆建楼过程仅用一把斧头、一把凿子、一把泥刀就可以完成，操作简便。

为保护撒拉族古老的建筑文化景观遗产，青海省人民政府于2008年4月，将孟达村4处14—19世纪（明清年间）的建筑列入青海省省级文物保护单位。2008年6月，撒拉族篱笆楼营造技艺选入国家级非物质文化遗产名录。2009年，马进明被认定为撒拉族篱笆楼营造技艺代表性传人。

碉楼营造技艺（羌族碉楼营造技艺、藏族碉楼营造技艺）
类别：传统手工技艺　编号：Ⅷ—186
申报地区或单位：四川省丹巴县、汶川县、茂县；青海省班玛县

羌族碉楼营造技艺

羌族碉楼技艺主要流传于四川阿坝州汶川县、茂县、理县、黑水、松潘、绵阳北川、平武等地。古羌人的民居大多"垒石为室"，其住房就地取材，以块石砌成，谓之"碉楼"，兼有居住和防御之功能。

羌族的碉楼一般依山势而建，地形上大多选地势险峻之处。碉楼多取材于原始的天然石块和黏土等，完全以纯手工建筑而成；碉楼可分为石碉和泥土碉两种，前者砌石而成，后者夯土而制。

藏族碉楼营造技艺

藏族的住宅以藏式碉楼最有特色，它是藏族的传统住房。平面呈方形，上窄下宽、顶是平的。碉楼因所在地区不同而具有不同的特点。在城镇，碉楼布局合理，造型完整，装饰富丽。一般三层，最高五层，用石作墙，木头作柱，上用方木铺排作椽。楼层铺木板，下层当库房，二、三层住人，并设有经堂。四周围墙，中间庭院，墙厚，旧时可当碉堡打仗防御之用。窗户朝庭院开，院外用小窗窄门，便于挡风。楼顶平台可以晾晒东西，或散步、观光。乡间和山区的碉房，一般都建在高的台地上或山顶上，建筑材质则以石块为主、木料为辅，石砌高墙，易守难攻，以保平安。具体形态为：平顶，外形厚重、稳固。一般分为两层或三层，上层堆放粮食，中层住人，下层圈养牲畜，建筑整体高约10米，屋面多为平顶，墙体石、木交错，隙间夹杂黄土砌制而成。一层畜棚为四梁八柱。各楼层由独木梯衔接，独木梯由整根原木做成，一面砍平便于平稳，一面凿出梯槽，这种梯子可以随意挪动，防止不速来客。二层主要由居室、堂屋、厨房、走廊组成，房与房之间用横木墙体隔开，外墙留有窗户和烟道，烟道口一般为三角形，留于后墙。窗户建于侧墙，其形内大外小、长方形，其用途有两方面：一是采光，二是防御。房屋外沿由柳条编制篱笆墙隔出走廊，廊宽1米，并在拐角处设有厕所。三层为经堂及库房，室内一般都供有神龛、经书。通常不用床铺和桌椅，睡卧坐都在垫子上。外墙设有瞭望口。墙体、门窗、天棚、独木梯均为本色，不刷油漆。平顶用来晾晒谷物。屋顶插经幡。房屋旁一般有转经筒。

藏族雕楼

一些高级住宅，在主要入口处或主要房间外侧设置一层或数层高的敞廊，封闭的碉房，开敞的廊檐，很有民族特色。藏族碉楼建造时由藏族专门的石匠修建，在建筑过程中，不吊线、不绘图，全凭经验。其壁面能达到光滑平整、不留缝隙。藏族碉楼建筑群稀少罕见，营造技术高超，是藏族古代建筑智慧的结晶，2011年列为国家级非物质文化遗产项目。

藏族矿植物颜料制作技艺　类别：传统手工技艺　编号：Ⅷ—199

申报地区或单位：西藏自治区拉萨市

藏族矿植物颜料制作技艺是藏族艺人经过长期的实践中不断摸索出的独特配料方法。所用的颜料全部都取自于雪域的天然矿物、植物等，颜料有透明和不透明两种。

颜料主要有矿物类、植物类两种：矿物类主要颜料有白土、红土、南碱、朱砂、蓝靛石、硼砂、寒水石、紫铜矿石以及金、银、玳瑁石、猫眼石、胭脂、墨锭等；植物类有野菊花、绿绒蒿、黄花、飞燕草、避阳草、青莲花、松香、藏红花、龙胆、姜黄以及一些海藻类寄生物。还有一些颜色是纯金纯银和各类珠宝研磨的，有色的

矿植物颜料绘制的佛像

珊瑚和珠宝具有纯度高、质量稳定的特性，可使画面色彩更加艳丽夺目，而且历久如新。金经过磨制加工后使用，多用于描绘唐卡上的各种丰富的线条、图案。

唐卡、沙绘坛城、壁画、木雕和家具上的装饰画等传统艺术，都离不开矿植物颜料。

藏族绘画的艺术价值主要体现在绘制工艺上。用色非常丰富，配色种类高达160种之多，所有颜色都源于5种基本色即白、红、绿、蓝、黄，再通过不同比例调制出各种颜色，由此可见画师配色的高超技艺。

土家族吊脚楼营造技艺　类别：传统手工技艺　编号：Ⅷ—211
申报地区或单位：湖北省咸丰县；湖南省永顺县；重庆市石柱土家族自治县

  吊脚楼，又称"干栏式建筑"、"千柱落地式"或"转角楼"，是土家族十分喜爱的传统民居。土家族吊脚楼建筑风格的形成，除了土家族先民在人类生产发展中取长补短、继承民族传统的基础外，还考虑自身所处独特的地理环境和气候特点。武陵山区平地少，建房必须依山就势。另外它还不断吸收了汉族及其它民族先进的建筑技术和建筑工艺，从而才创造并保存了吊脚楼这种"占天不占地"、"天平地不平"独特的土家族民居建筑形式。

  湖北省恩施州咸丰县境内的吊脚楼具有代表性。它倚山临水而建、造型独特、工艺科学、构思巧妙。吊脚楼在营造时，充分利用当地石、木材料，飞檐翘角，穿枋勾心，不用一颗铁钉，全部是用木条做铆，牢固耐用，还能抗七八级的地震，有"墙倒楼不倒"的说法。从选择屋基、备料、立屋、一直到装饰完毕，都有完备的程序和独特的技法。特别是"高杆"定位的发明，"穿斗式"房屋构架，"冲天炮"立柱的建造，十分巧妙地解决了线面、角度、承重等建筑中的难点问题，是几何学、力学的绝好运用。悬空修造的吊脚楼，解放了地面，克服了山地民居建造与狭窄空间地貌的突出矛盾；"翘角挑"的采檐，"龛子"走廊的配置，则使吊脚楼的外观形式产生根本变化，打上了鲜明的地域烙印。咸丰的吊脚楼大多是飞檐翘角，回廊吊柱。在单体式的吊脚楼中，有的是四合天井三面回廊，有的是撮箕口东西或南北两厢房各三面回廊，有的是"钥匙头"两面回廊。还有廊栏、门窗、柱础、挑方上的花纹图案。咸丰土家族吊脚楼楼营造技艺见证了土家族的发展历史，凝聚着土家族人民的聪明智慧。

吊脚楼构架 　　　　　　　　　　　吊脚楼一隅

维吾尔族民居建筑技艺（阿依旺赛来民居营造技艺） 类别：传统手工技艺　编号：Ⅷ—212

申报地区或单位：新疆维吾尔自治区和田地区

维吾尔族的传统民居以土坯建筑为主。新疆地区降雨量少，昼夜温差大，为了适应这样的自然环境，维吾尔族人民取粘结性强的土建房。房子的土墙厚实，屋顶一般平坦，窗子又少，这样的房子保暖性良好。

室内的土炕有的是实心，有的是空心，取暖性能好。土炕高约30厘米，供起居坐卧。墙壁厚实，上开壁龛，放置食物和用具，有的壁龛组成各种几何图案，增加其美观。墙上挂有壁毯和石膏雕饰。石膏质地细腻、洁白，石膏花饰多用于墙顶边缘、壁龛周边的带状图案，或者用于壁面尖拱形图案，或用于顶棚的圆形、多角形图案。图案取材于牡丹、荷花、葵花等花卉。石膏粉花饰中的植物纹与几何纹，组合自然，疏密有致。

维吾尔族民居建筑常取彩画、木雕、拼砖等作装饰材料。彩画色调浅淡，线条柔和，点缀在顶棚边缘，突出简洁之美。木雕主要用于柱子、梁、枋和门窗装饰，花纹取材于桃、杏、葡萄、石榴、荷花等植物花卉。原色木雕花饰，有古朴而厚重之感；涂加彩绘呈华丽明媚之色，雕刻的艺术上有线雕、浅浮雕及透雕等；拼砖技艺，其花纹为各种几何纹，主要用于装饰砖砌的墙面、台基、柱墩和楼梯等处，拼合奇巧。

厅室布置整洁朴雅，白中泛蓝的墙壁上挂壁毯，床铺紧靠墙，被褥均展铺在床罩或毛毯下，床上只放一对镂花方枕，显得干净整洁。屋子中央放长桌或圆桌，家具及陈设品用钩花图案装饰巾遮盖，美艳靓丽。门窗挂丝绒或绸类的落地式垂帘，并衬饰网眼针织品，高雅而贵气。地面以民族图案来装饰，别具风情。庭院中多种植花卉、果树和葡萄，环境雅静清新。

根据气候特点和不同的习俗，南疆和北疆的民居风格也有差异。

南疆天暖，民居建筑以户外活动场所作为中心，环绕中心场周围、建筑周围均带有外廊，自然构成了一个内向性的独立院落，称之为"阿以旺"式、"阿克赛"式民居。在装饰风格上，轻外部而重室内。外廊、顶棚、门窗，多用木雕，并装饰藻井和艳丽的彩画，手法细腻，内容丰富。用于室内墙面壁龛等处的装饰很讲究，运用的石膏花图样纹案，以植物纹或几何纹居多，也有维吾尔文字图案。

北疆吐鲁番盆地几乎全年无雨，吐鲁番盆地的维吾尔族民居就地取材，用地下生土打成的土坯建造民宅，房屋为单层或双层并带有半地下室的土拱平顶房。院子周围，平房和楼房相互穿插，有土坯砌的花墙、多种形状的拱门，还有平台和葡萄棚，以过道来连接。把渠水引入到院里，庭院中种植花卉、果树和葡萄，是避日纳凉、弹唱休闲、餐饮待客的场所。室内的外装饰很简洁，墙面只用木模压印图案花纹。

现在吐鲁番吐峪沟东西两岸山坡上，有四五百年前的黄粘土窑洞民宅，呈四方形，或长方型，1.5米至2米深，经济实惠、冬暖夏凉。

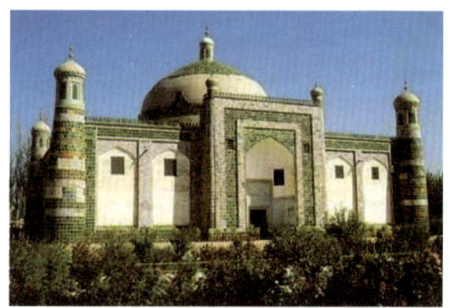

维吾尔族民居　　　　　　　　维吾尔族清真寺建筑

伊犁地区维吾尔族人的房子，因寒冷多雨，住宅多用砖、土木建造坡顶房屋。房屋与果园之间，用葡萄棚之类的绿篱分隔开，绿篱与房屋外廊搭接，组成凉爽的户外生活场所。门廊有挂落和栏杆，用浅蓝作墙面和顶棚的底色，木门和窗板为装饰性木雕。室内陈设很讲究，墙上挂壁毯、窗悬大幅织花窗帘，充满浓浓的民族风情。

喀什、和田的维吾尔族民居多为砖砌，不讲究朝向，室内多壁龛和石膏花饰，精美华丽。装饰颜色多为绿色，是他们信奉伊斯兰教的标志。

玉屏箫笛制作技艺　类别：传统手工技艺　编码：Ⅷ—34
申报地区或单位：贵州省玉屏侗族自治县

玉屏箫笛以贵州玉屏侗族自治县出产的竹子制成而得名。玉屏地处湘黔两省交界地区，多以侗族人世居。侗家人对在平常的生活里都离不开竹子，侗家人中流传着这样一句话"宁可食无肉不可居无竹"，玉屏箫笛就是用玉屏侗族地方出产的竹子制作而成。

玉屏箫笛制作技艺历史悠久，早在明清年间，作为贡物，上奉朝庭。玉屏箫笛经过取材、制坯、雕刻等工艺流程，制作工序繁多复杂，且均采用手工制作。从伐竹到制成，要经24道工序，调音有38道工序。玉屏箫笛的取材的要求严格，必须采用一种特有的长在阴山溪旁少见阳光的水竹为材料。这种竹子竹节长，通根粗细基本一致，拇指般精细。制坯环节经过刨外节、刮竹、选材、下料、通内节、打头子、烘烤加热校直、刨二道节、弹中线、滚墨线、打音孔、水磨、修眼等工序。最后在箫笛表面上刻以诗画和各种图案。玉屏箫笛中尤以"龙凤屏箫"最受欢迎，它是雌雄成对的策管。雄的略粗，雌的稍细。吹奏起来雄箫音浑厚洪亮；雌箫音色圆润含蓄而隽永。雌雄合奏，好似一对情侣在合唱。玉屏箫笛，不仅是一种极好的民族乐器，同时也是一件高雅的工艺品，往往被人们当作礼品赠送或收藏，与茅台酒等一道被列为"贵州三宝"。玉屏箫笛是玉屏当地侗、汉、苗、土家等多民族文化的结晶，具有较高的历史文化和工艺价值。

> 风筝制作技艺（拉萨风筝制作技艺）　类别：　编号：Ⅷ—88
> 申报地区或单位：西藏自治区拉萨市

风筝在藏语中被称为"甲比"，意为"会飞的纸鸟"，主要流行于西藏拉萨、日喀则、泽当等地，并传播到邻国尼泊尔、不丹。相传早在一千多年前伴随藏纸的出现，就有了风筝的雏形。西藏风筝除了制作精巧和造型别致外，更具有灵敏和竞技性强的特点。

放风筝是流传在拉萨、日喀则的一项传统的季节性娱乐活动。藏历八月卫藏地区风力较强，是放风筝的最好季节。从风筝的制作结构来看，拉萨风筝与内地风筝并没有大的区别，但其特色在于：一是形状几乎全是菱形；二是颜色几乎全是白色；三是图案很多都与宗教有关。常见图案有："加沃"（大胡子），在风筝两侧用红黑颜色任意画出底粗上细的刀形图案，表示英勇老练的汉子；"古玛或古那"（钉头或黑头），在风筝上端用红或黑颜色画成几何三角形，表示护法神的头颅；"帮典"（围裙），在风筝上用各种色彩画上道道，表示姑娘漂亮的装束。这些丰富的图案具有浓厚的地域特色和民族特色。

拉萨风筝的放飞技巧体现在空中的争斗玩耍。放线与收线的微妙变化，可以使风筝在空中迅速地升降、旋转、左右打滚。各种打斗技巧最后都集中在"绞线"上，线的质量至关重要，故在制作时有一道工序即上"那"。"那"的主要成分是玻璃碎粉，加入一种粘性较好的植物"旺拉"，调上捣碎的大米、白糖和水搅拌煎熬。等冷却到一定温度时，将"那"放在手心，将风筝的线从指间穿过，使线粘上粗细不等的"那"如同锯齿，用以锯断其他风筝的线。

拉萨风筝的制作具有季节性。每年秋季在拉萨、日喀则等城镇有人专门做风筝出售。日喀则的拉达卡其和拉萨的次仁等家族风筝制作技术精湛、特色鲜明，颇有影响。

枫香印染技艺　类别：传统手工技艺　编码：Ⅷ—108
申报地区或单位：贵州省惠水县、麻江县

印染技艺是惠水地区民族传统印染工艺之一。在苗族、布依族中较为流行，主要用于制作服装、背带、被面等。枫香印染技艺因其历史悠久，工艺独特而享有盛誉，体现了瑶族人民的智慧和丰富的想象力、创造力和审美意识。

惠水县的枫香印染技艺不同与蜡染，主要在于所使用的原料和工具。其所用的材料取自天然的枫香树油和牛油配制的油料，用文火煎熬过滤而成。枫香印染工艺流程复杂讲究，用枫香树油和牛油配制的油料在布上绘图点花，渗透力强，风干后质地柔软，不会因破裂而产生冰纹，图案清晰，色彩对比强烈。制作方法是用毛笔蘸枫香油，在布上描绘所需要的花、鸟、鱼、虫等图案，再浸入蓝色染靛，取出后水煮脱脂，即呈现白色花纹，清水漂干即成。枫香染制品要求其绘出的图案结构严谨，线条流畅，特征突出，具有鲜明的民族风格，纹样的变化也非常丰富。其绘制的图案寓意深远，如"鲤鱼窜祝"，隐喻年年有余；"喜鹊与梅花"，隐喻喜上眉梢等。

惠水县的布依族老人杨通清是枫香染技艺精湛的艺人，其工艺品很受欢迎，绘工技艺扬名于本县及周围的县乡。枫香染以棉布为底，制品绘工精湛，古朴素雅，经济耐用，吸水性好，具有浓厚的民族特色，不仅在县内苗族、布依族群众所乐购，而且还远销其他少数民族地区。2008年，枫香印染技艺被例入国家级非物质文化遗产名录。

乌铜走银制作技艺　类别：传统手工技艺　编号：Ⅷ—195
申报地区或单位：云南省石屏县

　　乌铜是铜与金的合金，表面乌黑而富有光泽。走银即镀银，乌铜走银即在铜胚上镂刻出精美的纹饰图样，然后在阴刻的纹饰内镀银或金，再将铜胚表面处理成黑色，使其在庄重深沉的黑底上衬托出银（金）光闪闪的灿烂饰纹，使工艺品显得雍容华贵，瑰丽多彩。也有走上金屑为线条的，装饰效果为黑色与金色对比，就称为乌铜走金工艺。主要流传于红河哈尼族彝族自治州石屏县。

　　石屏乌铜走银独具特色、造型奇巧，制作工艺精湛，特色浓郁。乌铜走银的制作最基础的工艺就是合金铜的冶炼，这一工艺技术掌握不好，铜就不能变黑，成品不是红铜走银就是黄铜走银，其工艺价值将大打折扣。乌铜走银的制作工具有风箱、熔炉、铁锤、钳子、錾刻花纹用的錾子等。其工序有炼制乌铜、刻图案、填银屑、成型、抛光等工序。首先，用优质铜和一定比例的黄金熔炼成乌铜，然后以锻打、碾压等方法做成乌铜片。其次，在乌铜片上，用手工描绘所需要的图案纹样或文字，线条应流畅准确，再用錾子刻出各种图案花纹。再次，用银屑填充到图案处，经过化学处理和热处理，银线与乌铜就熔为一体了。此步骤就是其"走"的工序。也是整个乌铜走银过程的关键技术。在此基础上，将把制作好的乌铜片组装在已经设计好的相关部位上，使其成为一件完整的物品。最后，再用手工打磨、清理抛光，用手掌捂起，边捂边用力擦。通过长时间的手汗侵蚀作用，乌铜器的表面会氧化，呈乌黑发亮的状态。这道工序也有相当的技术要求。乌铜走银技艺中的最关键的环节为"走银"工序和抛光工序。乌铜走银的主要产品多为器皿、玩物等，其图案丰富多样，造型奇巧，产品不仅收到当地民众的欢迎，也远销香港和国外。2011年，乌铜走银制作技艺被列入国家级非物质文化遗产名录。

银铜器制作及鎏金技艺　类别：传统手工技艺　编号：Ⅷ—196
申报地区或单位：青海省湟中县

　　银铜器手工艺术在藏族人民生活中占据着重要的位置，不管是寺院里面的器物，还是民间大众日常所使用的器物多数是由银铜器所制。

　　湟中银铜器可以分为银器和铜器两种，皆有藏族传统文化特质。银器制作工艺具有悠久的历史。以形薄、色彩光亮、轻柔质纯为主要特点。制品上的图案丰富、复杂、表现手法独特，深受大众喜爱。银器品种繁多，有银茶壶、银碗等日用器皿，还有辫饰、项链、耳环、手镯等各种佩饰。除此之外，还有寺院的各类供器、转经轮、供水壶等法器都用银铜制作。寺院或民间有的乐器上也镶有银铜，如唢呐、法螺等法器，其作工精巧，具有很高的审美价值。

湟中银铜器制作讲究采用百分百的原材料进行加工制作。其次，所有作品都是通过手工加工而成，每一件作品都是独一无二的，因此，银铜器已走出神秘的庙堂，成为当今上流社会及博物馆和藏家们争相收藏的物品。湟中银铜制品中渗透着藏族人们的审美和思想，加之艺人的精心打造，使得文化审美得以升华。

九、传统医药

CHUANTONGYIYAO

藏医药（藏医外治法、藏医尿诊法、藏医药浴疗法、甘南藏医药、藏药炮制技艺、藏药七十味珍珠丸配伍技艺、藏药珊瑚七十味丸配伍技艺、藏药阿如拉炮制技艺、七十味珍珠丸赛太炮制技艺、藏医骨伤疗法） 类别：传统医药 编号：Ⅸ—9

申报地区或单位：西藏自治区；中国民族医药学会；四川省甘孜藏族自治州；云南省迪庆藏族自治州；西藏自治区藏医学院；山南地区藏医院；青海省藏医院；甘肃省碌曲县；西藏自治区藏医院；西藏自治区藏药厂；西藏自治区雄巴拉曲神水藏药厂；青海省金诃藏药药业股份有限公司

藏医药是藏族人民通过长期的实践，不断积累完善而形成的具有完整理论体系、独特治疗方法和浓郁民族特色的医药学体系，有近两千三百余年的历史。14世纪以后，藏医药在学术上分为南、北两派。两派的学术内涵各有所长，互有交叉。

冬虫夏草

藏医外治法（西藏）

藏医外治法是藏医四种基本治疗法之一。当药物治疗疗效不明显，一些特定疾病必须进行外治法以及需要内外合并治疗时，要采用外治方法。历代藏医的外治理论，主要依据《四部医典》的外治篇。外治法分放血法、火灸法、寒热敷法、药浴法和涂抹法5种。藏医外治法具有疗效显著、副作用小等特点，现在临床上使用的外治法是藏医治疗体系中不可缺少的重要组成部分。在临床上大部分病涉及外治法，有些病以外治法为主。

藏医尿诊法（西藏）

藏医学在诊法上有问诊、尿诊、脉诊、色诊等。尿诊是以病人的尿液，分别在热、温、冷却三个阶段，对尿的颜色、气味和漂浮物、絮状物、沉淀物等进行观察，从而辨别疾病的寒热属性、病变部位、轻重，作为诊病的依据。尿诊是藏医最具特色诊法之一，有一定的规律可循。

藏医药浴疗法（西藏）

藏医药浴疗法是具有特色的一种自然疗法。浴法分为水浴和敷浴两种，各有特色。水浴疗法，以5种天然温泉治疗相应疾病为最优。其作用是治疗外散于肌肉、内伏于骨髓之伤热、毒热及陈热等各种热病。敷浴法是将配制或经烧煮后之药物装入布袋中，包扎或放置于病患部位，从而起到治疗作用的疗法。

甘南藏医药（甘肃）

藏医药在甘南藏族自治州发展已一千多年的历史，甘南藏医药是藏医药的重要组成部分。甘南藏医药有着较独特的治疗方法，主要有内服法（有10种）和外治法两类，现存放血疗法、火灸疗法、缚敷疗法、药浴疗法、涂抹疗法等5种。甘南藏医药在历史长河中出现过很多著名的藏医药学专家，积累了十分丰富的医疗经验，充分体现出民族与地方特色，具有系统性、完整性与科学性的特点。

藏药炮制技艺

藏药制造不同于中药和西药，它要经过独特而非常严格、细致的加工炮制过程。炮制与加工在藏药制造过程中占有很重要的地位，其目的是消除或降低药物的毒性，并适当改变药物的性能，提高药效和治疗效能等。经过不同的炮制工艺，使药材的药性发生不同的甚至相反的变化，从而产生多样的治疗效果。藏药加工炮制工艺十分复杂、细致，特别是一些名贵药的炮制尤为复杂。

藏药阿如拉炮制技艺（青海）

青海是藏医药学重要的发祥地之一。藏药的配伍结构中，阿如拉（诃子）是其中使用最广、炮制复杂的药用成分之一，"阿如拉"是诃子的藏文译音。阿如拉在藏药中应用频率很高，是藏药中不可或缺的重要药物成分。

七十味珍珠丸赛太炮制技艺（青海）

七十味珍珠丸赛太炮制技艺一直被视为是藏医药领域内技术水平最高、工艺最复杂、周期最长、难度最大的一项炮制工艺，其炮制流程十分讲究，具有很强的实践性和经验性。我国目前能够掌握七十味珍珠丸赛太炮制技艺的人士屈指可数。青海省的尼玛是该技艺唯一代表性传承人。他以师带徒、传帮带的形式完整保留了藏药"佐太"炮制的独特技艺。

藏药七十味珍珠丸配伍技艺（西藏）

七十味珍珠丸成方于公元8世纪，始载于藏医巨著《四部医典》中。此药根据藏医学原理，选用生长在世界屋脊特殊生态环境下的天然珍贵稀有藏药材，严格按照传统工艺的制备方法精制而成。其选料上乘、炮制特殊、做工考究、功能广泛、副作用小，采药、炮制、配方无不遵循古法，从而保证了神奇疗效。受现代医药的冲击，七十味珍珠丸的炮制方法及相关临床实践经验均面临不同程度的衰落，亟待抢救保护。

藏药珊瑚七十味丸配伍技艺（西藏）

藏药珊瑚七十味丸是西藏自治区雄巴拉曲神水藏药厂的专利产品，为棕红色丸，气微香，味苦，微甘。主要成份有珊瑚、珍珠、玛瑙、当归、藏党参、红景天、雪莲花、余甘子、藏红花、黄精、牛黄、麝香等七十味。用于脑血栓、脑溢血、冠心病、肢体瘫痪、心动过速或过缓、高血压、小儿麻痹、癫痫及各种神经炎。尤其对大脑神经和心脏性疾病有特殊功效。

蒙医药（赞巴拉道尔吉温针、火针疗法、蒙医传统正骨术、血衰症疗法）传统医药　编号：Ⅸ—12

申报地区或单位：内蒙古自治区；内蒙古自治区中蒙医医院；科尔沁左翼后旗；辽宁省阜新蒙古族自治县

蒙医药学是蒙古族在长期医疗实践中逐渐形成和发展起来的传统医学，它即是蒙古族文化遗产之一，也是祖国传统医学的重要组成部分。蒙医药学历史悠久，它是蒙古人民同疾病作斗争的经验总结和智慧结晶，是一门具有鲜明的民族特色、地域特色的。

赞巴拉道尔吉温针、火针疗法

自古以来，蒙古人过着游牧生活，在干旱、寒冷、潮湿、风雪等自然环境中，积累了许多适合自然环境和地理气候的医疗知识和方法。蒙医针灸是蒙古族古老的一种外治法，它是以调理寒热、引病外出、协调整体、改变局部为治疗原则。蒙医灸疗擅用火针，火针是用火烧红的针尖迅速刺入穴内，以治疗疾病的一种方法。本法具有温经散寒，通经活络作用，因此在临床中用于对虚寒痈肿等症的治疗。蒙古灸早先主要用于穿刺脓肿、水肿、血肿和干涸协日乌素等病症。针刺方法主要以斜刺、直刺、雀啄刺与穿刺为主。蒙医针灸主要适于赫依性疾病、巴达干寒症、不消症、痞症、火衰症、水肿、集气症、肌筋膜协日乌素病、关节协日乌素病、脓肿性疾病及其它疗法久治无效之病。

蒙医传统正骨术

蒙古人骑马驰骋于草原上，经常发生跌倒摔伤、骨折、脱臼、脑震荡等外伤。因此，蒙古人就有了较原始而独特的民间正骨治疗方法。到清朝时期，伊希巴拉吉尔在《甘露四部》中，详尽地论述了"创伤医疗术"、"骨伤疗法"、"脱臼复位术"和"震脑疗法"。在医学理论和技术方面有了很大的发展。蒙医正骨术分整复固定、按摩、药浴治疗、护理和功能锻炼等步骤。在正骨方面亦有独到之处，如用白酒（具有散热、止痛、舒筋、活血功能）、青铜镜（患处按摩具有解毒功能）、圆形银馒（骨折处部位进行按摩，有解毒、气血运行之功能）、铜锤（穴位处有规律地敲打按摩，可增强血循环和恢复感觉功能）、蛇蛋花石（可止血、镇痛）、夹板（以适应肢体肌肉舒缩变化的生理要求）、垫（有散热功能）、缚带（固定作用）、绷带（固定作用）、砂带（内装细沙的砂带，具有固定骨折、吸血、协日乌苏及镇痛作用）。蒙医疗法是蒙古人民在长期的生产生活中积累的经验，对一些疾病有显著疗效。2008年，蒙古医疗被列入国家级非物质文化遗产名录，医师乌兰和阿古拉被指定为传承人。

畲族医药（痧症疗法、六神经络骨通药制作工艺） 传统医药
编号：Ⅸ—13
申报地区或单位：浙江省丽水市；福建省罗源县

畲族人民长期居住在江南丘陵地带，村落分散，人口稀少，交通不便，经济落后，体质较差，疫病流行严重。各种疾病诸如疟疾、结核病、丝虫病、地方性甲状腺、妇女病等常常出现在畲族地区。因此，不少畲族群众学会一些防病治病技艺，世代相传，有些便成为民间医师。畲医为人治病多数使用自采的草药，或用针灸、拔火罐、刮痧、祝由等疗法配合治疗，一般都能起到较好疗效。

畲医临床主要用草药,在服药同时常配以银针刺疗,被人们形容为"一把草,一根针",畲医所用的草药讲究新鲜,且用量较大,绝大多数用水煎服,有些单验秘方疗效显著。畲医绝大多数医术传男不传女,但允许传给媳妇。行医方式为亦农亦医,少数外出游走。诊病以问诊为主,配合察颜观色,偶有切脉,只讲阴阳,不讲五行。把瘰病分成痰核、火核、角板、钢株、龙高、铁钉、葡萄、蛇盘等8种类型综合治疗,即在内服中药的基础上配合灸法,或膏药敷贴,或丹药外用;内服药视病情加减。

畲族妇女

| 瑶族医药(药浴疗法) 类别:传统医药 编号:Ⅸ—14 |
| 申报地区或单位:贵州省从江县 |

瑶族药浴疗法是贵州从江县瑶族民间独创的传统医疗手段和保健良方。它是瑶族人民因地制宜,采集当地多种新鲜中草药,对症入药,通过烧煮药水熏浴浸泡进行治疗,以达到防治疾病、强身健体的一种神奇的养生文化。瑶族药浴疗历经数百年,形成一套完整的洗浴疗法,为瑶族人民所喜爱,被专家称为人类健康的古老传承。

各地药浴习俗不同,或每日洗浴,或择吉日洗浴。男人上山采来追风藤、半边枫、九龙盘、血藤等中草药,洗净切碎放入大铁锅中用水煮沸,待煮出药汁后,捞去药渣,把煮好的药水放入专门药浴的大桶——"庞桶"中。浴者赤身入桶,在保持适宜温度(一般为38度左右)的药液中浸泡20-30分钟。通过浸泡,让药汁慢慢地渗入人体的毛细血管、遍及全身,达到治病的目的。瑶族用药水洗身,不分男女老幼,全家皆洗。

药浴所用之药通常是由几十种甚至上百种当地的新鲜草药配制而成,功能多种多样。如采用半枫荷、透骨香、钩藤、九节茶等十余味草药洗浴，可祛风除湿，舒筋活血，解毒通络，强身健体。采用大血藤、五指毛桃、九节风、鸭仔风、穿破石、杜仲藤等药材，可预防产妇及新生儿的各种感染，滋补气血，促进产妇子宫复旧。大钻、小钻、大血藤、扶芳藤、青春藤等活血温补可使老人强身健体延年益寿。山苍子、满天星、九节风、大驳骨、小驳骨、松筋藤、毛杜仲等，可起到舒筋活络、恢复肢体功能等作用。瑶族常用的药浴疗法有香薷浴、菖蒲艾叶浴、生姜浴、龙石浴等。经常药浴对治疗风湿性关节炎和各种妇科疾病有一定功效。无病者通过药浴也能消除疲劳，舒筋活络，健身防病。瑶族药浴被赞为"一株传世草，满桶益身汤"。

瑶族医药是瑶族传统文化的一个重要组成部分，具有鲜明的民族特色及用药特点。该项目2008年列入国家级非物质文化遗产名录。

苗医药（骨伤蛇伤疗法、九节茶药制作工艺、癫痫症疗法、钻节风疗法） 类别：传统医药 编号：Ⅸ—15

申报地区或单位：贵州省雷山县、黔东南苗族侗族自治州；湖南省凤凰县、花垣县

苗药主要分布于苗族聚居的苗岭山脉、乌蒙山脉等广大地区。近年来，在我国苗族聚居的广大地区建立了不少的药材种植基地，大力开发常用的药材。现在丰富的苗药资源正在逐步得到开发，有的已被制成保健品投放到市场。常见药材有：血藤、铁筷子、百金条、白龙须、蓝布正等。珍稀药材：八角莲、九月生、金铁锁、一支箭、仙桃草等。

苗医均是个人设诊，采取民间行医的方式。医护一体。苗医正骨术主要分为湘西（张氏和花垣）苗医正骨术和黔东南苗医正骨术，一般以小夹板固定并外敷以伤药，著名的伤药有柏林接骨散药等。苗族常用九节茶来治疗头晕（九节茶、苦丁茶用水煎服）、骨折（九节茶、野葡萄根、泡桐树根皮、四块瓦鲜品捣烂，加白酒外裹患处）、风湿疼痛（九节茶用水煎服）。

苗医理论为"两病两纲"，即将一切疾病归纳为冷病和热病并辅以"冷病热治、热病冷治"两大治疗法则。对病因的认识较为朴素，认为是季节气候和外来毒素（如风毒、水毒、气毒、寒毒）等所致。诊断方法有：望、号、问、触。该项目2008年被列入国家级非物质文化遗产名录。

侗医药（过路黄药制作工艺） 类别：传统医药 编号：Ⅸ—16
申报地区或单位：贵州省黔东南苗族侗族自治州

侗医药绝大部分是来自侗族同胞发现和种植的野生植物和药材，目前调查搜集的侗药有687个品种，整理出书的有134个科属294个品种，很少采用外来药。侗医药在发展过程中逐渐由单方发展为复方，另有酒药、膏药、丹药、散药等。侗医主要强调气和水在维持人体功能中的重要性。疾病分为冷病和热病。侗医理论为六性六味。六味为酸涩、苦、辣、香、淡、甜。六性为热、凉、收、散、退、补。用药先要掌握六性六味，根据六味与六性的药物对应关系，以疾病的临床表现确定用药。如冷病用热药，热病用冷药，用药才能对症。诊断方法有问病、望诊、摸审和切脉。治疗方法有退热、除寒、发汗、排水、补、刮、拽七处等法，也使用内服药，并有缝合术、骨折复位术、膀胱取石术等手术。

侗族由于没有本民族文字，关于医药的记载甚少，主要靠口耳相传来

各种草药

延续。明代以后，外族文化进入侗族地区，促进了侗族医药的发展。不少文献记载了明后侗医药的发展，如《黎平府志》载："黎平治妇男大小病，山中所采叶，俗名草药亦颇有效。"近年来，许多医药人士对侗药单方和复方进行了初步的研究，相继出版了《侗族医药》、《侗医吴定元小儿推拿经验》等专著，侗药作为民族药的一个组成部分，在国内外有一定的影响，曾有许多新加坡、日本、马来西亚、菲律宾等国药商多次到贵州黎平、榕江等侗族县采购侗药。该项目2008年被列入国家级非物质文化遗产名录。

回族医药（张氏回医正骨疗法、回族汤瓶八诊疗法） 类别：传统医药 编号：Ⅸ—17

申报地区或单位：宁夏回族自治区吴忠市、银川市

张氏回医正骨疗法

回族医药又称回回医学，最早可追溯到西汉，其发展与兴盛始于唐。到了元代，出现了具有中国回族特色的医药大型综合性专著《回回药方》，标志着回族医药学的形成。如今，回族医药中的正骨、眼科（眼药）、外科、饮食疗法和养生学一直传承到当代。

张氏回医正骨疗法距今已有140多年的历史。远在清朝同治年间，张氏的祖辈就背着药箱走街串巷在民间行医看病，并以良好的疗效在民间一直享有较高声誉。张氏回医正骨治疗骨伤时，不开刀，不打石膏，不用金属物穿刺牵引，采用手法复位以及自制"活血化瘀回药膏"、"接骨续筋回药膏"外敷和小夹板外固定等方法，并配合刮痧、养生、食疗等疗法，使骨折患者不伤元气，且疗程短、损伤小、痛苦少、疗效好。

张氏回医正骨历经四代人的传承和不断完善，并在第三代传人张宝玉手中得以真正发展壮大。1986年在吴忠创建张宝玉回医正骨医院；2003年在银川创建张宝玉传统回医骨伤专科医院。如今，张宝玉的3个儿子张金东、张金海、张金垒都已继承祖业，成了张氏回医正骨的第四代传人。

张氏回医正骨疗法传承人张宝玉　　　　　正骨疗法

2006年8月，"张氏回医正骨疗法"经自治区政府批准，被列入第一批自治区级非物质文化遗产名录。张宝玉被确定为自治区级非物质文化遗产项目（张氏回医正骨）代表性传承人。2008年6月，"张氏回医正骨疗法"经国务院

批准，被列入第二批国家级非物质文化遗产名录，"张宝玉传统回医骨伤专科医院"被确定为国家级非物质文化遗产宁夏传承保护基地。

回族汤瓶八诊

中国回族汤瓶八诊是具有中国回族特色的非药物养生保健疗法之一，它源自汉唐，至今已有1300余年的历史，当时大量的中东穆斯林通过丝绸之路进入中国，长途跋涉中，为了减轻和消除旅途疲劳，他们在驿站洗浴和歇息之时自创了一种保健方法，通过揉脚和按摩身体的某些部位来消除旅途的劳顿。随着大批的穆斯林先民来到中国，伊斯兰医药文化也随之传入，他们又汲取了传统中医的经络理论、腧穴理论、脏腑理论之精华，经过长期的探索、总结和完善，形成了具有中国回族特色的自然疗法——末梢经络根传法，这也是汤瓶八诊的雏形。

汤瓶八诊疗法，包括头诊、耳诊、面诊、手诊、脚诊、骨诊、脉诊、气诊八种疗法。它主要是依据回族医学基本理论，运用汤瓶水浴、末梢经络根传法、放血、刮痧、火罐等汤瓶的基本手法，并结合穆斯林视为神圣的"杜阿伊"，分别作用于受施者身体的不同部位，医师通过患者的各种反应，即可判断疾病之所在，进而调整施术的治疗手法、轻重程度和次序频率等，从而使患者达到提高免疫机能、防病治病的目的。

杨氏家族是在明末清初其祖杨明公掌握后开始承袭运用。杨明公精通医道，对中国古代的易学和内经学潜心研究，掌握内病外治疗法，结合临床实践将汤瓶八诊进一步完善，并以口传心授、言传身教的方式传给后人。

第7代传人杨华祥，传统医学教授、中医副主任医师。多年来，他致力于汤瓶八诊的传承与弘扬，潜心研究回族医学，内病外治，非药物疗法。1987年他向自治区政协提交的关于实施"汤瓶八诊"的提案，得到了自治区政府的重视与支持，批准成立了"伊斯兰

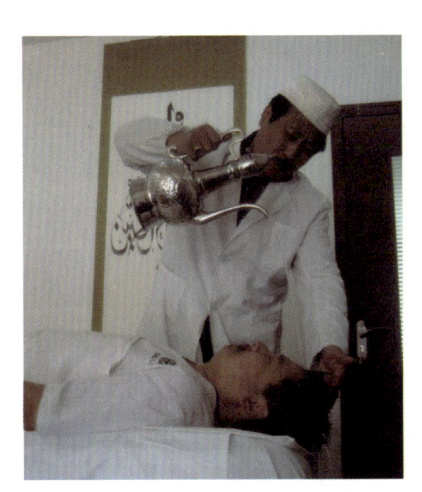

回族八珍疗法传承人杨华祥

医疗康复中心（回民医院）"，将汤瓶八诊推向临床。1992年杨华祥应邀赴马来西亚传授汤瓶八诊颇受欢迎，得到了世界糖王郭鹤年及其兄郭鹤举的支持。

2008年1月，汤瓶八诊正式被国务院和文化部确定为国家级非物质文化遗产保护项目。

壮医药（壮医药线点灸疗法） 类别：传统医药　编号：Ⅸ—18
申报地区或单位：广西中医学院

壮医药线点灸疗法是流传于广西壮族民间的一种独特的医疗方法，是用壮药炮制的苎麻线点燃后直接灼灸患者体表的一定穴位或部位以治疗疾病。它具有消炎退热，祛风止痒，通络止痛，散结消肿，开胃消食，健脾止泻，活血止血，宁心安神等作用。

临床实践证明，壮医药线点灸疗法应用范围广泛，适用于内、外、妇、儿等各科临床。线点灸疗法所需设备仅一根线、一盏灯。点灸时略有蚁咬样灼热感，病人无痛苦，不留疤痕。操作时，持线的着火端必须露出线头，以略长于拇指端即可，太长不便点火，太短易烧着术者指头。施灸时以线头火星最旺时为点按良机，要使火星着穴，要注意手法轻重，一般是以轻手法对轻病、以重手法对重病或以快手法对轻病，以慢手法对重病。

壮医药线点灸疗法原流传于壮族聚居的柳州地区，其主要传人为著名女壮医龙覃氏及其嫡孙龙玉乾副主任医师。1986年经黄瑾明、黄汉儒、黄鼎坚加以发掘整理和规范，撰成《壮医药线点灸疗法》一书。该疗法现已在全国300多家医疗单位推广使用，并传到美国、英国、澳大利亚、新加坡等国家及港澳台地区。1992年通过专家技术鉴定并荣获广西医药卫生科技进步一等奖和国家中医药管理局科技进步二等奖。该项目2011年被列入国家级非物质文化遗产名录。

彝医药（彝医水膏药疗法） 类别：传统医药　编号：Ⅸ—19
申报地区或单位：云南省楚雄彝族自治州

彝族医药是彝族人民长期同疾病作斗争的经验总结和智慧结晶，是中国医学宝库中的重要组成部分。彝族药物数达千种，包括动物药、矿物药、植物药，其中以植物药和动物药运用较为广泛。

彝医动物药使用源于古代彝族先民。古彝文典籍记载有59种病，231种药物、226种单方、验方。公元10世纪末的古彝文医书中已载有动物药的种类和功效；16世纪中叶的《双柏彝医书》中收载了动物药92种，占全药物的三分之一。成书于明代嘉靖四十五年（公元1566年）的《齐苏书》，比李时珍的《本草纲目》还早12年，是16世纪以前彝族群众医药经验的总结。清初的《彝族献药经》中记载的动物药很多。

自1978年以来，云南、四川等地分别进行了彝族植物药的调查，目前云南楚雄彝族自治州已整理出102种，峨山县整理出23种，四川凉山彝族自治州整理出105种并编著出《彝医植物药》专著。《云南省药品标准》收载了8种彝族药物，《中国民族药志》收彝族药名及药用经验15种。

彝医植物药多以鲜品入药，常见的用法有捣碎后揉烂外敷，也有咀嚼、熬水内服的。

云南彝医药历史悠久。1979年在双柏县发现的成书于明嘉靖四十五年（1566）的《明代彝医书》，是现存最早的彝医专著。彝医擅长治疗跌打损伤，以散剂、酊剂和酒剂最为常用。云南省已翻译和整理出版的彝医药专著有《彝药志》、《元代彝族药》、《彝族医药学》、《哀牢山彝族医药》、《哀牢本草》等。

傣医药（睡药疗法）　类别：传统医药　编号：Ⅸ—20
申报地区或单位：云南省西双版纳傣族自治州、德宏傣族景颇族自治州

傣医的睡药疗法是傣医按病情不同配备相应的鲜品或干品中草药，切碎加水或酒烧热，将热药平摊在睡床上，让患者直接睡在药上，加盖被褥，使药物热透周身，以达到发汗、活血、除风湿止痛之功。

傣医始祖医圣腊西答俄，创立了傣药"雅叫哈顿"，现已载入国家药典。随着傣医药医疗实践，形成了傣族医药学理论。云南西双版纳傣族自治州傣医的睡药疗法，又称"暖雅"，是傣医治病的十大传统疗法之一，2010年，列入国家第三批非物质文化遗产名录。

维吾尔医药（维药传统炮制技艺、木尼孜其·木斯力汤药制作技艺、食物疗法、库西台法） 类别：传统医药 编号：Ⅸ—21

申报地区或单位：新疆维吾尔医学高等专科学校、新疆维吾尔自治区和田地区、莎车县、新疆维吾尔自治区维吾尔医药研究所

维吾尔族在漫长的医疗实践中，创造了一套自己的医学体系。他们不但有丰富的医疗经验，还有自己的医学理论，是中国传统医学的重要组成部分，简称"维医学"或"维医"。

维吾尔医学认为，人体气质发生异常，体液出现相互矛盾，就导致疾病；保持气质平衡中的膳食，对人的身体健康有非常重要的作用。

维吾尔医学有悠久的历史，经过漫长的积累，吸收了东西方医药学的精华，完成了比较完整而独特的医药理论体系，科学地解释了人体与外界相互辩证的四大物质学说、气质学说、体液学说、健康学说、力学说、疾病学说等。千年来，维吾尔族人民在防病治病的过程中，在应用植物、动物和矿物防病与治病的实践中积累了丰富经验，逐渐形成了独具维吾尔民族文化特色的药物学。历代不同时期的维吾尔药物学，除了论述药物的药性理论、临床功效、主治病症、用药法则、炮制和制剂方法外，也包括了药物的来源、产地、栽培、采集以及药性品质、真伪鉴别等生产方面的知识。

新疆是全球四大长寿区之一。这与维吾尔传统医药的神奇作用密不可分。维吾尔族医药离不开丰富的新疆药材。新疆的自然环境很适宜于药材的生长和繁育，维吾尔药材品种繁多，有植物药1000多种、矿物药80多种、动物药50多种。其中100多种单味药、87种成药已纳入国家部颁标准。已收入国家级药典的药品就有202种，其中药材115种，成方制剂87种。开发和研制出世界疑难病13个种、147个民族医药品种。有的还进入了美国、日本、新加坡等国际市场。

维吾尔族医药研究中，已有国家重点项目，国家自然科学基金项目，国家新药研究基金项目，卫生部项目，国家中医药管理局项目以及教育部、自治区自然科学基金项目等。

维吾尔族医药在新疆基本医疗体系中，发挥着积极作用，有效地促进和提高了新疆民族的医疗水平。维吾尔族医药对专科专病治疗方法独

具特点，如皮肤病、传染性疾病、呼吸疾病、风湿性疾病、心血管疾病的治疗等都具有明显的临床疗效。特别是治疗以应用成熟剂、清除剂为特色的异常体液性疾病，疗效显著。

维吾尔族医药由新疆维吾尔医学高等专科学校等单位，联合申报，经国家批准，列入了第三批国家级非物质遗产名录。

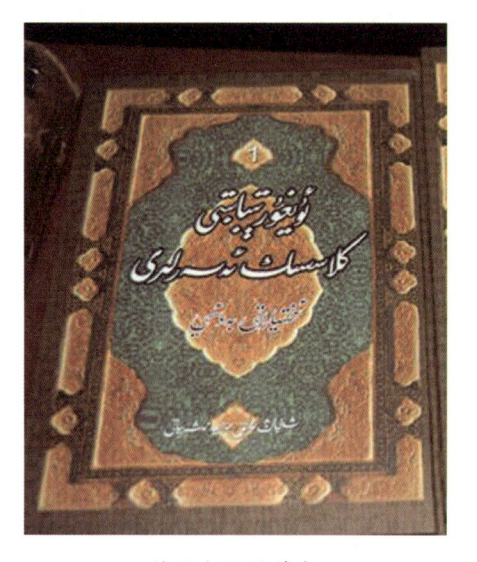

维吾尔族医药书

维吾尔中草药

MINSU

十、民俗

京族哈节　类别：民俗　编号：X—7
申报地区或单位：广西壮族自治区东兴市

京族主要聚居在广西壮族自治区东兴市的万尾、巫头、山心三个小岛上，与越南隔海相望。哈节是京族最隆重的节日，也称"唱哈节"。"哈"是京语译音，有"歌"的意思。各地京族哈节日期不一样，或农历六月初十，或八月初十，或正月十五。各地都有专门用于哈节活动的建筑物——哈亭。京族哈节活动由祭祖、乡饮、社交、娱乐等内容组成。节日活动历时3日，通宵达旦，歌舞不息。周围各族群众亦来共同欢庆。唱哈的主角有3人，男歌手1人，称"哈哥"，专司抚琴伴奏，两位女歌手是"哈妹"，一个持两块竹板，另一个拿一只竹梆，击打伴奏，轮流演唱。歌的内容有民间传说、哲理佳话、爱情故事等。哈节活动可分为四个程序：首先是迎神，其次是祭神，再次是入席和唱哈。"唱哈"是哈节的高潮，所占时间最长。有"哈哥"、"哈妹"调琴击梆配唱，曲调有30余种；唱的有叙事歌、劳动歌、风俗歌、颂神歌、苦歌、情歌等。"听哈"者以8人一桌入席，一边饮宴，一边"听哈"，其乐融融。最后一个程序是送神。送完神，历时数天的哈节才算结束。

过哈节

京族是我国唯一的海洋民族。哈节是京族唯一的本民族传统节日，每年都隆重庆祝，以祭祀神灵、团聚乡民、交际娱乐为主要内容。2006年被国务院公布为第一批国家级非物质文化遗产名录。

傣族泼水节　类别：民俗　编号：X—8
申报地区或单位：云南省西双版纳傣族自治州、德宏景颇族自治州傣族

傣族泼水节又名"浴佛节"，傣语称为"比迈"（意为新年），西双版

纳德宏地区的傣族又称此节日为"尚罕"和"尚键",两个名称均源于梵语,意为周转、变更和转移,指太阳已经在黄道十二宫运转一年,开始向新的一年过渡。阿昌、德昂、布朗、佤等族也过这一节日。柬埔寨、泰国、缅甸、老挝等国也过泼水节。

泼水节一般在傣历六月中旬(即农历清明前后10天左右)举行,是西双版纳最隆重的传统节日之一。其内容包括民俗活动、艺术表演、经贸交流等,具体节日活动有泼水、赶摆、赛龙舟、浴佛、诵经、章哈演唱和孔雀舞、白象舞表演等。

泼水节为傣族的新年,它起源于印度,曾是婆罗门教的一种宗教仪式,其后为佛教所吸收,约在13世纪末到14世纪初经缅甸传入中国云南傣族地区。随着"南传上座部"佛教在傣族地区影响的增大,泼水节的习俗也日益流行起来。现在,这一节日已成为傣族最主要的民俗节日。节日期间,傣族男女老少都穿上节日盛装,挑着清水,先到佛寺浴佛,然后就开始互相泼水,泼出的清水象征着吉祥、幸福、健康,年轻人还把明亮晶莹的水珠,象征甜蜜的爱情。

泼水节是全面展现傣族水文化、音乐舞蹈文化、饮食文化、服饰文化和民间崇尚等传统文化的综合舞台,是研究傣族历史的重要窗口,具有较高的学术价值。泼水节展示的章哈、白象舞等艺术表演能给人以艺术享受,有助于了解傣族感悟自然、爱水敬佛、温婉沉静的民族特性。同时泼水节还是加强西双版纳全州各族人民大团结的重要纽带,对西双版纳与东南亚各国友好合作交流,对促进全州社会经济文化的发展起到了积极作用。

锡铂族西迁节　类别：民俗　编号：X—9
申报地区或单位：新疆维吾尔自治区察布查尔锡伯自治县

在公元16世纪之前,锡伯族先民世世代代生活在东北的松嫩平原和内蒙的呼伦贝尔大草原上。

公元1757年,清朝政府平定了准噶尔部,在伊犁设立了将军衙门,设兵驻防,开渠屯田,加强对新疆的防卫和统治。在新疆,虽然有满、汉、察哈尔、索伦兵驻防,但仍感兵力不足。为了加强军事力量和大规模地开垦边疆,乾隆二十九年(公元1764年),清朝政府从盛京(今沈阳)等地征调锡伯族官兵1018人,连同他们的家属共3275人,由满族官员率领,西迁新疆伊犁地区屯垦戍边。

  农历四月十八日是他们踏上征途的日子。这一天，西迁新疆的锡伯族人和留居东北的锡伯族人，男女老少，聚集在盛京的锡伯族家庙太平寺，祭奠祖先，聚餐话别。次日清晨，锡伯族官兵及其家属，告别了家乡的父老乡亲和他们世代居住的故土，踏上了西迁的漫漫征程。

锡伯族家庙

  他们战胜无数困难，艰苦跋涉，用了一年零三个月，行程一万余里，抵达新疆伊犁河南岸察布查尔定居下来。在其后的二百多年间，他们戍守边疆，抵御外敌，挖渠垦田，建设家园，发展文化教育，成为新疆13个世居民族大家庭里的成员。于是，每年的农历四月十八日是锡伯族人民不可忘怀的日子，被定为传统节日，叫"西迁节"，也叫"四一八节"，锡伯语叫"杜因拜扎坤节"。

  锡伯族西迁节盛大而隆重，节日这天，家家都把家中里里外外打扫得干干净净，穿上节日盛装，从四面八方汇集一起，赶庙会，唱山歌，举行各种文体活动。带上准备好的丰盛食品，相聚一起，弹起锡伯族乐器"东布尔"，吹起锡伯族曲调"墨克调"，跳起步姿刚健、节拍明快的民族舞蹈"贝勒恩"。青年男子骑着骏马出外野游，年轻妇女和老人或坐车、或徒步，三五成群到野外踏青、野餐。这一天，家家吃鲜鱼，户户做蒸肉。年轻人要骑马野游、摔跤、射箭、赛马等他们喜爱的传统体育活动。

  2006年，锡伯族西迁节，被列入第一批国家级非物质文化遗产名录。

火把节（彝族火把节）　类别：民俗　编号：Ⅹ—10
申报地区或单位：云南省楚雄彝族自治州；贵州省赫章县

彝族火把节是所有彝族地区的传统节日，流行于云南、贵州、四川等彝族地区。白、纳西、基诺、拉祜等族也过这一节日。

农历六月二十四日的火把节是楚雄和凉山彝族自治州最隆重、最盛大、最富有民族特征的节日。火把节古时又称星回节。有的学者认为，此节原系彝族十月历法的一个年节。火把节就是上半年的过年日，因此又称过大年。

有的学者认为，火把节的起源与人们对火的崇拜有关，其目的是期望用火驱虫除害，保护庄稼生长。火把节期间，各村寨以干松木和松明子扎成大火把竖立寨中，各家门前竖起小火把，入夜点燃，村寨一片通明；同时人们手持小型火把绕行田间、住宅一周，将火把、松明子插于田间地角。青年男女在寨中大火把周围弹唱、跳舞，彻夜不息。节日期间，还有赛马、斗牛、射箭、摔跤、拔河、荡秋千等娱乐活动，并开设贸易集市。

火把节盛况

在中国少数民族传统节日中，彝族火把节是最具有魅力的节日之一，享有"中国民族风情第一节"、"东方狂欢夜"的美誉。火把节期间举行的祭祀、文艺体育、社会交往、产品交流四大类活动是彝族文化体系严整、完备的集中体现。彝族火把节历史悠久，群众基础广泛，覆盖面广，影响深远。火把节充分体现了彝族敬火崇火的民族性格，保留着彝族起源发展的古老信息，具有重要的历史和科学价值；火把节是彝族传统文化中最具有标志性的象征符号之一，也是彝族传统音乐、舞蹈、诗歌、饮食、服饰、农耕、天文、崇尚等文化要素的载体。该项目2006年被列入国家级文化遗产名录。

景颇族目瑙纵歌　类别：民俗　编号：X—11
申报地区或单位：云南省陇川县

目瑙纵歌又称"总戈"，汉语意为"欢聚歌舞"，流传于云南省德宏傣族景颇族自治州的景颇族聚居区，是景颇族最为隆重的传统民族节日。

目瑙纵歌的最主要活动是跳目瑙纵歌舞，正式活动前，人们在舞场中心立起4根木柱，用来祭祀太阳和指示舞蹈路线。柱侧置刀、矛，象征人民强悍刚毅的性格。根据目瑙舞起源于鸟类舞的传说，在柱顶两端设木雕犀鸟、孔雀各一只。柱前立活竹，表示生命常青。上方挂有横匾，画有景颇传说中的起源地喜马拉雅山。

随着时代的发展，目瑙节已成为景颇人民歌舞娱乐的民俗节日。目瑙节中最具代表性的表现形式是目瑙纵歌。它包括苏目瑙（招财庆丰收）、巴当目瑙（庆祝胜利）、定栓目瑙（庆贺新居落成）、结如目瑙（出征誓师）等十几种歌舞。与目瑙纵歌配合的舞蹈动作虽然不多，但顿步摆肩的韵律鲜明独特，是景颇族舞蹈的代表性动作。举行目瑙纵歌时，方圆百十里有上万人参加，大家同场共舞，气氛隆重热烈。1983年，经德宏傣族景颇族自治州人民代表大会常委会讨论通过，确立目瑙纵歌为德宏州法定的民族节日，时间为每年的正月十五、十六日。

景颇族是一个跨境而居的民族，在缅甸北部和印度北部居住有近百万景颇族，国内外都举行目瑙纵歌。而陇川县是目前国内景颇族人口最多、目瑙纵歌传承最为完整规范、最具景颇族代表性的地区。目瑙纵歌集景颇族文化为一体，涉及社会生产生活的各个方面，集中地展现出景颇族的传统文化。

黎族三月三节　类别：民俗　编号：X—12
申报地区或单位：海南省五指山市

三月三节（农历三月初三）是海南省黎族人民最盛大的民间传统节日，也是黎族青年的美好日子，又称爱情节、谈爱日，黎语称"孚念孚"，每年农历三月初三举行，是海南黎族人民悼念勤劳勇敢的祖先、表达对爱情幸福向往之情的传统节日。"三月三"历史悠久，宋代史籍中就有与"三月三"相关的记载。宋范成大《桂海虞衡志》云："春则秋千会，邻峒男女装束来游，携手并肩，互歌互答，名曰作剧。"自古以来，每年农历三月初三，黎族人民都会身着节日盛装，挑着山兰米酒，带上竹筒香饭，从四面八方汇集一起，或祭拜始祖，或三五成群相会、对歌、跳舞、吹奏乐器来欢庆佳节，青年男女更是借节狂欢，直到天将破晓。

节日这天，黎族村寨的男女老少带着粽子和糕点，从四面八方来到五指山一带。白天，小伙子们打鱼，姑娘们煮饭烤鱼，然后将祭品放到有天妃和南音化石的岩洞口，祭拜祖先。同时，青年男子背枪荷箭到深山密林去找猎物，把猎物献给心爱的姑娘。还要举行对歌、摔跤、拔河、射击、荡秋千等活动。

黎族三月三有着非常广泛的群众基础。随着时代的变迁，庆祝内容也日益多样。但对歌、民间体育竞技、民族歌舞仍是最基本的内容。

1984年，根据黎族人民的意愿和要求，广东省人大和广东省人民政府决定将三月三确定为黎族的传统节日。如今黎族三月三节成了展示旅游产品、传播民族文化、促进民族经济发展的盛会，每年都吸引数万国内外游客。该项目2006年被列入非物质文化遗产名录。

鄂伦春族古伦木沓节　类别：民俗　编号：X—13
申报地区或单位：黑龙江省

古伦木沓为鄂伦春语，意为祭祀火神。古伦木沓节由祭祀火神的仪式演变而来。自古以来，鄂伦春人每到年节或吉日，家家户户都要在自家门前燃起篝火，并焚香跪拜祷告，以求火神保佑平安；饭前还要向火塘洒酒抛肉，以示供奉。古伦木沓活动习惯在每年的春季举行，届时人们带着好酒好肉及帐篷等物，举家骑马到预定地点参加。节日期间，活动内容丰富多彩。夜间在篝火周围请萨满跳舞，祭神祭祖；白天则举行赛马、射箭、射击、摔跤及唱歌、跳舞、讲故事、下棋、玩木牌等文体活动。

古伦木沓节并非是单一的祭神祭祖日，同时还蕴含着丰富的文化内涵。然而，由于历史原因，古伦木沓节有很长时间停止活动，虽然有群众自发性地加以恢复，但活动的方式和内容已发生了很大变化，一些传统活动濒临消失。自该项目入选国家级非遗名录后，黑龙江省各级政府实施了一系列保护和传承措施，在政府的积极推动下，古伦木沓节重回鄂伦春人的生活。如今每逢节日，在黑龙江省黑河市新生鄂伦春民族乡都会举办一系列的庆祝活动。在迎宾门前，鄂伦春的民间歌手会端着"下马酒"，高唱祝酒歌，迎接远方的朋友。2012年，当地在举办古伦木沓节时还开展了黑龙江省鄂伦春族学术研讨会、鄂伦春族工艺品展览、鄂伦春族传统竞技运动会等活动。2006年，该民俗经国务院批准列入第一批国家级非物质文化遗产名录。

瑶族盘王节　类别：民俗　编号：X—14
申报地区或单位：广西壮族自治区贺州市；广东省韶关市

　　盘王节又叫还盘王愿、跳盘王，是瑶族祭祀祖先盘瓠的重大节日。瑶族盘王节源自农历十月十六日的盘王歌会，每逢这天，瑶族人民便聚在一起，载歌载舞，纪念盘王，后逐渐发展为盘王节。今天的盘王节已逐步发展为庆祝丰收的联谊会，青年男女则借此机会以歌道情，寻觅佳偶。他们唱的歌是以《盘王歌》为主的乐神歌。盘王节有固定的程序，首先就是敬奉盘王。过节时要设置祭坛，悬挂诸神像，正中最大的一张就是盘王像，左右是真武、功曹、田公、地母等的神像。祭祀开始，鸣火枪三响，接着鞭炮齐鸣。在鞭炮声中，族老寨老在神像前供奉猪头、糯米粑、鸡肉、酒等祭品，人们面对

盘王像 　　　　　　　　　　　　祭祀仪式

神像，低头默祷，表示敬仰、怀念。祭毕，众人唱盘王歌，跳盘王舞。《盘王歌》主要是以诗叙述盘王一生的事迹，7字句式。"盘王舞"以鼓锣伴奏，舞步动作忽而上跳，忽而下蹲，忽而左转，忽而右旋，动作健美、威武，再现了瑶族先民耕种狩猎、出征杀敌的一幅幅模拟画面，时而有男女伴唱。盘王节除祭盘王、唱盘王、跳盘王外，有的地方还跳花棍，放花炮，唱情歌。盘王节可以一家一户进行，也可以联户或者同宗同族人集聚进行。但不管以哪种形式举办，都要杀牲祭祀，设宴款待亲友。节日一般为3天两夜，也有的长达7天7夜的。盘王节仪式由4名正师公主持，各司其职，即还愿师、祭兵师、赏兵师、五谷师，每人1名助手，共8人，此外还有4名歌娘歌师、6名童男童女、1名长鼓艺人和唢呐乐队参与盘王节。其传承方式以师承和家传为主。

今天的盘王节不仅为庆祝丰收的联谊会和青年男女寻觅佳偶的节日，节间还举办物资交流、商品展销及各项文体表演竞技活动，观者云集，盛况空前。2006年由广西壮族自治区贺州市、广东省韶关市作为民俗项目申报为国家非物质文化遗产。

壮族蚂𧊅节　类别：民俗　编号：X—15
申报地区或单位：广西壮族自治区河池市

壮族传说认为，掌管风雨的是青蛙女神，壮语青蛙称蚂𧊅。"蚂𧊅节"也叫"蛙婆节"、"青蛙节"、"敬蛙节"。红水河沿岸壮族村寨通过祭祀蚂𧊅，祈求年年风调雨顺，四季人畜兴旺。蚂𧊅节一般从大年初一起至二月初二结束，时间各地不一，有的5至7天，有的长达一个月。蚂𧊅节活动主要流行于东兰县红水河两岸的金谷、巴畴、长江、隘洞、东兰、长乐、大同等乡镇的壮族村寨。主要内容有找蚂𧊅、祭蚂𧊅、孝蚂𧊅和葬蚂𧊅等，通过祭祀、埋葬蚂𧊅来预测年景、祈求人畜兴旺、风调雨顺。

每当农历正月初一黎明，人们就敲着铜鼓成群结队去田里找冬眠的蚂𧊅。据说，先找到蚂𧊅的人是幸运的，被誉为雷王的女婿"蚂𧊅郎"，成为该年蚂𧊅的首领。首领要带着大家点燃烟炮，向雷王报告人间祭蚂𧊅的喜讯。人们把这只蚂𧊅接回村，放入花轿中。由初一到正月底，白天孩子们抬着蚂𧊅游村，向每家每户贺喜。晚上，人们跳蚂𧊅舞和唱蚂𧊅歌，以示为蚂𧊅守灵。守灵、游村的活动进行到第25天后，蚂𧊅节便进入高潮。这天，人们选择吉时，抬着花轿到蚂𧌒下葬的地方，打开去年葬蛙的宝棺，如果蚂𧌒的骨头呈金黄色，便预示今年是好年景，全场顿时铜鼓齐名，同声欢呼。如果蛙骨呈灰色或黑色，便表示年景不好，于是人们就烧香祈求消灾降福。接着举行新蚂𧌒的下葬仪式。葬礼之后，男女老少一起围着篝火唱歌舞蹈，送蚂𧌒的灵魂上天。这一夜，人们尽情狂欢，可以跳传统的蚂𧌒舞、青年男女可以对山歌，也能搞一些传统的游戏像老鹰抓小鸡、老虎抓猪、摔跤、扔石头、跳竹杆等等，这些娱乐性的活动一直会持续到天亮才结束，一年一度的蚂𧌒节就这样大功告成、圆满结束。

蚂𧌒节

仫佬族依饭节　类别：民俗　编号：Ⅹ—16
申报地区或单位：广西壮族自治区罗城仫佬族自治县

仫佬族主要聚居在广西壮族自治区，自称"伶"和"谨"。仫佬族过去崇信多神，节日较多。一年之中除十月、十一月之外，几乎每个月都有节日。最具特色最隆重的是三年一大庆、一年一小庆的"依饭节"，也叫"喜乐愿"、"依饭公爷"，有祈神驱邪、保安祈福、贺五谷丰登之意。依饭节在立冬后择日举行，流行于广西罗城仫佬族自治县东门镇、四把等地。

依饭节以一至三天为期。新中国成立前，依饭节在祠堂举行，没有祠堂的在族头家举行。届时，祠堂门上贴对联，门楣剪贴红、黄、绿、蓝彩纸9张，分别书写"奉神"、"集福"、"庆贺"、"依饭"等字样，堂前以松枝扎3门，堂中设坛，坛前烧香点烛，陈列供品。依饭节仪式依次为开坛、请神、点牲、劝神、唱牛哥、合兵、送神等7个程序组成。整个仪式由两位司公任司仪。其中一人头戴面具，身着红法衣，脚蹬草鞋，专跳请神敬神的舞蹈，称为"跳师"；另一人着便装，专唱请神敬神的经文，称为"唱师"。

依饭节的祭神仪式结束后，族人一起宴饮、唱歌、耍龙舞狮，欢庆通宵。

依饭祭祀仪式隆重而神圣。祭祀前，将36位神灵画像挂于堂壁，面具摆放于祭桌上。选最长最饱满的糯稻谷穗，用彩带扎起，悬于墙上。堂屋中央的大桌上摆满用芋头、红薯刻成的水牛、黄牛模型，摆上五色糯米饭，其周围摆上芝麻、黄豆、八角、沙姜等12种农产品和鸡、鸭、鱼、猪心、猪肝等12种祭品，以示六畜兴旺、农渔牧副丰收，不忘神恩祖德。歌师身穿红衣围桌边唱边舞，歌唱劝人去恶向善的"十劝歌"，教人尊父母、敬师长、睦邻里、诚实为善、信誉行商、勤俭持家、奉公爱国等等，较全面地揭示了仫佬人的伦理道德观念和追求完美人生的理想。依饭节结束时，将谷穗和耕牛模型分送给各家各户。

2006年，经国务院批准，仫佬族族依饭节列入第一批国家级非物质文化遗产名录。

毛南族肥套　类别：民俗　编号：X－17
申报地区或单位：广西壮族自治区环江毛南族自治县

"肥套"是毛南语，即"还愿"之意。"肥套"先前专用于毛南人生育子嗣后而举行的敬神还愿活动。请祭司借助傩面具扮演各类神灵与人交流，穿插歌、舞、乐、戏形式敬天地仙神，祈祷平安兴旺和幸福吉祥。毛南族肥套种类繁多，内容丰富，其主要表现形式有傩歌、傩舞、傩戏、傩乐、傩传说、傩面具雕刻几大类。"肥套"共有十几个舞蹈场面，"还愿"时需要摆设各种"供桌"，搭神坛，在神坛上"安楼"，挂神像，舞蹈活动均由一班师公主持。当主唱的师公念请哪位神时，即由师公

"肥套"仪式

戴上该神的木面具舞蹈。舞蹈的主要内容是"还愿"，希望通过祈神活动得到"恩赐"，使以后的子孙兴旺发达。其过程由主唱师公念咒语、唱神书。之后还要表演登梯、超度、架桥、拣花、送花、坐殿等舞蹈。舞蹈的基本

动作有软拜步、起伏碎步、甩袖、绕手轻拜、跳小步和辗转绕圈等。动作轻柔悠然，气氛较为庄重肃穆。男性神多身穿龙袍、蟒袍，袍上绣着各种鲜艳的图形，并配上闪光片。女性神则上衫下裤，不穿裙，与民间妇女的服饰大致相同。木面具是"肥套"的主要道具之一，有万岁娘娘、鲁仙、雷王等36面面具，根据毛南族诸神的司职身份和性格特点雕刻而成，分善、恶、贵、贱四大类型，形象生动逼真，造型奇异，形态传神。面具须选用特定木材，历经手锯、砍切、刮刨、笔绘、初雕、细刻、打磨、上色等10余道工序方能制成，工艺复杂，技术精细。

肥套传承人谭信慈的雕刻技术炉火纯青，他也是目前唯一全面掌握毛南傩戏木面具雕刻技术的人。1995至2003年，毛南傩戏班子两渡日韩、四下东南亚演出，中央电视台以及日本、英国等国家和香港、台湾等地区的多家电视台也慕名来到环江，邀请谭信慈的傩戏班子进行演出，并拍成专题片。

毛南族"肥套"于2006年5月20日经国务院批准，列入第一批国家非物质文化遗产名录。

羌族瓦尔俄足节　类别：民俗　编号：X—18
申报地区或单位：四川省阿坝藏族羌族自治州

羌族是中国古老的民族之一，自称尔玛人，因依山而居，被称为云朵上的民族，主要聚居于四川省阿坝藏族羌族自治州的茂县。地处茂县北部的曲谷乡西湖寨、河西村千百年来一直流传着这样一个习俗，为祭祀天上的歌舞女神莎朗姐，每年农历五月初五都要举行"瓦尔俄足"活动，汉语俗称"歌仙节"或"领歌节"。因是羌族女性为主要角色的习俗活动，当地人又称之为"妇女节"。

"瓦尔俄足"的活动有一定程序，节前夜，寨中妇女围聚在火塘边制作祭祀女神的太阳馍馍、月亮馍馍和山形馍馍（舅舅陪同）；舅舅开坛、祝词；制作摆供品。"瓦尔俄足"这天前往女神梁子祭拜（舅舅带领）；举行敬献、祭杀山羊仪式；舅舅唱经、酬神、祈神、领歌引舞。寨中有威望的老妈妈讲述歌舞女神莎朗姐的故事，让人们知道爱情、生育、家务等传统。男人们在旁烹饪、伺候，伴有歌舞。依照传统古规，若本寨当年有13岁至50岁妇女死亡，则当年不举办"瓦尔俄足"。

瓦尔俄足活动中，舅舅自始至终的参与，体现了远古时期羌族女性群体活动与舅权的特征，带有浓郁的原始母系崇拜的遗迹，对了解古羌民族的文化及女神崇拜、女性习俗等有着重要的研究价值。

羌族传统节日瓦尔俄足，从其形成、发展的历史进程看，与本民族历史、传统文化、古老的母系崇拜习俗密不可分。2006年，该民俗经国务院批准列入第一批国家级非物质文化遗产名录。

苗族鼓藏节　类别：民俗　编号：X—19
申报地区或单位：贵州省雷山县

鼓藏节，俗称"吃牯脏"，是苗族祭祀本宗族列祖列宗的大典，是以血缘宗族为单位进行的祭鼓活动，是苗族最为隆重而神圣的节日。主要流布于雷山县9个乡镇的苗族村寨和榕江县的部分苗族村寨。鼓藏节每隔12年举办一次，苗族习惯首尾两头数，也有称13年过一次鼓藏节的说法，每届持续4年，现在改为3年，习惯称第三年为鼓藏年。鼓藏节中的"牯"是祖先神灵的象征，鼓藏节的仪式活动都以"鼓"为核心来进行。苗族鼓藏节具有特定的过节程序、仪式和专门的"鼓藏语言"。同时，要推举"鼓藏头"。"鼓藏头"便是全鼓社的权威，被视为祖神的代言人。鼓藏节是苗族传统的祭祀大典，其规模宏大，节日仪式复杂、独特，持续时间长，节日的宗教功能突出。鼓藏节在数年的节日过程中，不断对"鼓社"全体成员进行苗族历史和传统文化的再教育，对全体成员进行苗族文化身份的强化教育。鼓藏节中诵读的口传历史迁徙歌，是苗族的口传史，是研究苗族历史的重要依据。在鼓藏节中展示的苗族服饰和歌舞艺术，

鼓藏节

极具民族学、艺术学和美学价值，是研究苗族历史与文化的重要依据。鼓藏节的第一年二月申日，全社男女老幼集中到迎龙场的枫香神树下，由"鼓藏头"在五彩宝辇下主持"招龙"仪式。全体族人则在山上植树造林，而后在

迎龙场集体踩鼓跳笙。雷山县各地苗族过鼓藏节的时间不同。

苗族鼓藏节具有鲜明的民族传统文化内涵，是苗族人生价值观的展现，怀念祖先、尊老爱幼、和睦相处、勤劳俭朴、富裕安康等是鼓藏节的祷告主题。2006年，该民俗经国务院批准列入第一批国家级非物质文化遗产名录。

水族端节　类别：民俗　编号：X—20
申报地区或单位：贵州省三都水族自治县

水族主要聚居在贵州三都水族自治县境内以及都匀、独山、荔波、榕江、雷山、丹寨、从江、福泉和广西河池等黔桂交界地区。水族同胞所欢度的民间节庆最为隆重、最盛大的当数端节，相当于汉族春节。

水族称端节为"借端"（又称瓜节），"借"是水语"吃"的音译；"端"含有汉语"开端"、"岁首"之意。在水族的节日中，过端节的地域最广、人数最多，端节是人们辞旧迎新和祭祀祖先的节日，这天，人们不仅敲鼓，还要上坡赛马。

端节的主要活动是祭祀，"除夕"与"初一"相连的两餐要设素席祭祖，因此要认真清洗用具器皿；祭品以鱼包韭菜的清蒸、清炖鱼为主，辅以酒饭瓜果，设祭时往往要将糯米饭，清蒸鱼等作为陈列品，表示托远祖过上好日子，往后依旧靠劳动去开拓幸福。端节的庆祝活动主要体现在赶端场，赶端场在端节的头一天，如第一个亥日正好在八月初，须延至第二亥日，俗称"头个猪不吃"。在端节活动中主要举行赛马、斗牛、斗鸡、芦笙舞、铜鼓舞、山歌对唱等传统节目，此外还有男女登山、剪纸、猜谜等带有现代气息的项目。此时，在比赛场上，设立临时"主席台"，由一位有声望的人负责整个活动，保证各项庆祝活动有条不紊地进行。比赛场上，人山人海，人们穿着节日的盛装，五彩缤纷，夺目耀眼，给庆祝活动增添一道亮丽的风景线。2006年，水族端节连同水族马尾绣、水书被列入首批国家非物质文化遗产名录。

布依族查白歌节　类别：民俗　编号：X—21
申报地区或单位：贵州省

布依族查白歌节是贵州省西南兴义一带布依族纪念性的节日，每年农历六月二十一日至二十三日在兴义市顶效镇查白场村举行。它源于布依族口传民间故事《查郎与白妹》，是为纪念古时当地一对为民除害、抗暴殉

布依族姑娘

情的男女青年查郎、白妹而得名。查白歌节主要的活动内容有：唱山歌、吹木叶、弹月琴赛歌、寻亲访友、吃汤锅（相传汤锅里煮的是当年一只恶虎，吃了后能祛病去灾，现在改吃狗肉、牛羊肉汤锅）、赶表和祭山等，一般连续3天。节前各家拆洗衣服被帐，挂满村寨前后，象征干干净净，清清白白。节日里，男女老少汇集查白场，同吃狗肉汤锅、五色糯米饭和"冤枉坨"，并在查白树下悼念查郎、白妹，到查白井取水净心，到查白庙敬香，这一天查姓村民要请摩公端公主持祭祀活动，中老年人在查白树下用布依古歌唱查白，祭查白，以此传承查白故事。布依族青年男女则穿着节日盛装到查白桥、查白河、松林坡、查白洞、查白井等风物景点去吹木叶、打花包、浪哨交友。夜晚各家坐满亲友，通宵喝酒、唱歌。到二十二日，青年男女互送信物后依依不舍地离去。查白歌节不仅是纪念性节日，更是布依青年谈情说爱的独特时机。青年男女来到查白场一展歌喉，相互对歌。对歌又称"四、六、八句"，多为情歌，讲究有问有答，而且严格要求合韵，答歌者必须用问歌者的最后一句歌词作自己歌的开头，并用这句歌词的韵脚起韵。

　　查白歌会规模极大，每年参加者上万人，还有专门从广西、云南赶来的布依族和游客。

过去，人们把查白歌节称之"赶查日"，在漫长的历史岁月中，节日已逐渐演变为多民族参加的布依族传统节日，并增加了许多新的内容，影响也在日益扩大。1982年5月，兴义县人民政府行文将"赶查白"定为"查白歌节"。2006年，该民俗经国务院批准列入第一批国家级非物质文化遗产名录。

苗族姊妹节　类别：民俗　编号：X-22
申报地区或单位：贵州省台江县

苗族姊妹节，苗语叫"浓嘎良"，它以苗族青年女子为中心，以邀约情人游方对歌、吃姊妹饭、跳芦笙木鼓舞、互赠信物、订立婚约等为主要活动内容。被喻为"藏在花蕊里的节日"，是"最古老的东方情人节"。苗族姊妹节又称"姊妹饭节"，是贵州台江县老屯、施洞一带苗族人民的一个传统节日，每年农历三月十五日至十七日举行。届时苗族青年男女穿上节日盛装，聚集于榕江、杨家、偏寨，欢度传统佳节。台江县域内各支系的苗族过姊妹节的时间不尽相同，大都在正月至五月间。台江苗族姊妹节最具代表性和影响力的，要数施洞地方的姊妹节。

对歌　　　　　　　　　　踩鼓

苗族姊妹节历史悠久，吃姊妹饭是这个节日的重要礼仪事项。按本地人的说法，吃了姊妹饭，防止蚊虫叮咬。姊妹饭同时也是姑娘们送给情侣以表达情意的信物，是节日中最为重要的标志。下田撮鱼捞虾是姊妹饭活动之一，一个寨子的姑娘与另一个寨子的小伙子相约，以撮鱼捞虾谈情说爱等风俗活动寻找意中人。踩鼓是整个社区参与节日活动的重要方式，姑娘们在父母的精心打扮下，身着节日的盛装聚向鼓场踩鼓，从鼓场上可以看出谁的服饰艳丽，谁的银饰既美又多，苗族人以此方式展示自己的服饰文化。姊妹饭颜色有象征意义,绿色象征家乡美丽的清水江,红色象征寨子发达昌盛,黄色象征五谷丰登,紫蓝色象征富裕殷实,白色象征纯洁的爱情。此间,古老的苗族歌舞艺术、剽悍惊心的舞龙斗牛娱乐活动、宁静温馨的农家田间生活与追求返璞归真的现代旅游活动交织互动。

2006年,该民俗经国务院批准列入第一批国家级非物质文化遗产名录。

独龙族卡雀哇节 类别:民俗 编号:X—23
申报地区或单位:云南省贡山独龙族怒族自治县

独龙族卡雀哇节流传于云南省怒江傈僳族自治州贡山独龙族怒族自治县西部独龙江流域的所有独龙族村寨。

卡雀哇节在每年农历腊月举行,节期最短3天,最长9天。1991年,贡山独龙族怒族自治县人大常委会根据独龙族人民的意愿,把每年的公历1月10日定为独龙族的卡雀哇节。节庆内容包括木刻传信、跳锅庄、射击猎物模型、火塘烧松叶求吉祥、喝木罗酒、剽牛等。各村寨的卡雀哇节节期前后相续,居住于独龙江上游的村落最先揭开节日序幕,由上游经中游而至下游,各村寨依序进入节期,整个独龙江流域独龙族山寨的卡雀哇庆典前后持续一个月。

卡雀哇节对探索独龙族文化发展的轨迹有重要价值。卡雀哇节日中保留着刻木传信的信息传播方式,是研究没有文字族群的社会组织机制的珍贵样本。

怒族仙女节 类别:民俗 编号:X—24
申报地区或单位:云南省贡山独龙族怒族自治县

怒族仙女节又称"鲜花节",流传于云南省怒江傈僳族自治州贡山独龙族怒族自治县的怒族聚居区,每年农历三月十五日举行,延续3天。节庆活动包括祭祀仙女洞并迎接圣水、歌舞求福、体育竞技三大类。

怒族仙女节的起源,一种说法是源于原始崇拜,另一说法是怒族早期母系氏族尊崇女性的一种遗俗。怒族信奉仙女,以祈求安泰。为了纪念传说中的仙女阿茸姑娘,在她死后的第二年农历三月十五,人们举行祭拜活动，逐渐形成仙女节习俗。随着时代的发展，祭祀仙女仪式已渐渐淡化，歌舞求福和体育竞技成为仙女节的主要活动内容。

怒族是我国人口较少且跨国境线而居的少数民族之一，其传统文化极易受到外界因素的冲击，仙女节的传承曾一度中断，直到上世纪80年代以后才得以恢复。怒族仙女节体现出原始宗教尤其是自然崇拜、生殖崇拜的意识。该项目2006年被列入国家级非物质文化遗产名录。

侗族萨玛节　类别：民俗　编号：X—25
申报地区或单位：贵州省榕江县、黎平县

侗族萨玛节，是贵州南部侗族地区现存最古老的传统节日。榕江县车江大坝的三宝侗寨最为盛大。"萨玛"是侗语音译，"萨"是"祖母"之意，"玛"译为"大"，萨玛可汉译为"大祖母"，是侗族公认的先祖。"萨玛"在族人眼中至高无上、能力超群，在她的庇佑下，族人才能获得力量去战胜来犯的敌人和自然灾害，保佑人们安生乐土、兴旺不息。因而被侗族人民虔诚崇拜、奉为神灵。民间传说，萨玛的父母和乡亲逃乱到了今天的贵州，在大团寨落脚。父母被一个大财主加害身亡之后，萨玛与舅父在六甲寨居住。几经辗转还是被大财主找到。萨玛和他丈夫带领乡亲们殊死反抗。在州府做官的大财主之子上书朝廷，诬告侗人造反。由于不敌朝廷派来的大军，最终萨玛跳崖英勇牺牲。萨玛是侗族的女英雄，被世代崇敬。为纪念这位女性先祖，每年的阴历正月、二月（偶尔也因农时或其他活动

萨玛节盛况

变更为其他月份)举行祭典,千古流传,演变为今天的萨玛节。萨玛节一般为每个村庄各自祭祀或邻村共同举办,场面蔚为壮观。大多地方全寨男女老少一齐参加。独榕江县的三宝侗乡,则以已婚妇女和尊贵的男性老人为主,这也体现了母系氏族社会的遗存。祭祀活动中。首先由一名"管萨人"为萨玛烧香敬茶,其他穿着节日盛装的家庭主妇排队祭祀,每人折树枝插在发髻并喝一小口祖母茶,随后所有人跟随一名拿着伞的人绕村寨一周。然后在村子的广场欢歌热舞,把桌子连接成长长的宴席,父老乡亲们一同宴饮,为村寨祈福。

2006年,由贵州省榕江县申报的侗族萨玛节入选第一批国家级非物质文化遗产名录。

仡佬毛龙节　类别:民俗　编号:X—26
申报地区或单位:贵州省石阡县

仡佬毛龙节是贵州石阡仡佬族世代传下来的民间节日,主要流传于贵州省石阡县龙井、汤山等乡镇的仡佬族村寨。该节日是以仡佬族民间"龙神"信仰为主的一种信仰民俗活动,活动时为每年大年三十夜至正月十六左右。大年三十夜至正月初二、三,由当年的"堂主"带领几名青年到各家各户集资,俗称"化公德"。然后,指定办事能力较强的青年人采购本地无法采集的"扎龙"所需材料。其次是请篾匠师傅烧纸"破竹",选定一个适当的场所设立"灯堂",请艺人"扎龙",同时召集寨中男性老少共同参与,亦为传承"扎龙"技艺。最后是"玩龙"。扎好了"毛龙",先请先生选定一个好日子(一般在正月初六、初七),举行开光、请水仪式后,才能走村串寨或集中表演。"开光"时,在"堂主"家屋内焚香烧纸,先生要念咒语,在"龙头"、"龙尾"上用香各烧三孔,谓之"通气",即成"龙神"。接着出门到本寨附近的祠堂、洞、有水的河沟或水井处"敬祖请水",然后才到村寨内家家户户"玩龙"。一般到正月十五、十六便是"烧龙"的日子。烧龙时,排列好毛龙队伍,敲锣打鼓(有的燃放鞭炮),行至事前选择好的地点,把事前写好的疏文焚烧,表示本寨诚心诚意玩了毛龙,敬奉了神,乞求保佑全村人民平安大吉。与烧龙同时举行的仪式是"放路烛",即在烧龙的路上每隔5尺插上路烛,其意表示放了路烛,以祈六畜兴旺、五谷丰登、家家户户平平安安。烧完毛龙,将衣箱、锣鼓、剩余钱物送到下届"堂主"家中，进门后新的"堂主"招呼烟茶，招待夜宵。最后，大家向主人告别各自回家，玩龙就算结束。

毛龙节

　　石阡古代"仡佬毛龙"的传承自然传承为主，较为随意，但从典礼主持、扎艺和龙头、龙尾表演者的角色身份来看，仍然表现出传承中的规定性，"堂主"是具有较高地位的年长者。"仡佬毛龙"是仡佬族民族信仰的标志，所蕴含图腾崇拜以及仡佬族语言、工艺、歌舞等内容，是研究古代仡佬族传统文化的珍贵财富。

　　2006年，该风俗经国务院批准列入第一批国家级非物质文化遗产名录。

傈僳族刀杆节　　类别：民俗　　编号：Ⅹ—27
申报地区或单位：云南省泸水县

　　傈僳族刀杆节，傈僳语叫"阿堂得"，意思是"爬刀节"，它是居住在云南省怒江傈僳族自治州泸水县境内的傈僳族以及彝族的传统节日，节期是每年正月十五日。

　　刀杆节相传是纪念一位对傈僳族有重恩的古代汉族英雄：明代兵部尚书王骥受朝廷派遣，率兵马到云南边陲傈僳族居住地区部署军民联防，在当地百姓的配合下，赶走了入侵的敌人。为了使边境民富兵强，他带领傈僳青年习武练勇。后来皇帝听信谗言，毒死王骥。傈僳族人民把这位英雄献身的忌日定为自己民族的传统节日——刀杆节，并用上刀山、下火海等象征仪式，表达愿赴汤蹈火报其恩情。

　　刀杆节前夕，熊熊烈火映红天际，声声芒锣在山谷回荡。人们从四面八方涌向火堆，参加刀杆节的开幕式——"跳火海"。在阵阵鞭炮和锣鼓声中,首先七八名"香通"(上刀杆表演者)为众人表演"跳火舞"。他们上身裸露,光着脚,模仿各种禽兽动作,在一堆一堆烧红的木炭上,来回跳动,还不时抓炭火在身上揩抹,圆浑的火球在手中翻滚、搓揉。他们毫不畏惧地在火堆里跳来跳去,并将烧红的铁链在手上传来传去,表现出英勇无畏的精神。经过火的洗礼,意味着在新的一年里消除各种灾难。

上刀杆

次日上午举行"上刀杆"的活动。会场中央,矗立着二根约20米高的粗大栗树杆,木杆上绑有36把锋利的长刀,每把刀相距尺许,刀刃全部朝上,银光闪闪,形成一架让人生畏的刀梯。就在人们敬畏担忧之时,上刀杆必不可少的祭祀开始了,几个穿着红衣裳,头戴红包头,光着脚的勇士,健步来到刀杆下,跪在一幅古代武将画像前,然后双手举酒杯过头,口中念念有词,接着将酒一饮而尽。在鞭炮和锣鼓声中,他们纵身跃起,轻盈敏捷地爬上刀杆,赤脚蹬在锋利的刀刃上,双手抓着刀梯,一步一步往上爬。上到杆梯顶后,依次进行开天门、挂红、撒谷等表演,还要作高难度倒立动作和燃放鞭炮。几千名观众仰首观望,不时爆发出阵阵喝彩声。最后,"上刀杆"的人齐聚杆顶,以示胜利,又把一面面小红旗掷向四方八面,祝愿傈僳儿女大吉大利。然后,他们又从容地脚踩锋利的刀刃次第而下,待他们平安站立在草坪上时,一个个神情自若,皮肉无一损伤。

刀杆节是傈僳族人民自然崇拜的产物，更是傈僳族人民人们还要进行歌舞表演。古老而又奇特的刀杆节，已被有关部门正式定为傈僳族的传统体育活动。该项目2006年被列入国家级非物质文化遗产名录。

> 塔吉克族引水节和播种节　类别：民俗　编号：X—28
> 申报地区或单位：新疆维吾尔自治区塔什库尔干塔吉克自治县

新疆帕米尔高原上的塔什库尔干塔吉克自治县，气候寒冷，空气稀薄，人口稀少，居住分散。每年开春，必须破冰引水，才能春播。

每年开春播种时节，男女老少集体行动起来，砸开冰块，引水入渠，灌溉耕地。当清澈的雪水从水渠里滚滚流来时，人们欢呼起来。欢呼声中，妇女们早已在地上铺好单子，放好直径足有50厘米的节日大馕，用小刀切成小块，放在盘子里。还摆上一种叫"代力亚"的饭，是用大麦或青稞碾碎成粒状，加入适量的干奶酪，水煮成粥。这时，大家欢聚一起，吃馕喝粥，相互祝贺节日。同时，小伙子吹响了鹰笛，妇女们敲响了手鼓，男人们跳起了鹰舞，大家唱起了欢快的歌，这是破冰引水成功的庆典。这时，从山上骑马回来的小伙子，放下手中工具，开始了赛马、刁羊等活动。年年春种，年年引水，在历史的沉淀中，形成塔吉克族的特殊节庆"引水节"。"引水节"，塔吉克语称"孜瓦尔节"，"孜瓦尔"即"引水"之意。

"引水节"一过的第二天，春播开始，全村各家各户带一点麦子聚集到田野，公众推选一位全村尊敬的长辈来主持撒种。过去，这种人叫"米拉甫"，就是"水官"的意思，他负责组织村民到水渠上撒些土，加速冰雪融化，为破冰引水作准备。引水节中的引水、播种等一切活动，都由"米拉甫"主持安排。现在村里的干部也积极参与配合，组织大家参加义务破冰修渠。

播种仪式开始了，"米拉甫"口中唸唸有词，把种子一把把向田间的的人群撒去，撒完种子，有人把一头膘肥体壮的耕牛牵入田里，象征性地犁上几犁，撒几把麦种以示开播。然后给耕牛喂些形如犁铧、犁套之类的面食，表示对耕牛的慰劳。整个过程充满了祥和、热烈、喜庆的气氛。这就是"播种节"，塔吉克语称为"铁合木祖瓦斯节"，"铁合木祖瓦斯"，是"播种"或是"开始播种"的意思。

播种节里还有一种有趣的礼俗，家里若有客人，妇女们早已端着盛满水的水桶、脸盆，或站在门口，或上到房顶。等待客人一走过来，水就向他们泼来。年轻人还相互追逐泼水，喊叫声、欢呼声、笑声汇成一片，场面热闹。塔吉克人的泼水有祈求风调雨顺、粮食丰收之意。

破冰引水

　　塔吉克族引水节、播种节的日期不固定，一般由村里的老人根据气候的变化来决定，在每年的塔吉克族春月间（公历3月22日至4月22日）举行仪式，目的是为了祈求吉祥和丰收，让全村人过上好日子。这两个节日是连在一起的，第一天过引水节，第二天就过播种节。该项目2006年被列入国家级非物质遗产名录。

土族纳顿节　类别：民俗　编号：X—29
申报地区或单位：青海省民和回族土族自治县

　　纳顿节是土族人民喜庆丰收和社交游乐的节日，也称"庄稼人会"、"庆丰收会"等。"纳顿"是土语，意为"娱乐"。举行时间可谓超长，从夏末农历七月十二日开始，一直持续到秋天农历九月十五日才告结束，历时近两个月，所以有人称纳顿节是"世界上最长的狂欢节"。

　　关于纳顿节的起源，当地流传着许多传说。相传从前有一位技艺高超的土族木匠，皇帝慕名召他去修建皇宫。三年后，一座富丽堂皇的宫殿建成了。但恶毒的皇帝为了独享其成，竟下令要杀害木匠。木匠连夜逃到家乡，组织早已不堪皇室虐待的乡民们造反起义。皇帝闻讯派大军前来镇压。机智的木匠立即让乡亲们敲锣打鼓，扛着制好的战旗，挥舞着已涂上染料的兵器向村庄的庙宇走去。皇帝的军队大惑不解，村民则告之："我们正在庆祝今年的收成，跳纳顿答谢上天的恩赐呢。"于是大军撤回。此后为了纪念这位机智的木匠，一年一度的纳顿就传了下来，并逐渐隆重起来，成为庆祝丰收的盛大节日。

纳顿节分三个阶段进行。首先是筹备，从清明节开始，三川各村即在本村的神庙祭奠二郎神和地方神，并推选出当年七月举办纳顿会的"大牌头"和"小牌头"，他们在节前负责筹集经费，维持本村社会秩序，协调生产管理（如田间用水顺序）等，节日期间则具体负责活动的组织和实施。其次是小会，节前，村民在会场搭建大型帐篷，以供安放神像和进行祭奠。节前一日，大小牌头敲锣打鼓，进行祭典等一系列活动。然后便是纳顿节的正会。纳顿节的正会由跳会手、跳面具舞、跳"法拉"（巫）三部分组成。

2006年，该民俗经国务院批准列入第一批国家级非物质文化遗产名录。

雪顿节　类别：民俗　编号：Ⅹ—31
申报地区和单位：西藏自治区

每年藏历六月底七月初，是西藏传统的雪顿节。在藏语中，"雪"是酸奶的意思，"顿"是吃、宴的意思，雪顿节就是吃酸奶的节日，因此又叫"酸奶节"。因为雪顿节期间有隆重热烈的藏戏演出和规模盛大的晒佛仪式，所以有人也称之为"藏戏节"、"展佛节"。传统的雪顿节以展佛为序幕，以演藏戏、看藏戏、群众游园为主要内容，同时还有精彩的赛牦牛和马术表演等。

雪顿节起源于公元11世纪中叶，最初纯属宗教节日。佛教的戒律中最忌讳的是杀生害命。由于夏季天气变暖，草木滋长，百虫惊蛰，万物复苏，其间僧人外出活动难免踩杀生命，有违"不杀生"之戒律。因此，格鲁派的戒律中规定藏历四月至六月期间，僧人只能在寺院待着，关门静静地修炼，称为"雅勒"，意即"夏日安居"，直到六月底，天气转凉，进入秋季，各种小生灵逐渐收敛蛰伏起来，外行伤生机会减少，故此时禁令解除。经过闭斋修行的僧侣得到许可，纷纷走出寺院，世俗百姓和广大信众都准备酸奶行善施舍，他们不但可以享受可口的酸奶佳宴，而且还可尽情走动玩耍，这就是雪顿节的最早由来。

17世纪中期，"雪顿"节活动内容更加丰富多彩，开始演出藏戏，并以哲蚌寺为活动中心，故又称之为"哲蚌雪顿"，从此便形成了固定的"雪顿节"。五世达赖喇嘛罗桑嘉措从哲蚌寺移居布达拉宫后，每年藏历六月三十日在哲蚌寺举行藏戏汇演，次日必须赴布达拉宫专门演出。18世纪下半叶罗布林卡建成，夏季达赖喇嘛迁移到罗布林卡居住，雪顿节的活动便又从布达拉宫转移到罗布林卡。每年藏历七月一日，由拉萨、日喀则、穷吉、雅砻、堆龙德庆、尼木等地的藏剧团，6个"扎西雪巴"（藏戏的一种）戏班子，1个牦牛舞班子和1个"卓巴"（打鼓舞队）在罗布林卡进行联合演出。届时噶厦政府机关放假，全体官员要集中到罗布林卡陪达赖喇嘛看藏戏。中午噶厦政府设宴招待全体官员，席间必有上等的酸奶。在此期间，允许拉萨市民及附近藏族群众进入罗布林卡观看藏戏，这便逐渐形成了一整套固定的节日仪式。雪顿节经过了300多年的发展历史，已经形成了丰富多彩、独具雪域藏族特色的全民性的艺术节。

随着历史的演变，如今雪顿节已经成为集传统展佛、文艺汇演、体育竞技、招商引资、经贸洽谈、商品展销、旅游休闲为一体的传统与现代相结合的盛会。"雪顿节"于2006年被列入"第一批国家级非物质文化遗产名录"。

成吉思汗祭典　类别：民俗　编号：X—34
申报地区或单位：内蒙古自治区鄂尔多斯市

成吉思汗祭典是蒙古族传统祭祀习俗之一，始于窝阔台汗时期、到忽必烈汗时已完善。鄂尔多斯伊金霍洛旗的成吉思汗祭典便是沿袭古代的祭礼，已有800多年的历史。

成吉思汗祭典是建立在蒙古人万物有灵与灵魂不灭论的观念之上，传统祭祀仪式均由萨满师来主持。后藏传佛教传入蒙古地区后虽对成吉思汗祭祀仪式产生了一定的影响，但整个仪式中的各个祭祀习俗均较好地保存了蒙古族古代萨满教的习俗仪礼。因此，从根本上说，成吉思汗祭典是名副其实的萨满教特征的祭祀习俗。成吉思汗祭奠由达尔扈特人主持，达尔扈特是成吉思汗陵守灵部落，在近800年的世代祭祀习俗中达尔扈特人保留着13世纪时的祭祀原貌，其形式独特、内容丰富，内涵深刻。

成吉思汗陵

　　成吉思汗祭祀内容包括"白八室祭祀"及"苏勒德祭祀"两个部分。按祭祀时间可分为平日祭、月祭和季祭等。白八室的春祭为一年四季中规模最大、最隆重的祭祀，每年的农历三月二十一日举行。届时，各盟旗均派代表前往伊金霍洛成吉思汗陵祭祀。这一天，众多的拜谒者怀着虔诚的心情，千里跋涉来献上洁白的哈达，点上珠拉，敬献全羊、奶酒等圣洁的祭品。该祭祀仪式由嘎日力音塔黑勒格（祭火）、也和塔黑勒格（大祭）、希布希勒格（民间咒语）、鄂尔敦的塔黑勒格（宫廷内的祭祀）、乌德西音塔黑勒格（晚上的祭祀）等部分组成，其祭祀仪式最为隆重。平日祭祀不同于月祭和季祭，其规模和仪程较简洁，祭祀时诵唱《伊金桑》，燃祭珠拉和贡献简单的供品即可。"伊金"是指圣主成吉思汗，该赞词充分体现了蒙古族古代诗词格律特点，也保持了蒙古族萨满教古老的文化特征。苏勒德祭祀也分为日祭、月祭和季祭等。其中每年的农历七月十四日的祭祀为最为隆重。包括了献全羊、献珠拉、诵咒语等内容。

　　成吉思汗祭祀主要表现了蒙古人崇拜长生天、祖先、英雄人物的世界观。此祭祀习俗保持着古老的蒙古民族牲祭、火祭、奶祭、洒祭等形式，2006年经国务院批准成吉思汗祭典被列入国家级非物质文化遗产名录。

祭敖包　类别：民俗　编号：Ⅹ—40
申报地区或单位：内蒙古自治区锡林郭勒盟；新疆维吾尔自治区塔城市

"敖包"系蒙语，意为"堆子"，由石头和土堆砌成的塔状物。祭祀敖包的习俗源于蒙古人崇拜高山大石等原始宗教信仰，它是蒙古族萨满教的重要祭祀神物之一。

敖包多数建在高地，由土堆和石块堆积而成。最下面的称为台基，是由土堆圆坛上堆积石头砌成，台基上面呈圆锥体。敖包多为单个体，也有5、9、13一组的。其中13座敖包最为尊贵，位于最中间的敖包往往体积最大，称为主敖包，其余的小敖包称为附敖包。主敖包与附敖包的位置布局有一定的喻义。敖包的种类繁多，有成人敖包、妇女敖包、儿童敖包、寺院敖包、村落敖包等。每逢人们外出远行，凡是路经有敖包的地方都要参拜敖包，往敖包上添几块石头，以此祈祷平安。

祭祀敖包仪式多在每年的农历五月举行，届时牧民从四面八方云集于敖包下，用松柏、红柳、五彩花卉装饰，在敖包前摆放烤全羊、奶食品、糕点等供品。整个祭祀仪式由祭祀敖包仪式和敖包乃日两大部分组成。藏传佛教传入蒙古地区之前，祭祀仪式多由博（萨满师）来主持，有血祭、洒祭、火祭等形式。血祭为杀羊宰牛供奉敖包神灵；洒祭为敖包前滴洒鲜奶、奶油、奶酒等物以祈求幸福；火祭为在敖包前燃起柴薪，将肉食、奶食、柏枝等投入火中焚烧。随着藏传佛教传入蒙古地区，敖包祭祀仪式中也出现了身着僧服的喇嘛师傅们的身影，甚至有些地方的敖包祭祀仪式全由喇嘛师傅主持，从而整个仪式具有藏传佛教的特点，并且为了与蒙古族传统祭祀习俗相融合专门创编祭祀敖包的经文，如《祭祀敖包的经典》。祭祀仪式结束，前来祭祀的民众

蒙古族敖包

举行"乃日"仪式，也称那达慕，举行赛马、射箭、摔跤等蒙古族传统技艺比赛。还有唱歌、跳舞、说书娱乐活动等，牧民们载歌载舞，整个"乃日"在欢声笑语中结束。

现在，蒙古族很多地区还延续着祭祀敖包的习俗。实质上这是继承了传统祭祀神灵赐福消灾的习俗，尤其与蒙古族古老的萨满祭祀和崇拜高山、石堆和树木等观念紧密相连。该项目2006年被列入国家级非物质文化遗产名录。

白族绕三灵　类别：民俗　编号：X—41
申报地区或单位：云南省大理白族自治州

大理白族绕三灵，白族称为"观上览"或"祈雨会"。绕三灵属农闲季节白族民间的自娱性迎神会，流传于云南省大理白族自治州苍山洱海周边地区的白族村寨，是当地白族人民农忙前游春、歌舞的盛大集会，迄今已有一千多年历史。

三灵指"神都"圣源寺、"仙都"金奎寺、"佛都"崇圣寺。相传起源于唐代时期西南地区的南诏国。每年农历四月二十三日至二十五日，洱海周围上百个村寨的男女老少，浓装淡抹，各村为一队，从大理城出发，至洱海边的河矣村终止，历时三天，主要是串游这三个寺庙，所以称为"绕三灵"。

清代白族学者杨琼曾记述：大理有绕三灵会，每年季春下浣，男妇坌集，始千万人，十百各为盛……男者犹执巾秉扇，足踏、口歌或拍霸王鞭……绕三灵。追根溯源是由"祈雨"活动演变而成。每年农历四月二十三日至二十五日，栽秧季节到来之前，人们都要组织大型祈雨活动。而祈雨期间正是人们聚会的好时机，实际上也是紧张的水稻栽种之前，人们的一种特殊的游春活动。

绕三灵队伍以村为单位，队伍分为三部分：每队前有一男一女（有时也为两男或两女）的老人（称花柳树老人），头缠大白包头，身穿雪白对襟衣，着彩色绸裤，脚穿缀有红绒球的彩线凉鞋，打扮得十分风趣，二人共扶一枝杨柳，柳枝上挂一个葫芦，一块彩绸，一人执拂尘，一人执红扇或甩白毛巾，二人边舞边对唱白族"花柳曲"，唱词幽默诙谐。中部队伍除了吹笛子的一人外，有男女舞者数十人，有的唱调子、打霸王鞭、敲八角鼓、双飞燕。队尾则由吹树叶的一人和数十位亦歌亦舞、手执扇子或草帽的妇女组成。大家排成"一字长蛇阵",在花柳树老人的带领下,形成数万人参加的春游活动。

每到一个村庄,村民还要出来有意阻拦,并推出最优秀的歌手与之对唱对跳,唱够了,跳够了,才让对方上路。往往出现许多逗笑斗趣、插科打诨的场面。晚上,人们三三两两地在田野和树林里燃起一堆堆篝火,烧茶煮饭。饭后,老人一边喝茶,一边弹三弦,唱"大本曲",青年男女则约上相好,到树林深处谈情说爱,直至通宵达旦。

绕三灵舞队的主体,由霸王鞭和金钱鼓对舞组成。霸王鞭用竹做成,长约1米,是4个节的空心竹,鞭头有三组铜钱,尾端有二组。金钱鼓以木条围边成八角或六角,一面绷羊皮,直径约18公分,每片木条中间凿约一寸长方孔,内装铜钱二枚,用铁钉固定。活动时铜钱能碰击发出响声。舞时,女子持霸王鞭中端,男子手捏金钱鼓的一角对舞。

绕三灵的时间为三天。旧时,一路上经过的山、水、树林、村寨、寺庙和夜宿地点是千年前就选定下来的,从苍山脚一直绕到洱海边。在大理有句俗语:"三日逛北,四日逛南,五日返家园。"该项目2006年被列入国家级非物质文化遗产名录。

热贡六月会 类别:民俗 编号:X—43
申报地区或单位:青海省同仁县

"热贡"是藏语地名,意为金色谷地,位于青海省黄南藏族自治州同仁县境内。热贡六月会是藏族、土族群众中盛行的大型祭祀活动,举办活动的村庄有五十多个,已流传1400多年。

热贡六月会在每年农历六月十七日至六月二十五日之间举行。这正是高原上一年最好的季节,草原上鲜花怒放,牧草肥美,地里的小麦、玉米即将迎来收获的季节。其祭神方式在全藏区是独有的。这是一种原始宗教氛围浓厚、文化形态与文化内涵复杂而丰富的人文现象。它包括祭神、请神、迎神、舞神、拜神、祈祷、送神、军舞表演、神舞表演、龙舞表演等内容。

关于热贡六月会的渊源有不少的传说。其中一则说在很久以前,同仁地区有许多猛兽危害人类,后有大鹏鸟自印度飞来,降服了这些毒蛇猛兽，藏语把大鹏鸟叫做"夏琼"，为了供奉夏琼神，也为了保佑风调雨顺、五谷丰登，沿隆务河两岸的藏族、土族村庄都会进行盛大的祭祀活动，热贡六月会即从此发展而来。

热贡六月会的正式参加者只有男子和未婚的少女，其他人只是观赏者。六月会的节目形式多种多样，气氛热烈而庄重。除煨桑、请神、祭祀外，还有上口钎、开山、小品和山歌等。六月会自始至终都贯穿歌舞表演，主要分为"拉什则"（神舞）、"勒什则"（龙舞）和"莫合则"（军舞）三大类。"六月会"主要活动有诵经仪式、以舞娱神、上口钎、开山等。

举行祭祀活动的村庄都有一到两名"拉哇"（藏语，意为神人，汉语称为法师或巫师），在祭祀活动中扮演着特殊的角色。祭祀活动开始前几日，法师必须保持身体洁净，不能接触女性，并要到寺院里接受活佛们的洗礼。诵经祈祷仪式是六月会祭祀活动开始前的重要仪式，也是热贡六月祭祀活动中的重要特点。六月会祭祀活动中最突出的特点就是"以舞娱神"。六月会从头到尾贯穿歌舞表演，主要表演拉什则（神舞）、勒什则（龙舞）和莫合则（军舞）。拉什则由健壮的青年男子执鼓表演，动作铿锵有力。勒什则的舞姿轻盈奔放，向龙神唱赞歌、念颂词、上香焚纸，保佑村民人寿年丰。莫合则是一种古代藏族军队舞蹈，它是同仁地区三大舞蹈之一，舞者左手执弓，右手持剑，头戴圆形红顶丝坠帽，身佩红绿彩带，戴虎豹面具，高喊"喔哈—喔哈—喔哈"的口

号，舞出两军交战的场面，表演威武剽悍。人们通过"以舞娱神"这种古老的舞蹈祈求神灵保佑这方土地五谷丰登、六畜兴旺、风调雨顺。上口钎是法师为自愿的年轻人在左右腮帮扎入钢针，也称为"锁口"，据说此举可防止病从口入。上背钎是将10—20根钢针扎在脊背上，舞者赤裸上身，右手持鼓，左手击鼓，边敲边舞。独特节奏的龙鼓、粗犷优美的舞姿、多彩华贵的服饰、神秘虔诚的祈祷，给喜庆丰收的热贡藏乡带来了欢乐。开山是法师用刀划破自己的头顶，把鲜血撒向四面八方，这是一种古朴奇特的祭天方式，充分表现了藏族人民智慧和勇敢的品格。

热贡六月会具有很强的传统文化特点，它集仪式、庆典、歌舞、民间小戏表演为一体，具有艺术学、宗教学、人类学、民俗学、文化学等方面的研究价值。（申报时间）该项目2006年被列入国家级非物质文化遗产名录。

瑶族耍歌堂　类别：民俗　编号：X—45
申报地区：广东省清远市

"耍歌堂"是一项具有浓郁民族特色的活动，是广东清远市连南瑶族自治县排瑶的历史文化遗产。相传瑶族的祖先盘古王婆诞生于农历十月十六日，适逢秋收结束。为纪念祖先和欢庆丰收，瑶家便于这天或稍后的日子会聚一堂，举行"耍歌堂"活动。活动内容有纪念祖先、回忆历史、喜庆丰收、酬神还愿、传播知识等，这是瑶民最隆重最大规模的传统节日，同时也是排瑶青年男女谈情说爱和人们会亲结友的民间盛会。主要流行于三排（含南岗）、涡水、大坪、香坪（含盘石）、三江（含金坑）等6个镇的排瑶村寨。耍歌堂分大歌堂和小歌堂，大歌堂历时3天，每3年或5年举行一次，以各排为单位；小歌堂历时1天，每2年或3年举行一次，以姓氏为单位。举行歌堂由各排民众商议决定，但时间大都定在农历十月十六，如果这一天不是黄道吉日，便提前或推迟数日举行，地点一般选在较为平坦的半山坡上，又叫"歌堂坪"。耍歌堂有6大仪式，即游神大典、讴歌跳舞、过州过府、追打"三怪"、枪杀法真和送神，送神是耍歌堂最后一个仪式，即把祖先塑像送回庙宇里去。这时集体参加的各种仪式结束，人们各自归家，在晚餐席间，亲朋开怀畅饮，边饮边歌唱，歌曲多是叙述历史或神话故事。

耍歌堂

　　排瑶没有本民族的文字，耍歌堂便成了文化交流和传承历史的重要载体，具有很高的民族学、社会学、民俗学的研究价值。耍歌堂在明朝已具规模，经过几百年的承传和发展，耍歌堂成为排瑶历史变迁、民间信仰、文化艺术、风情习俗的浓缩和集中表现。另外，耍歌堂中瑶族男女佩带的精美头饰、配饰、服饰，独特的长鼓舞、师爷舞以及所用的牛角、铜锣、唢呐、芒笛、五月箫、长笛等民族民间乐器，有很强的民族艺术风格。2006年，耍歌堂经国务院批准列入第一批国家级非物质文化遗产名录。

壮族歌圩　类别：民俗　编号：X—46
申报地区或单位：广西壮族自治区南宁市

　　"歌圩"是壮族人民的节日性聚会唱歌活动，壮语称为"圩欢"、"圩逢"、"笼峒"、"窝坡"等。壮族自古有好歌的习俗，歌圩在壮语中的意思是"野外水边和坡地上的集会"，源于氏族部落时代的祭祀活动。凡是壮族较大的聚居区都有歌圩，有节日性歌圩、临场性歌圩与竞赛性歌圩之分。举办歌圩的时间一般在春秋两季。春季歌圩以农历三四月间为最盛，秋季歌圩集中于农历八九月，尤以中秋节为最佳日期。歌圩的举办地点各处不尽相同，但每一处歌圩一般都在一个相对固定的地方举行，如圩场、坡地等。歌圩以青年男女对歌赛歌赏歌为主要内容，通常由男青年先唱"游览歌"，观察物色对手，遇有比较合适的对象，便唱"见面歌"和"邀请歌"，得到女方答应，就唱"询问歌"，彼此互相了解，便唱"爱慕歌"、"交情歌"，分别时则唱"送别歌"。歌词随编随唱，比喻贴切，亲切感人。青年男女经过对歌后接触，建立一定感情，相约下次歌圩再会。歌圩所唱歌词涉及到天文地理、神话传说、岁时农事、社会生活、伦理道德、恋爱婚姻等各个方面，几乎无事不歌。另外还有抛绣球、抢花炮、斗蛋、博扇活动和师公戏、采茶戏和壮剧等，是兼戏剧、曲艺、体育等多项文化娱乐活动的节日。

壮族歌圩

凡壮族聚居地区均有歌圩活动，广西共有近700个歌圩点。它是壮族民歌文化的自然载体，对于壮族各类传统民歌的产生、传承与发展具有重要的作用。该项目2006年被列入国家级非物质文化遗产名录。

苗族系列坡会群　类别：民俗　编号：X－47
申报地区或单位：广西壮族自治区融水苗族自治县

苗族系列坡会群，是指在每年春季的农历正月初三至十七这段时间内，广西壮族自治区融水县各乡镇村屯的节日活动。每天一个坡会，排列成序，连续不断，是以苗族为主的各族人民悼念先烈、禳灾祈福、鼓舞斗志、交流感情、集体聚会娱乐的盛大民间传统节日。融水苗族有个风俗：正月初一不吹芦笙不出门，初二可吹芦笙不可出村，而从初三到十七则是集体娱乐的时间，其间，各村寨的男女老少举家出动，四处赶坡。这种风俗使得融水苗族坡会大都集中在正月初三到十七这段时间，其间接连不断的坡会形成一条完整的坡会链，当地人根据坡会举办的日期排序命名，从"三坡"到"十七坡"，融水苗族系列坡会群的文化形态体现在歌、舞、乐当中。坡会其间，方圆数十里的男女青年穿着节日的盛装，吹着芦笙，齐聚古龙坡，坡上人山人海、披红挂绿，除了烧香鸣炮，还举行舞龙、耍狮、芦笙踩堂、斗马、斗鸟、赛马等文体活动。其中的斗马以激烈、惊险吸引着大批观众，数十匹雄马依次争雄。夺冠者的主人，不仅获得一定的奖励，还是大家心目中的英雄。坡会也是访亲探友的节日，而对年轻的恋人们来说，则多了一个互诉衷情的机会。坡会上青年男女三五成群，互唱苗歌，抒发他们对美好生活的向往和纯真爱情的追求；坡会上的踩堂舞是苗族舞蹈的典型代表，几十名青年妇女身着盛装，围圈而舞，气氛欢快，场面热烈。融水苗族坡会均由当地村寨德高望重的人士来组织，当地乡民也往往将坡会视为本民族的一件大事而捐款捐物，踊跃参加。该项目2006年被列入国家级非物质文化遗产名录。

那达慕　类别：民俗　编号：X—48
申报地区或单位：内蒙古自治区锡林郭勒盟；青海省海西蒙古族藏族自治州；新疆维吾尔自治区和静县

"那达慕"系蒙语，意为"娱乐"、"游戏"。那达慕是蒙古民间最为隆重的民俗活动，已有800多年的历史。

那达慕来源于蒙古族敖包祭祀习俗。每年水草丰美的六月时，草原上举行敖包祭祀。待敖包祭祀仪式完毕，聚集在一起的牧民举行盛大的"乃日活"动。乃日仪式就是举行摔跤、射箭、赛马等男儿三项技艺及套马、蒙古象棋比赛等项目。随着历史发展，男儿三项技艺逐渐成了那达慕大会的主要竞技项目。蒙古族男儿三项技艺与蒙古族的生产劳动息息相关。早期，蒙古族在放牧和狩猎的活动中为了驯服牲畜和野兽，他们要奔跑、投射，有时还要与之搏斗，久而久之便产生了赛马、射箭、摔跤等体育项目，创造出了具有民族特色的传统体育文化。

蒙古族被誉为"马背民族"，那达慕中赛马是不可或缺的比赛项目。该项目不分老少都可以参加比赛，包括快马赛、走马赛、颠马赛等比赛形式。

"搏克"汉语译为摔跤，蒙古族是崇尚英雄、崇尚力量的民族，而"搏克手"是集力量和智慧一身的英雄。在那达慕中搏克比赛是最有趣的项目。蒙古族摔跤有特有的服装、规则和方法。摔跤手身着摔跤服，在"博克音朝勒"悠长的长调歌声中挥舞双臂、跳着鹰舞入场。蒙古族摔跤的技巧有很多，竞技中可以用捉、拉、扯、推、压等，但不许抱腿、打脸、从后背把人拉倒、触及眼睛和耳朵、拉头发、踢肚子或膝盖以上的任何部位等。射箭是男儿三项技艺中最早的比赛项目之一。射箭比赛与狩猎时期的生活习俗密切相关。射箭比赛可分为近射、骑射、远射三种，比赛不分男女老少。

摔跤

那达慕上的射箭比赛是力与美的显现，搏克比赛是体能和智慧的较量，赛马是速度和耐力的拼比。男儿三项技艺比较全面地展示了草原牧民的综合素质。一年一度的那达慕盛会将天各一方的蒙古人相聚于此，人们向往那达慕不仅仅是为了参加和观赏各类竞技比赛，更重要的是去见那些未见已久的朋友们。该项目2006年被列入国家级非物质文化遗产名录。

新疆维吾尔族麦西热甫（维吾尔刀郎麦西热甫却日库木麦西热甫、塔合麦西热甫、阔克麦西热甫）　类别：民俗　编号：X—49
申报地区或单位：新疆维吾尔自治区文化厅、新疆维吾尔自治区阿瓦提县、阿克苏市、木垒哈萨克自治县、哈密市

麦西热甫，又称"麦西来甫"，"麦西热甫"源自阿拉伯语，意为"聚会、场所"，维吾尔语则是"欢乐的歌舞聚会"之意。它是一种舞蹈和娱乐活动形式，指有众多人员参加的以歌舞为主的大型自娱自乐活动。

麦西热甫广泛流传在新疆各维吾尔族社区，其表现形态丰富而多样，是实践维吾尔人传统习俗和展示维吾尔木卡姆、民歌、舞蹈、曲艺、戏剧、杂

技、游戏、口头文学等的主要文化空间，是民众传承和弘扬伦理道德、民俗礼仪、文化艺术等的主要场合，是维吾尔传统节庆、民俗活动的重要部分。

麦西热甫有许多类别，比如有"节日麦西热甫"、"喜庆麦西热甫"、"迎雪麦西热甫"、"青苗麦西热甫"、"丰收麦西热甫"。与场合有关的，如"客厅麦西热甫"、"迎宾麦西热甫"；从艺术形式上分为"歌舞麦西热甫"、"游戏麦西热甫"、"说唱麦西热甫"等等。

各地表演的内容、形式和规模也有差异，如哈密"阔克麦西热甫"，融入皑皑白雪、纯净河水、无垠戈壁、白杨绿柳。哈密木卡姆，风格独特。一般在初冬瑞雪之际举行仪式，以"投雪信"游戏开始。雪信投到谁家，这家就有幸地要向乡亲们宣布举办麦西热甫的信息。在邻里帮助下，作承办麦西热甫的准备，从瑞雪开始持续到来年初春：先育小麦"阔克"，就是育小麦"青苗"。选出小麦良种放在葫芦里，虔诚祈祷。待小麦发出约20厘米的嫩芽，周围用白色荆棘扎爆米花，象征瑞雪，起名叫"阔克小姐"；接着，打扮"小姐"，用花朵环绕，上方以对视的公鸡和母鸡小模型装饰，象征生命生机勃勃；第三步是把胡萝卜和土豆切成3个圆形小段，每段周围扎上葡萄干，再插在木棍上固定，这叫"杜夏布"，象征3个灿烂的太阳。最后，主持者手持"杜夏布"，宣布"阔克麦西热甫"开始。在悠扬的艾捷克和手鼓的伴奏下，演唱开始，男女老少加入狂欢的队伍，欢乐进入到高潮。

田间地头的麦西热甫

"刀郎麦西热甫"是南疆麦盖提县、阿瓦提县、莎车县、巴楚县等地区维吾尔族的文化奇葩，表现了刀郎人的豪爽、热烈、奔放性格。

表演开始，歌手在悠扬婉转的刀郎艾捷克、刀郎热瓦普、卡龙琴声和手鼓声中开始唱序曲，一对对青年男女翩翩起舞。随之伴奏音乐节奏加快，歌声越来越大，舞步越来越紧，他们的动作像是狩猎活动，动作激烈，频频旋转，仿佛与野兽搏斗。这种舞蹈铭刻着刀郎人古老狩猎活动的印痕。歌舞尽兴，别具风情的游戏开始。"判官司"出场了，不论是谁违反和破坏麦西热甫秩序，都要根据问题的轻重程度，宣布和采取不同的"处罚"方式，并当场执行。

麦西热甫在新疆多达百余种，目前保留下来的仅有30多种，其他都已经失传，属于濒危和保护的重要对象。2010年11月15日，在内罗毕举行的联合国教科文组织保护非物质文化遗产政府间委员会第五次会议审议通过麦西热甫被列入2010年《急需保护的非物质文化遗产名录》。由新疆维吾尔自治区麦盖提县、阿瓦提县、阿在苏市、哈密市申报，经国务院批准，麦西热甫列入国家级第二批非物质文化遗产名录。

> 蒙古族婚礼（阿日奔苏木婚礼、乌珠穆沁婚礼、蒙古族婚俗、鄂尔多斯婚礼）　类别：民俗　编号：Ⅹ—55
> 申报地区或单位：内蒙古自治区阿鲁科尔沁旗、西乌珠穆沁旗、鄂尔多斯市、吉林省前郭尔罗斯蒙古族自治县

闭门迎亲表演 　　　　　　　　婚礼盛宴表演

蒙古族婚礼的仪程复杂，内容丰富多彩，由于地域、部族和传统习俗的不同，各部落、各地区的婚礼形式和程序等有差别。如锡林郭勒盟西乌珠穆沁的婚俗仪式由定亲、下聘礼、订婚期、请客人、缝制毡包、互赠礼品、娶亲、送亲、迎亲、宴请帮忙的人、入洞房、回看姑娘等仪式程序。蒙古地区的婚俗仪式，最隆重最热闹的是男方的婚宴。这个仪式除了举行一些相关

的习俗，如跪拜祭祀神灵、拜见父母、给贵宾敬酒等仪式外整个仪式沉浸在歌舞海洋中。在婚俗仪式中往往有个能说会道的主持人，蒙语称为"贺勒木日齐"。在每个仪式的开始处一般由"浑金"说蒙古族传统的祝赞词，以此来祈求和祝福整个婚礼顺利进行，祝福两位新人新福美满、白头偕老。

蒙古族各个部落婚俗中，鄂尔多斯婚礼较有代表性，并且整个婚礼过程非常庞杂且精彩。据说，鄂尔多斯婚礼已有700多年历史，不仅保存了蒙古族传统婚礼仪礼特点，也具有浓郁的地方特色。在漫长的发展过程中鄂尔多斯婚礼已形成程式化特点。整个婚礼由哈达订亲、佩弓娶亲、闭门迎亲、献羊祝酒、求名问庚、卸羊脖子、分发出嫁、母亲祝福、抢帽子、圣火洗礼、跪拜公婆、掀开面纱、新娘敬茶、大小回门等一系列特定的仪式组成。

"哈达定亲"为男方请一位媒人向女方求亲，之前媒人先去女方家打探女方的意思，如果有意，男方与媒人一同前往女方家赠献哈达。女方接受哈达，意为定了这门亲事。"佩弓娶亲"的习俗最早来源于蒙古族抢婚时期，佩弓的目的是为了提防意外的袭击，现在所佩的弓箭已成为一种装饰。"闭门迎请"部分是整个婚礼中最有风趣、最精彩的部分。娶亲队伍到达女方家时，大嫂和伴娘们不让男方直接进家门，而是通过一系列的风趣幽默的"舌战"后才能进女方家。此仪式的目的是，为了验实男方的身份而进行的娱乐游戏，是古代抢婚制的遗留现象。"求名问庚"习俗是鄂尔多斯婚礼中时间最长、内容最丰富的部分。蒙古人讲究晚辈姓名不能与长辈姓名相同，如有重名得需要改。新娘到新郎家后首先要跪拜火神并举行洗礼、再跪拜公婆，之后要举行隆重的婚礼庆典，这是是整个婚礼中最为热闹的部分。此时由"和乐木尔齐"诵赞一段《全羊赞》拉开整个"乃日"（意为喜宴、宴会）仪式。能歌善舞的鄂尔多斯人，弹起三弦、奏起扬琴、吹起笛子，唱起《酒歌》、《送亲歌》、《乌仁堂乃》等歌曲，跳起欢快的顶碗舞、筷子舞、盅舞等。整个婚礼仪式沉浸在歌舞海洋中。鄂尔多斯婚礼一般都举行两到三天。

鄂尔多斯婚礼是集蒙古族历史文化、服饰文化、饮食文化及音乐、舞蹈、幽默、智慧为一体的民俗活动。该项目2006年被列入国家级非物质文化遗产名录。

土族婚礼 类别：民俗 编号：X—56
申报地区或单位：青海省互助土族自治县

　　土族婚礼是在载歌载舞活动中完成的。婚俗分几个步骤：第一步说媒，第二步定亲，第三步讲礼，第四步就是结婚仪式。结婚的前一天是女方的出嫁之日，需宴请亲朋好友，男方则在这一天下午请两名能歌善舞、能说会道的"纳什金"（即娶亲者）带上娶亲的礼品和新娘穿戴的服装、首饰，拉着一只白母羊（象征着纯洁和财富）到女方家娶亲。此时，女方家故意不给"纳什金"开门，并由阿姑（年轻女子）唱起悦耳的歌，让纳什金对歌，还从门顶上向"纳什金"身上泼水，以示吉祥。直到阿姑们被唱得无歌以对或者是娶亲人词穷时，女方才肯开启大门将"纳什金"邀至家中。随后由新郎向岳父母敬献哈达，拜神佛，礼毕上炕喝茶、吃饭。此时阿姑们拥挤在窗口唱起婚礼曲，气氛热烈欢快，紧接着阿姑们冲进屋里拉起娶亲人到庭院或麦场上去跳"安昭"舞。整个婚礼一直进行到深夜才结束，其间所涉及歌舞的种类近20种，一场土族人的婚礼就是一场优美的歌舞盛典。

　　互助土族婚礼具有土、藏、汉文化兼容的特点。土族婚礼歌曲调优美，蕴涵丰富，包括天文、地理、历史、宗教、人生礼俗等内容，带有浓厚的文化色彩，是土族传统文化最突出的表现形式。该项目2006年被列入国家级非物质文化遗产名录。

撒拉族婚礼 类别：民俗 编号：X—57
申报地区或单位：青海省循化撒拉族自治县

　　撒拉族婚礼是撒拉族人生中最为重要的礼仪。撒拉族传统的婚礼仪式都在每年的隆冬季节举行，从订婚到举行婚礼仪式需要经过相亲、打发媒人、送订婚茶、送聘礼、念合婚经、送嫁、回门等几个程序，大约花半年多时间。在撒拉族婚礼中迄今还保留着许多古老的突厥民族的婚礼习俗，比如给舅舅敬献"羊背子"等。撒拉族的婚礼中还保留着许多古老的传统。

　　早期，撒拉人举行婚礼时，还盛行表演"对盖奥依纳"（骆驼戏）的游戏，这是一出以民族迁徙史传统教育为主要内容的带有一定话剧特点的游戏。这种游戏多在庭院中且选择晴能见月的晚上进行，它既是一个热闹的文娱节目，同时又借此追溯其先民从中亚迁来的历史。20世纪50年代以前的婚礼中尚有保存，但是由于社会变革，婚期缩短，这种表现形式已不复存在，只有一些老辈人尚有记忆。撒拉族婚礼仪式在清乾隆年间编撰的《循化志》一书中有较为详细的记载，二百多年来，整个婚礼仪式程序未有太大的变化，传承体系较为完备，对研究撒拉族文化史有重要价值。2006年，撒拉族婚礼入选首批国家级非物质文化遗产名录。

壮族铜鼓习俗　类别：民俗　编号：X—61
申报地区或单位：广西壮族自治区河池市

铜鼓是我国南方古代濮、越人创造的一种打击乐器。广西数量最多，分布最广。广西西北部和贵州南部接壤的红水河流域是保留铜鼓文化最丰富的地区。壮族祖先创造的北流型、灵山型、冷水冲型铜鼓，被称为"铜鼓艺术高峰期代表"。壮族素来有在节日庆典或祭祀中击打铜鼓的习惯以表示庆贺或悼念之情，这一风俗一直沿袭至今。击铜鼓是现在广西东兰、天峨等地壮族群众每年过三月三和春节等节日庆祝活动中必不可少的习俗。

大约在公元前7世纪前后，生活在中国珠江流域的濮人从炊具铜釜中创造了打击乐器铜鼓。此后铜鼓向北传入四川邛都，向东传入贵州和广西、广东，向南传入越南北部。铜鼓是我国古代青铜文化中的瑰宝，其外形本身就是一件精美的艺术品，铜鼓上的各种图饰，都是古老骆越人熟悉的事物。一方面表现了他们的生活场景，一方面表现了他们的独特审美意识，富有很强的浪漫气息，也显示了他们战胜自然的信心。铜鼓声音洪亮，在古代是传递信息、发布号令的重要工具，作为祭祀、赏赐、进贡的重器，也是权力和财富的标志。铜鼓涉及矿冶、铸造、声学、历史、艺术以及与之相关的科技史、考古学、民族学、人类学等，具有重要的文化价值。铜鼓文化是壮族文化的重要组织部分，红水河沿岸的壮家，几乎村村有铜鼓，逢年过节、红白喜事，家家都要打铜鼓，喜庆吉祥，沿红水河两岸村寨是东兰壮族铜鼓文化艺术的深厚积淀区。（申报时间）该项目2006年被列入国家级非物质文化遗产名录。

苗族服饰（昌宁苗族服饰） 类别：民俗 编号：X－65
申报地区或单位：云南省保山市

苗族主要聚居于贵州省东南部、广西大苗山、海南岛及贵州、湖南、湖北、四川、云南、广西等省区的交界地带。

苗族服饰以艳丽的色彩、精细复杂的手工著称。苗族支系众多，据考察有200多个，其历史可以追溯到几千年前。由于苗族没有文字，因此未曾找到相关服饰传承的记载，仅靠一代代持续的认同、言传身教流传至今。苗族服饰是苗族文化的重要组成部分，其上绘制的精美图案也是逐步发展而来的，具有相当的观赏性和文化承载性，代表着苗族人久远、悠长的文化史。同时一些图案也承担了苗史的记录，将久远的民族故事、生活、迁徙等融汇其中，可以说是一部穿在身上的历史书籍。绚丽多彩的服饰文化充分展示了苗族人的聪明才智，宣示着民族特色。苗族服饰在工艺上有织、绣、挑、染的传统技法，一般使用黑、白、红、黄、蓝色居多。有盛装、便装之分，盛装在节日庆贺和婚嫁之类的场合穿着，极显华丽，体现了苗族服饰的技术和艺术水平。又分为男装、女装和童装。头饰和银饰也是苗族服装的重彩之笔。青年男子大多留分头包头帕，有的直径达40厘米，年长者多戴皮帽；妇女一般在头顶挽上高髻，装饰银针、银簪等饰物。妇女服饰上佩戴银冠、银珈、项圈、披肩等，重量多达数公斤，典型的装束是短上衣加裙子，过去以麻织土布为料。

昌宁苗族服饰流传于云南省保山市昌宁县苗族村寨。其原料主要为当地生产的火麻土布。当地苗族将火麻剥出的麻丝用手摇机纺成线，再用土布机织成火麻土布。苗族妇女们根据自己的爱好和想象在麻布衣裙上绣出各种图案。一套完整

苗族妇女装

十、民俗

的苗族妇女盛装包括包头、上衣、披肩、围腰、腰带、短褶裙等大小18件套，被形象地称作"十八一朵花"。用色大胆是昌宁苗族服饰的显著特点，其色调以红、黄、橙、白为主，并以刺绣及其他颜色，配以彩珠和银铃等饰物，动感十足，在视觉、听觉和触觉上都能给人以美的享受。衣服以红色为主体，上有鸟的图腾，艳丽的蝴蝶、花朵、色的线条，无数回环式的方形纹、几何纹、云纹、水纹、波纹、菱形纹。还有鱼的图案、虾的图形。妇女的飘带，上下两部分是横条图案，色彩由红、黄、白、绿四色交替使用。

昌宁苗族服饰有着极其独特的历史内涵和文化意蕴，伴随着服饰工艺而产生的《种麻纺织调》《纺织调》《刺绣调》等是民族口述文学中的瑰宝。2006年被列入国家级非物质文化遗产名录。

回族服饰　类别：民俗　编号：X—66
申报地区或单位：宁夏回族自治区

回族服饰是回族宗教信仰、生活环境和文化活动的外在展现，也是回族文化的重要载体。回族把服饰通常称为"衣着"、"穿戴"，具有鲜明的民族特色，主要有坎肩、麦赛海袜、准白、礼拜帽、盖头等。回族服饰的最大亮点在于头部的装饰。男子们都喜爱戴圆帽。圆帽分两种，一种是用白漂布制成的，一种是用白线或黑色丝线织成秀美的几何图案。回族妇女常戴盖头。回族老年妇女冬季戴黑色或褐色头巾，夏季则戴白纱巾，并有扎裤褪的习惯。青年妇女冬季戴红、绿色或兰色头巾，夏季戴红、绿、黄等色的薄纱巾。山区回族妇女爱穿绣花鞋，并有扎耳孔戴耳环的习惯。

坎肩，是回族男子服饰的一个重要组成部分，表现了回族简朴、大方的民族特点。回民根据不同的季节，穿不同的坎肩，有夹的、棉的，还有皮的。既可当外套，又可穿在里面。回族男子的青坎肩，在襟边、袋口处用针扎出明线，使衣服各边沿平挺工整，突出服装造型的线条美，同时，用相同的衣料做小包扣，显得雅致。皮坎肩选料颇讲究，要用胎皮和短毛羊皮，缝成后轻、柔、平、展。

盖头，旨在盖住头发、耳朵、脖颈。回族认为这些地方是妇女的羞体，应该加以遮盖。戴盖头的习俗，一是受阿拉伯国家的影响。在阿拉伯地区，原来风沙很大，水源较少，人们平时难以及时沐浴净身。为了防风沙、讲卫生，妇女们自己缝制了能遮面护发的头巾。后来许多阿拉伯、波斯商人把这种习俗带到中国。二是受伊斯兰教的影响。《古兰经》说："你对信女们说，叫她们降低视线，遮蔽下身，莫露出首饰，除非自然露出来的，叫她们用面纱遮住胸膛，莫露出首饰……"中国回族女性虽然已弃用面罩，但也以头巾护头面，一般把头发、耳朵、脖子都遮掩起来，久而久之逐步形成了回族妇女戴盖头的习惯。

回族服饰　　　　　　　　　　回族婚纱

　　回族妇女的传统衣服一般都是大襟为主，装饰内容却很丰富。少女和媳妇很喜欢在衣服上嵌线、镶色、滚边等，有的还在衣服的前胸、前襟处绣花，色彩鲜艳，形象逼真，起到画龙点睛的作用。回族女装都是右边扣扣子，纽子是自己用料子制作的。传统回族女子的鞋喜欢在鞋头上绣花。袜子主要讲究遛跟和袜底，遛跟袜大都绣花，袜底多制成各种几何图案，也有绣花的。回族妇女衣服的颜色不喜欢妖艳，一般老年人多着黑、蓝、灰等几种颜色；中、青年喜欢穿鲜亮的，如绿、蓝、红等颜色。回族妇女老少一般都备有节日服装，经常礼拜的人，还专门有一套礼拜服。该项目2006年被列入国家级非物质文化遗产名录。

瑶族服饰　　类别：民俗　　编号：X—67
申报地区或单位：广西壮族自治区南丹县、贺州市
　　广西壮族自治区南丹县瑶族服饰在广西瑶族服饰中特色非常突出，其服饰图案中鸡仔花是主要纹饰，体现出对鸡的崇敬。南丹瑶族男装上身为蓝黑色立领对襟衣，胸前两侧各绣一个鸡仔花图案。裤子用白布做成，裤脚用黑布镶边。盛装的上衣外沿都用蓝布镶边，腰部两边和背部下沿绣有

鸡仔花和米字纹图案。白裤的膝部刺绣有5条红色的花纹。女子服饰分为夏冬两种。夏装的上衣称为"褂衣",为前后两块方布缝合而成。前面的布幅是一块纯色的黑布,后面的布幅用染、绣的手法做成各种图案。妇女下身四季着蓝色及膝的百褶裙,裙面用树汁画染成三组环形图案,裙边用红色无纺蚕丝片镶边。裙前系一块长方形的蓝边黑布,以遮挡百褶裙的接缝,也可起到美观的作用。上衣和裙子都用当地特有的粘膏树汁来染。制作服饰用的白布在绘图前要经过压光处理,以方便作画。白裤瑶妇女裙子主要有三组图案:一组为菱形连续组合,一组为连续的人形图案,一组为纯色。无论刺、绣、镶、染,其物态形式均已成为一种民族的文化符号,表达了南丹瑶族的生活情趣和特定的文化意念。

瑶族装束

广西贺州瑶族的服饰样式多,装束奇特,同一支系服饰各异,为国内其他瑶族地区之少见。按支系分为三大类,即平地瑶服饰、土瑶服饰、过山瑶服饰。而过山瑶服饰最为复杂,以妇女头饰为例,分为尖头、平头和包帕三类7种。其中尖头类分为塔形、斜形、小尖头三种;平头分为包锦平头和缠纱平头;包帕分为单帕和重帕。贺州瑶族服饰的图案纹饰具有鲜明的民族文化的历史特征。贺州瑶族服饰还反映了瑶族人的年龄、婚否、爱情及社会地位等状况。该项目2006年被列入国家级非物质文化遗产名录。

水书习俗　类别:民俗　编号:Ⅹ—70
申报地区或单位:贵州省黔南苗族布依族自治州

水族源于古代"百越"族系,水族的聚居地位于云贵高原东南部的苗岭山脉以南的都柳江和龙江上游。水族有一种古老文字"水书"。"水书"

是水族先民创制的一种独具一格的雏形文字，水族语言称其为"泐睢"，"泐"即文字，"睢"即水家，"泐睢"意为水家的文字或水家的书。

水书包括天干、地支、八卦、天象、时令节气、鸟兽鱼虫、身体五官、数目方位等，这种文字在都匀和三都县的地方志中都有记载。形态十分古老，酷似殷商甲骨文，又似古籀小篆。早期抄本中的水文，用竹尖蘸墨汁书写，近时抄本已用毛笔书写，有的是图画象形，有些是楷书的颠倒、斜置或反写。有的"鬼师"们还专写一些保密文字，被称为"反书"和"秘字"。

水书所记，大多是原始宗教信仰方面的日期、方位、吉凶兆象及驱鬼避邪的方法，大体是以年宜、忌月日，以月日宜、忌时方，并用歌诀或事物兆象标明它的吉凶所属，因此多是作为巫师施行法事的记录。只是因为水族笃信鬼神，故水书用途很广。水书这种特有的功能，促进了水族鬼神崇拜的世代沿袭。水书除了包涵大量的原始宗教信仰内容以外，它还保存了亟待挖掘和破译的天象、历法资料和水族古文字资料。水书所反映的天象、历法资料，是一份极为珍贵的历史文化遗产。它的一些基本理论，如九星、二十八宿、八卦九宫、天干地支、日月五星、阴阳五行、六十甲子、四时五方、七元历制以及水历正月建戌等内容，就是水族先民智慧的结晶。

水书的结构大致有以下三种类型：一是象形字，有的字类似甲骨文、金文；二是仿汉字，即汉字的反写、倒写或改变汉字形体的写法，三是宗教文字，即表示水族原始宗教的各种密码符号。书写形式从右到左直行竖写，无标点符号。

几千年来水书是靠一代又一代的水书先生通过口传、手抄的形式流传下来的，它是水族古文字抄本和口传心授文化传承的结合。水书先生与水书的结合是传承水族传统文化的重要前提。

水书各类卷本繁多，主要有诵读卷本、应用卷本两大类，各有十数种。号称水族百

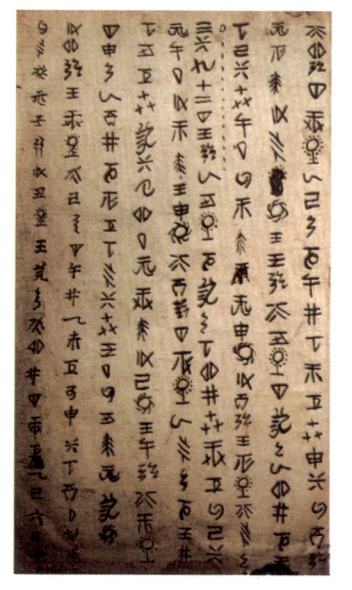

水书

科全书的《"泐虽"万年经镜》,该书分上、中、下三部,全书844页,总计有3616个条目。另外一本《阴阴阳》则为图文并茂的水书彩绘卷,或书于清代光绪年间,内容为讲述哲理。《如意占卜纸牌》更是精品,这是目前为止全国发现的唯一一副水族占卜纸牌。

从目前的研究成果来看,水书通常被认为是一种巫术用书。水书的创制时代极为古远,有学者推测,水书源头可追溯至夏代,水书与古代殷人甲骨文之间,当有若干关系。

"水书习俗"被列为首批国家级非物质文化遗产名录。

畲族三月三　　类别:民俗　　编号:X－73
申报地区或单位:浙江省景宁畲族自治县

三月三是畲族的传统节日,节日里举行盛大歌会,祭祖,拜谷神,载歌载舞,热闹非凡。传说唐朝时畲族英雄雷万兴率领畲民抗击官军的围剿,粮食吃尽了,就以粘米乌的果子充饥,畲民靠它保持了体力,最后终于取得了胜利。后来,有一年三月三雷万兴想起要吃粘米乌果,可是这时粘米乌尚未结果,畲民就摘采它的叶子做成乌饭食用。以后就成为一种习俗,每年三月三都要吃乌饭,畲家人也因此将三月三称为"乌饭节"。除此之外,还有很多关于这个节日的传说。畲乡景宁"三月三"在保持传统的同时,不断挖掘畲乡风情内涵,不断创新活动内容与形式,近年已成为畲乡景宁旅游的一大品牌。畲族是一个喜爱唱歌的民族,畲族歌谣是畲族人民社会生活的艺术化反映。

景宁是全国唯一的畲族自治县,华东地区唯一的民族自治县。上千年来,畲族人民在这块美丽的土地上创造了丰富而灿烂的民族文化。畲族传统文化历史悠久,民族特点鲜明,朴深奥,富有情趣,乡俚民俗婚的男男女女都可以参加活动。女孩子可以表达自己的情感,只不过方式不同。他们采取的是唱歌的方式,通过歌声来表达内心的情感,表达对爱情的追求。这一天

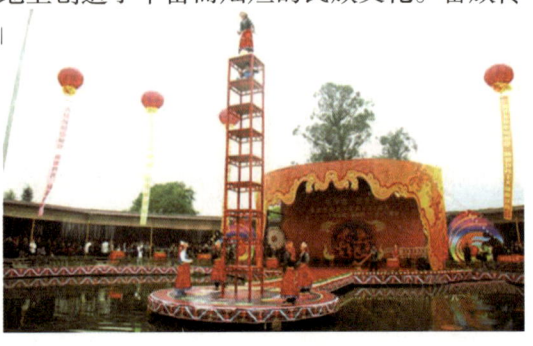

三月三表演场

主要的节目有山歌对唱、木偶戏、布袋戏、竹竿舞等。该项目2008年被列入国家级非物质文化遗产名录。

宾阳炮龙节　类别：民俗　编号：X—74
申报地区或单位：广西壮族自治区宾阳县

宾阳炮龙节是广西宾阳县独有的一种传统节日，具有鲜明、浓郁的民族色彩。每年农历正月十一的宾阳炮龙节吸引了国内外游人参与，被游客称为"东方狂欢节"。

舞炮龙由总指挥（亦称会首）制定龙路及各种规则。舞龙者均为赤膊上阵，头戴如清朝官兵之帽（但均为竹编并涂抹色）。炮龙以龙珠、龙牌、锣鼓、文武场开路，照明及护龙队随龙而进，火铳队则负责燃放火药增加龙随云腾而起之势。龙路过处的各家各户，均在龙将到来之际，焚香迎龙备炮。炮龙均定于当晚的7时正在庙宇或社稷之处开光，由会首（或师公）咬破公鸡之冠，以鸡冠之血点亮开光龙眼后，方可万炮齐鸣，龙可腾跃而起。但各家各户之炮如未燃尽，龙则不可离此而去。宾阳炮龙节包括游彩架、灯会、舞炮龙等活动。炮龙节当晚所燃放的是特制鞭炮，称为"龙炮"，为当地炮龙节特产。每响"龙炮"装药不超过0.02克，因此威力有限。

每条炮龙长达三四十米，被视为新年神物。炮龙节距今已有150年历史了。20世纪80年代后，宾阳人民生活水平提高，炮龙节规模更为盛大。1993年炮龙节，宾阳县委、县人民政府隆重召开炮龙节招待会，邀请广西区、地、县参加，还邀请了海外侨胞，港澳台胞、外籍在华的专家等200多人参加。这年炮龙节，为历史上最隆重、最盛大的一次，共有炮龙28条，游遍全城12条街道，热闹通宵达旦。2007年，宾阳县委、县政府举办了百龙舞宾州炮龙节活动。

"宾阳炮龙节"于2008年6月被列入国家级非物质文化遗产保护名录。

苗族独木龙舟节　类别：民俗　编号：X—75
申报地区或单位：贵州省台江县

每年农历五月二十三日至五月二十七日，贵州省施洞清水江边的苗族人民都要举行盛大的独木龙舟节。独木龙舟节历史悠久，是苗族文化的骄傲。在贵州黔东南苗岭深处的崇山峻岭中，蜿蜒流淌着一条美丽的清水江，它流经贵州的麻江、凯里、黄平、台江、施秉、剑河、锦屏、天柱等县后汇入湖南沅江。独木龙舟竞渡，就是这条江上的古老竞技活动。清水江是贵州省第二大江，是长江上游重要支流。独木龙舟这项举世罕见的传统竞技活动的开展范围仅存于贵州省黔东南苗族侗族自治州台江县和施秉县交界的清水江以及其支流巴拉河交界处，活动人群仅限于苗族的一个支系。

独木龙舟赛

独木龙舟原始古朴，与其他船只相比有许多不同之处。

据民国《施秉县志》记载："船用长木制成，首尾具备，施以彩色，荡漾波心蜿蜒有势，颇足观赏。"清光绪《苗疆闻见录稿》曰："其舟以整木刳成，长五六丈，前安龙头，后置凤尾，中能容二三十人。短桡激水，行走如飞。"清乾隆《镇远府志》记载："苗人于五月二十五日，亦作龙舟戏，形状诡异，以大树挖槽为舟，两树合并而成。舟极长，约四五丈，可载三四十人。"在几天的龙舟比赛中，人们身着节日盛装，不仅有龙舟竞赛，还有不少丰富多彩的娱乐活动。

"苗族龙舟节"被第二批国家级非物质文化遗产名录收入。

苗族跳花节　类别：民俗　编号：X—76
申报地区或单位：贵州省安顺市

跳花节是贵州安顺苗族最为隆重历史最为悠久的传统节日。传说是苗族英雄杨鲁兴起的，至今安顺北门外跳花山仍以其名命名。"跳花"一词为汉名，因坡上栽有花树而得名，与苗语意思不尽相同，苗语称跳花为"欧道"，意为"赶坡"。跳花日期在农历正月间举行，现有24处固定跳花坡。节日期间，苗族男女青年，穿上节日盛装，男子吹笙舞蹈，女子摇铃执帕起舞附合，围绕花树翩翩起舞。还有爬花杆比赛，射弩比赛，比针线手艺，武术表演。有倒牛、斗牛等文体活动。

每个花坡跳花日期为三天。第一天栽花树，次日清晨空寨前往；第三日，跳花结束，客人就近食宿，饮酒吹笙弄弦欢乐，通宵达旦。花树由寨老送至长期不生育者家中，不生育者见之大喜，宴请宾客。如今跳花节已成各族人民参与的盛大节日，届时，安顺城内，邻近各寨人们蜂拥而至。

跳花节

织金县的苗族跳花节，因地点不同而时间也不统一。由于居住环境比较分散，相互联系不便，为了互通情况，相互支援，便在一定的时间和地点举行各种聚会。久而久之，跳花节发展至今，节日大都已演变为喜庆集会、经济交往、感情交流、聚会娱乐，同时也是苗族青年男女相互结识和找对象的机会和场所。

2008年，苗族跳花节被列入国家级第二批非物质文化遗产名录。

苗族四月八　类别：民俗　项目编号：X—77
申报地区或单位：湖南省绥宁县、吉首市

苗族四月八是苗族人的传统节日，又称"亚努节"。每逢这天，附近的苗族都要聚集到喷水池举行各种活动，纪念古代英雄亚努。人们在一起吹笙、跳舞、唱山歌、荡秋千、上刀梯、玩龙灯、耍狮子等，人山人海，场面极为壮观。传说苗族祖先原来住罗格桑（今贵阳附近），他们过着丰衣足食的生活。可是，一次激烈的战斗中，他不幸被统治者杀害，这天正是四月初八。每逢他的遇难日，苗胞总要到墓地（现贵阳喷水池附近）来纪念这位古代民族英雄。年年如此，代代相传。苗族四月八要祭天地、祭祖先、祭英雄、祭神灵。随着时代的变迁，苗族人民情趣变化，节日活动逐步加进了歌舞表演及人际交流，使之内容更加丰富多彩。

"四月八"这一天，成千上万的苗族男女都要穿上节日盛装，从四面八方涌入歌场周围对唱苗歌。苗族青年称"赶歌场"。苗歌演唱几乎贯穿了节日活动的全过程。苗歌分为高腔、平腔两大声腔，内容涉及到苗族社会生产生活、历史事件、历史人物、风情习俗等各个方面，充分显示了苗族以歌传情、以歌叙事、以歌取乐的文化特点。苗鼓舞的表演也是活动中的重要内容。其舞蹈分为猴儿鼓舞，生产、生活鼓舞等类别，按参与人数的多寡又可分为单人鼓、双人鼓、多人团圆鼓舞等。鼓舞主要是在"跳花跳月"时进行。

唱苗歌

苗族四月八是湘、鄂、渝、黔等省苗族、侗族、瑶族等多民族的大聚会，对增强民族团结、振奋民族精神、建设和谐社会具有重大的社会价值。为传承和保护"苗族四月八"，吉首市将继续开展苗族四月八的普查，抢救流失的传统民歌曲调及其它资料。制定"苗族四月八保护工作细则"及"苗族四月八传承人保护管理细则"。十二五期间，每年举办"苗族四月八"项目传承人培训班两期（其中保护工作者一期，传承人一期）。其大力开展"苗族四月八"学术研究，举办研讨会，一次，出版"苗族四月八"专著。

德昂族浇花节　类别：民俗　编号：X—78
申报地区或单位：云南省德宏傣族景颇族自治州

德昂族浇花节（又称泼水节），于每年清明节后第7天举行，是把佛祖诞生、成道、涅槃三个日期合并在一起举行的纪念活动，为期3天。是德昂族一年中最重要的节日，也是最能集中体现德昂族传统文化的一项活动。云南潞西市三台山德昂族乡的浇花节，较完整地保持了节日特色，一般为3至5天，活动内容大至如下：

第一天集体在寺院听佛爷诵经；第二天为佛像沐浴；第三天一早，每家的晚辈要准备一盆热水，端至堂屋中央，把家里的长辈请出来坐在堂上，叩头请他们原谅晚辈一年中不孝顺的地方。长辈们也检讨在为晚辈树立榜样方面做得不足的地方。然后，晚辈为长辈洗手洗脚，同时互祝来年的和睦、吉祥。午后才能相互泼水。

浇花节既是德昂族人民欢度新年的典礼，又是男女青年谈情说爱，寻找心上人的好时机。德昂族流行一种赠竹篮习俗。节日之前，小伙子要悄悄地编织几个漂亮的竹篮子，并乘夜深人静串姑娘时，将篮子分别送给自己所中意的姑娘。最漂亮的那只，要送给自己最喜爱的姑娘，以此表达自己的爱意，试探对方的反应。2008，浇花节被国务院公布为第二批国家级非物质文化遗产。

江孜达玛节　类别：民俗　编号：X—79
申报地区或单位：西藏自治区江孜地区

"达玛"，藏语意为跑马射箭。达玛节是一个独具藏族特色、拥有600多年历史的传统节日。相传它开始于江孜地区，据说江孜法王绕丹贡桑帕的祖父帕巴白桑布，是萨迦王朝的内务大臣，又是江孜法王，在群众中颇有威望。帕巴白桑布去世后，他的弟子每年做祭祀，以示纪念。后因战乱、祭祀中断。至藏历火鼠年（公历1408年）绕丹贡桑帕任江孜法王，遵其父贡桑帕的遗嘱，恢复祭祀。这一年藏历四月十日，绕丹贡桑帕为其祖父念经祭祀，直到二十八日。祭祀活动结束开始进行娱乐活动。内容主要是展佛轴画，跳神等活动。除此之外，还有角力、跑马、抱石头等娱乐活动。从这一年开始，固定这段时间为每年一度的祭祀盛典。此后到了扎西绕丹帕（公元1447年）统辖江孜的时候，娱乐活动更为丰富，除上述内容外，还增加了比赛跑马射箭，于是形成了江孜的达玛节。

现在的达玛节定于每年藏历六月十四至二十日举行。为期一周，主要活动有民间文艺演出、赛马、赛牦牛、跑马骑射赛和抱石头赛等民间传统比赛，还有足球、篮球、拔河等比赛活动。主赛场设在江孜县体育场，体育场成了帐篷的海洋，比赛间隙，来自各乡镇的藏族群众身穿鲜艳的民族服装，搭起了五颜六色的太阳伞和帐篷，男女老少席地而坐，喝着酥油茶，吃着小点心，类似郊游。达玛节为探亲访友，增进友情，交流信息，促进商品流通提供了一个很好的机会。如今江孜县达玛节推陈出新，在继续保留传统体育文化项目的同时，不断丰富内涵，形式更加多样。

作为藏民族特有的传统节日，江孜达玛节高度集中了各种后藏民间文化艺术，是藏民族传统文化的集中表现。江孜达玛节中的民间艺术形式大致可以分为两种，一种是群众性的文艺表演和体育竞技，另一种是已经形成一定影响、相对固定的乐神、歌神活动。根据目前掌握的资料不完全统计，江孜在赛马、赛牦牛、拔河、负重比赛及群众性文艺演出等方面具有较大影响的民间艺人约有100多人。

塔塔尔族撒班节　类别：民俗　编号：X—80
申报地区或单位：新疆维吾尔自治区塔城地区、七台县

传说"撒班"是生长在中亚一带的一种野生植物。每当春夏之际，塔塔尔族的先民们都要在撒班草盛开的草滩上相聚，进行文体活动，后逐渐形成一种民族性的节日，节日以撒班草命名，叫"撒班节"，沿袭至今。还有一种说法，"撒班"是塔塔尔族犁子。撒班出现后，促进了塔塔尔农业生产力的发展，因此，撒班节通常是在冻雪消融，大地回春的春播夏收之间进行节日活动，以祝好年景。

"撒班节"到来之前某一天，拉着手风琴、唱着歌、跳着舞的青年人走上大

欢庆撒班节

街时，人们便出来把毛巾等礼品交给一位德高望重的老人，老人把毛巾缠在一根木棍上，让小伙子持棍在街上行走。姑娘和小伙都希望自己的毛巾等礼品，能让心爱的人得到。这个有趣的活动叫"比比加玛丽"，意为"心灵手巧的妇女"。

节日确定后，选一小伙子骑马发出通知，得到通知的老人，拿一块白布栓在马笼头、马鞍或小伙子的腰间，以示祝贺。

犁地，是节日的序曲。所以，"撒班节"又称"犁头节"。一匹骏马拖着一个古老的犁铧，主持人象征性地按住犁进入场地，宣布撒班节开始。身着鲜艳民族服饰的男女老幼，带上丰富的食品，汇集到景色优美的地方，奏起民族乐器，唱起歌，跳起舞，开展各种娱乐活动，相互表达节日的祝贺，祝愿春耕顺利，企盼获得农业的丰收。接着，表演节目的队伍入场，奏响手风琴、巴扬、曼达林等乐器，全场唱起了或古老、或现代的歌曲，跳起了塔塔尔族舞蹈。小合唱、大合唱、乐器合奏等，丰富多彩的节目，令人目不暇接。之后是跳集体舞，几乎是男女老少齐上阵，载歌载舞。

歌舞之后，以家庭为单位聚餐。在宽敞的草坪上，铺着毡子或毛毯，摆着上节日美食。圆形的"图耶鲍尔莎克"、雪白的"米林格"、层层酥点心"卡特拉玛皮罗克"等等。

饭后是体育活动和游戏。小伙子的摔跤、套麻袋赛跑、绑腿赛跑，还有赛马、拔河、爬杆和歌舞比赛，内容丰富，形式多样。该项目2008年被列入非物质文化遗产名录。

羌年　类别：民俗　编号：X—82
申报地区或单位：四川省茂县、汶川县、理县、北川羌族自治县

羌年是四川省绵阳市北川羌族自治县和阿坝藏族羌族自治州的茂县、松潘、汶川、理县以及其他羌族聚居区的传统节日，它是羌民喜庆丰收、感谢上天的日子。"羌年"（羌历年），羌语称"日麦节"（现居阿坝州内茂县的羌族自称"日麦"）、"日美吉"，意为"羌历新年"，是羌族一年中庆丰收、送祝福、祈平安的最为隆重的节日。

过去庆羌年，由各寨举行隆重的庆祝活动。庆祝活动大体由祭祀和娱乐两部分组成，先宰杀山羊或牦牛祭祀天神，焚烧用纸做成的猛兽模型，

以此感谢上天，驱除邪恶。接着男女老少在草坪上围成一个个圈圈，载歌载舞，俗称跳喜庆沙郎。继而饮咂酒，互赠美食，共祝新年，一直狂欢到深夜，才尽兴而归。现在，庆祝活动不仅在村寨，还延伸到乡镇县城，在县城举行的全县庆羌年活动最为盛大、隆重。

　　大型活动有感恩、祈福和吉庆的程序。每年农历十月初一举行庆典，一般为3至5天，有的村寨要过到十月初十。按民间习俗，过羌年时要还愿敬神，要敬祭天神、山神和地盘业主（寨神）。全寨人要吃团圆饭、喝咂酒、跳莎朗。整个活动仪式由"释比"主持，咂酒则由寨中德高望重的长者开坛。

　　1987年农历十月初一，四川省民委在成都举行了庆祝羌年大会。自次以后，羌族地区就统一以每年的农历十月初一为"羌年"。后茂县、汶川、理县、北川四县政府联合举办了"日麦节"（羌历年）活动，同年，该活动被阿坝藏族羌族自治州人民政府确定为羌族同胞的法定节日。自此，羌族传统节日"日麦节"方得到了有效保护。该项目2008年被列入国家级非物质文化遗产名录。

苗年　类别：民俗　编号：X－83
申报地区或单位：贵州省丹寨县、雷山县

　　苗年，是苗族最隆重的民族节日。流行于贵州黔东南凯里、麻江、雷山、丹寨、黄平等地和广西壮族自治区大苗山。苗年在收获季节之后，时间并不一致，有的在农历十月亥日，有的在农历九、十、十一月的卯（兔）日或丑（牛）日举行。各地苗年的时长也不一致，一般为3天，也有5天或15天的。关于苗年的来源，主要有三种说法：一说是为纪念始祖母"密洛陀"诞辰；二是为纪念瑶王蓝陆日；三说是是民族英雄卡亨的忌日。苗年期间，每户人家都要清扫门户、杀猪宰羊准备丰盛的食物。糯米在苗年食物中扮演了重要的角色，不仅要有糯米酒，而且还有用糯米做成的

苗族迎客酒

糍粑。节日前一晚，一家人要吃年夜饭，还要守岁到午夜，并开门放鞭炮，迎接龙进门。节日当天一大早，晚辈在长辈的主持下，将准备的祭品摆放在火塘边的灶上祭祖。苗族在苗年期间给牛鼻子上摸些酒，表示对其辛苦一年的感谢。苗年也是苗族青年谈情说爱的日子。姑娘们身着百褶裙，佩戴耳环、手钏等多种银饰物，在小伙子的芦笙伴奏下，排成弧形翩翩起舞，这就是苗家踩堂舞。到了晚上，外村寨男青年手提马灯吹着笛子来到村寨附近的"游方"场去游方，游方是青年男女的社交恋爱活动，通过对歌，彼此中意的男女便由绣有鸳鸯的锦花带连接在一起，这是他们的定情之物。"吃鼓藏"年如果与苗年相遇，苗年就显得更为隆重。"鼓"的意思是"大家族"，"鼓藏"是由家族人共同举行的祭祖仪式，七八年、十来才举行一次。"鼓藏"前，将喂养三年的大牯牛排队角斗。届时，大家推举的"鼓藏头"主持仪式，杀牛祭祖。全鼓的亲戚都要赶来参加，活动持续十余天。

2008年，由贵州省丹寨县、雷山县申报的苗年入选第二批国家级非物质文化遗产名录。

青海湖祭海　类别：民俗　编号：X－86
申报地区或单位：青海省海北藏族自治州

青海湖为我国最大的内陆咸水湖，藏语称"措温布"，蒙古语称"库库诺尔"，意为蓝青色的湖。青海湖位于大通山、日月山、青海南山之间，千百年来，青海湖是居住在这里的藏族人民心中的"圣湖"。每年，当地藏族群众都会来到湖边，用自己的方式"祭海"，祈求人畜兴旺、风调雨顺、五谷丰登。

祭海就是祭祀青海湖，最初是蒙古族的传统。原来信仰萨满教的蒙古人相信万物有灵，尤其认为天是至高无上的神。在元代，蒙古族就有祭天、祭山、祭海之风俗，清代以来对青海湖的祭祀活动更具规模及宗教色彩。与此同时，环湖地区的藏族人也参加这项祭祀活动。如今，青海湖的祭祀仪式已全部藏化。对于藏族来说，青海湖祭祀是件非常神圣的事情，大规模的祭祀仪式一年就一两次，如能赶上青海湖边八大活佛主持的祭海仪式，那便是三生有幸。

祭海第一步是"煨桑"，在煨桑的同时，所有参加祭海的人都要顺时针地绕着桑台转3圈。煨桑结束,来自各寺院的活佛都要上祭台颂经,请求青海湖的神灵降福众生。接着带领祭海的人群向空中抛撒五色风马纸片,并向炉中倾倒食物。诵经完毕,进入祭海的高潮;给湖神敬献礼物。群众将承载着自己心愿的宝瓶投入青海湖,以祈求自己的心愿能够实现。宝瓶是藏八宝之一,是祭海仪式中不可或缺的祭祀物品。宝瓶内部装有青稞、小麦、豌豆、玉米、蚕豆五种粮食,同时还将珊瑚、蜜蜡、玛瑙等碾成粉后和这五谷混合在一起放入宝瓶,最后还要放入经幡,然后由活佛加持系带。这个时候,手捧五谷包等各种祭祀品的喇嘛和信众在活佛的带领下,浩浩荡荡向湖边走去。到了湖边,先由活佛诵经作法事,众喇嘛、信徒高举着祭品簇拥在活佛身后,得到活佛指令后,大家纷纷将祭品抛向湖中,霎时湖水浪花四溅,信徒呐喊欢呼声一片。许多老人、妇女纷纷跪在湖边,摘下身上的护身符用湖水清洗,据说这天用湖水洗护身符,可保一年平安。还有许多小伙子骑着马下浅湖狂奔,同样也是想获得湖神的庇佑。

　　青海湖是莽莽雪域高原上的一颗明珠,千百年来一直为人们所敬仰。青海湖祭海,不仅是带有浓郁宗教色彩的一种民俗活动,更是一种文化现象,其间包含着众多民风民俗,同时表达了人们与自然和谐共存的美好愿望。该项目2008年被列入国家级非物质文化遗产名录。

朝鲜族花甲礼　类别:习俗　编号:Ｘ—89
申报地区或单位:辽宁省丹东市;吉林省延边朝鲜族自治州;黑龙江省牡丹江市

　　花甲礼是朝鲜族人民为60岁老人举行的生日礼。按古代天干地支纪年推算法,60年是一个循环单元,因此,将60周岁称作花甲或还甲。朝鲜族把60岁看成是人生道路的分水岭,因此花甲礼也就特别隆重,是朝鲜族人民生活中重大的人生礼俗。这种礼仪形成于17世纪中叶到18世纪中叶,是由生日祝寿和尊重老人的风俗演变而成。最初产生于王室,后来逐渐普及到平民百姓阶层。主要流传于延边朝鲜族自治州和东北三省朝鲜族聚居地区。

　　关于花甲礼的由来,有一个流传甚广的故事。高丽时代国王颁发了一条残酷的法规:人过60,不死即埋,后称"高丽葬"。一位姓金的穷人,把年过60的父亲藏入一山洞之中，每天偷偷地给他送饭，始终没被人发现。皇帝听说此事后感到"高丽葬"这条法规过于残酷，便给高丽王送去了三个难题，使他非常为难。山洞里的金老汉听到这个消息后，告诉儿子如何解答这三道难题。儿子来到京城，向高丽王诉说了解题之法。国王听后，欣喜异常，究其出谋者，方知是一位年过花甲的穷老汉。于是，高丽王醒悟到老年人阅历丰富，是国家的财富。从此，废除旧律，通令全国尊重、爱护老人。那位金老汉重返家园，与家人团聚，安度晚年一直到寿终正寝。从此以后，花甲宴代替了"高丽葬"，敬奉老年人成为朝鲜民族的传统美德。

在老人花甲礼那天，儿女们为老人摆设寿席，广邀亲朋邻里欢聚一堂，感谢父母养育之恩。祝寿是基本的仪式。儿女们为老人换一身特制的礼服，在大厅或在庭院内摆上寿席。花甲老人坐在寿席中央，男左女右，同亲朋邻里中的同辈兄弟一起接受祝寿礼。筵席上摆满糖果、鱼肉、糕点和酒类。祝寿礼开始，按儿女长幼之序，亲朋远近之别，依次敬酒祝寿。或者敬酒磕头，或者献祝寿诗，或者载歌载舞，祝福老人健康长寿。礼毕，子女们宴请前来祝寿的亲朋好友，大家边吃边喝，唱歌跳舞。

在朝鲜族的观念中，孝为百行之首，是衡量一个人道德水平的重要标准。对父母关心、孝敬，无论何时何地都是一种美德。举办花甲礼过程中牵涉到三代人，儿女们要为父母准备一身新衣裳和花甲筵席，祝寿的孙子孙女们满杯爱戴之情向爷爷奶奶磕头敬酒。通过这种充满关爱的礼仪，能够进一步增进父子、祖孙、儿媳与公婆之间的关系，有助于家庭的和睦、社会的和谐。该项目2008年被列入非物质文化遗产名录。

鄂温克驯鹿习俗　类别：习俗　编号：X－91
申报地区或单位：内蒙古自治区根河市

鄂温克族人主要分布在中国东北黑龙江省讷河县和内蒙古自治区呼伦贝尔地区。呼伦贝尔额尔古纳左旗北端，生长着优美挺拔的高大杨树，由于地理和自然生态环境，这里生长着茂盛的驯鹿饲料石蕊和苔藓，适宜饲养鹿。

据传说，鄂温克人饲养驯鹿的历史始于汉朝时期。传说那时有8个鄂温克人上山狩猎，捉回了6只鹿，妇女和孩子们见它们不踢不咬、温顺可爱，便用树枝围起一个栅栏把它们饲养起来。后来发现它们并不远跑，而且在搬家时也不需要拴绑就能跟着主人迁徙，还能帮助驮运一些东西和乘骑代步，给人们的生产生活带来了诸多方便，鹿便成为他们不可缺少的生产工具。由于有了人的照料，驯鹿得到了茁壮成长，繁衍生殖的很快。饲养驯鹿使鄂温克人得到了食物和衣着来源。驯鹿惯于在泥沼、森林和雪地中行走，素有"森林之舟"之美誉。鄂温克人将人工饲养的驯鹿称"鄂伦"，驯鹿主食苔藓和石蕊，有时也吃一些鲜嫩的树叶或蘑菇。驯鹿性温顺、易饲养、能驮运物品。每群驯鹿至少有二十到三十只，多则二三百只，每家无论饲养多少驯鹿，都会在鹿群中找一只纯白色的驯鹿作为"神鹿"。在鄂温克人眼中神鹿具有灵性，拥有神鹿的人家即拥有了幸福与平安。因此神鹿倍受人们的喜爱，不准骑用，死了要实行庄重的树葬。驯鹿是敖鲁古雅鄂温克人经济生活的主要来源。驯鹿全身都是宝：鹿茸、鹿胎、鹿血、鹿尾、鹿筋、鹿骨、鹿鞭、骨角是贵重的中药材，鹿皮可以制革，鹿奶、鹿肉是筵席上的珍馐佳肴。

鄂温克人世代追随驯鹿生活在茂密的原始森林中，到上世纪50年代，他们与外界很少接触，受外来文化的影响很少，从而成为我国最后一个狩猎部落，也是我国唯一一个饲养驯鹿的民族。2008年被驯鹿习俗列入国家级非物质文化遗产名录。

蒙古族养驼习俗　　类别：习俗　　编号：X－92
申报地区或单位：内蒙古自治区阿拉善盟

骆驼被誉为"沙漠之舟"，沙漠风沙弥漫、干旱缺水，夏季炎热酷暑、冬季严寒刺骨，骆驼具有耐粗饲、耐渴、耐饥饿、耐热、耐寒等诸多特性，是沙漠环境中不可或缺的交通工具，同时又能产绒毛、产肉、产乳。

北方游牧民族驯养骆驼的历史已有5000年之久，生活在大漠戈壁中的蒙古人是驯服使用骆驼最早的民族之一。据考证，骆驼被驯化并用于生产生活及军事以后，赛驼活动也就随之产生。时至今日，蒙古族群众在祭祀敖包、举行那达慕等群体活动时均于有赛驼及驼球比赛等活动。勤劳的蒙古牧民在日常生活中创作了很多有关饲养骆驼的工具。如笼头（驼羔笼头、骑驼笼头）、驼绳、驼鞍、驼奶罩、驼绊、驼蹬子、驼鞭子、驼铃等等。其中笼头由鼻梁绳、下颌绳、后脑绳、扣绳、系绳交叉系结而成。套在骆驼头上，为了控制其上下前后活动；驼绳的用处很多，主要是为了掌控骆驼；驼鞍是为了乘骑，同时也有保护骆驼身体的作用。

蒙古人在饲养骆驼的过程中积累了丰富的经验，多数母骆驼刚产子，都不愿意喂驼羔。此时蒙古人拉起马头琴唱起抒情悠扬的《驼羔之歌》给母骆驼听，母骆驼被优美的琴声感动，开始喂奶给驼羔。在蒙古族民间有很多有关骆驼题材的歌曲，如《孤独的白驼羔》、《驼铃》等等。2008年蒙古族养驼习俗被列入国家级非物质文化遗产名录。

双峰骆驼

查干淖尔冬捕习俗　类别：习俗　编号：X—94
申报地区或单位：吉林省前郭尔罗斯蒙古族自治县

查干淖尔系蒙古语，查干为"洁白"、淖尔为"湖泊"的意思，所以当地人称为"圣水湖"。查干淖尔位于我国吉林省西南前郭尔罗斯蒙古自治县，总面积达480多平方公里，是中国第7大淡水湖泊。这里盛产鲤鱼、鲢鱼、鳙鱼、鲫鱼等，是吉林省最大的内陆湖泊和著名的渔业生产基地。查干淖尔四季有着不同的韵味，尤其冬天捕鱼习俗为世界之最。

查干淖尔的冬捕历史由来已久，早在辽金时期就享有盛名，一直延续到今日。查干淖尔冬捕是每年冬季12月中旬到次年1月下旬（春节前）进行。冬捕前要举行"祭湖醒网"仪式，仪式的目的为祭祀查干湖，唤醒沉睡的大网。仪式前需要做一系列准备工作，在祭祀场的中间凿开直径1米左右的冰洞，上面用松枝搭盖成敖包形状的"冰雪敖包"，冰雪敖包周围摆放好供桌和祭祀物品。仪式开始，喇嘛先将供品逐个递给住持，住持按次序将供品摆放在供桌上，然后将9炷香分别插在3个香炉内点燃，之后率众喇嘛按顺时针方向绕供桌、冰洞、松柏枝转3圈，边转圈边诵经。最后将哈达系绕在冰雪敖包上，把供品依次投入冰洞。祭湖仪式结束后，"渔把头"带领渔工开始诵用蒙语诵"醒网"词，曲调高亢，气势恢宏。举行完"冬捕醒网"仪式，随着"渔把头"的"上冰"令下，冬捕仪式正式开始。查干淖尔冬捕的渔工一般分为4组，每组人员由"渔把头"、二下手、跟网、扭矛、走钩、小套、送旗（灯）、打更、车老板等60来人组成。冬捕的渔网约有2000多米，其网眼很大，所以不会对一斤以下的小鱼造成影响。冬捕中最壮观的场景就是起网的时刻，在渔民们高亢的号子声中，拉网的马轮子开始绞动，沉甸甸的大网被慢慢拉起，真是"万尾鲜鱼出玉门"，一网可捕几十万斤鱼。

查干淖尔冬捕保留的不仅是原始的捕捞方式，更是蒙古民族世代相传的对养育自己的天、地、湖、鱼的敬重。该项目2008年被列入国家级非物质文化遗产名录。

朝鲜族传统婚礼　类别：习俗　编号：X—99
申报地区或单位：吉林省延边朝鲜族自治州

朝鲜族的先人们曾长期实行"男归女家婚"，即新郎在新娘家举行婚礼，并在新娘家居住若干年，而后带着妻儿返回自己家里。到了朝鲜王朝时期，统治者们在儒家思想观念的影响下，认为这种婚娶习俗是"天地倒置"、"阳反从阴"的陋习，极力主张按照儒家观点推行在结婚当天把新娘接回新郎家的"亲迎"方式。但因习惯势力的阻挠，难以推行，于是创造出把固有的"男归女家"方式与中国的"亲迎"方式折中的"半亲迎"方式。按照这种方式，新郎在新娘家举行婚礼以后，只住两天，第三天带新娘返回新郎家。半亲迎方式成为近代朝鲜民族的主要婚娶方式，现在所说的朝鲜族传统婚娶方式即指这种方式而言。中国朝鲜族在20世纪50年代以前，实行"半亲迎"和"亲迎"两种方式，其中以"半亲迎"方式为主。1949年以后，统一为"亲迎"方式。

传统的朝鲜族婚娶方式包括议婚、大礼、后礼三大阶段。

议婚包括核对宫合（对照男女二人的生辰八字）、书写婚书、涓吉（确定结婚日期）等内容。先由媒妁给男女两家提亲，如果两家都满意，便由男方家向女方家递送请婚书。女方家接到请婚书后，再经媒妁回复许婚书。请婚书中附"四柱单子"，所谓"四柱"是指小伙子出生的年、月、日、时四项内容。女方家核对男女双方的"四柱"，如果认为合适，便确定婚约；反之，便取消这门婚事。婚事确定后，男女两家写婚书、定吉日，行冠礼和笄礼。过去，朝鲜族小伙子都留辫子，成婚之前举行仪式，将辫子在头顶上挽成髻，戴上冠，以示成年，谓之冠礼。笄礼也是通过一定的仪礼把姑娘的发辫盘成髻，又上发钗。

大礼包括新郎家向新娘家赠送礼函（彩礼箱）、奠雁礼、交拜礼、合卺礼、新郎接受大桌等内容，由新郎的"初行"和行婚礼两个过程组成。结婚这天，新郎身着纱帽冠带，手持一把大摺扇或"阳伞"（一块长方形红布，两边拴有小棍，均以摭脸），骑马前往女方家举行婚礼。陪同新郎前往的有上宾、雁夫等人，"上宾"由父亲或叔父担任。前往新娘家时要携带婚函，里面装有给新娘的衣料和许婚书。婚礼在新娘家里举行。先由"函夫"向新娘家的女眷递交婚函。女眷用双手撩起裙子兜接，拿进屋里让其他女眷观看里面的礼物。接着，由"雁夫"向新娘家递交用彩布包裹身子的木雁，表示忠贞不渝的爱情。新郎踏着踩布，步入新娘家的院内。此时，新娘由两名伴娘搀扶，从屋里走出，站到新郎对面。新郎、新娘隔着喜桌相向而立，在司仪的主持下行互拜礼。婚礼结束，新郎走进新房接受"大桌"。大桌是朝鲜族举行婚礼时专为新郎或新娘准备的筵席。大桌上摆放各种食品，其中最醒目的是嘴里叼着红色尖椒的煮熟的公鸡，隐喻早生贵子。大桌上摆放酒食之后，新娘家的人先给新郎递单子，即写有简单诗句的纸条，要求新郎赋诗和对，借以试探新郎的聪明才学。如果新郎和对不了，也可由"上宾"和对。吃大桌上的菜肴之前，新郎先提出把每样菜都拣出一些敬赠给自己的父母和近亲，谓之"打奉送包"。新郎要喝下伴郎斟满的三杯酒，然后同陪坐的人一起共餐大桌的菜肴。除大桌外，还要给新郎另上一个饭桌。新郎的饭碗里有3个剥了皮的熟鸡蛋，寄托着生儿育女、生活美满的良好祝愿。新郎不可全吃，须留一两个给新娘吃。当新娘在新郎家接受"大桌"后吃饭时，亦如此。到夜晚入洞房时，把大桌上的果品菜肴拣出一两样给新郎、新娘吃夜宵。吃罢夜宵，由新郎解开新娘的"簇头里"，"大发"和袄带。接着，用两手同时掐灭两根烛火，共枕入睡。

朝鲜族婚礼

后礼包括"于归"与"再行"。新郎在新娘家举行婚礼并住了3天后，同新娘一起返回自己家里，谓之"于归"。这时新郎骑马，新娘坐轿。新娘要携带一些礼物，以备到新郎家的第二天举行"家宴"时，送给新郎的父母及近亲。陪同新娘前往的人叫"上宾"，一般由新娘的父亲或叔父担任。新娘到新郎家后不举行婚礼，只接受"大桌"。"大桌"上的食物要原封不动地带回娘家，敬献给父母及亲眷。第二天早晨，新娘要亲下厨房点火做饭，借以显示炊事手艺。饭后举起家宴，新郎、新娘的父母及其他亲眷坐在一侧，新娘坐在一侧。新娘在一名新郎家女眷的指点下向公公、婆婆和其他亲属一一敬酒并赠送衣料、布袜等礼物。"再行"是新郎在自家住3天后，陪同新娘回娘家去拜访岳父母。此时，村里的小伙子们要对新郎"上刑"，把新郎吊起来，用木棍抽打新郎的脚板，借以向新娘的父母索讨吃喝。在新娘家住上一两天后，同新娘一起返回新郎家里。至此，婚事才算完全结束。该项目2008年被列入国家级非物质文化遗产名录。

塔吉克族婚俗　类别：习俗　编号：X—100
申报地区或单位：新疆维吾尔自治区塔什库尔干塔吉克自治县

塔吉克族青年男女，彼此表达爱情的方式非常有趣，通常男子在送给情人的荷包中装一根烧了半截的火柴棍，表示爱情已将他的心灼伤，女子给意中人的信物中，藏一颗杏仁，表示已将心献给了他。提亲定亲由长辈老人出面，直至完婚。塔吉克人的婚礼一般选在秋高气爽、牛羊肥壮的黄金季节，载歌载舞3天，热闹而隆重。

第一天，新郎和新娘要在自己的家里进行打扮和准备，男女两家忙忙碌碌，喜气洋洋。新郎和新娘都要挑选自己的陪伴。他们还要将本村本年内家中发生不幸的村民请来，将一面手鼓放在他们面前，请他们擦去悲伤的眼泪，为新人祝福，如客人敲响手鼓，即表示同意婚礼如期进行。

新郎除了要穿民族特色的服装外，重要的是要在头上缠上红、白两色的绸带，直垂到肩。新娘则要戴上系有红、白两色手绢的戒指。白色象征牛奶，黄色喻这酥油，取二者相融和之意，表示婚姻美满的意思。

第二天，新郎的亲戚都前来祝贺，并带来礼品，一般是4至6个馕，在馕上摆放衣服、用品或首饰，最亲密的亲戚还要送羊。母亲或长嫂在礼品中撒面粉，以示吉祥。这时户外已响起欢快的手鼓和鹰笛声。青年们的引吭高歌，翩翩起舞。

伴着鹰笛声和乐鼓声，到女方家去迎新娘。迎亲时，男方要准备新郎骑马在人们的簇拥下一只肥羊送给女方家。沿途不时有年青们窜出来，往新人身上洒面粉，以示祝贺。

当迎亲队伍来到新娘家的门前时，娘家代表迎候，这时，新娘的女伴代表新娘要向新郎敬上两碗放了奶油的牛奶，新郎当众喝光，表示接受新娘家的盛情美意。

新郎下马后，新娘的奶奶要向孙女婿的肩上撒些面粉，表示祝福，愿两个年轻人互敬互爱，白头偕老。进屋后，新郎要向蒙着面纱的新娘赠送礼品，并和新娘交换系有红、白布条的戒指。尔后，新娘的父母要拿出丰盛的食品招待新郎和迎亲的人们。人们吃完喝完之后，便开始举行高原上特有的赛马、叼羊等娱乐活动。能歌善舞的青年男女吹起鹰笛，打起手鼓，欢乐的气氛进入高潮。当晚，由阿訇按照惯例，主持举行宗教仪式"尼卡"。"尼卡"仪式在新娘房屋里举行，参加者除新郎、新娘和双方各两位伴郎及伴娘外，双方家长和亲属不得参加。仪式开始时，阿訇走到新人面前念经祈祷，念完一段经文后，端一碗盐水让新人共饮，象征他们的爱情是永恒的。接着往新人身上各撒一些面粉，然后双手各拿一块羊肉，在肉上吹口气，右手的交给右边的新郎，左手的递给左侧的新娘，并给他们各吃一口馕。至此，仪式即告结束。这天晚上，女宾打起手鼓，男宾吹起鹰笛，纷纷唱歌跳舞，婚礼达到高潮。

新郎接出新娘　　　　　　　　　吻手互相致敬

第三天，早晨娶亲队伍与新娘父母、娘家客人告别辞行。新娘和新郎同骑一匹马，在亲人的簇拥下回男家。路上，伴随的青年男女们弹起各种乐器，边歌边舞。马到门前时，早已等候在那里的婆婆要亲自给儿媳妇端上两碗放有酥油的牛奶，骑在马背上的儿媳妇喝完后才能下马。从下马的地方到洞房早已铺好了红毯子，新娘子踏着红毯子进新房，表示幸福甜蜜的新生活的开始。这天，客人们来得很多，男女引吭欢歌，婆婆起舞，尽情娱乐，直到太阳落山，人们才恋恋不舍地离去。

婚礼举行后的第三天，娘家人要来赠送礼物和饭食，表示还挂记着自己家的女儿。男方也要给娘家人每人送一份礼物表示感谢。这些礼节结束后，新娘才由证婚人阿訇揭去脸上的面纱，表示新家庭生活开始了。该项目2008年被列入国家级非物质文化遗产名录。

蒙古族服饰　类别：习俗　编号：X－108
申报地区或单位：内蒙古自治区；甘肃省肃北蒙古族自治县；新疆维吾尔自治区博湖县

蒙古民族服饰俗称"蒙古袍"，蒙古地区男女老少一年四季喜欢穿袍子。
关于蒙古服饰的形状及材质方面，《多桑蒙古史》记载："其上衣交结于腹部，环腰以带束之。冬服二裘，一裘毛向内，一裘毛向外……然女服近类男子，颇难辨之。"13世纪，意大利旅行家马可波罗在其《马可波罗游记》中记载："元庭每年大朝会十三次，参加者按不同节令同穿一种颜色的袍服，贵贱尊卑从质料粗细区别。"

蒙古族服饰主要包括首饰、袍子、腰带、靴子等。首饰包括头饰、胸饰、项饰、腰饰、手饰等部分。头饰是蒙古服饰中主要组成部分，包括头巾、帽子、头带、辫钳、头钗、头簪、耳环、耳坠等。区别蒙古各部落服饰主要看头饰，如，鄂尔多斯部落妇女头饰最突出的特点是两侧的大发棒和穿有玛瑙、翡翠等宝石珠的链坠；巴尔虎部落妇女头饰为盘羊角式；科尔沁部落蒙古族妇女头饰为簪钗组合式；和硕特部落蒙古头饰为简单朴素的双珠发套式。袍子又分棉袍、夹袍、单袍等。夏季多穿单袍，春秋多穿夹袍，冬天多穿棉袍或皮袍。袍子的袖子较宽大，多为高领、右衽，在袖口、领口等处有漂亮的刺绣图案。男子的袍子一般比较肥宽、方便于骑马或劳动。女袍多较紧身，能显示女子苗条优美的身体曲线。因此袍子既美观大方，又具有良好的实用功能。冬天防寒护膝，夏天防蚊虫叮咬、遮暴晒，行可当衣，卧可作被。腰带是蒙古族服饰不可缺少的重要组成部分。一般多用绸缎制成，长约三四米。扎腰带既能防风抗寒，骑马持缰时又能保持腰肋骨的稳定垂直，而且还是一种漂亮的装饰。蒙古靴子是蒙古民族服装的配套部件，分布靴、皮靴和毡靴三种，根据季节选用。蒙古靴做工精细考究，靴帮、靴靿上多绣制或剪贴有精美的花纹图案。

蒙古服饰因地域风格的不同创造出了绚丽多姿的袍饰。蒙古服饰作为一种传统服饰，已成为了蒙古族的象征。随着社会和经济发展，蒙古人穿戴传统服饰的时候越来越少，只有在逢年过节、举办婚事或召开那达慕大会时人们才穿戴华美的传统服饰。2008年，蒙古族传统服饰被列入国家级非物质文化遗产。

朝鲜族服饰　类别：习俗　编号：X－109
申报地区或单位：吉林省延边朝鲜族自治州

朝鲜传统族服饰多沿用朝鲜李朝时期的民间服饰，是朝鲜族在长期的生产、生活中不断演变、发展而逐渐形成和固定下来的，保留了朝鲜民间服饰的显著特点。此外，古代朝鲜的社会、文化、民俗等深受中原文化的影响，因而大量借鉴了中原隋唐时期的服饰。中国的朝鲜族在迁入初期，多居于偏僻的山村，服饰的原料以自种自织的麻布和土布为主。质地较为粗糙，虽然夏季凉爽，但是冬天不保暖。后来随着织布工艺的不断改进，麻布的质地日益优良，颜色亦经漂洗由黄变白。20世纪初，机织布和丝绸、绸缎等面料开始传入，服饰的颜色也随之多样化了。

朝鲜族服饰呈现出素净、淡雅、轻盈的特点，色彩以白色为主，象征着纯洁、善良、高尚、神圣，因而朝鲜族素有"白衣民族"之称。朝鲜族传统服饰最大的特点是斜襟，无纽扣，以长布带打结。男女服饰迥然不同，男子穿裤，裤裆和裤腿都比较宽，裤脚系布带，便于盘腿席坐。上身喜穿素色短上衣，外加有色坎肩，颜色多为灰、棕、黑色。外出时，多穿以布带打结的长袍。女子穿短衣长裙，短衣，朝鲜语叫"则高利"，是一种斜领、无扣用带子打结、只遮盖到胸部的衣服；长裙，朝鲜语叫"契玛"，腰间有细褶，宽松飘逸。这种衣服大多用丝绸缝制而成，色彩鲜艳。朝鲜族服装根据穿着者的年龄和场合，选用各种质地、颜色的面料制作。年轻女子的衣裙鲜艳明丽，上衣的领口和袖口都镶有色彩鲜艳的绸缎边，胸前的结带也是彩色绸缎制成。她们多爱穿带褶筒裙，裙长过膝盖的短裙，便于劳动。中老年妇女多穿缠裙、长裙，冬天在上衣外加穿棉（皮）坎肩。缠裙为一幅未经缝合的裙料，由裙腰、裙摆、裙带组成。上窄下宽，裙长及脚面，裙摆较宽，裙上端有许多细褶，穿时缠腰一圈后系结在右腰一侧，穿这种裙子时，里面必须加穿素白色的衬裙。朝鲜族妇女的短衣长裙是朝鲜族服饰中最具传统的服装，也是朝鲜族妇女服装的一大特色。朝鲜族儿童服装主要是七彩衣，是用7色绸缎做的衣服，好像彩虹在身。朝鲜族认为彩虹是光明和美丽的象征，或出于审美心理，或出于避邪的目的，意在让儿童美丽幸福，使孩子们显得更加聪慧、活泼可爱。该项目2008年被列入国家级非物质文化遗产名录。

朝鲜族少女装

畲族服饰　类别：习俗　编号：X—110
申报地区或单位：福建省罗源县

畲族服饰有比较明显的特色。畲族服饰特色主要体现在妇女装上，俗称"凤凰装"。

过去畲族男子的服装样式有两种，一种是平常穿的大襟无领青色麻布短衫；另一种是结婚或祭祖时穿的礼服，红顶黑缎官帽，青色或红色长衫，外套龙凤马褂，长衫的襟口和胸前有一方绣有龙的图案，脚案白色布袜，圆口黑面布底鞋。老年男子扎黑布头巾，外罩背褡。结婚礼服为青色长衫，祭祖时则穿红色长衫。畲族妇女服饰以象征万事如意的"凤凰装"最具特色，即在服饰和围裙上刺绣着各种彩色花纹，镶金丝银线；高高盘起的头髻扎着红头绳；全身佩挂叮叮作响的银器。畲族最喜欢蓝色和绿色，红、黄、黑也颇受欢迎。服饰条纹图案排列有序，层次分明，衣领上常绣一些水红、黄色的花纹。而畲族妇女的服装，大多是用自织的苎麻布制作，有黑蓝两色，黑色居多，衣服是右开襟，衣领、袖口、右襟多镶有彩色花边，一般来说，花多、边纹宽的是中青年妇女的服装。她们均系一条一尺多宽的围裙，腰间还束一条花腰带，亦叫合手巾带，宽4厘米，长一米余，上面有各种装饰花纹，也有绣上"百年合好"、"五世其昌"等吉祥语句。还有的是用蓝印花布制作的。别外，有些地区的畲族妇女系黑色短裙，穿尖头有穗的绣花鞋；有的喜爱系八幅罗裙，裙长及脚面，周围绣有花边，中间绣有白云图案；还有的不分季节，一年到头穿短裤，裤脚镶有锯齿形花边，裹黑色绑腿，赤脚。

畲族妇女服饰

1975年，罗源县畲族女性服饰被国家民委定为全国畲族代表装。罗源畲族服饰2007年列入福州市第一批、福建省第二批非物质文化遗产名录，2008年列入全国第二批非物质文化遗产名录。

黎族服饰　类别：习俗　编号：X—111
申报地区或单位：海南省锦绣织锦有限公司、海南省民族研究所

黎族服饰主要是利用海岛棉、麻、木棉、树皮纤维和蚕丝织制缝合而成。远古的时候，有些地方还利用楮树或见血封喉树的树皮作为服装材料。这种服饰材料，是从山上砍下树剥下树皮，经过拍打去掉外层皮渣，剩下纤维层，然后用石灰（螺壳烧成的灰）浸泡晒干而成。黎族祖先利用这种树皮纤维缝制成的衣服、被子、帽子等，称为"树皮布"服饰。黎族服饰过去绝大部分是自纺、自织、自染、自缝的，其染料以山上采集植物为主，矿物为辅。

黎族男子一般穿对襟无领的上衣和长裤，缠头巾插雉翎。妇女穿黑色圆领贯头衣，配以诸多饰物，领口用白绿两色珠串连成三条套边，袖口和下摆以花纹装饰，前后身用小珠串成彩色图案。下穿紧身超短筒裙。有身着黑、蓝色平领上衣，袖口上绣白色花纹，后背有一道横条花纹，下着色彩艳丽的花筒裙，裙子的合口褶设在前面，盛装时头插银钗，颈戴银链、银项圈，胸挂珠铃，手戴银圈。头系黑布头巾。

随着时间的推移和各民族交往的频繁，黎族服饰也在变化。其中最明显的是将无领直口和贯头上衣改为挖口上衣领，或者将直身、直缝、直袖改为使腰身、袖口有缝（折间），或者改无钮为饰钮，后来又改为琵琶钮，直到将对襟改为偏襟。随着时代的变迁，大多数的黎族青年男女早已改穿汉服。只有比较边远地区的中老年妇女仍穿着黎族服饰，但是多数服饰都是在市场上购买的材料制作而成的。该项目2008年被列入非物质文化遗产名录。

珞巴族服饰　类别：习俗　编号：X—112
申报地区或单位：西藏自治区隆子县、米林县

珞巴族是中国少数民族中人口最少的一个民族，主要分布在西藏东起察隅，西至门隅之间的珞渝地区。珞巴族大部分居住在雅鲁藏布江大拐弯处以西的高山峡谷地带，山高林密，人烟稀少，交通十分不便。直到20世纪中期，珞巴族社会仍处于原始社会末期，刀耕火种兼营狩猎，大型猎物平均分配的古老习俗，至今还在沿袭。珞巴族的这种生活环境和生产方式，影响了他们的生活习惯和穿着。珞巴族服饰一般柔软保暖，是用野生

植物纤维和兽皮做成的。

珞巴族部落众多，在不同的地区和部落，服饰也略有区别。珞巴族男子的服饰，充分显示出山林狩猎生活的特色。他们多穿用羊毛织成的黑色套头坎肩，长及腹部。背上披一块野牛皮，用皮条系在肩膀上。内着藏式氆氇长袍。博嘎尔部落男子的帽子更是别具一格，用熊皮压制成圆形，类似有沿的钢盔。帽檐上方套着带毛的熊皮圈，熊毛向四周蓬张着。帽子后面还要缀一块方形熊皮。这种熊皮帽十分坚韧，打猎时又能起到迷惑猎物的作用。男子平时出门时，背上弓箭，挎上腰刀，高大的身躯再配上其它闪光发亮的装饰品，显得格外威武英俊。珞巴族妇女喜穿麻布织的对襟无领窄袖上衣，外披一张小牛皮，下身围略过膝部的紧身筒裙，小腿裹上裹腿，两端用带子扎紧。她们很重视佩戴装饰品，除银质和铜质手镯、戒指外，还有几十圈的蓝白颜色相间的珠项链，腰部衣服上缀有许多海贝串成的圆球。珞巴族妇女身上的饰物可多达数公斤重。这些装饰品是每个家庭多年交换所得，是家庭财富的象征。珞巴族男女都喜爱系一条考究的腰带，有藤编的，有皮革制作的，也有用羊毛编织的，并织有各种彩色图案。腰带除用来扎系衣裙外，还用来悬挂小刀、火镰和其它铜、贝制作的饰物。珞巴人非常重视丧衣，不管近亲或远亲，不能穿戴带毛的衣服吊丧，以免死者再生变为牲畜。丧服多为白色，以示死者清白。该项目2008年被列入国家级非物质文化遗产名录。

珞巴男子服饰

藏族服饰 类别：习俗 编号：X—113
申报地区或单位：西藏自治区措美县、林芝地区、普兰县、安多县、申扎县；青海省玉树藏族自治州

藏族服饰与其居住的青藏高原的自然环境及气候条件有着密不可分

的关系,由于藏区各地生活环境和生活方式不同,使藏族服饰具有明显的地域特色,其服饰可分为牧区服饰和农区服饰,也可分为卫藏地区藏族服饰、康巴地区藏族服饰、安多地区藏族服饰、僧侣服饰等主要类型。藏族牧区服饰以皮袍为主;皮袍肥大,袍袖宽敞,臂膀伸缩自如。藏族农区服饰地域性差异比较大,主要以各式藏袍为主,女性藏袍镶嵌黑、红、绿色宽边,主要以各种绸缎、氆氇面料制成,腰间缠挂各种银质或铜质的工具和装饰物。男性藏袍宽肩、长袖、以各种牲兽皮和氆氇缝制成的宽大藏袍为主。卫藏地区藏族服饰样式多样,无论男装还是女装,都有漂亮的腰带系绕,女装多为长裙,衬衣夏无袖,冬有袖,裙幅长及脚踝。另外卫藏地区藏族女装配有一种藏式围裙"帮典",是已婚妇女之装,少女装上不配"帮典"。卫藏地区男子藏袍袖子特别宽松,藏袍稍短,内穿短衣。脚穿兽皮或氆氇制的长筒靴(这点大部分藏区相类似)。康巴地区藏族服饰主要有藏袍、无袖坎肩、围腰、袍裙、围裙、长布衫、皮褂、领夹、衬衣等,康区男子喜欢将长发结辫盘顶,上缠红缨,俗称"英雄结",所戴帽子中有一种乃整张狐皮包缠头部,狐皮首尾相系于脑后或狐尾垂肩。皮袍用长约5寸至1尺左右宽的大幅狐皮、豹皮、獭皮镶边,腰带上挂着长腰刀。康区女子则用各种金银珠宝饰物装扮,给人以雍容华贵之感。除颈、胸、手腕配各种饰物外,在细碎的发辫上也佩戴珊瑚、玛瑙、绿松石、翡翠、黄蜜蜡以及金银头饰。安多地区藏族妇女头饰多为碎辫

藏族男装　　　　藏族女装

子,头发梳成数十根细辫,下接黑丝线或咖啡色丝线,直坠至脚踝,自头部起坠寸许的硬布块,上缀琥珀、玛瑙、银碗(小型配饰碗)形饰物。自臂部起有一尺许的硬布块,垂及踝部,缀有碗形银质饰物或银元、铜元数行,多至数十枚。未婚女子梳两根辫子,辫子上缀有红布块,上排

缀红珊瑚数行。部分妇女在头顶脑门处饰以较大的绿松石。腰带上挂一银质或铁、铜质奶钩,叫"雪纪",原是挤奶时挂奶桶之用,后演变为一种装饰品。腰带两侧旁又有一个叫"隆果"的圆形或桃形银饰,下部有一个长孔,缚一红绸绿带,颇为雅致。藏族僧侣服饰样式繁多,主要有僧衣堆噶（坎肩）、僧帽（班夏、白夏、仁昂）、僧靴等。宗教仪式上的服饰有上师装束、本尊装束、侍从装束、护法装束等。该项目2008年被列入国家级非物质文化遗产名录。

裕固族服饰　类别：习俗　编号：X—114
申报地区或单位：甘肃省肃南裕固族自治县

裕固族是我国人口较少民族之一,也是甘肃独有民族之一,主要居住在甘肃河西走廊中部祁连山北麓的狭长地带。

裕固族世代以畜牧业为生,游牧于茫茫草原,逐水草而居,形成了具有马背游牧民族特色的服饰文化。裕固族男子一般穿高领大襟长袍,扎红、蓝色腰带,戴礼帽或毡帽,穿高筒皮靴；妇女穿高领长袍,外套坎肩,束红、紫、绿色的丝绸腰带,腰带两端垂于背后两侧,腰带左侧挂有绣制精美的香包或手帕。裕固族未婚少女和已婚妇女的头饰明显不同,未婚少女不戴帽子而是在前额戴"沙日达什戈",已婚妇女除了帽子以外,还要在胸前和背后戴3条镶有银饰、珊瑚、玛瑙、珍珠、贝壳等贵重物品的胸饰,当地汉语称为"头面"。

裕固族服饰中体现的民族工艺和审美情趣隐喻着很深的文化内涵,是裕固族文化研究的重要组成部分。裕固族服饰是甘肃省2004年确定的首批10个民族民间文化保护工程试点项目之一,2008年列入第二批国家非物质文化遗产名录。

土族服饰　类别：习俗　编号：X—115
申报地区或单位：青海省互助土族自治县

土族妇女一般穿绣花小领斜襟长衫。两袖用红、黄、橙、蓝、白、绿、黑7色彩布做成，鲜艳夺目，美观大方，俗称七彩袖，土族语称作秀苏，意为"花袖衫"，是土族妇女服饰的象征。从最底层数，第一道为黑色，象征土地；第二道绿色，象征青苗青草；第三道黄色，象征麦垛；第四道白色，象征甘露；第五道蓝色，象征蓝天；第六道橙色，象征金色的光芒；第七道红色，象征太阳。花袖长衫上面套有黑色和紫红色镶边的蓝色坎肩，腰系白褐或蓝绿布带，带的两头有花、鸟、虫、蝶、彩云图案。腰带上有罗藏和钱褡裢。下穿褶裙或裤子。有镶白边的绯红百褶裙，裙分左右两扇，形似蝴蝶的红翅膀；裤子膝下部分套着一节蓝色或黑色的裤筒，土族语称"帖弯"。

未婚姑娘习以两鬓梳小辫，中间梳一条辫，三条辫子合辫在背后，用绯红头绳扎紧，系一海螺圆片。少女额前戴的额带叫"箍儿"，白布绣花做成，宽二寸，长及两耳，上沿连几束彩线短穗和几个小铃铛。有的姑娘头戴一条绣花头巾。其裤腿套一尺长的红色"帖弯"，在膝下方用白色布条将"帖弯"与裤腿相连，使其经纬分明。发式、"帖弯"颜色和额带的不同，常是区别已婚或未婚妇女的标志。

青壮年男子一般戴红缨帽和"鹰嘴啄食"毡帽。红缨帽，系一种织锦镶边的圆筒形毡帽，为土族语"加拉·莫立嘎"的意译。相传由清代朝帽演变而来。因红顶连一绺长约5寸的红缨，故名，"鹰嘴啄食"毡帽，其样式为帽子的后檐向上翻，前檐向前展开。衣服是穿小领斜襟的长衫，袖口镶有黑边，胸前镶有一块4寸方块的彩色图案。还有穿绣花领高约三寸的白色短褂，

土族妇女

天冷时在领子上衬以羊羔皮。外套黑色或紫红色坎肩，纽扣多用铜制。腰系花头腰带，为一块12尺长的窄幅蓝布或黑布，其两端缝上5寸长绣有花卉盘线图案的接头。穿蓝色或黑色大裆裤，系两头绣花的白色长裤带和花围肚，小腿扎"黑虎下山"的绑腿带，扎腿时把黑色的一边放在上边，故称"黑虎下山"。此又是青年男女表示爱情之信物，象征忠贞不二，足穿白袜或黑袜，鞋子为双楞子鞋和福盖地鞋。

老年男子多戴礼帽。冬天戴皮帽，即用毛蓝布缝成喇叭口，喇叭口内缝以羊羔皮，可翻上或放下。帽顶上加有一颗核桃大的红绿线顶子。穿小领斜襟长袍，外套黑色坎肩，系黑色腰带，脚穿白袜黑鞋。冬天下雪时，男子一般穿大领白板皮袄，领口、大襟、下摆、袖口都镶着4寸宽的边子。劳动时穿褐褂，式样为小圆领，大襟，配以蓝布、黑布沿边。所用褐子，由白色或杂色羊毛捻线自织而成。富裕人家的男子多穿绸袍及带有大襟的绸缎背心、马褂。民和县三川一带土族男子的衣着同汉族一样。同仁县五屯的土族男子服饰与藏族相同。该项目2008年被列入国家级非物质文化遗产名录。

撒拉族服饰　类别：习俗　编号：X－116
申报地区或单位：青海省循化撒拉族自治县

撒拉族是我国人口较少民族之一，主要聚居在青海省循化撒拉族自治县和化隆回族自治县黄河谷地，部分在甘肃省积石山保安族东乡族撒拉族自治县大河家一带。撒拉族信仰伊斯兰教，宗教对其政治、经济、文化等方面都有较深的影响。

撒拉族服饰具有明显的中亚文化和宗教文化特征。男子头戴无檐白色或黑色六牙帽或小圆帽，上衣为"白布汗褡青夹夹"（即白衬衫上套一个黑坎肩），腰系红布带或红绸带。老年人穿的长衣衫，撒拉语称为"冬"。做礼拜时头缠"达斯达尔"，即一条长约数尺的白布。撒拉族妇女喜欢色泽艳丽的大襟花衣服，外套黑色坎肩，喜欢佩戴长串耳环、戒指、手镯、串珠等手饰。受伊斯兰教文化的影响，妇女普遍戴"盖头"，而"盖头"的颜色有着不同年龄特征，少女和少妇戴绿色，青壮年妇女戴黑色，老年妇女戴白色。年青女子喜欢穿颜色鲜艳的大襟上衣，外套黑色或紫色坎肩，下身穿长裤，脚穿绣花鞋；中老年妇女的服装多为颜色素净的大襟夹棉长袍。撒拉族服饰体现了撒拉族悠久的服饰文明，受到了中亚服饰文化和伊斯兰文化的双重影响与渗透。2008年6月撒拉族服饰入选第二批国家非物质文化遗产名录。

维吾尔族服饰　类别：习俗　编号：X—117
申报地区或单位：新疆维吾尔自治区于田县

维吾尔族是讲究服饰的民族，他们善于把大自然中最美的花草，化作自己衣服上的装饰。帽是绣花帽，衣是绣花衣，鞋是绣花鞋，扎的是绣花巾，背的是绣花袋，满身"鲜花"盛开。服饰款式多彩，色彩鲜丽，图案古朴，工艺精湛。

维吾尔族女子服饰有长外衣、短外衣、坎肩、背心、衬衣、长裤、裙子等。其中连衣裙，是维吾尔族女子的最爱。

连衣裙重在选料，女孩子最爱"艾德来斯绸"，弹性好，拉力强，有光泽；图案色彩自然，层次感强，纹样富有变化。穿在身上轻薄柔和，飘然似仙。

裙型多为筒裙，上身短至胸部，下裙宽大飘洒，长及腿肚子。裙外配长衣或坎肩，裙里穿彩色印花布或彩绸长裤，裤角绣花。长外衣有合领、直领。年青女子喜红、绿、紫等艳色，老年妇女爱黑、蓝、墨绿等团花和散花。配以铜质、或金质、或银质的扣子。衣领、袖口等处绣花。耳环、戒指、项链、胸针、手镯等和裙子最佳组合。

维吾尔族男装黑白对比，粗犷奔放，简洁宽松，主要有长外衣、长袍、短袄、上衣、衬衣、腰巾等。外衣称"袷袢"，过膝、宽袖、无领、无扣，腰间系长腰巾。爱以蓝、灰、白、黑等本色团花绸缎作面料。

男子腰巾有扣子和口袋作用，可装食品和零星物件，随用随取。腰巾长短不一，长的可达2米余，也有方形的，以黑、棕、蓝等深色为主。袷袢配腰巾，风度翩翩，飘然潇洒。内穿衬衣，不开胸，长至膝部、臀部。有的衬衣缀花边。

裤子，过去通常为大裆裤，样式简单，有单裤、夹裤、棉裤三种，其面料有布的、羊皮的或狗皮的等。男裤通常比女裤短，裤角窄一点。

彩色条状绸是传统式衣料，布纹细密，衣质轻软，是做长外衣"袷袢"的好面料。年老的则以黑色、深褐色等布料裁制，显得古朴大方。下身多著青色长裤，盖及脚面。男裤则在裤角边绣花卉纹样，多以植物的茎、蔓、枝藤组成连续性纹饰，雅致美观。

帽子是维吾尔族人衣饰重要的组合，他们称帽子为"巴西克依木"，有单帽、小白帽、皮帽和花帽。

花帽，是很典型的民族小帽，选料精良，工艺精堪。各地的花帽有明显的地方特色，如喀什地区的花帽，黑底白花，绣有"巴旦木"图案，格调典雅，棱角突起，有立体感；和田、库车地区的花帽，丝绒面料，丝绒编织的纹样，疏密有致，镶饰串珠、金银饰片，圆润光泽，繁花似锦；吐鲁番地区的花帽，花纹红绿相映，宛如朵朵绚丽的奇葩；伊犁地区的花帽，纹样简炼，富于流动感，素雅大方，造型圆巧。

花帽

穿靴子是传统的习惯，牧区牧民大多自制靴子。民间工匠做靴子有整套的传统绝技，手艺精湛。城镇居民，喜在鞋、靴外面套胶鞋，进屋前把套鞋脱放门外。鞋、靴多用牛羊皮革做成。女式靴子上绣各种花纹，非常漂亮。该项目2008年被列入国家级非物质文化遗产名录。

哈萨克族服饰　类别：习俗　编号：X－118
申报地区或单位：新疆维吾尔自治区伊犁哈萨克自治州

哈萨克族男子的服饰，适应草原上的放牧生活，以羊皮、狐狸皮、鹿皮、狼皮等作面料，宽大而又结实。冬季穿的皮大衣叫"托恩"，不带布面，白板朝外，毛朝里，配宽腰带。冬季放牧，要戴狐狸皮或羊羔皮做的皮帽，挂绸缎面，颜色多用红、黄、紫等色。左右有两耳扇，后面长尾扇，顶有四棱，以防寒、抵风挡雪。

外出办事或走亲访友，穿布面或条绒面的大衣，颜色较深，黑色居多，里面挂羊皮，轻巧暖和。束宽牛皮腰带，镶嵌金、银、宝石等饰品。

侧佩精美的刀鞘，内插腰刀，随时使用。外穿驼绒长短大衣，衣面多用黑色条绒，长长的衣袖。夏季爱戴圆形白色毡帽，帽沿上卷，黑边，帽顶呈方形。

男子的衬衣为套头高领式，青年人衬衣领上爱刺绣彩色图案，再套上西式背心，外穿布面或毛皮大衣，腰束皮带，佩上食用小刀；下穿大裆皮裤；冬春季戴尖顶四棱形帽，夏秋季戴白帽。

哈萨克族男子穿鞋登靴很讲究，夏季靴子底薄，打猎的靴子后跟低，轻便柔软、易行。长筒靴子高跟，长及膝盖，全牛皮制成，结实耐用。穿靴必穿毡袜，袜口绒布镶边，十分美观。在牧区，套鞋使用广泛，套鞋能保护软鞋不受雨雪侵蚀，进帐篷时脱下，清洁而方便。

哈萨克族女子服饰，多姿多彩。她们喜用白、红、绿、淡蓝色的绸缎、花布、毛纺织品做连衣裙，年轻姑娘和少妇裙袖有美丽的绣花，裙摆阔大自然成褶，有多层荷叶边。上身外套紧身坎肩，上绣美丽的图案，缀五颜六色的饰品。夏季套穿坎肩或短上衣，冬季外罩棉衣，外出时穿棉大衣。

从哈萨克族女子的服饰上，可分辨出是否结婚和年龄大小。未出嫁的姑娘打扮艳丽，紫红色的连衣裙，上身着时尚西服、黑色和紫红色的坎肩，坎肩胸前缀满彩色扣子、银饰等，走起路来铿锵作响。冬天戴的"塔克亚"帽，为绒布硬壳斗形

哈萨克族男女服饰

帽，下沿略大，彩缎作面，帽壁有绣花，帽上缀珠子和金银片，顶上插猫头鹰毛，是吉祥的标志；冬天戴的"别尔克"帽，是水獭皮圆帽，而另一种"特特尔"帽，上绣各种花纹图案，多褶。夏天披漂亮的三角形头巾或方形头巾。

若是戴尖顶帽，上有绣花与金银珠宝，前方有串珠垂吊，必然是新

娘。新娘从结婚那天起，要穿一年叫"结列克"的衣帽连在一体的服饰，为红绸面料。身着朴素、简洁的花色连衣裙和坎肩，胸前无装饰品的，定是婚后的女子。已婚的妇女一般要戴叫"沙吾克烈"的布、绒或绸作面、毡作里的帽子，绣满花卉，嵌珠宝金银，并有一串串珠子垂于脸前。

中年妇女戴白布头巾，脖颈、前胸和后背都被遮得严严实实，人们只能看见脸。年纪稍轻的戴花纹头巾。中年妇女夏季喜欢穿半袖长襟袷袢和坎肩，胸前下摆彩绒绣边，两边有口袋；冬季喜穿用羊羔皮裁制的布面"衣什克"，或穿绣有图案、绸缎面的皮大衣。

生孩子后的妇女，要戴上套头和盖巾。绣花纹图案的白布盖巾，宽大可遮全身，只露出脸颊。如果盖巾上无绣花，这女子必是寡妇。

哈萨克族妇女的鞋、靴也是多种式样，常穿的是皮靴加套靴，讲究的还要在袜子上绣花。传统的鞋子是皮套鞋和软底靴，在靴子外面再穿上蓝色皮革制成并镶有银饰的套鞋，鞋跟有高、中、低3种。（申报时间）该项目2008年被列入国家级非物质文化遗产名录。

藏族天文历算　类别：习俗　编号：X－121
申报地区或单位：西藏自治区

藏族传统文化可分为大小五明，而藏族的天文历算包括在小五明中的"孜"即"算学"内；算学包括两方面的内容，一是天文历算，另一是人世间的预测卜算。在经历了漫长的历史发展期之后，藏族的天文历算也逐渐形成了一套正规的理论体系。据记载，藏族的天文历算最早出现在大约距今数千年，而最初的天文学知识，仅仅是通过对日月星辰、昼夜交替、四季变化等的一些认识。

到吐蕃赞普时期，开始不断地吸收和接纳外来天文学知识的精华部分，以促进本民族的天文学知识。尤其是在赞普松赞干布时期，很多外来天文历算经典陆续被翻译成本民族语言，而文成公主和赤尊公主、金城公主的入藏，为藏民族带来了许多医学和天文学方面的经典，逐渐为藏人所接受，并将其翻译成藏文，这一举动无疑为后人留下了宝贵的知识和丰富的经验，在这一时期也出现了一些本土天文学著作和学者。基于前人对天文历算方面的知识的积累，天文历算便在藏族文化中开始占据重要的地位。印度时轮历的传入，得到了藏民族的广泛注重，而部分时轮经典也被译成了藏文，此后，藏族历书的编制便以印度时轮历为根本，至1027年，《时轮摄略经》被翻译成藏文后，藏族绕迥纪年（汉译胜生周）法便以1027为开端，每60年循环一周，定大月30天，小月为29天，15日为满月，30日为空天（指看不见月亮）等一系列的理论体系，藏族绕迥纪年法的产生，再一次充分证明藏族人对天文学知识的又一次跨越性的认识。

公元17世纪以后，印度的星算和汉地的星算传入藏区，在本民族的天文知识的基础上，将一些适合的知识吸收和接纳后，可将其分为3大类：一、"噶孜"即星算，泛指藏族星算之意。二、"纳孜"它是藏族原有星算基础上吸收了汉历的五行占术而形成。三、"央孜"，即韵占或占音术。在此历史时期，藏族便开始培养天文历算学方面的人才，并建立一些机构，如1763年，遵六世班禅的法旨，二世嘉木祥创建拉卜楞时轮学院，1916年，噶厦和十三世达赖喇嘛创办拉萨医算学院等，藏族的天文历算学得到了空前地发展，也涌现出一大批这方面的专家学者。

时至今日，天文历算在藏族文化中仍占据着不可或缺的地位，也不断为后人所继承和发扬。该项目2008年被列入国家级非物质文化遗产名录。

俄罗斯族巴斯克节　类别：民俗　编号：X—124
申报地区或单位：内蒙古自治区额尔古纳市

"巴斯克节"也称"耶稣复活节"，是东正教徒们为纪念耶稣复活设立的节日。中国境内的俄罗斯人继承了这一习俗，每年非常隆重地庆祝该节日。巴斯克节一般都在每年的4月下旬或5月初举行，历时一周，其热闹程度不亚于汉族的春节。

俄罗斯族特别爱干净，在"巴斯克节"到来之前将室内粉刷一新，精心布置和装饰圣像龛。巴斯克节来临前烤制出大量不同风味、不同造型

俄罗斯民居

的糕点，点心中有一种呈圆柱状的大蛋糕，俄语称"古里契"，蛋糕上有"XB"字母的奶油花，此蛋糕是敬神和主客共享的上等食品。巴斯克节日期间除了美味佳肴外，还有很有趣的游戏。玩蛋是该节日的传统活动，把煮熟的鸡蛋放在托盘里，姑娘和小伙子们纷纷用彩笔在鸡蛋上绘出五颜六色的美丽图案、惹人喜爱，并互相赠送彩蛋，以表示节日祝贺。除此之外，玩碰鸡蛋也是"巴斯克"必不可少的活动，大家每人拿一个煮熟的鸡蛋，相互对碰，被碰碎者为输，且要把碎蛋送给赢家。玩滚鸡蛋也是非常热闹的活动，人们围在长长的台子两侧观阵，每人拿一个鸡蛋在台子的一端往另一端滚，看谁的鸡蛋能一直滚到终点，谁就是胜利者，象征好运长久。

俄罗斯族是能歌善舞的民族，一个简单的扣子琴就能拉出欢快的俄罗斯民间舞曲。在节日期间，无论年龄大小，只要几个人聚在一起，就要欢快地跳上几曲，充满了欢乐。2010年，内蒙古自治区额尔古纳市的俄罗斯族巴斯克节入选国家级非物质文化遗产名录。

鄂温克族瑟宾节　类别：民俗　项目编号：X—125
申报地区或单位：黑龙江省讷河市

"瑟宾节"，意为"吉祥如意，欢乐祥和"，是居住在我国黑龙江与内蒙古的鄂温克族传统节日，相当于汉族的春节。

历史上，居住在大森林里以打猎为生的鄂温克先民，每当猎到猛兽后，都会聚集在一起唱歌跳舞以示庆贺，逐渐形成了一些集体娱乐活动形式，这就是"瑟宾节"的雏形。16世纪，随着萨满教在各"乌力楞"（氏族）的普及，鄂温克人开始信仰能跳神治病的萨满，带有图腾特征的"瑟宾节"也随之消失。直到在1993年举行的第三届鄂温克族研究会会员代表大会上，才确定每年的公历6月18日为鄂温克族的"瑟宾节"，"彩虹"歌为鄂温克族"瑟宾节"节日歌，象征吉祥、欢乐、和睦、进取的驯鹿为鄂温克族的吉祥物。随着时代的发展，如今的"瑟宾节"逐渐演变为一年一度的盛大狂欢，其民俗活动包括祭祀山神、民族歌舞表演、传统竞技、野餐酒宴、篝火晚会等。庆祝活动一开始，人们在村落头领或萨满的主持下，向山神供奉鹿、牛、羊、马奶酒等祭品，以祈求风调雨顺、人畜兴旺、四季平安。祭祀仪式后，反映鄂温克族民族风貌的"彩虹舞"、"努日给勒舞"、"斡日切舞"等舞蹈一一上演；与此同时，赛马、射箭、摔跤、颈力、拔河、抢"枢"等一系列竞技活动也相继展开；接下来是"风味野餐"，以烧狍子肉、炖柳蒿芽为主，期间晚辈会向长辈敬献马奶酒，老人则给孩子们分发吉祥礼物；最后的篝火晚会是节日的高潮，来自各村落的男女老少，都会乘着酒兴，围着篝火跳起篝火舞（又叫圈舞），极尽狂欢，直到次日黎明才会尽兴而归。"瑟宾节"已发展成为集民族传统文化、旅游、经贸为一体的节日。（申报时间）该项目2011年被列入国家级非物质文化遗产名录。

> 诺茹孜节　类别：民俗　项目编号：X—126
> 申报地区或单位：新疆维吾尔自治区塔城地区

在新疆，凡信仰伊斯兰教的民族都过诺茹孜节。"诺茹孜"为古伊朗语，意为"春雨日"，春天到来的意思，故而诺茹孜节也叫迎春节。新疆的维吾尔族、塔吉克族、塔塔尔族、哈萨克族、乌孜别克族等信仰伊斯兰教的少数民族，每年都要以歌舞、杂技等各种形式来庆祝诺茹孜节。时间为每年的3月21日，农历"春分"前后，是迎接春天到来的节日，节后便开始繁忙的春耕生产。

维吾尔族把一天的时间分为日出更、午时更、日落更、星现更、午夜更和黎明更等6更。诺茹孜节仪式在节日的黎明更开始。

这天，男女老少都要着民族盛装举行各种节日活动。一大早各家的家长就起床了，在房屋正中燃烧起一堆松柏枝，将冒烟的树枝在每人头上转一圈，预祝他们在新的一年中平安快乐。然后，家长把冒烟的松枝带到牲畜圈门口，让人和畜群在烟上跳过去，意为驱走旧的一年的晦气、病魔、灾难，祈求新的一年里，牲畜膘肥体壮，迅速繁殖。在牧区还要生一堆火，人、畜从上面跳过之后，就围在火堆旁唱"诺肉孜歌"，迎来新的一年的平安、欢乐，让火神保佑明年五谷丰登，人畜两旺，吉祥幸福。

节日当天日出更以后，家家户户都要做"诺茹孜饭"，吃"诺茹孜饭"是诺肉孜节必不可少的一个环节。这种稠粥是用小麦、盐、包谷、青稞、肉、葱、奶油等7种以上食物，加进各种佐料（也加野生调味佐料），放进架在露天里的大锅里煮成，人们称这种饭为"克缺"或"冲克缺"意即"丰盛粥"。

有时，吃过丰盛的粥，兴奋的人们还会即兴表演，随着维吾尔"十二木卡姆"音乐的优美旋律，很多人跳起了舞蹈。

从当天午时更起，人们成群结队地相互拜年。一直到到日落更以后，每户请客吃饭，男女老少分别跳舞和唱歌，尽兴表达对新春的欢悦之情。

诺茹孜节里，还要举行丰富多样的群众性体育比赛，如刁羊、马上角力、赛马、斗鸡、斗羊等，更增加了热闹欢乐的气氛。（申报时间）该项目2011年被列入国家级非物质文化遗产名录。

布依族"三月三"　类别：民俗　项目编号：X—127
申报地区或单位：贵州省贞丰县、望谟县

农历三月初三，是贵州贞丰县布依族人的传统祭祀节日。以前农历三月，春耕即将开始，春旱严重，害虫萌动，火灾频发。为了避灾祈福、风调雨顺，贞丰县布依族人民在农历三月初三这一天都要举行相应的祭祀活动。传说在古时候，有一年三月初三这一天，掌管农业生产的"山王神"把各种蚊蝇、蝗虫、蚂蚱等害虫放了出来，当年庄稼受灾，人畜患病。后来，每到三月初三，布依族村寨都要举行"扫寨赶鬼"、"祭祀山神"等活动，才保证了人畜平安、五谷丰登。

现在三月三期间，男人杀猪宰羊，准备祭品，女人打扫卫生、染五色糯米饭、吹木叶、唱山歌。"三月三"的主要活动有：扫寨、祭山和躲虫。布依摩师身穿布依长衫、腰束头帕、头戴花格帕子，一手摇师刀、一手持大刀，口中念念有词到各家各户去"扫寨"，意为扫除寨中妖魔鬼怪，使村寨中宁静祥和，无灾无祸。"扫寨"结束后，就开始祭山神，用宰杀的猪羊作祭品，由寨老主持并宣布"祭祀开始"，参加祭祀的人员九跪三磕头，烧香化纸，气氛肃穆，神色凝重，寨老祈求山神保佑。随后寨老看看"鸡骨卦"预测来年的丰收情况。"三月三"

妇女做节日食品

节日的这天，寨里的每户，除了一个男家长去参加祭祀山神活动外，其余老少听到祭山神杀猪前鸣放的鞭炮后都要上山去"躲虫"，也就是躲避各种虫害、灾难和瘟疫。"躲虫"时各家都煮好五花糯米饭、圆糖粑，蒸好香肠、腊肉等，用竹饭盒装到山头的大树下或草地上吃。该项目2011年被列入国家级非物质文化遗产名录。

土家年　类别：民俗　编号：X—128
申报地区或单位：湖南省永顺县

土家族的年节俗称"过赶年"，即赶在汉族过年的前一天进行，大年为腊月二十九，小年为腊月二十八。除"过赶年"外，有少数地区还有农历六月二十五过"六月年"和十月初一过"十月年"的。但具有代表性的还是"过赶年"，其内容的丰富多彩，持续时间之长，在中华民族的大家庭中也是不多见的。土家人还有贴春联、插柏梅、贴钱纸等习俗。永顺县过土家年从腊月初开始，办年货、做年饭、走亲访友、做舍巴（摆手节）。过土家年期间的活动内容有闯驾进堂、扫邪安神、祭祀祖先、唱梯玛歌、跳摆手舞、演毛古斯等，是土家族文化的大盛会。

土家年是土家族最隆重的节日，这一年节习俗，对研究土家族历史和民俗文化具有十分重要的价值。永顺县土家族过年，无论是时间的确定、物质的准备、敬神的姿态、吃饭的地点等，在局外人看来都非常神奇的。

2010年，该项目列入了第三批国家级非物质文化遗产名录。

欢庆节日

彝族年　类别：民俗　编号：X—129
申报地区或单位：四川省凉山彝族自治州

彝族年是彝族的一个祭祀兼庆贺性的重要节日。关于彝族年始于何时，现已无从查考，但从节日的时间选择看，与彝族古老的十月太阳历相关。凉山彝族过年时的许多仪式均与祖先崇拜相关，祈求先灵保佑风调雨顺，五谷丰登，六畜兴旺。整个节日中充满浓厚的祖先至上色彩。彝族年，彝语称为"库史"，"库"即年、"史"即新。"库史"一般选定在农历十月某个吉祥日，是庄稼收割完毕的季节。凉山彝族自治州政府规定每年的十一月二十日为彝族年。时间为3天，彝族年的头夜叫"觉罗基"，过年第一天叫"朵博"，第二天叫"萨姆"，第三天叫"阿普机"。"觉罗基"相当于"除夕"，全家团聚，吃团圆饭。"朵博"，意为月首（即一个月的头一天），主要内容是祭祖，早晨鸡叫以后，全村就要宰杀年猪，杀年猪要从同村同寨年长或德高望重的人家开始，依次序宰杀。用年猪的胆、胰、尿包占卜主人家的吉凶，以猪胆饱满、色泽好，胰平展，无缺陷，尿包丰满为吉祥，预示来年人畜兴旺，家人安康，粮食丰收。同时分"舍富"（指烧好的肉）、"舍民"（指煮好的肉）两餐，"舍富"主要是祭奠祖先，取猪肾、肝、舌、胰与荞粑一同煮熟，敬奉先祖。"舍民"是全家人集体餐。吃完"舍民"后，男子们要将猪肉切成条块，妇女们则要灌制香肠。吃早餐后，组织全村孩子祭果树，即"社日"仪式。每个男孩要带一只猪前腿，女孩带一长条肉，每家还带一些荞粑、豆腐、盐、辣椒和酒等，选一棵长势茂盛的果树，由一孩子上树拜树神，众孩子在一妇女的带领下祈求树神要多结果子，让孩子们分享，保佑孩子们健康成长等，然后将孩子们带来的肉食切成小片放在树丫上或串在竹竿尖上，把竹竿插在地上祭鹰。社日结束后是拜年，彝族年的拜年场面壮观热闹，一般数十人一组，从整个寨子挨家挨户拜年，拜年时主人家端上水酒，让大家喝，同时，拜年队伍还要为主人唱贺新年歌，年轻人跳舞、摔跤、跳锅庄等。大家不分彼此，不分亲疏，一起快乐到通宵达旦。"阿普机"意为送走祖灵，下午要煮猪肠青菜吃，由妇女们拜年，男子们在家接待拜年队伍。3天的年过完以后，彝族人就要背上大块的猪肉（一般分成3、5、7块），酒、糖、千层饼、炒面、鸡蛋等到岳父岳母家拜年，整个年节人都沉浸在快乐之中。该项目2011年被列入国家级非物质文化遗产名录。

侗年　类别：民俗　编号：X—130
申报地区或单位：贵州省榕江县

　　侗年是侗族传统节日。侗年侗语称"凝甘"，又称冬节或杨节。冬节原为侗族杨姓节日。最初以杨节为侗年，是贵州黎平、榕江、从江三县部分地区（每年十一月十九至二十二日之间）过。该民俗后来互相仿效，过侗年的人逐渐多起来。各地侗族过侗年的时间先后不一，但多数在农历十一月初一至十一日举行，也有在农历十月间进行的。上世纪80年代初，经各地侗族代表人物商定，以农历十一月初一为侗年。"侗年"的来历，目前学界认识不一，民间也有多种解释。比较科学的说法是与农历的"冬至"节有关。"冬至"是我国农历中的一个重要节气，古代人们把"冬至"看做新年之始。

在过侗年期间，各家或杀猪宰羊，或杀鸡杀鸭，请客访友，宴饮作乐。节日前一天，准备豆腐、鱼虾，当晚用酸水煮熟，经一夜冷却成"冻菜"，节日当天便以"冻菜"祭祀祖先。

过节当天，侗家备好各种酸菜、冻鱼、糍粑以馈亲友，叫"吃杨粑"。过农历大年时，对方要如数奉还，称"还杨粑"。

在榕江七十二寨一带的侗族于农历十月底至十一月初举行新年庆祝活动。这里过侗年主要是祭祖宗。新年之际，家家会把房前屋后打扫干净，男女老少更换新装，人们宰猪杀牛、舂糯米粑，从十一月初一到初五，举行大规模的踩塘跳芦笙和斗牛活动，有的青年人则趁此佳期举办婚庆礼仪，宴请亲友。七十二寨除了过十一月上旬的侗年以外，还要表演两次"陪年"。所谓"陪年"，就是陪同附近侗族所过的阴历十一月底的侗年以及汉族的春节。"陪年"是增强民族团结，增近各寨友谊的节目，无论从形式到内容，都非常隆重。该项目2011年被列入国家级非物质文化遗产名录。

藏历年　类别：民俗　项目编号：X—131
申报地区或单位：西藏自治区拉萨市

藏历新年作为藏族一年当中最隆重的节日，一般是藏历元月一日至十五日期间，藏历年习俗在藏区各地有一些差异，但基本上相似。在拉萨地区，从藏历十二月初开始，家家户户便为过新年而忙碌起来。十二月中旬开始每家每户都会炸油果子（"卡赛"），油果子的形状很多。同时每家都准备叫切玛的木质彩色五谷斗，装满糌粑、麦粒、人参果等，上面还要插上青稞穗、鸡冠花、日月牌等，并点缀上小块酥油，炸好的油果子和切玛需当做贡品摆放在神像面前。到这个月的二十八九，家家户户都会把屋中的神龛、家具擦得干干净净。在打扫干净的灶房墙壁、大门上、大门前空地上画上一些吉祥的图案（蝎子、雍仲、日、月、麦穗、吉祥八宝等）。到二十九的晚上家家户户团聚在一起吃一顿香喷喷的面疙瘩宴，藏语称"古突"。吃完古突，便开始举行隆重的送鬼仪式，端着鬼食盆的人，在前面奔跑，手握火把的人紧追在后面，直到鬼食盆被摔烂在熊熊燃烧的青稞秸堆里。次日，便是新年的第一

卡赛与切玛

天，天还没亮，各家的主妇纷纷到河边背回"吉祥水"，全家人享用"吉祥水"熬出的粥和其他早已准备好的食品，然后家人都穿戴一新，迎接黎明。初一这天一般是家人团聚的日子，人们早早起床，首先祭拜神灵，然后手捧五谷豆和青稞酒相互拜年，说一些吉祥的祝词，接下来开始喝头天做好的热青稞酒，吃麦片突巴和酥油煮的人参果。年初二，每家派两人，一人端切玛，一人提青稞酒壶，挨家挨户祝贺新年。初三，人们还蜂拥至东郊的宝瓶山和西郊的药王山，喂桑，插经旗，挂彩帆，祈求山神和水神赐予幸福平安，整个节日期间，被歌舞笼罩、鞭炮渲染的拉萨城沉浸在欢乐、祥和和喜庆的气氛中。而不同地区也会举行不同的活动，如赛马、射箭、唱歌、跳舞、法会等文艺、娱乐、体育、宗教活动等。该项目2011年被列入国家级非物质文化遗产名录。

婚俗（朝鲜族回婚礼、达斡尔族传统婚俗、彝族传统婚俗、裕固族传统婚俗、回族传统婚俗、哈萨克族传统婚俗、锡伯族传统婚俗） 类别：民俗 编号：X—139
申报地区或单位：吉林省延边朝鲜族自治州；黑龙江省齐齐哈

尔市富拉尔基区；四川省美姑县；甘肃省张掖市；宁夏回族自治区；新疆维吾尔自治区伊犁哈萨克自治州、新疆嘎善文化传播中心

朝鲜族回婚礼

朝鲜族回婚礼是为纪念结婚60周年而举行的贺礼，这种礼仪同花甲礼一样，形成于17世纪中叶至18世纪中叶。朝鲜族的先民们把十天干与十二地支相配而成的"六十花甲子"的轮回称作"周甲"或"回甲"。在朝鲜族先人们的观念中，周甲成为一种特殊的时间概念，不仅是60周年的代名词，而且含有长久和吉祥的寓意。回婚礼比普通婚礼还要盛大。这一天老两口穿着结婚礼服，接受摆满山珍海味的婚席。两位老人的子孙及村里的男女老少都前来祝福，热闹异常。

举行回婚礼的人婚龄必须达到60周年，除此而外还得具备两个条件：一是必须是原配夫妻；二是所生子女都得健在，而且没有犯法服刑者。同时具备上述条件的人才有资格举行回婚礼。要想举行回婚礼必须做到夫妻忠于爱情、健康长寿、家庭和睦、子孙安康而且遵纪守法。因而，可以说回婚礼充分体现了"修齐治平"思想中的"齐家"思想，是儒家"齐家"观念的体现。

回婚礼是朝鲜族独有的重要的人生礼仪之一。它对研究朝鲜的民俗文化特点，具有重要价值。

达斡尔族传统婚礼

达斡尔族人聚集的富拉尔基罕伯岱村，是黑龙江流域最早的达斡尔族原始部落。产生于此地的达斡尔族传统婚俗至今已有350余年的历史。罕伯岱村至今仍然比较完整地保留着达斡尔族传统婚姻及婚礼习俗，并使其发展演变成一种规范化、礼仪化、风俗化的文化现象。

在婚姻方面，达斡尔族有以下几个人人必守的不成文法规：第一、实行一夫一妻制，恪守氏族外婚制原则。第二、不允许兄亡后弟娶其嫂或弟故后兄娶弟妇。由于达斡尔人视嫂如母，弟娶嫂更被视为伤风败俗。第三、正常情况下不愿意儿子入赘当养老女婿，招赘婿属于极个别现象。第四、早年达斡尔人与兄弟民族间的通婚不被认可，如今没有严格的限制。第五、不赞同离婚，认为离婚是不吉利的事情；如果坚持离婚则需要找证

人写离婚书并签字画押，传说写离婚书的地方，三年不长草。

罕伯岱达斡尔族传统婚俗从礼仪本身到形式都较繁杂、隆重，按照传统习俗，婚礼要经过提亲、定亲、过彩礼定佳期及结婚四个步骤。结婚当天包括婚前嘱托、拜天地、鞭挑盖头、新娘坐福、婚宴、新娘敬茶等一系列程序和活动。婚后，新娘新郎一同"回门"，至此，整个婚礼程序才算圆满结束。在婚俗中也穿插了大量传统民歌，比如提亲时唱的"提亲歌"、相亲后唱的"思念歌"、出嫁时妈妈唱的"嘱托歌"、婚宴中的"祝酒歌"、"醉酒歌"以及回门时唱的"回娘家"等等，这些针对达斡尔族人婚礼不同阶段创造出来的传统民歌，体现了达斡尔族人丰富多彩的民族文化的同时，也使欢娱达到高潮，全莫昆人都沉浸在愉快幸福之中。

彝族传统婚俗

早期彝族传统婚俗中，有几条约定俗成的规定：不与外族通婚；同宗不婚；严格的等级内婚，姑舅表通婚优先；媒妁之言、父母之命决定终身，自由恋爱被视为离经叛道。除遵守上述规定外，繁复的婚姻程序还必须经历"提亲"、"许口"、"占卜"、"送对子鸡"等几个环节，才能走近迎娶的吉日。提亲是男方家长经过访问、咨询，在初步确定了对象后，礼请一位能说会道的媒人，带上好酒到女方家。说明来意，了解女方生辰八字，试探女方家长意愿，然后媒人回到男方家转告提亲情况。如果女方家长同意，男方经毕摩合算男女双方生辰八字是否

彝族婚礼仪式

相配，若相配就请媒人到女方进一步商讨彩礼、见面（彝语叫"措布尔"）和占卜等有关事项。谈好彩礼后安排见面的时间和地点，一般见面安排在街上或第三方的家里，通过见面，双方均表示满意后定占卜日期，占卜时女方或男方家宰杀一头猪，取猪胆和胰，若都是吉祥的，就决定送彩礼期和婚期。送彩礼时还需带一对子鸡，象征正式联姻，彩礼的多少及时间因人而定。彩礼分正礼和附加礼，正礼给女方家长，附加礼给女方亲属，有

的地方附加礼名目繁多，有舅舅礼、伯伯礼、兄弟礼和族人礼等。

婚期的前夜，新娘所居村寨的未婚女青年齐聚新娘房中，吟唱喜庆的歌谣以示祝贺。新娘则以哭唱的形式，感激父母的养育之恩，倾诉与父母、兄弟姐妹、乡亲邻里难舍难分的挚爱之情。新郎方准备二三十人，彝语称为"挟姆"（意为抢亲），去接新娘，带给新娘新衣服（也可以用钱和银子代替），带酒到新娘家。新娘家要赶在迎亲的队伍到达之前，预置两处"陷阱"，安排两支"伏兵"。一处是在门两侧摆放木桶、木缸，盛满清水，挑选一帮泼辣、机敏的女青年手持泼水的器具严阵以待；进屋后，同样挑选一帮机敏、泼辣的女青年，每个人的手上都涂上厚厚一层锅烟，准备对新郎及其随员实施"抹花脸"的袭击。新娘梳妆打扮，穿戴绣有美丽图饰的喜衣和五颜六色的喜裙，头戴千层喜帕假盖头，披一件精工制作的羊毛披毡。新娘由姐妹送出门，在舅舅、叔叔、哥哥、兄弟等陪同与迎亲者一同上路，有的地方女性不许送亲。

到新郎家时，由新郎同辈的"挟姆"将新娘背进事先准备好的"伊惹"（意为婚房，是临时搭建的）里，新郎方热情接待送亲的亲属，挑选出新郎姐妹中一名女子给新娘梳头。有一位专门护卫的"系乃姆"和新郎姊妹们讨价还价，要拿足够的酒以后才许梳头，一般新郎一方碰触到新娘的衣裳就算。梳了头以后，新娘才食事先准备好的特制"新娘餐"。婚宴完毕后，举行"克智赛"、歌赛、摔跤赛等。

裕固族婚俗

裕固族婚俗是媒妁之言、父母之命，也有自由恋爱的。到了婚龄，由男方准备聘礼，明媒正娶，举行隆重的婚礼仪式。裕固族婚礼仪式很隆重，主要有求亲定婚、选人请客、娘家宴请、姑娘戴头面、惜别送亲、打尖迎亲、马踏帐房、射箭拜天地、冠戴新郎、看验酒席、酒宴颂歌、新娘打茶、回亲等12项程序28个礼节。主要

裕固族婚礼

程序要进行3天，第一天在女方家举行出嫁仪式，第二天在男方家进行婚取仪式，第三天结束。另外，裕固族还有一种婚俗，即东部裕固语的地区"勒系腰"婚和西裕固语地区的"帐房杆子戴头面"婚，它只是一种仪式，而不是真正的婚约。裕固族婚俗的姑舅表婚制是一种原始婚姻制度，它表现在姑舅表亲婚配的优先权，是母系社会的一种典型遗存。

如今裕固族传统婚礼习俗主要分布在肃南县明花乡、大河乡、皇城镇、康乐乡。西部裕固族婚礼传承人主要有明花乡安维新、安维敬、杨茂林、安贵吉、杜占贵。东部裕固族婚礼传承人主要有康乐乡兰志厚、常福国、安福成。

回族传统婚俗

《古兰经》规定，女孩9岁，男孩12岁为"出幼"，即少年时期结束，可以结婚。回族婚姻受伊斯兰教影响较大，因此，伊斯兰教流行地区早婚现象较严重。一般实行严格的单向民族内婚，即回族男性可娶其他族女子为妻，回族女性不能与其他族的男性通婚。

回族的青年男女经过自由恋爱成熟并告知父母征得同意后，由男方委托村中德高望重的长辈为媒，到女方家提亲。订婚日男方的家长在本村长辈和好友亲朋的陪同下，携礼金、槟榔、饰品、糕点等礼物前往女家。姑娘亲自出来接待，并热情接受礼品，表示双方愿意结合，随即双方家长商量缔结良缘的良辰吉日。婚礼多从星期四起至星期日结束，共4天。

回族订亲称"定茶"，亦称道喜、订小亲。在宁夏南部山区称"说色俩目"。女方家同意后，男方家准备花茶、绿茶、陕青茶等高中档茶叶和红糖、白糖、核桃仁、葡萄干、红枣、花生米、芝麻、桂圆肉、蜜枣、柿饼等，包成一斤重的若干双数小包，每个小包上放一红纸条，以示喜庆，同时给女方家购二至三套中档衣服，于主麻日（周五）由男方父母、阿訇和未婚夫一起送去，女方家以宴席热情款待。尔后，双方当着亲戚朋友和媒妁的面互道"色俩目"，表示婚姻大事已经定下和许诺，一般不再变更。

结婚前一天，新郎新娘不能见面。双方家长分别请阿訇给新郎新娘念经赎罪，然后女家为新娘开脸、沐浴，男家为新郎修面、沐浴。婚礼当天清晨，阿訇在男家跪诵《古兰经》，饭后，新郎在伴郎、媒人及阿訇的陪同下，带上核桃等礼物，到新娘家娶亲。婚礼大都在女家或清真寺举行。先由阿訇诵读《古兰经》，然后念《尼卡哈》经，为新婚夫妇祈祷。仪式结束后，双方家向围观的人们撒核桃、红枣等喜果。

回族的婚姻，因地区而有异，因时代不同而有别。但一般要经过提亲、订婚、迎娶、婚礼等程序。

哈萨克族传统婚俗

哈萨克族一直沿袭着古老的婚俗。按习俗之约，同一部落近亲不能通婚，如果通婚必须超过7代人，联姻的人家也必须相隔7条河。哈萨克族的婚俗，从说亲到完婚要经过说亲、定亲、"吉尔提斯"、送彩礼、出嫁和迎亲。

说亲。主角是父母或亲属到女方家提亲，双方都满意后，就要订婚了。

订婚。订婚仪礼在女方家举行。订婚当天，男方父母和近亲带上一匹马和其他一些礼品到女方家，女方家邀请亲戚朋友和邻居参与，宰羊款待。饭后女方家人给客人端上羊尾巴油、羊肝和酸奶搅拌而成的食物，女方家的妇女要亲自喂进客人嘴里，祝福客人生活如羊肝香。女方家的年轻男女把男方家的年轻客人诱至小河边，推到河里戏耍逗乐。如附近无河，事前在门前挖个坑灌满水，以坑代河，这叫"踏水礼"。客人走时，女方家赠送礼品。此后，按双方商定的聘礼，男方家要持续送聘礼。不久，要举行"吉尔提斯"仪式了。

"吉尔提斯"仪式，即男方家展示聘礼。男方家请来亲朋邻里聚集一堂，把彩礼全部亮相，让大家观赏、评论，若认为礼不足，亲朋邻里会真诚相助。聘礼展览过后，下一个仪程是送彩礼。

送彩礼时未婚夫由一小伙陪同，父母及姑、舅、姨等近亲相伴，驮着彩礼前往未婚妻家。未婚夫未到家门时要下马，不可同众人进女方家门。未婚夫在女方妇女的陪同下来到家门口，女方的一位德高望重的老年妇女向新郎身上撒喜糖，祝愿新郎幸福美满。随着开宴的欢笑声，弹唱冬不拉、对歌、跳舞也开始了。第二天，女方选两三位有经验的妇女，打开彩礼，任人观赏、评论。如认为彩礼不齐全，还会向男方家提出补充彩礼的要求。这一天，未婚夫妇不能说话、接触，只能默默对视。晚上留宿时，未婚夫住在一顶小毡房里，夜深人静后，新娘由嫂子陪伴着来到未婚夫的毡房同房，未婚夫向嫂子赠以厚礼，答谢她成全之意。

迎接新娘　　　　　　　　　　长辈向新娘送祝福

出嫁。婚礼前天晚上，要举行青年男女对唱娱乐活动。女方父母把女儿嫁妆放在一个小毡房内，请一位有声望的老人为新娘致祝词，新娘和姑娘们围坐一起，用幔帐遮面庞。之后，新娘的亲密朋友用"萨仁"曲调对新娘唱歌，赞新娘之美，劝新娘不要悲伤。这时，小伙子过来唱轻松愉快、风趣诙谐的《劝嫁歌》。第二天新娘要去婆家了，盖上头巾独坐着哭泣，并唱《告别歌》，倾吐对亲人和故土的留恋。唱完，在伴娘和妇女们的簇拥下和亲人们拥抱，挥泪告别，父母也向女儿唱送别歌。然后由哥哥或弟弟把她扶上马，不再哭唱，不多停留，也不可回头，直奔夫婿家门。

新娘被送进公婆家门时，有一个胳膊上系各色布、手持嫩树枝的人，唱起《揭面纱》歌，揭开新娘面纱，向众人介绍，向新娘劝诫、忠告。新娘向公婆等行礼，向炉火内倒油燃火，在座的人祝福新婚夫妇幸福。新婚夫妇合饮一碗由"毛拉"念过经的圣水，老人给新娘倒茶祝福。接着，新娘坐在刚宰的羊剥下的羊皮上，含有生育顺利之意。一盘羊肉端上来，新娘先请公公、婆婆、长辈品尝，屈膝施礼，之后才能吃肉、喝茶。吃喝完，开始了各种娱乐活动，阿肯们弹起冬不拉，一边为新人祝福，一边歌唱新生活，一直唱到第二天破晓。婚礼期间要举行赛马、刁羊、姑娘追、阿肯弹唱等活动。

锡伯族婚俗

锡伯族的婚姻要经过订亲、迎亲两个步骤，订亲又分为提亲和订亲。提亲时男方要往女方家跑至少三趟；订婚的仪式有两次；婚礼前后要进行好几天，娘家要设宴两日，婆家要办三天喜事，隆重热烈。

提亲，也叫"说媳妇"。男孩到了十六七岁，父母就张罗说媳妇。找到门当户对人家的女孩,马上物色媒人提亲。由男孩本人、男孩家长带上媒人组成"提亲小组",第一次到女孩家,投石问路。见面聊天是主要活动,不提婚事。只在告别时,媒人才对女孩家人暗示。客人走后,女方家讨论男方家庭及男孩的职业、人品等情况。

第二次去女孩家,只有男孩家长和媒人,按传统习俗要带见面礼,也只是一瓶烧酒。女孩家见酒知意。一阵寒暄,媒人开瓶倒酒,同男孩家长向女孩父母敬酒,并开始"说媳妇",明确提亲。女孩父母同意否,取决于是否接过酒杯喝上一口。喝了酒,客人走,女孩家父母会征求女儿意见。

媒人和男孩家长"三顾茅庐",仍带一瓶烧酒。双方边喝边聊儿女的婚事。男孩父母,男孩本人,加上媒人,组成"四人说亲小组",第四次提亲,婚事也基本订了。

订婚仪式要举行两次。第一次叫"磕空头礼"。这天,媒人同准新郎及其父母到准新娘家,带的还是两瓶酒,不过贴上了红喜字。进得门来,准女婿倒酒,双手双杯,跪在准岳父母前敬酒,以表答谢许婚之情。第二次订婚仪式叫"磕湿头礼",仪式仍在准新娘家举行。选好日子,准新郎同双亲及媒人乘马车前去,车上的礼品有羊、喜酒等,进家后即杀羊煮肉,热情款待准新娘家人及其亲属,有点反客为主之味。席间,由准新郎父母及媒人主持,准新郎向准岳父母及直系亲属行跪拜大礼,磕头敬酒献礼物。同时,把崭新衣料送给准新娘。至此,两家的"亲家之约",正式成立。此后逢年过节,男孩家要给女方家频送礼物。假如连续三年不行此礼,即自行解除婚约,女方有权另选夫婿;女方若是中途反悔,男方即要回所有的彩礼。

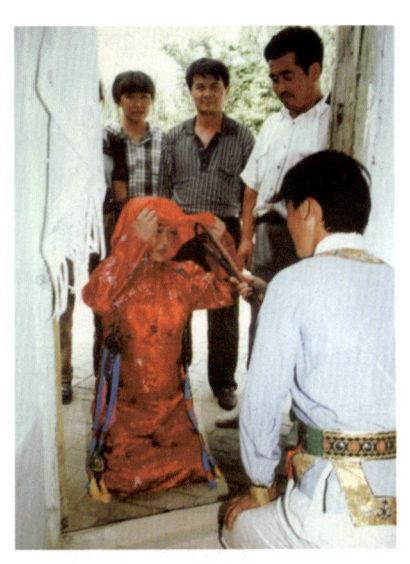

锡伯族婚俗

婚礼。第一天送"喜车",车上除彩礼外,一只肥羊是主角,到达女方家先举行入门仪式,祝福新婚夫妇白头偕老,幸福平安。随后宰羊煮肉,先要用完整的羊腿祭祀祖先。

第二天迎新娘。一辆前悬铜镜、后挂八卦图的红篷车，早早出发，内坐主持迎亲和婚礼的"奥父"、"奥母"和护送新娘衣物的女郎，"奥父"驾驶，代表新郎父母送宴接亲。送喜宴的车上载两对家畜、一对家禽以及喜酒之类的礼物。主角是迎亲队伍最前面的新郎，他身穿崭新礼服，胸戴大红花，满身喜气。女方家设宴两日，第一天为"小宴"，招待近亲邻里。第二天正式举行婚礼仪式，亲眷好友都来祝贺，新郎给长辈跪拜敬酒。新娘躲在亲朋家里"开脸"，含结发为妻之意。同时，新娘家也要送嫁妆到男方家，陪送特殊礼物的是新娘为公婆，礼物是给新郎及兄弟姐妹做的鞋。当新娘的嫂子打开衣柜的锁，新郎的父母把钱币投进，祝福新婚夫妇将来金银满柜，荣华富贵。

　　傍晚，表演对舞、对歌，持续到深夜。新娘梳妆打扮之后，就要被新郎接走了，母亲流着眼泪唱起古老的《嫁女歌》，唱完后亲兄弟把新娘抬到篷车上，岳父给女婿一个装有五谷粮食的小布袋，叫他走一路抛撒一路，以镇妖压邪。新郎把新娘迎到家，即举行隆重的"成婚大典"。

　　成婚大典开始，拜天地、父母，新人对拜一番热闹。第三天举行"大喜之宴"，热烈而隆重，繁琐而欢腾。特别是晚间闹新房时，青年人到洞房唱歌，并拿出一根羊骨头让新郎新娘去抢，深夜离去时，要把新婚夫妇外衣的扣子解开，才会走开。该项目2011年被列入国家级非物质文化遗产名录。

苗族栽岩习俗　类别：民俗　编号：X—142
申报地区或单位：贵州省榕江县

　　苗族人自古就有一种叫"栽岩"（也叫"埋岩"，即将一块长方形的石条埋入泥中，半截露出地面）的公众议事和"立法"活动。由于苗族过去没有文字，而口承法律仅存于人们脑袋里和嘴巴上，具有不稳定性，易于失传，所以就采用立无文字的石头作标示。这些无字碑与刻有文字的石碑和写在纸上的法律文本具有同样的法律功能。现在人们见到的栽岩主要以黔桂边区苗族最具典型性，特别是广西融水的栽岩内容最为丰富。

　　"栽岩"有三个方面的意义：第一，它是苗族古代社会的一种立法形式。第二，栽岩古规是本民族的法典，是苗族人民思想和行动的准则。第三，"栽岩"通过集众商量解决有关社会问题或传达有关会议精神等等。

现在融水县拱洞、红水等乡的苗族群众还把"开会"叫做"埋岩"。

"栽岩"是苗族的古规古法，它是苗族传统法律文化的重要内容和最有特色的习俗。"栽岩"所传递的法律内容却极为丰富，既是近代以前苗族社会文化状况的真实写照，又是治理苗族社会秩序的有效手段。"栽岩"也是苗族人民为纯正社会道德、维护地方治安、维持生产生活秩序、改革社会制度等通用的一种"决议"形式，同时也是解决苗族社会问题的一种有效方法。该项目2011年被列入国家级非物质文化遗产名录。

柯尔克孜族驯鹰习俗　类别：民俗　编号：X—143
申报地区或单位：新疆维吾尔自治区阿合奇县

帕米尔高原的苍鹰是一种中型猛禽，体色苍灰，翅膀短圆，食物主要是啮齿动物、鸟类及其它小型动物。

柯尔克孜族带鹰出猎都在冬季。驯鹰手剽悍骄健，身跨骏马，左手架鹰，右手扬鞭，猎手选好地形，揭开猎鹰眼罩，扯去猎鹰脚绊，嗯哨一声，凶猛的猎鹰如箭离弦，腾空而起，在空中盘旋一圈，发现猎物后，如利箭般冲向猎物，不管是野兔，还是狐狸、野鸡，不待猎物反应，即被猎鹰死死按倒，锋利的爪子和喙，深深的嵌入猎物体内，猎物连挣扎的机会都没有，就被猎鹰猎杀。猎人疾驰上前，取出猎物心肝，奖赏猎鹰。

驯鹰过程包括捉鹰、熬鹰、驯鹰三个环节。

捉鹰十分艰苦，非常危险。鹰是一种凶猛的禽类，它在高高的树上，或在险峻的岩壁上筑巢，要捕捉到它，难度可想而知。到鹰巢掏雏鹰，一但被雌雄苍鹰发现，就会受到最凶猛地攻击，轻伤及皮肉，重则双眼被抓，甚至丧命。

熬鹰。驯鹰人捕回鹰后，先要摸清鹰的脾气性格，是温顺的，还是暴躁的，才能有的放矢。先进行室内强化驯养，用芦苇管灌水洗胃，将鹰架在胳膊上，连续5天5夜不让它睡觉，它一有困意，就用木棍敲头，以此消磨它的野性，使其逐渐适应主人驯养习惯。驯鹰人为了让鹰能熟悉自己的气味，要经常给鹰喂自己的唾液，为了让鹰熟知自己的声，要不停地对着鹰说话，鹰把主人的气味和声音牢记脑子里，以后才能识别、听从主人的命令。经过这样驯练，野鹰对主人产生了依赖性而离不开主人。几天后，驯鹰人再让疲惫已极的鹰吞下用皮革裹着的肉，皮革不被消化，第二天吐出来时会带出体内多余的脂肪，经过3至5次的吞吐过程，鹰被熬得消瘦了，体重减轻了。

驯鹰是室外工作。驯鹰手把鹰尾羽毛缝起来，使它高飞不成。再用绳子拴一只活兔，作为鹰叼食的活把，把鹰放飞空中，引诱它向活兔俯冲，反复练习，以提高它敏捷的能力。经过一定的叼食驯练，驯鹰手即拆去鹰尾的缚线，再换用长长的绳子拴在鹰腿上，驯鹰手像放风筝一样，牢牢地控制住它的飞行速度和范围，驯练它捕捉猎物的技能。这样经过一定时间的驯练，一只野性十足的鹰，就变成了听侯主人使唤的猎鹰了。

柯尔克孜族驯鹰

驯化好的猎鹰，与猎手有了默契，一只好的猎鹰一个冬季可捕获上百只猎物，猎物可以养活一家四五口人。

随着牧区经济的发展，今天柯尔克孜族牧民有了成群的牛羊，不会靠猎鹰维持生计了，养鹰人越来越少了。该项目2011年被列入国家级非物质文化遗产名录。

塔吉克族服饰　类别：民俗　编号：X—144
申报地区或单位：新疆维吾尔自治区塔什库尔干塔吉克自治县

塔吉克民族其传统服饰的款式、色彩、图案，在新疆众多少数民族服饰中与众不同。

塔吉克少女爱戴圆形硬壳帽冠，用紫色、金黄色、大红色调的平绒布缝制。帽沿四周饰金、银片和珠饰编织的花卉纹样。帽的前后沿，垂饰一排色彩鲜亮的串珠或小银链。这样的帽子叫"库勒塔"帽。讲究的女子，帽子上蒙一块长长的红色、粉红色或是黄色的头巾，随风飘动。冬季，"库勒塔"帽里衬棉花或驼绒，增加后围以保暖，后围和帽沿绣满花卉和图案，花团锦簇，虽冬如春，帽名变为"谢依达依"了。

塔吉克男帽圆形卷边，皮帽的顶部和四周用绒布，黑羊羔皮作里，保暖性好，帽顶上是红线绣的一圈一圈花纹，做工十分考究。青少年的"吐玛克"则为白色帽。

塔吉克妇女喜穿纯红色或装饰花边的大紫色调的连衣裙。有的红布面料上是白色小印花，有的在裙摆上绣花。连衣裙腰身贴体，裙子宽大。上身套黑绒背心，下穿长裤。不仅重视胸前、领子、袖口和衣后的装饰整体协调。衣后缀串珠、银元扣、宝石等小件，串成两条如辫发式的装饰带。

塔吉克姑娘精于刺绣艺术，衣饰上绣花卉纹样，鞋垫、被巾、盖腰巾都绣上精美图案。她们的刺绣艺术，来自于千姿百态的大自然景物的启示。

塔吉克族女子爱戴首饰，最引人注目的要数新郎和新娘的装束了。新娘的"库勒塔"帽，前缀一排银色小链子，戴长长的耳环，颈部戴几排硕大的项链。辫子上饰流苏或白扣、银元，手有手镯、戒指。新娘头上是一条长长的红色或黄色头巾，外穿红色长大衣，系红白相间的手帕。

塔吉克族男子穿白色衬衣外，外穿一款青色或蓝色的无领对襟"袷袢"长大衣，腰系三角腰巾，腰巾绣花，右侧挂一把小刀。体魄健壮的塔吉克青年与老人，常穿皮装，封襟、交领，袖长过手指，衣长过膝，宽松得体；无扣，不开叉，用腰带一束，紧身舒适。寒冬中披光皮大衣，穿皮长裤，戴羊羔皮帽。夏季，也穿皮装或絮驼毛棉大衣，戴白色翻毛皮帽，脚穿长筒皮靴，轻巧、柔软、结实耐磨，以适应高山多变的气候。

塔吉克妇女

与女子的服饰一样，新郎的服饰也是抢眼的。新郎的帽子上缠红白相间的布，红色表示热烈，白色表示纯洁，红白相间，表示爱情的纯洁和忠诚。外穿绣花长"袷袢"外衣，内穿绣花衬衣，腰间系绣花腰巾，脚登紫红色的"乔鲁克"靴，两手的无名指戴戒指。该项目2011年被列入国家级非物质文化遗产名录。

春节（查干萨日）　类别：民俗　项目编号：X—1
申报地区或单位：吉林省前郭尔罗斯蒙古族自治县

查干萨日系蒙语，"查干"为"白"、"萨日"为"月"的意思，即白月或正月，是蒙古族传统节日，与汉族的春节一样非常隆重。

白色在蒙古人的观念中象征着洁白、纯洁、至高无上，因此，"查干萨日"一词蕴含着吉利的开头和美好未来的意思。蒙古族查干萨日虽与汉族春节正月相符，但有着很多与汉族不同的习俗。查干萨日分"送旧"和"迎新"。所谓的"送旧"是指腊月二十三清扫户内户外，到傍晚时则要祭拜火神。蒙古人的祭火习俗源于萨满教，认为火是生命与财富的源泉，旺火象征着家族的延续和兴旺。腊月二十三这一天民间也称其为"小年"。祭火神的祭祀品有羊胸肉、酒、黄油、点心等。祭火仪式开始后，将祭品投入火中，口诵赞词，祈祷家人幸福。一般为男的在前面、女的在后虔诚叩拜。"辞岁夜"是指农历十二月三十日晚上，蒙语称为"毕图勒呼"，意为"包住、盖住"。这一天，除了准备查干萨日期间所食用的各类点心和奶制品以外，早晨起来祭拜各方圣灵和贴春联。到晚上，各家摆好筵席，以丰盛的饭菜来祭祀祖先。对祖先的祭祀为用萨满教的习俗进行。祭祖完毕，大家才能动筷子吃美味佳肴。辞岁夜，男女老少唱歌跳舞通宵达旦，这一晚上讲究灯火通明，迎接新的一年。大年初一才是真正意义上的过年，所以这一天一大早，人们首先要祭拜敖包，再给老人行跪拜。拜年时，晚辈要衣帽端正，手捧哈达，老人用以吉祥言语祝福这一年风调雨顺，吉祥如意。向家里老人行完礼后才能开始外出拜年和迎接前来拜年者。主人为前来拜年的客人敬酒，按习惯此酒每敬必喝。在查干萨日期间，通常是载歌载舞，气氛非常热烈。该项目2011年被列入国家级非物质文化遗产名录。

中秋节（秋夕）　类别：民俗　编号：X—5
申报地区或单位：吉林省延边朝鲜族自治州

农历八月十五在朝鲜语中叫做"罕佳玉"或"秋夕"，是朝鲜族一年中最重要的传统节日，是一个丰收和感恩的节日。

朝鲜族的秋夕节源于中国，但在漫长的历史长河中发生了变化。在古代朝鲜，秋夕是一个欢庆丰收的农家节日，也是农耕社会最重要的节日之一。在这一天，人们用新打的谷米做成各种食物，带上用新米酿成的清酒，跳起欢快的农乐舞，去祭扫祖先的坟墓，追忆祖先的恩德。如今，朝鲜族人民在秋夕这一天仍然沿袭这样的传统。

秋夕的清晨，家家户户都会摆好新谷、水果酒、松饼、芋头汤和各式各样的水果祭拜祖先。朝鲜族的传统是由长子继承家族的正统，因此秋夕祭拜祖先时，均是兄弟们到大哥家里祭祖。祭典开始时，男人们都要恭敬地站在祭桌前，主祭的家族长子要先把家里的大门打开，意为请老祖宗进到家里来。然后回到祭桌前，烧香、献花、献酒，率领家庭成员行叩礼。在祖宗们"享用"祭品的时候，主祭者要向家人介绍祖宗的光荣事迹，然后卜问祖宗是否已"享用"完祭品。完毕后，主祭者再率领家族成员对祖宗行叩礼，恭送祖宗。祭祖仪式完毕后，大人们将祭酒喝掉，然后开始吃团圆早饭。除了祭拜祖先外，秋夕还有扫墓的习俗，一般是在秋夕前一天或前两天举行，近代则多在当天举行。因为朝鲜族人的祖坟一般都在山上，所以祭扫祖坟被称为"上山"。秋夕"上山"是一年中最重大的事情，即使有天大的事，也不能耽误了"上山"。

秋夕节当天，朝鲜族人民都喜欢穿着传统的服饰出游，到公共场所进行踢毽子、打陀螺等各种秋夕民俗活动。忙了一天，月亮升起，属于女性的时刻到来了，女子们穿上美丽的民族服装，在皎洁的月光下围成一圈，一边唱着"羌羌水月来"歌，一边跳着"羌羌水月来"舞。"羌羌水月来"是专属于女孩子的舞蹈。据说，在壬辰倭乱期间，李舜臣将军和倭寇交手，为了威慑侵略者，李将军让女人们也穿上军服，排列成队，将山峰团团包围起来，敌人看到李将军的千军万马，心里非常害怕，从而败下阵来，于是后世便流传下来这种舞蹈。当然，秋夕节的当晚，也少不了赏月活动。该项目2011年被列入国家级非物质文化遗产名录。

石宝山歌会　类别：民俗　编号：X—105
申报地区或单位：云南省剑川县

龙头三弦铮铮响，歌城白曲声声醉。延续上千年的石宝山歌会节是白族传统习俗，也是整个民族对历史的记忆。剑川县是全国白族人口比例最高的县，白族人口占全县总人口91%。剑川石宝山歌会节，是白族地区盛大的民族传统节日，被誉为"白族歌城"、"中国西部狂欢节"。每年农历七月的最后三天，剑川、洱源、大理、丽江、兰坪等县市的白族群众从四面八方踏歌而来，在石宝山上浏览山林古刹，祈求平安吉祥，弹三弦、对白曲，纵歌纵情，通宵达旦，尽情狂欢。传统白曲赛歌，民间歌手、龙头三弦手拜师仪式，洞经古乐，本子曲，书画作品展，多姿多彩的民族风情尽情展现。篝火晚会上万人激情狂欢，更是把歌会推向高潮。

关于石宝山歌会的来源当地有很多传说，较为代表性的传说之一为：相传南召时，有个美貌的白族女歌手在宝相寺接连唱了三天三夜优美动听的曲子，最后在歌声中安然死去。当地人们说她是"曲神"下凡，尊她为"曲姆"，并为她在石宝山修建了坟墓。此后，凡是上石宝山对歌的人，都要先到曲姆坟前磕头，说这样才能唱得好，在对歌中就可以相上心爱的人。直到如今，每年在宝相寺和石钟寺都要搭起对歌台，白天歌手登台对歌比赛，夜晚青年男女则在树林中、大石旁、火塘边唱调子互相表达爱情。

大理三月街　类别：民俗　编号：X—106
申报地区或单位：云南省大理市

三月街，也叫大理三月会。会期是每年农历三月十五日至二十日。追溯大理三月街的由来，可谓历史悠久，源远流长。

传说云南洱海边上住着一位年轻的白族渔夫阿善。夜晚，他在月下打鱼，弹着三弦，唱起渔歌，歌声传到龙宫。龙王小女阿香听见了，来到船上，与阿善结为夫妻。三月十五，是月亮里赶集的日子，各路神仙都到月宫去买东西。阿香变成小黄龙驮着阿善去赶集。他们来到月宫，与嫦娥、吴刚一起游了大青树下的月亮街，街上很热闹，万物透明闪亮，看得见，摸不着。他们回到村里，把月亮里赶集的情况告诉乡亲，大家决定模仿月亮街，在苍山脚下种起三株大青树，定三月十五日在大树周围摆摊设点，让四乡八寨的人前来赶集。大理的"三月街"就这样延续到今天。

如今，大理白族自治州每年都会庆祝这个节日，全州放假5天，此时各方宾客接踵而至，人山人海。届时有贸易活动和赛马等竞技活动。90年代初期，大理州人民政府报请云南省人民政府批准，将大理三月街定为"大理白族自治州三月街民族节"。

祭寨神林　类别：民俗　编号：X—133
申报地区或单位：云南省元阳县

"祭寨神林"是哈尼族聚居地区的民间传统节日。通过一年一度的祭祀活动，祈祷农业丰收，保佑村寨人丁兴旺，传承哈尼族传统生产生活方式，宣传、展示当地哈尼文化。哈尼村寨无论大小、人数多少都有自己的寨神林和寨神树，在寨神林里选一颗树干笔挺、枝叶茂盛的常青树为"昂玛阿波"（寨神树），寨神树为寨神的偶像，寨神林也因此庄严神圣不可侵犯，受到全村人的保护。凡每年祭寨神要到寨神树下进行，时间一般在过完"十月年"后或春节后第二轮属牛日，由"咪谷"主持全村杀一头猪，各家都分一份作家庭祭祀供品，舂粑粑、做彩蛋礼品，邀请乡邻亲友参加过节，有的地方还摆设长街宴，跳铓鼓舞。祭寨神活动，是为祈求寨神保护山寨安宁、人畜兴旺、五谷丰登。

"祭寨神林"传承十分复杂，传承人条件要求相当严格，必须是德高望重，夫妻双全，有儿有女，家庭和睦，无违纪行为者。代表性传承人是元阳县新街镇土锅寨村委会大鱼塘村村民卢文学，其家从曾祖父开始便是主持祭寨神林的祭司（咪谷）。

歌会（瑞云四月八、四十八寨歌节）　类别：民俗　编号：X—134
申报地区或单位：福建省福鼎市，贵州省天柱县

瑞云四月八

瑞云是畲族聚居地之一，该地区每年的农历四月八都举行歌王节，当地人称为牛歇节。牛歇节是畲族人为耕牛所过的节。这一天，畲族人不让牛下田劳动、也不鞭打耕牛，而是用上等食料制成"牛酒"专供牛食。之外，唱畲歌是四月八的主要内容，畲族乡亲们着节日的民族服装云集在一

起，唱起优美的民歌。在这一天，畲族村寨的每个地方，都可以听到歌声。

四十八寨歌节

四十八寨歌节是以贵州省天柱县为主的侗族、苗族人民群众集、会玩山、唱歌、交友、恋爱的民族节日。四十八寨歌节最初流传于贵州与湖南交界的四十八个侗族、苗族村寨而得名。四十八寨歌节历史悠久，正如民歌《流离歌》所唱："当初古人杨武王，武王手内开歌场。武王留下这条路，如今才得这团齐。"四十八寨歌节歌场众多，歌曲内容、唱腔及种类丰富。据统计，该歌节包括四大区域四大唱腔。、四大区域是：苗族聚居区、侗族聚居区、苗侗杂居区、清水江流域区；四大唱腔是：河边调、高坡调、青山调、阿哩调。四十八歌节中最有名的是"四大歌场"，即中寨四方坡、竹林龙凤山、茶亭四乡所、靖州四鼓楼。歌节中常用的乐器除木叶，唢呐，竹笛等吹奏乐器外还有打击乐器。歌唱时，演唱双方一旦选定演唱主题，即自由演唱，随着时间、地点、内容的改变而即兴编曲，随口演唱。

四十八寨歌节的演唱中，歌手对生产、生活中的客观事物，采用拟声、传情、描事等手法随机应变，巧妙穿插，纯朴自然，显出了一种特有的简约美和质朴美。

月也　类别：民俗　编号：X—138
申报地区或单位：贵州省黎平县

侗族"月也"，意为集体游乡做客。是侗族人的一种社交习俗。侗族某一村寨的男女青年按约定到另一个侗寨做客，期间要举行赛芦笙、对歌等活动。月也习俗流行于南部侗族地区的从江、榕江、三江、龙胜、通道等地区，其中尤以黎平县南部地区最为隆重。

黎平位于贵州省东南部，是全国最大的以侗族为主体的民族聚居区，被誉为"天下第一侗乡"。这里交通不便，较完整地保留了侗族传统习俗。"月也"规模不定，男女老幼均可参加。届时人们穿上节日盛装，"歌队"、"芦笙队"和戏班子一同前往。芦笙队在走村串寨的过程中，要根据不同的场合吹奏不同的曲目，包括过寨曲、通报曲、进寨曲、拦路歌、开路歌、祝福歌、告别曲等。"月也"内容颇多，有"月也戏"、"月也老"、"月也暇"、"月也左楼"、"月也鼎"、"月也轮"、"月也敬"等。"月也戏"是以唱侗戏为主的平台，一般在农历的正月开展。"月也老"是月也习俗活动中参加的人数最多的，一般两个村寨的所有男女老少都参加，其内容为唱侗族大歌、踩歌堂、唱情歌。"月也暇"也称为做社客，指甲寨接乙寨姑娘集体做客，白天踩堂对歌，晚上行歌会月。"月也左楼"是指祝贺鼓楼落成典礼的活动。"月也鼎"也叫姑娘罗汉客，这项活动时间较长，是双方男女青年和父母相互了解的最好时机。"月也轮"也称为芦笙客，一般在中秋节赛芦笙时举行，活动内容是以赛芦笙为主。"月也敬"也称敬寨客，意为帮助主寨敬客。月也习俗内容大体相同，都是以唱侗歌、侗戏、踩歌堂，唱情歌、交友、访亲等活动为主。但每个活动中所使用的乐器不同，如"月也戏"主要用二胡、锣、小型六管五音芦笙等。"月也老"主要用二胡、锣、小型六管五音芦笙、琵琶等。"月也轮"主要用大型六管三音芦笙，中型六管三音芦笙，小型六管五音芦笙，同时还用琵琶和侗笛等。"月也鼎"主要用牛腿琴。